杨庆存 著

人文论稿

中国社会科学出版社

图书在版编目(CIP)数据

人文论稿/杨庆存著. —北京：中国社会科学出版社，2022.10
ISBN 978-7-5227-0840-9

Ⅰ.①人… Ⅱ.①杨… Ⅲ.①人文科学—研究—中国 Ⅳ.①C12

中国版本图书馆 CIP 数据核字(2022)第 166153 号

出 版 人	赵剑英
责任编辑	郭晓鸿
特约编辑	张金涛
责任校对	闫 萃
责任印制	戴 宽

出　　版	中国社会科学出版社
社　　址	北京鼓楼西大街甲 158 号
邮　　编	100720
网　　址	http://www.csspw.cn
发 行 部	010-84083685
门 市 部	010-84029450
经　　销	新华书店及其他书店

印　　刷	北京君升印刷有限公司
装　　订	廊坊市广阳区广增装订厂
版　　次	2022 年 10 月第 1 版
印　　次	2022 年 10 月第 1 次印刷

开　　本	710×1000　1/16
印　　张	40
插　　页	2
字　　数	659 千字
定　　价	228.00 元

凡购买中国社会科学出版社图书，如有质量问题请与本社营销中心联系调换
电话：010-84083683
版权所有　侵权必究

目 录

序一 …………………………………………… 高宣扬（1）
序二 …………………………………………… 王　宁（1）

上　编

人文思想与人类生存
　　——论苏轼《六一居士集叙》的人文内涵 ……………（3）
"经国之大业，不朽之盛事"
　　——散文研究的人文内涵与价值引领 …………………（12）
古籍善本与中华文明 ……………………………………（21）
世界文化多样化与人类命运共同体 ……………………（29）
"中国梦"的文化"根"与民族"魂"
　　——人文精神的传承弘扬与哲学社会科学体系的构建 ……（32）
开辟"经学"人文研究的新境界 …………………………（52）
神话研究的人类意识与人文精神 ………………………（62）
《尚书·尧典》"黎民于变时雍"经解新说
　　——兼论经典训释变化与社会时代诉求转变之关系 ……（67）
论春秋"歌诗必类"与诸侯邦交内涵衍变 ………………（94）
丝绸之路与人文精神
　　——兼论人类命运共同体与世界和平发展 ……………（110）
试论重阳诗词与人文精神 ………………………………（124）
唐宋诗人咏"除夕" ………………………………………（133）

唐宋文人"元日"诗 …………………………………………… (140)
唐诗宋词里的"元宵"节 ………………………………………… (144)
杜牧《清明》诗的文化底蕴与人文精神 ……………………… (153)
王翰《凉州词·葡萄美酒夜光杯》的本义探寻与人文精神 …… (158)
宋代尚香文化与人文内涵 ……………………………………… (174)
宋代琴文化的哲思内涵与境界创新 …………………………… (191)
论宋词中的都市风采与人文精神 ……………………………… (220)
论欧阳修文道观的生成创构与文化实践 ……………………… (233)
论苏轼的人文史观："功与天地并" ……………………………… (249)
论杨万里的历史贡献与当代启示 ……………………………… (278)
返本开新与当代启示
　　——朱自清的学术研究与散文创作 ……………………… (290)
闻一多《神话与诗》的学术境界与人文思想 ………………… (299)
中华文化优秀传统的弘扬与践行者傅璇琮 …………………… (316)
王水照先生的人文情怀与学术境界 …………………………… (325)

中　编

生命之歌：桑、蚕、神、人之间与唐宋文学书写
　　——中国古代桑蚕文化与人文内涵 ……………………… (331)
中国经学的守正创新与人文精神 ……………………………… (369)
人文思想引领人类创新 ………………………………………… (385)
文以载道与家国情怀 …………………………………………… (398)
宋代皇权政治的创新发展与人文精神 ………………………… (403)
人文学术研究与"致广大而尽精微" …………………………… (418)
经典诗词解读与人文内涵诠释 ………………………………… (443)
新人文·新气象·新起点 ………………………………………… (467)
"造就人才，大处着笔" …………………………………………… (469)
深化经学研究与培养学术能力 ………………………………… (471)
文化创意产业与文化创新发展 ………………………………… (474)
文化强国与校地合作 …………………………………………… (477)

"腹有诗书气自华" …………………………………………… (479)
以文会友，以友辅仁 ………………………………………… (481)
哲学思维引导人类文明发展 ………………………………… (483)
自信·自强·自立 …………………………………………… (486)
人文学养助力人生翱翔 ……………………………………… (488)
努力实践自强不息与厚德载物的人文精神 ………………… (490)
"以人为本"与"尊道贵德" ………………………………… (493)
密切关注现实与强化国家意识 ……………………………… (496)
创建一流学科　培养一流人才 ……………………………… (502)
弘扬中华文化与培养时代新人 ……………………………… (504)
毛泽东《沁园春·雪》与中华民族振兴
　　——建党百年文化战略的回顾与思考 ………………… (508)

下　编

学术成果与人类文明
　　——《宋代散文研究》日译本序 ……………………… (529)
儒学与中国古代散文·序 …………………………………… (532)
开拓神话学研究新境界
　　——深度认识中国文化：理论与方法讨论集·序 …… (538)
黄庭坚研究·后记 …………………………………………… (547)
中国古代文学研究·后记 …………………………………… (553)
中国文化论稿·后记 ………………………………………… (557)
经济与文学·序 ……………………………………………… (559)
教学实践孕育形成的学术成果
　　——古典诗词鉴赏与创作·序 ………………………… (563)
灾害文学与人文精神
　　——宋代灾害文学研究·序 …………………………… (568)
宋赋研究·序 ………………………………………………… (572)
立德树人与家风传承
　　——荣氏教育集团《果行育德·序》 ………………… (575)

附 录

"扉开月入,纸响风来"
　　——《中国文化论稿·序》·················· 杨　义(581)
迈向更高的学术境界
　　——《中国文化论稿·序》·················· 陶文鹏(585)
与杨庆存述唐文治书
　　——《中国古代文学研究·序》················ 陈尚君(591)
中国古代文学研究·序 ························ 刘　石(597)
古今纵横　专博并重
　　——评杨庆存教授的《中国古代文学研究》········· 康亚萍(600)
教学催生科研　科研提升教学
　　——记上海交通大学首届"科研成果奖"一等奖获得者
　　　杨庆存教授 ···················· 郑倩茹　李欣玮(607)
东岳论丛·当代学林·学者介绍 ··················· 杨庆存(613)
国立交通大学渝校旧址纪念碑文 ······················(615)
杨庆存著作书目 ·································(617)

后记 ···(620)

序 一

杨庆存先生惠寄给我新著之《人文论稿》，并嘱我为之写序。杨先生对我如此过誉和寄予厚望，是对我的激励和鞭策。我把写序的过程，当成向杨先生学习并重温中国古代文学进而深入认识中国传统思想文化及其世界意义的过程。

杨先生长期研究中国古代散文，更集中研究宋代诗词及思想文化，特别对苏轼和黄庭坚这两位文坛奇才进行了富有成效的创新研究，近期又进一步全面探讨文化和人文思想的价值及其现代意义，几十年如一日，勤学笃志，成绩卓著，文采斐然，名震海内外。

杨先生是我在上海交通大学的同事，又是我的领导。在他任人文学院院长期间，对我关心备至，既表现了同事间的真诚情谊，又体现了他作为院长对院内每一位老师的关爱之情。我的办公室恰好在他的办公室斜对面，使我有机会目睹杨先生在办公室为院务操劳，不辞辛苦，勤恳工作，每天从早晨工作到深夜，有时他甚至带病而忘我地坚持工作；与此同时，杨先生还坚持博览群书，每次我到他的办公室见面时，他总是在低着头认真读书或办理公务，手执一支笔，办公桌上堆满各种参考书和文件，他显然已经把认真阅读、深入思考和撰文总结，作为一个三位一体的有机整体，构成他的一种生活方式。

大作《黄庭坚研究》出版后，杨先生又很快亲自到我的办公室给我送来，让我尽享先睹之快。此次寄来的《人文论稿》，洋洋洒洒六百多页四十万字，六十篇论文，分上、中、下三编，架构宏伟，内容丰富精致，倾注了杨先生任职上海交通大学五年来的教学和创作的心血，也见证了他所一贯主张的人文精神。

这一个月来，仔细阅读杨先生的《人文论稿》，更使我获益良多。我得益于杨先生的研究成果，首先是从他对苏轼和黄庭坚的杰出研究开始。

由于我是杭州人，从小就受到父母对我谈论苏轼的故事的熏染，对苏轼有特别的感情。苏轼在杭州为官，官位不大，却留下了名垂青史的苏堤，不但为杭州人造福，还向我们树立了热爱人民和关心人民疾苦的光辉榜样，在我的心里刻下不可磨灭的印象。由于从我的童年时代起，母亲就反复向我讲述苏轼和岳飞的动人故事，使我对苏轼的深刻印象，与岳飞精忠报国的动人事迹联系在一起，成为我一生爱国情怀的不可移除的历史根基。

阅读杨先生的《人文论稿》，使我进一步提升了对苏轼高尚人格、杰出才华及其伟大历史意义的认识。杨先生《人文论稿》首篇《人文思想与人类生存——论苏轼〈六一居士集叙〉的人文内涵》，以顶天立地的宏伟气概，通贯历史的广阔视野，聚焦于苏轼《六一居士集叙》，从苏轼的罕见奇才及其独特历史贡献谈起，却以远远超出苏轼个人成果的眼光和思路，力图引申出华夏文化发展总体规律性与宋代文化取得灿烂成果的历史特殊性之间的复杂关系，进一步探索造极于苏轼人文思想的中华优秀传统文化的精华的历史意义、现实意义及其在当代现代化进程中的实践可能性，通篇展示杨先生高瞻远瞩的大家风范。

令人钦佩的是，杨先生对苏轼的研究，并不只是停留在文学层面，也不囿于苏轼的历史局限性，而是立足于人类发展与文明发展的历史平台，上升到哲学高度，从宇宙观、世界观和价值观的整体观点，结合人类文化的发展规律及其创新必要性，着力强调苏轼所坚持的中国传统优秀思想文化自强健行精神及其对人类社会健康发展的重要价值，阐扬"天人合一"宇宙观、"以人为本"价值观、"尊道贵德"发展观以及"文以载道、人文化成"等一系列中国传统理念，使杨先生对苏轼的研究，既博大精深，又具有强烈的时代感。

为了进一步阐扬苏轼的人文精神，杨先生还身体力行，谦虚谨慎，循礼而行，修德惠人。2021年5月底，时值苏轼常州仙逝920周年之际，杨先生亲赴常州周有光文学院，发表"苏轼人文史观与创新实践"的学术演讲，力图使苏轼的人文精神及其时代意义，在更广阔的范围内进一步产生影响。

杨先生《人文论稿》的又一个亮点，便是对黄庭坚的研究成果。黄庭坚在宋代文化史上占据非常重要的地位，这是因为一方面黄庭坚本人在诗、词、散文、书、画等领域，独树一格，自成一家，取得很高成就；另一方面他原本是苏轼弟子，与张耒、晁补之、秦观合称为"苏门四学士",这使他成为揭示宋代文化基因密码的关键人物。

杨先生的《黄庭坚研究》再一次展现了杨先生的卓越学术功底及其创新才能。其实,杨先生长期钻研宋代文化,尤对黄庭坚着力甚勤,创获颇多,通过细致考察和深入发掘关于黄庭坚的第一手文献资料,我们发现了一系列未曾被人关注或使用的新资料,并由此提出一些新见解乃至具有重要意义的原创性、突破性成果。首先,正本溯源,从最原始的历史资料的校勘出发,厘正了黄庭坚的家族世系及其家学渊源,突出其父黄庶的诗歌创作风格及其对黄庭坚的直接影响,纠正了自宋代长期流传的多种讹误;其次,通过详细梳理和全面考察黄庭坚"点铁成金""夺胎换骨"渊源流变与深广影响,明确提出其核心宗旨在于强调以继承为基础的文化创新精神;再次,系统梳理和全面考察了黄庭坚与苏轼的友谊交往史实及其对推动宋代文化发展的巨大影响;最后,详细梳理和系统考察了黄庭坚的散文创作与人文内涵,从哲学和人文思想的层面,把黄庭坚的优秀创作经验融入人类文化发展的历史宝库,全面展现了杨先生在文化研究中所坚持的人类意识、民族意识、历史意识、责任意识和创新意识的深刻意义。

《人文论稿》对苏轼和黄庭坚的研究,集中体现了杨先生的文化理念和人文思想的精华。杨先生总是力图通过对苏轼、黄庭坚及其他优秀文学家和思想家的具体研究,以人文思想为核心,阐扬"天人合一""以人为本""尊道贵德"的基本精神,使他的文化研究散发灿烂的哲学智慧和时代光芒,具有崇高的人文价值。

实际上,文化的出现及其在人类社会中的发展和繁荣,体现和见证了人类生命的伟大价值。文化是人类生命的社会实践和个人生活实践的经验总结,是人类生命智慧的结晶和持续创新的能量源泉,是个体生命和社会生命合作共享的思想资源和精神财富,也是人类生命朝向光明未来和开拓新希望的精神动力。

文化是宇宙自然和人类生命中的精华相互渗透融合而"化生"出来的,是"天地人"三重生命长期交错互动而演变发展的优秀成果及其神奇微妙的结晶和象征,不但累积和浓缩"天地人"三重生命的丰富经验,升华了"天地人"三重生命的智慧,也继承和不断发扬了"生生之德",使文化本身成为"天地人"三重生命的交错互动的优化成品,承载言象意象互动互通的特性,获得和具备"有无相生"和"意象互换"而生生不息的生命力，从而使文化具有无上生命价值和创新不止的精神，并使其价值本身也获得与时俱进的自我发展动力。

因此，文化是富有生命力的"天地人三才"长期和谐融合的生产精华，特别是人类心智独特创造的产物，在人类历史发展史上，文化始终成为"天地人三才"生命共同体的精神支柱，更是人类命运共同体健康发展的基础力量。文化远不是有形的文化产品和可见可感知的文化活动的集合体，也不是单纯由语言文字表达的论述系统，更不是仅仅表现为"歌舞升平"的五光十色景象，而是源自"神飞扬""思浩荡"①的主动创造精神的表现，是"能通天下之志"的创造生命体不断更新的创新实践的产物，其内在固有的各构成因素及其相互关系网络，形成了文化自身的生命基础，它们之间形成的关系张力，始终在进行自我活动和自我创新中，更会随着时代的进展而不断发生变化和重构。文化不能脱离人及其社会，文化更不能脱离社会和文化本身不断变动中的生命及其同整个宇宙自然的紧密联系，一点儿也不能脱离文化内在动力的不断更新过程。所以，文化的不断更新过程，也是每个人生命品格和价值不断提升的过程。

中国传统优秀知识分子，历来把自己从事文化事业当成献身民族大业，报效国家的神圣活动。孔子说"敏而好学，不耻下问，是以谓之文也"②。魏晋南北朝时期梁代刘勰（约465—520），在他的《文心雕龙》中说"文之为德也大矣，与天地并生者何哉？夫玄黄色杂，方圆体分，日月叠璧，以垂丽天之象；山川焕绮，以铺理地之形：此盖道之文也。仰观吐曜，俯察含章，高卑定位，故两仪既生矣。惟人参之，性灵所钟，是谓三才。为五行之秀，实天地之心，心生而言立，言立而文明，自然之道也"；又云"人文之元，肇自太极，幽赞神明，《易》象惟先。庖牺画其始，仲尼翼其终。而《乾》、《坤》两位，独制《文言》。言之文也，天地之心哉！若乃《河图》孕乎八卦，《洛书》韫乎九畴，玉版金镂之实，丹文绿牒之华，谁其尸之？亦神理而已"③。三国时期，正当国家动乱，生灵涂炭的危急时刻，魏国谱学家挚

---

① （南朝宋）王微：《叙画》，俞剑华：《中国古代画论类稿》，人民美术出版社2007年版，第595页。
② 《论语·公冶长》，杨伯峻：《论语译注》，中华书局1980年版，第47页。
③ （南朝梁）刘勰：《文心雕龙·原道》，周振甫：《文心雕龙今译》，中华书局1986年版，第9页。

虞（250—300）指出："文章者，所以宣上下之象，明人伦之叙，穷理尽性，以究万物之宜也"[①]。

所以，"文化，无论其认为经天还是纬地，往往具有人为属性；它都是属于人类自己的感性认知及其实践行为，在初始阶段，是各自生存方式的多元化存在"[②]。中国文化就是中华民族传统生命观的集中表现，体现了中华传统生命观的特征，特别是隐含中华民族历经千百年历史经验而累积的珍贵价值观。

《人文论稿》立足于学术，着眼于文化，以"人文"为核心，紧紧围绕人文内涵、人文思想、人文精神进行思考，注重人类意识与规律探讨，注重中华文化的创造性传承与弘扬，注重创新人才人文素质的培养。显然，《人文论稿》的出版具有重要的时代意义。新时代的中华儿女不仅要继承发扬中华文化和世界文化的优秀传统，而且，也身负全面复兴人类文化的重任。每个人都应该通过自身生命的自我教育、自我提升和精思力践，充分发挥生命的光和热，为人类思想文化在新时代的全面复兴以及人类命运共同体的健康发展做出贡献。正是在这个意义上，杨先生的《人文论稿》的发表，恰当其时。

此"序"行文至此，我不禁要再次衷心感谢杨先生对我的眷顾之恩，我在古代文学方面学浅识陋，只是为了不负杨先生厚望，写了以上文字，聊表敬仰之意。

高宣扬[③]
2021年6月1日于上海嘉定嘉实新城

[①] （晋）挚虞：《文章流别论》，（清）严可均辑：《全晋文》卷七，中华书局1958年版，第1905页。

[②] 马宝善：《易道五观说》，人民出版社2017年版，第85页。

[③] 上海交通大学荣休资深教授，国务院外国专家局特聘"海外名师"。上海交通大学欧洲文化高等研究院原院长，上海交通大学哲学系原系主任。北京大学哲学系本科、研究生毕业，巴黎第一大学哲学系博士。曾任中国社会科学院世界宗教研究所研究员，精通英、法、德、俄及印尼文。最近30多年来，一直在法国、德国、英国和美国持续进行实际的社会、文化和政治的观察分析及学术调查研究，长期从事哲学以及人文社会科学的跨学科研究。出版著作36部，主持国际国内基金项目十多项，发表学术论文逾百篇，主编《人文科学丛书》《西方文化丛书》等五种共149部，主编《法兰西思想评论》《欧洲评论》等国际学术期刊。

序 二

　　杨庆存教授是我国当代著名的古代文学学者，同时也是一位卓有才能的学术领导者和行政管理者。他早年潜心研究宋代文学，尤其在宋代散文方面造诣精深，曾接连推出《宋代散文研究》《黄庭坚与宋代文化》《诗词品鉴》等多部学术著作，以其在理论上的胆识、严谨、扎实的学风，得到古典文学界众多前辈学者和同行的赞赏。作为他的同事和朋友，我对此是深有体会的。现在摆在读者面前的这部厚重的学术著作，就是他在过去的五年左右写下的文字之结晶，真实地记载了他在步入花甲之年后的学术道路和著述生涯，对未来的学术研究者研究他的学术思想和著述特色有着重要的参考价值。

　　正如杨庆存教授所自言，"笔者自曲阜师范大学毕业留校任教，致力于教学与科研，逐步走入学术研究的神圣殿堂。在山东大学读完硕士课程，又考入复旦大学师从王水照先生攻读博士学位，其后入职中宣部全国哲学社会科学规划办公室，参与国家社会科学研究规划与国家社科基金项目管理。退休后受聘上海交通大学，重执教鞭，回到教学科研第一线"。应该说，正是上述这一独特的经历，使他能在繁忙的学术管理和教学之余写下本书中的这些文字。作为他的同事，我的专业并非中国古代文学，而是比较文学和西方文论。但是我自幼对中国文学钟爱，日后虽然从事西方文学和文论研究，却总忘不了阅读一些古典文学名著以及研究者的学术著作，以充实自己的中西比较文学和文论研究。因此庆存教授书中提到的不少学界前辈和同行也是我的前辈学人或同辈友人，例如傅璇琮、程千帆、唐圭璋、邓广铭、李学勤、任继愈、袁行霈、汤一介、陈贻焮、叶嘉莹、章培恒、曾繁仁、刘中树、杨义等，我和他们或有过直接的交往或聆听过他们的教诲。而陈尚君、詹福瑞、刘石等则是我的同辈学者或朋友，和我的交往就更多一些。

尽管学界有"隔行如隔山"之说，但我读阅此书稿却丝毫不感到枯燥乏味，而倒是十分亲切，仿佛上面提及那些已故或健在的学界前辈或同辈学人又浮现在我们面前，不仅与本书作者同时也与广大读者进行直接的交流和对话。应该承认，一部以古代文学和文化为主要研究对象的著作能吸引我这个非专业学者和读者，足见其作者的行文风格和本书的雅俗共赏之特色。

当然，我是带着学习的态度来阅读本书的，因此当庆存教授将书稿发给我并嘱我为之作序时，我不免诚惶诚恐。但我作为庆存教授在上海交通大学人文学院的继任人和现任院长，向广大读者推介本书自然是我义不容辞的义务，于是我恭敬不如从命，权且将下列文字作为自己的读书心得充数为一篇序文，以就教于庆存教授。

收入本书的文章大体可以分为三类：一类是纯学术论文，这其中足见作者扎实的中国古代文学学术功底；一类是作者作为一位学术管理者为报纸杂志撰写的长短不一的文章，或在学术会议上的主旨发言，即使在这样一些并非作者专业的学术或评论文章中，也足以见出作者宽广的知识面和宏阔的视野；一类则是他本人应邀为一些学界同行和青年同事的著作撰写的序以及一些学界前辈和同行为他的著作撰写的序或评论。这些文章也体现了作者在离开学术管理部门回归教学之后对后学的提携和帮助。确实，熟悉庆存教授的学术生涯的读者都知道，他的"探索重心一直集中在中国古代散文研究、黄庭坚与宋代文化研究、社会科学研究三方面"。但是贯穿其学术著述始终的则是一条主线，即人文精神和人文关怀，因此当本书最后交由出版社付梓时，庆存教授将其定名为"人文论稿"，我以为这是十分准确和精当的。

随着中国经济的腾飞和人民的物质生活条件的提升，人们越来越感到我们这个社会是否缺少一种人文关怀和人文精神。因而关注人文学科的建设和发展便被提到了各级领导者和教育工作者的议事日程上。进入新时代以来，习近平总书记在领导中国经济建设和制定治国方略之余也表达了对人文社会科学的高度重视。他关于哲学社会科学以及文学艺术创作和研究的一系列讲话，对我们中国在新的历史条件下发展和繁荣人文社会科学研究以及中国的人文社会科学走向世界、进而成为全人类优秀思想文化的一部分，都有着总体的和宏观的指导意义。确实，为了将中国建设成为一个发达的现代化强国，我们不仅需要强大的经济和国防力量，也应该大力发展文化软实力。

但是，今天的许多大中学生对人文学科的作用和功能还有着种种不解和疑问。其中的一些人甚至会提出这样的问题：究竟学文科——或更具体地说——学习人文学科有没有用呢？我的回答是既无用也有用：所谓"无用"是指学习文科不能带来立竿见影的经济效益，不能从根本上改变人们的生活条件；有用则指的是人文学科的重要性往往体现在对人们的认识观念的影响以及对人们的世界观的改变上，而受到这种潜移默化的影响的人们可以在自己所从事的工作中取得不同程度的成就，而担任领导工作的人的观念一旦发生变化就会带来政治、经济和文化方面的巨大变革。因此就这一点而言，人文学科所产生的作用又是一种"大用"，它的价值是无法用经济效益来衡量的，但是它反过来却能在一定程度上产生巨大的社会效益和经济效益。

因此，我始终认为，不管我们的社会向哪个方向发展，人文社会科学学科总是不可缺少的，看不到这一点，一味追求短期的效应就会造成人文精神的失落。同样，在建立中国自己的世界一流大学和一流学科的过程中，人文社会科学学者应该是大有作为的。我们要树立文化自信，为构建人类命运共同体贡献中国的智慧和经验，这一点将随着时间的推移将越来越得到证实。几十年前，毛泽东主席就教导我们，中国应当对人类作出较大的贡献。现在，中国的经济已经取得了举世瞩目的成就，但中国的人文社会科学也应该跟上。但在当前的情况下，与中国的经济所取得的巨大成就以及中国的政治大国的地位相比，中国的人文社会科学所取得的成就和所产生的国际影响却是不相匹配的。因此作为人文学者，我们不仅要在本专业领域内着力打造学术精品，同时也要服务于整个社会，为当前的这个商品经济社会带来一些人文气息和人文精神。这样我们就能适应时代的需要和国际学界对我们中国的人文学者的期待。因此，对于我们高校教师来说，树立文化自信，弘扬人文教育应该是我们义不容辞的义务和历史使命。因此就这一点而言，本书的出版是非常及时的。

无论是在教学科研岗位，还是在学术管理和领导岗位，庆存教授都时刻不忘自己是一位人文学者，力图在自己的著述中表达深切的人文关怀。这确实是难能可贵的。同样，这也贯穿本书之始终：无论是那些艰深冷僻的考据式论文，还是轻松自如的序跋或评论性文章，也都洋溢着作者作为人文学者所特有的行文风格。当然，作为一部涉猎广泛的人文学术著作，本书之特色恰如陈尚君先生为作者的另一部著作所作的序所言，庆存先生确实"得王先生倡文章学真传而有所创见者"，此外又"得刘先生所授而潜心精研之所得"。我不妨借此句来概括本书之特色，不知广大读者以为如何？

是为序。

①

2021 年 5 月 24 日于上海

---

① 王宁，文学博士，上海交通大学人文社会科学资深教授，人文学院院长。享受国务院特殊津贴。拉丁美洲科学院院士、欧洲科学院外籍院士。中国比较文学学会会长，中国中外文艺理论学会副会长，中国文艺理论学会副会长等。

上 编

人文思想与人类生存
——论苏轼《六一居士集叙》的人文内涵[*]

人文思想密切关联和直接引导着人类的生存与发展。在中国古代文化发展史上,最早深刻认识到这一根本问题的巨大意义,并具体生动、系统明确地形之于笔端、著述于文章且传之于后世者,当推宋代文化巨擘苏轼,而他的《六一居士集叙》于其中最为经典。

复旦大学资深教授王水照先生早在 20 世纪就曾指出,"苏轼是我国文化史上一位罕见的全才,是人类知识和才华发展到某方面极限的化身"[①];南宋孝宗皇帝赵昚则称赞苏轼的文章"力斡造化,元气淋漓,穷理尽性,贯通天人"[②];每读苏轼的《六一居士集叙》,吾常深以为然,感叹王水照先生的"识人之深"与孝宗皇帝的"识文之切"。众所周知,中国古代先贤曾把"立德、立功、立言"[③] 视为实现人生最大价值的三种境界。苏轼的《六一居士集叙》就是着眼于"立言"蕴含的人文精神,落脚于体现"功"与"德"的社会效果,来安排表达和结构全篇内容,同时又以"天地、大禹、孔子、孟子、韩愈、欧阳修"为轴心,展开论述,深刻阐明儒家思想推动社会文明进步的重大作用,突出欧阳修在传承和弘

---

[*] 该文是为 2018 年 4 月中旬复旦大学中文系、国家社科基金重大项目"中国古代文章学著述汇编、整理与研究"课题组主办的"第四届中国古代文章学国际学术研讨会"撰写的会议论文,2019 年 5 月 7 日发表于《光明网·文艺评论频道》,收入论文集《中国古代文章学的形态与体系》(复旦大学出版社 2020 年版,第 198—203 页)。

① 王水照:《走进"苏海"——苏轼研究的几点反思》,《文学评论》1999 年第 3 期。
② (宋)苏轼撰,孔凡礼点校:《苏轼文集(第 6 册)》,中华书局 1986 年版,第 2385 页。
③ (春秋)左丘明:《左传》,岳麓书社 2001 年版,第 432 页。

扬中华优秀传统文化方面的重大贡献，揭示了人文思想与人类生存的紧密联系，反映了苏轼对人文思想与文明发展的深刻思考与独到见解。

一

　　苏轼的《六一居士集叙》堪称古代散文经典中的奇葩、名篇中的极品。这篇文章不仅人文内涵深刻丰富，有着极强的思想引导性，而且全文构思立意、布局谋篇、思想境界、艺术效果都令人叹为观止。明代著名散文评论大家唐顺之以"体大而思精，议论如走盘之珠，文之绝佳者也"[①]称颂之，确为的评。为论述方便，兹将全文抄录标点如下：

　　　　夫言有大而非夸，达者信之，众人疑焉。孔子曰"天之将丧斯文也，后死者不得与于斯文也"；孟子曰"禹抑洪水，孔子作《春秋》，而予距杨、墨"，盖以是配禹也。文章之得丧，何与于天？而禹之功与天地并，孔子、孟子以空言配之，不已夸乎？

　　　　自《春秋》作，而乱臣贼子惧；孟子之言行，而杨、墨之道废。天下以为是固然而不知其功。孟子既没，有申、商、韩非之学，违道而趋利，残民以厚主，其说至陋也，而士以是罔其上。上之人倪幸一切之功，靡然从之，而世无大人先生如孔子、孟子者推其本末、权其祸福之轻重，以救其惑，故其学遂行。秦以是丧天下，陵夷至于胜、广、刘、项之祸，死者十八九，天下萧然，洪水之患，盖不至此也。方秦之未得志也，使复有一孟子，则申、韩为空言，作于其心，害于其事；作于其事，害于其政者，必不至若是烈也。使杨、墨得志于天下，其祸岂减于申、韩哉！由是言之，虽以孟子配禹可也。

　　　　太史公曰"盖公言黄、老，贾谊、晁错明申、韩"，错不足道也，而谊亦为之！予以是知邪说之移人，虽豪杰之士，有不免者，况众人乎？

　　　　自汉以来，道术不出于孔氏，而乱天下者多矣。晋以老庄亡，梁以佛亡，莫或正之。五百余年而后得韩愈，学者以愈配孟子，盖庶几

[①]　（明）茅坤：《唐宋八大家文钞评文》一卷，见王水照编《历代文话（第2册）》，复旦大学出版社2007年版，第1992页。

焉。愈之后二百有余年，而后得欧阳子。其学推韩愈、孟子以达于孔氏，著礼乐仁义之实，以合于大道，其言简而明，信而通，引物连类，折之于至理，以服人心，故天下翕然师尊之。自欧阳子之存，世之不说者，哗而攻之，能折困其身，而不能屈其言，士无贤不肖，不谋而同曰："欧阳子，今之韩愈也。"

宋兴七十余年，民不知兵，富而教之，至天圣、景祐极矣，而斯文终有愧于古，士亦因陋守旧，论卑气弱。自欧阳子出，天下争自濯磨，以通经学古为高，以救时行道为贤，以犯颜纳谏为忠，长育成就，至嘉祐末，号称多士，欧阳子之功为多。呜呼！此岂人力也哉？非天，其孰能使之！

欧阳子没，十有余年，士始为新学，以佛老之似，乱周孔之真，识者忧之。赖天子明圣，诏修取士法，风厉学者专治孔氏，黜异端然后风俗一变。考论师友渊源所自，复知诵习欧阳子之书。予得其诗文七百六十六篇于其子棐，乃次而论之曰："欧阳子论大道似韩愈，论事似陆贽，记事似司马迁，诗赋似李白。此非余言也，天下之言也。"欧阳子讳修，字永叔。既老，自谓六一居士云。元祐六年六月十五日叙。[①]

《六一居士集叙》全文由三部分构成，仅763字，而思想内容博大精深。第一部分从开头到"况众人乎"，主要论述了儒家人文思想对于人类生存的重要性，即儒家思想之"功与天地并"。第二部分从"自汉以来"至"其孰能使之"，通过梳理自汉至宋的历史事实，突出欧阳修传承儒学思想的重大贡献。第三部分从"欧阳子没，十有余年"至结尾，描述了《六一居士集》的文化境界与编纂背景。

《六一居士集叙》以"夫言有大而非夸，达者信之，众人疑焉"开头，议论起笔，如高山坠石，气势恢宏，新奇精警。其中的"言""信""疑"三字，正是下面展开论述的根基。苏轼首先拈出孔子和孟子的两段著名言论论证"夫言有大而非夸"的观点。孔子受困于匡国之时，曾发

---

① （宋）苏轼撰，孔凡礼点校：《苏轼文集》，中华书局1986年版，第1册卷10，第315—316页。

出"天之将丧斯文也,后死者不得与于斯文也"的感慨。公元前496年,孔子从卫国到陈国去,路经匡国之地,匡国以前曾受到鲁国阳虎的掠夺和残杀,孔子的相貌与阳虎相像,匡人误以为孔子就是阳虎,所以将他围困。《论语·子罕》记载此事:"子畏于匡,曰:'文王既没,文不在兹乎?天之将丧斯文也,后死者不得与于斯文也;天之未丧斯文也,匡人其如予何?'"表现出孔子"斯文自任"的历史使命感、文化责任心和不惧危险的充分自信。而孟子的表述更直接,即"禹抑洪水,孔子作《春秋》,而予距杨、墨"①,不仅将自己批评杨朱、墨子学说与孔子作《春秋》这两件事,来和大禹治水相比并,而且认为这三件事情的功德,与天地给予人类生存提供条件保障的功德一样大。大禹治水为人类生存创造了条件,正如李白的诗《公无渡河》所言:"大禹理百川,儿啼不窥家。杀湍湮洪水,九州始蚕麻。"②这是属于物质、物理方面的贡献;而孔子作《春秋》和孟子辟杨、墨,则是属于思想文化和人文精神方面的创造,那么二者如何能相提并论呢?苏轼用这两个"大言"之例,提出"文章之得丧,何与于天?而禹之功与天地并,孔子、孟子以空言配之,不已夸乎"的疑问,以此说明"众人疑焉"的合理性。

其后,苏轼以"自《春秋》作,而乱臣贼子惧;孟子之言行,而杨、墨之道废"的历史事实,说明了儒学思想的重要意义和社会作用,突出了舆论、道德、文化的社会影响力,凸显了儒家思想对于弘扬社会正气、推动人类文明健康发展所产生的巨大作用。然而,人们认为这是社会自然发展的结果,并不是受儒家思想影响所致,所以"不知其功"。

接着,苏轼又引用申不害、商鞅、韩非之学对社会发展产生危害的历史事实,说明由于偏废儒家思想而对人类社会发展造成的严重后果。申不害、商鞅、韩非之学各成一家之言,但相较于儒家学说关注社会、关注民生、推进社会有序发展的整体思维方式而言,又各有其偏颇之处。所以苏

---

① 《孟子·滕文公下》:孟子曰:"昔者禹抑洪水而天下平,周公兼夷狄、驱猛兽而百姓宁,孔子成《春秋》而乱臣贼子惧。《诗》云:'戎狄是膺,荆舒是惩,则莫我敢承。'无父无君,是周公所膺也。我亦欲正人心、息邪说,距诐行、放淫辞,以承三圣者;岂好辩哉?予不得已也。能言距杨、墨者。圣人之徒也。"

② (唐)李白著,瞿蜕园、朱金城校注:《李白集校注》卷三"乐府",第1册,上海古籍出版社1979年版,第196页。

轼认为"申、商、韩非之学"是"违道而趋利,残民以厚主,其说至陋也",官宦士人"以是罔其上",而君主又"侥幸一切之功,靡然从之",在这种情况下由于没有出现类似孔子、孟子这样的圣贤来"推其本末、权其祸福之轻重,以救其惑",致令申不害、商鞅、韩非之学流行于世,导致社会动乱、生灵涂炭,"死者十八九,天下萧然",即使是洪水之患也不会达到如此惨烈的破坏程度,由此说明了"以孟子配禹可也"的科学性。

此后苏轼引用司马迁关于"盖公言黄、老,贾谊、晁错明申、韩"的论述,说明和印证"邪说之移人,虽豪杰之士,有不免者,况众人乎"的现象,回应开头"众人疑焉"的合理性。据班固《汉书·曹参传》载,盖公为汉代胶西的著名学者,擅长黄、老之学,认为"治道贵清静而民自定",曾建言西汉宰相曹参用黄、老术治理齐地,成效显著。而与屈原并称"屈贾"、写《过秦论》《论积贮疏》等作影响深广的贾谊,倡导"重农抑商"、写《论贵粟疏》《守边劝农疏》等作为人称道的晁错,二人《史记》《汉书》皆为其立传,都曾得到史家肯定。苏轼认为此二人都是非同常人的"豪杰之士",但也难以避免为申不害、韩非之学所惑。由此可见,"众人"对"邪说""疑焉"就更不足为怪了。

在第二部分里,苏轼屡述了自汉代以后,老庄思想或佛家思想成为治理国家的主流文化,导致社会动荡、家国灭亡的历史事实,所谓"晋以老庄亡,梁以佛亡"。汉代之后五百年,韩愈力倡儒学,认为"如古之无圣人,人之类灭久矣",强调了人文思想对于人类生存的重要性,因此学者将韩愈与孟子相比并。韩愈之后二百年,欧阳修出,其上承韩愈、孟子和孔子的儒家学说,通过"简而明,信而通,引物连类,折之于至理"的文章,来弘扬"礼乐仁义"思想,以合于儒家大道。欧阳修主张文章要"经世致用""切于事实""不为空言",面对"世之不说者,哗而攻之"的困境,欧阳修不改其志,正是在他的大力倡导下,"场屋之习,从是遂变"①,而"士无贤不肖,不谋而同曰:'欧阳子,今之韩愈也'"。以传承儒家学说的韩柳(韩愈、柳宗元)古文传统在宋代

---

① (元)脱脱等:《宋史(第9册)》,中华书局2000年版,第8351页。

得到了发扬光大,"自孔子至今,千数百年,文章废而复兴,惟得二人(韩愈、欧阳修)焉"①,将宋代文化的发展推入一个全新的境界,树立了一代士林新风,"天下争自濯磨,以通经学古为高,以救时行道为贤,以犯颜纳谏为忠",从而突出了欧阳修在弘扬儒家思想,引导社会良性发展,推进人类文明进步中的历史贡献和巨大影响。

第三部分介绍编纂《六一居士集》的文化背景和作序缘由,交代了欧阳修去世十多年后,"士始为新学,以佛老之似,乱周孔之真,识者忧之"的态势,以及"诏修取士法,风厉学者专治孔氏,黜异端然后风俗一变。考论师友渊源所自,复知诵习欧阳子之书"的情形,说明欧阳修的影响深广。与此同时,借"天下之言"高度评价了欧阳修"论大道似韩愈,论事似陆贽,记事似司马迁,诗赋似李白"的文化造诣,并以欧阳修"六一居士"别号收束全文,说明以号名集。全文三部分紧紧围绕《六一居士集》的编纂,深入思考儒家思想与文明发展的关系,内容丰富,层次分明,前后照应、逻辑严谨,浑然天成,既蕴含着深刻丰厚的人文内涵,又具有很强的思想性和说服力。

二

《六一居士集叙》以思想深刻、境界高远、勇于创新著称。

书序作为一种文体,滥觞于两汉,发展于魏晋,兴盛于李唐而变化于赵宋。相传孔安国在《尚书·序》中称"序所以为作者之意",大体昭示了序的功能。约成于汉代的《毛诗序》与《史记·太史公自序》《汉书·叙传》、扬雄的《法言序》等,大都立足全书,进行宏观的阐释、申述,或者兼及作者自身,是为常式。唐宋时期是序体散文发展的昌盛期,名篇迭出,尤其是宋代,书序的形象性、可读性、理论性比前代明显加强。黄庭坚的《小山词序》几乎通篇介绍晏几道的为人与性格;李清照的《金石录后序》更以抒情与描写兼胜、文学色彩浓厚见长;徐铉的《重修〈说文解字〉序》历述华夏文字自"八卦即画"至"皇宋膺运"长达数千年间的发展演变,注重宏观审视和发展规律的探寻,视野开阔;赵奢的《苏轼文集序》从论

---

① (宋)苏辙:《欧阳文忠公神道碑》,见陈宏天、高秀芳点校《苏辙集》,中华书局1990年版,第1136页。

述"成一代之文章"与"立天下之大节"的关系入手,探讨"节""气"与"道""文"的联系,议论苏轼其人其文,整篇序文向议论化、理论化方向延伸;对于序的写作,不同的作者往往会有许多不同的写法,从而呈现多姿多彩的风貌。

由于"知人论世"的文化传统,为大家、名家作书序,难度甚大,尤其是像欧阳修这样的文坛巨擘,对其人其文的概括、定位就更难。《六一居士集叙》高屋建瓴、茹古涵今,立意高远、思考深刻,体现出苏轼"出新意于法度之中,寄妙理于豪放之外"[①] 的大家风范。其多方面的创新出奇,以下三点尤为突出。

其一,整篇文章着力强调儒家思想对于人类社会健康发展的极端重要性,蕴含着鲜明的"天人合一"宇宙观、"以人为本"价值观、"尊道贵德"发展观和"文以载道、人文化成"等一系列的中国古代哲学理念。全文运用丰富的历史事实,以时为序、由远而近,逐层展开论述,正如清代散文名家张伯行所言:"以孟子配禹,以韩文公配孟子,以欧阳子配韩文公,此是一篇血脉。"[②] 体现出鲜明的系统性和深刻的思想性,从而说明人文思想对人类社会发展的巨大影响。

其二,苏轼在前贤人文思想认识的基础上,紧密结合已经发生的历史事实,将孔子、孟子、韩愈、欧阳修等主张继承弘扬的儒家思想及其对社会的积极作用,与杨朱、墨子、申不害、韩非学说以及佛老思想对社会产生的负面影响做对比,表明积极的人文思想对社会文明发展的推动作用;又将采用儒家学说则社会安定,与不采用则"乱天下者多"的现象做对比,指出"邪说移人","洪水之患,盖不至此"的严重后果,突出儒家思想是人类社会健康发展的直接动因。唐宋时期都曾出现过儒释道三教并用的主张,但在社会历史的发展进程中,不恰当地运用都将给社会带来破坏性的灾难,通过正反对比,更具有说服力。

其三,大视野、高境界。苏轼从中华民族文化发展史的高度来审视、考察、评论儒家思想对推动人类文明和社会发展的重大作用,同时又特别

[①] (宋)苏轼撰,孔凡礼点校:《苏轼文集》卷70《书吴道子画后》,中华书局1986年版,第2210页。

[②] (清)张伯行编:《唐宋八大家文钞》,远方出版社2001年版,第149页。

强调对中华优秀文化进行传承弘扬的重要性，突出了孔子、孟子、韩愈、欧阳修的文化创造与思想贡献。而欧阳修的贡献不仅仅局限于文学本身，其格局与气度也的确如明代茅坤所说"不负欧公"①。

三

　　文化与人文思想对于人类发展的作用，始终是学人思考和关注的重要问题。诸如《周易·贲卦·彖传》提出"观乎人文，以化成天下"②；《论语》指出"诗可以兴，可以观，可以群，可以怨"③；刘勰的《文心雕龙》认为"文之为德也大矣，与天地并生"；曹丕的《典论·论文》称文章"经国之大业，不朽之盛事"④；杜甫的《偶题》也说"文章千古事"等，都涉及文章的作用、意义和价值，但均稍显简单与模糊。进入宋代之后，人们对人文思想的思考渐趋深入和系统，关注到文化精神对人们心理意识的影响，王禹偁甚至提出了"主管风骚胜要津"⑤的深刻见解，强调思想文化对社会与人心的重大影响。尤其是理学家张载明确提出"为天地立心，为生民立命，为往圣继绝学，为万世开太平"⑥的主张，将文化的作用提升至空前高度。然而诸如此类的观点与见解，都没有展开深入、系统的论述。

　　与上述情形不同，《六一居士集叙》站在人类发展与文明发展的高度，阐发儒家思想对人类生存、社会发展的重要性。正如清代著名理学家蔡世远指出的那样，"非具千古只眼者不能，是何等识力、笔力！"⑦尤其难能可贵的是，苏轼在《六一居士集叙》中首次将物质物理与精神文明并举，孔子、孟子、韩愈、欧阳修创造的思想文化全都属于意识形态属

---

　　① （明）茅坤：《唐宋八大家文钞评文一卷》，见王水照编《历代文话（第2册）》，复旦大学出版社2007年版，第1992页。

　　② 周明邦：《易经评注》，中华书局1995年版，第58页。

　　③ 杨伯峻：《论语译注》，中华书局1980年版，第185页。

　　④ 郭绍虞：《中国历代文论选》，上海古籍出版社1979年版，第61页。

　　⑤ （宋）王禹偁：《小畜集（上）》，商务印书馆1937年版，第123页。

　　⑥ （宋）张载著，章锡琛点校：《张载集》，中华书局1978年版，第376页。

　　⑦ 四川大学中文系唐宋文学研究室编：《苏轼资料汇编（三）》，中华书局1994年版，第1237页。

性，其对社会发展的影响并不像大禹治水那样直观可见，容易被人承认，但其潜移默化的作用，更持久、更稳定。由此突出了精神文化对人类健康发展的重要性、必要性和紧迫性，凸显了人的意识、精神、思想的重要性，强调了人文精神、人文修养对推动历史进步的重要意义，充分彰显苏轼思想的深刻性和深邃性，正如宋代诗人范温所称扬的那样——"超然独立于众人之上"①。

苏联著名学者瓦西里耶夫在他的《中国文明的起源问题》一书中指出，"中国的历史是伟大的，它根植于遥远的古代。在千百万年中，中国一再表现出非凡的稳定性和对于古代传统的忠诚。在这个古代，在中国的远古时代，确实有不少稀世的、独特的、只有中国才有的东西，因而似乎可以明显地证明对古代中国文明百分之百的土著性表示任何怀疑都是不对的"②。苏轼的《六一居士集叙》对于儒家思想的历史作用和人文精神的深刻思考，至今还有着重要的借鉴意义，启示我们一定要站在人类文明发展、健康发展、和平发展的高度，继承和弘扬中华民族优秀传统文化的思想精髓，创造新时代的新文化。

2018 年 3 月草拟于奉贤南郊

复旦大学第四届中国古代文章学国际学术研讨会合影

---

① （宋）范温：《潜溪诗眼》，见郭绍虞辑《宋诗话辑佚》，中华书局 1980 年版，第 316 页。
② ［苏联］瓦西里耶夫：《中国文明的起源问题》，郝振华等译，文物出版社 1989 年版，第 366 页。

"经国之大业,不朽之盛事"*
——散文研究的人文内涵与价值引领

一 最有思想魅力的艺术奇葩

散文,在人类灿烂辉煌的文化宝库中,是最有思想魅力的艺术奇葩。中国散文,更是人类智慧资源、思想资源和文化资源的巨大宝藏,作为中华民族优秀传统文化的杰出代表与核心载体,思想博大精深,民族特色鲜明。

众所周知,散文在中国古代,既是治国理政和价值实现的重要手段,又是实践"尊道贵德""文以载道""以文化人""人文化成"诸多文化理念的重要方式。作为中华文化的主要载体和实践智慧的艺术结晶,中国散文曾经独尊一统,持续发展数千年,而且同国家命运、民族兴衰与文人士子的理想抱负紧密相连,融为一体,集中体现着写作者"德、才、学、识、胆"多方面的综合素质与水平。三国时期的著名政治家、文学家魏文帝曹丕称,"文章"乃"经国之大业,不朽之盛事"(《典论·论文》),而宋代文化巨擘苏轼,则认为"文章余事作诗,溢而作词曲"(宋·徐度《却扫编》)。被前贤称为"文章"的散文,其社会功能如此之大、文化地位如此之高,价值意义如此之巨,使得后代学人的散文研究,成为历代弘扬传承民族优秀文化传统和创新建设时代新文化的重要方面。

---

* 《中国社会科学文摘》2019年第11期以"散文研究的人文内涵与价值引领"为题目转载本文(有删减)。原载贾平凹主编《美文》2019年总第539期。

二 散文研究的新局面与新态势

人类进入21世纪，伴随中华民族"复兴之梦"的历史实践，中国散文研究也进入了空前繁荣的发展期。尤其是最近十多年来，"文化强国""文化自信""中国文化走出去"的国家战略，为散文研究创造了良好的社会环境与文化氛围。与此同时，学界对于散文促进人类社会文明发展重大意义的认识也越来越深刻，国家支持的力度与学者研究的投入更是越来越大。高新科技的发展与文化典籍数据化的运用，为开拓散文研究的广度与深度，提供了极大的方便。近些年来，散文研究呈现让人欣喜的新局面与新态势：一是成长起来一批学术功底扎实的优秀中青年学者，二是出版和发表了一批学术分量厚重的研究成果，三是研究切入角度、考察广度和思考深度都有了很大拓展而不再局限于散文本身，四是相关研讨活动和学术会议越来越活跃，五是中国特色的散文研究话语体系、理论体系创建有了新进展。

散文研究的新态势，首先得力于国家政策的支持。仅就近些年国家频频出台的文化政策看，密度和力度都是空前。2011年10月《中共中央关于深化文化体制改革、推动社会主义文化大发展大繁荣若干重大问题的决定》提出了实施"文化强国"的长远发展战略。2016年5月习近平总书记《在哲学社会科学工作座谈会上的讲话》（下文简称《讲话》）指出，中华文明历史悠久，从先秦子学、两汉经学、魏晋玄学，到隋唐佛学、儒释道合流、宋明理学，经历了数个学术思想繁荣时期。在漫漫历史长河中，中华民族产生了儒、释、道、墨、名、法、农、杂、兵等各家学说，涌现了老子、孔子、庄子、孟子、荀子、韩非子、董仲舒、王充、何晏、王弼、韩愈、周敦颐、程颢、程颐、朱熹、陆九渊、王守仁、李贽、黄宗羲、顾炎武、王夫之、康有为、梁启超、孙中山、鲁迅等一大批思想大家，留下了浩如烟海的文化遗产。中国古代大量鸿篇巨制中包含着丰富的哲学社会科学内容、治国理政智慧，为古人认识世界、改造世界提供了重要依据，也为中华文明提供了重要内容，为人类文明做出了重大贡献。毫无疑问，习近平总书记讲到的这些内容，几乎都以散文为载体，其思想资源的发掘与利用，也都离不开对散文的深入研究。《讲话》还提出了"按照立足中国、借鉴国外，挖掘历史、把握当代，关怀人类、面向未来的思路，着力构建中国特色哲学社会科学，在指导思想、学科体系、学术体系、话语体系等方面充分体现中国特色、中国风格、中国气派"的要求与目标，更是为散文研究指出了明确的方向，提供了极大的空间。2017年1月，中共中央办公厅、国务院办公厅印发《关于实施中华优秀传统文化传承发展工程的意见》，是为建设社会主义文化强国，增强国家文化软实力，实现中华民族伟大复兴的中国梦颁发的文件，对如何实施中华优秀传统文化传承发展工程做出了具体要求。2017年10月，党的十九大提出"推动中华优秀传统文化创造性转化、创新性发展，继承革命文化，发展社会主义先进文化，不忘本来、吸收外来、面向未来，更好构筑中国精神、中国价值、中国力量，为人民提供精神指引"。所有这些，都为散文研究提供了有力的政策支持，让学界眼亮劲足、提神提气。

散文研究的新态势，也得力于国家资金的支持。进入21世纪，散文研究获得国家社科基金立项资助的课题越来越多。目前，中国散文研究的各类课题多达数百项，其中获得国家重大招标项目的课题也有几十项。诸如《中国古代文章学著述汇编、整理与研究》（王水照）、《〈尚书〉学文献集成与研究》（钱宗武）、《中国古代散文研究文献集成》（郭英德）、《两岸现代中国散文学史料整理研究暨数据库建设》（汪文顶）、《中国古代文体学发展史》（吴承学）、《历代儒家石经文献集成》（虞万里）、《历代骈文研究文献集成》（莫道才）、《历代古文选本整理及研究》（马茂军）、《中国古代礼学文献整理与研究》（陈戍国）、《明清骈文文献整理与研究》（吕双伟）等，领衔专家既有影响深广的学界前辈，也有近年专攻散文研究且年富力强的新锐。这些获得立项资助的课题，不仅因为有了实际经费的支持，可以形成团队和规模，进行深入持续的研究，而且也因为研究者强烈的责任心和荣誉感，易产生强大的思想动力，既能出成果、出思想，又能出人才、出影响。

散文研究的新态势，还得力于国家的激励机制。国家和各地政府都制定了哲学社会科学优秀成果的奖励制度，为散文研究的深入开展注入了竞争活力。仅就2015年教育部第七届高等学校科学研究优秀成果奖（人文社会科学）来看，中国文学学科就有4项一等奖，是所有学科中最多的。这4项一等奖，除《中国诗歌通史》（赵敏俐等）外，其余3项《中国古代文体学研究》（吴承学）、《宋代散文研究（修订版）》（杨庆存）、《鲁迅研究的三种范式与当下的价值选择》（张福贵）均属于中国散文研究成果；而中国文学学科 20 项二等奖中有 10 项与中国散文研究密切相关，如《唐宋"古文运动"与士大夫文学》（朱刚）、《先秦文艺思想史》（李春青等）、《文镜秘府论研究》（卢盛江）、《春秋文学系年辑证》（邵炳军等）等，占了一半。当然，这与散文内容的丰厚广博不无关系。散文研究成果获奖占比的提高，既说明学界对散文研究的高度关注和充分肯定，又代表着学术研究的一种导向。

散文研究的新态势，更得力于学界的共同努力，相继推出大量厚重的成果。诸如《全宋文》《全元文》《全明文》之类海量的典籍搜集整理，历代大家、名家文集、全集的整理笺注如《欧阳修全集》《苏轼文集》《王安石全集》《吕祖谦全集》等，均属中华文化建设的基础工程，此不言而喻。特别是最近十年来，系统化、成规模的学术成果越来越多，诸如王水照先生主编的十巨册 600 多万字的《历代文话》（2007）、郭预衡全三册《中国散文史》（2011）、漆绪邦主编的增订本上下册《中国散文通史》（2014）等，都得到学界的高度评价。杨树增近百万字的《儒学与中国古代散文》（2017）被认为是"中国古代散文深度研究的杰作"，王兆胜《真诚与自由：20 世纪中国散文精神》（2003）是首部研究 20 世纪中国散文的力作，陈剑晖《散文文体论》（2002）、吕双伟《清代骈文理论研究》（2011）、李建军《宋代浙东文派研究》（2013）、胡建升《宋赋研究》（2017）等，都是学术新锐撰著的颇具开拓性、补白性的研究成果。至于分量厚重的学术论文更是不胜枚举。正是这些成果，托起了散文研究的蓝天。

总之，散文研究赶上了一个好时代，赶上了国家的好政策。国家密集地制定出台弘扬和传承中华民族优秀文化的措施与文件，从传统文化中发掘和汲取推进人类文明发展的思想与智慧，包括全民族素质学养的提高、"立德树人，教书育人"的人才培养、社会主义核心价值观的提炼等，都需要从古代传统文化中来。中华传统文化最基本最重要的两大体裁类型就是散文与诗歌，小说与戏剧都是散文与诗歌的结合体，诗歌以抒情为主，散文则体现出更强的思想性。尽管先秦时期，曾经出现过"不学诗无以言"的情形，但是诗歌的地位、作用与影响依然无法同散文相媲美，从《尚书》到诸子百家著述，我们都可以领略到散文对于治国理政和推动社会发展乃至人类文明的重要性。这也是散文数千年来独尊一统的重要原因。

三　散文研究的价值引领与拓展趋势

中国散文研究目前尽管取得了令人鼓舞的诸多成就，但是同国家文化建设和时代发展的需要相比，还很不够、很薄弱。这种薄弱不是体现在数量上，而是体现在深度上。以往的研究主流与重点，大都集中在资料搜集整理、散文发展现象梳理或者是文本诠释、艺术欣赏等，这些大都是相对比较浅层的基础研究，虽然属于不能绕过而且必须要有的内容，但着眼点仅仅停留在这些层面显然是远远不够的。因此，今后一个时期的散文研究需要继续找准切入点、着力点和落脚点。

第一，散文研究要深入发掘深刻的人文思想内涵。散文既是时代与历史的载体，又是思想与文化的载体，涵盖了诸如文学、历史、哲学、语言、艺术等多个学科、多个领域。仅从文学层面研究散文，甚至仅就散文本身研究散文、仅就文学艺术研究散文，都只能是表面的、浅层的，既不能体现出深刻性，也不能发掘出、发挥出散文真正的思想价值与文化意义。因此，今后散文研究的开展与开拓、方向与趋势，除了继续保持文体本身、思想内容和文学艺术的研究，最应该花工夫、下力气的，应当是散文中最有思想引领价值、最具人类文化普遍意义的深刻人文内涵。如上所述，散文是中华传统文化的优秀代表，是中华民族思想精髓的重要载体。诸如最能体现中华民族文化博大精深特点的"以人为本""天人合一""尊道贵德"等，这些思想理念与著名观点，都存在于散文中、体现于散文中、演绎于散文中。这里面，既有《道德经》《论语》中那样凝练精警的格言式表达，又有《尚书》《庄子》中那种或具体朴实或形象生动的艺术呈现。如果我们只就散文文体的演变来研究，或者只停留在材料的搜集与整理层面，这些虽然是必不可少的基础性工作，甚至可以利用现代化科学技术手段，为学者减轻翻检之劳（三十年前笔者研究中国古代散文，仅考证"散文"概念的发生与衍变，就花了数年时间，做了数千张卡片，现在电脑检索只要零点几秒，列出来的结果与数年的人工检索相差无几），极大地提高研究效率，但是却很难实现发掘前代思想资源、建设当代文化和推进人类文明发展的目的，很难实现承担文化大国与文化强国的责任、引领世界文化发展的伟大目标。

第二，散文研究要强化国家观念。散文研究服务于国家发展战略，这是时代的要求,也是历史的必然。习近平总书记指出,"要讲清楚每个国家和民族的历史传统、文化积淀、基本国情不同,其发展道路必然有着自己的特色;讲清楚中华文化积淀着中华民族最深沉的精神追求,是中华民族生生不息、发展壮大的丰厚滋养;讲清楚中华优秀传统文化是中华民族的突出优势,是我们最深厚的文化软实力;讲清楚中国特色社会主义植根于中华文化沃土、反映中国人民意愿、适应中国和时代发展进步要求,有着深厚历史渊源和广泛现实基础。"(2013年8月19日《在全国宣传思想工作会议上的讲话》)散文研究是这"四个讲清楚"的学术支撑与基础前提,如果说诗歌是以发挥抒情功能为主、体现思想主张为辅的话,那么散文则是直接表达思想主张,直接体现人文精神,尽管也有抒情的元素。

第三,散文研究要树立人类意识。"构建人类命运共同体"是习近平总书记2015年9月在纽约联合国总部发表重要讲话时提出的著名论断,目前早已成为被人们普遍接受的文化理念与流行热词。其实,"人类命运共同体"这一概念,正是对中华民族文化思想精髓和整体思维优秀传统的现代弘扬。中华民族"天人合一""宇宙一体"的世界认知,《易经》中"天、地、人"并称"三才"的文化理念,《黄帝内经》包含的系统化整体思维模式,都涵纳着"人类命运共同体"的思想光辉与丰富元素。1988年,75位诺贝尔奖得主在巴黎集会呼吁,"人类如果要在21世纪生存下去,就必须回首2500年前,去孔子那里汲取智慧"。孔子的智慧到底是什么?为什么会得到顶级自然科学家群体的如此重视和高度评价?孔子为什么直到现在还会得到全世界人民的欢迎与点赞?其实,这背后的深层原因,并不复杂也并不难理解——孔子终其一生都是"以人为本""以德为先",在考虑人类社会和平和谐、健康文明发展时,即便残酷动荡的当时,孔子也是"知其不可为而为之者"(《论语·宪章》)。换言之,孔子思想的最大特点,就是将"人类命运共同体"作为思考现实问题和解决社会问题的着眼点与落脚点,且始终不渝。孔子创建的儒家思想体系,为中华民族的健康发展和人类社会的文明进步做出了巨大贡献,苏轼在《六一居士集叙》中认为,孔子"功与天地并"。笔者个人以为,孔子的最大贡献,不在于建立了以"仁"学与"礼"学为支柱的儒家思想体系,而在于面对当时"弑君三十六,亡国五十二"的惨烈战乱年代,提出了高瞻远瞩的理念和思想,即必须建立适合文明发展的社会秩序。孔子以

《大学》"明明德""亲民""止于至善",以及"格物、致知、诚意、正心、修身、齐家、治国、平天下"之"三纲八目"为基础,创建的儒家思想体系,就是为了建立一个和平安定、持续稳定的社会秩序。这是一个具有人类普遍意义的重大问题。我们研究散文,也必须树立"人类意识",就是为推进人类文明做贡献,引领人类文明的健康发展,有这样的高度,才有思想的深度。

第四,散文研究要建立充分自信。笔者认为,新时代的挑战、国家战略的实施与人类和平发展的需要,决定了今后散文研究将会出现十年、二十年乃至更长时间令人振奋的新局面。这种预判,是以国家已经出台的相关政策为基础,从文化强国、文化自信、文化创新、当代文化建设,到核心价值观的提炼、人类命运共同体、中国文化走出去,乃至最近高等教育的"以本为本""立德树人,教书育人"等,所有这些,无不需要从中华文化、中国散文当中汲取营养。除了前面提到的一些国家政策外,再如,2014 年 3 月发布的《教育部关于全面深化课程改革落实立德树人根本任务的意见》对于"立德树人"的要求,提出国家统筹各学段、各学科、各环节、各方力量、各种阵地的思路与方法,即要从学前教育开始,实行全程育人方略,这显然需要编写中国特色鲜明的系列教材,散文必然是其中的主体内容。2018 年 9 月,习近平总书记在全国教育工作大会上提出,"要努力构建德智体美劳全面培养的教育体系,形成更高水平的人才培养体系。要把立德树人融入思想道德教育、文化知识教育、社会实践教育各环节,贯串基础教育、职业教育、高等教育各领域,学科体系、教学体系、教材体系、管理体系要围绕这个目标来设计,教师要围绕这个目标来教,学生要围绕这个目标来学。凡是不利于实现这个目标的做法都要坚决改过来"。2018 年 12 月,全国高校思想政治工作会议强调,要坚持把立德树人作为中心环节,把思想政治工作贯串教育教学全过程,实现全程育人、全方位育人,努力开创我国高等教育事业发展的新局面。笔者认为,作为思想性很强、适用性很强和艺术性很强的散文,必然在人才培养的过程中担当主要主角,而散文研究也必须为此提供有力的学术支撑。以往散文研究的薄弱之处,恰恰为今后散文研究的繁荣留下了广阔空间。因此,散文研究不仅要有充分的自信和坚强的信心,更要有前瞻性的思想准备,要在把握大势、瞄准前沿上找准着力点。

第五，散文研究要体现"致广大而尽精微"。既要从大处着眼，又要从细处着手，努力做到大而不空、细而不碎，科学严谨、相辅相成，增强系统性。比如说传统经典《十三经》已经有了数千年的研究历史，是否还需要研究呢？答案是肯定的。我们必须依据新资料、新发现、新理解、新方法和新手段，重新审视、重新研究、重新诠释。比如，中国古代的第一部散文总集《尚书》，其开篇《尧典》分量甚重，而首段有"黎民于变时雍"一句，迄今为止，没有看到任何一本符合作者原意的校注、句读、分段或诠释，可以说全部都是错误分段、错误句读、错误理解、错误诠释，以讹传讹，贻误后学。"黎民于变时雍"的正确句读应当是："黎民""于""变时""雍"。句中的"于"是介词，"变时"即季节变化的时间。导致前人理解与诠释错误的关键原因，就在于对"雍"字的理解。关于"雍"字，大家最熟悉的莫过于"雍和""雍容"之类，而"雍"大都是表达团结、和睦、和谐、和顺之意。其实"雍"在古代与"壅"同，原义、本义是遮蔽、壅塞、堵塞的意思。黎民百姓"于变时""雍"，说的就是老百姓对于季节时令变化的节点不清楚，"雍"在这里表达的就是堵塞、不明白、不清楚的意思。中国远古是农耕文明的社会，那个时代的老百姓不知道一年四季变化的节点在什么时候，由此，也就不清楚在什么时候最适宜从事耕种或收获，达到效果最好，所以尧"乃命羲和，钦若昊天，历象日月星辰，敬授民时"，委派羲和等四位大臣分赴四方观察不同时间北斗星的位置与星象，由此确定春分、夏至、秋分、冬至的准确节点，划分四季，然后用了"敬授民时"四个字，描述颁布新农历，供百姓生活生产参考运用的情形。这样的经典，经历了上千年，那么多经学大师的研究和讲解，居然没有严谨科学的正确解释，句读错了，理解错了，解释错了，整篇文章的结构逻辑也都没有搞清楚。所以，研究中国传统文化从头开始，不仅十分必要，而且是时代发展的需要，是继承、发展和创新的关键"点"。最近（2018年11月24日）清华大学召开了"朱自清诞辰120周年"大会，我们由《朱自清全集》可知，朱自清的学术研究是从研究经典《诗经》开始的，返本开新，非常典型。他的散文创作也是融汇了古代文化的精华，并结合当时的时代发展，形成独树一帜的新风韵、新品位，如果说"以诗为文"是从韩愈、柳宗元开始的话，那么真正的"以诗为文"是由朱自清来完成的，读着《背影》《绿》《匆匆》这样的优美散文，将会沉浸于具有丰富深刻人文内涵的优美意境中。散文研究要"致广大而尽精微"，就是要有高的境界、大的视野，但又必须从作品文本的细小处入手。

英国著名历史学家汤因比曾深刻指出："几千年来，中国人比世界任何民族都成功地把几亿民众从政治文化上团结起来，显示出这种在政治上文化上统一的本领，具有无与伦比的成功经验。"[①]，这里所说"政治文化"，其实指的正是中国散文，此与"经国之大业"说相一致、相印证。

学术研究是文化活动的最高形态，散文研究不仅是文化建设、文化创新和文化发展的重要方面，而且是思想建设、价值引领和人才培养的重要方式，关系着民族振兴和人类文明的发展。我们期待散文研究更上一层楼，全面繁荣！

2018 年 12 月 8 日草拟于福州

2019 年 1 月 6 日修订于奉贤

---

① 汤恩比、池田大作：《展望 21 世纪》，国际文化出版公司 1989 年版，第 290 页。

古籍善本与中华文明*

一 古籍善本的文化定位与人类意义

中国古籍善本是中华民族优秀传统文化的重要组成部分和学界高度关注的文化载体，是中华民族文化创造真实记录的珍贵留存和历史实践思考探索的智慧结晶，也是人类共有共享的巨大精神财富和深广厚重的文化资源。古籍善本不仅从一个角度体现中华传统文化发展的时代水平，而且反映着中华文明发展的历史进程和为人类和平发展做出的积极贡献。深刻认识、深入发掘和充分运用古籍善本的人文内涵、文化意义和思想价值，是21世纪国家文化建设与人类文明发展的根本需要，也是时代赋予学界的重大责任。

二 古籍善本的概念内涵与认知标准

古籍善本作为版本学的专用概念，伴随书籍制度的发展而诞生，其自身的内涵与标准，也伴随时代的进步与文明的发展而提升。清代国学大家张之洞在《輶轩语》中说"善本，非纸白版新之谓，谓其为前辈通人用古刻数本精校细勘、不讹不缺之本也"，即着眼于版本学层面的审视和定性。其实，古籍善本的内涵与标准远不止如此，其丰富的历史文化积淀和深刻的人文思想观念，令人叹为观止。一般来说，"善本"既包含内容、

---

* 本文为国家文化传播重大项目"文脉颂中华·e页千年"中华古籍善本网络主题传播系列稿件之九，曾以"激活古籍善本，助力文化建设"为题发表于《光明网——文艺评论频道》2019年7月9日（有删减）。

刻印、版式、材质、装帧等各种外在表现形式构成的"器象",又包含时代认定界限、内容保存状况、校勘水平高下等内在稳定元素形成的基本要求,尤其包含潜在的民族群体之治学态度与文化精神。

检索文献可知,"善本"概念的使用始于宋代。宋代著名词人叶梦得的《石林燕语》记载当时收藏书籍之风盛行于世时,称"藏者精于校勘,故往往皆有善本";南宋理学家朱熹的叔祖朱弁撰写《曲洧旧闻》,其中也有"穆伯长好学古文,始得韩(愈)、柳(宗元)善本"之文字。叶氏、朱氏所称"善本",立足于书籍的整体感觉而着眼于历史久、校勘精、内容多、形制美等多个方面,这个方面也成为后来判断善本的重要元素与基本标准。

"善本"概念的形成出现与认知使用发生在宋代,与当时宋代文化的繁荣发展和书籍制度的创新发达密切相关。中华文化历经数千载演进而造极于赵宋之世。宋代以文治国,教育空前普及,文化繁荣发达,特别是活字印刷术的创造发明,彻底颠覆了以往书籍的简牍制度和卷轴制度,册页制得到飞速发展并很快进入鼎盛时期,刻书、印书、藏书、鉴书蔚成风气。由此,宋人成为创造发明和最早使用"善本"概念者乃属情理中事。

宋代之后,中华文化的发展经过元代、明代而至清代,人文学术研究渐入佳境,学人尤其注重书籍版本的选择与认定,而善本的内涵与标准日趋"实"与"细"。晚清藏书家丁丙的《善本书室藏书志》提出"旧刻、精本、旧抄、旧校"四标准,而清末张之洞的《书目答问》提出"足、精、旧"三原则,即"无阙卷、未删削"的"足本"、"精校精注"的"精本"、"旧刻旧抄"的"旧本"。其于形制、校注之外,特别强调了时代的以往性——"旧"。

当代文化建设与学术研究的丰富实践和迅速发展,使学人对"善本"的内涵与标准不仅有了突破性的新认识,而且理论性、系统性、科学性和可操作性有了极大提高。20 世纪 70 年代末,学界开始编纂《中国善本书总目》,在确定收录标准和范围时,不仅提出了"历史文物性、学术资料性和艺术代表性"的善本"三性"原则,而且列出了"元代及元代以前刻印或抄写的图书""明代刻印、抄写的图书"等九条便于识别和易于操作的鉴定标准,从而形成学界高度认可与普遍通行的"三性""九条"说。

进入 21 世纪，伴随文化强国战略和国家"中华古籍保护计划"的实施，古籍善本的行业标准乃至国家标准进一步科学化、系统化和定型化，古籍善本文化资源的保护、开发和运用，也纳入了国家文化建设和文化强国的规划，国家制定并出台多项政策和实施意见，呈现鼓舞人心的新局面。

三 古籍善本的"体"与"魂"

深刻认识古籍"善本"的文献价值、文化精神和思想意义，必须从深刻认识其概念的文化内涵入手。

古籍"善本"的文化内涵有狭义、广义之分。狭义的"善本"限于版本学基础领域，着眼于书籍自身的外在呈现形式、表现特点和内在要求，强调技术层面可感知、可量化、可鉴定的客观性表征，上面谈到的丁丙"四标准"、张之洞"三原则"，乃至当代的"三性""九条"说，都属于这种类型。

广义的"善本"既包含狭义"善本"的判断标准，又深入"善本"形成和传播过程乃至背后涉及的诸多文化元素与"人"的因素，比如创造过程、创造主体、接受群体、社会影响、文化精神、民族特色、人文内涵、思想价值等方面的情况，由此进入人文精神的更高层面去考察和审视。

古籍善本，实际上"善"是"灵魂"、"本"为"道体"、"古"乃时限。善本的承载介质是书"本"，而核心在于"善"。"善"既是定性又是标准，既有量化的元素，又有"明德"的成分，所谓造福他人，不辞劳苦，自觉奉献，甘之如饴。这不仅仅是对一部书内容形式和水平质量的总体认定与评价，而且是对中华文化"以人为本""尊道贵德""天人合一"之整体思维模式和重大文化原则的基本遵循。"善"与"不善"，乃比较而言。就狭义而言，"善本"就是相对完整丰满、具有一定创新和领先元素的版本，富有建设性和美学性的正能量。就广义而言，"善本"又蕴含着不容忽视的多种潜在文化精神和思想价值，其传播的不仅仅是书本的知识系统，更体现着民族的创造能力、品德素养和文化精神。

仅以《说文解字》为例。这部由东汉古文经学家和文字学家许慎积数十年之力精心结撰的著作，系统描述汉字发展、分析字形、解说字义、辨识声读，融学术研究与实际应用于一体，成为中国汉语言文字史乃至世界文化发展史上影响巨大、流传至今的第一部汉字学经典，对中华文化的认知理解、传承弘扬和世界传播发挥了重大作用。面世之初，就引起很大反响，而唐宋明清时期有新版，故多有善本。其中北宋初期徐铉奉诏校定的《说文解字》"大徐本"，影响尤其深广。徐氏《重修〈说文解字〉序》称：

> 臣徐铉等，奉诏校定许慎《说文解字》十四篇，并《序目》一篇，凡万六百余字，圣人之旨盖云备矣。……唐末丧乱，经籍道息。皇宋膺运，二圣继明。人文国典，粲然光被。兴崇学校，登进群才。以为文字者，六艺之本，固当率由古法。乃诏取许慎《说文解字》，精加详校，垂宪百代。……盖篆书湮替，为日已久，凡传写《说文解字》者非其人，故错乱、遗脱不可尽究。今以集书正副本及群臣家藏者，倍加详考。有许氏注义、序例中所载而诸部不见者，审知漏落，悉从补录。复有经典相承传写及时俗要用而《说文解字》不载者，承诏皆附益之……其间《说文解字》具有正体而时俗讹变者，则具于注中。其有义理乖舛、违戾六书者，并序列于后，俾夫学者无或致疑。大抵此书务援古以正今，不徇今而违古。……又许慎注解，词简义奥，不可周知，阳冰之后，诸儒笺述有可取者，亦从附益。犹有未尽，则臣等粗为训释，以成一家之书。

此《序》以"重修《说文解字》"必须说明的核心内容为重点，次第展开。首先写校定情况、文化背景与"垂宪百代"的重大意义。其次写校勘的版本依据与"倍加详考"的严肃态度。最后重点叙述校定体例与增加的具体内容。诸如"详考""错乱""补录""漏落""附益""《说文解字》不载者"与"诸儒笺述可取者"，遵循"务援古以正今，不徇今而违古"原则，等等。这样，既突出重点又言简意赅，十分清楚地展示了新本优于前代的"善"处、新处和优处。

由《重修〈说文解字〉序》可知，宋代"大徐本"同汉代许慎新创本、唐代李阳冰刊定本以及其他前代传写本相比，不仅在保存内容的"量"与"质"上远超前人，而且在校勘的"精"与"细"、方法的科学与取舍的严谨上也都略胜一筹，充分体现出既合理保存与继承前人成果，又勇于创新、善于出新的文化精神。由此，"大徐本"成为超越前代、领先未来的"善本",沾溉学子、衣被后人、历代称扬乃势所必然。

与《重修〈说文解字〉》颇为相似的是,汉代许慎撰写《说文解字》其实也是颇受前人启发并继承借鉴了以往的相关成果。这在其《说文解字序》与《后叙》中有着清晰表达。《说文解字序》从远古"庖牺氏之王天下"写起,历述汉字创造发明的历史渊源与衍化流变、编撰的时代背景和文献依据,以及"修旧文而不穿凿"的原则。结尾部分指出文字乃有"经艺之本,王政之始。前人所以垂后,后人所以识古"的重大文化意义、政治意义和历史意义,表达"今叙篆文,合以古籀,博采通人,至于小大。信而有证,稽撰其说""于所不知,盖阙如也"的严谨可信,表达"理群类,解谬误,晓学者,达神恉"的良好愿望。最后以"分别部居,不相杂厕"的部首分类创制体例以及书中收纳文字的来源依据收笔。其《后叙》则介绍具体成果、文化意义与突出特点,所谓"此十四篇,五百四十部,九千三百五十三文,重一千一百六十三,解说凡十三万三千四百四十一字","同牵条属,共理相贯。杂而不越,据形系联,引而申之,以究万原"。同时也表达了弘扬光大先祖重视文字、文化遗风和德泽后世的执着精神,所谓"圣德熙明,承天稽唐,敷崇殷中。遐迩被泽,渥衍沛滂。广业甄微,学士知方。探赜索隐,厥谊可传"。

值得注意的是,许氏《说文解字序》特别提到了两件事:一是周宣王时期"太史籀著大篆十五篇,与古文或异",二是汉平帝时期扬雄"作《训纂篇》,凡《仓颉》以下十四篇,凡五千三百四十字,群书所载,略存之矣"。由此可知,许氏之前,至少有过两次撰写汉字字书的大行动。但第一次"大篆十五篇"未能传播,孔子与左氏仍以古文书写经典,许慎当然不可能见到。而扬雄《训纂篇》,据许氏描述可以推知,非亲见细读不能有此言。许氏《说文解字》十四篇并序目一篇总数亦十五篇,而收字"九千三百五十三文,重一千一百六十三",超出《训纂篇》一倍多。仅就各书结构形式看,太史、扬雄、许慎三次编撰的总体架构无大变,"大徐本"只是将每篇分为上卷与下卷,前后借鉴继承的痕迹很明显,而具体文字与内容方面的保留与沿袭更不待言。

"大徐本"有宋代雕版印刷的"宋椠本"流传于世,明代藏书家毛晋父子据以刊行了字体较大的"汲古阁本",而清代孙星衍据宋版重刻印行收入"平津馆丛本"丁集,陈昌治又于同治十二年(1873)据孙星衍本校订印行，直到1963年中华书局影印陈昌治本，"大徐本"自宋迄今的传承脉络清晰可见。其部分善本至今流存海外。

由"大徐本"的面世与流传可知：一、古籍善本的形成是一个不断丰富、不断完善、不断提高的历史过程，是个体、时代与社会多个方面相互配合共同努力的文化成果。二、古籍善本的创造，主要参与群体是从推进民族文化发展的高度甘愿奉献，充分体现着鲜明的文化自觉、斯文自任的社会责任心与历史使命感。故许慎称"理群类、解谬误、晓学者、达神恉"，李阳冰谓"天之未丧斯文也，故小子得篆籀之宗旨""斯翁（许慎）之后，直至小生"，而徐铉则有"成一家之书""垂宪百代"之言。三、古籍善本的创造过程充分体现了主要参与者的文化创造能力和严谨优良的学风，体现了优秀学术文化薪火相传与"天下之公器"的内在规律性，形成了"道"在书中、书为"道"体的文化特色，故许慎有"本立而道生"之语。四、古籍善本充分体现了"创制垂法，博施济众"（孔颖达语）推进文化发展和社会文明进步，并"泽及当世""衣被后人"的"文德""大德"与"至德"，由此而使"德"成为"善本"的灵魂。

四　古籍善本的"用"与"藏"

古籍善本"德魂""道体"的突出特点、形成历程与世界传播，展示出其内在的强大生命活力和深厚文化魅力。正如万事万物的活力与魅力都是在运动过程中得以呈现一样，古籍善本的活力与魅力，也是在历代学人的认识使用与不断创新中，展现其文化传承、人才培养和文明发展的巨大功能，实现其无可替代的文化价值。因此，古籍善本重"贵用"而忌"深藏"。

就学者而言，深刻认识、正确理解和充分运用古籍善本，是研究中国古代文化必须具备的基本功。善本知识内容的领先性、治学态度的严谨性和文化积淀的丰富性，既是衣被学林、惠及人类的珍贵资源，又是助力人才成长、推进学术研究和建设当代文化的重要条件。笔者自大学毕业留校任教，一直从事中国古代文化特别是唐宋文学的研究与教学，有着切身体验的过程。

记得1980年仲夏，国学大师程千帆先生受邀到山东大学讲授《校雠学》课程，学校安排笔者与罗青老师专程从曲阜到济南听课，正好与程千帆先生同住山东大学招待所。受程先生嘱托，笔者每天负责全程录音，并与罗青老师一起，根据录音整理成文字稿。这是笔者第一次接触古籍善本的系统知识，并开始留意观察。四年后，当笔者考入山东大学攻读硕士课程时，文献学名家王绍曾先生负责系统讲授《版本目录校雠学》课程。这不仅让笔者对古籍善本知识有了进一步了解，而且当时结合编撰《元曲百科辞典》（业师袁士硕先生主编，山东教育出版社 1989 年出版）条目，开始有目的地选择参考善本书。至 1993 年考入复旦大学师从王水照先生攻读博士，而《全唐诗补编》《全唐文补编》的作者陈尚君先生为博士生开设《中国古典文献学》课程，目录版本是其中的重要内容。当时笔者承担《全唐文》第九册校点任务（业师王水照先生主编，香港成诚出版社 1997 年出版），理论学习与实践运用相结合，对古籍善本的重要意义与文化价值，有了深入认识和深刻理解。

  回忆以往古代文学研究的学术生涯中，笔者对古籍善本的感受最直接、印象最深刻、实战体验最强烈的，当属整理笺注《晁氏琴趣外篇 晁叔用词》（上海古籍出版社 1991 年 2 月出版）。这是笔者与刘乃昌教授合作完成的第一部学术著作，也是国家古籍整理委员会、山东省教委资助立项支持的项目。

  《晁氏琴趣外篇》是北宋著名文学家晁补之（字无咎）的词集。晁补之与黄庭坚、秦观、张耒并列为"苏门四学士"，颇受苏轼称扬。其词学东坡，王灼的《碧鸡漫志》称"韵制得七八"，《四库全书总目》卷 198《晁无咎词·提要》谓"其词神姿高秀，与轼可肩随"，而南宋辛弃疾亦颇受晁补之词风影响。晁补之的词虽然成就甚高且广为流传，但向无注本。所以此次整理校勘与笺注，于版本选择颇费心思，十分谨慎。当时调研考察了国家图书馆、南京图书馆和北京大学、清华大学、山东大学、南京师大、曲阜师范大学等图书馆的藏本，最后确定以较为完善的吴昌绶双照楼《影宋金元明本词》之《晁氏琴趣外篇》六卷本为底本。同时，用明代毛晋刻汲古阁《六十名家词》本、四库全书本《晁无咎词》、丁丙八千卷楼藏《晁无咎词》、吴氏石莲庵刻《山左人词》之《晁氏琴趣外篇》、清末林大椿校辑《晁氏琴趣外篇》等对校。另外，又以清代乾隆翰林院抄本《晁无咎词》（北京大学图书馆藏），以及宋代黄升的《唐宋诸贤绝妙词选》、曾慥的《乐府雅词》、何士信的《草堂诗余》，明代陈耀文的《花草粹编》、清代朱彝尊的《词综》等参校。这样，反复比勘，精心校对，详加笺注，在前人传播成果的基础上，形成宋代以来第一个比较完备的精校笺注本。上海古籍出版社将其纳入国家传统文化建设基础工程《宋词别集丛刊》印行，为读者提供了既可省去翻检之劳，又能获得重要参考的文化成果。而晁补之族弟晁叔用传世作品仅有17首，故合为一集。

在《晁氏琴趣外篇　晁叔用词》的整理笺注过程中，前贤精益求精的优良学风与文化创造的开拓精神给笺注者以很大启发。此后，古籍善本的运用，成为笔者学术研究的重要支撑而不断有新发现、形成新成果。不论是参与承担国家"七五"重大攻关项目十四卷本《中国文学史》之《宋代文学史》（上、下，孙望主编，人民文学出版社1996年出版）的撰写，还是独自主持山东省重点研究项目《黄庭坚研究》，抑或是深入思考中国古代散文发展并撰写《宋代散文研究》书稿，版本的选择与善本的利用，都成为首先考虑的重要方面，在唤醒那些休眠于图书馆"深柜"典籍的同时，亦享受学术研究的快乐。

改革开放以来，我国开展的大规模的古籍整理工程，培养了一大批优秀的青年学者。伴随高新科技的飞速发展，古籍善本已经摆脱了"藏在深闺人未识"的寂寞命运，成为新世纪国家重点保护、深入开发和广泛运用的珍贵资源和文化建设的热点。我们期待，古籍善本在当代文化建设与促进人类文明发展的进程中，继续发挥无可替代的重大作用。

2019年6月草拟于奉贤
2020年1月28日修订

世界文化多样化与人类命运共同体[*]

公元 2015 年初秋，大西洋上艳阳高照，海天一色；大洋两岸，翠林绿野，凤舞鸥歌。《文化中华》在丰收季节的祥和氛围中悄然诞生，开始了它的光荣文化使命。

文化是人类历史实践和思想创造的智慧结晶，是世界人民共同拥有的智力资源和精神财富。它既是促进人类创新发展的动态知识系统，又是推动人类社会文明进步的重要思想支撑。

中华民族在漫长的历史发展过程中创造了丰富多彩、博大精深、特色鲜明的传统文化，成为人类文化宝库光彩夺目的重要部分，对人类的文化发展与文明进步产生了积极影响。这不仅让中华民族卓然屹立于世界，而且成为人类五大文明古国中唯一的文明连续发展、文化不曾间断的国家，显示了中华传统文化巨大的内在生命力。

中华文化既吸收了世界众多民族优秀文化的营养，又给人类文化发展提供了深厚丰富的经典成果。以"四书""五经"为代表的本土文化是中华传统文化的基石，而印度佛教传入中土，逐渐形成儒、释、道三家鼎立互补的中华文化新格局。唐宋时期以来的"东学西渐"，以及近代以来的"西学东渐"，乃至"中学为体、西学为用"的提出，实质上都是人类文化相互交流、相互影响和学术创新的必然现象。

中华文化有着整体思维与辩证思维融合为一的突出特点。强调"天人合一""天下为公""天下大同"，主张"以人为本""以德为先""依

---

* 本文是 2015 年 8 月为上海交通大学新人文学院古代文学研究中心创办之新刊物《文化中华》撰写的创刊词。

法治国"，提出"中和、太和""和谐、和平"理念，倡导"海纳百川""和而不同""求同存异"思想，高扬"自强不息""厚德载物""大济苍生"意识……所有这些，既包含深厚的人文精神，又体现鲜明的人类意识，具有重大的思想价值和世界意义。

人类进入21世纪，伴随世界的变化与中国的发展，中华文化越来越受到全世界的广泛关注。为让世界人民深入了解中国，让中国更好地融入世界，我们创办国际学术期刊《文化中华》，作为发布全球范围内研究中国传统文化优秀成果的重要平台，作为促进世界文化交流交融和学术创新的重要渠道，作为展示世界学人风范和培养高端学术新秀的重要载体。同时为促进人类文明健康发展略尽绵薄。

《文化中华》聘请相关领域的世界一流学者为顾问，引领指导，定向把关，确保期刊的世界性、高端性和权威性。同时聘请功底深厚、成果丰富和享誉学界的著名专家组成编委会，确保刊用文章的高质量、高水平。本刊尤其注重思想观点、文献发掘和研究方法的创新性，注重学术视野的开阔性、前沿性和国际性，注重研究成果的科学性、严谨性和规范性，坚守树立好学风、传播正能量的基本原则。

文化反映民族精神，体现心灵意识，塑造人的灵魂。《文化中华》将倡导守正创新、返本开新，倡导人类观念、世界视野，倡导高标准、高品位、高层次，努力办成世界学术交流的名刊大刊，办成世界了解中华文化的重要窗口，办成研究中华文化的学人之家。期盼大家扶持呵护，共同培育这棵幼苗，期盼惠赐大作、批评指导。

《文化中华》由上海交通大学人文学院主办，美国纽约商务出版社出版，以中文和英文为主要工作语言，面向全球发行。我们将竭诚为作者、为读者提供人性化、个性化的优质服务。

《文化中华》总编辑　杨庆存
2015 年 8 月 16 日拟于中国香河

"中国梦"的文化"根"与民族"魂"
——人文精神的传承弘扬与哲学社会科学体系的构建*

提要：实现中华民族伟大复兴的"中国梦"，人才是关键，文化为根本。哲学社会科学是文化的最高形态，其基本表现形式是思想理论。哲学社会科学是人类生存和文明发展的内在灵魂，是社会和谐与历史进步的根本保障。其发展状况，直接关系和深刻影响国家战略实施与世界未来发展。习近平总书记《在哲学社会科学工作座谈会上的讲话》，以鲜明的人类意识、中国特色和时代精神，体现出深刻的思想指导性、学术创新性和专业系统性，成为国家文化战略的最新部署和纲领文献，成为培养创新型人才和推动创新体系建设的重大举措，成为承担文化大国责任、引领世界文明发展的有力证明。由此，《讲话》也必然成为实现"两个百年目标"、实现建设创新型国家、实现"中国梦"的哲学社会科学体系。

人文精神是中华文化最为亮丽的重要特色，是中华民族数千年文明发展的思想精髓和"以人为本"文化理念的重要体现。传承弘扬中华民族的人文精神，构建中国特色哲学社会科学，是国家当今新文化建设战略的重要部分，也是实现中华民族伟大复兴的基本保障。

众所周知，实现中华民族伟大复兴的"中国梦"，人才是关键，文化是根本。文化孕育人才，人才创新文化。文化的最高形态是哲学社会科学，而哲学社会科学的基本表现形式是思想理论。理论根源于生活，形成

---

* 本文发表于《东岳论丛》2016 年第 9 期首篇；获上海市第十四届哲学社会科学优秀成果二等奖（泸社证［2018］第 116 号）。

于研究，应用于实践。从性质作用看，哲学社会科学是人类生存和文明发展的内在灵魂，是社会和谐与历史进步的根本保障。从学术层面讲，哲学社会科学是探讨规律的加速器和升华理论的催化剂，是人才培养的指路灯和引导创新的原动力，更是人类文化大厦的擎天柱和文明发展的智慧库。在人类命运共为一体的当今世界，哲学社会科学的发展状况，直接关系并深刻影响着国家战略的实施与设定目标的实现，直接关系和深刻影响着人类生存的质量与世界未来的发展。

正因如此，在国际局势瞬息万变、国内改革面临严峻挑战的关键时刻，中央于2016年5月17日在北京召开哲学社会科学工作座谈会，国家主要领导人的重要讲话（以下简称《讲话》），引发学术界、文化界乃至全社会的强烈反响，各种媒体发表了海量评论、认识、理解与体会。作为中国传统文化的研究者和从事国家哲学社会科学研究规划的工作者，笔者仅就个人的认识与理解，略作绎理，就教于方家。

一 文化建设的新部署与学术理念的新界定

《讲话》是国家文化建设的重大战略部署，其基本内容和总体特点，是思想性很强、创新性很强、专业性很强、操作性很强、指导性很强，人类意识鲜明、中国特色鲜明、时代精神鲜明，而在学术理念方面也推向新高度。

1. 文化建设的新部署：里程碑坐标和纲领性文献

《讲话》是国家文化建设的新部署。中心主题"结合中国特色社会主义伟大实践，加快构建中国特色哲学社会科学"，准确鲜明地标示出了目标要求与方法路径。"加快构建哲学社会科学"是目标、任务与要求，而"结合中国特色社会主义伟大实践"则是指示的原则、方法和路径。这样不仅突出体现了实践与理论的关系，而且同时强调了"中国特色"这一基础与底色。《讲话》正是紧紧围绕"中国特色社会主义伟大实践"，从哲学社会科学的性质地位、指导思想、主体内容和组织保障四个方面，具体展开如何"构建中国特色哲学社会科学"。《讲话》首先指出了坚持和发展中国特色社会主义高度重视哲学社会科学的重要性；其次强调了在我国哲学社会科学领域坚持马克思主义指导思想的基本原则；再次是提出加快构建中国特色哲学社会科学的目标与任务；最后提出了加强和改善党对哲学社会科学工作领导的具体措施。这四大部分内容，分别从"中国特色"的不同方面和不同层面立论，针对性、现实性和专业性都很强。既体现出深刻的思想性、系统的学理性和严密的逻辑性，又体现出高瞻远瞩的人类命运共同体意识，体现出开阔广博的世界视野、强烈鲜明的国家观念和面向未来的前瞻眼光。毫无疑问，《讲话》加大了推进中国特色哲学社会科学繁荣发展的强劲力度，成为构建中国特色哲学社会科学的里程碑坐标和纲领性文献，成为文化强国战略和新文化建设的重要组成部分，也必然是培养创新型人才和推动创新体系建设的重大举措，是承担文化大国责任、引领世界文明发展的重大举措，这是实现"两个百年目标"、实现建设创新型国家、实现"中国梦"的文化之"根"与民族之"魂"。

2. 学术理念的新界定：概念创新与本质发明

《讲话》指出，"哲学社会科学的现实形态，是古往今来各种知识、观念、理论、方法等融通生成的结果"[1]，"中国特色哲学社会科学应该涵盖历史、经济、政治、文化、社会、生态、军事、党建等各领域，囊括传统学科、新兴学科、前沿学科、交叉学科、冷门学科等诸多学科"[2]。前者以"现实形态"来明确"哲学社会科学"的时代特点，后者以"涵盖""囊括"来明确"哲学社会科学"的范围界限，既具有很强的创新性，是全新的概念、全新的表述，同时又体现着很强的针对性与时代性，蕴含着深厚的学理逻辑知识与历史文化背景，充分体现出科学的态度、严谨的学风和缜密的文风。

哲学社会科学的重要特点之一就是偏重于思想理论，因此，概念准确与内涵明确至关重要。中国先秦"诸子百家"之中，就有以邓析、惠施、公孙龙为代表的"名家"学派，专门讨论和研究事物的"名"与"实"问题，"名"就是事物的名称，即"概念"。《汉书·艺文志》称"名家者流，盖出于礼官"。孔子强调"正名"，提出"必也正名乎！名不正则言不顺，言不顺则事不成"（《论语·子路》）。人们由此概括出"名正言顺"的成语，可见"概念"的重要性。

其实，任何概念都是对事物本质和规律的凝练总结与高度概括，其准

---

[1] 习近平：《在哲学社会科学工作座谈会上的讲话》，《光明日报》2016年5月19日第6版。
[2] 习近平：《在哲学社会科学工作座谈会上的讲话》，《光明日报》2016年5月19日第6版。

确性和鲜明性程度越高，科学性和严谨性就越强。任何概念都是一个历史的范畴和开放的知识系统，其内涵亦随历史发展而演变、而丰富。从内涵本质上讲，哲学社会科学是人类历史实践的理论创造和智慧结晶，也是人类文化的重要知识载体和核心思想内容。其作用与意义，是促进人类健康发展和推动社会文明进步。必须指出的是，"哲学社会科学"这一概念的使用，在中国学术界是约定俗成的，使用比较普遍，影响也比较广泛，但也有一些与此相近、相似的概念，诸如"人文科学""人文社会科学""社会科学"，等等。其实，"哲学社会科学"这个概念乃是新中国成立之后，学习苏联学科设置与学术话语体系的产物，在中国当前的学术界和实际运用过程中，并没有取得广泛一致的高度共识和认同。"哲学"一词源于古希腊，本义为"爱好智慧之学"，后来独立成为重要的学科门类，其中包括宗教学、逻辑学等。而"社会科学"一般认为包括经济学、政治学、法学甚至哲学等很多学科门类。其实，在最早使用汉语"人文"一词的中国古代典籍《周易》中，"人文"与"天文"对举，译成现代汉语当是"人类文化"，它包含了人类创造的所有文化，自然科学当然也在其中。"社会科学"应当是与"自然科学"相对应的概念[①]。国际上广义的"哲学社会科学"不仅包括哲学学科，也涵盖诸如政治学、行政学、心理学、社会学、人类学、新闻学、法律学、经济学、管理学、历史学、中文、英文或其他外文、翻译、宗教学、逻辑学等众多学科。我们知道，在人类文化发展史上，学科分类只是近代的事情，而古代特别是远古、中古时代，不仅中国"文史哲"不分家，诸如西方的柏拉图、苏格拉底、亚里士多德等人的著作中人文与科学也都是混合在一起的。《讲话》对"哲学社会科学"概念的定性与定界，不仅使全篇论述"名正言顺"，而且含纳着丰富的历史学术元素和时代发展理念，体现出深刻的思想性和学术性。

　　哲学社会科学的本质是人类生存和文明发展的内在灵魂，是兴邦治国和繁荣发展的思想保障。而对哲学社会科学性质、地位、作用与意义的认识程度，往往体现着国家的文化发展、文化能力和文化方向。哲学社会科学的发展水平，是国家综合实力不容小觑的重要组成部分，更是文化

[①] 杨庆存：《社会科学论稿·社会科学概念的性质与特点》，人民出版社2013年版，第3—4页。

"软实力"中的"硬功夫"。《讲话》对于哲学社会科学的本质定性也有新推进、新提升。《讲话》在指出哲学社会科学在认识世界、改造世界以及推动历史发展与社会进步等方面的巨大作用的同时,还特别提出其发展水平往往反映了一个民族在思维能力、精神品格、文明素质方面的特点,体现着一个国家在综合国力和国际竞争力方面达到的高度,并且强调,国家要走在世界前列,要坚持和发展中国特色社会主义,就必须有繁荣的哲学社会科学。这种新角度、新标准、新概括,突出了哲学社会科学在党的事业发展中的重要地位,将理性认知推向新高度。《讲话》充分肯定哲学社会科学在人类文明发展中无可替代的重大作用,充分肯定广大哲学社会科学工作者为坚持和发展中国特色社会主义做出的重大贡献[1],表明国家对哲学社会科学和哲学社会科学事业的高度重视,这不但让大家感受到极大的精神鼓舞,而且涌动起更多的专业激情,倍增文化自信,倍增创新活力。

二 中华文化的新阐释与历史影响的新展示

《讲话》引用了宋代理学家张载关于"为天地立心,为生民立命,为往圣继绝学,为万世开太平"[2]的说法,来强调哲学社会科学对于人类健康发展的巨大意义,而在谈到马克思主义的影响力时,又举出了20世纪末马克思被西方文化界评为"千年第一思想家"的例子。毫无疑问,前者是对博大精深的中华文化的新阐释,后者则是对马克思主义历史影响的新展示。

1. 张载"横渠四句"与苏轼"功并天地":意义与作用

哲学社会科学是人类文化核心元素的重要载体,其推进人类文明健康发展的重要意义和巨大作用,中国宋代的理学家张载与文学家苏轼认识得最到位、最典型。《讲话》引用了张载的说法,概括哲学社会科学的任务与作用,精辟、精彩、到位、有力,气魄宏大,当代哲学家冯友兰曾将其称作"横渠四句"。而苏轼在给欧阳修撰写的《六一居士集叙》中,将哲学社会科学的巨大作用与物质生产的生存环境相比并,认识更生动、更具体、更易懂,具有极强的说服力,但鲜为人知,这里略作介绍。

---

[1] 习近平:《在哲学社会科学工作座谈会上的讲话》,《光明日报》2016年5月19日第6版。
[2] (宋)张载:《张载集·近思录拾遗》,中华书局1978年版,第376页。

大禹治水的故事，大家都很熟悉。在人类发展的历史上，地球冰川末期发生的世界大洪水，曾经让人类的生存面临绝境。大禹亲自拿起工具，率领人们"导川夷岩"，"堙洪水，决江河"，"劳身焦思，七年闻乐不听，过门不入"（《庄子》），征服了洪水，从而使华夏先民能够继续生存下来。大禹的盖世功德，千古传颂，唐代诗人李白写下了《公无渡》"大禹理百川，儿啼不窥家，杀湍堙洪水，九洲始桑麻"的著名诗篇，来歌颂大禹的功劳。大禹治水的故事也从此历代传颂不绝，妇孺皆知。中国许多地方都有关于大禹事迹的遗址，如河南开封的"禹王台"、禹县"禹王锁蛟井"，浙江绍兴的"禹庙"和"大禹陵"，山西河津县的"禹门口"、夏县的"禹王城"，等等。这些遗址，都是人们对大禹怀念和尊敬的实证。大禹治水最根本的目的就是人类的生存。李白诗中的"九洲始桑麻"，就是说在这之后，人们才能够有条件开展农业耕种活动，才能在这个世界上生存下来。宋代文化巨擘苏轼在为欧阳修文集作序时，将大禹治理洪水、孔子修撰《春秋》、孟轲批评杨朱与墨子、韩愈倡导古文、欧阳修创作文章相提并论，认为孔子、孟子、韩愈、欧阳修的功劳之大，是与大禹一样的卓著——"功与天地并"。

孔子和孟子时代，"世衰道微，邪说暴行有作"，诸侯征伐，社会动荡，人类相互残杀，道德沦丧，所谓"弑君三十六，亡国五十二，诸侯奔走不得保其社稷者，不可胜数"[1]。前代创造的人类文明惨遭破坏，人们的生命和安全没了保障，人类生存也受到严重威胁。孔子修《春秋》"惩恶而劝善"，借助了历史和舆论的巨大力量，来规范社会的道德和人们的行为，努力使社会处于安定、有序的状态；孟子则通过批评杨朱极端自私的"为己"说和墨翟泯灭是非的"兼爱"论，弘扬和发展了孔子的仁学思想并提出了"王道"学说。孔子、孟子称扬唐虞时代的社会安定统一、文明有序，反映了广大人民对于和平、稳定、有序发展的普遍愿望，真实地反映了时代发展和社会进步的普遍要求。"自《春秋》作，而乱臣贼子惧；孟子之言行，而杨、墨之道废"[2]，其对社会的

---

[1] （汉）司马迁：《史记·太史公自序》，中华书局1959年版，第3279页。
[2] （宋）苏轼撰，孔凡礼点校：《苏轼文集》，中华书局1986年版，第1册卷10《六一居士集叙》，第315—316页。

积极影响是不言而喻的。

唐代的韩愈在世风日下、文风日浮、道德日坏、佛道日盛的时候，弘扬了孔子孟子学说，发动了古文运动，积极倡导"文以载道"，倡导"仁义道德"，努力辟佛兴儒，"文起八代之衰，而道济天下之溺"①。宋代的欧阳修则继韩愈而承孔、孟，在北宋社会矛盾日见突出、文风萎靡的情况下，提出文章要"切于事实""不为空言而期于有用"，要"著礼乐仁义之实，以合于大道"②，提出"文道并重"，并且奖掖、提携和培养了包括苏轼在内的一大批文化名人，领导了古文运动，成为一位领袖群英、扭转乾坤、树立了一代文风、推进了社会文明的一世宗师。

与大禹治水的情况有所不同，孔子、孟子、韩愈、欧阳修关注的都是以人为中心的社会现象，关心的都是人的行为和社会的健康发展，属于哲学社会科学研究的范畴。孔子、孟子、韩愈、欧阳修提出的思想和主张，都具有强烈的现实性、针对性和鲜明的时代特点，体现出对促进人类健康发展的强烈历史责任感。这些思想和主张，同大禹治理洪水一样，都是造福人类，都直接关系甚至决定着人类的生存、社会的发展和文明的进步。苏轼将他们的贡献与大禹治水相比并，认为都是"功与天地并"，形象而切实地说明了哲学社会科学的巨大作用和巨大效能。进入21世纪，哲学社会科学关系人类生存发展的性质并没有改变。因此，在法国巴黎召开的"面向21世纪"第一届诺贝尔奖获得者国际大会曾经宣称："如果人类要在21世纪生存下去，必须回到2500年前去汲取孔子的智慧。"③

2. "千年第一思想家"与人类影响排名榜：活力与动力

《讲话》在谈到马克思主义的影响力时，举了20世纪末马克思被西方文化界评为"千年第一思想家"的例子。20世纪即将结束时，英国的广播公司（BBC）在全球范围内举行了"千年思想家"网上评选活动，评选的结果是，马克思得票高居榜首，爱因斯坦排在了第二位，艾萨克·

---

① （宋）苏轼撰，孔凡礼点校：《苏轼文集》，中华书局1986年版，第2册卷17《潮州韩文公庙碑》，第508页。

② （宋）苏轼撰，孔凡礼点校：《苏轼文集》，中华书局1986年版，第1册卷10《六一居士集叙》，第315—316页。

③ 帕特里克·曼海姆：《诺贝尔奖获得者说要汲取孔子的智慧》，《堪培拉时报》1988年1月2日，参见《国际先驱导报》2003年第32期。

牛顿第三，查尔斯·达尔文第四，中世纪意大利神/哲学家圣托马斯·阿奎纳第五，史蒂芬·霍金第六，伊曼纽尔·康德第七，雷内·笛卡尔第八，詹姆斯·麦克斯韦尔第九，弗里德里希·尼采第十。"思想家"自然属于哲学社会科学的范畴，即便是爱因斯坦、牛顿，也首先是"思想家"。

其实，早在1978年，美国学者麦克·哈特就研究并出版了《影响人类历史进程的100名人排行榜》。虽然这本书的排名结果和依据标准的科学性曾引起世人的诸多议论，但有一个不争的事实，就是其中在哲学社会科学方面有重大贡献的人物占了绝大多数。仅就中国入选的8位名人看，孔子（第4位）、蔡伦（第6位）、秦始皇（第18位）、毛泽东（第20位）、成吉思汗（第21位）、老子（第25位）、隋文帝杨坚（第82位）、孟子（第92位），都是属于哲学社会科学家。2014年海南出版社出版了这本书，全球销量早已超过50万册！目前至少已经翻译成15种语言。

美国在1985年出版的《人民年鉴手册》中，将孔子列为世界十大思想家之首。2014年2月，美国《时代周刊》公布人类100位最伟大人物排名榜，组织评选者设计了"执政能力、个人才智、声望指数"等10多项人物评价指标，并在世界范围内大量聘用各国专家，经过千挑万选，评选出100名"最伟大人物"。排在前10名的是：隋文帝杨坚第一（中国隋朝开国皇帝，政治家、军事家、战略家），尼古拉·特斯拉（Nikola Tesla, 1856—1943）第二（其科学创作超前同期的水平至少300年，甚至达1000年以上。由于他对全球的政治、经济和军事的影响力，美国政府将他的一切生活细节与晚年45年间的作品都列入绝对机密），苏格拉底第三，亚里士多德第四，亚伯拉罕·林肯第五（美国第十六任总统，领导了美国南北战争，颁布《解放黑人奴隶宣言》），托马斯·杰斐逊第六（第三任美国总统，著名政治家、思想家、哲学家、科学家，美国《独立宣言》起草者），古埃及法老拉美西斯二世第七，释迦牟尼第八，耶稣第九（基督教的创始人），毛泽东第十（这是首次入选世界最伟大历史人物的前十名）。这个排名榜，有三点值得特别注意。一是前十名全是哲学社会科学方面的人物，二是哲学家、宗教领袖和国家领导人占90%。三是当今世界知名度并不是很高的中国隋朝开国皇帝杨坚高居榜首第一名（他在美国学者麦克·哈特1978年所著《影响人类历史进程的100名人排行榜》中排行第82位），并列出了他的18项重大贡献，诸如创建了世界上影响最深远的政治制度、建成了人类历史上最大的都城——隋大兴城（今天的西安）、人类历史上最早包容异教徒并实行儒释道三教合流政策、最早实行政治民主的帝王等等，而这些内容都是属于哲学社会科学的范畴。

与上面以人排名的案例不同，《影响世界历史的100名著排行榜》以书排名。这本2004年由天津教育出版社出版的书，作者胡作玄先生乃是自然科学科班出身的学者。入选此书的六部中文名著为：《论语》、孙武《孙子兵法》、鲁迅《阿Q正传》、老聃《道德经》、《毛主席语录》、曹雪芹《红楼梦》，全是属于哲学社会科学方面的著作。前20部名著依次为：《圣经》、《古兰经》、牛顿《自然哲学的数学原理》、达尔文《物种起源》、弗洛伊德《梦的解析》、欧几里得《几何原本》、亚当·斯密《国富论》、马尔萨斯《人口原理》、卡逊《寂静的春天》、马克思与恩格斯《共产党宣言》、《论语》、孙武《孙子兵法》、拉瓦锡《化学原论》、麦克斯韦尔《电磁通论》、M. 韦伯《新教伦理与资本主义精神》、J. S. 穆勒《论自由》、孟德斯鸠《论法的精神》、卢梭《社会契约论》、希特勒《我的奋斗》、麦克卢汉《理解媒体》。其中哲学社会科学著作有16部，占前20部名著总数的80%。

由上可知，无论是人还是书，对人类发展影响最深刻、最广泛、最持久的都是哲学社会科学，这是由哲学社会科学自身的思想性、理论性、引导性和潜移默化性、时效滞后性诸特点所决定的。《周易》说"形而上者谓之道，形而下者谓之器"，如果说哲学社会科学更多地偏重于"道"、自然科学更多地体现于"器"的话，那么，二者则更多地统一于具体事物的"形"中，故《周易》又有"备物致用，立成器以为天下利"之语。

三 历史规律的新概括与时代机遇的新把握

《讲话》指出，"人类社会每一次重大跃进，人类文明每一次重大发展，都离不开哲学社会科学的知识变革和思想先导"[①]，这不仅是对哲学社会科学巨大作用的高度评价，而且是对人类发展历史规律的深刻总结与精辟概括。作为已经成为世界经济大国并承担相应责任与义务的中国，作为五千年文明持续发展不曾间断的文化大国，如何为人类文明发展继续做

---

① 习近平：《在哲学社会科学工作座谈会上的讲话》，《光明日报》2016年5月19日第6版。

出更大的贡献?《讲话》立足中国实际,做出了深刻解答和阐述。

1. 历史规律的新概括:人类文明发展与中国优良传统

《讲话》立足人类发展,审视古今中外,以中西方丰富的史实深刻阐述哲学社会科学在人类文明发展中的作用与规律,既描述了中华民族重视哲学社会科学的优良传统,特别是"从革命战争年代"到"党的十八大以来",中国共产党高度重视哲学社会科学的历史事实,又特别强调了"观察当代中国哲学社会科学,需要有一个宽广的视角,需要放到世界和我国发展大历史中去看"① 这样一个科学的方法与途径。

《讲话》历述西方从古希腊、古罗马到文艺复兴,从英国、法国的资产阶级革命到美国的独立战争,从马克思主义诞生到 20 世纪以来,此间涌现的大批思想家对西方社会发展的深刻影响,如苏格拉底、莎士比亚、孟德斯鸠、卢梭、康德、黑格尔、马克思、恩格斯、亚当·斯密、大卫·李嘉图、凯恩斯,等等。同时,《讲话》也描述了中华文明从先秦子学、两汉经学、魏晋玄学,到隋唐佛学、宋明理学等学术思想体系的繁荣发展,涌现出诸如老子、孔子、庄子、孟子、韩非子、董仲舒、韩愈、朱熹、李贽、顾炎武、王夫之、康有为、梁启超、孙中山、鲁迅等一大批思想大家。

《讲话》对于中西方文化发展的历史回顾,清晰地勾勒和展示了人类哲学社会科学发展的历史进程,言简意赅地揭示了人类历史发展过程中哲学社会科学的发展及其深广的影响。由此深刻说明了哲学社会科学对于人类文明健康发展的重要性。

2010 年 6 月 25 日,国际社会科学理事会与联合国教科文组织在法国巴黎总部发布了研究报告,突出强调了社会科学对于人类当前生存与未来发展的极端重要性。报告指出,为了有效应对人类面临的诸多重大挑战,世界比以往任何时候都更加需要社会科学。国际社会科学理事会主席古德芒德·赫尼斯(Gudmund Hernes)认为,社会科学已经成为真正全球性的学科,如果世界想面对今天和明天的严峻挑战,那么,它就得需要更多、更优秀的社会科学家②。

---

① 习近平:《在哲学社会科学工作座谈会上的讲话》,《光明日报》2016 年 5 月 19 日第 6 版。
② 杨庆存:《社会科学论稿·社会科学是人类生存和文明发展的内在灵魂》,人民出版社 2013 年版,第 1 页。

2. 当前态势的新把握："五大成绩"与"十大问题"

《讲话》充分肯定中国哲学社会科学目前取得的"五大成绩"。一是学科建设方面，表现为三个"不断"与一个"取得"，即"学科体系不断健全，研究队伍不断壮大，研究水平和创新能力不断提高，马克思主义理论研究和建设工程取得丰硕成果"[①]。二是研究成果方面，表现为两个"坚持"与一个"大批"，即"广大哲学社会科学工作者解放思想、实事求是、与时俱进，坚持以马克思主义为指导，坚持为人民服务、为社会主义服务方向和百花齐放、百家争鸣方针，深入研究和回答我国发展和我们党执政面临的重大理论和实践问题，推出一大批重要学术成果，为坚持和发展中国特色社会主义做出了重大贡献"[②]。三是理论创新方面，提出一批具有原创性、时代性的新概念和新理论。正确回答了什么是社会主义、怎样建设社会主义，建设什么样的党、怎样建设党，实现什么样的发展、怎样发展等重大课题，不断根据新的实践推出新的理论，为制定各项方针政策、推进各项工作提供了科学指导。四是在解决国家发展的重大现实问题方面，做出重大贡献并形成突出优势。比如在推进国家治理体系和治理能力现代化，发展社会主义市场经济，发展社会主义民主政治，发展社会主义协商民主，建设中国特色社会主义法治体系，发展社会主义先进文化，培育和践行社会主义核心价值观，建设社会主义和谐社会，建设生态文明，构建开放型经济新体制，实施总体国家安全观，建设人类命运共同体，推进"一带一路"建设，坚持正确义利观，加强党的执政能力建设，坚持走中国特色强军之路、实现党在新形势下的强军目标等 17 个领域都有出色的建树和表现[③]。五是近年来哲学社会科学领域建设智库热情很高，成果不少，为各级党政部门决策提供了有益帮助。

《讲话》特别指出了当前面对新形势新要求，我国哲学社会科学领域存在的"十大方面"亟待解决的问题。一是与国家地位不相称。我国是哲学社会科学大国，研究队伍、论文数量、政府投入等在世界上都是排在前面的（2010 年 6 月 25 日，国际社会科学理事会与联合国教科文组织在巴黎总

[①] 习近平：《在哲学社会科学工作座谈会上的讲话》，《光明日报》2016 年 5 月 19 日第 6 版。
[②] 习近平：《在哲学社会科学工作座谈会上的讲话》，《光明日报》2016 年 5 月 19 日第 6 版。
[③] 习近平：《在哲学社会科学工作座谈会上的讲话》，《光明日报》2016 年 5 月 19 日第 6 版。

部发布研究报告指出,21世纪发端十年,中国的社会科学发展较快,国家经费投入每年递增15%—20%,而国际数据库收录的论文,中国增长率高于拉丁美洲国家和印度[①])。但目前在学术命题、学术思想、学术观点和学术标准、学术话语上的能力与水平,同我国的综合国力和国际地位不相称。二是原创能力不够强。学科建设,哲学社会科学发展战略还不十分明确,学科体系、学术体系和话语体系建设的水平总体不高,学术的原创能力还不强。三是体制建设,哲学社会科学训练培养的教育体系不健全,学术评价体系也不够科学,管理体制和运行机制还不完善。四是队伍建设,人才队伍的总体素质亟待提高,学风方面的问题还比较突出,"有数量缺质量、有专家缺大师"。五是在运用马克思主义立场、观点、方法上的功力不足、高水平的成果不多,在建设以马克思主义为指导的学科体系、学术体系和话语体系方面功力不足、高水平的成果不多。六是在有的领域中马克思主义被边缘化、空泛化和标签化,出现了在一些学科中"失语"、教材中"失踪"、论坛上"失声"的情况。七是一些学科设置同社会发展联系不够紧密,学科体系不够健全,新兴学科、交叉学科建设比较薄弱。八是有的智库研究存在重数量、轻质量问题,有的存在重形式传播、轻内容创新问题,还有的流于搭台子、请名人、办论坛等形式主义的做法。九是不同程度地存在一些学术浮夸、学术不端、学术腐败的不良风气,甚至有急功近利、粗制滥造,或闭门造车、坐而论道,甚至剽窃他人成果、捏造数据。十是教材建设总体看还是一个短板,而在解读中国实践、构建中国理论上,在国际上的声音还比较小,还处于有理说不出、说了传不开的境地。《讲话》对成就的总结与问题的分析,把握精准,分析深刻。

四 伟大时代的新课题与学术体系的新创造

《讲话》号召,"一切有理想、有抱负的哲学社会科学工作者都应该立时代之潮头、通古今之变化、发思想之先声,积极为党和人民述学立论、建言献策"[②]。

[①] 杨庆存:《社会科学论稿·社会科学是人类生存和文明发展的内在灵魂》,人民出版社2013年版,第1—2页。

[②] 习近平:《在哲学社会科学工作座谈会上的讲话》,《光明日报》2016年5月19日第6版。

1. 伟大时代的新课题：历史机遇与述学立论

《讲话》指出，"历史表明，社会大变革的时代，一定是哲学社会科学大发展的时代。当代中国正经历着我国历史上最为广泛而深刻的社会变革，也正在进行着人类历史上最为宏大而独特的实践创新。这种前无古人的伟大实践必将给理论创造、学术繁荣提供强大动力和广阔空间"①。我们不能辜负这个时代。

《讲话》提出，构建中国特色哲学社会科学，必须坚持以马克思主义为指导。马克思主义是科学。在人类的思想发展史上，还没有一种理论能像马克思主义那样对人类的文明进步产生如此广泛而巨大的影响。不论时代如何变迁、科学怎样进步，马克思主义依然显示出了科学思想的伟力，依然占据真理与道义制高点。马克思主义关于世界物质性及其发展规律、人类社会及其发展规律、认识的本质及其发展规律等原理，为研究和把握各个学科各个领域提供了基本的世界观、方法论。要坚持马克思主义基本原理和贯穿其中的立场、观点、方法，同时把坚持马克思主义和发展马克思主义统一起来，结合新的实践不断做出新的理论创造。要继续推进马克思主义中国化、时代化、大众化，继续发展 21 世纪马克思主义、当代中国马克思主义②。

《讲话》指出，坚持以马克思主义为指导，其核心是解决好为什么人的问题。哲学社会科学的伟大成果都是在回答和解决人与社会面临的重大问题中创造出来的。必须坚持以人民为中心的研究导向，树立为人民做学问的理想，尊重人民的主体地位，聚焦人民的实践创造，自觉地把个人学术追求同国家与民族发展紧密联系在一起，多出能够经得起实践、人民、历史检验的好成果。坚持以马克思主义为指导，要落实到研究我国发展和党执政面临的重大理论和实践问题上来，落实到提出解决问题的正确思路和有效办法上来③。要坚持用联系和发展的眼光看问题，增强战略性、系统性思维，分清楚本质和现象、主流和支流，既看存在的问题又看发展的趋势，既看局部又看全局，提出的观点、做出的结论必须客观准确、经得

---

① 习近平：《在哲学社会科学工作座谈会上的讲话》，《光明日报》2016 年 5 月 19 日第 6 版。
② 习近平：《在哲学社会科学工作座谈会上的讲话》，《光明日报》2016 年 5 月 19 日第 6 版。
③ 习近平：《在哲学社会科学工作座谈会上的讲话》，《光明日报》2016 年 5 月 19 日第 6 版。

起检验,在全面客观分析的基础上,努力地揭示我国社会发展、人类历史发展的大逻辑和大趋势。

《讲话》提出了"迫切需要哲学社会科学更好发挥作用"的"五大时代课题",即"五个面对"与"五个如何"。一是"面对社会思想观念和价值取向日趋活跃、主流和非主流并存、社会思潮纷纭激荡的新形势,如何巩固马克思主义在意识形态领域的指导地位,培育和践行社会主义核心价值观,巩固全党全国各族人民团结奋斗的共同思想基础"①。二是"面对我国经济发展进入新常态、国际发展环境深刻变化的新形势,如何贯彻落实新发展理念、加快转变经济发展方式、提高发展质量和效益,如何更好保障和改善民生、促进社会公平正义"②。三是"面对改革进入攻坚期和深水区、各种深层次矛盾和问题不断呈现、各类风险和挑战不断增多的新形势,如何提高改革决策水平、推进国家治理体系和治理能力现代化"③。四是"面对世界范围内各种思想文化交流交融交锋的新形势,如何加快建设社会主义文化强国、增强文化软实力、提高我国在国际上的话语权"④。五是"面对全面从严治党进入重要阶段、党面临的风险和考验集中显现的新形势,如何不断提高党的领导水平和执政水平、增强拒腐防变和抵御风险能力,使党始终成为中国特色社会主义事业的坚强领导核心"⑤。

2. 体系设计的新创造:"三大特点"与"十项举措"

《讲话》全篇的主旨和重心是如何着力构建中国特色哲学社会科学,这也是哲学社会科学界义不容辞的历史责任。《讲话》明确提出了着力构建中国特色哲学社会科学的总体思路、根本原则和基本要求,即"要按照立足中国、借鉴国外,挖掘历史、把握当代,关怀人类、面向未来的思路","在指导思想、学科体系、学术体系、话语体系等方面充分体现中国特色、中国风格、中国气派"⑥。

《讲话》提出,中国特色哲学社会科学必须体现三大特点:一是必须

---

① 习近平:《在哲学社会科学工作座谈会上的讲话》,《光明日报》2016年5月19日第6版。
② 习近平:《在哲学社会科学工作座谈会上的讲话》,《光明日报》2016年5月19日第6版。
③ 习近平:《在哲学社会科学工作座谈会上的讲话》,《光明日报》2016年5月19日第6版。
④ 习近平:《在哲学社会科学工作座谈会上的讲话》,《光明日报》2016年5月19日第6版。
⑤ 习近平:《在哲学社会科学工作座谈会上的讲话》,《光明日报》2016年5月19日第6版。
⑥ 习近平:《在哲学社会科学工作座谈会上的讲话》,《光明日报》2016年5月19日第6版。

"体现继承性、民族性",二是必须"体现原创性、时代性",三是必须"体现系统性、专业性"。对于如何达到这样的要求和实现这样的目标,《讲话》也指出了具体的方法与途径。

关于"体现继承性、民族性"的"三种资源"与"六条要求"。继承是人类文化发展的前提与基础,而民族性则是体现区域特点与形成多样色彩的重要方面。《讲话》提出了"要善于融通古今中外各种资源"的基本原则,尤其强调要充分利用"三种基本资源"。一是马克思主义资源,包括基本原理、中国化形成的成果及其文化形态,诸如党的理论路线方针政策,中国特色社会主义理论体系,中国经济、政治、法律、文化、社会、生态、外交、国防、党建等领域形成的思想和成果。这是主体内容,也是最大增量。二是中华优秀传统文化资源,这是中国特色哲学社会科学发展十分宝贵的民族文化资源。三是国外哲学社会科学资源,包括世界所有国家哲学社会科学取得的积极成果,都可以成为有益滋养。由此可知,这里的"继承"是对人类文化的继承,是对民族精神的继承。《讲话》还明确提出六条要求:一要坚持古为今用、洋为中用,融通各种资源,不断推进知识创新、理论创新、方法创新。二要坚持不忘本来、吸收外来、面向未来,既向内看、深入研究关系国计民生的重大课题,又向外看、积极探索关系人类前途命运的重大问题;既向前看、准确判断中国特色社会主义发展趋势,又向后看、善于继承和弘扬中华优秀传统文化精华。三要加强对中华优秀传统文化的挖掘和阐发,使中华民族最基本的文化基因与当代文化相适应、与现代社会相协调,把跨越时空、超越国界、富有永恒魅力、具有当代价值的文化精神弘扬起来[①]。四要推动中华文明创造性转化、创新性发展,激活其生命力,让中华文明同各国人民创造的多彩文明一道,为人类提供正确精神指引。五要围绕我国和世界发展面临的重大问题,着力提出能够体现中国立场、中国智慧、中国价值的理念、主张、方案。六要让世界知道"学术中的中国""理论中的中国""哲学社会科学中的中国"[②]。

关于"体现原创性、时代性"。原创性是决定文化生命力与传播力的重要元素,而时代性则是决定文化当代价值和历史意义的重要方面。根据

[①] 习近平:《在哲学社会科学工作座谈会上的讲话》,《光明日报》2016年5月19日第6版。
[②] 习近平:《在哲学社会科学工作座谈会上的讲话》,《光明日报》2016年5月19日第6版。

当代发展实际,只有发现和研究重大现实与重大理论问题,服务于国家建设与人类发展,才能体现原创性和时代性。《讲话》指出,只有以我国实际为研究起点,提出具有主体性、原创性的理论观点,构建具有自身特质的学科体系、学术体系、话语体系,我国哲学社会科学才能形成自己的特色和优势。理论创新只能从问题开始。我国哲学社会科学应该以我们正在做的事情为中心,从我国改革发展的实践中挖掘新材料、发现新问题、提出新观点、构建新理论,加强对改革开放和社会主义现代化建设实践经验的系统总结,加强对发展社会主义市场经济、民主政治、先进文化、和谐社会、生态文明以及党的执政能力建设等领域的分析研究,加强对党中央治国理政新理念新思想新战略的研究阐释,提炼出有学理性的新理论,概括出有规律性的新实践[①]。

关于"体现系统性、专业性"。系统性是文化成熟、学科成熟、体系成熟的重要标志,而专业性则是学术发展水平的重要体现。《讲话》在提出要不断推进学科体系、学术体系、话语体系建设和创新,努力构建一个全方位、全领域、全要素哲学社会科学体系基本原则的同时,提出了八项具体要求。一要突出优势、拓展领域、补齐短板、完善体系;二要加强马克思主义学科建设;三要加快完善具有支撑作用的学科,打造具有中国特色和普遍意义的学科体系;四要注重发展优势重点学科;五要加快发展具有重要现实意义的新兴学科和交叉学科,使这些学科研究成为重要突破点;六要重视发展具有重要文化价值和传承意义的"绝学"、冷门学科。七要从学科建设着手,加强教材体系建设和话语体系建设,形成适应中国特色社会主义发展要求、立足国际学术前沿、门类齐全的哲学社会科学教材体系。八要善于提炼标识性概念,打造易于为国际社会所理解和接受的新概念、新范畴、新表述,引导国际学术界展开研究和讨论,每个学科都要构建成体系的学科理论和概念[②]

尤其需要关注的是,为了实现以上"三大特点",《讲话》在中国哲学社会科学走向世界的国际化方面和充分利用国内相关资源方面,提出了十项新政策、新举措。一是要鼓励哲学社会科学机构参与和设立国际性学

---

① 习近平:《在哲学社会科学工作座谈会上的讲话》,《光明日报》2016 年 5 月 19 日第 6 版。
② 习近平:《在哲学社会科学工作座谈会上的讲话》,《光明日报》2016 年 5 月 19 日第 6 版。

术组织，支持和鼓励建立海外中国学术研究中心，支持国外学会、基金会研究中国问题，加强国内外智库交流，推动海外中国学研究。① 二是要聚焦国际社会共同关注的问题，推出并牵头组织研究项目，增强我国哲学社会科学研究的国际影响力。三是要加强优秀外文学术网站和学术期刊建设，扶持面向国外推介高水平研究成果。四是要支持学者参加国际学术会议、发表学术文章。五是要加强顶层设计，统筹各方面力量协同推进。六是要实施哲学社会科学创新工程，搭建创新平台，全面推进各领域创新。七是要充分发挥马克思主义理论研究和建设工程、中国特色社会主义理论体系研究中心、马克思主义学院、报刊网络理论宣传等思想理论工作平台的作用，深化拓展理论研究和宣传教育。八是要运用互联网和大数据技术，加强哲学社会科学图书文献、网络、数据库等基础设施和信息化建设，加快国家哲学社会科学文献中心建设，构建方便快捷、资源共享的哲学社会科学研究信息化平台。九是要创新科研经费分配、资助、管理体制，更好发挥国家社科基金作用，把财政拨款和专项资助结合起来，把普遍性经费资助和竞争性经费资助结合起来，把政府资助和社会捐赠结合起来，加大科研投入，提高经费使用效率。十是要建立科学权威、公开透明的哲学社会科学成果评价体系，建立优秀成果推介制度，把优秀研究成果真正评出来、推广开。

五 推进实施的新保障："五大"政策与具体要求

加快构建中国特色哲学社会科学，实际上是一项全社会都要参与的重大系统工程，需要方方面面的协调与配合。而中国特色社会主义的最大亮点就是组织优势。加快构建中国特色哲学社会科学，是党的事业的重要组成部分，必然需要党的坚强领导，借助和发挥党组织的巨大优势。

第一是将构建中国哲学社会科学纳入党委议事日程。一是强化领导责任，党委要加强政治领导和工作指导，一手抓繁荣发展、一手抓引导管理。二是深化体制改革。要深化管理体制改革，形成既能把握正确方向又能激发科研活力的体制机制，统筹管理好重要人才、重要阵地、重大研究

---

① 习近平：《在哲学社会科学工作座谈会上的讲话》，《光明日报》2016年5月19日第6版。

规划、重大研究项目、重大资金分配、重大评价评奖活动。三是优化科研布局。要统筹国家层面研究和地方层面研究，合理配置资源，处理好投入和效益、数量和质量、规模和结构的关系，增强哲学社会科学发展能力。四是提高干部素质。各级领导既要有比较丰富的自然科学知识，又要有比较丰富的社会科学知识，以不断提高决策和领导水平。①

第二是加强智库建设，发挥哲学社会科学在治国理政中的重要作用。一要加强中国特色新型智库建设，建立健全决策咨询制度。二要实施哲学社会科学创新工程，建设中国特色新型智库。三要建设一批国家急需、特色鲜明、制度创新、引领发展的高端智库，重点围绕国家重大战略需求开展前瞻性、针对性、储备性政策研究。四是智库建设要把重点放在提高研究质量、推动内容创新上。五要加强决策部门同智库的信息共享和互动交流，把党政部门政策研究同智库对策研究紧密结合起来，引导和推动智库建设健康发展、更好发挥作用②。

第三是人才队伍建设。一要关心好、培养好、使用好哲学社会科学工作者，使他们成为先进思想的倡导者、学术研究的开拓者、社会风尚的引领者、党执政的坚定支持者。③ 二要实施以育人育才为中心的哲学社会科学整体发展战略，构筑学生、学术、学科一体的综合发展体系。三要实施哲学社会科学人才工程，着力发现、培养、集聚一批有深厚马克思主义理论素养、学贯中西的思想家和理论家，一批理论功底扎实、勇于开拓创新的学科带头人，一批年富力强、锐意进取的中青年学术骨干，构建种类齐全、梯队衔接的哲学社会科学人才体系。四要完善哲学社会科学领域职称评定和人才遴选制度，建立规范的奖励体系，表彰有突出贡献的哲学社会科学工作者，增强他们的荣誉感、责任感、获得感。五要共同努力，形成培养哲学社会科学人才的良好激励机制，促进优秀人才不断成长。④

第四是政策落实到位。一要认真贯彻党的知识分子政策，尊重劳动、尊重知识、尊重人才、尊重创造，做到政治上充分信任、思想上主动引

---

① 习近平：《在哲学社会科学工作座谈会上的讲话》，《光明日报》2016年5月19日第6版。
② 习近平：《在哲学社会科学工作座谈会上的讲话》，《光明日报》2016年5月19日第6版。
③ 习近平：《在哲学社会科学工作座谈会上的讲话》，《光明日报》2016年5月19日第6版。
④ 习近平：《在哲学社会科学工作座谈会上的讲话》，《光明日报》2016年5月19日第6版。

导、工作上创造条件、生活上关心照顾，多为他们办实事、做好事、解难事①。二要以科学的态度对待哲学社会科学，尊重哲学社会科学工作者的辛勤付出和研究成果。三要主动同专家学者打交道、交朋友，经常给他们出题目，多听取他们的意见和建议。四要加强哲学社会科学优秀人才使用，让德才兼备的人才在重要岗位上发挥作用。五要提倡理论创新和知识创新，鼓励大胆探索，开展平等、健康、活泼和充分说理的学术争鸣，活跃学术空气。六要坚持和发扬学术民主，尊重差异，包容多样，提倡不同学术观点、不同风格学派相互切磋、平等讨论。② 七要正确区分学术问题和政治问题，不要把一般的学术问题当成政治问题，也不要把政治问题当作一般的学术问题，既反对打着学术研究旗号从事违背学术道德、违反宪法法律的假学术行为，也反对把学术问题和政治问题混淆起来、用解决政治问题的办法对待学术问题的简单化做法。八要大力弘扬优良学风，把软约束和硬措施结合起来，推动形成崇尚精品、严谨治学、注重诚信、讲求责任的优良学风，营造风清气正、互学互鉴、积极向上的学术生态③。

第五是倡导学术道德。一要树立良好学术道德，自觉遵守学术规范，讲究博学、审问、慎思、明辨、笃行，崇尚"士以弘道"的价值追求，真正把做人、做事、做学问统一起来。二要有"板凳要坐十年冷，文章不写一句空"的执着坚守，耐得住寂寞，经得起诱惑，守得住底线，立志做大学问、做真学问。三要把社会责任放在首位，严肃对待学术研究的社会效果，自觉践行社会主义核心价值观，做真善美的追求者和传播者，以深厚的学识修养赢得尊重，以高尚的人格魅力引领风气，在为祖国、为人民立德立言中成就自我、实现价值④。

总之，《讲话》提出了一系列令人振奋的新思想、新思路、新举措、新政策，为广大哲学社会科学工作者指明了努力方向，学习和落实《讲话》精神，将是紧迫而长期的历史任务。相信学界乃至全社会将以自己

---

① 习近平：《在哲学社会科学工作座谈会上的讲话》，《光明日报》2016年5月19日第6版。
② 习近平：《在哲学社会科学工作座谈会上的讲话》，《光明日报》2016年5月19日第6版。
③ 习近平：《在哲学社会科学工作座谈会上的讲话》，《光明日报》2016年5月19日第6版。
④ 习近平：《在哲学社会科学工作座谈会上的讲话》，《光明日报》2016年5月19日第6版。

的智慧和勤奋，为实现"两个一百年"的奋斗目标、实现中华民族伟大复兴的"中国梦"做出新贡献，相信中国当代新文化建设和创新型国家建设将呈现阳光灿烂、姹紫嫣红的新局面。

2016 年 5 月草拟于上海徐汇广元西路公寓

开辟"经学"人文研究的新境界[*]

以《周易》《尚书》《诗经》等十三经①为代表的儒家经典，是中国古代传统文化庞大文化体系与知识系统的代表。传统"经学"作为中国古代文化的骨干与主流，曾经创造了数千年的辉煌，不仅培养了中国历朝历代大批治国理政的杰出人才，为中华民族的文化发展、文明发展和社会安定做出了巨大贡献，而且馨香远播海外，对促进人类文明健康发展产生了积极影响。近代以来，中国传统经学在时代变革与世界动荡的大背景中经受了强烈冲击和巨大挫折，特别是20世纪20年代的"五四"运动和70年代的"文化大革命"浩劫，使中国传统经学在其发祥地几乎一蹶不振，似乎再也看不到"春风吹又生"的复兴希望！

然而，正如老子所言"反者道之动"②，物极则必返。中国"文化大革命"结束之后实施"改革开放"国策，让知识匮乏的国人燃起了追求文化的强烈愿望。"经学"之元典与中国古代诸多名著一起，迅速成为人们学习阅读和开展研究的热点，逐渐透露出经学复兴的气息与生机。人类进入21世纪，众多远见卓识的有志之士，更是深刻认识到包括经学在内的中国优秀传统文化蕴含的深刻人类意义以及巨大的当代价值。经学与中国古代众多优秀文化成果，被视为中华民族珍贵的精神财富和重要的思想资

---

* 本文是作者于2015年9月5日在上海交通大学经学文献研究中心与清华大学经学研究中心合办的"第六届中国经学国际学术研讨会"上的演讲，以"中国传统经学再出发"为题发表在2015年12月3日的《社会科学报》上，收入《第六届中国经学国际学术研讨会论文集》。

① "十三经"指《周易》《尚书》《诗经》《周礼》《仪礼》《礼记》《春秋左传》《春秋公羊传》《春秋谷梁传》《论语》《孝经》《尔雅》《孟子》。

② 陈鼓应：《老子注释及评介》，中华书局1988年版，第223页。

源。于是,"文化强国"成为实现民族振兴之梦的重大战略,成为国家发展的基本国策,而继承和弘扬中华民族优秀传统文化则成为国人的共识。

与此同时,建设中华民族优秀文化传承体系,建设社会主义核心价值体系,建设中国特色社会主义新文化,让中国优秀文化走向世界,让世界人民深入了解中国,成为实现民族复兴、实现中华之梦的重要内容。新世纪新时期中国的经济、政治和文化与世界发展一体化的大环境、大趋势,为经学复兴创造了优越条件,传统经学终于再度获得创新发展的良好机遇。开辟"经学"人文研究的新境界,当然是学界义不容辞的历史责任。

1. 中国传统"经学"是动态文化体系和汉语文化知识系统

中国传统的"经学"概念,一般认为就是指注解儒家经典的学问,正如《四库全书·经部总叙》所称"诂经之说而已"[1]。此说依据基本史实和文化现象而自成一家之言,诚为不错。但是,"诂经之说"只是"经学"内容的一部分,或者说是传统"经学"的主体部分,而绝不是"经学"的全部。

中国传统"经学",实际上是一个开放性很强的动态文化体系和汉语言文化知识系统,是一门"究天人之际、通古今之变""致广大而尽精微"的"大学问"。这一文化体系和知识系统,跨学科、跨领域,哲学、历史、文学、文字、天文、地理、农、林、工、医,几乎无所不包,综合性和专业性都很强。同时,中国传统"经学"又是具有很强实践性和深刻社会性的"大学问",体现着普遍的生活日用引导性和指导性,普及化程度很高。其中蕴藏的深刻丰厚的人文精神尤其值得认真发掘和弘扬。

至于"经学"概念,尽管其内涵与外延的界定还可以进一步精准明确,最早的提出者也还可以进一步精确考证,但毫无疑问,这是一个最能反映中国古代文化发展实际、最能体现鲜明民族特色的历史概念,所以影响大、流传广、地位高。中国古代文化发展史上传统的图书分类采用"经、史、子、集"四分法,而"经"冠诸于首;《四库全书》经部收录经学著作一千七百七十三部、二万零四百二十七卷,这还只是传世著作的

---

[1] (清)贺长龄辑,魏源参订:《清经世文编》,清光绪十二年重刻本,第99页。

一部分，成果数量之多可谓汗牛充栋；这些数据均可窥其一斑。

2. 中国传统"经学"是学术创新和文化发展的历史过程

中国传统"经学"的形成，实际上是一个学术创新和文化发展的历史过程。"经学"发端，前人一般认为始自公元前6世纪至公元前5世纪的儒家创始人孔子。的确，司马迁《史记·孔子世家》中就有十多处记载孔子整理、研究、撰述与教授"六经"的相关内容。如"孔子不仕，退而修《诗》《书》《礼》《乐》，弟子弥众，至自远方，莫不受业焉"；"孔子之时，周室微而《礼》《乐》废、《诗》《书》缺。（孔子）追迹三代之礼，序《书传》，上纪唐、虞之际，下至秦缪，编次其事"①。孔子本人也有"吾自卫反鲁，然后《乐》正，《雅》《颂》各得其所"②的说法。至于《春秋》之作，则有"吾道不行矣，吾何以自见于后世哉？乃因史记作《春秋》"的文字记述。清末著名学者皮锡瑞在其《经学历史》一书中认为，"经学"肇始于孔子对《书》《诗》《礼》《乐》《易》《春秋》"六经"的整理和编订③，这种观点颇具代表性。

然而，"六经"的整理和编订，还只是"经学"形成的一个重要环节与突出表现。学术研究的一个重要规则就是"考镜源流"④，既要知"流"，更要知"源"。照此规则可以推知，"经学"实际上包括着"经"与"经学"两个层面，而且它们是两个本质与内涵根本不同的概念。"经"是"元典"，即上面所言"六经"之著作；而"经学"理应既包括"元典"，又包括对"元典"的研究、注疏以及相关领域的考察。据此，"经学"的范围与内容，实际上包括"经"之元典的产生及其相关内容，换言之，"经学"发轫于"经"的产生，最早可以追溯到《易》《书》《诗》记载和描述的事件发生时期，而其形成则在孔子时期，其后绵延发展创新数千年，成中华文化发展之大观。

孔子编订"六经"之后，伴随时代变迁与王朝更替，"经"之元典的

---

① （汉）司马迁撰：《史记》，中华书局1959年版，第1934—1935页。
② 杨伯峻：《论语译注》，中华书局2009年版，第91页。
③ 参见皮锡瑞著，周予同注《经学历史》，中华书局1959年版。
④ 清代章学诚《校雠通义》内篇卷一将中国传统目录学功能归纳为"辨章学术，考镜源流"，参见（清）章学诚《校雠通义》，民国刻章氏遗书本，第1页。

界定、数量与内容也不断变化，由六经而五经、七经、九经、十二经，最后至十三经而定型。目前见到的传世典籍中，最早记载和使用"六经"一词的是《庄子》，其《外篇·天运》①云：

> 孔子谓老聃曰："丘治《诗》、《书》、《礼》、《乐》、《易》、《春秋》六经，自以为久矣，孰知其故矣，以奸者七十二君，论先王之道而明周、召之迹，一君无所钩用。甚矣！夫人之难说也？道之难明邪？"老子曰："幸矣，子之不遇治世之君也！夫六经，先王之陈迹也，岂其所以迹哉！今子之所言，犹迹也。夫迹，履之所出，而迹岂履哉！"

由此可知，"六经"概念实际上出自孔子，老子只是记载复述而已。

至西汉初年，因《乐》经失传而遂有"五经"之说。汉武帝因维护国家长期统治需要又"推明孔氏"②，"表章《六经》"③，由此儒学成为中华文化的核心与正统，而"经学"也自然地成为中华文化最重要的代表。迨至东汉，在"五经"基础上增加《孝经》与《论语》，遂成"七经"④。皮锡瑞认为"经学盛于汉"⑤，这是其中的一个重要依据。魏晋时期玄学兴而经学淡。唐代儒、释、道三家并用，而经学进一步深化。唐人先是参考沿用汉代郑玄的《三礼注》，将《礼》拆为《仪礼》《周礼》与《礼记》，又将《春秋》拆作《左传》《公羊传》与《谷梁传》，共成"九经"；唐文宗开成年间，又添《尔雅》《论语》《孝经》并刻于石为"石经"，史称"开成十二经"。宋代则将《孟子》升格为经，与"开成石经"合作"十三经"。至此儒家经典"十三经"⑥定型化。

---

① （清）郭庆藩撰，王孝鱼点校：《庄子集释》，中华书局1985年版，第531—532页。
② （汉）班固撰：《汉书》，中华书局1962年版，第2525页。
③ （汉）班固撰：《汉书》，第212页。
④ 王国维：《汉魏博士考》，方麟选编《王国维文存》，江苏人民出版社2014年版，第522—539页。
⑤ 皮锡瑞著，周予同注：《经学历史》，中华书局1959年版，第141页。
⑥ 即《周易》《尚书》《诗经》《周礼》《仪礼》《礼记》《春秋左传》《春秋公羊传》《春秋谷梁传》《论语》《孝经》《尔雅》《孟子》。

3. 中国传统"经学"是民族智慧的主要载体和民族精神的集中体现

如前所述,中国传统"经学"是一个开放性很强的动态文化体系和汉语言思想文化的知识系统。儒、释、道文化是中华传统文化互济互补的三大支柱。而儒家学说不仅是中华传统文化中历史最为久远的本土文化,而且是中国古代数千年封建社会中的主流文化。可以说,经学是中华文化的基石与轴心,是民族智慧的主要载体和民族精神的集中体现,经学的民族特色鲜明,学术成果丰富[1],世界影响力深广。

以"经"称著述,旨在突出强调著述巨大的思想价值与文化意义。正如人们称"圣经""佛经"一样,人们称"易""书""诗"为"易经""书经""诗经",又有"六经""五经""十三经"之说,《四库全书·经部总叙》认为,"盖经者非他,即天下之公理而已",即从其本质立论。那么,人们为什么选定"经"字来表达而不选用其他的字呢?其实,这与当时中国的农耕文化与人们的生活认知有着密切关系。

"经",其本意与"纬"相对,是古代织布时预先在织布机上纵向安放的织线,是纬线交织时的依附支撑,也是织成布帛的基础。汉代许慎《说文解字》(卷十三)训为"织也";清代段玉裁《说文解字注》进一步释为"纵线"[2]。而人们根据"经"在布帛生产中的重要支撑作用,赋予其引申义,用来比喻重要书籍、重要典籍,不仅增强了形象性和生动性,丰富了其内涵,而且将人类历史实践的物质生产与精神生产联系越来,耐人寻味。由此可知,"经"者,既是"经线"之"经"、"经纬"之"经",又是"经典"之"经"、"圣经"之"经",强调的是书籍文本内容的重要性。而研究"经"书的"经学",不仅发展为专门的学问,而且对推动文化的发展、社会的进步和人类的文明发挥着积极作用。

的确,"经学"著作蕴藏了丰富而深刻的人文思想,保存了大量珍贵的历史资料,不仅成为儒家学说的核心载体,而且是中华民族人类胸怀与

---

[1] 《四库全书》经部收录经学著作一千七百七十三部、二万零四百二十七卷。
[2] 段玉裁以"纵线"引申为穿订书册的线,进而指书籍,此又是可商榷斟酌处,从中国古代书籍制度形成衍变的历史来考察,欠缺严谨和说服力。汉代班固《汉书·孙宝传》"著于经典"、南朝·宋·范晔《后汉书·皇后纪上·和熹邓皇后》"暮诵经典"都以"经"称书,而那时尚无册页书籍。

人文品格的集中体现。经学的形成、发展与影响，是中华民族对人类文化发展和人类文明进步做出的重大贡献。它既是中华民族历史实践和社会生活的智慧结晶，是中国传统文化的重要代表，又是全世界人民共同拥有的精神财富和弥足珍贵的思想资源。"经学"维护了中华民族数千年相对稳定的持续发展，使中华民族成为人类发展历史长河中五大文明古国唯一持续至今不曾间断者[①]。可以预见，以中国传统"经学"为代表的中华文化，其重要的思想观念，如以人为本、天人关系、人类意识、家国情怀、和谐秩序、个体修养等，在今后相当长的历史时期内，将继续对人类健康发展和文明发展产生积极影响。这是由"经学"的思想内容、思维方式、自身特点和价值取向所决定的。

中国传统经学史，从某种意义上说，就是一部中华民族思想意识和价值观念不断创新、不断发展的学术演变史、文化发展史和人文教育史。中国古代特别是中国封建社会的发展历史证明，一方面是大的历史环境和综合条件影响着经学的发展态势，另一方面，"经学"的发展变化又往往成为决定文化发展、社会发展和文明发展的重要因素，从先秦时期的"百家争鸣"到汉代的"独尊儒术"，从唐代"三教互补"的融合到宋代"程朱理学"的盛行，从明代的"阳明心学"到清代的"乾嘉朴学"，都是典型的案例与标志。

4. 中国传统"经学""有根、有用、有效"

任何一门学问的产生、一门学科乃至科学的诞生，都有其历史的必然性，而其发展与成长过程，除了必要的外部条件和环境，主要是由其内部机制的生命力来决定。中国传统"经学"之所以成为中国古代的主流文化而盛行数千年之久，迄今依然显示着旺盛的文化生命力，主要是因为经学"有根、有用、有效"，在经世致用、人文传承、勇于创新、弘扬正气、树立学风、铸造民族精神等许多方面都有突出表现。

[①] 《世界文明史》（美国威廉·麦克高希）称"古巴比伦、古埃及、古印度、中国、古希腊是世界上的五大文明发源地"。另有"四大文明古国"说，分别是古埃及（非洲东北部及亚洲西部）、古巴比伦（亚洲西部）、古印度（亚洲南部）和中国（亚洲东部）。四大文明古国实际上对应着世界四大文明发源地，分别指两河流域、古埃及、古印度、古中国这四个大型人类文明最早诞生的地区，而同一时期的爱琴海文明未被包含其中。

一是"有根"。"根"即根源，这是作品获得鲜活生命力的基础。"经学"元典之产生根源于历史实践，根源于社会生活，根源于宇宙自然。儒家以"入世"著称，以人为本，关注现实，关心社会，关切民生，儒家经典也都具有这样的特色。"十三经"既不同于以形象思维为主要特征的文学作品，又不同于以抽象逻辑为主要表现方式的哲学著作，而是记言、记行、记事、记物的"记实"文字。其思想内容无不根植于现实生活实践。被誉为"群经之首"的《周易》"人更三圣，世历三古"（班固《汉书·艺文志》），而伏羲画卦，"仰则观象于天，俯则观法于地。观鸟兽之文与地之宜，近取诸身，远取诸物，于是始作八卦，以通神明之德，以类万物之情"（《周易·系辞下》）。中国古代第一部古典散文集《尚书》乃"人君辞诰之典，右史记言之策。古之王者事总万机，发号出令，义非一揆：或设教以驭下，或展礼以事上，或宣威以肃震曜，或敷和而散风雨，得之则百度惟贞，失之则千里斯谬。枢机之发，荣辱之主，丝纶之动，不可不慎。所以辞不苟出，君举必书，欲其昭法诫，慎言行也。其泉源所渐，基于出震之君；黼藻斯彰，郁乎如云之后。勋、华揖让而典、谟起，汤、武革命而誓、诰兴"（唐·孔颖达《尚书正义序》）。由此可知，《尚书》的内容和其本身不仅源于生活和实践，而且都是历史史实的真实记录。

汉代班固曾考察并分析《论语》成书说："《论语》者，孔子应答弟子、时人，及弟子相与言而接闻于夫子之语也。当时弟子各有所记，夫子既卒，门人相与辑而论纂，故谓之《论语》。"（《汉书·艺文志》）至于《周礼》《仪礼》《礼记》《孟子》《春秋》等，其产生渊源与内容背景之"根"更是无须赘言。

二是"有用"。"经世致用"是中华文化的优秀传统，也是中国古代仁人志士追求的人生目标。文化学术，"有用则盛，无用则衰"（清·皮锡瑞《经学历史》）。中国传统"经学"之所以能够成为古代主流文化而数千年不衰，关键正在于其巨大的"有用"性。中国传统"经学"元典大都旨在"垂型万世"（《四库全书·经部总叙》），立德树人，化育百姓，纯朴民俗。故《尚书正义》之作"庶对扬于圣范，冀有益于童稚"（唐·孔颖达《尚书正义序》），而"夫《尔雅》者，先儒授教之术，后进索隐之方，诚传注之滥觞，为经籍之枢要者也"（宋·邢昺《尔雅注疏》）。可知儒家经典皆"有用""大用"之书。

司马迁《史记·孔子世家》记载了孔子作《春秋》的故事：

> 子曰："弗乎弗乎，君子病没世而名不称焉。吾道不行矣，吾何以自见于后世哉？"乃因史记作春秋，上至隐公，下讫哀公十四年，十二公。据鲁，亲周，故殷，运之三代。约其文辞而指博。故吴楚之君自称王，而春秋贬之曰"子"；践土之会实召周天子，而春秋讳之曰"天王狩于河阳"：推此类以绳当世。贬损之义，后有王者举而开之。春秋之义行，则天下乱臣贼子惧焉。①

由这段文字我们可以看到，孔子作《春秋》至少有两个目的：一是要让儒家推行的"仁礼"之道"名实相符"；二是要通过"贬损之义"来"以绳当世"。而其效果则是"春秋之义行，则天下乱臣贼子惧"，显然是达到了设想的初衷。

关于"经学"的"有用"性，宋代张载概括得最精彩、最精辟，即"为天地立心，为生民立命，为往圣继绝学，为万世开太平"（《横渠语录》），冯友兰先生称此为"横渠四句"。当然，"用"又有形式之别、大小之异、层次之分。

三是"有效"。"有效"主要是指"经学"产生的积极影响和发挥的重要作用。经学的"有效"可以在意识形态领域和社会生活方面得到验证。"经学"有三个鲜明的特点值得注意：一是"经学""主干"元典一直都是作为全国通用教材而存在，不论是在"以吏为师"时期还是在"私学"兴起之后，都是如此，不仅印制课本，而且刻成"石经"；不仅讲授传习，而且密切关联仕途科举。二是"经学"一直是以学术研究的形式在不断地深化、细化，不断地拓展、创新，不断地系统化和理论化，不仅成就了历代一批又一批的经学大师、文化名家，而且留下了汗牛充栋的著述成果。三是由于"经学"内容源于社会生活，具有很强的实践性，经学的发展也始终呈现理论与实践密切结合的特点，指导着人们的思想和行为，提升了全民族的文明素质。这三大特点反映在中国古代不同的历史

---

① （汉）司马迁：《史记》，中华书局1959年版，第1943页。

时期重点虽有差异，但在学术发展、文化传承、社会风气、制度文明等方面，在人的观念意识、风操节守、思想品格、综合素质等方面，则都显示出巨大的影响力。特别是"经学"在人才培养、文化建设和理论创新方面都表现出持久强大的生命力，在维护社会秩序、维护封建统治方面则表现出非同寻常、无可替代的作用。所有这些都充分展现出"经学"内蕴的巨大能量和"有效"性。

5. 中国传统"经学"的守正创新

中国传统"经学"的发展兴盛，体现着中华民族对前代历史和民族文化的高度尊重、高度珍视和自觉传承，体现着中华民族尊重历史、尊重知识、尊重人才一以贯之的优良传统。中国传统"经学"也创造了人类文明发展史上最富有民族特色的文化传承模式。与此同时，历代经学家们一方面表现出坚韧不拔、刻苦严谨的治学精神，表现出敢于探索、勇于创新的胆识与气魄，另一方面表现出"斯文自任"的强烈历史使命感与社会责任心。所有这些都给我们以深刻的当代启示。

进入21世纪以来，中国传统"经学"的研究呈现令人欣喜的新态势，研究队伍越来越壮大，研究视野越来越开阔，研究成果越来越丰富，世界影响越来越深广，国家支持力度越来越强，学界研究兴趣越来越高。比如，山东大学规模宏大的《十三经汇校》出版后，得到学界高度评价；刘大钧、钱宗武、刘毓庆诸先生分别承担的国家社科基金重大项目引起学界的高度关注，而入选国家社会科学优秀成果文库者，如《周易经传研究》《两汉〈尚书〉学研究》等，也都受到学界好评。文献收集的全球化、新材料的发现与研究，诸如李学勤先生与清华简的研究成果，郭沂的《郭店竹简与先秦学术思想》《中国之路与儒学重建》等，也都引起了国际学界的强烈反响。

然而，人类的发展与国家的振兴需要学界做出更大的成绩、更多的贡献。我们应当自觉地以中国古代前贤圣哲为榜样，自觉继承和大力弘扬中国传统"经学"的治学精神、创新勇气和历史担当。为建设中华民族优秀文化传承体系、社会主义核心价值体系和中国特色社会主义新文化，为推进中国文化与世界文化的交流、交融与创新，让世界人民深入了解中国，贡献智慧。特别是要有创建当代"新经学"的勇气和胆量。中国传统"经学"不仅走过了数千年的历程，创造了属于他们那个时代的辉煌，同时也给后人留下了巨大的发展空间。时代的进步和高新科学技术的发明，为我们的研究手段提供了极大便利，同时也对理论创新提出了更高的要求。要树立人类意识、强化国家观念，立足现实、着眼长远，不囿于传统"经学"，发扬光大前人创建的汉学、宋学、朴学，创建程朱理学、陆王心学的精神，像宋代学者张载创立"关学"、二程创立"洛学"、周敦颐创立"濂学"、王安石创立"新学"、朱熹创建"闽学"一样，深入发掘"经学"中的人文底蕴，共同创造当代"经学"研究的新面貌、新体系。

2015年9月3日草拟于紫竹半岛
2020年1月30日修订于南郊一品

神话研究的人类意识与人文精神[*]

上海交通大学神话学研究院 2019 年 4 月上旬举行首批学术专著成果发布会之后,又于圣诞节前夕的 12 月 21 日举行第二批学术专著成果发布会,密集的节奏,彰显着研究院学术团队勤奋刻苦的治学精神。粗略翻阅,感觉这次发布的 21 部新成果,不仅数量多、质量高、原创性强,而且跨学科、跨领域,视野开阔,内容丰富,既能给人浓厚的文化濡养和学术熏陶,又能给人深刻的思想启悟与方法引导。新成果至少呈现三大特征。

一 人类意识与世界视野

新成果具有鲜明的人类意识和开阔的世界视野。这些著作虽然着眼点不同,但是都以"比较神话学"为底色,多侧面地昭示了人类是一个密切关联不可分割的生命群体。

"人类命运共同体"是历史事实的客观存在和未来发展的必然呈现,也是马克思主义的理论基石和重大文化研究的着眼点与落脚处。这次发布的 21 部新著作,自策划之初就从人类发展的高度来设计,体现着高屋建瓴的学术胆识与气魄。神话研究必须具有人类意识,是由学科性质所决定的。一方面,"神话学作为一门现代新学科,其诞生之际就被创始人麦克斯·缪勒命名为'比较神话学'",只有通过世界各国神话的对比研究才能发现潜在规律,彰显民族特色;另一方面,西方文明背后的游牧文化和东方文明背后的农耕文化有着很大区别。特别是首席专家叶舒宪梳理清楚

---

[*] 本文是作者于 2019 年 12 月 21 日在上海交通大学神话学研究院第二批学术专著成果发布会上的发言,收入本次会议论文集。

了人类由非洲到欧亚的迁徙路线,以及世界黄皮肤、白皮肤、黑皮肤三大人种族群的形成过程与密切联系,揭示了不同人种族群地域分布与文化差异的由来,从而自觉地以人类生存发展的历史事实为前提,既展示了人类命运共同体的客观真实性,又体现着神话学研究的学术站位与思想高度。

学术活动是人类文化创造的最高形态,而学术站位和思想高度决定着学术研究的历史价值与文化意义。这次发布的新成果,体现了从文学人类学角度来策划设计和组织实施"神话学文库"的初衷。研究团队把人类作为一个"命运共同体",进行整体宏观的考察审视和具体层面的深入比较,呈现中国神话与世界神话比较研究的架构与态势,时时让读者眼前一亮,具有很强的学术视觉冲击力。其中田兆元的《神话叙事与社会发展研究》、刘惠萍的《图像与神话:日月神话研究》、叶舒宪与李家宝主编的《中国神话学研究前沿》等 7 部中文原创性著作,已然以思考的深入和学风的严谨令人注目,而译著王倩的《希腊神话的迈锡尼源头》([瑞典]马丁·尼尔森著)、李琴的《巴比伦与亚述神话》([英]唐纳德·A.麦肯齐著)、刘志峰的《韩国神话研究》([韩]徐大锡著)等 14 部成果,不仅展示了人类各民族的神话创造和世界各国神话研究的前沿成果,而且显示出译者选择经典的专业眼光和开阔的世界视野。其中译著的原作者涉及 8 个国家,诸如印度的毗耶娑天人、美国的博里亚·萨克斯、荷兰的加里奇·G、德国的瓦尔特·伯克特、意大利的马里奥·利维拉尼,等等。所有这些,既为读者的学习了解乃至深入研究提供了很大的方便,又显示着鲜明的人类意识和开阔的世界视野。

二 国家观念与理论构建意识

具有重大价值和文化意义的学术研究,往往既体现着人类意识与世界视野,又体现着国家观念与理论高度。众所周知,每个国家的文明都扎根于民族的沃土中,都有自己的本色和长处。神话是国家和民族的集体记忆,神话学研究立足本土文化、发掘民族特色、形成系统理论是题内应有之义。鲜明的国家观念与理论构建意识成为这批新成果的重要特色。

神话是人类文化创造的根、心灵表达的魂,也是生活理想的梦。而国家是凝聚人心、有序发展、促进文明的组织保障,也是文化创造、神话创造的历史环境。神话的实质是"以人为本",是"人的神化"与"神的人化"融合创新的智慧结晶。从比较神话学视角研究中国神话,提炼中国特色、中国话语、中国理论,讲好中国故事,这既是中国文化走向世界、让世界了解中国的重要方面,又是世界文化交流的重要方式。在这批发布的新成果中,陈建宪的《中国洪水再殖型神话研究:母题分析法的一个案例》中的国家观念最有代表性。著者以搜集到的 500 多篇洪水神话文本为基础,进行整体模型的建构和母题内容的分析,为华夏神话的文化价值认识提供了前所未有的系统观照和案例分析。著者不仅指出了全世界洪水神话都着眼于"逃生",唯独华夏神话立足"治水"的特点,指出中国洪水神话重在颂扬治水英雄的功绩与人民灾后重建的积极创造,而且由此深入思考其中的民族精神与思想理念。田兆元的《神话叙事与社会发展研究》立足中国神话,研究神话学给当代社会和经济发展所带来的资源意义与创新潜力,提出要立足中国神话的丰富遗产而思考文化创造的"基因编辑"。叶舒宪与李家宝主编的《中国神话学研究前沿》则着眼于中国当代神话研究的风貌,以论文集的形式汇编了当代神话学界中外知名专家关于神话学研究、神话学资源转化、新神话主义潮流、神话研究的理论与方法等方面的成果。

理论是文化的最高表现形式。一门新学科的形成,成熟的理论是重要标志。神话学研究的重要任务和努力目标之一就是创新理论。这批新成果立足本土、借鉴国外,朝着构建中国特色神话学话语体系、理论体系、学术体系,乃至知识体系、教材体系迈出了重要一步。叶舒宪教授借鉴国外成说与光大前贤经验创造形成的"大小传统"和"四重证据"法,已为学界所熟知。《神话叙事与社会发展研究》从社会学角度深入研究中国神话学对社会发展及新经济发展的重大作用;《图像与神话:日月神话研究》以中国汉代画像石艺术的神话学内容为研究对象,深入分析中国神话与美术史的关系;《心理学与神话》([英] 罗伯特·A. 西格尔编,陈金星等译)从心理学角度研究神话;这些著作的内容、角度与观点都让人耳目一新。而《神话的哲学思考》(凯文·斯齐布瑞克著,姜丹丹、刘建树译)与《从前苏格拉底到柏拉图的神话和哲学》(凯瑟琳·摩根著,李琴、董佳译),则着眼于希腊神话与西方思想和西方哲学起源的有机联系,研究西方思想的根脉和发展流向,将神话研究提升到哲学研究、思想史研究的层面。《众神之战:印欧神话的社会编码》(加里奇·G. 奥斯腾著,刘一静、葛琳译)、《古代近东历史编撰学中的神话与政治》(马里奥·利维拉尼,金立江译)、《神话与历史:古希腊英雄故事的历史和文化内涵(增订本)》(王以欣著)等著作,更是从历史学、政治学角度研究神话,探讨神话学与其他人文学科的辐射交融和影响。这些多角度、多层面、多侧面的神话学研究成果,无疑开始酝酿并在一定程度上呈现着神话学理论体系与话语体系的构架雏形。

三 立足当代与以人为本

神话是人类跨族群、跨国界、跨文化的重要文化资本与思想资源,也永远是人类文化创造的重要方面和心灵蕴藉的精神家园。以人为本、立足当代,关注现实、服务社会,才能实现研究成果意义最大化,实现中华优秀传统文化的创造性转化和创新性发展,为构筑中国精神、中国价值、中国力量做贡献。这批新成果含纳的学术价值、文化精神和现实意义不容小觑。

毫无疑问,这批新成果不仅是当代文化建设特别是中国文化建设的重要呈现,而且是文化创意产业的重要学术支撑。每部著作都有独到的文化贡献,同时也都不同程度地包含和反映着人性与人文的光芒。诸如《心理学与神话》([英]罗伯特·A.西格尔编,陈金星等译)、《神话与历史:古希腊英雄故事的历史和文化内涵(增订本)》(王以欣著)、《神话叙事与社会发展研究》(田兆元著)、《希腊神话与美索不达米亚:荷马颂歌与赫西俄德诗作中的类同和影响》(查尔斯·彭格雷斯著,张旭等译)等,都体现着中华文化以人为本的重要思想理念,而张洪友的《好莱坞神话学教父约瑟夫·坎贝尔研究》从借鉴国外经验的角度,研究和揭示现代发达国家文化创意产业的领军者好莱坞影片创作中的神话学影响,给人以典型案例的启发。至于《萨满之声:梦幻叙事概览》([美]简·哈利法克斯著,叶舒宪主译)、《魔杖与阴影:〈金枝〉及其在西方的影响研究》(刘曼著)、《神话动物园:神话、传说与文学中的动物》([美]博里亚·萨克斯著,多亚楠等译)、《图像与神话:日月神话研究》(刘惠萍著)、《熔炉与坩埚:炼金术的起源和结构》([美]米尔恰·伊利亚德著,王伟译),以及《神圣的创造:神话的生物学踪迹》([德]瓦尔特·伯克特著,赵周宽等译)等,都将为当代文化产业的发展和精神文明建设发挥作用。

  总之，作为人类文明发展史上普遍存在的重要文化载体和特殊文学形态，神话的本质是"人的神化"，它既是对自然现象、社会现实或人类自身的时代认知与创造性诠释，又是对超常能力的敬畏好奇与理想期盼的诗意表达。世界不同民族神话题材内容的相同相近或相似，充分体现了人类心理智力和创造能力的相近性与差异性，充分体现着神话思维的普遍性与共同性。神话始终支持着人类文明的演进，支持着人类的创造性实践和创新型发展。神话在讲述神奇故事、讲述创世英雄的过程中，传达着深刻丰厚的人文内涵与民族精神，传达着人类文明发展的深刻启示。在高新科技迅猛发展的当今时代，人类依然生活在神话的世界里并将继续创造新的神话。神话研究也将继续点亮人类的文化繁荣与文明发展。

2019 年 12 月 19 日草拟于上海奉贤
2020 年 2 月 4 日立春日修订于南郊

《尚书·尧典》"黎民于变时雍"经解新说
——兼论经典训释变化与社会时代诉求转变之关系[*]

摘要：《尚书》既是弥足珍贵的中国古代第一部历史文献散文集，又是中华民族优秀传统文化经典的代表作。开篇《尧典》"黎民于变时雍"历代训诂释义与全篇结构厘分，都游离于元典本意之外而造成文脉断裂。本文采用"致广大而尽精微"的研究方法，深入考察和系统梳理相关历史文献，并充分运用文字学、训诂学和文学、历史、哲学乃至律历学等综合知识，从追寻"雍"字本义入手，并根据上下语境诠释内涵，得出"雍"训为"和"与"社会治理效果说"是历史诠释讹误的结论，同时突破千年成见，提出理应训"雍"为"蔽"的新观点。这种新释与农耕历法的内涵有着紧密的关系，是对全文思想内容、文化意义和中国上古农耕文明信息的正确认识与价值判断。此新训不仅回归"黎民于变时雍"所涉及时令的本义，深刻发掘了"雍和"流行的社会认知与文字衍化的内在关联，而且从中华民族文化与人类文明发展的高度，揭示了《尧典》丰富深刻的中国上古农耕文明信息和不容小觑的人类文化意义。

博大精深的中国"经学"是人类文明发展史上最具创造活力的文化奇葩，也是最能体现中华民族人文精神的思想宝库。作为迄今可见的文字

---

[*] 本文以"《尚书·尧典》'黎民于变时雍'经解新说——兼论经典训释变化与社会时代诉求转变之关系"为题目，发表于山东大学《文史哲》2018年第6期，杨宝珠为第一作者，杨庆存为第二作者。杨宝珠搜集材料，撰写初稿；杨庆存提供观点，修改定稿。发表时有删减，现恢复原稿。

记载最早的"上古帝王之书"(《论衡·正说篇》)《尚书》，其既是弥足珍贵的中国古代第一部历史文献散文集，又是中华民族优秀传统文化经典的代表作。自"孔子纂焉"(《汉书·艺文志》)定型而"垂世立教""恢弘至道"，《尚书》即开始成为历代人才培养的传统教材和文化传承的重要载体，不仅当时"三千之徒，并受其义"(伪孔安国《尚书·序》)，而且后来成为学术研究的热点与古代文化的经典，以至发展成为影响深广的专门学问——《尚书》学而绵延兴盛数千年。汉代以来，立为官学，刻于石经，学派林立，名家辈出，训诂之作，汗牛充栋。

然而，由于历史的久远与传播的制约，加之文字书写形体的衍化与内涵发展的丰富，都让历代学者对《尚书》具体内容的诠释与理解见仁见智，既自成一家言，又不乏疑窦处，形成表面百花齐放、百家争鸣而内里多有讹误的局面。《尚书·尧典》"黎民于变时雍"的训解就颇富典型性。以往此句的旧有训诂和全文结构的厘定，偏离了元典初衷，影响了读者对全篇思想内容、文化意义、艺术创造和人类贡献的正确认识与价值评判。本文秉持求真求是、求善求美的精神与敬畏先哲、敬畏学术而不必为贤者讳的理念，拟从"黎民于变时雍"的重新训考和甄辨入手，深入探讨《尚书·尧典》丰富深厚的上古农耕文明信息和不容轻觑的人类文化意义。

一 "雍"训为"和"与文脉断裂

《尚书》学是中国传统"经学"研究既扎实活跃又纷繁复杂的领域，自汉代就有今文、古文学派之分，其后，辑佚、辨伪、注疏、训诂成为历代《尚书》学者研究的主要形式。魏晋南北朝时期，社会格局分裂为南、北两个政治权力中心，《尚书》学也随之形成"南学"与"北学"两个学派。"南学"尊崇梅赜所献汉代孔安国传古文《尚书》(后证伪)，"北学"尊崇汉代郑玄兼容今文、古文二家的注疏体系。此后，受时代盛行的佛学、玄学影响，经北齐刘炫、刘焯二人推扬，重义理阐释的伪孔安国传古文《尚书》成为通行的唯一注本，而重训诂的郑玄注本则随之湮没。唐初重修科举制度，立五经为教育范本与试题来源。贞观年间，国子祭酒孔颖达受命主持编纂《五经正义》，对五经注疏进行大规模的系统梳理。孔颖达虽是"北学"学者，却选取了"南学"伪孔安国传古文《尚书》为底本。自此以后，这种系统的注疏就成为最权威的经解版本流传下来。

笔者正是在研读《五经正义》时发现了《尚书·尧典》诸如"黎民于变时雍"经解训释的疑窦。

《尚书·尧典》记述了上古时代帝尧放勋执政的典范事迹。目前见到的通行权威版本，一般都将全文分为三大部分。第一部分概述帝尧"钦明文、思安安"的理想抱负、"允恭克让，光被四表"的品格气质，以及"克明俊德""协和万邦"的超强能力与卓越政绩，而以"黎民于变时雍"作为第一部分内容的收束之笔。第二部分描写制定历法，"敬授民时"；第三部分记叙如何选定继位人。古代的兴邦治国对内之要有二，一是确保经济发展以维持生存，二是确保政策延续以维持安定，而"敬授民时"是保证农耕经济发展的基础，选好继位人更是保证国策延续的根本。因此，全文紧紧围绕这两件事情来展开。

作为第一部分的收尾"百姓昭明，协和万邦，黎民于变时雍"三句，孔颖达《五经正义》本注云：

> 昭亦明也。协，合。黎，众。时，是。雍，和也。言天下众民皆变化从上，是以风俗大和。黎，力兮反。疏正义曰：言尧能名闻广远，由其委任贤哲，故复陈之。言尧之为君也，能尊明俊德之士，使之助已施化。以此贤臣之化，先令亲其九族之亲。九族蒙化已亲睦矣，又使之和协显明于百官之族姓。百姓蒙化皆有礼仪，昭然而明显矣，又使之合会调和天下之万国。其万国之众人于是变化从上，是以风俗大和，能使九族敦睦，百姓显明，万邦和睦，是安天下之当安者也。[①]

以上这段注疏文字有三点值得特别注意：一是将"百姓昭明"三句作为一个完整的意群，且以"黎民于变时雍"收束上面内容，成为前面两句的落脚点。二是释"雍"为"和"，不但指出三句之间内容的因果关联，而且尤其强调了"其万国之众人于是变化从上，是以风俗大和"即所谓"黎民于变时雍"，并进而追溯上面的"思安安"，完成了对第一部

[①] 孔安国传，孔颖达疏，廖名春、陈明整理：《尚书正义》，北京大学出版社2000年版，第31页。

分内容的诠释归纳。三是其训"黎"为"众"、释"时"为"是",且将"黎民于变时雍"一句的理解接续前文意脉,乃是尧推行一系列治国方略措施的实施效果,是对人们在尧的美政治理下安定富足状态的集中称颂。

历代注疏基本上递相沿袭而不出其樊篱。清代《四库全书》收录《尚书》类研究著述五十余种,对这句话的理解基本上都是因循其说。即便是宋代的文化巨擘苏轼,其《书传》卷一"黎民于变时雍"句下也做了这样的注疏:

协,合也。黎,众也。变,化也。雍,和也。①

其文字虽极其简略,而意思甚为相近。另如南宋时期蔡沈的《书集传》注为:

黎,黑也,民首皆黑,故曰黎民。于,叹美辞。变,变恶为善也。时,是。雍,和也。此言尧推其德,自身而家、而国、而天下,所谓放勋者也。②

是书曾与孔颖达《五经正义》并立学官,影响甚大。然而,蔡沈虽有创立新意的成分,如训"黎"为"黑"、视"于"为"叹美辞",且把"变"字的解读由"变化从上"改为"变恶为善"。但是,其对整句话的理解还是和孔颖达相通相近甚至是完全一致的,都是把这句归入上文意群,作为尧推行美政取得的良好社会效果的总结。元代陈栎的《尚书集传纂疏》卷一乃一字不差地沿袭宋代蔡沈《书集传》的注解,而明代陈泰交的《尚书注考》则云:

黎民,训黎,黑也,民首皆黑,故曰黎民;乃命重黎,训黎高阳之后。于变时雍,女于时,惟时懋哉,咸若时,若不在时,惟帝时

---

① 尤韶华:《归善斋〈尚书〉二典章句集解》上卷,社会科学文献出版社2014年版,第324页。
② 蔡沈:《书集传》,《朱子全书外编》第1册,华东师范大学出版社2010年版,第2页。

举，时日曷丧，予惟时其迁居，仰惟前代时若，训时，是也；动惟厥时，训时，时措之宜也；协时月正日，训时，谓四时；曰时，训雨，旸燠寒风，各以时至，故曰时也；至于旬时，训时，三月。①

陈氏对于"于变时雍"四字用墨甚多，尤其围绕"时"字生发开来，提出了"在时""时日""惟时""厥时""四时""时至"等诸多概念，可惜没有进一步深入分析和发掘其与"变"字的内在联系。陈氏在这里虽然没有直接训"雍"为"和"，而是以"㕥"字训，此字表示"兴盛、茂盛、兴旺、盛大"的状态，实质上依然是"和"字风貌的另外一种表达。

由上可以看出，对于"黎民于变时雍"一句的字词理解注释，最没有争议与歧义的便是训"雍"为"和"，这似乎是达成了高度一致的共识而不容置疑。

然而，以训"雍"为"和"细读第一部分内容，则会产生诸多疑惑之处。首先是与前面内容逻辑的矛盾及文气不接、意脉不畅。从总体来看，其前面内容要点的大逻辑是"自身而家、而国、而天下"（蔡沈《书集传》），"百姓昭明"在只有皇室贵族才会有"姓"的上古时代，讲的是国家上层或者说达官贵族名分地位的确定和组织管理等级制度的严明，突出的是"秩序"性和"有序"性，"协和万邦"是说同所有邦国的关系都十分友好，强调的是"天下安宁"，而由"万邦"到"黎民"则造成描述对象与内容逻辑的"断崖"式巨大落差，因为"黎民"者，乃是从事田间耕种劳作的人群（下文有详考），即所谓"民首皆黑"者（陈泰交《尚书注考》）。其次是与后面内容逻辑的断裂及文气的不通。"黎民于变时雍"作为第一部分的结尾如果说尚可勉强解释得通的话，那么第二部分内容的开头"乃命羲和，钦若昊天，历象日月星辰，敬授民时"则突兀难接。此处"乃"字似乎既可作代词称帝尧，亦可作连词表示因果关系。细细品味语境及语气，则以后者为胜。若是，显然"乃"字极其突兀，与上面内容形成"悬崖"式断裂，无所依着，造成文章脉理结构

---

① 转引自尤韶华《归善斋〈尚书〉二典章句集解》上卷，社会科学文献出版社2014年版，第327—328页。

的明显缺陷。可以推测，无论是最初的草拟者还是编纂的审定者，产生这样疏漏的可能性都微乎其微。而后世的理解与训释是否符合经典原意亦值得深思。既然如此，是否会有更好的训释和理解，可以避免上述矛盾与缺陷呢？我们不妨"考镜源流、辨章学术"（章学诚《校雠通义》），寻绎符合元典本意的训释。

二 "雍"字本义追寻与衍生诸义考绎

诗有"诗眼"，文有"文眼"。清代学者刘熙载《艺概·文概》说："揭全文之旨，或在篇首，或在篇中，或在篇末。在篇首则后者必顾之，在篇末则前者必注之，在篇中则前注之、后顾之。顾、注，抑所谓文眼者也。""黎民于变时雍"是正确理解全篇的关键，而"雍"字则是至关重要的"文眼"。

在古文经学的解读中，训"雍"为"和"，与后世对"雍和"一词基本内涵的通识认知无疑是相契合的，使用频率甚高，也最容易使人理解和接受。但"雍"字绝非仅有"和"义一解。只要考察"雍"字原意及内涵衍变，就会发现尚有诸多意义，如"壅蔽""壅堵""壅塞"等。

"雍"字初文为"邕"。《说文解字》曰："邕，四方有水自邕城池者，从川从邑，於容切。㠸籀文邕，巜害也，从一。雝，川，《春秋传》曰，川雝为泽，凶，祖才切。"① 颜师古《汉书注》曰："雍者，河水溢出为小流也。"又引《尔雅》曰："水自河出为雍。又曰江有汜、河有雍。"② 以上三则材料分别把"雍"解释为护城河、河水溢出的小流。那么"雍"的本义到底是什么呢，这就需要从更多的甲骨文、金文、简牍材料中去考察和甄别。

"雍"字早期的字形有"㠸""㴆""㴢"等，这些字形的共同点是包含两个要素，即水流和水流环绕着的物体，此物体或为城邑或为小块陆地。就属性来说，"雍"以水为主，而"雍"与其他状态的水的区别是"包围环绕"，进而有了包围、环绕、保护、限制、隔离等含义。在早期

---

① 许慎撰，段玉裁注：《说文解字注》，上海古籍出版社1988年影印经韵楼藏版，第569页上。

② 班固撰：《汉书》，中华书局1962年版，第2347页。

铭文中，除地名、人名外，出现频率较高的"雍"字的使用方法之一是"璧雍"。《殷周金文集成》06015 号西周早期一则铭文记载：

　　雩若翌（翌），才（在）璧（辟）雝（雍），王乘于舟，
　　为大豊（禮），王射大龏禽，侯乘于赤旂舟，從，死咸。

这则铭文记载了西周初期"王""侯""璧（辟）雝（雍）""为大豊（禮）"的故事，清楚地记载了人物、地点与事件。显然，其中的"璧（辟）雝（雍）"是事件发生的地点。

那么，"璧（辟）雝（雍）"为何物？《汉书·楚元王传第六》载："至于国家，将有大事，若立辟雍、封禅、巡狩之仪"（《汉书·卷三十六》）；《盐铁论·崇礼第三十七》谓："今万方绝国之君奉赘献者，怀天子之盛德而欲观中国之礼仪，故设明堂辟雍以示之"①；《独断》卷下称："夏曰校，殷曰庠，周曰序，天子曰辟雍，谓流水四面如璧以节观者"；《白虎通·辟雍》说"小学，经义之宫；大学者，辟雍，飨射之宫"②；《大戴礼记·明堂第六十七》则有"明堂者，所以明诸侯尊卑，外水曰辟雍"③。上面的材料显示，"明堂辟雍"是天子在郊外修建的礼用场所，其中挖土堆积而成高地上的厅宇建筑称作"明堂"，在周围挖出的沟渠中注水为"辟雍"。因为这个水是环形围绕的，像环形玉璧，所以称为"璧（辟）雍"。"明堂辟雍"实际上是联为一体不可分割的，正如其字形显示，包含着两大元素。由此可见，"雍"确实是指包围环绕物体的水流，而这种水流无疑起着"以节观者"的阻隔、挡住、遮蔽的作用。

"雍"字由最初的本义又衍生出一系列衍生义。首先，"包围环绕"衍生出"拥抱""拥有""拥护"之"拥"义。《殷周金文集成》02660 号商代晚期或西周早期金文"辛午（作）宝，其亡（无）彊（疆），㽙（厥）家雝德"；《殷周金文集成》02841 号西周晚期金文"女（汝）母（毋）敢妄（荒）寍（宁），虔夙夕軎（惠）我一人，𤔲（雍）我邦小大

---

① 王利器：《盐铁论校注》，中华书局 1992 年版，第 487 页。
② 陈立撰，吴则虞点校：《白虎通疏证》，中华书局 1994 年版，第 257 页。
③ 孔广森撰，王丰先校点：《大戴礼记补注》，中华书局 2013 年版，第 159 页。

猷，母（毋）折緘，告余先王若德，用印（仰）卲（昭）皇天，㿖（申）𦀚（紹）大命，康能四或（國）"；《殷周金文集成》02826号春秋早期金文"余不叚妄（荒）寧，坙（經）雝（雍）明德，宣卬我猷，用𦀚（紹）匹（弼）辝（台）辟"；以上"雍"字均是"拥有""拥护"之义。其次，流水包围环绕对内部高地建筑或城邑陆地起保护作用，这其中还包含对外部隔断与阻隔的意味。正如《独断》卷下所言"流水四面如璧"的目的是"以节观者"，就是把朝觐、观礼的各色人等阻隔在流水之外，不让靠近明堂，以显示天子威严。《睡虎地秦简田律4》称"春二月，毋敢伐材木山林及雍（壅）隄水"，《春秋谷梁传》记"毋雍泉，毋讫籴"①，"雍隄水"和"雍泉"都是在说把水流阻断，取"隔断"之义。水流被阻断后会形成大面积积水，于是由这里又衍生出"壅积"之"壅"。《文子·精诚》："虑牺氏之王天下也，枕石寝绳，杀秋约冬，负方州，抱员天，阴阳所壅、沉滞不通者窍理之，逆气戾物伤民厚积者绝止之。""阴阳所壅"即阴阳不通造成的"壅滞"，是"壅堵"不通之义。

后来，"壅滞""壅堵"又衍生出"壅蔽"义，这个含义在春秋战国时期使用频率很高，基本古籍库检索所得资料中，作"壅蔽"解的几近百条之多。如《子华子·晏子》"如之何其将壅之蔽之，而使之不得以植立"；《管子·法法第十六》"令入而不出谓之蔽，令出而不入谓之壅，令出而不行谓之牵，令入而不至谓之瑕。牵瑕蔽壅之事君者，非敢杜其门而守其户也，为令之有所不行也"；《荀子·致士第十四》"朋党比周之誉，君子不听；残贼加累之谮，君子不用；隐忌雍蔽之人，君子不近"；《吕氏春秋·恃君览第八》"无备召祸，专独位危，简士壅塞。欲无壅塞，必礼士。欲位无危，必得众。欲无召祸，必完备"；《韩非子·孤愤第十一》"今有国者虽地广人众，然而人主壅蔽，大臣专权，是国为越也"。上述材料中的"壅之蔽之""令入而不出谓之蔽，令出而不入谓之壅""牵瑕蔽壅""隐忌雍蔽""简士壅塞""人主壅蔽"等，都是"壅"与"蔽"对举并用，而且都将两个字的意思视为相近相似甚至相同，换言之，"壅"即"蔽"、"蔽"即"壅"也。而"蔽"即"隐蔽""遮隐""蒙

---

① 钟文烝：《春秋谷梁经传补注》，中华书局2009年版，第283页。

蔽",乃不清楚之意。

那么,为什么"雍"字会有"邕""雝""廱"等诸多字形呢?这与文字随着含义变化增加偏旁表义、从而生成新字形并取代旧有字形的文字演变规律有关。如前所述,"雍"字初形为"邕",表示围绕物体的环形水泽,后来加入"隹"旁成为"雝"。"雝"曾表鸟名,《尔雅·释鸟第十七》有"鵰鶋,雝渠,雀属也。飞则鸣,但则摇"①的记载;亦有可能是为了平衡字形加入"隹"为饰笔,甲骨文、金文字形演化加"隹"为饰笔颇为常见。后来,"雝"又增"广"旁成为"廱",《说文解字》谓:"廱,天子飨饮辟廱,从广,雝声,於容切","广,因厂为屋,象对刺高屋之形,凡广之属皆从广,读若俨然之俨,鱼俭切"。②可见,"廱"有高大建筑物的意思,许慎将"辟雍"写作"辟廱"就是为了突出辟雍"人为建造"与"宫室功能"的含义。"廱"形左面的"丿"与"邕"进一步简化为"乡",就有了使用情况最多的"雍"形。

"雍"作为后起字形逐渐取代初形"邕"及笔画繁杂的"雝"与"廱",成为表"邕"本义及大部分衍生义的字形。汉代隶书得到飞跃式的发展,文字构型也逐渐以形声字为标准规范,此时文字根据衍生义的含义加入形旁构成新的专用字。如"雍"加"土"旁成为"壅",作为"壅蔽"之"壅"的专用字;"雍"加"手"旁为"擁",作为"拥抱"之"拥"的专用字;"雍"加"肉"旁为"臃",作为"臃肿"之"臃"的专用字。这样,产生于同一个本义文字的不同衍生义文字就区别开来,形成我们今天表意指事明确的文字系统。

以上梳理考证了"雍"字的本义与诸多衍生义,但这只是本文深入讨论的前提和基础,而更重要的则是如何确定"黎民于变时雍"之"雍"字的正确含义。这就需要将"雍"放在具体语境中来考察。

三 "雍"字训释的语境规定与内涵的诠释选择

如前所述,以往训"雍"为"和"都是顺承"黎民于变时雍"此句

---

① 郭璞注,邢昺疏:《尔雅注疏》,上海古籍出版社2010年版,第543页。
② 许慎撰,段玉裁注:《说文解字注》,上海古籍出版社1988年影印经韵楼藏版,第442页下。

之前所有内容的整体意脉而臆断，既忽略了句子内部的词语逻辑结构，又没有顾及此句后面文章内容的关联。实际上，"雍"在此句中的本义是受其前面词语内容的规定和限制的，换言之，"黎民于变时"五个字限制和规定着"雍"字的真正含义，这也是准确理解"雍"字的重要条件。正因如此，我们必须首先搞清楚句子本身的词语结构、逻辑关系与含纳的内容。

先说"黎民"。就语法字词结构组成和语音节奏而言，"黎民于变时雍"至少可以做如下几种划分：一是"黎民/于变/时雍"，二是"黎民/于变时/雍"，三是"黎民/于/变时/雍"，四是"黎民于/变时雍"。可以看出，这四种结构划分法，从语法角度讲，对于"黎民"这一名词主语的地位和独立性不会有争议。必须指出的是，汉代学者认为"黎"为黑色，"黎民"指称黑色皮肤的劳动人群。其实，"黎民"就是使用"犁"这种工具犁地的人，指代所有从事农耕活动的人群。从事农耕的人们，最关心季节时令的变化，因为这直接关系耕种、管理和收获的时机与节点，关系其生活、生产和生存。

再说"于"与"变时"。从词的属性讲，"于"字有多种用法，如介词、感叹词，甚至动词。属于什么词性，则要放在具体语境中来判断。"黎民于变时雍"中的"于"字应当是介词，其与"变时"构成介词定语，修饰和限定目标指向的"雍"字。"变时"就是变化的季节。"时"为形声字，古代繁体从"日""寺"声。从"日"表示与时间有关，本义乃时令、节气、季节等，故《说文解字》谓"时，四时也"。"于变时"乃是"对于时令、节气、季节"而言的意思。此其一。其二，"于"字在古代还有另外一种鲜为人知、句例甚少的用法，即《尔雅注疏》所称"于，曰也"[①]，就是"说"的意思，这时的词性为动词。由是，其后面"变时雍"三字就成为被"说"的内容，全句字词节奏与结构就成为"二一、二一"的三、三对仗句式，即"黎民于、变时雍"。在这里，"变"与"时"两个字连成了一个词，可以理解为"时令的变化"或"节气的变化"。以上两种情况，无论是介词还是动词，表达的都是对于

[①] 郭璞注，邢昺疏：《尔雅注疏》，上海古籍出版社2010年版，第24页。

"时令、节气、季节"之"变化"的感受与认识。

其实,先秦时期,"变"与"时"组合成词表达时令变化的情况并不少见,且多以"时变"状态出现。这个词最初表自然界季节气候的变化,后来才上升到抽象概念层面,表时机、时代的变化。如《子夏易传·离下艮上》:

> 刚柔交错,天文也。文明以止,人文也。观乎天文,以察时变。观乎人文,以化成天下……观其天文,可以敬授人时;察其人文,可以自已而化,成天下治也。

以上所言"观乎天文,以察时变",其"天文"是指天象,即日月星辰运行轨迹的自然现象。古人认识到星辰运行规律与四季变化规律之间相匹配的关系,于是用可见的星辰运行来标记不容易把握的时间变化,这就是"以察时变"。根据星辰的位置标记一年中气候变化的节点,即农作物生长过程中关键的时间点,这就是历法时令。此用以指导人们的农业生产,也就是引文中提到的"观其天文,可以敬授人时"。这与《尧典》中"历象日月星辰,敬授民时"正相一致。《禽经》(含张华注)中也记载了动植物自身的生长规律与时令变化之间的关系:

> 毛协四时。春则毛弱,夏则稀少而改易,秋则刷理,冬则更生细毛自温。羽物变化转于时令。仲春之节,鹰化爲鸠;季春之节,田鼠化为鴽;仲秋之节,鸠复化为鹰;季秋之节,雀入大水化为蛤;孟冬之节,雉入水化为蜃。淮南子曰:"鼇化爲鹑,鹑化爲鷃,鷃化为布谷,布谷复为鹞。顺节令以变形也。"乾道始终以成物性。生物者,乾之始;成物者,乾之终。随时变化,成就万物之性也。(《禽经·毛协四时》)

"毛协四时"一段记述了鸟类的羽毛随四季变化而改变形态的规律,这既是生物自身随时令变化的结果,也是自然界时令变化的一种表征。"羽物变化转于时令"一段虽然内容有悖于科学常理,但这是古人在生命科学尚不发达的时代对自然界物候变化的直观认知,其中体现了生物随四季节令变化的观念。"乾道终始以成物性"一段描述生物与天道之间的关系，这里的天道还保存着唯物世界中自然时令的含义，意思是说万物的生命、性理，是随着自然时令节气的变化而形成的。而"随时变化"就是"时变"的扩展。

随着哲学思维的发展与春秋战国时期社会现实的变化，原本描述自然现象的时令变化上升到抽象概念层面，被赋予时机变化、时代变化、内外制约因素变化等更为丰富的含义。如《六韬·盈虚二》中的"天时变化"已不仅仅指自然气候时令的变化，而被赋予天道观念，指一种能左右人与社会命运的不可抗拒的力量。春秋时期以后，"时变"的含义越来越多地用来表示时机、时运的变化。汉代以后，很少有人以"时变"表示"时令变化"。这可能也是汉代古文经学家们不从"时令变化"的角度去理解"变时"的重要原因，而更愿意以"时"通"是"或者令其为"时代"之"时"。文字发展到汉代有很多已经失去本义而表示衍生义，很多词语的本义也因时代的变化而渐渐淡出人们的视野，取而代之的是适用于当下社会的衍生义。"时变"的本义"时令变化"的丢失就是这种现象的例证。不难看出，"时变"即"变时"，有所不同的只是词序的改变，前者突出"时"，后者强调"变"，指代的内容含义没有发生变化。

与古文学派有所不同，今文学派的文本"变时"作"蕃时"解，那么二者有何不同？其与时令变化有何关系？《说文解字》谓"蕃，艸茂也。从艸番声"[①]。"蕃"的本义是草木滋生，后引申为繁茂。《子夏易传·坤下坤上》称"天地变化，草木蕃"。(《子夏易传·卷一》)"天地变化"即气候时令与季节的变化，气候时令变化，草木随之滋生、繁密起来。这里的"蕃"是草木生长的意思。后来，"蕃"有特定与五谷搭配使用的现象，特指农作物的生长与高产。如《管子·小匡第二十》云"时雨甘露不降，飘风暴雨数臻，五谷不蕃，六畜不育"。《文子·精诚》说"甘雨以时，五谷蕃殖。春生夏长，秋收冬藏"。《荀子·尧问篇第三十二》有"树之而五谷蕃焉，草木殖焉，禽兽育焉"之语，《淮南鸿烈解·主术训》记"是以群生遂长，五谷蕃植，教民养育六畜以时"之言。在这些材料中，农

---

① 许慎撰，段玉裁注：《说文解字注》，上海古籍出版社1988年影印经韵楼藏版，第47页上。

作物的种植都称为"蕃",牲畜的养殖都称为"育"。先秦时期名物区分精细而严格,几种文献中皆以"蕃"表示五谷生长,可见"蕃"在这一时期是特别标示五谷的种植与其繁茂形态的。后来,"蕃"的使用范围逐渐扩大,扩展到牲畜、鱼虫甚至人的领域,再后来便指所有生物的生长繁衍。如《白虎通德论·五行》:"物蕃屈有节,欲出时为春,春之为言偆,偆动也。"[①]这里称万物的滋生为"蕃"、衰败为"屈","蕃"即万物"欲出时"。班固用万物欲出时的"蠢动"来解释"春"这种称谓的来历。可以看到,虽然"蕃"的使用范围扩大了,但仍然与时令节气联系在一起。"蕃时"就是草木滋生之时,是五谷生长之时,是万物生息繁衍之时,是春夏之时。人们要想使农作物顺利生长、获得丰收,就必须按照植物本身的生长规律进行播种、灌溉等一系列农事。植物本身生长规律的枯荣体现的就是四季的变化,所以,"蕃时"就是"变时",即农耕时令的更替。

综上所述,"黎民于变时雍"一句中的"变"与"时"二字应当是一个词"变时",表达的是"时令、节气、季节"之变化,并修饰和限定"雍"字。若此,以往训"雍"为"和",句意实难贯通。在上面"雍"字本义与诸多衍生义的训考中,可与季节时令变化相关联、相匹配的只有"雍"之衍生义"蔽雍",即田间耕种的人们对于季节时令变化的准确情况如同被水隔开与遮蔽的"璧雍"一样,感觉模糊,认识不清。换言之,就是为时令节气的变化所"蔽"、所"塞"、所"堵",人们对季节时令的变化把握不准确,影响和妨碍了适时耕种或收获。而这才是田间耕作的"黎民"最为关心、最为上心和利益攸关的大事,也是关系国计民生、安邦治国的大事。所以,在"雍"字的所有含义中,对于"黎民于变时雍"来说,训"雍"为"蔽"则最能贴合语境与语义。

四 "雍"训为"蔽"的事理契合与原始朴素的历法科技

从上面对"黎民于变时雍"字词结构的分析与字词本义的探寻可以清楚地知道,这句话的核心意思是表达田间耕作人群对于时令节气变化模

[①] 陈立撰,吴则虞点校:《白虎通疏证》,中华书局1994年版,第175页。

糊不清，并透露出由于生存、生活、生产的需要而特别希望掌握和了解时令信息，句中每一个字词都与农耕有着密切关系。我们选择训"雍"为"蔽"，解释"黎民"对于"变时"即时令节气变化模糊不清的状态和期待了解的愿景，无疑最为契合事理逻辑。"蔽"为形声字，从艸，敝声。《说文解字》称："蔽，小草也"①，此为本义；而《广雅》说："蔽，障也，隐也"②，则是引申义，含有"遮住、遮掩、障蔽、不清楚"的意思。至于其他解释，都很难做到圆通全句之意。

训"雍"为"蔽"后，则"黎民于变时雍"一句的内容全都紧紧围绕农耕之事的时令节气，这显然与其前面"百姓昭明，协和万邦"的内容看不出有什么直接联系，在逻辑上也不属于同一个层面，所以既不协调也不吻合。然而，却与其下第二部分开头四句以及后面的所有内容都紧密相联。如果把"黎民于变时雍"作为第二部分的段首句，那么，此段开头成为五句，共同构成了第二部分的第一个意群：

> 黎民于变时雍，乃命羲和，钦若昊天，历象日月星辰，敬授民时。（《尚书·尧典》）

这一意群，其内容结构的内在逻辑是：第一句提出问题，后四句从安排任务到实施方法，直至最后目标，全都是解决问题。五句形成密不可分的整体，不仅极其简练地按照事件发生发展的先后顺序描述了解决问题的历时性过程，而且逻辑严谨，结构完整，首尾照应。更应特别指出的是，这一意群下面从"分命羲仲"到"庶绩咸熙"的所有内容，全部是紧紧围绕此五句逐步展开。显然，这样的处理不仅文脉贯通，而且让文章结构完美。总体来说，至少解决了如下几个方面的问题：一是纠正了以往训"雍"为"和"的讹误，阐明了作者的原意，使"黎民于变时雍"的本义得到回归。二是纠正了以往段落结构划分上的讹误，将第一部分结尾句"黎民于变时雍"作为第二部分的首句，不仅贯通了文脉，而且恢复了作

---

① 许慎撰，段玉裁注：《说文解字注》，上海古籍出版社1988年影印经韵楼藏版，第40页上。

② 王念孙：《广雅疏证》，中华书局1983年影印钟宇讯点校本，第64页上。

品思想内容与逻辑结构的合理性，由此彰显了艺术结构的形式美。三是纠正了以往第二部分以"乃"字开头的突兀状态，恢复了"乃"字在上下句中承接文气意脉的重要作用，增强了文章的流畅感和节奏感。四是结束了以往思想内容与表现形式的逻辑混乱情形，恢复了文章内容清晰、思路清晰、层次清晰、逻辑清晰的本来面貌，恢复了"黎民于变时雍"引领下文的统摄作用，同时也让这一意群发挥了呼应和照应下面内容的纲目作用，自然过渡到尧命羲和重新制定历法的详细描述中。

现在再读全文，就会看到作者其实运用大量笔墨只写最值得为人称道的两件事：一是如何考察天体运行和自然季节的时令变化，制定历法，即所谓"敬授民时"；二是怎么样考察选择继位人，除注重道德人品和协调组织能力，尤其注重考察治理洪水的能力与实效。这两件事表面上看似乎不相联属，而实际上则关联至为紧密，二者都与人们的生存、生活、生产密切相关，核心都是紧紧围绕农耕的发展。前者是确定季节时令的变化和规律并普告天下，确保适时耕作，后者则立足当时洪水灾害的实际，以治理洪水和创造适应农牧耕作大环境的能力为标准，选定首领。而制定历法，更能反映农耕文明的发展程度，这里做重点分析。其文字节录如下：

> 黎民于变时雍，乃命羲和，钦若昊天，历象日月星辰，敬授民时。分命羲仲，宅嵎夷，曰旸谷。寅宾出日，平秩东作。日中，星鸟，以殷仲春。厥民析，鸟兽孳尾。申命羲叔，宅南极，曰交阯。寅敬致日，平秩南为。日永，星火，以正仲夏。厥民因，鸟兽希革。分命和仲，宅西土，曰昧谷。寅饯纳日，平秩西成。宵中，星虚，以殷仲秋。厥民夷，鸟兽毛毨。申命和叔，宅朔方，曰幽都。寅在易日，平秩朔伏。日短，星昴，以正仲冬。厥民隩，鸟兽氄毛。帝曰："咨！汝羲暨和。期三百有六旬有六日，以闰月定四时，成岁。允厘百工，庶绩咸熙。"（《尚书·尧典》）

以上这段文字记载和描述了帝尧如何面对当时制约社会发展的重大现实问题——"黎民于变时雍"，即人们对于季节时令的变化不清楚，怎样安排解决这一直接影响族群生存和国家发展的重大问题，命令司掌历法的羲氏、和氏两大贵族，严格遵循天地宇宙的自然变化规律，观察日月星辰的运行情况，重新制定出历法，庄重颁布给人们使用，以最大限度地避免贻误农时。

文章记述了羲氏、和氏两大家族分别派出各自的次子、三子羲仲、羲叔、和仲、和叔四人，分赴东夷旸谷、南极交阯、西土昧谷、北方幽都四地，在四个指定区域开展观察和研究，并根据天文星象变化、人们的生产劳作与居住习俗以及鸟兽交配与羽毛变化情况等，来确定"仲春、仲夏、仲秋、仲冬"的准确时间。羲仲住在东方海滨叫旸谷的地方，观察日出的情况，以昼夜平分的那天作为春分，并参考鸟星的位置来校正；羲叔住在南方叫交阯的地方，观察太阳由北向南移动的情况，以白昼时间最长的那天为夏至，并参考火星的位置来校正；和仲住在西方叫昧谷的地方，观察日落的情况，以昼夜平分的那天作为秋分，并参考虚星的位置来校正；和叔住在北方叫幽都的地方，观察太阳由南向北移动的情况，以白昼最短的那天作为冬至，并参考昴星的位置来校正。羲氏、和氏将考察结果呈报，尧据此决定以366日为一年，用闰月调整历法和四季的关系，使每年的农时正确，不出差误。因此"允厘百工，庶绩咸熙"，人们了解和掌握了季节时令的变化规律，不再为"变时"所"蔽"，能遵照历法来安排生活、生产，收到很好的社会效果。值得指出的是，作者既描写了掌司其事者"宾、敬、饯、在"虔诚庄重严肃认真的态度，又交代了重点观察和研究的目标与对象，即"日、月、星、辰"运行位置的变化规律以及昼夜时间的长短"日中、日永"；既以"民"为主要观察对象，记述其春夏秋冬四季之"析、因、夷、隩"的居住风俗和劳作规律，又以"鸟兽"为重点考察目标，记述其春夏秋冬四季之"孳尾、希革、毛毨、氄毛"的重要表征。所有这些，都体现出早期农耕时代先民劳作的重要特征，虽然居无定所，随季节变化而选择较为安全适宜的地形地势，且耕种、牧养与狩猎为一体，但是对大自然的诸多现象已经有了深刻的感性认识，体现出原始朴素的历法科技手段。

历法既是人类农耕历史实践的珍贵文化载体，又是农业文明发展的重要标志。从本质上讲，历法是人类对于自然世界直观认识的规律概括和经验总结，其中包含着人类的生存智慧与生活智慧，体现着人类对于自然宇宙运行变化的规律认识与开发利用。从目前已知的世界历史文献看，公元前3000年前后，生活在两河流域的苏美尔人根据自然变换的规律，以月亮的阴晴圆缺作为计时标准，创制了最早的历法太阴历，12个月为一年，共354天。至公元前2000年前后，古埃及人根据尼罗河泛滥周期，制定出太阳历，成为公历最早的源头。中国的历法大约始于公元前2500年。从现有文献看，在伏羲氏、神农氏时期就已经在生活生产中开始运用自然季节的变化特点。《周易·系辞下第八》曰："包牺氏没，神农氏作，斫木为耜，揉木为耒，耒耨之利，以教天下"；《管子·形势解第六十四》中说："神农教耕，生谷以致民利"；《皇王大纪·皇纪·炎帝神农氏》中载："治其丝麻为之布帛"；从这些材料中可知其在当时创制工具和种植五谷的农耕发展情况，可知当时人类由原始游牧民族生活向农耕文明转化的情况。而所有这些，都离不开对自然季节变化的了解和把握。而《尚书·尧典》"黎民于变时雍"及其制定历法的记载只是中国农耕文明发展史上的一个典型案例。中国古代历法有着独特的民族特色。最早的历法一年只分为春、秋二时，所以后来用"春秋"代表一年。《庄子·内篇逍遥游第一》"蟪蛄不知春秋"（《庄子·卷一》），意思就是蟪蛄的生命不到一年。此外史官所记的史料在上古也称为"春秋"，因为史料都是纪年体的。后来历法日趋周密，春秋二时再分冬夏二时，有些古书所列的四时顺序不是"春夏秋冬"，而是"春秋冬夏"，如《墨子·天志中第二十七》"制为四时春秋冬夏，以纪纲之"，《管子·幼官第八》"修春秋冬夏之常祭"，《礼记·孔子闲居第二十九》"天有四时，春秋冬夏"等。后来人们伴随实践经验的积累和自然认识的深入，逐步向原始细密化与原始科学化推进。古人很早就掌握了春分、秋分和夏至、冬至这四个最重要的节气，将一年分为春、夏、秋、冬四时。以此为基础，古人又逐步细分和完善了二十四节气。《尚书·尧典》把春分叫作"日中"，秋分叫"宵中"，因为这两天昼夜长短相等，《吕氏春秋》都叫"日夜分"。《尚书·尧典》把夏至叫"日永"，冬至叫"日短"，因为夏至白天最长，冬至白天最短，《吕氏春秋》分别叫作"日长至""日短至"。《吕氏春秋》里已经明确提到了立春、立夏、立秋、立冬4个节气。到了《淮南子》就出现了和现代名称完全相同的24个节气。目前见到的较早的历法文献是《夏小正》，将一年分为十二个月，每个月以某些显著星象的"昏""旦中天"或"晨见""夕伏"来表示节候，是物候历和天文历的结合体。此与《尚书·尧典》的"四仲中星"即"日中星鸟，以殷仲春；日永星火，以正仲夏；

宵中星，以殷仲秋；日短星昴，以正仲冬"利用星象预报季节一脉相承。此后，修订历法一直是历朝历代必不可少的重要任务。仅以宋代为例，319年内就颁发过18种历法，其中南宋杨忠辅制定的《统天历》取回归年长为365.2425日，是当时世界上最精密的数值，比欧洲著名的《格里高历》（亦取365.2425日）即当今世界通行的公历早了380多年。

五 "于变时雍"的时令本义与"雍和"内涵的社会认知

如上所述，"敬授民时"，让田间耕作的人群了解和掌握时令节气的变化，以确保一年的农耕、养殖等活动按时令进行。上古三代是中国农耕社会的起步时期，先民在协调人力与自然规律之间的矛盾中艰难摸索，时令就是他们掌握自然生命枯荣规律的重大成果。以农作物种植为主的一年的作息活动按照时令进行，才能确保农作物产量稳定、六畜兴旺。这是关乎生存的第一件大事。但是，这种理解与《五经正义》训释大相径庭，唐宋两代学子为求仕途埋首经义，少有提出异议者。宋代崇文抑武的政策提升了士大夫阶层的社会地位，士大夫要求与君主共治天下，更多地以学术形式干预政治，于是"疑古惑经"与重新注解经书的思潮出现，其实质是以注疏的方式建构自己的政治哲学体系。元代经学式微，以"乡先生"为主要成员的新安经学是元代经学的代表。新安经学以朱熹为宗，却死守宋代经学藩篱，失去了宋代经学最可称道的疑经精神。明初结束元代游牧民族推崇武力的社会风气，重新编定儒家经典，试图将社会秩序重新纳入理性文明中来。然而明初官修《五经大全》采取的是元代新安经学的著述，仍然没有突破宋学藩篱。直至清代中后期以朴学为基础的近代学术研究起步，经学研究才进入一个新的境界。

唐代以后的注疏中没有将"于变时雍"作为"时令"之事来考虑的，而在唐代以前的文献中对于"于变时雍"的理解与运用是否能寻到蛛丝马迹呢？《汉书·成帝纪第十》有一段文字耐人寻味：

> 二年春寒，诏曰："昔在帝尧，立羲和之官，命以四时之事，令不失其序，故《书》云'黎民于蕃时雍'，明以阴阳为本也。今公卿大夫或不信阴阳，薄而小之，所奏请多违时政，传以不知，周行天下，而欲望阴阳和调，岂不谬哉！其务顺四时月令。"（《汉书·卷十》）

对于这则材料的记载，清季学者们已经注意到并提供了一种解释，孙星衍、王先谦、皮锡瑞等将"黎民于蕃时雍"作为今文经学的文本加以记录。如王先谦在《尚书孔传参正》中注：

"黎民于变时雍"，古文也，今文作"黎民于蕃时雍"……韦昭曰："蕃，多也。"段云："应用古文，读'蕃'为'变'……颜引应注盖删去'古文作"变"'之语。"①

王先谦先生首先判定《汉书》所录"黎民于蕃时雍"是今文经学使用的文本，然后辑录各家对异文"蕃"字的解释。一种解释说"蕃"通"变"，"黎民于蕃时雍"即"黎民于变时雍"，在释义上和古文经学注疏相同。另一种解释训"蕃"为"养"，"养"即尧帝对民众的养育教化，百姓在尧的养育化下变得雍和。这种解释虽然根据"蕃"字本身提出了新的见解，但目的还是合理地将此句挂靠到古文经学注疏上。下面我们就逐条分析汉成帝诏书中使用的"黎民于蕃时雍"一句是否与古文经学释义相同。

首先，这条材料是今文经学的文本应该没有异议，依据有二。诏书曰"故《书》云'黎民于蕃时雍'，明以阴阳为本也"。可知这句话的使用环境是在强调"以阴阳为本"，让公卿大夫提出的政令措施符合阴阳与四时运行的规律。强调阴阳五行与灾异感应是今文经学解经的鲜明特点，今文经学家们认为世间万事万物都统摄于阴阳五行的规律，如果人尤其是君主不按照阴阳五行言语活动，就会招致上天降下的灾祸，这种灾祸往往表现为自然灾害或异象。这则诏书中对该句的使用是符合今文经学解经传统的。此其一。其二，诏书颁布者汉成帝刘骜乃今文经学笃学者。汉代今文、古文学派斗争激烈，而古文经学一直没有真正立于学官，虽有个别帝王推崇甚至王莽时曾将其短暂立于学官，都如昙花一现。古文经学更像是一股强大的民间洪流与官方规定的今文经学正统相抗衡。汉代的皇室是研习今文经学的。史料可考的受学于今文《尚书》的汉代皇帝有15位，其

---

① 王先谦：《尚书孔传参正》，中华书局2011年版，第16—18页。

中两位还参与《尚书》学著作的撰写与编纂,如汉明帝刘庄撰写《尚书学》专著《五家要说章句》、汉章帝刘炟下令集撰今文经学著作《欧阳、大小夏侯尚书古文异同》与《白虎通义》。在诸侯王与王后文字中也屡见对今文经学章句的称引。可以说,汉代皇室是笼罩在今文经学的学术传统与言行规范之下的。汉成帝刘骜受学于今文经学小夏侯《尚书》学派的郑宽中,重用林尊等今文经学家,所以汉成帝在诏书中称引的这句当是今文经学无疑。

其次,此句句意与古文经学经解不同。诏书中称:"昔在帝尧,立羲和之官,命以四时之事,令不失其序,故《书》云'黎民于蕃时雍',明以阴阳为本也。"文中用"故"字连接前后文,表明前后略有因果关联。说古时候帝尧立羲和之官,让他们掌管四季时令的事,使百姓的生活按秩序进行,所以《尚书》中强调"黎民于蕃时雍",是为了让人们铭记始终要以阴阳为根本。由此可见,"黎民于蕃时雍"是与后文"乃命羲和,钦若昊天,历象日月星辰,敬授民时"归为一个意群的,"黎民于蕃时雍"的含义与时令有关。汉成帝此诏书称引这句的起因是公卿大夫忘记了阴阳四时月令,称引这句的目的是告诫他们要以阴阳四时月令为本。同理,他认为《尚书》记录这句的目的是"明以阴阳为本",那么《尚书》记录这句的原因就是人们忘记了以阴阳为本,可理解为在时令变化这件事上"壅蔽"不清。

今文经学重天人感应、阴阳灾异,其实这个传统源于上古时代农耕生产方式决定的对天象气候、季节时令的依赖与重视。主动种植使人类从采摘的原始形态中解放出来,迈出摆脱自然环境限制的第一步。然而,主动种植是人力对自然原力的强行干预,这种干预如果违背作物本身的生长规律,就会导致作物的减产甚至死亡,所以严格按照自然生长规律进行合理干预是保证农耕成功的决定性因素。先民通过漫长的观察并总结出作物的生长规律,在气候变化的节点进行相应的干预,这些气候变化的节点就是时令。一年以农事为主的活动都按照自然气候的时令变化进行,就是最初的"天人感应",即以顺应自然规律来消解人力与自然原力之间的冲突,使人力改造后的自然仍能保持平衡状态,这样人们才能在对自然施加力量的同时不受自然反冲力量的伤害,从而更好地生存下去。

随着生产力的发展,社会分工越来越明显,不管执政者的政令还是人民的生活行为都不仅仅局限在农事范围内,所以最初描述自然规律的"阴阳二元论"与"五行生克说"就上升到抽象的哲学伦理层面,指导人们方方面面的行动。"阴阳二元论"是时刻提醒人们事物都有此消彼长、相互制约的两面,二者不可偏废。"五行生克说"是将世间所有事物都置于普遍联系的整体中,告诉人们要从整体着眼,观照诸多方面。人们试图将一切都纳入符合逻辑的因果链条中来,这样不仅可以解释诸多异常的现象,还可以通过预判来避免不可抗因素的伤害。这是人类建立可控的生存环境与机制的尝试。于是,在东周晚期与汉代前期,阴阳五行说充斥社会的方方面面,很多地方牵强附会,但这是古人建立可控生存机制与精神安全机制的过渡尝试。

今文经学对这句的解读源于农耕时令,符合远古三代时期以发展农业生产为第一生存要义的时代主题。今文经学是传世之学,师徒授受谱系鲜明、师法严格,如荀子曾游学于齐、三为祭酒,伏生今文《尚书》学即受学于荀子。所以笔者以为,今文经学对这句的解读是更接近文本原义的。但令人疑惑不解的是,既然将此句解为与时令相关更符合文本原义,为什么在后世流传中,此种解释却湮没不闻了呢?不独唐代立伪孔传古文《尚书》为官学之后,即便在汉代,我们可以检索到的十几条文献中,也只有此处诏书称引是体现其与时令相关的。同样出自《汉书》的另几处的称引也都是依循古文《尚书》的解读方式,将其归入前文意群,作为对尧治理下的盛世状况的总结。由此可知,人们在对这句经解的接受上,将其与和平盛世相联系已经取代与农耕时令相联系,成为当时社会的主要认知形态。这已经不单单是今文、古文学派斗争的问题,而是整个社会思潮发生了转型。上古时代是农耕社会起步、探索、初步成形的时期,人们对农业种植各方面的经验还不充足,农具与生产方式也原始落后,生产力低下,所以如何提高生产力是当时社会的大事,人们的一切探索几乎都围绕在如何发展生产力上。历经春秋战国时期农业技术的改革、水利灌溉工程的兴修,农业生产获得了一次飞跃式的进步。秦始皇统一政治版图,废除分封建制,严格户籍政策,将人作为农民稳固在土地上,此时基本具备了成熟农业社会的雏形。及至汉武帝时期,社会结束混乱动荡,作为此后延续两千年的农业社会制度亦终于正式定型了。此时农业技术、农事规律等问题已经相当成熟,农民可以自发进行农业生产并且保证产量，生产力不再是困扰生存的头等大事，于是人们的关注点转移到对分配关系的调节上来，即调节社会关系。

儒家思想自诞生之初就天然背负着调节农业社会生产关系的职责，或者说儒家思想就诞生于农业社会的生产方式。孔子将儒家思想追溯到周制，周朝是以农耕生产方式发展起来的方国，其制度必然是适用于农业社会的制度。春秋战国时期儒家思想发展壮大也是伴随着农业生产方式的壮大。至汉武帝时期农业社会完全稳固，执政者推行"尊经黜子"的政策，此时儒家的胜利实质上是农业生产方式的胜利。儒家倡导的"和""序""节用""重农抑商"等思想都是为农业社会更好地发展而提出的。"和"就是调节社会关系的一种方式，倡导大家不争，有序分配社会资源，"和"又能维护社会稳定，从而使人们更好地进行农业生产。汉武帝之后，合理分配资源、维护社会稳定成为时代主题，人们解读经书的角度也不可避免地从这个角度出发，于是将"黎民于变时雍"解为社会和睦稳定就成为最能广为接受的方式。原先从生产力角度出发将其解读为与农耕时令相关的方式就渐渐淡出人们的视野。这是社会发展的客观事实的驱动，是人们思想观念变化导致的自然结果。不同时代的经解是顺应时代发展的需要，在"求用"层面上虽无对错之分，但在"求真"层面，符合原义的解释与主观阐发的解释就有了正误之别。

六 "雍""庸"通用与"和"义嫁接

其实，任何文化现象的发生与存在都必定有其多方面合理性的根源，而绝非出于偶然，《尚书·尧典》中将"雍"训为"和"，也不例外。这除了上面分析过的主流文化价值观和社会认知层面的大环境因素，还有文字学知识系统内部的小环境因素。可以断言，"雍"与"和"的联姻必定有其合理性与必然性。

仅就基本古籍库检索资料来看，先秦时期"雍"字的使用主要有五种情况。一是作名词用得最多，如地名、鸟名、星象名、乐名、人名、职官名等，有一百一十多条。二是形容词，作"堵塞、壅蔽"解，有九十条左右。三是动词，作"抱持、拥有、拥护"解，有二十多处。四是从"壅堵""拥有"意衍生出来的"群、多、拥挤、盛大"义，十余条。五是拟声词,作"鸟鸣、钟鸣"等解,有十多处。相比之下,"雍"字作"雍和"解的用法却极少,汉代以前将"雍"与"和"联系在一起的只有《尔雅·释训第三》:"肃肃、翼翼,恭也。廱廱、优优,和也。"① 除却这则材料释"廱廱、优优"为"和",其余都是汉代以后至唐、宋时期注疏家将先秦文献中"雍"解释为"和",然仔细推求文献,会发现"雍"字并不作"和"解。

如《禽经》:"寀寮雔雔,鸿仪鹭序。"晋人张华注曰:"鸿,雁属。大曰鸿,小曰雁。飞有行列也。鹭,白鹭也。小不逾大,飞有次序,百官缙绅之象。《诗》以振鹭比百寮雍容,喻朝美。"(《禽经·寀寮雔雔》)"鸿仪鹭序"是说鸿雁和白鹭飞行时各有各的阵仗和秩序,而前文的"雔雔"是指一群鸟聚集在一起,是"群、多、簇拥"的意思。晋人注疏将群鸟的秩序比附在朝堂的百官之上,说百官也像群鸟一样有序聚集,场面盛大美好,故"雍容"是指盛大的样子。又如《诗经·召南·何彼襛矣》:"何彼襛矣,唐棣之华。曷不肃雝,王姬之车。"(《毛诗·卷二》)郑玄、孔颖达在《毛诗注疏》下注"肃雝"为"肃敬雍和"②。这首诗是描写齐国公主出嫁时的场景,华丽盛大,像盛开的繁花。"肃雝"一词用来形容公主乘坐的车,显然,如果理解为"肃敬雍和"就不通了,这里实际上是取"多"的衍生义,解为"簇拥""盛大"。《礼记》引《诗》云:"肃雝和鸣,先祖是听",言"夫肃肃,敬也。雝雝,和也。夫敬以和,何事不行"③。《诗经》中的"肃雝"与《何彼襛矣》中的"肃雝"一样,指"簇拥、多"的样子,《礼记》根据儒家提倡的行为处事准则附会上"敬"与"和"的意思。《诗经·大雅·文王之什》:"思齐大任,文王之母。思媚周姜,京室之妇。大姒嗣徽音,则百斯男。惠于宗公,神罔时怨,神罔时恫。刑于寡妻,至于兄弟,以御于家邦。雝雝在宫,肃肃在庙。"(《毛诗·卷十六》)在郑玄笺、孔颖达疏的《毛诗注疏》中注解"雝雝""肃肃"均为"雝雝,和也,肃肃,敬也,笺云:宫谓辟廱宫也,

---

① 郭璞注,邢昺疏:《尔雅注疏》,上海古籍出版社2010年版,第174—175页。
② 毛亨传,郑玄笺,孔颖达疏等释:《毛诗注疏》,上海古籍出版社2013年版,第138—140页。
③ (唐)孔颖达:《礼记正义》,北京大学出版社2014年影印南宋越刊八行本,第1070页。

群臣助文王养老则尚和,助祭于庙则尚敬,言得礼之宜"①。然而,整首诗是在称颂周宗室中女性的功德,特别点出大姒的功德是"嗣徽音,则百斯男",即育有很多子嗣。"五谷丰登,人丁兴旺"是中国人两个最基本的愿望,首先粮食高产保证生存,然后子孙众多确保繁衍,"多"尤其是物产不发达、人口稀少的上古时代所追求、崇尚的精神。所以,"雝雝在宫,肃肃在庙"是接续前文"则百斯男",意思是不管在宫室中生活还是在宗庙里祭祀,人丁都非常多,亦即"拥拥在宫,簇簇在庙"。还有,《礼记·少仪第十七》中载:"言语之美,穆穆皇皇。朝廷之美,济济翔翔。祭祀之美,齐齐皇皇。车马之美,匪匪翼翼。鸾和之美,肃肃雍雍。"② 在这段文字中,"肃雍"用来形容鸾鸟一起鸣叫之美。观察前后语义,"穆穆皇皇、济济翔翔、齐齐皇皇、匪匪翼翼"都是形容事物多的词汇,说"言语、朝堂、祭祀、车马"都要富丽堂皇、场面盛大才美。同样,各种鸟的声音、声调多了,配合在一起的和声才美,所以,形容"鸾和之美"的"肃肃雍雍"也是"多"的意思。我们在"雍"的含义流变中很难找到"和"义的出处,是否可以另辟蹊径来探寻其他的可能性呢?众所周知,古代通假、借用是非常普遍的文字现象和文化现象,会不会是人们将其他与"雍"字相近、带有"和"义的字与"雍"字混用嫁接所致呢?比如"庸和"之"庸"之类,我们不妨略作讨论。

"庸"字金文字形为" "" "" "等,象两手使物持中。"庸"字用法一是取"持中"之意,表"中、正";二是同音通假,通"功用"之"用"。《子夏易传·乾下乾上》中记载:"子曰:'龙德而正中者也,庸言之信,庸行之谨……谨信以为常,得于正也。'"材料用龙德比喻君子之德,说君德的谨信是因为"得于正",即说话、办事不偏激。那么"庸言""庸行"之"庸"采用的就是"中、正"的用法,表示客观、全面、稳重的含义。"庸"表"中、正""不偏激",即说话办事采取折中的方法,"折中"带有各方相互妥协的意味,于是就衍生出"和"的含义。《韩诗外传》谓:"伯夷,圣人之清者也;柳下惠,圣人之和者

---

① 毛亨传,郑玄笺,孔颖达疏等释:《毛诗注疏》,上海古籍出版社 2013 年版,第 1449—1455 页。

② (唐)孔颖达:《礼记正义》,北京大学出版社 2014 年影印南宋越刊八行本,第 975 页。

也；孔子，圣人之中者也。诗曰：'不竞不絿，不刚不柔'，中庸和通之谓也。"① 这则材料中，"中庸"与"和通"首次作为一个词组使用。汉代以后，"庸"字与"和"字共同使用成为一种常见的现象。如《南齐书·列传第十四》："桑濮郑卫，训隔绅冕；中庸和雅，莫复于斯。"②《一切经音义》卷二十三："中庸，以钟反。《广雅》'庸，和也'。《小尔雅》'庸，善也。'谓和善人也。"③《禅林宝训》卷二："一妄庸唱之于其前，百妄庸和之于其后。"④ "庸"与"雍"有意义可通之处，"庸"之"昏庸"与"雍"之"壅蔽"意义相近。《鹖冠子·撰吏五帝三王传政乙第五》载："众目视于伪，不留视于真；众心耀于名，不能察于实。夫庸主必惑于众，岂能受于道教哉？故君子之道，不必见纳也。"这里的"庸主"指不能明察真实的君主，有被蒙蔽的意味，如果这里写作"雍（壅）主"也是可通的。《管子·正第四十三》："致刑其民，庸心以蔽；致政其民，服信以听；致德其民，和平以静；致道其民，付而不争。"此处材料中的"庸心以蔽"即"壅心以蔽"，直接使"庸"通"壅"字。可见，"庸"与"雍"是会发生通假混用现象的。"庸"与"雍"有一部分意义相通，两个字又是同音，混用通假的现象时有发生。于是，"庸和"便被记为"雍和"，"和"的意义从"庸"嫁接到了"雍"上。这样的训释，既适应了主流文化价值观的需要，又得到社会认知的赞同，由此传承开来便成为十分自然的事情。其结果则是把原本属于反映中国上古时代农耕文明与历法文化的珍贵文献，解读成了最高统治者实施美政管理的社会效果。

七 "黎民于变时雍"与中国上古农耕文明

由上面对"黎民于变时雍"的详细训考与分析可知，《尚书·尧典》涵载着中国上古农耕文明的丰富信息。孔子编纂，旨在"恢弘至道，示人主以轨范"，而儒家思想生于斯、存于斯、寓于斯。所以李学勤先生称《尚书》"是我国历代统治者治理国家的'政治课本'和理论依据"。毫

---

① 屈守元：《韩诗外传笺疏》，巴蜀书社2012年版，第176页。
② 萧子显：《南齐书》，中华书局2011年版，第595页。
③ 徐时仪：《一切经音义三种校本合刊附索引》，上海古籍出版社2012年版，第475页。
④ 释圣可：《禅林宝训顺硃》，宗教文化出版社2009年版，第133页。

无疑问,《尚书》记载了中华民族上古时期部落首领的历史活动和思想实践,反映了当时农耕文明发展的实际情形,而《尧典》保存的农耕历法文化信息尤其珍贵。

农耕的产生,是人类由原始野性状态走向文明发展的重大创举,是人类历史实践经验积累、智力增长和活力开发的重要体现。农作物的发现、认识、选择与种植,自然界动物的特点识别与驯化饲养,各种劳动工具的发明与制造,无不含有大量的经验智慧与原始科技元素。换言之,农耕是人类生存从自然走向自觉的重要创举和由经验积累走向智力开发的重大飞跃。这种创举和飞跃,决定了人类的基本生存方式与积极发展方向,成为人类繁衍生息和健康发展的根本路径与重要保障。由此创造的农耕文明,谱写了人类历史进程的辉煌篇章。在古巴比伦、古埃及、古希腊、古印度、古中国这五大农耕文明中[①],中华民族创造的农耕文明特色尤其突出。繁衍生息于喜马拉雅山东麓与太平洋西岸,且以"厚德载物、自强不息"而著称的中华民族,在漫长悠久的历史发展过程中,相继创造了黄河文明、长江文明、草原文明、高原文明等多元发展的中华文明共同体。与此同时,勤劳善良的中华民族也创造了以农牧耕种为外在基本形式、以社会综合治理为重要思想内涵的农耕文明。中国古代的农耕文明,以人为本、立足实际、注重成效,充分表现出天人合一、顺应自然、遵循规律的朴素态度,同时又将国家治理、社会建设、文化传承的人文精神融入其中,形成独特的"耕读文化",呈现系统而坚实的思想基础与强劲严密的社会合力,显示出强大的创新力和旺盛的生命力。这不仅在迄今为止大量的考古发现中得到有力证实(如约 8000 年前的大地湾文化、约 7000 年前的仰韶文化、约 5000 年前的良渚文化等),而且在汗牛充栋的传世文献中有着大量的文字记载,《尚书》《诗经》以及诸多先秦典籍中,都有深厚丰富的内容表现,甚至中国古代主流传统文化——儒家学说的诞生与发展,也都是中国古代农耕文明的反映与支撑。而《尚书·尧典》运用大量笔墨描写如何考察季节时令、制定历法,"敬授民时",确保农民按照季节时令的自然变化适时耕作,更能反映农耕文明的发展程度。

---

① 古巴比伦(约公元前 4000)、古埃及(约公元前 3500)、古希腊(约公元前 3000)、古中国(约公元前 3000)、古印度(约公元前 2000)。

中国经学自生成之日起就有人文化育的"致用"原则，孔子从三代遗存文献中遴选篇目编纂成书，目的是申明自己的社会理念，以达到改造社会的效果。此时的经与其取材的原始文献可能就已经发生了偏离。历代官方、学者不断对解经方式加以调整，是因为社会现实发生了变化，承载指导社会秩序运转功能的经解也必须随之变化。于是，历代经解与文献本义的偏离越来越大。然而"求用"的同时，也必须"求真"，这是学术研究的重要原则，何况历代经学一直存在"求用"与"求真"两大解经流派，即"义理派"与"训诂派"。义理与训诂是经学的两翼，不可截然而分，历史上的经学大家亦往往融合二者之长，因此，义理与训诂这两种解经方式没有孰高孰低的可比性，角度不同而已。上面对于"黎民于变时雍"的重新解读，就是从"求真"入手，探求文献本义，进而"求义理"，厘清文献生成时候记录的原初内容，将文献作为社会历史材料，通过对文献本义的研究窥探其生成时代的社会样貌。反推同理，对当时社会历史的把握有助于我们更深入地理解文献，进而理解文学。傅璇琮先生在《我写〈唐代科举与文学〉的学术追求》一文中说："文化乃是一个整体，为了把握一个时代、一个民族的历史活动，需要从文学、历史、哲学等著作中，以及遗存的文物中，做广泛而细心的考察，把那些最足以说明生活特色的材料集中起来，并尽可能做立体交叉的研究，让研究的对象活起来。"将社会历史背景与文献文学结合起来研究，是中国古典文学必须也必然要走的道路。由社会历史背景入文学方能"求真"，将文学入社会历史方能"致用"。我们从"黎民于变时雍"的经解考辨入手，求真求是，深入探讨《尚书·尧典》的农耕文化意义，正是弘扬光大中华民族优秀传统文化的尝试。

草拟于 2015 年岁末，改定于 2016 仲春

论春秋"歌诗必类"与诸侯邦交内涵衍变*

摘要："歌诗"是春秋时代诸侯国邦交活动的重要方式。春秋初期，诸侯国间正常的邦交活动遵循"歌诗必类"的原则；春秋中后期，诸侯国间开展邦交活动时的歌诗"不类"情况增多，使得原本属于文化层面对等互动的外交歌诗活动，表现出向政治话语衍变的趋势。"歌诗"由"必类"到"不类"，既反映了春秋时期以诗歌为载体的礼乐文明的蜕化，又透露出"争霸"先于"尊王"的思想倾向与社会秩序趋于混乱的历史动向。是否遵守"歌诗必类"原则，不仅成为当时考察和判断诸侯国邦交关系的晴雨表与温度计，而且也从一个方面体现了先秦时期诗歌与政治间的密切关联。

中华文明与诗歌文化密不可分。孔子"不学诗无以言"[①]的著名论断，不仅蕴含着深刻丰厚的时代文化内涵，而且揭橥了中华文明诗为底色的重要特征。远古时代，体现礼乐文明的歌诗活动，成为社交场合不可或缺的重要内容。春秋时期，"歌诗必类"不仅成为士人君子思想沟通与情感表达的基本要求，而且在诸侯国邦交活动中，充分发挥着沟通交流的重大作用，成为必须遵循的重大原则。然而，伴随时代发展和社会变化，诸侯国邦交场合选诗、用诗情形与表达内涵发生衍变，成为考察诸侯邦国社会秩序与文化政治生态的重要方面。

春秋时期，以《诗》为媒介展开外交，这是诸侯国之间的重要政治

---

* 本文发表于《孔子研究》2021年第4期，侯捷飞为第一作者，执笔撰写；杨庆存为第二作者，修改定稿。

① 杨伯峻：《论语译注》，中华书局2009年版，第176页。

活动，《左传》关于诸侯国间的赋诗外交有"歌诗必类"的记载。"歌诗必类"既是赋诗外交的重要规则，也是文化认同的具体表现。"类"即相近、相通，不仅是各诸侯国交流和沟通的前提与基础，更是诸侯国间外交用《诗》形式是否符合身份、取《诗》意义是否得体，进而寻求文化认同的重要判断标准。所歌之诗"类"，代表双方政治目的存在一致性，在礼乐文明指引下所开展的外交活动是正常、有序的；而所歌之诗"不类"，则说明双方根本的政治目的或国家间利益存在冲突，未能达成一致意见。"不类"，也可以证明双方中的某一方对《诗》的取用与演绎出现问题，诸如取《诗》不当，或"问对"①仪式失礼等状况，导致一方对另一方产生《诗》学修养不深、邦国文明程度不高的判断。《论语》有"诵诗三百，授之以政，不达；使于四方，不能专对。虽多，亦奚以为"②之语，可见春秋时代邦国外交中《诗》的重要作用。因此，诸侯国间赋诗外交是否遵循"歌诗必类"原则，实际反映出诸侯国的真实外交态度、内部政治状态与社会文明状况。春秋时期的整体赋诗外交同样能够反映春秋社会整体文明程度。要之，以"歌诗必类"为赋诗外交原则进行切入，探索诸侯国间外交现象及其背后深层次的文化意义衍变，可以更加细致、深入地了解春秋社会的真实状态，进一步考察先秦时期文学与政治双向互动的情况。

从《左传》所载诸侯国间的赋诗外交活动来看，在礼乐体系逐渐走向崩溃的历史趋势下，春秋中后期诸侯国间的赋诗外交，呈现礼乐文明精神认同弱化、现实政治意义增强的变化。进一步考察分析可知，属春秋中期③的鲁襄公时代（前572—前542）是外交歌诗发生变化的转折时期，

---

① "问对"为春秋时期邦国间歌诗外交的专有形式，外交中主客双方一方以《诗》展开外交内容，另一方以《诗》回对，统称为"问对"。
② 杨伯峻：《论语译注》，中华书局2009年版，第133页。
③ 关于春秋时期的历史分期，主要有二期说（范文澜等主张）、三期说（钱穆、黎东方等主张）、四期说（梁启超、顾颉刚、郭沫若等主张）、五期说（童书业等主张）及七期说（吕思勉等主张），虽无定论，但学界一般以四期说为主流，即以政治中心权力的不断下移与列国间的争霸斗争为线索，分为初、前、中、晚四期。参见路国权《历史与评述：文献史学关于春秋史的分期和断代研究——考古学和文献史学"二重证据"视角下的春秋史分期断代研究（一）》，载《西部考古》2017年第2期。

鲁襄公十六年"晋侯宴诸侯于温"事件中的"歌诗必类"话语，性质完全从诗礼文化认同转变为政治利益话语，隐含《左传》"惩恶而劝善"微言大义的春秋笔法，从侧面反映出当时社会的主流价值观念从"礼乐精神"到"逐利称霸"的变化，以及春秋社会秩序的渐趋瓦解。

一 "歌诗必类"：春秋前期诸侯国间歌诗外交的既定规则

梳理相关文献与研究成果可知，作为一种外交文化，"歌诗必类"不仅是春秋前期诸侯国间外交的既定规则，而且包含开展歌诗外交活动的具体要求。

首先，作为赋诗外交规则，"歌诗必类"在春秋前期已然为诸侯国所遵循。如文公十三年郑伯宴鲁文公于棐，"子家赋《鸿雁》，季文子曰：'寡君未免于此。'文子赋《四月》。子家赋《载驰》之四章。文子赋《采薇》之四章。郑伯拜。公答拜"①，展示出对诸侯国赋诗外交礼仪规范的严格遵循；襄公八年"晋范宣子来聘"②，赋《摽有梅》，季武子以《角弓》回对，显示出双方文明认同、两国交好的外交状态。襄公二十九年的季札观乐事件③虽然发生时间较晚，但鉴于鲁国为礼乐文明保存最为完好的诸侯国，所做展示应当具备较高的规范性，因而可据此对春秋时期诗礼外交的规范性进行逆溯考察：季札至鲁，先观乐工歌《周南》《召南》《邶》《鄘》《卫》《王》《齐》《豳》《秦》《魏》《唐》《陈》《大雅》《颂》，又见舞《象箾》《南籥》《大武》《韶濩》《大夏》《韶箾》。这一方面说明以《诗》为媒介的礼乐文明具有丰富的类群属性与明确的演奏顺序；另一方面说明歌《诗》配以乐舞的确是诗礼外交的规范形式④。"西周到春秋末期，诸侯国之间的大事处理实施聘问制度，表达主张为赋诗言志，这些诗都是当时朝廷编订的礼乐用诗，因此每个时代的诗有些不同，但始终有一个根本原则就是赋诗必类，即一

---

① 杨伯峻：《春秋左传注》，中华书局1990年版，第599页。
② 杨伯峻：《春秋左传注》，第959—960页。
③ 杨伯峻：《春秋左传注》，第1161—1165页。
④ 学界已有研究成果证明，《大舞》虽为乐章，但其用《诗》三首，足证季札"见舞"中《象箾》《南籥》《韶濩》《大夏》《韶箾》等虽为乐章，亦有具体诗篇与之相配。参见李山、申少峰《周初〈大武〉乐章用诗三首考》，载《河北师院学报》（社会科学版）1997年第1期。

定要符合诗的本义。"① 曹建国的《从"歌诗必类"到"赋诗断章"——"类"与先秦诗学的阐释》有"是以赋诗不论配乐与否皆可谓之'歌','歌诗必类'也就是'赋诗必类'。所以'赋诗断章'并非随心所欲地乱说诗,'类'应是其约束"而有"'类'与'诗言志'的'志'密切相关,'类'是'志'最根本的内在规定性"② 的确论。后世亦以"歌诗必类"用于作文,表示对某人尊礼守序的褒扬。如《全唐文》卷五百三权德舆《叔父故朝散郎华州司士参军府君墓志铭》以"所至之邦,必闻其政,所奉之主,必加以礼,而又学古不怠,歌诗必类,缘情而不流,体要而无害"称赞其叔父③;《宋会要辑稿》记录宋徽宗御札"是用稽周室之旧章,遵神考之贻宪,顺迎夏日之至,往即国都之阴。因卑以求,歌诗必类"④。

其次,"歌诗必类"还规定了歌诗外交的演绎要求:所谓"必类",则至少包含两个方面的要求:一为演唱的歌诗需与《诗》的内在精神相匹配。杜预的《春秋左传正义》释"歌诗必类"为"歌古诗,各从其恩好之义类"⑤。王先谦的《诗三家义集疏》卷十三注《七月》诗下释"歌其类"言"又曰'歌其类'者,即左传'歌诗必类'之义。……其曰豳雅豳颂者,则又以诗入乐,各歌其类,合乎雅颂故也"⑥,要求歌诗合乎雅颂,即歌诗应符合《诗》规定的歌唱形式与礼乐精神内质,而侧重于内在精神。《太平御览》《册府元龟》《春秋诗话》亦从此释⑦。二为强调演唱歌诗在形式上需配以乐舞。《墨子·公孟篇》有"诵《诗》三百,弦《诗》三百,歌《诗》三百,舞《诗》三百"⑧ 的记载,《汉书·艺文志》

---

① 黄震云:《春秋"聘问"礼仪与歌诗必类原则》,《深圳大学学报》(人文社会科学版)2011 年第 3 期。
② 曹建国:《从"歌诗必类"到"赋诗断章"——"类"与先秦诗学的阐释》,《人文论丛》2005 年第 8 辑。
③ 董皓等:《全唐文》卷五〇三,中华书局 1983 年版,第 5123 页。
④ 徐松等:《宋会要辑稿》,中华书局 1957 年影印版,第 1048 页。
⑤ 杜预注,孔颖达疏:《春秋左传正义》,阮元校刻《十三经注疏》,中华书局 1982 年版,第 1962—1963 页。
⑥ 王先谦:《诗三家义集疏》,中华书局 1987 年版,第 525—526 页。
⑦ 参见钦定四库全书子部《册府元龟》卷二四六、《太平御览》卷六百九、董运庭《春秋诗话笺注》(中国社会科学出版社 2013 年版)前张汝骅序,兹不赘述。
⑧ 吴毓江:《墨子校注》,中华书局 1993 年版,第 705 页。

称"诵其言谓之诗,咏其声谓之歌",可见无论是诵、歌或舞,实为围绕同一文本展开的不同演绎形式。《墨子间诂》释"舞诗三百"便引《左传》所载"歌诗必类"之事,释为"舞人歌诗以节舞"[1]。杨伯峻《春秋左传注》引王绍兰云"古人舞必歌诗"并释"歌诗必类"之"类"为"与舞相配,而尤重表达本人思想"[2]。综上可知,"歌诗必类"具有可操作的演绎属性,形式上为《诗》以赋或歌的方式配以乐舞;而作为一种《诗》的表现方式,歌诗的行为在意义上需要符合《诗》所蕴含的礼乐文明内质。

由上述分析可知,"歌诗必类"要求演绎活动在思想上必须符合《诗》的中心意义,在形式上很可能需要与乐、舞相配。因此,"歌诗必类"不仅要求当事者对《诗》具有相当的熟悉程度,而且应备因具体外交情况而灵活取用的敏锐应变能力,使用者通过取用、演绎《诗》,表现出自身对《诗》所代表的礼乐精神的认同,同时又能够妥帖地表达出国家的外交需求,展现自身的文化修养。究其实质,"歌诗必类"外交层面的核心意义在于营造和谐、文明的政治互动氛围,以"歌诗"为方式,通过"类"这一内在礼乐文明的规定性要求,最终构建出宾主双方居处进退合礼、取《诗》之义妥帖、演绎形式优雅的政治活动,通过轻松、和谐的形式演绎与实际交流,最终呈现礼乐文明认同的终极文明政治氛围。总之,"歌诗必类"是要求邦国之间在礼乐精神指引下,以《诗》为媒介开展外交活动,不仅要求形式优雅、过程文明,而且要兼顾现实需求。可以说,"歌诗必类"在某种意义上代表了整个春秋时期"诗礼外交"[3]的最高典范与理想状态。

需要指出的是,除却演绎要求与规则属性,"歌诗必类"另外涉及的《左传》记载的春秋笔法、当时诸侯国间政治霸权与歌诗外交意义的重心变化等问题,需另做考察。

---

[1] 孙诒让:《墨子间诂》,中华书局2001年版,第456页。
[2] 杨伯峻:《春秋左传注》,中华书局1990年版,第1027页。
[3] 春秋时期,由于周代礼乐文明仍为社会主流价值,因而诸侯国间正常的政治活动仍需依照礼法展开,而《诗》于外交的普遍应用能在很大程度上凸显国家对礼乐文明的原则性的尊奉,因而"诗礼外交"遂成为诸侯国间正常外交进行的主要方式,也是春秋时期诸侯国间外交的特色所在。

二　由"必类"到"不类"：鲁襄公时代的晋侯霸盟

"歌诗必类"事件见载于《左传·襄公十六年》：

> "晋侯（平公）与诸侯宴于温，使诸大夫舞，曰'歌诗必类'。齐高厚之诗不类。荀偃怒，且曰'诸侯有异志焉。'使诸大夫盟高厚，高厚逃归。于是叔孙豹、晋荀偃、宋向戌、卫宁殖、郑公孙虿、小邾之大夫盟，曰：'同讨不庭。'"①

前代学者虽然对此处文献持质疑态度，但并未进行具体考察。如杜预的《春秋左传正义》称"齐有二心故"，并指出背后的复杂政治态势："荀偃不言齐有异志，而云诸侯有异志，故解之以'高厚若此，故知小国必当有从者'。总疑诸侯有异志，不独疑齐，故高厚虽逃，犹自诸国共盟也。"② 马端临的《文献通考》称"以是观之，其歌诗之用，与诗人作诗之本意，盖有判然而不相合者。……而今如《仪礼》及穆叔所言，则类者少，不类者多"，并提出"不知其何说晋荀偃曰'歌诗必类'"③ 的质疑。皮锡瑞《经学通论（四）·春秋》中有"论左氏所谓礼，多当时通行之礼，非古礼。杜预短丧之说，实则左氏有以启之"条，就此处亦有"传载其事，而无贬刺"④ 的论断。然而，上述文献中的质疑与批评，均属匆匆一笔带过，不仅没有阐明质疑与批评的具体原因，更未能详细道出此处"歌诗必类"的"贬刺"意义与事件的始末原委。

此处"歌诗必类"出现于"晋侯宴诸侯于温"的事件背景中，宴会上晋侯"歌诗必类"的话语与"齐高厚之诗不类"的行为是后续一系列状况发生的关键，而此处的"歌诗必类"，作为外交歌诗规则的属性大大减弱，而较多地体现出政治话语的性质，背后涉及诸侯国之间霸权归属问

---

① 杨伯峻：《春秋左传注》，中华书局 1990 年版，第 1026—1027 页。
② 杜预注，孔颖达疏：《春秋左传正义》，阮元校刻《十三经注疏》，中华书局 1982 年版，第 1962—1963 页。
③ 马端临：《文献通考》，中华书局 1986 年版，第 1244 页。
④ 皮锡瑞：《经学通论（四）》，中华书局 1954 年版，第 47 页。

题与国家利益斗争。

  首先，就此处"歌诗必类"的性质意义而言，"歌诗必类"本是诸侯国间外交的歌诗规则，与会诸位贵族应是共同知悉的，不需强调。即使强调，"歌诗相类"便可得体地在宴会上表达到位，"必"则显然是一种强横的命令式话语。因此，《左传》中"必"的记载，实则包含以"歌诗必类"讽刺晋侯违背礼法的微言大义。前代学人于《左传》他处记载议论可以作为参证。如清代吴闿生《〈左传〉微》"晋骊姬之乱"条载"晋士蔿又与群公子谋，使杀游氏之二子。士蔿告晋侯曰：'可矣。不过而年，君必无患'"。吴氏评曰"尽诛同族，骊姬所以起祸也。六卿分晋，皆笔与此。'君必无患'一语趣甚"①，即表示此处的"君必无患"为《左传》微言大义的春秋笔法，所谓"君必无患"实为反语，"必"所突出强调的其实是"有大患"，"必无患"实则是讥讽晋侯昏庸而谴责士蔿残忍，预言晋国将发生动乱。联系"晋侯宴诸侯于温"事件的历史背景而言，当时晋国虽在诸侯国中称霸，但因晋悼公的突然去世，其霸主地位呈现摇摇欲坠的态势。作为晋国一代雄主，晋悼公在位十六年间多合诸侯，其治下的晋国对外镇齐、慑秦、疲楚，出现"举不失职，官不易方，爵不逾德，师不陵正，旅不逼师，民无谤言"②的全盛局面，称霸于诸侯间，可谓是将晋国的霸业推向了极致③。但在晋悼公执政晚期，晋国霸业衰弱的局势已然明朗。"晋侯宴诸侯于温"事件发生三年后，即晋平公四年（前554）晋国政治高层发生严重动荡，执政六卿之一的栾氏被灭族。由此一端可见，就晋国自身而言，本身"晋无公族"的恶劣传统，大大削弱了作为宗法国家的有生力量，而执政集团内部的争斗，更是反映出国家内耗不断、日益衰落的局面，客观上的国家实力，已经不足以支持晋国维持对外称霸的政治局势。此其一。其二，"晋侯宴诸侯于温"事件发生的时间，

---

  ① 吴闿生：《左传微》，黄山书社1995年版，第140页。
  ② 杨伯峻：《春秋左传注》，中华书局1990年版，第910—911页。
  ③ 晋悼公即位时，晋国国内强宗大族跋扈异常，外部与楚争霸处于胶着状态。面对此种状况，晋悼公采取重组内卿、提拔公族等措施使晋国内部政治形势得到稳定；外交上通过控制郑、宋，逐渐获得中原诸侯国的支持；在与楚国的争霸战争中，"三驾之役"的胜利标志着晋国在此一阶段晋楚争霸中的胜利。故晋悼公在位时期晋国霸业达到了顶峰，《左传》亦明载其"复霸"。参见黄朴民《晋悼公复霸》，载《文史天地》2014年第11期。

晋国正处于悼公去世、平公新立，政权新旧更替的过渡期。因此，晋平公出于新君立威与维护晋国霸主地位的双重考虑，以"歌诗必类"试探与会诸侯国对其继承悼公霸业而主盟各国的态度，实属故意。由以上两点可知，"歌诗必类"是晋平公妄图强行延续自身霸业的呫呫之言，一方面反映出晋国执政集团的心虚与蛮横，另一方面可见此处的"歌诗必类"的政治意义已经远远超出了其本应发挥的文化外交功能。

其次，"齐高厚之诗不类"是引发此次盟会矛盾冲突的重点。进一步考察《左传》前后记载可知，当时齐国对晋国称霸早有不满，《左传·襄公十四年》载"范宣子假羽毛于齐而弗归"下，明言"齐人始贰"①。在"晋侯宴诸侯于温"事件发生前的襄公十六年春三月，"公会晋侯、宋公、卫侯、郑伯、曹伯、莒子、邾子、薛伯、杞伯、小邾子于溴梁。戊寅，大夫盟。晋人执莒子、邾子以归。齐侯伐我北鄙"②。齐国在此之前，已出现过挑衅晋国霸主地位的战争行为。所以，高厚在其后的事件中"歌诗不类"之举基本可以预见。而就春秋诸侯的等级而言，齐与晋同为周天子的臣属，本没有理由对晋唯命是从。高厚作为春秋时期齐国大夫世族之后、周天子直接授任的"二守"之一，从齐国的利益角度出发、表达国家意志与本人态度也无可厚非。既然晋国自身的国家实力已经不足以称霸，那么，齐国对旧有霸主政治秩序发出反抗与挑战亦属正常。综之，"歌诗必类"在当时语境中，表达的是晋侯强迫式地下达歌诗必须相类的命令。此处的"歌诗必类"已经不是既定的外交规则，而是一种明显的政治策略话语。

最后，结合《左传》"微而显""志而晦"的记录体例与"惩恶而劝善"的主旨分析，除却此处"歌诗必类"的微言大义，《左传》就此事经过的百余字记录，至少有三处表达出对晋国违背礼法的讥讽与批评。一是"高厚之诗不类，荀偃怒，且曰：'诸侯有异志焉'"的记录，此为讥刺平公未言而荀偃先语的失礼；二是"叔孙豹、晋荀偃、宋向戌、卫宁殖、郑公孙虿、小邾之大夫盟，曰：'同讨不庭'"的盟誓事件，也暗寓晋国强迫鲁、宋、卫、郑、邾国盟会，约定共同伐齐的批评之意。由于六国之中晋国为

---

① 杨伯峻：《春秋左传注》，中华书局1990年版，第1019页。
② 杨伯峻：《春秋左传注》，第1025页。

强势主导者,宋、卫、邾三国实力太弱,根本不敢违背晋国意志,而除此之外的鲁、郑两国,鲁国与齐国素有仇怨,郑国地处晋楚之间,"黠鼠"一般首尾两端已是司空见惯。因而这是晋国单方面逼迫宴上各国参与盟誓以表示忠诚,宣称"讨不庭"以威慑各国免生二心的事实。三是由所列盟誓各国次序亦可看出讥刺之意。《左传》有"《春秋》为鲁史,自必以鲁为主"①的体例传统,晋为强势主导者,却以礼乐文明象征的鲁为先,这种记载亦有批评晋国借礼法之名、行"霸盟"之实的微言大义。

综合上述分析可知,此处"歌诗必类"及《左传》对于整个事件过程的记录,实多处暗含"春秋笔法"以喻褒贬的微言大义,并不能视作一般性记录事件而轻轻放过。

在此基础上,察考春秋时期整体的歌诗外交,可以明显发现,诸侯国间的歌诗外交,已从一种寻求礼乐认同、增进国家关系的文化现象,逐渐演变成了以"歌诗"是否相"类"为标准、展示国家间利益阵营与外交人员友好度的政治策略行为,性质上发生了变化。这种变化较为明显的转折发生在鲁襄公时代。与前代相比,鲁襄公时代诸侯国间赋诗外交礼乐精神弱化、政治实用性增强的变化十分突出,主要表现为"歌诗"外交活动的意义重心,由寻求礼乐共识转变为现实政治策略话语,背后涉及国家与国家之间、外交人员个人之间复杂的利益诉求与私人关系。进一步对比鲁襄公时代及其前后文献所记录的赋诗外交事件,分析可知以下三点:

其一,鲁襄公时代之前,以周礼为核心价值观的贵族精神,虽然日益丧失其号召力与凝聚力,但诸侯间的歌诗外交总体上以寻求礼乐文明共识、巩固邦国友好关系为重心。歌诗外交宾主双方的具体"聘问"行为,虽然偶尔会出现一定程度的混乱与不和谐情况,但双方往往基本能够依照礼乐规定,选取符合身份与外交实际情况的《诗》篇内容,展开外交活动。如《左传·僖公二十三年》载晋文公奔难于列国间,"公子赋《沔水》,公赋《六月》。赵衰曰:'重耳拜赐。'公子降,拜,稽首,公降一级而辞焉"②。《左传·文公三年》载鲁文公至晋会盟,"公如晋,及晋侯

---

① 杨伯峻:《春秋左传注》,中华书局1990年版,第1027页。
② 杨伯峻:《春秋左传注》,第410—411页。

盟。晋侯飨公，赋《菁菁者莪》。庄叔以公降，拜，曰：'小国受命于大国，敢不慎仪。君贶之以大礼，何乐如之。抑小国之乐，大国之惠也。'晋侯降，辞。登，成拜。公赋《嘉乐》"①。其中"降，拜""降、辞。登，成拜"均反映出春秋早期对赋诗聘问礼仪形式的严格遵守，主宾双方不仅在仪式上没有差错，所引《诗》之《沔水》《六月》《菁菁者莪》亦适用于当时场景，展现出双方对诗礼精神的认同与现实中良好的外交关系。《左传·文公四年》"卫宁武子来聘，公与之宴，为赋《湛露》及《彤弓》。不辞，又不答赋。使行人私焉。对曰：'臣以为肄业及之也。昔诸侯朝正于王，王宴乐之，于是乎赋《湛露》，则天子当阳，诸侯用命也。诸侯敌王所忾而献其功，王于是乎赐之彤弓一，彤矢百，玈弓矢千，以觉报宴。今陪臣来继旧好，君辱贶之，其敢干大礼以自取戾。'"② 在这里，从宁武子的回答可以看出，鲁文公为宁武子赋《湛露》《彤弓》，明显不符合礼乐制度规定，但杨注下引顾炎武补正云"《湛露》之诗只是燕乐之意，取此为兴耳"。

就此而言，虽然出现了聘问赋诗不合礼法的现象，但宁武子有自知之明，并未有不当之举。《左传·襄公四年》"穆叔如晋，报知武子之聘也，晋侯享之。金奏《肆夏》之三，不拜。工歌《文王》之三，又不拜。歌《鹿鸣》之三，三拜。韩献子使行人子员问之，曰：'子以君命，辱于敝邑。先君之礼，藉之以乐，以辱吾子。吾子舍其大，而重拜其细，敢问何礼也？'对曰：'三《夏》，天子所以享元侯也，使臣弗敢与闻。《文王》，两君相见之乐也，使臣不敢及。《鹿鸣》，君所以嘉寡君也，敢不拜嘉'"③。晋国方面在《诗》的取用上不合规矩，知武子恪守礼法传统，仅拜所当拜之《诗》，并无不妥。

其二，鲁襄公时代的歌诗外交，具体可分为两种情况：襄公十六年之前的歌诗外交，往往呈现基本符合取用、演绎原则的特点；襄公十六年及之后的歌诗外交则明显混乱不断增多。这种变化十分明显，在春秋时期整体的歌诗外交记录中显得尤为特殊。《左传》关于鲁襄公时代赋诗外交的

---

① 杨伯峻：《春秋左传注》，中华书局1990年版，第531页。
② 杨伯峻：《春秋左传注》，第535—536页。
③ 杨伯峻：《春秋左传注》，第932—933页。

记载共 19 次①，其中以襄公十六年为界，前、后状况明显不同：襄公四年、襄公八年的两次赋诗，叔孙豹与范宣子凭借高超的诗礼修养避免了失礼；襄公十四年的三次赋诗，师曹并不具备正式外交人员的身份，其歌《青蝇》是为了利用孙文子以报卫献公"鞭己"的私怨，不应归属于国家赋诗外交层面的歌诗行为；此外的两次赋诗，驹支、叔孙豹行为均符合礼节规定；襄公十六年晋侯的"歌诗必类"基本是一种政治话语，破坏了歌诗聘问的外交规则；襄公二十年赋诗外交中褚师段"重赂"季武子，同样是违背了礼乐精神；襄公二十七年齐使者庆封来聘，"叔孙与庆封食，不敬。为赋《相鼠》，亦不知也"②；襄公二十八年"叔孙穆子食庆封，庆封氾祭。穆子不说，使工为之诵《茅鸱》，亦不知"③ 等事件说明此时歌诗外交的文化认同性质已经大大减弱。从襄公初年的追求礼乐精神共识，到襄公后期形式与精神上对礼法的完全背弃，表明鲁襄公时代诸侯国间赋诗言志的外交混乱程度逐步加重。与春秋前期相比，鲁襄公时代赋诗外交的混乱状况，不仅发生次数增多，不和谐程度也更严重。

其三，鲁襄公时代之后，歌诗外交总体上更多地呈现完全的混乱状况。一方面，歌诗外交聘问的基本方式"问对"极少为宾主双方所遵循；另一方面，作为以诗礼文明为核心的文化交流，其内在的礼乐精神也在很大程度上处于沦丧的状态。如昭公十二年宋国华定聘问，为其赋《蓼萧》，华定"弗知，又不答赋"而"昭子曰：'必亡。宴语之不怀，宠光之不宣，令德之不知，同福之不受，将何以在？'"④ 华定作为宋国的代表，"弗知"说明其个人诗学修养不够，而其不答赋的行为更是严重的失礼行为，于是昭子有慨叹其族将亡之语。

更为典型的是，这一时期的歌诗外交还出现完全根据现实政治形势与私人关系对《诗》篇进行取择、演绎的情况，可见混乱程度的严重。如

---

① 参见俞志慧《君子儒与诗教——先秦儒家文学思想考论》，生活·读书·新知三联书店 2005 年版，第 139—142 页。

② 杨伯峻：《春秋左传注》，中华书局 1990 年版，第 1127 页。

③ 杨伯峻：《春秋左传注》，第 1149 页。

④ 杨伯峻：《春秋左传注》，第 1332 页。

昭公元年赵孟入郑，"子皮赋《野有死麇》之卒章。赵孟赋《常棣》，且曰：'吾兄弟比以安，尨也可使无吠。'"①《野有死麇》历来被认为是一首以表现男女情爱为主旨的诗篇，子皮赋此诗，赵孟非但没有觉得不妥，反而以歌颂兄弟之情的《常棣》以对，实是与子皮称兄道弟，显示出两人非同一般的私人关系。与此相对的是《左传·襄公二十七年》载郑伯享赵孟于垂陇，郑伯有赋《诗·鄘风·鹑之贲贲》，赵孟以"床笫之言不逾阈，况在野乎？非使人之所得闻也"②之言予以斥责。《诗·鄘风·鹑之贲贲》历来被认为旨在讽刺执政者暴虐，联系这一时期郑国历史可知，襄公二十七年时值郑国简公在位，以"子展、伯有、子西、子产、子大叔、二子石从"的记载推断，子产此时应并未执政。此时郑国的政治正处于执政子驷、子国、子孔相继被杀、郑简公遭到劫持的极度混乱局面。因此，伯有赋《鹑之贲贲》的用意在于暗示赵孟郑国混乱的政治情况，表示出其对国家的担心与主政者的不满，而赵孟以"非使人之所得闻也"为答，表露出不置可否的态度与对伯有的告诫，一方面显示出其本人对于郑国政治的漠不关心，另一方面说明伯有与赵孟的私人关系，远没有与赵孟称兄道弟的子皮那样亲密。

由上可知，鲁襄公时代之后的歌诗外交，总体上呈现宾主双方或一方遵循，或双方均不遵循的混乱状况，具体可分为或遵循仪式却并不符合礼乐精神，或在形式上有所疏漏又与礼乐精神相违背等情况。在赋诗内容的取用上，外交双方往往更倾向于从历史国家关系、现实政治利益与外交参与者私人关系的角度出发，进行《诗》篇的择取，基本上背弃了"歌诗"外交遵循宗法等级的礼乐精神宗旨。以上春秋中晚期的歌诗外交事件分析，表明此时的歌诗外交已完全成为双方政治意志与现实利益的体现，并无任何文明认同在内。春秋中后期的歌诗外交，无论形式还是内容，呈现现实意志凸显、疏离礼乐文明的总体状貌。

总之，鲁襄公十六年之后的歌诗外交，发生了意义重心由"文化"向"政治"的变化。鲁襄公时代不仅是歌诗外交发生由正常到混乱变化的转折时期，也是整个春秋时期诸侯国间歌诗外交由一种文化模式变为完

---

① 杨伯峻：《春秋左传注》，中华书局1990年版，第1209页。
② 杨伯峻：《春秋左传注》，第1134页。

全的政治策略话语的关键时期。其中转折关键标志,即是鲁襄公十六年的"歌诗必类"及其相关事件。

三 衍变内因:适者生存对礼乐文明的冲击与孔子"正乐"

春秋时期歌诗外交意义重心的变化,深刻地反映出当时《诗》为媒介外交活动礼乐文明精神的衰落与周礼文明价值体系权威性的下降。春秋前期,高度成熟的周礼文化所建立的严密宗法体系,是当时政治制度与社会形态的构成主体,而由此衍生出的具有强大向心力的礼法精神,既是春秋时期人们区分华、夷的重要标准,又是礼乐文明诸侯国共同持守的核心价值观念,周天子"天下共主"的名义举世公认。然而至春秋中后期,周天子已经基本失去对诸侯国的实际控制,各国的争霸与扩张战争此起彼伏,前期建立的以周礼文明体系为核心的政治架构与社会观念,实质上处于瓦解状态。在此期间,诞生了"效率驱动型文化",即"人们行事方式的依据是对利害得失的理性计算,而非当下的社会常规"。随着军事战争的频繁化,相对弱小的诸侯国为了存活下去、强大的诸侯国为了维持自己的实力,都不得不将赢得战争作为发展战略。由是,"春秋至战国时期的封建制度,导致了诸侯列国之间频繁的局部性非摧毁性战争;这些战争驱动型冲突,刺激了该时期各个社会领域的发展"[①],社会主流价值观念也日益由对礼乐文明道德典范的共识,转向追求现实利益实现的最大化。在这种社会价值取向潮流之下,作为诸侯国间交流手段的歌诗外交难免受到影响,进而发生性质上的变化;另外,就"晋侯宴诸侯于温"事件而言,晋国强迫诸侯结盟的行为所释放的政治信号与价值观念,对其他诸侯国的价值取向产生示范作用,无疑加剧了以礼乐文明为主导秩序的崩溃与瓦解。

前文已经述及,"歌诗必类"及其相关事件,在一定程度上标志了春秋时期歌诗外交,由偶有失礼到"断章"而不"取义"状况频发,由正常到混乱的转变。这种变化突破了自春秋以来大国争霸、小国依附的现实社会秩序。周天子虽为春秋时期名义上的天下"共主",但各诸侯国实际效仿与尊服的对象却是称霸的诸侯国。而晋国作为当时的霸主国,理应在

---

① 赵鼎新:《东周战争与儒法国家的诞生》,华东师范大学出版社 2011 年版,第 21、22 页。

"尊王"方面成为各诸侯国的表率，但晋平公"歌诗必类"的政治话语却妄图在自身"德"与"力"两方面实力明显不足的情况下，逼迫其他诸侯国无条件屈从自己的政治意志，这既是对当时注重等级体系、强调德行的礼乐文明意识形态的挑战与背叛，同时传递出轻"德"重"力"的价值观念，促使礼乐文明秩序的瓦解，春秋社会"尊王"的文明外衣被不断抛弃，诸侯国"争霸"的格局愈发朝着利益追求发展，最终开启了国家兼并、全员战争的战国时代。

春秋中后期歌诗外交性质的变化，与孔子"正乐"有着内在关联。孔子"正乐"，本质上是对《诗》传播讹误的纠正与复原，涉及孔子删诗及相关问题，这也是学界聚讼纷纭的《诗经》学四大"公案"之一。孔子"正乐"行为，无论其方式还是目的，都与春秋中后期歌诗外交所发生的变化有着千丝万缕的联系。孔子"正乐"见载于《论语》，孔子自称"吾自卫反鲁，然后乐正，《雅》《颂》各得其所"①。由"《雅》《颂》各得其所"可知，"正乐"的直接目的是复正《诗》的礼乐形态。结合春秋中后期歌诗外交性质的变化来看，孔子是以"正乐"为手段，复塑处在崩溃边缘的礼乐文明价值观，以达到规范社会秩序的目的。作为邦国外交政治，诸侯国间的歌诗具有强大的影响力，孔子"正乐"，大约受到外交歌诗取用混乱、《诗》旨不明或沦为政治代言工具的现实影响，从而欲复正《诗》旨，回归"思无邪"境界。

具体而言，"正乐"与歌诗不类现象相关，而以"郑声"为代表的靡靡之音也对歌诗造成严重冲击。从《诗》本身的乐舞属性看，排斥靡靡之音而使歌诗相类，或许是孔子"正乐"的重要内容。而春秋中后期，"郑声"流行于诸侯国间。察考文献可知，"郑声"为郑卫之音的总称，在性质上属于"靡靡之音"，为孔子所厌恶。《论语·卫灵公》载："颜渊问为邦，子曰：'行夏之时，乘殷之辂，服周之冕，乐则《韶》《舞》；放郑声，远佞人。郑声淫，佞人殆。'"②《论语·阳货》称："子曰：'恶紫之夺朱也，恶郑声之乱雅乐也，恶利口之覆邦家者。'"③孔子将"郑声"与"佞人"

---

① 杨伯峻：《论语译注》，中华书局 2009 年版，第 91 页。
② 杨伯峻：《论语译注》，第 162 页。
③ 杨伯峻：《论语译注》，第 185 页。

并举，明确宣称"郑声"乱雅乐，足见其对郑声的厌恶。但"郑声"在春秋中后期乃至战国时期的流行及其对社会政治的巨大影响却是不争的事实。"郑声"不仅深受春秋后期与战国时期贵族乃至一国之君的喜爱，甚至成为诸侯国间增进外交关系的重要方式。《国语·晋语》所载晋平公"悦新声"[1]事件、《论语·微子》所载导致孔子离开鲁国的齐人馈季桓子女乐而季桓子三日不朝[2]事件、《史记·赵世家》载战国时期赵烈侯意欲赐郑歌者二人各万亩之田[3]事件等均为确证。"郑声"的出现，某种程度上是对以诗教、乐教为中心的官方礼乐教化的重大冲击与挑战，"郑声"对国家政治外交与社会风气产生不良影响的诸多事件，正是孔子最为痛心疾首的礼崩乐坏现象。而"歌诗"所具有的王化正统的"乐教"感化功能，在"郑声"流行的社会风气下，其原本的思想旨归很难不受到曲解演绎。贵族执政集团对"郑声"的推崇，也会影响社会文化风气，当贵族们久而久之习惯于"郑声"的肆意放松后，外交"歌诗"礼仪自然荒废。因此，孔子的"正乐"，与"郑声"流行对外交"歌诗"的冲击存在关联。

此外，就《诗》自身的政治功能与教化属性而言，孔子"正乐"的政治伦理目的同样与"歌诗"有关。马银琴的《再议孔子删〈诗〉》指出"孔子所谓'正乐'，就是司马迁所言'去其重，取可施于礼义的'删《诗》"，得出"正是由于孔子的选择，《诗经》中春秋中后期的诗歌才表现出了与中前期明显不同的政治伦理倾向"[4]的论断。《诗经》中的诗歌在春秋前期与中后期政治伦理倾向的不同，孔子痛心"歌诗"之"不类"，而对《诗》内在本意与歌诗外在表现形式进行订正，展开"正乐"活动的结果。顾炎武《日知录》即有"歌者为诗，击者拊者吹者为器，合而言之谓之乐。对诗而言则所谓乐者，'八音兴于诗，立于礼，成于乐'是也，分诗与乐言之也。专举乐则诗在其中，'吾自卫反鲁然后乐正，雅颂各得其所，是也，合诗与乐言之也'"[5]的论断。而就《诗》复

---

[1] 徐元诰撰，王树民、沈长云点校：《国语集解》（修订本），中华书局2002年版，第426页。
[2] 杨伯峻：《论语译注》，中华书局2009年版，第191页。
[3] 司马迁：《史记》卷四十三，中华书局1959年版，第1797页。
[4] 马银琴：《再议孔子删〈诗〉》，《文学遗产》2014年第5期。
[5] 顾炎武著，黄汝成集释，栾保群、吕宗力校点：《日知录集释》（全校本）卷五，上海古籍出版社2006年版，上册，第287页。

归的具体形式而言，如果说，春秋的诗、乐、舞三位一体表明了孔子"正乐"是使诗乐相合、恢复到歌诗相类状态的话，那么，"歌诗必类"作为"歌诗相类"的非正常状态表达，"乐正"后所呈现的"《雅》《颂》各得其所"，则是指"歌诗相类"的诗、乐、舞三者的形式表达与文化意义相切合的和谐状态。

《论语》载孔子认为《诗》具备"兴、观、群、怨"的特质，学习《诗》不仅能够"迩之事父，远之事君，多识于鸟兽草木之名"[1]，从而提高学习者的综合素质，乃至有"不学诗，无以言"[2] 的论断，体现出《诗》的多元内涵与广泛的教化属性。

总之，诸侯国间"歌诗必类"的现象及其意义衍变，不仅受到时代主流文化价值观念变迁的影响，而且深刻地反映出先秦时代诗歌与政治、文化的深层交融与双向互动。

2020 年 7 月修订稿

---

[1] 杨伯峻：《论语译注》，中华书局 2009 年版，第 183 页。
[2] 杨伯峻：《论语译注》，第 176 页。

丝绸之路与人文精神
——兼论人类命运共同体与世界和平发展[*]

摘要： 古代丝绸之路策源于中国、绵延于世界，由陆地到海上，相继持续数千年，成为人类文明发展史上多民族、多区域共同参与的第一次世界一体化经贸大行动，也是全球众多族群文化的大交流和大创造。丝绸之路是人类命运共同体的生动展示和世界和平发展的历史实践，充满深刻丰厚的人文精神。丝绸之路开创了"化干戈为玉帛"以经贸全球化来推动人类文明和平发展的新模式，以"和"为魂，以友好、尊重、平等、包容的心态展开区域、民族间的交往、交流与交融。丝绸之路有力推进了世界文化的交流与创新，使不同区域不同民族创造的文化成果与文明成果实现共有共享共融，有效提高了人类整体素质和生存质量。中华民族为古代丝绸之路的建设做出了重大贡献，并积累了和平发展的丰富经验，"和为贵""天下为公""以人为本""海纳百川，有容乃大"的系列思想理念得到推广与实践。古代丝绸之路为目前及未来人类文明的和平发展与健康发展提供了有益借鉴，也为实现中华民族伟大复兴的"中国梦"提供了深刻启示。

"丝绸之路"这一生动形象而又极富诗意的文化概念，以"丝"为核心标志、"路"为表现形式，其中既含纳着深刻的人类文明发展的思想内涵，又蕴藏着丰富的人类文化交流的实践经验。丝绸之路策源于中国，绵

---

[*] 本文是应台湾大学邀请，在 2016 年 7 月 23 日 "第三届国际丝绸之路学术研讨会"上的主旨演讲。原题目为 "丝路成果的历史总结：人类文明发展与世界共同体"。新华社《中国纪实》2021 年 4 月 26 日以《化干戈为玉帛》为题全文在网上刊发。

延拓展于世界,"陆地丝绸之路""海上丝绸之路"交替或并行,前后持续数千年,形成人类历史上多民族、多区域共同参与的第一次世界一体化初级经贸大行动、大实践,也是人类文明发展历史进程中第一次规模恢宏的物质文化大交流、大创造。"丝绸之路"兴于"丝",成于"路",这既是卓有胆识的世界经贸大创新,又是人类不同区域族群文化的大融汇,同时,更是人类命运共同体的生动展示和人类文明健康发展的深刻探索,蕴含着深刻而丰厚的人文精神。

关于"丝绸之路"的历史成果,我们可以从不同角度、不同层面、不同时期来审视,诸如从人文科学、社会科学、自然科学等不同侧面进行考察和分析,或者从经济、政治、地理、历史、民族、宗教等不同方面进行探讨,抑或从物质成果、思想成果、学术成果、文化成果等方面进行立体式的发掘,由此深刻认识人类文明历史发展的动态过程、经验教训与内在规律,以其为今后发展之镜鉴,其重要性与必要性不言而喻。其实,从"丝绸之路"的酝酿和发轫时期起,人们就已经开始了从众多形式、不同层面进行总结并不断产生阶段性成果的历程,这在古今中外的典籍文献与历史文化遗存中,都有不同程度的记载与反映,其内容之丰富、数量之巨大不难想象。但从文化层面进行宏观系统深入的专门研究不多,这里仅就个人的认识理解,撮其大致要者简述如下。

一 "化干戈为玉帛":推动人类文明和平发展

古代丝绸之路是以玉石和丝绸为重要代表性商品的国际贸易大通道。丝绸之路的最大成果不在于商贸本身,而在于开创了"化干戈为玉帛"的以经贸全球化来推动人类文明和平发展的新模式。丝绸之路文化的精髓是人文之"和",而中华文化的重要核心理念即"和为贵"(《论语·学而》),和衷共济,和气生财,家和而族兴,国和必强盛。和睦、和谐、和平,既是人类文明的重要体现,也是丝绸之路追求的理想目标。古代丝绸之路文化的核心就是推进人类的和平发展,是"兼相爱,交相利"[①]。

[①] 《墨子·兼爱中》"夫爱人者,人亦从而爱之;利人者,人亦从而利之","兼相爱、交相利,此圣王之法,天下之治道也",参见吴毓江撰,孙启治点校《墨子校注》,中华书局1993年版,第159页。

丝绸之路以友好、平等、尊重、理解、包容与增进了解、加强沟通的心态，展开地域间、民族间的交往、交流与交融，有效避免了人类的野蛮惨杀和抢掠，把人类发展引向积极、健康、文明、理智的正确道路上。

仅从"丝绸之路"的概念上看，其本身就充满深厚的人文情韵。众所周知，"丝绸之路"概念的发明与提出，始于德国地理学家李希霍芬（Ferdinand von Richthofen）19世纪70年代的《中国，亲身旅行的成果和以之为根据的研究》（1877—1912）一书。作者是以中国西汉时张骞（？—公元前114年）奉命出使西域为起点，将此后200多年间不断开辟的以丝绸贸易为主的交通要道命名为Seidenstrassen，英文名为The silk road。这条道路经过西域，把中国与阿姆河—锡尔河地区以及印度连接起来。后来李希霍芬的胞弟阿尔马特·赫尔曼撰写《中国与叙利亚之间的古代丝绸之路》，直接将"丝绸之路"的概念用于书名中，影响不断扩大。"丝绸之路"不仅生动形象、亲切温和、易懂易记，而且代表人类从"茹毛饮血"的野蛮时代进入文明发展的水平，体现着中华民族为人类文明做出的巨大贡献。

总结丝绸之路文化，必然考察其渊源。从历史文献记载和目前发掘的文化遗存看，在张骞出使西域之前的若干个世纪，"丝绸之路"就早已存在，人们通过这条交通道路进行玉石、丝绸、香料等一系列贵重货物的贸易，故"丝绸之路"又称"玉帛之路""玉石之路"等。据易华教授介绍，早在20世纪60年代，日本珠宝学家近山晶就提出中国古代存在一条与丝绸之路并行的玉石之路。而20世纪70年代在河南安阳妇好墓中出土的七百多件玉器，大多是新疆和田玉。1994年，臧振明确提出"玉石之路"的概念，宣称这是丝绸之路的前身。

汉代以前，西玉东输在历史文献如《尚书》《竹书纪年》《史记》《山海经》《穆天子传》中都有所反映。《穆天子传》记载了穆王西行见西王母的故事："吉日甲子，天子宾于西王母。乃执白圭玄璧，以见西王母，好献锦组百纯……天子于是取玉三乘，玉器服物，于是载玉万只。天子四日休群玉之山，乃命邢侯待攻玉者。"[①] 这说明至迟在西周中期的穆王时

---

① （清）郝懿行撰：《山海经笺疏》，清嘉靖十四年阮氏琅嬛仙馆刻本，第37页。

期中原王朝已经开始与西域进行友好交流。春秋战国时期，和田玉已为西域进献之宝，故李斯《谏逐客书》中有"今陛下致昆山之玉，有随和之宝，垂明月之珠，服太阿之剑，乘纤离之马"①的精彩描述。王国维甚至坚信祖先来自西北，他在《咏史诗二十首》开篇即云"回首西陲势渺茫，东迁种族几星霜？何当踏破双芒屐，却向昆仑望故乡"②。

丝绸之路是玉石之路的延续。这条古老而漫长的商路，连接着世界古代文明发祥地中国、印度、两河流域、埃及以及古希腊、罗马。上海交通大学资深教授叶舒宪认为，"玉石之路"比"丝绸之路"要早两千多年，因为从全球范围看，比丝绸更早的国际贸易品是玉石。当然，也不排除后来玉石与丝绸同时期交换与贸易的可能性。

"丝路"是以"丝绸""道路"为物质代表与文化记忆的象征符号，其丰富而深厚的中华文化内涵必须从历史衍变中去发明阐释。"丝绸之路"在语法学上虽然中心词是"路"，但是内涵的重心则在于"丝绸"。在博大精深的中华文化里，古代的"丝绸"因其自身固有的特点如稀缺、高贵、豪华、舒适、制作工艺复杂等而成为权势符号的特殊物品，不能为一般人所享有，赋予丝绸诸多特殊内涵，比如代表政治身份、等级制度、礼仪约定，甚至作为货币，等等。由此，古代"丝绸"一度曾是政治身份的象征，其政治价值、制度价值远远大于经济价值、应用价值。

在中国古代，可以与丝绸并肩媲美的就是"玉"。"玉"是东方文化的象征与载体，"玉文化"更是中华文化的重要构成部分。中华民族是一个"玉崇拜"的民族，玉在中国至少可以追溯到八千年前的兴隆洼文化。叶舒宪教授认为，丝绸之路是玉石之路的接续。就玉石之路的起始点而言，从《山海经》的"昆仑玉山"和"群玉之山"，到《千字文》的"玉出崑冈"说背后，呈现游动的昆仑与游动的玉门关现象。大量考古材料说明，华夏先民正是凭借精细琢磨的玉器、玉礼器来实现通神、通天的神话梦想，并建构出一套完整的玉的宗教崇拜和礼仪传统。今人根据田野调查和考古新发现的西部玉矿，可以重新认识华夏文明形成过程中西玉东

---

① （汉）司马迁：《史记》，中华书局1959年版，第2543页。
② 王国维著，周锡山评校：《王国维文学美学论著集》，北岳文艺出版社1987年版，第457页。

输的复杂多线路情况。叶舒宪教授指出，不论是丝绸贸易之路，还是茶马古道、香料之路等，都是在有文字记载的文明史"小传统"中出现的。而新石器时代末期以来的文化、贸易通道更具备文明发生的动力意义。公元初年古罗马著名人物老普里尼有关于罗马帝国与东方贸易支付大量黄金的记载，丝绸与黄金等价。《管子·轻重》中也有"先王……以珠玉为上币，以黄金为中币，以刀布为下币"①的说法。这充分说明，在中国文化中比黄金和丝绸更贵重的是美玉，所谓黄金有价玉无价，玉崇拜成为中国文化精神的底色。

由此可知，玉石与丝绸，在远古时期是人类极为珍视的具有特定内涵的特殊物品。正因如此，我们在古代典籍文献中经常看到表示"玉石"与"丝绸"同等并列关系的一个词——"玉帛"。"帛"即是"丝绸"，是战国时期以前的顶级丝织品，包括锦、绣、绫、罗、绢等，曾是中国古代长期使用的实物货币。《春秋左传·僖公》中（元年—三十三年）称"上天降灾，使我两君匪以玉帛相见，而以兴戎"②，此处以"玉帛"与"兴戎"对举，表示友好结盟与对立成仇两种情形。《左传·哀公七年》中有"禹合诸侯于涂山，执玉帛者万国"③的记载，说明当时众多诸侯国和谐友好拥戴大禹的情况。而《论语·阳货》中也有"礼云礼云，玉帛云乎哉"之语，说明"礼"与"玉帛"的密切关系。《淮南子·原道训》记载了这样的故事：

> 昔者夏鲧作三仞之城，诸侯背之，海外有狡心。禹知天下之叛也，乃坏城平池，散财物，焚甲兵，施之以德，海外宾服，四夷纳职，合诸侯于涂山，执玉帛者万国。④

这条材料与《左传·哀公七年》的记载相似，由"天下之叛"到"玉帛者万国"的巨大变化，其中"玉帛"的身份含义十分明确。总之，

---

① 颜昌峣：《管子校释》，岳麓书社1996年版，第550页。
② 杨伯峻：《春秋左传注》，中华书局1995年版，第358页。
③ 杨伯峻：《春秋左传注》，第1642页。
④ 何宁撰：《淮南子集释》，中华书局1998年版，第29—30页。

"玉帛"象征友好、和平、礼仪与文明。

与"玉帛"相反,"干戈"则以兵器指代战争。"干"与"戈"都是古代的常用武器,前者指盾牌,后者是类似长矛的进攻性武器。于是,"干戈"既是兵器的通称,又是战争的别名。《论语·季氏第十六》第一章"今由与求也,相夫子远人不服而不能来也,邦分崩离析而不能守也,而谋动干戈于邦内,吾恐季孙之忧不在颛臾,而在萧墙之内也"①。这里的"谋动干戈",就是指策划战争。"化干戈为玉帛",就是通过玉、帛的贸易交换,化解战争、避免战争而转变为和平、友好。稀者必争,贵者必藏。"玉"与"帛"的珍贵与稀缺,必将引起一些人的占有与争夺。丝绸之路的贸易形式,创造了平等交换、互通有无、各取所需的条件和环境,从而有效地减少甚至避免了战争的发生,使人类的发展进入一种相对有序的状态,把人类发展引向积极健康、文明进步的道路。"化干戈为玉帛"是中华民族"和为贵"思想观念的重要体现与具体措施,也是中华民族的优秀传统,代表着人类期待和平安定的普遍愿望与迫切要求。

总之,"玉石之路"是中华文明特有的文化资源,也是人类共同拥有的精神财富,其深厚的历史文化意蕴以及可探讨和可持久开发的文化价值不可估量。

二 世界共同体:人类文化的交流与创新

有力高效地推进世界文化交流与创新,这是丝绸之路的又一重大成果。丝绸之路使不同区域不同民族创造的文化成果与文明成果实现了共有共享共融,有效提高了人类整体的文明素质和生存质量。

"丝绸之路"实际上是以物质文明为载体,推动精神文明大发展的历史实践。丝绸之路的表象是商贸、经贸之路,在长达数千年的历史发展过程中,玉石、丝绸、茶叶、瓷器、金银、马匹等生活日用品的交换流通成为最主要的文化载体。而伴随商贸活动的同时,音乐、舞蹈、绘画、宗教文化、原始科技等也都广泛交流传播,极大地丰富了人们的日常生活,也满足了人们一定程度的精神需求,从而提高了人们的生活质量和水平,推

---

① 杨伯峻:《论语译注》,中华书局 2009 年版,第 170—171 页。

进了社会的进步与人类的文明程度。但是，文化是多层面、多角度、多元素的，以上所述实际上只是一些文化的载体。其背后有着更为深层的内涵，即对人本身的关怀，包括对生命的珍惜，对生活质量的提高，体现着文化交流中以人为本、以民为本的文化精神，体现着人类文化的创新。季羡林先生曾说："世界上历史悠久、地域广阔、自成体系、影响深远的文化体系只有四个：中国、印度、希腊、伊斯兰，再没有第五个；而这四个文化体系汇流的地方只有一个，就是中国的敦煌和新疆地区，再没有第二个。"① 这实际上指出了世界四大文化体系通过丝绸之路在中国境内融合发展的奇特景观。

  文化乃人类历史实践和社会生活的智慧结晶，是物质与精神存在的最高形态。人类在自身的发展过程中创造了文化，而文化又服务于人类的发展，二者是密不可分的统一整体。其中"人"是文化生成的第一要素，没有人的参与和创造，就不会有文化的生成。没有人类，文化也就不复存在。地域的广阔、族群的繁多和实践的丰富，使人类文化多姿多彩。与此同时，文化的共通性又将人类联结为可以相互交流沟通的整体。

  中华民族上古时代就有"天人合一""天、地、人"三位一体的世界观和宇宙观，并形成了"天文、地文、人文"并立一统的学说理念，这显然是将人类视为一个不分区域、不分族群的整体。相对"天"和"地"来说，人类也是一个"共同体"，而且"命运"相关。《周易·贲》说"观乎天文以察时变，观乎人文以化成天下"②，这里"天文"与"人文"对举，译成现代汉语当是"人类文化"，它包含了人类创造的所有文化，孙中山《民权初步自序》中"世运进化之时，人文发达之际"的"人文"正是此意。中国古代"以人为本"③ 的理念，既是文化创造的基本原则，又是文化发展的终极目的。

  人类的整体性决定了命运的一致性，而人类创造的一切文化，必然是人类共同拥有、共同分享、共同运用的精神财富和思想资源。由于人类历史实践和社会生活的丰富性，由于区域环境的差异性和族群习俗的独特

---

① 2014 年 3 月 17 日《济南日报·季羡林曾谈敦煌：世界四大文化体系汇流之地》。
② 黄寿祺、张善文撰：《周易译注》，上海古籍出版社 2018 年版，第 289 页。
③ 颜昌峣：《管子校释》，岳麓书社 1996 年版，第 219 页。

性，人类文化呈现多姿多彩的壮观景象。丝路文化就是人类在漫长的历史发展进程中多民族多区域共同创造的伟大奇迹。

伴随着古代丝绸之路人类经贸活动的展开，东西方的文化交流也不断扩大和深入。中华文化也随着丝绸一起传播到世界各地。中国的人文思想、社会制度、农耕技术，尤其是汉民族的儒家思想，包括汉字、儒家经典、律令、文学典籍以及农学、医学著作等，都得到欧亚周边族群和国家的欢迎、接受与青睐。特别是蔡伦发明的造纸术，广泛传入西域乃至欧洲各国。通过丝绸之路，欧洲商人和传教士来到中国，他们根据所见所闻和亲身感受写成各种形式的文字材料，通过丝绸之路传回欧洲，成为欧洲人全面了解中国的重要资料。马可·波罗口述整理而成的《马可·波罗游记》详细描述了他在中国的见闻与经历，欧洲地理学家根据其游历路线还编制成早期的世界地图；利玛窦的《中国札记》、基歇尔的《中国图说》更加详细地对中国进行了描述，激发了欧洲对中国的关注；柏应理的《中国贤哲孔子》则是西方对中国儒家思想的第一本解读著作。西域各国乐器、音乐、服装、舞蹈等传入中原，并与中原文化融合，二胡、琵琶、箜篌等，不仅成为中国音乐和戏曲的重要演奏乐器，而且对中国文学产生了重大影响，诗词典籍中的经典名篇如《琵琶行》《箜篌引》都有精彩的描写和创新。而欧洲当时领先的数学、物理学、天文学、地理学、西洋绘画、武器制造技术等也进入中国。传教士汤若望旅居中国数十年，历经明清两朝并获封一品官职，他不仅翻译欧洲科学著作，而且主持督造火炮、修改中国历法、编撰中文科学书籍，为明清两朝的西学东渐做出了巨大贡献。而葡萄、核桃、胡萝卜、胡椒、胡豆、菠菜、黄瓜、石榴等域外水果蔬菜的传入，更是丰富了人们的饮食。据《唐会典》载，唐王朝曾与当时的三百多个国家和地区通使交往，每年取道丝绸之路前来长安的各国客人数以万计。

中西方文化交流创新最为典型的案例莫过于"西佛东渐"与佛学的中土化。佛教自两汉间通过陆上丝绸之路传入中国，至南北朝大行于世，并逐渐中土化，唐代杜牧"南朝四百八十寺，多少楼台风雨中"诗句描写的情景，至今传颂不绝。佛教传入中国后慢慢地落地生根，与中国文化相融合，形成禅宗佛教。佛教对中国语言、文字、艺术、思想、政治等方面都产生了深远广泛的影响。尤其对中国传统哲学、宋明理学的发展，注入新血液。佛教的韵律更给中国古代诗歌带来了四声平仄的变革,增加了音乐节奏的优美。唐太宗时高僧玄奘(602—664)前往印度取经历时十六年,其故事至今广为传颂,所著的《大唐西域记》记载了当时印度各国政治、社会、风土人情,现在依然是研究印度中世纪历史的珍贵资料。他取回的657部佛教经典,唐高宗特建大雁塔供收藏和译经之用。稍后,高僧义净(635—713)由海道去印度,也历时十六年,取回400部佛经,并撰写了《南海寄归内法传》《大唐西域求法高僧传》,介绍了当时南亚各国文化。

三 经济全球化:中华民族的伟大贡献

中华民族通过丝绸之路建设促进经济全球化,这是丝绸之路的第三大成果。

中华民族既是丝绸的发明创造者和最早生产者,又是丝绸之路的开创者和建设者,更是倡导人类命运共同体的积极实践者。中华先民以勤劳、智慧和善良,为丝绸之路建设和人类文明发展做出巨大贡献,并在这一过程中不断创新,保持活力,成为人类发展史上唯一文化不曾间断、文明持续发展的国家。丝绸之路既是经济全球化的初步尝试,又是人类友好交流、实现共同发展的实践探索。

中华民族是人类历史上丝绸的最早发明者和生产者。《史记·五帝本纪》中称"黄帝居轩辕之丘,而娶于西陵之女,是为嫘祖"[1]。而《通鉴外纪》中有"西陵氏劝蚕稼,亲蚕始于此"[2]的记载。由此可知,上古传说中的黄帝之妻嫘祖发明并推广养蚕取丝。根据考古的发现推测,在距今五六千年前的新石器时期中期,中国便开始养蚕、取丝并生产丝绸了。查阅中国古代文献典籍,可以看到很多相关记载。《穆天子传》中有周穆王"休于获泽(今山西阳城县),以观桑者,乃饮于桑林"[3]的记载;《尚书·禹贡》中称"兖州厥贡漆丝,厥篚织文;青州厥篚檿丝;徐州厥篚元纤

---

[1] (汉)司马迁:《史记》,中华书局1959年版,第10页。
[2] (宋)罗泌撰:《路史》,清文渊阁四库全书本,第126页。
[3] 《穆天子传》卷四,四部丛刊景明天一阁本,第10页。

缟；扬州厥篚织贝……"① 可见古代生产丝绸的地域很广。至于甲骨文则有很多丝字及丝旁的字。中国是最早的丝绸生产者，很早就得到世界的认可。根据希腊地理学家斯特拉波（Strabo，公元前64—公元23年以后？）的著作，大约在公元前3世纪时，西方人已经把中国称作"赛里斯国"（Sères）。这个称谓是由希腊语"塞尔""赛里斯"衍生而来的——"塞尔"就是蚕的意思，"赛里斯"是蚕丝产地或贩卖丝绢人的意思。不少学者还认为，希腊语的"塞尔"和"赛里斯"，就是由汉语的"蚕"的发音转化来的。印度政治家、哲学家考底利耶（Kautilya）的《政事论》（又译《治国安邦术》）书中有cinapatta一词，意思就是"中国的成捆的丝"。另外，从梵文的许多字中也可以看出，古代印度人民对蚕丝的认识要比希腊人和罗马人准确得多，他们知道丝是虫子吐的，丝是蚕茧抽成的。这都可以说明原产自中国的丝绸在更早的时候就通过欧亚大陆交通输入西方。

"丝绸之路"因"丝绸"而起，而"丝绸"则是中华民族的独特创造，凝结着中华先民的勤劳和智慧，也是中华文化的重要载体和具体表现。正如有学者指出的那样，丝绸是中华文明的重要代表，与中国的礼仪制度、文化艺术、风土民俗、科学技术等方面有很多联系。帝王用丝绸彰显其权威，百官用丝绸标识其等级；文人写下咏叹丝绸的诗词，画家在丝绸制成的绢帛上泼墨挥洒；老百姓向各路蚕神祭祀，祈求蚕丝丰产，而朝廷则下达课劝蚕桑的政令，并以此来评价地方官的政绩。四大发明中有两项与丝绸有着直接的关系。"纸"的最初含义就是制作丝绵过程中的茸丝的积淀物。印刷术的发明直接与丝绸上的凸版印花术有关，马王堆汉墓出土的印花丝织品已是大面积的多彩套印，比正式出现的唐代雕版印刷品要早近千年。因此可以说，丝绸上的凸纹版印花是后代雕版印刷术的鼻祖。此外，海上丝绸之路的发达也直接促进了指南针的出现和完善。丝绸是古代中国沿商路输出的代表性商品。当然，最早的丝绸织品只有帝王才能使用，其后由于丝绸业的快速发展，才逐渐成为对外贸易的高级物品。

根据历史文献记载，中国丝绸早在汉代以前就已经输出并闻名于世

---

① 李民、王健撰：《尚书译注》，上海古籍出版社2004年版，第101—135页。

界。《史记·货殖列传》中称："乌氏倮，畜牧。及众斥卖，求奇缯物，间献遗戎王。戎王什倍其偿，与之畜。畜至用谷量马牛。秦始皇令倮比封君，以时与列臣朝请。"[1] 乌氏倮因丝绸丝制品而成巨富，位同封君，列朝议事，由此可知中国丝绸的身价。另据美国《国家地理》杂志报道，德国考古学家在斯图加特的霍克杜夫村，发掘了一座公元前500年的古墓，发现墓中人身上有中国丝绸衣服的残片。另外，在克里米亚半岛的刻赤附近，也有中国丝绸出土，从同时出土的其他器物上的铭文看，是公元前3世纪的东西。这两处丝绸残片的出土，不仅证实斯特拉波等人对丝绸的记载是有根据的，而且表明完全早在张骞通西域之前，丝绸就已运往西方了。

由于中国是农耕文明大国，农业技术发达，中国的养蚕、灌溉、农具制造、二十四节气历法等当时的先进技术，以及制丝、制铁、陶瓷、玻璃等手工生产技术通过古代丝绸之路向世界传播，中国的四大发明也通过丝绸之路传向西域各国，由此提升了西域乃至欧洲各国的技术水平和生产效率。古代丝绸之路还造就了一批贸易城市：如长安、洛阳、伊斯坦布尔、巴格达等城市作为古代丝绸之路的重要节点而成为当时的世界中心城市，沿途的安西四镇即敦煌、喀什、费尔纳干、撒马尔罕等城市也成为贸易中转站，泉州、广州、亚历山大港则是当时全球最为繁忙的港口。古代丝绸之路繁荣的贸易大大促进了这些城市的人口聚集和房屋建设，其中大多数在当今仍然是所在国家或地区的重要城市，充当区域性乃至全球性贸易中心。丝绸之路以大国文明为核心，既是古代世界最为重要的经济贸易之路，也是连接亚欧大陆的文化纽带，丝绸之路的商品贸易实践了经济全球化和世界一体化。而中华文化"天下为公""以人为本""和为贵"的系列思想理念也在这个过程中得到传播与实践。丝绸之路密切了世界各国的联系，也密切了人类族群间的关系，突出了人类生存交往、交流、交换的现实性，而淡化了国家、地区、族群的地理空间的局限性和思想意识的差异性，从而树立了人类同呼吸、共命运的整体意识，树立了人类物质交换、文化交流、相互依存、共同发展的平等意识。

---

[1] （汉）司马迁：《史记》，中华书局1959年版，第3260页。

四 辉煌地球村：丝路精神的当代弘扬

古代丝绸之路为人类文明的和平发展与健康发展提供了有益借鉴，也为实现中华民族伟大复兴的"中国梦"提供了深刻启示。这是丝绸之路的第四大成果。

与20多个世纪以前的人类生存环境有着霄壤之别，当今世界由于高新科学技术的飞速发展和电子电信信息化数字化的运用，特别是全球交通设施的根本性改变、世界经贸模式的根本性改变和人类交往方式的根本性改变，国家、民族、地区的物理空间和地理距离空前缩小，人类的物质交流、文化交流和思想交流，变得十分简单、容易，广袤的宇宙世界已经变成了小小的"地球村"，人们再也不必经受如古代丝绸之路那样的经年累月的长途跋涉之苦，现在"人们不出门、皆知天下事"，足不出户、悠闲地坐在电脑前、优雅地品味着咖啡，就可以尽情享受购物的快乐和交流的欢欣！世界一体化、人类共同体的特征更加鲜明、更加突出，"地球村"变得越来越辉煌。

然而，古代丝绸之路国际经贸形式的颠覆，并没有改变人类文明发展的根本性质，当今的人类世界，似乎比以往任何时代都更加需要物质的、文化的、思想的甚至情感的交流、交往、交汇和交融，更需要强化世界一体化、人类共同体、和平发展、文明进步的高度共识，更需要积极开展世界范围内的密切协作、互利互惠、合作共赢。古代丝绸之路开创的物质、文化等多方面交流的历史实践和有益探索，特别是友好、友谊、共赢的原则，和睦、和谐、和平的精神，依然是目前及未来人类文明发展的珍贵遵循。

2013年9月7日，中国领导人习近平主席在哈萨克斯坦纳扎尔巴耶夫大学发表题为《弘扬人民友谊 共创美好未来》的演讲，盛赞中哈传统友好，全面阐述中国对中亚国家睦邻友好合作政策，倡议用创新的合作模式，共同建设"丝绸之路经济带"，将其作为一项造福沿途各国人民的大事业。演讲指出，2100多年前，中国汉代的张骞两次出使中亚，开启了中国同中亚各国友好交往的大门，开辟出一条横贯东西、连接欧亚的丝绸之路。哈萨克斯坦是古代丝绸之路经过的地方，曾经为促进不同民族、不同文化相互交流和合作做出过重要贡献。千百年来，在这条古老的丝绸之路上，各国人民共同谱写出千古传诵的友好篇章。两千多年的交往历史证明，只要坚持团结互信、平等互利、包容互鉴、合作共赢，不同种族、不同信仰、不同文化背景的国家完全可以共享和平，共同发展。随着中国同欧亚国家关系的快速发展，古老的丝绸之路日益焕发出新的生机活力。这是充满正能量、激发创造力的道义之声，也是人类和平发展、文明发展的思想引领。

五 丝路文化的内涵、实质与特点

综上所述，我们可以将丝路文化的内涵、实质与特点概括为八点：一是其内涵最根本的是改善人类的生存、生活、生产条件，推进人类和平发展、文明发展、健康发展，推进不同国家和民族的思想沟通、观念沟通、感情交流、文化交流与融合创新。二是其实质体现为人类文明成果共有共享和人类智力开发的历史实践，是化干戈为玉帛的和平文化、和谐文化、合作文化，是多方共赢、推进文明发展的积极探索以及物质交流与文化交流的伟大实践。三是其特点表现为建设性、世界性、交流性，体现为多民族、多区域、多渠道、多层次、多侧面、全方位、跨世纪，表现为贴近人性、贴近生活、贴近现实和平等、尊重、包容、理解、借鉴与学习。四是以经济贸易为主要形式和载体，开阔人类世界视野，提高人类对于世界的认识，促进科学技术的发展，展示人类文化的多样化。五是展示了人类巨大的开拓性、创造性和包容性，展示了人类巨大的开拓精神、开放精神，展示了人类巨大的合作潜力与坚忍不拔、不畏艰难的顽强毅力。六是增强了人类各民族之间的了解、友谊与合作，显示了地球一体化、人类共同体的特点，提高了人类生活的幸福指数和生存能力。七是为人类未来发展提供丰富的借鉴与启迪，比如激发活力与创造力、探索探奇探险、人类思维的形成与发展，以及如何处理民族关系、国家关系、地区关系、利益关系、人际关系，等等。八是后世可能出现的资源掠夺、侵略战争之类，是利用丝绸之路的条件，走向历史反面，应当引以为戒。

总而言之，古代丝绸之路是人类认识和了解自身家族的开始，是经济全球化一体化的开始，是物质交流和文化交流的开始，是走出家门走出国门走向世界的开始，是人类和平友谊健康发展的开始。当人类迈入

21 世纪，古代丝绸之路创造的精神依然在延续，新世纪的丝绸之路建设已经开始，人类的发展将永远行进在新的"丝绸之路"上，继续展示人文精神的光辉！

2016 年 7 月草拟于上海闵行校区，
2020 年 1 月修改于奉贤南郊一品

试论重阳诗词与人文精神[*]

摘要： 重阳节具有深刻的民族文化内涵，既深刻反映了自然世界与人类生活的密切关系，又充分体现着鲜明的感恩意识和深厚的人文情怀。本文从先秦典籍入手，以溯源重阳节来历、内涵为基础，探讨重阳诗词中蕴含的感恩天地、珍视生命、敦亲睦友等多方面的思想情感。文章认为，人们对重阳节的认识，由最初人们对天体运行和季节变化的认知与标识，转变为人们表达敬畏天地、感恩宇宙自然的重大活动。因此重阳节与重阳诗词中体现的天文地理变化、感恩自然宇宙，都是重阳节人文精神的重要体现；重阳节饮菊花酒、佩戴茱萸、登高宴饮等习俗，都彰显着人们珍爱生命、期望健康长寿以及儒家"以人为本"的思想理念；思亲、睦友、思乡等诗词作品，反映着以孝悌、和谐为代表的思想理念，蕴含着深厚的人文精神。当今社会应弘扬、光大重阳节的民族风俗与人文精神。

中华民族博大精深的优秀传统文化是人类文明发展历史实践智慧结晶的重要组成部分，也是全世界人民共同拥有的文化资源与思想宝库。中国传统节日作为传承文化的重要载体，具有书写社会生活、保存文化遗产等多方面的重要功能。其中重阳节历史悠久，民族文化内涵丰富、鲜活生动，生活化、人性化特征突出，既深刻反映了自然世界与人类生活的密切关系，又充分体现着鲜明的感恩意识和深厚的人文情怀。但目前对重阳节的研究大多停留在民俗节日认识的表层，而对文化内涵与文明意义的发

---

[*] 本文发表于首都师范大学《中国诗歌研究》2017 年第 2 期，车易嬴为第一作者，杨庆存为第二作者。社会科学文献出版社 2017 年版。

掘、对人文关怀的理解与民族精神的挖掘等偏弱。其实中国古代文学史上众多诗词大家如李白、杜牧、白居易、苏轼、李清照、陆游、杨万里、辛弃疾等，都曾创作了脍炙人口的吟诵重阳节的诗词名篇，表达感恩天地、珍视生命、敦亲睦友等多方面的思想情感，充满"以人为本"的人文精神，成为涵养道德人格与传承民族文化的宝贵资源。本文从重阳诗词入手，探讨其蕴含的深厚人文精神。

一

感恩自然宇宙，是重阳人文精神的重要体现。重阳节是农耕文明的智慧结晶，作为文化现象，"重阳"的概念元素在《易经》中已有体现。《易经》中"九"为阳数，九月九日，两"九"相重，故曰"重阳"，也称"重九"。"重阳"首先是一个时间概念，表达的是一个时间的节点。其受到如此重视，以至成为传统节日，奥妙就在于这个时间节点与农耕文明、人类生存和人们生活密切相关。

古代中国以农业文明著称于世，农耕文化在我国影响深远。早在先秦时期，民间广泛流传的《击壤歌》就有："日出而作，日入而息，凿井而饮，耕田而食"[1]的说法。农业是中华民族发展的基础，其中对农时的把握又是古代农业发展的关键。正如《孟子·梁惠王》所载："不违农时，谷不可胜食也。"[2]时令季节直接关系作物耕种、人民生存和身体健康，甚至关系国家兴衰。因此，古人高度关注季节变化且感受敏锐。历朝历代统治者都把制定历法当作治国理政的头等大事，《尚书》开篇《尧典》中就记录了"……乃命羲和，钦若昊天，历象日月星辰，敬授民时"[3]的故事。即尧命羲氏、和氏分赴四方，观察记录日月星辰、天体运行的情况与规律，考察动物在不同季节的生态变化与特征，据此制定历法，指导人们的生产与生活。

古人对星辰的认识是自然朴素的。根据《汉书·律历志》的记载可知，古人为了说明星辰的运行和节气的变换，将黄赤道附近的一周天按由

---

[1] 师纶选注：《历代咏史诗五百首》，华南理工大学出版社2010年版，第4页。
[2] （清）焦循：《孟子正义》，河北人民出版社1988年版，第32页。
[3] 王世舜、王翠叶译注：《尚书》，中华书局2012年版，第7页。

西向东的方向分为十二个等份，以冬至日开头，称为十二星次，与二十四节气相联系。"大火"是十二星次之一，当它"初氐五度"时为寒露，"中房五度"时为霜降，"终于尾九度"①。它的天文方位是古人判断节气、安排农事的重要依据。许多古典文献对"大火"星都有记载，如《诗经·豳风·七月》中的"七月流火，九月授衣"②就是描述"大火"星在农历七月开始西行、天气逐渐转凉，九月"大火"星渐隐、人们需提早备衣的情形。当"大火"星在九月隐退于人们的视野之外时，古人往往会举行盛大的祭送仪式来感谢"大火"星对农耕的助益，这种仪式被称为"九月祭"。同时，从农耕角度看，与清明时节的"种瓜种豆"不同，重阳时节则代表着作物的成熟与收获。《吕氏春秋·季秋纪》中有"是月也，大飨帝，尝牺牲，告备于天子"③的记载，可知远古先秦时期就有重阳时节庆祝丰收、祭飨天帝、感念恩德的活动，这种包含狂欢和祭祀的庆典被称为"九月庆"。

在同一时节进行的同类活动渐渐融为一体。由是，在漫漫历史长河中，"九月庆"和"九月祭"逐渐合并演化为重阳节，由最初的人类对天体运行和季节变化做出的认知与标识，转变为人们表达敬畏天地、感恩宇宙自然的重大活动。这种思想在吟咏重阳节庆的诗词中多有体现，如北宋初期的文坛盟主徐铉在五代初作的《九日落星山登高》："秋暮天高稻穟成，落星山上会诸宾。黄花泛酒依流俗，白发满头思古人。岩影晚看云出岫，湖光遥见客垂纶。风烟不改年长度，终待林泉老此身。"④诗中不仅描写了重阳登高、赏菊、饮酒、赋诗的传统习俗，而且首联的"稻穟成""落星山"两个词语特别突出了重阳庄稼成熟、天文变化的重要特点。

二

珍爱生命是重阳人文精神的又一重要体现。汉代是重阳节由以往的祭

---

① （汉）班固：《汉书》，上海古籍出版社2003年版，第660页。
② 樊树云译注：《诗经全译注》，黑龙江人民出版社1986年版，第216页。
③ 陆玖译注：《吕氏春秋》，中华书局2011年版，第248页。
④ 中华书局编：《全唐诗》卷七五五，中华书局1960年版，第8686页。

祀和庆典逐渐发展为内容丰富的民情风俗节日的重要时期。汉代刘歆的《西京杂记》中有"九月九日，佩茱萸，食蓬饵，饮菊花酒，云令人长寿"①的记载，南北朝时期宗懔的《荆楚岁时记》中也有关于"九月九日，四民并籍野饮宴"②的说法，隋代杜公瞻作注说"九月九日宴会，未知起于何代，然自汉世以来未改。今北人亦重此节，佩茱萸，食饵，饮菊花酒。云令人长寿，近代皆宴设于台榭"③。

可知自西汉以来，饮用菊花酒、佩戴茱萸、登高宴饮，已渐渐取代群体性的祭祀活动，构成了重阳节日的基本内容，地域影响也不断扩大。而这些内容都与人们期望健康长寿息息相关。农业社会极其重视人力资源，身体强壮才能从事生产耕种。同时，在汉代"倡扬儒术"的文化背景中，儒家"以人为本"的思想理念得以充分展现，祈愿长寿也成为人们珍爱生命、热爱生活的重要表现。

根据中国传统中医理论，人与自然是"形神合一"的整体，自然时节的变化与人身的变化紧密联系，所以中医主张根据在不同的节气运用不同的养生手段，以达到强身益寿的目的。重阳与二十四节气中的寒露基本对应，是天气由热渐冷、时常反复变化的时节，人的生理和情绪都会受此影响，对身体免疫力也是一个考验，恰如李清照《声声慢》中所言"乍暖还寒时候，最难将息"④。由是，珍视身体、珍爱生命，就典型地反映到重阳这个十分敏感的时间节点上。为适应季节变化，人们采取诸多措施，饮用菊花酒、佩戴茱萸、登高宴饮等重阳习俗，恰好符合重阳时健身养生的目的。菊花在中国传统文化中药用价值远远大于观赏价值，成书于东汉时期的《神农本草经》记载菊花"久服利血气，轻身，耐老延年"⑤。相较菊花，茱萸的药用价值更为明显。茱萸又名"越椒""艾子"，中原多见的品类为山茱萸，明代李时珍的《本草纲目》说它主"心下邪气

---

① （汉）刘歆著，王根林校点：《西京杂记（外五种）》，上海古籍出版社2012年版，第26页。
② （南朝梁）宗懔著，王毓荣校注：《荆楚岁时记校注》，文津出版社1988年版，第212页。
③ （南朝梁）宗懔著，王毓荣校注：《荆楚岁时记校注》，第212页。
④ （宋）李清照著，徐培均注：《李清照集笺注》，上海古籍出版社2013年版，第168页。
⑤ 尚志钧辑校：《神农本草经辑校》，学苑出版社2014年版，第31页。

寒热，温中，逐寒湿痹，去三虫。久服轻身"①。宋代吴自牧的《梦粱录》中称"盖茱萸名'避邪翁'，菊花为'延寿客'，故假此两物服之，以消阳九之厄"②。徐铉的诗《九日雨中》有"茱萸房重雨霏微""唯有多情一枝菊"③两句，就同时提到"治寒驱毒"的茱萸与"轻身延年"的菊花。

  赏菊固然可以在回归自然的审美享受中愉悦身心、平和情绪，饮菊花酒、佩戴茱萸亦可看作预防疾病的手段措施，而登高则是最为人熟知的重阳习俗。登高既能让人回归自然，又可锻炼身体，有益身心健康；"高"又有高寿的吉祥寓意，寄托了美好祝愿。同时，登高还会引发文人诸如"前不见古人，后不见来者"④（陈子昂《登幽州台歌》）的哲理思考。登高之时往往会感受到与"天"的联系，蕴含着古人对自然的崇敬、希望与天地共通以期达到"天人合一"的精神内涵。

  登高这一意象也常出现在边塞诗词中。如唐代岑参的《奉陪封大夫九日登高》："九日黄花酒，登高会昔闻。霜威逐亚相，杀气傍中军。横笛惊征雁，娇歌落塞云。边头幸无事，醉舞荷吾君。"⑤ 写戍守将士于重阳之时登高饮酒、听笛赏歌的情景，以边塞充满"霜威""杀气"的景色烘托气氛。又如王昌龄的《九日登高》："青山远近带皇州，霁景重阳上北楼。雨歇亭皋仙菊润，霜飞天苑御梨秋。茱萸插鬓花宜寿，翡翠横钗舞作愁。谩说陶潜篱下醉，何曾得见此风流。"⑥ 写边塞重阳登高所见景色，意境雄奇阔大。边塞重阳诗词充满鲜明的边疆特色、军旅特色，反映出为国戍边的豪情壮志和个体价值实现的自豪，为重阳节增添了许多别样的色彩。

三

  中国农耕文明在社会结构层面表现为家族家庭的稳定性。儒家文化提

---

① （明）李时珍著，刘衡如、刘山永校注：《本草纲目新校注本》，华夏出版社2013年版，第1404页。
② （宋）吴自牧著，阚海娟校注：《梦粱录新校注》，巴蜀书社2015年版，第62页。
③ 中华书局编：《全唐诗》卷七五三，中华书局1960年版，第8655页。
④ 中华书局编：《全唐诗》卷八三，899页。
⑤ 中华书局编：《全唐诗》卷二〇〇，第2089页。
⑥ 中华书局编：《全唐诗》卷一四二，第1440页。

倡对家庭的重视，在重阳这个古人心中应当是家人团聚的节日却无法与家人共度时，文人往往会借助文学作品抒发内心深处对家人的思念之情。这类思亲作品既多且好，精彩精妙，最能反映以孝悌为代表的儒家思想，是重阳诗词的最大亮点，也最能体现人文精神。唐代王维的名篇《九月九日忆山东兄弟》："独在异乡为异客，每逢佳节倍思亲。遥知兄弟登高处，遍插茱萸少一人。"① 表现作者异乡思亲之情，并推想家中亲人挂念自己的遗憾情形，表现手法创新独到。卢照邻的《九月九日登玄武山》"九月九日眺山川，归心归望积风烟"②，杨衡的《九日》"不堪今日望乡意，强插茱萸随众人"③，张籍的《重阳日至峡道》"无限青山行已尽，回看忽觉远离家。逢高欲饮重阳酒，山菊今朝未有花"④……诸如此类的诗句，都抒写了重阳节怀念亲人的深厚情感。李清照的名篇《醉花阴·薄雾浓云愁永昼》："薄雾浓云愁永昼。瑞脑销金兽。佳节又重阳，玉枕纱厨，半夜凉初透。东篱把酒黄昏后。有暗香盈袖。莫道不销魂，帘卷西风，人比黄花瘦。"⑤ 描写婚后不久就与丈夫分离、又恰逢重阳佳节的孤独、寂寞，表达对丈夫的深切思念，具体生动，细腻感人。

　　敦亲之外，睦友也是重阳节的重要主题之一。重阳是文人雅士展开社交活动的好时机，饮酒赋诗、畅叙友谊，产生了大量诗词作品。唐代王勃的《蜀中九日》"九月九日望乡台，他席他乡送客杯"⑥ 记叙重阳节独在异乡时得到友人关怀的感情触动。杜牧的《九日齐安登高》开篇"江涵秋影雁初飞，与客携壶上翠微"写与友人登高揽胜的情景，尾联"古往今来只如此，牛山何必泪沾衣"⑦，则用齐景公牛山泣涕的典故感慨世事，抚慰友人。苏轼曾檃栝杜牧此诗作词《定风波·重阳》："与客携壶上翠微，江涵秋影雁初飞，尘世难逢开口笑，年少，菊花须插满头归。酩酊但酬佳节了，云峤，登临不用怨斜晖。古往今来谁不老，多

---

① 中华书局编：《全唐诗》卷一二八，中华书局1960年版，第1305页。
② 中华书局编：《全唐诗》卷四二，第535页。
③ 中华书局编：《全唐诗》卷四六五，第5319页。
④ 中华书局编：《全唐诗》卷三八六，第4368页。
⑤ （宋）李清照著，徐培均注：《李清照集笺注》，上海古籍出版社2013年版，第55页。
⑥ 中华书局编：《全唐诗》卷五六，第685页。
⑦ 中华书局编：《全唐诗》卷五二二，第6011页。

少，牛山何必更沾衣。"① 表现的诗人性情更加豪迈旷达。宋代苏洵的《九日和韩魏公》记载参加韩琦家宴的逸事："晚岁登门最不才，萧萧华发映金罍。不堪丞相延东阁，闲伴诸儒老曲台。"② 辛弃疾重阳节则为送别友人傅先之创作《水龙吟》"只愁风雨重阳，思君不见令人老。行期定否，征车几两，去程多少。有客书来，长安却早，传闻追诏。问归来何日，君家旧事，直须待、为霖了。从此兰生蕙长，吾谁与、玩兹芳草。自怜拙者，功名相避，去如飞鸟。只有良朋，东阡西陌，安排似巧。到如今巧处，依前又拙，把平生笑"③。以细腻的笔法表达思念，情感真挚。记叙轶事之外，文人也常借典故代指重阳宴饮。东晋大将军桓温重阳时在龙山宴友，名士孟嘉的帽子被风吹落，受到众人嘲笑。参军孙盛撰文取笑他，他从容应答，尽显倜傥风度。后人用"龙山落帽"形容孟嘉的气度不凡、临乱不惊，以"龙山会"代指重阳聚会。韩鄂、朱湾、吴则礼、何景明等文人均有作品借"龙山"典故抒情。

　　乡情更是重阳话题的聚焦点和重头戏。许多作品都表现游子不忘故土、不忘家乡的淳朴善良之情。岑参的《行军九日思长安故园》以"遥怜故园菊，应傍战场开"④ 抒写忧虑家乡受到战乱破坏的沉重心情。杜甫的《九日五首》："殊方日落玄猿哭，旧国霜前白雁来。弟妹萧条各何往，干戈衰谢两相催。"⑤ 抒发作者从异地思亲思乡、到向往和平安定、再到对生命的思考。爱国诗人陆游的《重阳》"照江丹叶一林霜，折得黄花更断肠。商略此时须痛饮，细腰宫畔过重阳"⑥ 含蓄委婉地抒写国破家亡之恨，感人至深。这些作品都以重阳为主题，抒写乡情、亲情，进而升华为对人生、对国家、对社会的思考，体现出博大深厚的人文关怀与鲜明的民族精神。

---

①　（宋）苏轼著，邹同庆、王宗堂校注：《苏轼词编年校注》上册，中华书局2007年版，第296页。
②　夏承焘编：《宋词鉴赏辞典》，上海辞书出版社2013年版，第165页。
③　唐圭璋编：《全宋词》第三册，中华书局1965年版，第2447页。
④　中华书局编：《全唐诗》卷二〇一，中华书局1960年版，第2105页。
⑤　中华书局编：《全唐诗》卷二三一，第2534页。
⑥　（宋）陆游著，钱仲联校注：《陆游全集校注》卷一，浙江古籍出版社2016年版，第130页。

重阳诗词蕴含的人文关怀、文化意蕴远远不止于此。崔元翰的《奉和圣制重阳旦日百寮曲江宴示怀》"炮羔备丰膳，集凤调鸣律"[1]体现了重阳节美景、美食、音律等丰富多彩的内容。白居易的《重阳席上赋白菊》"满园花菊郁金黄，中有孤丛色似霜。还似今朝歌酒席，白头翁入少年场"[2]着眼重阳菊花，突出白菊，以人喻花，充满情趣与谐趣，幽默有味。高适的《重阳》"节物惊心两鬓华，东篱空绕未开花。百年将半仕三已，五亩就荒天一涯"[3]感叹事业未成、人生易逝的悲凉。司空图的系列重阳组诗《丁巳重阳》《旅中重阳》《浙上重阳》《重阳山居两首》等，将重阳佳节的美景与战乱硝烟做对比，反映现实，表达了作者忧心国事，关注社会与人生，充满儒家的入世淑世精神。

四

重阳节由远古走来，在汉代渐成习俗，魏晋气氛益浓，文人墨客吟咏不绝，唐代正式定为民间节日，宋代更是盛况空前，至朱明时代，皇帝甚至亲自登高垂范。重阳节历经数千年，延续至今，是中国流传最久的传统节日之一。自古吟咏重阳的文学作品数不胜数，近现代重阳诗词创作也为数不少，但影响最大的，当推毛泽东的《采桑子·重阳》："人生易老天难老，岁岁重阳。今又重阳，战地黄花分外香。一年一度秋风劲，不似春光。胜似春光，寥廓江天万里霜。"[4]作者以"人"的"易老"与"天"的"难老"对比，表达珍惜时光、珍爱生命的哲学理念，通过描绘"战地黄花分外香""寥廓江天万里霜"的壮丽秋景和"不似春光、胜似春光"的"大美"意境，抒发重阳节时的独特感受，以饱满的激情和昂扬的自信，表达感恩自然、积极奋发的理念，立意高远，视野开阔，成为影响深广的经典。

诗词之外，数千年后的今天，全国各地也用各具特色的重阳习俗，延

---

[1] 中华书局编：《全唐诗》卷三一三，中华书局1960年版，第3521页。
[2] 中华书局编：《全唐诗》卷四五〇，第5105页。
[3] 中华书局编：《全唐诗》卷二一四，第2233页。
[4] 毛泽东著，中共中央文献研究室编：《毛泽东诗词集》，中央文献出版社2003年版，第19页。

续着中华民族对重阳佳节的执着与眷恋。如河北省香河县将重阳节称作"追节",亲家之间会互相馈赠节礼;山东昌邑人习惯在重阳节吃辣萝卜汤;江苏无锡人要吃重阳糕、九品羹;浙江桐庐人民会举行秋祭、互赠重阳粽;广西壮族自治区怀集县人民则要以大炮赛神酬愿……这些习俗都是对古代重阳传统的传承与弘扬,包含着人们对生命的珍视和彼此的美好祝愿。

在高新科技迅猛发展的当今时代,农耕文明早已被工业文明所取代,人们的思想理念也受到时代发展的影响,对重阳节的认识、观念和态度随之发生变化。虽然全国各地对重阳佳节有不同程度的保护,但目前中国的年轻一代似乎更喜欢"洋节",许多传统节日在本土遭遇"尴尬"。而邻国日本、韩国却十分重视重阳节,日本人习惯在重阳节吃茄子、吃栗子饭、祭菊,韩国人则吃花煎、花菜、玩花煎游戏、放风筝,等等。重阳节习俗的广泛传播和境外流行,充分证明其具有普遍的人类意义和文化意义。我们国家已于1989年将农历九月九日确定为老人节,倡导全社会尊老、敬老、爱老、助老;2006年,重阳节与春节、清明节、端午节、七夕节、中秋节等传统节日被国务院列入首批国家级非物质文化遗产名录;2012年,新修改的《老年人权益保障法》明确规定每年农历九月初九为老年节。这些措施,从制度层面引导和保护重阳节文化,不仅为弘扬中华民族优秀传统文化营造环境,而且也为重阳节在当今社会发挥道德修养和文化传承作用创造了条件。

总之,重阳节是充分体现中华民族优秀传统文化的重大节日,历代重阳诗词作品,含纳着深厚的文化底蕴和深刻的人文精神,也体现着"天人合一""以人为本"的哲学理念。我们应该从中汲取人文情怀,光大民族精神,让感恩自然、珍视生命、敦亲睦友、敬老孝亲的理念走向世界,促进人类文明的健康发展。

唐宋诗人咏"除夕"

"除夕",这个中华民族传统节日的重要节点,首先是一个时间概念,即农历十二月最后一天的晚上,也是旧的一年结束与新的一年开始两相衔接的特殊夜晚。"除"即改变,"夕"即傍晚、夜晚,"除夕"乃改换旧年变为新年的夜晚,所谓除陈生新,又称大年夜、除夕夜、除夜等。除夕之夜是春节的重头戏,也是文人诗词创作的热点题材和重要内容。

一 唐代"除夕"诗

据西晋周处的《风土志》记载,除夕之夜,有"馈岁""别岁""分岁""守岁"诸活动。这在传世诗词中都有反映。南朝梁徐君倩的《共内人夜坐守岁》描述"欢多情未及,赏至莫停杯。酒中喜桃子,粽里觅杨梅"的幸福情景,表现平常百姓家夫妇琴瑟和鸣的恩爱情景;而唐代开国帝君李世民的《守岁》"暮景斜芳殿,年华丽绮宫。寒辞去冬雪,暖带入春风。阶馥舒梅素,盘花卷烛红。共欢新故岁,迎送一宵中",则显示着帝王的气派。

唐代著名诗人几乎都有吟咏除夕的佳作。"诗圣"杜甫的《杜位宅守岁》"守岁阿戎家,椒盘①已颂花。盍簪(比喻朋友多)喧枥马,列炬散林鸦。四十明朝过,飞腾暮景斜。谁能更拘束,烂醉是生涯",描述除夕守岁、饮酒斗棋、捧炬游玩的情景,抒发时不我待的苦闷,透露出时光易逝、生不逢时和报国无门的心绪。张说的《钦州守岁》"故岁今宵尽,新

---

① 《尔雅翼·释木三》:"后世率以正月一日,以盘进椒,饮酒则撮真酒中,号椒盘焉。"

年明日来。悉心随斗柄,东北望春回",表达期盼新春的欣喜。杜审言的《除夜有怀》写其"更谒九重城"的愿望;孟浩然的《除夜》"迢递三巴路,羁危万里身。乱山残雪夜,孤烛异乡人。渐与骨肉远,转于奴仆亲。那堪正漂泊,来日岁华新",抒发思念亲人的情景;高适的《除夜作》"旅馆寒灯独不眠,客心何事转凄然。故乡今夜思千里,愁鬓明朝又一年",描述除夕之夜客居旅馆的孤独与思念故乡的心境;戴叔伦的《除夜宿石头驿》(旅馆谁相问)、李商隐的《隋宫守岁》(消息东郊木帝回),都堪称佳作。

  白居易作为唐代新乐府运动的诗坛盟主,是创作除夕诗歌用力最勤、作品最多的重要作家。其《除夜》"乡国仍留念,功名已息机。明朝四十九,应转悟前非",暗用《淮南子·原道训》"故蘧伯玉行年五十,而知四十九年非"(春秋卫国蘧伯玉五十岁时认为自己以前的四十九年都是错误的)的典故表达难以释怀的家国情愫与人生思考;其五十二岁时创作的《除夜寄微之》"鬓毛不觉白毵毵,一事无成百不堪。共惜盛时辞阙下,同嗟除夜在江南。家山泉石寻常忆,世路风波子细谙。老校于君合先退,明年半百又加三",通过回忆与好友元稹的相同境遇,表达为国建功立业的抱负不能实现的苦闷以及怀念友人与家乡的心情。《除夜寄弟妹》"感时思弟妹,不寐百忧生。万里经年别,孤灯此夜情。病容非旧日,归思逼新正(正月初一日)。早晚重欢会,羁离各长成",则着意抒发"每逢佳节倍思亲"的旨意。《客中守岁在柳家庄》"守岁尊无酒,思乡泪满巾。始知为客苦,不及在家贫。畏老偏惊节,防愁预恶春。故园今夜里,应念未归人",既表达除夕夜晚"思乡"与"思亲",又推想家人此时同样在想念自己。晚年时期创作的《三年除夜》详细描述除夕相聚称觞与夫妻守岁情景:"晰晰燎火光,氲氲腊酒香。嗤嗤童稚戏,迢迢岁夜长。堂上书帐前,长幼合成行。以我年最长,次第来称觞。七十期渐近,万缘心已忘。不唯少欢乐,兼亦无悲伤。素屏应居士,青衣侍孟光。夫妻老相对,各坐一绳床",其景如在目前,其情真挚感人。另如《除夜宿洺州》(家寄关西住)、《除夜》(病眼少眠非守岁)、《除夜》("薄晚支颐坐")等,或抒发"旅泊在洺州"的感叹,或表达"老心多感又临春"的惜时,或描述"老度江南岁"的情形,无不感慨深沉。

二 宋人咏"除夕"

宋代诗词名家如梅尧臣、苏轼、陆游、姜夔、文天祥等,都有吟咏除夕的佳篇俊章。梅尧臣的《除夕》"莫嫌寒漏尽,春色应来早。风开玉砌梅,熏歇金炉草。稚齿喜成人,白头嗟更老。年华日夜催,清镜宁长好",一洗唐代低沉忧伤的色彩,以轻快的格调表达欢欣的心境。陆游的《除夜雪》"北风吹雪四更初,嘉瑞天教及岁除。半盏屠苏犹未举,灯前小草写桃符",也以轻松的笔调抒写"瑞雪兆丰年"的欣喜。姜夔的《除夜自石湖归苕溪》"细草穿纱雪半消,吴宫烟冷水迢迢。梅花竹里无人见,一夜吹香过石桥",则以清新细腻的笔触,描述除夕之夜由石湖乘船至苕溪的情形与心境。文天祥的《除夜》"乾坤空落落,岁月去堂堂。末路惊风雨,穷边饱雪霜。命随年欲尽,身与世俱忘。无复屠苏梦,挑灯夜未央",以如椽大笔描述"乾坤""岁月""末路""穷边"的国势忧虑与以身许国的胸襟。这些作品,无不有感而发,有大胸怀、大气魄而情感真挚。

文化巨擘苏轼创作的除夜诗最富特色。其在熙宁十年(1077)离任密州太守赴济南途中写下的《除夜大雪留潍州,元日早晴,遂行,中途雪复作》从"除夜雪相留,元日晴相送"写起,又以"中途雪复作""鹅毛垂马骖"相续,追忆"三年东方旱,逃户连敲栋。老农翻末叹,泪雪饥肠痛"之情形,而以"春雪虽云晚,春麦犹可种。敢怨行役劳,助尔歌饭瓮"结束全篇,充分表现了作者关心民生、关切现实的思想境界。苏轼关于春节除夕之夜的组诗《馈岁》《别岁》《守岁》尤其弥足珍贵:

> 岁晚相与馈问为"馈岁",酒食相邀呼为"别岁",至除夜达旦不眠为"守岁",蜀之风俗如是。余官于岐下,岁暮思归而不可得,故为此三诗以寄子由。

馈岁
农功各已收,岁事得相佐。为欢恐无及,假物不论货。
山川随出产,贫富称小大。置盘巨鲤横,发笼双兔卧。
富人事华靡,彩绣光翻座。贫者愧不能,微挚出春磨。

官居故人少，里巷佳节过。亦欲举乡风，独唱无人和。

别岁

故人适千里，临别尚迟迟。人行犹可复，岁行那可追。
问岁安所之？远在天一涯。已逐东流水，赴海归无时。
东邻酒初熟，西舍彘亦肥。且为一日欢，慰此穷年悲。
勿嗟旧岁别，行与新岁辞。去去勿回顾，还君老与衰。

守岁

欲知垂尽岁，有似赴壑蛇。修鳞半已没，去意谁能遮。
况欲系其尾，虽勤知奈何。儿童强不睡，相守夜欢哗。
晨鸡且勿唱，更鼓畏添挝。坐久灯烬落，起看北斗斜。
明年岂无年，心事恐蹉跎。努力尽今夕，少年犹可夸。

  组诗创造性地采用序言与题目融为一体的方式，首先介绍了四川蜀地"馈岁""别岁""守岁"的春节风俗，然后交代官于"岐下"凤翔任上而不能回家过年，因此写了这三首诗寄给弟弟子由，以表达思亲思乡之情。苏轼的"序题"与西晋周处的《风土志》关于"除夕之夜各相与赠送称为'馈岁'，酒食相邀称为'别岁'，长幼聚饮祝颂完备称为'分岁'，大家终夜不眠以待天明称曰'守岁'"的记载小有不同，苏轼序题表达的逻辑性条理性更强，诗歌内容的文化内涵也更为深厚。"馈、别、守"的动作主体是"人"，而对象则是"岁"。

  《馈岁》的主旨是"感恩"。首四句突出了"农功"与"岁事"的关系以及过年的准备；次八句描述贫富不同人家的馈岁情形；结尾四句写诗人的境遇。应当特别指出的是开头"农功"二字，不仅突出了农耕特点，而且包含决定年景收成的天、地、人等多方面因素。题目中的"馈"字，是表示赠送食物的形声字。"馈岁"是向即将结束的一年以"赠送食物"的方式表示感谢，人们将最好的食品以祭祀的方式"供奉"或"供养"给天地、神灵与先祖，虔诚地表达崇拜、敬畏与感谢。而对于族群、家庭、亲朋之间的赠送，则是感谢他们之间的团结合作、支持帮助与辛勤劳动。其中既有"天人合一"的理念，又有"以人为本"的思想。

《别岁》的主旨是"惜别"。开头四句以"故人""临别"时恋恋不舍的常情和心态做比较，强调"人行"有再会的可能，而时间的一维性特点决定了"岁行"不可追，由此表达"别岁"心态情绪的艰难与复杂。次四句则表达"逝者如斯"和"天一涯"的惋惜、"归无时"的遗憾。其下四句以"东邻""西舍"的同欢为劝慰，结尾四句则一反"辞旧迎新"的俗套说法，营造了"旧岁"辞"新岁"的崭新意境。

《守岁》的主旨是"珍惜时间"。首六句以"赴壑之蛇"比喻岁尾时间过得很快与无法阻止；次六句写守岁过程，先突出"儿童强不睡，相守夜欢哗"的天真执着，又以"晨鸡勿唱"与"更鼓畏添"的心态，希望时间放慢脚步，再以"坐久灯烬落，起看北斗斜"照应题目；结尾四句以议论的方式表示"明年"要发扬"儿童强不睡"的精神，珍惜时间。这是以诗诠释民谚"一寸光阴一寸金，寸金难买寸光阴"，并借此表达励志思想。三首诗从三个角度描述除夕之夜的三项重点习俗，充分反映了人们的淳朴、善良与勤劳，生活味浓，人情味浓，文化味浓。

唐宋时期是中国古代的文化繁荣期、文学兴盛期，群星璀璨，名作如林。吟咏"除夕"的诗词不仅独具民族特色，而且是人类文化宝库中的奇葩。

三　春节本义与内涵发展

春节是中华民族的盛大传统节日，也是集中体现民俗风情和人文精神的重要载体。但人们往往更多地关注它的表现形式与欢娱情景，而对春节文化内涵与人文精神的发掘偏弱。

春节的起源与上古原始信仰、祭祀文化以及天象、历法等人文与自然文化内容密切相关，由远古时代人类的岁首祈年祭祀演变而来。人们感恩天地与先祖，庆祝丰收并祈福新一年获得庇护，蕴含着中华民族"天人合一""以人为本""尊道贵德"的深邃文化内涵，体现着中华民族的思想信仰、理想愿望、生活娱乐和文化心理，在传承发展过程中承载着丰厚的历史文化底蕴，凝聚着中华传统文化的精华。

"春节"概念的本义乃是对特定季节时令的表达。其实，中国古代没有"春节"这个概念，历史上称农历"正月初一"为"上日""元日""正日""元辰""新正""新元""元旦"等，直到1914年民国政府"定阴历元旦为春节",才逐渐流传开来。1949年新中国成立,将公历1月1日称为"元旦",夏历正月初一仍称"春节"。

春节是春季的一个时间"节点",由于恰是过去一年的终结与新一年开始的"衔接点",因此又称"过大年"。正是这种时间节点"辞旧迎新"和事物"万象更新"的特殊性,含纳了人类对于自然宇宙运行规律的细致观察与感性认识,蕴含着人类丰富而深厚的生活实践经验,也启发了人们表达感恩过去、怜惜时光消逝、期待美好未来的心理状态与精神需求。由是,"春节"在漫长的历史发展进程中,被不断赋予丰厚的文化内涵,逐渐成为弘扬中华优秀文化传统的盛大节日和传播人文精神的重要载体。

春节习俗的形成,与中华民族的历法制定和农耕文明的发展密切相关。中国古代传世的第一部历史文献《尚书》,其开篇《尧典》记载了帝尧放勋(约公元前2377—前2259)制定历法的故事。其中不仅详细描述了帝尧命令羲仲、羲叔、和仲、和叔四位大臣分别测定"春分、夏至、秋分、冬至"的具体时间和确定"春、夏、秋、冬"四季的全部过程,而且记载了帝尧据此"期三百有六旬有六日"即366日为一年,用闰月调整历法和四季的关系。由此可知,"春节"与"年"的时间概念,即便不把此前漫长的酝酿萌芽时期计算在内,至少在4300年以前的帝尧时期就已经成熟并被运用于人们的生活认知与生产实践。从汉语言文字学角度看,"年"为形声字,甲骨文的字形是上"禾"下"人",表示"人"背负着成熟的稻谷,谷物种植一年为周期,故汉代许慎《说文解字》称"年,谷熟也",就是把谷物的生长周期称为"年"。

"春节"时间的特定含义一般指农历正月初一,又称"元日"。但广义的春节则从腊月二十三的祭灶开始,直到正月十五元宵节结束。其间又以除夕、元日、上元为三大高峰点,人们或敬神祭祖,或守岁迎新,或观灯赏月,以表达感恩、惜时、祈福的思想情感为核心,不断创新形式,丰富人文内涵。

春节不仅时间性、生活性和实践性很强,而且社会性、文化性和创新性程度很高,当代以来更是一项全民参与、各展其能、共同创造的大众性群体文化活动,久而久之,春节便已成为物质生活与精神文化融为一体的社会习俗。令人遗憾的是，春节习俗虽然伴随历法的产生而发展，且有许多相关的文字记载散见于各种典籍，但进入文人的诗词创作视野却十分滞后，直到魏晋时期才有作品流传。

2017 年元月 28 日拟于固安
2020 年 2 月 3 日修订于奉贤

唐宋文人"元日"诗

一

农历新年正月初一谓之"元日",又称"正元""元会""正会"等。《尚书·舜典》有"月正元日,舜格于文祖"之句,《孔传》称"月正,正月;元日,上日也"。元日既是春节的又一重大时间节点,也是文人墨客赋咏的重要内容。

唐宋时期之前,较早将"元日"作为文学创作题材并流传于世的,是魏晋时期曹植的四言诗《正会诗》:"初岁元祚,吉日维良。乃为嘉会,宴此高堂。衣裳鲜洁,黼黻玄黄。珍膳杂沓,充溢圆方。笙磬既设,筝瑟俱张。悲歌厉响,咀嚼清商。俯视文轩,仰瞻华梁。愿保兹善,千载为常。欢笑尽娱,乐哉未央。皇室荣贵,寿若东王。"虽然诗中描述的不是寻常百姓,而是"皇室"家族于"华梁""文轩"中"衣裳鲜洁""珍膳杂沓"的元日宴会,但内容的核心依然是庆贺新春,是人的"欢笑尽娱"和"寿若东王(周敬王的别称)"的期望。其诗题下注称"晋《礼志》:汉仪有正会礼,正旦受贺。公侯以下执贽来庭,两千石以上升殿称岁后,作乐宴飨。魏帝都邺,正会文昌殿,用汉仪"。[①] 可知汉代已有此活动,可惜未见入诗。至唐宋时期,吟咏"元日"的诗词佳篇则以成百上千计。

在唐宋时期,文人吟咏"元日"的经典诗篇,影响最为深广者莫如宋代王安石的七言绝句《元日》:"爆竹声中一岁除,春风送暖入屠苏。千门万户曈曈日,总把新桃换旧符。"作者紧紧抓取新年最为典型、最有

[①] 逯钦立辑校:《先秦汉魏晋南北朝诗》卷七,中华书局1982年版,第449页。

代表性和普遍性的意象，诸如"爆竹声""屠苏"酒、"春风送暖""千门万户""新桃换旧符"等，以人们的行为与感觉到的"年味"，突出喜庆欢乐的节日气氛，亲切朴实，通俗平易。

二

唐代著名诗人孟浩然、杜甫、白居易、韩愈、宋之问等都有作品流传。卢照邻的《元日述怀》"筮仕无仲秩，归耕有外臣。人歌小岁酒，花舞大唐春。草色迷三径，风光动四邻。愿得长如此，年年物候新"，面对新岁新景，诗人欣然喜气油然而生。"花舞大唐春"说尽春节时之热闹景象，卢照邻说出自己的愿望：愿得长如此，年年物候新。孟浩然的《田家元日》"昨夜斗回北，今朝岁起东。我年已强仕，无禄尚忧农。桑野就耕父，荷锄随牧童。田家占气候，共说此年丰"，则从北斗星方位的变化写新年来到，而自己关心的是今年的农事年景，与"耕父""牧童"一样期盼"年丰"。杜甫的《元日示宗武》"汝啼吾手战，吾笑汝身长。处处逢正月，迢迢滞远方。飘零还柏酒，衰病只藜床。训喻青衿子，名惭白首郎。赋诗犹落笔，献寿更称觞。不见江东弟，高歌泪数行"，通过回忆亲情与描述目前境遇，表达了对亲人的思念之情。杜甫的《元日寄韦氏妹》"近闻韦氏妹，迎在汉钟离。郎伯殊方镇，京华旧国移。春城回北斗，郢树发南枝。不见朝正使，啼痕满面垂"，则充分表达了杜甫对韦氏妹的关心和牵挂。

白居易则是以登楼远望表达对家乡与亲人的思念："岁时销旅貌，风景触乡愁。牢落江湖意，新年上庾楼。"（《庾楼新岁》）其组诗《七年元日对酒五首》在感叹年老体衰之时，又表达了"入春"之喜与对朋友的想念：

庆吊经过懒，逢迎拜跪迟。不因时节日，岂觉此身羸。
众老忧添岁，余衰喜入春。年开第七秩，屈指几多人？
三杯蓝尾酒，一碟胶牙饧。除却崔常侍，无人共我争。
今朝吴与洛，相忆一欣然。梦得君知否，俱过本命年。
同岁崔何在，同年杜又无。应无藏避处，只有且欢娱。

韩愈《元日酬蔡州马十二尚书去年蔡州元日见寄之什》"元日新诗已去年，蔡州遥寄荷相怜。今朝纵有谁人领，自是三峰不敢眠"。以唱和去年朋友诗作表达对友人的感激与怀念，真挚真诚之情溢于诗外。宋之问则在新春元日抒写壮志难酬、漂泊异地、思念家乡的凄楚："乡心新岁切，天畔独潸然。老至居人下，春归在客先。岭猿同旦暮，江柳共风烟。已似长沙傅，从今又几年。"（《新年作》）李适《元日退朝观军仗归营》更是新角度新题材，选取"回辇阅师"，描述了"彩仗宿华殿，退朝归禁营。分行左右出，转旆风云生。历历趋复道，容容映层城。勇余矜捷技，令肃无喧声"的情景，表现人们不容易见到的另一社会侧面。

卢纶的《元日早朝呈故省诸公》《元日朝回中夜书情寄南宫二故人》描述元日早朝"济济延多士，跄跄舞百蛮""鸣珮随鹓鹭，登阶见冕旒"的朝廷庙堂景象与"浮名老渐羞"的个人感受。杨巨源则详细描述"丹凤楼前歌九奏，金鸡竿下鼓千声。衣冠南面薰风动，文字东方喜气生"与"瑞色含春当正殿，香烟捧日在高楼。三朝气蔼迎恩泽，万岁声长绕冕旒"（《元日含元殿下立仗丹凤楼门下宣赦相公称贺》）之朝廷恭贺新春的情形。成文斡的《元旦》"戴星先捧祝尧觞，镜里堪惊两鬓霜。好是灯前偷失笑，屠苏应不得先尝"，描述了敬祭祖先的风俗与个人的感慨。上述文人诗作或写民间，或写朝廷，都从不同方面表现了春节元日人们的生活与情感，展现了当时社会的民族风俗习惯，成为珍贵的历史文化生活画卷。

三

宋代"元日"诗不仅数量空前，而且表现内容丰富多彩。王禹偁《元日作》"献岁在商州，依然想旧游。前年捧玉册，此日对珠旒。御酒尧樽畔，仙韶舜殿头。自惭非贾傅，宣室讵重求"。作者既抒发对友人的怀念，又表达了以身许国的抱负。苏轼的《和子由除夜元日省宿致斋三首》虽是酬和之作，但既深切表达了与胞弟"等是新年未相见"的遗憾，又介绍了自己"白发苍颜五十三，家人强遣试春衫。朝回两袖天香满，头上银幡笑阿咸"的春节生活快乐幸福之情景，让弟弟宽心放心。而他的《次韵秦少游王仲至元日立春三首》（其一）"省事天公厌两回，新年春日并相催。殷勤更下山阴雪，要与梅花作伴来"，更以轻松幽默的笔调抒写了新年"元日立春"重合并致的特殊情形与庆贺新年的愉悦快乐。

尤其值得注意的是，"元日"题材至宋代开始进入词的表现领域。毛滂的《玉楼春·元日》："一年滴尽莲花漏，碧井屠苏沉冻酒。晓寒料峭尚欺人，春态苗条先到柳。　佳人重劝千长寿，柏叶椒花芬翠袖。醉乡深处少相知，祇与东君偏故旧。"词的上片描述"元日"象征性意象如计时的"莲花漏"、庆新春的"屠苏酒"、代表春意的"苗条柳"，以此来写旧的一年过去而新的一年已经开始，透出庆贺与欣喜之情。下片通过佳人的劝酒与春风的相知，表达对新春到来的欣喜。全篇构思新颖，语言典雅而又易懂，情趣盎然。

辛弃疾的《蝶恋花·戊申元日立春席间作》"谁向椒盘簪彩胜。整整韶华，争上春风鬓。往日不堪重记省。为花长把新春恨。　春未来时先借问。晚恨开迟，早又飘零近。今岁花期消息定。只愁风雨无凭准。"这是作者淳熙十五年（1188）正月初一（立春），在宴会上即席赋写的词。上片写"元日"，描述席间"椒盘簪彩"的佳人形象与热闹场面，并暗含"往日不堪重记"的对比；下片写"立春"，即所谓"今岁花期消息定"，而以"只愁风雨无凭准"收住，含蓄地表达了对国事的担忧。全词比兴深婉，借元日立春，将个人感受与国事忧愁融为一体，感人至深。另外，值得一提的是，在辛弃疾流传于世不多的数首诗中竟然有《元日》一首"老病忘时节，空斋晓尚眠。儿童唤翁起，今日是新年"，诗意深沉而幽默。

姜夔的《鹧鸪天·丁巳元日》"柏绿椒红事事新，隔篱灯影贺年人。三茅钟动西窗晓，诗鬓无端又一春。　慵对客，缓开门，梅花闲伴老来身。娇儿学作人间字，郁垒神荼写未真。"词的上片写除夕夜间贺年的景象与时光逝去的惋惜心境；下片写元日白昼"慵对客，缓开门"的心态行为，抒写"梅花闲伴""娇儿学字"及亲画门神"郁垒神荼"的生活情趣。全篇意境清新细腻，家味甚浓。

诸如此类的"元日"词，不仅开拓了新的体裁表现形式，让人耳目一新，而且由于词的配乐歌唱，无疑加快了传播的速度，也有效扩大了社会影响力。

2017年2月2日草拟于固安
2020年2月3日修订于奉贤

唐诗宋词里的"元宵"节[*]

元宵节、清明节、中秋节与春节是中华民族人文色彩最为浓厚的四大传统节日。而元宵节不仅是春节之后的第一个重要节日,而且是新的年度中的第一个月圆之日,预示着春天的来临和万物的萌动。这是一个源于人类自身实际生活、观察宇宙自然现象、酝酿历史过程悠久、融汇人类多种文化、人文内涵不断丰富,且不与二十四节气直接关联的独特节日。

一

"元宵节"又称"元夕节""元夜节""上元节"等。由于目前见到的最早相关文字记载,是司马迁《史记·乐书》中"汉家常以正月上辛祠太一甘泉,以昏时夜祠,到明而终"之语,故学界一般认为元宵节始于汉代。其实,元宵节的形成有着漫长的酝酿过程,甚至可追溯到人类远古初期对自然宇宙现象的观察和天文历法的酝酿。可以说,元宵节萌芽于旧石器时代,酝酿于新石器时代,而形成于两汉时期,兴盛于唐宋时期,绵延于当代。

特定的时间节点、突出的标志物象、鲜明的人为活动是元宵节的三大要素。首先,特定的时间节点是正月十五日。这是涉及天文历法的岁时问题。人类的时间观念主要来源于实际生活中观察和感受到的自然宇宙运动现象的有序性,来源于此等有序运动的节律性或律动性。比如太阳的升落与昼夜的循环、月亮圆缺的周期往复、地球与月亮及太阳三者之间运动现

---

[*] 本文以"唐诗宋词里的元宵节"为题,2017 年 2 月 10 日发表于《光明网·文艺评论频道》(有删减),获"光明网 2017 年度文艺评论频道原创十大好文"奖。

象的规律等，由此发现和形成了日、月、年的时间概念，并且产生了人类文明发展史上诸如太阴历、太阳历、阴阳历等种种历法，方便了人们的生产和生活。

中华民族在7000—9000年前就有了历法。中国的历法与纪年采用"阴、阳、干支"三合历。远古的天皇氏时代，已有干支历法及岁时的雏形。据《盘古王表》与《三命通会》等记载，"天皇始制干支之名以定岁之所在"。上古时期产生过太阳历法（包括彝族古代十月历）和太阴历法（也称"殷历""古历""汉历""夏历"和"旧历"等），阴历（又称"夏历""黄历""农历"等）是中国的传统历法①。阴历最早源于何时目前未能确考，仅据距今14000—9000年的新石器早期文化遗址江西万年县大源仙人洞考古发现的栽培稻谷可以推知，当时人们已在生活实践中积累和掌握了一定可供参考实用的历法，以伏羲氏为代表的三皇时代（约公元前12000—约公元前3077）实用历法会一直存在，而《尚书·尧典》中已经有重新制定历法的明确记载。中国的阴历主要以具有直观性的月亮运行规律为依据，月亮绕地球一周为一个月，且在不同日期月亮的圆缺状态不同。这与约公元前3000年两河流域苏美尔以月亮圆缺规律为时间标准发明的太阴历相类似。

其次，突出的主要标志物象有两个，一是月亮，二是火（篝火或灯火）。这是元宵节亘古不变的两大元素。三是伴随时代发展而不断丰富的人文活动，包括各种娱乐与文化活动。

汉代盛行黄老之学时，道教流行，道家称正月十五日为"上元日"，汉武帝刘彻（公元前156—公元前87）规定在这一天祭祀国家至高之神天帝"太一"；而印度佛教传入中国后，汉明帝刘庄（28—75）又于永平年间规定正月十五日夜"燃灯表佛"，灯火成为元宵节的重要物象元素；这些活动既丰富了元宵节的内容，又扩大了元宵节的影响，同时促进了元宵节的成长。《隋书·柳彧传》记载："每正月望夜，充街塞陌，聚戏朋游。鸣鼓聒天，燎炬照地。"此后的民间赏灯观月习俗，则促成了元宵节日的定型。

---

① 夏朝以春季一月为正月，商朝以冬季十二月为正月，周朝以冬季十一月为正月。秦始皇规定以冬季十月为正月。汉武帝则恢复沿用夏朝制，以春季一月一日为岁首。经历代发展，后人在早期历法基础上逐渐完善为当今使用的夏历，沿用至今。1970年以后"夏历"改称为"农历"。

关于元宵节的文人早期诗作,依然保存着由"神坛"到"人间"的内在联系。隋炀帝杨广作诗《元夕于通衢建灯夜升南楼》:"法轮天上转,梵声天上来。灯树千光照,花焰七枝开。月影疑流水,春风含夜梅;燔动黄金地,钟发琉璃台。"① 全诗将天空、地面的自然现象、人为景观与佛事、人情、民俗熔为一炉,月亮、灯树、花焰、月影、夜梅、梵声、流水、春风,这些意象交融一体,共同构成"天上人间"人神同庆、热闹非凡的阔大意境,展示了以人为活动中心的鲜活文化载体。唐代崔液的《上元夜》组诗六首之二"神灯佛火百轮张,刻像图形七宝装。影里如闻金口说,空中似散玉毫光"表现的主题也是佛事内容。通过这些作品均可窥见由佛事到人事的内在发展联系。

二

"元宵"到唐代已成为盛大的文化节,不仅时间由汉代的一日延长为三日,而且规模、形式与内容都有了很大的丰富与扩展。唐代刘肃的《大唐新语》记载,京城元夕"盛饰灯影之会,金吾弛禁,特许夜行。贵族戚属及下隶工贾,无不夜游。车马喧阗,人不得顾",繁华热闹可窥一斑。

崔液创作了《上元夜》六首(一作《夜游诗》)从不同方面描述了上元夜的情景场面、各种活动和人的心情:

> 玉漏银壶且莫催,铁关金锁彻明开。
> 谁家见月能闲坐,何处闻灯不看来。
>
> 神灯佛火百轮张,刻像图形七宝装。
> 影里如闻金口说,空中似散玉毫光。
>
> 今年春色胜常年,此夜风光最可怜。
> 鸤鹊楼前新月满,凤凰台上宝灯燃。

---

① 夏朝以春季一月为正月,商朝以冬季十二月为正月,周朝以冬季十一月为正月。秦始皇规定以冬季十月为正月。汉武帝则恢复沿用夏朝制,以春季一月一日为岁首。经历代发展,后人在早期历法基础上逐渐完善为当今使用的夏历,沿用至今。1970 年以后"夏历"改称为"农历"。

金勒银鞍控紫骝，玉轮珠幰驾青牛。
骖驔始散东城曲，倏忽还来南陌头。

公子王孙意气骄，不论相识也相邀。
最怜长袖风前弱，更赏新弦暗里调。

星移汉转月将微，露洒烟飘灯渐稀。
犹惜路傍歌舞处，踟蹰相顾不能归。

这组诗详细描述了当时元宵节的盛况，也反映了当时"元宵"已成为文人诗歌创作的热点题材和重要内容。

苏味道创作了《正月十五夜》："火树银花合，星桥铁锁开。暗尘随马去，明月逐人来。游伎皆秾李，行歌尽落梅。金吾不禁夜，玉漏莫相催。"诗从长安城内灯笼焰火的壮丽景观与道路的畅通无阻写起，继以描述月光尘埃中人来马往相继不绝的拥挤之状，再突出游人与表演者的艳装打扮以及歌声乐声的优美，最后以请求时间放慢脚步收束全篇。全诗构思巧妙，由远及近，层次清晰，意境优美阔大，展现了元宵佳节浓厚的欢乐氛围。

张祜的《正月十五夜灯》"千门开锁万灯明，正月中旬动地京。三百内人连袖舞，一进天上著词声"，极写千家万户出门观灯、音乐歌舞声上云霄的热闹景象；卢照邻的《十五夜观灯》"锦里开芳宴，兰红艳早年。缛彩遥分地，繁光远缀天。接汉疑星落，依楼似月悬。别有千金笑，来映九枝前"，则极力描述视觉、感觉的艳丽豪华，渲染十五元宵夜场面的壮观开阔，突出游人的欢乐和彩灯一干"九枝"的造型，将读者带入令人陶醉的仙境。张肖远的《观灯》描述长安城内"十万人家火烛光，门门开处见红妆，歌钟喧夜更漏暗，罗绮满街尘土香"的壮观情景，尤其突出了盛装出行的游人与歌乐之声；顾况在《上元夜忆长安》中回忆往年上元节长安观灯"处处逢珠翠，家家听管弦。云车龙阙下，火树凤楼前"的盛况，表达对再次体验元宵欢乐的期盼。

白居易的《长安正月十五日》"喧喧车骑帝王州，羁病无心逐胜游。明月春风三五夜，万人行乐一人愁"，抒写自己因病不能元宵赏灯的遗憾与悲伤；其写于杭州刺史任上的《正月十五日夜月》"岁熟人心乐．朝游复夜游。春风来海上，明月在江头。灯火家家市，笙歌处处楼。无妨思帝里，不合厌杭州"，描述杭州元宵节"春风""明月""灯火""笙歌"的繁华热闹景象，收尾透露对京城的思念。李商隐的《正月十五夜闻京有灯恨不得观》首先描绘长安元宵节"月色灯山满帝都，香车宝盖隘通衢"的宏观景象，然后抒写"身闲不睹中兴盛，羞逐乡人赛紫姑"即虽有闲暇但只能乡下赛神无法去京城观灯的深深遗憾。这些作品均描绘元宵之夜的空前盛况，从不同角度表达了对元宵节的热爱之情。

三

宋代由于商贸经济的高度发达和文化意识的空前强化，"元宵节"的发展进入巅峰时期。不仅表现内容更加丰富宽广，灯式更加新奇多样，而且节日时间长达五天。宋代高度重视文化发展和人才培养，教育相对普及，文人群体庞大，作家流派繁多，元宵节题材的诗词作品就个体而言，少者数篇，多以十计，总量巨大。其中最富有创意和最值得点赞的就是以词的形式表现元宵节题材。宋词名家几乎都有流传甚广的元宵节佳作。

宋代第一位专业词人柳永创作了《倾杯乐》："禁漏花深，绣工日永，蕙风布暖。变韶景都门十二，元宵三五，银蟾光满。连云复道凌飞观，耸皇居丽，嘉气瑞烟葱蒨。翠华宵幸，是处层城阆苑。　龙凤烛交光星汉，对咫尺鳌山开羽扇。会乐府两籍神仙，梨园四部弦管。向晓色都人未散，盈万井，山呼鳌抃。愿岁岁天仗里，常瞻凤辇。"词的上片通过描述"花深""日永""蕙风布暖"的气候与"耸皇居丽""层城阆苑"的优美环境，表达了人们对于元宵佳节的热爱和期盼；下片则通过描绘"龙凤烛交""咫尺鳌山"奇特的灯具造型与"乐府两籍""梨园四部"丰富的优美歌舞，描绘元宵节的热闹场景，表达欢乐的心情；又以"向晓色都人未散"表现巨大的艺术魅力与吸引力；结尾则收笔于"官民同乐"的期望。全词构思新奇，章法细腻，层次清晰，不但意境极其开阔，而且充满积极向上的艺术感染力。

文坛领袖欧阳修脍炙人口的《生查子·元夕》："去年元夜时，花市灯如昼。月上柳梢头，人约黄昏后。　今年元夜时，月与灯依旧。不见去年人，泪湿春衫袖。"通过元宵时间、花灯场景、人物心情的对比，以通俗平易、生动活泼的语言，描述主人公的心情心境，构造了场景阔大、形象生动、人物鲜活的优美意境。苏轼写于熙宁八年（1075年）的《蝶恋花·密州上元》"灯火钱塘三五夜，明月如霜，照见人如画。帐底吹笙香吐麝，更无一点尘随马。　寂寞山城人老也，击鼓吹箫，却入农桑社。火冷灯稀霜露下，昏昏雪意云垂野。"上片以回忆往年杭州元宵节繁华热闹情景做铺垫，下片描述当时密州上元"火冷灯稀"的"寂寞"感受。全词运用对比方法，以亲身体验描述了江南文化与北方习俗的不同，透露出作者对国计民生的忧患之情。

婉约名家秦观创作了《念奴娇》"千门明月，天如水，正是人间佳节。开尽小梅春气透，花烛家家罗列。来往绮罗，喧阗箫鼓，达旦何曾歇。少年当此，风光真是殊绝。　遥想二十年前，此时此夜，共绾同心结。窗外冰轮依旧在，玉貌已成长别。旧著罗衣，不堪触目，洒泪都成血。细思往事，只添镜里华发。"这首悼念恋人的思亲怀旧词，上片回忆二十年前在热闹优美的元宵节与恋人"共绾同心结"的幸福情景，下片抒发"冰轮依旧""玉貌长别""洒泪成血"的悲痛心情。全词采用对比手法布局谋篇，寓情于景，格调深沉，真挚感人。

"苏门四学士"之一的晁补之堂弟晁冲之创作了《上林春慢》[①]，描述京城元夕御街游览看到的繁华景象。上片描绘壮观景象："帽落宫花，衣惹御香，凤辇晚来初过。鹤降诏飞，龙擎烛戏，端门万枝灯火。满城车马，对明月、有谁闲坐。任狂游，更许傍禁街，不扃金锁。"作者先以"宫花""御香""凤辇"突出地点与人物，又以"鹤降"三句描绘彩灯与数量，继以描述"满城"的繁华盛况。下片描绘人物形象："玉楼人、暗中掷果。珍帘下、笑着春衫褭娜。素蛾绕钗，轻蝉扑鬓，垂垂柳丝梅朵。夜阑饮散，但赢得、翠翘双軃。醉归来，又重向、晓窗梳裹。"从居住环境、动作表情、衣着体态、首饰打扮等多侧面地细致描述人物，突出其高雅优美与多情。全词写景开阔，写人细腻，充分展现了京城元宵节的独特风格，成为后来辛弃疾创作《青玉案·元夕》的蓝本。

周邦彦创作了名篇《解语花·风消绛蜡》："风消绛蜡，露浥红莲，

[①] 刘乃昌、杨庆存校注：《晁氏琴趣外篇　晁叔用词》，上海古籍出版社1991年版，第272页。

灯市光相射。桂华流瓦，纤云散、耿耿素娥欲下。衣裳淡雅，看楚女纤腰一把。箫鼓喧，人影参差，满路飘香麝。　因念都城放夜，望千门如昼，嬉笑游冶。钿车罗帕，相逢处、自有暗尘遂马。年光是也，唯只见、旧情衰谢。清漏移，飞盖归来，从舞休歌罢。"上片以细腻的笔法描绘元宵节的景象，下片则突出欢乐热闹的人群，让读者如临其境，如闻其声。

毛滂的《踏莎行·元夕》与《临江仙·都城元夕》则分别描述了两种情景来抒发个人的感慨与心情：

  拨雪寻春，烧灯续昼。暗香院落梅开后。无端夜色欲遮春，天教月上官桥柳。
  花市无尘，朱门如绣。娇云瑞雾笼星斗。沈香火冷小妆残，半衾轻梦浓如酒。

  闻道长安灯夜好，雕轮宝马如云。蓬莱清浅对觚棱。玉皇开碧落，银界失黄昏。
  谁见江南憔悴客，端忧懒步芳尘。小屏风畔冷香凝。酒浓春入梦，窗破月寻人。

前一首写正月十五元夕雪中寻春、满院梅香、月下桥柳、朱门如绣，娇云瑞雾素洁淡雅幽静的意境，后一首写听说到的"雕轮宝马如云""都城元夕"盛景，而词人"江南憔悴"，元夕居于"小屏风畔冷香凝"的"窗破"陋室，运用对比手法，抒发深沉的忧郁心情。

"直欲压倒须眉"的李清照之《永遇乐》更是经典中的精品：

  落日熔金，暮云合璧，人在何处？染柳烟浓，吹梅笛怨，春意知几许？元宵佳节，融和天气，次第岂无风雨？来相召、香车宝马，谢他酒朋诗侣。
  中州盛日，闺门多暇，记得偏重三五。铺翠冠儿，捻金雪柳，簇带争济楚。如今憔悴，风鬟霜鬓，怕见夜间出去。不如向、帘儿底下，听人笑语。

开篇从描绘元宵节当天夕阳西下的优美天空景象起笔，而以反问聚焦"人在何处"，透出漂泊异乡的悲愁；继以描述"染柳""梅怨"的意象点明"春意"之浓与"元宵佳节，融和天气"的时令特征；叙说"酒朋诗侣"相约观灯与婉言谢绝的情景。上片写景而寓家国巨变的悲伤之情，下片则以回忆往事抒写目前的凄楚境遇。"中州"三句以北宋习俗写缅怀故国；"铺翠"三句以服饰穿戴写往日荣华富贵的生活，与"如今"三句的面目形象与心理状态形成强烈对比；末尾三句既照应解释了上片结尾，又回应收束了全篇内容。全词以作者的内心感伤为线索，运用历史典故和口语俗语，抒写个人的不幸身世与国破家亡的忧愁，不仅构思精妙，语言精美，雅俗共赏，而且境界阔大，思想深邃，意境深沉。宋末刘辰翁作《永遇乐·璧月初晴》抒发眷念故国故都的情怀，其《序》称"余自乙亥上元诵李易安《永遇乐》，为之涕下。今三年矣，每闻此词，辄不自堪。遂依其声，又托之易安自喻。虽辞情不及，而悲苦过之"。可见李清照《永遇乐》的影响力和感染力。

"词中之龙"辛弃疾创作的《青玉案·元夕》更是影响巨大、流传久远的经典名作：

东风夜放花千树，更吹落，星如雨。宝马雕车香满路。凤箫声动，玉壶光转，一夜鱼龙舞。

蛾儿雪柳黄金缕，笑语盈盈暗香去。众里寻他千百度，蓦然回首，那人却在，灯火阑珊处。

这是一首以元宵节为背景的爱情词。元宵节为异性交往创造了适宜的机会。上片通过视觉、嗅觉、听觉和感觉，大视野、多侧面、全方位地描述元宵夜的宏观景象，为爱情的发生与展开创设了合乎情理的大环境。作者先以生动的比喻和形象的夸张描绘灯火辉煌、天地一体的壮丽景观，又以"宝马雕车香满路"极写奢侈豪华的场面与游人如织的情景，"凤箫"三句则通过优美动听的歌声乐声、月亮的东升西落以及鱼、龙造型的舞灯活动，描绘元宵节繁华热闹的景象。如果说上片侧重宏观景象的描写，传达欢乐心境的话，那么，下片则转向微观描述与细致体验，抒写发现爱恋对象的惊喜之情。换头"蛾儿"二句描述游人的豪华头饰、表情体态与动人魅力，表现其气质修养与门第，呼应上面的"香满路"；"众里"四句则描述追寻的艰难与偶然的发现。全词紧扣元夕题目表现爱情，既气势磅礴，又笔触细腻，意境雄奇优美，格调清新明快，充分展现了元宵佳节的艺术活力与人们的欢乐心情。

姜白石创作了《诗曰·元宵争看采莲船》："元宵争看采莲船，宝马香车拾坠钿。风雨夜深人散尽，孤灯犹唤卖汤元。"词中描写了江南元宵节的情景，且以"元"字开头又以"元"字收尾，创造了热烈而又悠远的意境。

上面摘出的这些各具风姿的名家词作，足可窥见宋代元宵节的盛况与其丰富深厚的文化内涵。

2017 年 2 月 5 日草拟于固安

杜牧《清明》诗的文化底蕴与人文精神[*]

> 清明时节雨纷纷,
> 路上行人欲断魂。
> 借问酒家何处有?
> 牧童遥指杏花村。

唐代诗人杜牧的七言绝句《清明》是中国古代诗歌中脍炙人口、妇孺皆知的经典名篇。这首诗描述清明时节主人公雨中赶路的愁苦心境和问询牧童的瞬间情形,抒发异乡思亲的沉痛心情。然而,许多读者对于这首诗深刻的内涵本义与丰厚的人文底蕴未必完全理解,故这里略作诠释和梳理。

一 深刻的内涵本义

首句"清明时节雨纷纷"起笔破题,交代时令与天气,以节令与环境来铺垫和渲染凄冷的气氛。清明时节,细雨淅沥,春寒料峭,这是全诗内容的自然背景,暗示了诗人凄冷的物理感受和复杂的心理情绪。这与宋代李清照的著名经典词作《声声慢》开头之"寻寻觅觅,冷冷清清,凄凄惨惨戚戚"的意境有异曲同工之妙。次句"路上行人欲断魂",紧承首句意脉,点明诗中主人公的"行人"身份和正在赶路的状态,"欲断魂"

---

[*] 本文以《杜牧〈清明〉诗的"诗眼"》为题目发表于2017年3月27日《光明日报·文学遗产》专栏。杨庆存为第一作者,王巾巾执笔撰写,为第二作者。光明网、中国社会科学网、人民网、凤凰网、搜狐网、人民日报海外版网等逾百家媒体转载。

三字是此篇诗歌的"诗眼"和理解的关键,特别突出了极为沉痛悲伤的心境。三、四两句"借问酒家何处有?牧童遥指杏花村。"采用生动灵活的问答方式,透露作者拟以酒解愁的心理活动,而牧童的肢体动作语言,不仅将作者、读者的视线引向凄迷的远方,而且以在清明时节开放的"杏花"呼应和圆合了题目与开头的"清明",既给人留下了意乱花迷的想象余地,又暗写了诗人对忧伤情怀的沉痛执着与不可解脱。全诗以素描形式将"细雨、道路、行人、牧童、酒家、杏花村"等意象糅合在一起,描绘出一幅自然凄迷、清淡素雅、灵动秀丽而又情感深沉的画面,营造了发人深思、耐人寻味的凄美意境。

经典诗歌往往情、景、事、理、趣融为一体,以优美感人的意境,展现巨大的艺术魅力。杜牧这首《清明》诗以抒情为主调,因事而见情,层次分明,画面清新,易读易记。但正如开头所言,真正读懂和正确理解诗本义的读者并不多。诗中有两个极为重要而又容易让人忽略的关键词:一是"行人",二是"断魂"。"断魂"是体现全诗情感基调的关键。"魂"即灵魂、精神;"断"即隔断、两相分离;"断魂"就是精神灵魂离开了人的身体,形容精神恍惚。"欲断"则是接近"断"的边缘而尚未完全"断离"。作者以"欲断魂"极写心情沉痛的程度之深,昭示全诗的情感基调。那么,诗人为什么这样悲伤沉痛呢?其实这与另一个关键词"行人"有着密切的关系。"行人"就是诗中的主人公,就字面本身理解可以是"走在路上的人",或者说是远离家乡的"游子"。由于清明是祭祖扫墓、亲人团聚、踏青郊游的时节,主人公却不能像普通人那样在家过清明,正所谓"独在异乡为异客,每逢佳节倍思亲"(王维《九月九日忆山东兄弟》),思念和孤独导致其沉痛悲伤,甚至达到了"欲断魂"的程度。

其实,"行人"除了上面的一般理解,还有着更深厚的文化底蕴和更深刻的思想内涵。"行人"在中国古代是一个表示官职的专用名词,考先秦典籍《周礼·秋官》即有"行人"一职。春秋战国时期各国均有设置,故《国语·晋语八》中有"叔向命召行人子员"之句。汉代大鸿胪属官有"行人"。明代设"行人司",复有"行人"之官。直到清代,依然有"行人"一职。一般来说,"行人"在中古之前多指"采诗"之官。《汉书·食货志上》载:"孟春之月,群居者将散,行人振木铎徇于路以采诗。献之太师,比其音律,以闻于天子。故曰王者不出牖户而知天下。"

两汉时期不仅有专门负责这项工作的"乐府"机构,还酝酿形成了诗歌中的一种体裁形式"乐府诗"。魏晋南北朝乐府官署采集和创作的乐歌,都简称为乐府。唐代及其以后诗人拟乐府写的诗歌虽不入乐,也称为乐府或拟乐府。王官采诗制度,不但说明了诗歌在封建政治中的重要作用,而且显示了中国古代政治中的民主元素。当然,"行人"有时也指负责执行外交公务的人。如《论语·宪问》就有"行人子羽修饰之,东里子产润色之"的说法,而此处的子羽就是负责外交事务的公务官员。

诗的作者杜牧正是运用中华文化的这种历史积淀,交代了诗中主人公不同于一般"行人"的特定身份,将自己肩负公务而不能与家人团聚的内心矛盾和情感纠结,用诗歌的形式深刻而生动地表达出来。

二 深厚的文化底蕴

杜牧的诗《清明》有着非常深厚的文化底蕴,这从上面关于"行人"的诠释已可略见一斑。除此之外,其深厚的文化底蕴还表现在以下几个方面。

一是季节时令文化内涵的深刻性。题目《清明》既是诗歌创作的具体背景与环境,又是农耕社会备受关注的时令名称。清明是自远古农耕社会就备受关注的时令节气。据《史记·五帝本纪》载,黄帝时期就已经有了历法的酝酿。《尚书·尧典》则有关于"黎民于变时雍",而帝尧"乃命羲和,钦若昊天,历象日月星辰,敬授民时"的记载。这说明至少在四五千年之前就已有关于清明节令的认识。《淮南子·天文训》:"春分后十五日,斗指乙,为清明。"这是根据北斗星的位置和方向确定清明节气。清明是万物复苏季节的标志,也是农业播种的重要节点,因此有"清明前后,种瓜点豆"的农谚。这说明清明时节对人民耕种生产有着极为重要的指导和提醒作用,所以得到了全社会的广泛关注和重视。诗人杜牧正是抓住了清明这个题材进行诗歌创作,抓住了人们广为熟知的内容,贴近社会和生活,必然会引起全社会的关注而广为传播。

二是节令深厚的人性化、生活化色彩。清明是人们祭祖扫墓的节令。宋代庄季裕的《鸡肋篇》有关于"寒食上冢"的记载,这里寒食即清明。宋代高翥的《清明日对酒》有"南北山头多墓田,清明祭扫各纷然"的诗句,描写的就是清明扫墓的情形。祭祖扫墓表示怀念祖先,感恩先人,体现着浓厚的人情味。宋代赵鼎的《清明》诗中有"禁烟不到粤人国，上冢亦携庞老家"之句，反映的就是清明民间上坟祭祖的普遍性。同时祭祖又形成了家人团聚、家族聚会的民风民俗，成为增深家庭成员情感的重要因素。唐代韦应物的《寒食寄京师诸弟》"把酒看花想诸弟，杜陵寒食草青青"，宋代高翥的《清明日对酒》"日落狐狸眠冢上，夜归儿女笑灯前"，都是表达清明时节思念亲人或家庭团聚之乐。因此，清明节是交流沟通亲情的重要时机，让人们表达相互的关心、关切和挂念，从而密切族人、亲人之间的和睦、和谐。

三是广泛参与的社会化、大众化。主要体现在两个方面，即社会参与的普遍性和个体参与的社会化。唐代韦庄的《长安清明》："紫陌乱嘶红叱拨，绿杨高映画秋千。游人记得承平事，暗喜风光似昔年。"描述了由"紫陌、绿杨、秋千"等意象构成的长安繁华热闹的风光。南宋的《梦粱录》云："车马往来繁盛，填塞都门。宴于郊者则就名园芳圃、奇花异木之处，宴于湖者则彩舟画舫，款款撑驾随处行乐。此日又有龙舟可观，都人不论贫富，倾城而出。笙歌鼎沸，鼓吹喧天。"更呈现远超前代的繁华热闹，体现了社会参与的普遍性。而宋代程颢的《郊行即事》"况是清明好天气，不妨游衍莫忘归"。吴惟信的《苏堤清明即事》"梨花风起正清明，游子寻春半出城"。张先在《木兰花·乙卯吴兴寒食》中说："龙头舴艋吴儿竞，笋柱秋千游女并。芳洲拾翠暮忘归，秀野踏青来不定。"则充分体现了个体参与的社会化。所载诸如踏青、郊游之类的活动，既有益于身心愉悦，又增加了人民深入广泛交往的概率。所有这些，都在表现清明时节人们的生活情景和社会活动，体现出对社会文化的创造与传承。

三　深切的人文关怀

清明节深厚的文化底蕴饱含"以人为本"的哲学理念和深切的人文关怀，杜牧的《清明》即典型之一。

一是以清明为主题，体现对人类生存的关切。时令季节与农耕有着直接的关联。清明是一个适宜播种的节令。适时播种才可能有好的收获以满足人民生存的基本物质需求。作者以"清明"为诗题，暗含着季节气候的敏锐，因为这是一个关系国计民生的耕种节气。

二是感恩先辈与笃于亲情。如上所述，清明节的重要内容之一是扫墓祭祀活动，以表达感恩祖先，感谢前辈对家族、国家做出的贡献。与此同时，加深了亲人感情与家族意识。这种对祖先的感恩，对于孝的感知、传递和继承更意味着一种民族精神和文化传统的流动和传递，使得"家是最小国，国是千万家"的"家国意识"更加深入人心，从而成为一个民族和国家不断发展的文化动力。

三是对社会意识和奉献精神的加强。清明时节春暖花开，也是人们踏青赏春的美好季节。这一过程，创造了人们社会交往和思想交流的机会。与此同时，清明时节也会让一部分身在仕途的职员和官员为了社会的正常运转而坚守工作岗位，做出奉献和牺牲。这就是古语所谓"忠孝不能两全"的矛盾。这些都体现了深厚的人文精神。

总之，杜牧的《清明》诗蕴含着深厚的文化内涵和深刻的人文精神。我们应该正确理解诗歌本义，深刻领悟文化内涵并不断注入时代活力，让古老的节日历久弥新，发扬节日背后深刻的人文精神和传播节日凝聚人心的重要作用。

2017 年初春于上海闵行

王翰《凉州词·葡萄美酒夜光杯》的本义探寻与人文精神

内容提要：被推为唐诗七绝压卷之作的《凉州词·葡萄美酒夜光杯》，后世学人对其的字句诠释与内容理解大都偏离作者本意而导致千年误读。其根本原因一是"欲饮"之"饮"的误书、误读与误解，"饮"应为"吟"；二是多数读者将诗中指代"琵琶行""琵琶引""琵琶曲"之类乐府歌诗的"琵琶"，仅仅理解为乐器名称。其实，"欲饮琵琶马上催"应是"欲吟琵琶马上催"。此句表达的本意，是想创作一首琵琶歌行诗，来反映边塞将士豪放热烈的军旅生活，但是因为时间紧迫和战友催促而未能如愿。全诗描述边塞夜宴情景，歌颂将士献身疆场、马革裹尸的爱国精神，不但热烈奔放，情感真挚，思想深刻，而且地域特色鲜明，意境瑰丽雄奇，体现出深厚浓郁的家国情怀和人文精神。

一　精美经典与诗句误读

盛唐"边塞诗人"王翰的代表作《凉州词二首》（其一）：

葡萄美酒夜光杯，欲饮琵琶马上催。
醉卧沙场君莫笑，古来征战几人回。

这首脍炙人口、广为流传的经典名篇，曾被明代文坛领袖王世贞推为唐诗七绝的压卷之作，喻为"无瑕之璧"[①]。然而自唐代迄今之人，对这

[①] （明）王世贞撰：《艺苑卮言·卷四》，见丁福保辑《历代诗话续编（中）》，中华书局2006年版，第1013页。

首作品具体内容的诠释和解读见仁见智，误读、误解、误导的现象比比皆是，鲜见符合作者本意的系统解读与对其蕴含的人文精神的全面分析。

众所周知，经典诗歌一般都构思巧妙、立意高远，布局精、措辞美，情、景、事、理、趣融为一体，思想性强，艺术性高，充满正能量，饱含感染力。王翰的这首作品十分典型，作者不仅选取的物象高雅优美，极富浪漫豪放、壮阔雄奇的边疆特色，体现出很高的文化品位，而且抒发的是为国戍边、甘愿奉献的英勇豪情，精神境界感人至深。历代读者都被这首作品的整体艺术魅力所感染，或者为优美昂扬的意境所陶醉，但对诗歌缜密的事理逻辑和内在的深厚情感缺乏正确体察与领悟。由于这首诗感情坦率豪放，语言优美流畅，并无艰涩深奥处，历代读者似乎没有什么理解的障碍，而解读诠释者也不深察细究作品的思想内涵、意脉气韵与格调境界，于是对内容的理解和思想的发掘大都停留在似懂而非真懂的境地。

二 历代传播与学人评点

细心观察这首作品的历代传播和学人评点，我们发现，读者往往只模糊感受诗歌整体的艺术效果，而欠缺对思想内容、文化底蕴、内在关联以及艺术创新的细致分析。

明代王世贞的《艺苑卮言》以"无瑕之璧"赞叹；敖英、凌云的《唐诗绝句类选》用"语意远，乃得隽永"[1] 称评；二者虽然评价甚高但均属于个人的总体感受。清代孙洙称"作旷达语，倍觉悲痛"[2]，故选入《唐诗三百首》。《唐诗直解》吴烶说此诗"悲慨在'醉卧'二字"[3]；朱之荆的《增订唐诗摘钞》认为"诗意在末句，而以饮酒引之，沉痛语也。若以豪饮解之，则人人所知，非古人之意"[4]；吴烶、朱之荆二人都开始关注重点字句，稍觉具体深入，但又分别以"悲慨""沉痛"概括此诗的感情基调，这显然与作品豪迈雄奇的意境和无畏牺牲的献身精神不符。沈

---

[1] （明）敖英、凌云辑：《唐诗绝句类选·卷二》，国家图书馆出版社2014年版，第17页。
[2] （清）蘅塘退士编，续之等评注：《唐诗三百首》，三秦出版社1991年版，第347页。
[3] （明）李攀龙辑，叶羲昂直解：《唐诗直解·卷七》，清博古斋刻本，上海师范大学图书馆藏。
[4] （清）黄生等撰，何庆善点校：《唐诗评三种（下）》，黄山书社1995年版，第576页。

德潜的《唐诗别裁》认为王翰"故作豪饮旷达之词，然悲感已极。杨仲弘（元代著名诗人杨载）论绝句，以第三句为主，而第四句发之"[①]，此已触及内在逻辑，但仍以"悲感已极"概括全诗。李锳的《诗法易简录》说"'君莫笑'三字，喝起来末句最有力"[②]，点出三、四句之间的关联。施补华的《岘佣说诗》谓此诗"作悲伤语读便浅；作谐谑语读便妙，在学人领悟"[③]。其实，"悲伤语""谐谑语"都不是作者本意。

宋顾乐在《〈唐人万首绝句选〉评》中赞叹此诗"气格俱胜，盛唐绝作"，已深刻感受到作品内在的"气""格"与令人敬佩的思想境界，可惜未做具体分析，依然停留在感悟层面。

三 "细寻金针"与"欲得其妙"

其实，明末清初学人徐增研读这首作品，在"细寻金针""欲得其妙"的过程中，已经发现了令人疑惑处，并试图改变句法节奏，圆通所谓"矛盾"，维护作品的"妙绝"。其《而庵诗话》说：

> 此诗妙绝，无人不知，若非细细寻其金针，其妙亦不可得而见。先论顿、挫，葡萄美酒，一顿；夜光杯，一顿；欲饮，一顿；琵琶马上催，一顿；醉卧沙场，一顿；君莫笑，一顿。凡六顿。古来征战几人回，则方挫去。夫顿处皆截，挫处皆连，顿多挫少。唐人得意乃在此。[④]

所谓"金针"就是写诗的创作方法与表现技巧，包括构思布局、谋篇措辞、艺术表现以及具体内容的内在联系，等等。

这里特别值得注意的是，徐增将作品第二句"欲饮琵琶马上催"的节奏断为"二五"句式，改变了七言绝句"二二三"标准的传统句式，这在唐代七言绝句中极为罕见。尤其是，王翰生活的盛唐时期，正是七言绝句

[①] （清）沈德潜选注：《唐诗别裁集》，上海古籍出版社1979年版，第639页。

[②] （清）李锳：《诗法易简录·卷十四》，见《续修四库全书·集部·诗文评类》（第1702册），上海古籍出版社2002年版，第600页。

[③] （清）施补华：《岘佣说诗》，见王夫之等撰，丁宝福编《清诗话（下）》，上海古籍出版社1978年版，第997页。

[④] （清）徐增著，樊维纲校注：《说唐诗》，中州古籍出版社1990年版，第230页。

趋于成熟的定型期，与王翰同时代的"七绝圣手"王昌龄，以卓越的创作为七言绝句格律的定型化做出了重要贡献。在这种文化背景下，七言绝句的句式出现大变化的可能性微乎其微，而王翰旨在抒情，着意句式创新的可能性也微乎其微。那么，徐增如此"顿挫"第二句的原因何在呢？仔细品味就会觉察，徐氏遇到了颇费心思的一大难题——"欲饮""琵琶""马上催"这三个词语之间，怎样才能讲通与圆合三者的搭配关系与内在逻辑呢？

按照七言绝句的格律要求与"二二三"标准句式节奏，"欲饮"与"琵琶"应当搭配成一个短语。但"欲饮"的重心是"饮"，而"琵琶"就字面看首先是一种乐器，"饮""琵琶"显然是脱离常识、荒谬不通的。此其一。其二，"饮"在日常生活和诗歌中，经常与"酒"搭配联系，而此诗首句恰恰是"葡萄美酒夜光杯"——"美酒"与饮酒的"杯"，这就很容易误导读者，给人造成"欲饮"是承接上句意脉的假象，徐增就是中招而被假象迷惑、误入歧途的典型代表，致有"二五"句式的"顿挫"。其三，作为乐器的"琵琶"，据汉代刘熙《释名·释乐器》载，"'批把（琵琶）'本出于胡中，马上所鼓（演奏）也"①，这就是说，"琵琶"有在"马上"演奏的特点，这又很容易引导读者将"琵琶"与后面接连的"马上催"联系起来。于是就有了徐增突破定型化的七言绝句格律句式，将"琵琶"与"马上催"连在一起，构成五字节奏群。仅就此五字的本身内容看，似乎讲通了，但实际上却远离了作者本意，破坏了全诗的内在逻辑和优美意境。那么，诗歌第二句"欲饮琵琶马上催"的本意到底是什么？怎样才能正确理解和领悟作者的初衷？其实，这首诗的"金针"与"其妙"均在此句中，而最紧要的关键，是对"欲饮"之"饮"字的认知理解以及"琵琶"内涵的理解界定。

四　标题特色与地域特质

鲁迅关于"倘要论文，最好是顾及全篇，并且顾及作者的全人，以及他所处的社会状态，这才较为确凿"②的主张是十分正确的。正确认知

---

① （汉）刘熙：《释名》，中华书局1985年版，第107页。
② 鲁迅：《且介亭杂文二集·"题未定"草（七）》，见《鲁迅全集》（第6卷），人民文学出版社1981年版，第420页。

理解"欲饮"之"饮"字，必须运用"顾及全篇"的方法，从把握全诗的结构布局、内容安排和艺术表达入手，探寻"饮"字的真实面目及其在诗中的意义。

先看诗题。作者以"凉州词"为题，本意就是标明这是为"凉州曲"撰写的歌词。在这里，"凉州"既是地名，又是曲调名。作为地名，凉州即现在的甘肃省武威县。汉武帝置武威郡，取武功军威之意，含戍边保卫国家之旨。元封五年（公元前106）设凉州，《晋书·地理志》记载取名"凉州"的原因是"地处西方，常寒凉也"[①]。作为曲名，凉州曲是盛唐颇为流行的曲调。唐开元年间，陇右节度使郭知运将搜集的西域曲谱，进献唐玄宗，经教坊整理，以地名为曲名，配词演唱。故《新唐书·礼乐》说"天宝乐曲，皆以边地名，若凉州、伊州、甘州之类"[②]。当时很多诗人创作"凉州词"，如王之涣的"黄河远上白云间，一片孤城万仞山"、孟浩然的"浑成紫檀金屑文，作得琵琶声入云"、薛逢的"昨夜蕃兵报国仇，沙州都护破凉州"等，都是为人称道的名篇。地名与曲名一致，歌词内容与地域特点相关，这正是词调方兴未艾的重要特征。王翰以"凉州词"名题，点明了事情发生的特定区域，突出了边塞特色和戍边重任，为下面内容的展开做了铺垫，成为贯串全诗的眉目。

五 "葡萄美酒夜光杯"与西域特色

细察全诗内容安排与结构布局，主题突出，层次清晰。一二句描述夜宴的热烈场景，三四句议论将士豪迈英勇的精神。叙事与议论紧密配合，使作品形成严密的内在逻辑。

首句"葡萄美酒夜光杯"描述夜宴场景。这是一场壮行色、鼓士气的出征宴。作者发扬"委婉含蓄"的诗歌传统，采取典型意象组合、局部反映整体的艺术方法，抓取最能反映宴会色彩、最能渲染宴会气氛的"酒"与"杯"，借物以写人，而"酒"是西域酿造的"葡萄美酒"，"杯"是西

[①]（唐）房玄龄等撰：《晋书》（第2册），中华书局1974年版，第432页。
[②]（宋）欧阳修、宋祁撰：《新唐书·礼乐十二》（第2册），中华书局1975年版，第476页。

域进献朝廷的"夜光杯"①。这些物象不仅富有浓郁的边疆色彩,而且体现着鲜明的时尚性与世界性。在距今6000年的埃及古墓壁画上,就有酿造葡萄酒的图案;丝绸之路西域沿线的葡萄酿酒也有悠久历史;而中原最晚自汉代张骞从西域带回葡萄酒工匠,便开始栽培葡萄并酿酒,至唐代已有很大发展。作者借"葡萄美酒夜光杯"极力渲染夜宴的热烈浪漫和格调的豪迈高雅,由此奠定了全诗积极昂扬的基调。特别是"夜光杯"在夜间才能发光,因此暗含点明时间的意图,说明夜宴进行到很晚很晚,为下句的催促做了铺垫。

六 "欲饮琵琶"与"欲吟琵琶"

次句"欲饮琵琶马上催"描述宴会结束被催的情景。显然,这句诗的核心意思与关键字是"催",被催的对象自然是诗人。我们不妨按照七绝"二二三"标准句式,先看"催"的方式——"马上催"。"马上"即战马之上,说明同伴都骑在马上等待诗人启程,从而突出时间紧迫,没有余地,不能拖延。

那么,是什么原因需要催促诗人呢?答案就是"欲饮琵琶"。理解"欲饮琵琶"的真正含义,成为正确理解作者本意的关键。既然首句描述夜宴的热烈场面,而且进行到很晚,自然经历了欢饮、畅饮、痛饮的过程。此处的"欲饮",就字面来看,是"想饮、要饮、将饮"而"未饮",此与上面第一句抵牾,故可以完全排除"饮酒"的可能,否则就有重复、啰唆之嫌。而作为乐器的"琵琶",又不可能成为被"饮"的对象。我们只能另辟蹊径,探讨合乎情理的解释方法。

先说"琵琶"。在中国古代文化发展史上,"琵琶"至少有乐器、乐曲、诗歌三种名义。作为乐器,琵琶又名"批把",秦代即有流传。汉代刘熙的《释名·释乐器》说:"'批把(琵琶)'本出于胡中,马上所鼓(演奏)也。推手前曰'批',引手却曰'把',象其鼓(演奏)时,因以为名也。"② 南北朝时,波斯琵琶经新疆传入中国,漠北游

---

① (汉)东方朔撰:《海内十洲记》,见上海古籍出版社编,王根银等校点《汉魏六朝笔记小说大观》,上海古籍出版社1999年版,第67页。

② (汉)刘熙:《释名》,中华书局1985年版,第107页。

牧民族的琵琶也由草原丝绸之路传入中原，多种琵琶经过融合改造，逐渐成为隋唐盛行的乐器，得到人们的广泛青睐，敦煌壁画和云冈石刻，都有琵琶领奏乐队的情形。此其一。其二，作为源于汉魏乐府的名曲，原来都是古代歌曲的形式，而以琵琶命名后，成为琵琶演奏的专属曲，故称"坐部伎即燕乐，以琵琶为主，故谓之琵琶曲"①。其三，作为诗歌的重要体裁，是由配合琵琶乐曲演唱的歌词衍化而来。琵琶曲、琵琶歌、琵琶行、琵琶引、琵琶吟之类，这些诗歌的表现内容几乎都与琵琶有关。如白居易的《琵琶行》"大弦嘈嘈如急雨，小弦切切如私语。嘈嘈切切错杂弹，大珠小珠落玉盘"描述琵琶音乐的精彩，脍炙人口。由上可知，人们的喜好与影响的深广，让"琵琶"这一名词概念不再单独作为乐器的名称而存在，它可以是乐曲，也可以指诗歌。至于"琵琶"一词是指代乐器、乐曲还是指代诗歌，须根据具体语境去判断。

| 甲骨文 | 小篆 | 楷体 |

再说"饮"字。在中国古代文化发展史上，"饮"字与酒结下了不解之缘。这是一个会意字，甲骨文的字形，右边是人的形状，左上方是人伸着舌头，左下方是酒坛形状，整个字形表现的是人把舌头伸向酒坛饮酒，如上图。而在中国文学史上，酒、诗、乐三者常常是密不可分的合作伙伴，特别是"酒"与"诗"配合相伴的概率最频繁，"饮酒赋诗"几乎成为诗人生活的常态，"饮酒"常常成为诗人引发诗情诗兴和激发创作灵感的重要元素。"李白斗酒诗百篇"（杜甫《饮中八仙歌》），杜甫的"醉里从为客，诗成觉有神"（《独酌成诗》），苏轼的"得酒诗自成"（《和陶渊明〈饮酒〉》），杨万里的"一杯未尽诗已成，诵诗向天天亦惊"（《重九后二日同徐克章登万花川谷月下传觞》），这些都是为人熟知的典型案例。才华横溢、性格豪爽的王翰，面对"葡萄美酒夜光杯"的豪宴，畅饮之际，诗兴大发，激情四溢，乃情理中事。因此，"欲饮琵琶"应当是

---

① （清）凌廷堪：《燕乐考原》，商务印书馆1937年版，第4页。

吟诗、写诗、诵诗心理欲望的明确表达。唯其如此，上下两句的诗脉文气才能自然对接："葡萄美酒夜光杯"侧重写实，以典型物象表现宴饮的热烈气氛，"欲饮琵琶马上催"侧重写虚，表述诗人的写诗意愿和众人催促启程而未能实现的情景。

据此以推，诗中的"琵琶"不再是单一层次的乐器名称，而是"琵琶行""琵琶吟"之类诗歌体裁的简称，用以指代"诗歌"。即便如此，"诗歌"依然如同乐器一样，不能成为"饮"的对象。如何诠释"饮"字，成为破解全句乃至全诗的关键。考虑到此诗是为配合曲子演唱的"歌词"，创作的原则应当是让观众听得懂、记得住，歌词内容不能艰涩深奥。一般来说，"诗"与"饮"二字在文本中不会发生直接的词语搭配，但从语音角度讲，"诗"却经常与"吟"配合成词，如"吟诗"。"吟"与"饮"虽然不是通假字，但是发音相同。从训诂角度看，"吟"为形声字，从"口"，从"今"，其本义就是"当着众人的面朗诵"。"吟诗"在古代也作"写诗"解，如"吟诗作赋"。如果王翰诗中的"饮"为"吟"，就不会产生任何歧义，也不会产生误读现象，全诗将意脉通畅，句式也符合"二二三"节奏标准，内容更是让人觉得合乎情理。遗憾的是，目前见到的传世文本均作"饮"，尚未发现为"吟"者。我们推测，由于此诗是配曲演唱的歌词，其在口耳相传的过程中，由于发音相近，并不存在是"饮"字还是"吟"字的问题；但在传播过程中，如果用文字记录下来形成文本，则极有可能因记录者的水平或失误，将"吟"误写为"饮"，如果是演唱或诵读，听者不会发觉抵牾处，但在阅读文本时，必然产生疑窦。由此可以推断，"欲饮琵琶"应是"欲吟琵琶"，"饮"字当为"吟"字之误书。

如果推测不错的话，作者本意应该是"欲吟琵琶马上催"，其所表达的意思是：在夜宴即将结束时，我本想创作和吟诵一篇《琵琶吟》诗，描述宴会情形和反映军旅情怀，但是同伴们都已经骑在战马上等待我、催促我赶快启程，因此非常遗憾没能如愿成篇。当然，琵琶吟、琵琶行、琵琶歌一类的诗，都属于篇幅较长的古体乐府诗，如白居易的《琵琶行》（浔阳江头夜送客）有八十八句，"凡六百一十六言"，而元稹的《琵琶歌》（琵琶宫调八十一）也有八十一句，共五百六十七字。如此长的篇幅，即使王翰再才华横溢，也需要相当长的时间才能完成，不是立马可待、瞬间完成的事情，这可能就是同伴不能等待和"马上催"的重要原因。

七　弥补遗憾与昭示境界

该诗三四两句"醉卧沙场君莫笑，古来征战几人回！"既是对夜宴场景的收束议论，又是对"欲吟琵琶"未能如愿的内容补充。"醉卧"不仅回应了"葡萄美酒夜光杯"，是"酒"与"夜"情景的延伸展示，也是对"欲吟琵琶"的补充交代，更是对"欲饮"的彻底否定；"沙场"照应题目"凉州"，突出边疆边防的特殊性，强调战事可能随时发生。"醉卧沙场"是当时军旅生活的真实写照，也是将士英勇无畏、甘愿为国捐躯伟大精神的生动体现。但这种置生死于度外、不怕牺牲、誓死献身国家的思想境界，对庸俗之人而言，可能难以理解，甚至会受到嘲笑。"君莫笑"正是对此类人的棒喝与批判，从而引导读者深刻体悟"醉卧沙场"背后蕴藏的崇高品格和巨大正能量，避免狭隘理解与负面解读。

结尾"古来征战几人回"是对"君莫笑"棒喝原因的深刻揭示，也是对沙场将士牺牲精神、爱国精神的深度肯定，表达了诗人真诚的钦佩与敬仰！这些内容，可能正是诗人"欲吟琵琶"所要充分表现的，因为同伴"马上催"，只好凝练成深刻简洁的议论来传达。"古来征战"拓展了历史视野，意境开阔，且与开头描写的夜宴情景相呼应，切合了作品的内在逻辑，进一步昭示了边疆将士的豪放性格和献身国家的思想境界，由此使全诗呈现积极向上、昂扬奋发的格调。

有学人曾通过分析七言绝句具体作品的格律与用韵，得出这样的结论：第一二四句平声同韵、第三句仄声不同韵、第二四句倒数第三字通常为仄音，这样的七言绝句意境高、文辞雅、寓意深。其规律的科学性姑且不论，但王翰的这首代表作的确如是。

为配曲、配乐歌唱而创作的歌词，被称为"歌诗"①。其实，中国古代"歌诗"由于增添了演唱元素，传播过程中类似"吟"误为"饮"的可能情形并非个例。北宋王安石的经典名篇《书湖阴先生壁》中"茅檐长扫净无苔，花木成畦手自栽"之"净"在很多版本甚至当今国家教育

---

①　赵敏俐：《汉代乐府制度与歌诗研究》，社会科学文献出版社2021年版，第104页。

部编写的小学教材中被误书为"静";而晏殊的经典名篇《蝶恋花·槛菊愁烟》中"欲寄彩笺兼尺素,山长水阔知何处"之"兼"字,也是"无"字繁体之误书,词中的女主人公埋怨丈夫由于不寄家信("尺素")而不知道丈夫现在何处,自己想寄写给丈夫的信("彩笺")却不知道地址;"静"字、"兼"字如同王翰《凉州词》中的"饮"字一样,都不是作者的本意。

八 结语

总之,被明代文坛领袖王世贞推为唐诗七绝压卷之作的《凉州词·葡萄美酒夜光杯》,后世学人对此诗的字句诠释与内容理解大都偏离作者本意而导致千年误读。其根本原因一是"欲饮"之"饮"的误书、误读与误解,"饮"应为"吟";二是多数读者将诗中指代"琵琶行""琵琶引""琵琶曲"之类乐府歌诗的"琵琶",仅仅理解为乐器名称。其实,"欲饮琵琶马上催"应是"欲吟琵琶马上催"。此句表达的本意,是想创作一首琵琶歌行诗,来反映边塞将士豪放热烈的军旅生活,但是因为时间紧迫和战友催促而未能如愿。全诗"葡萄美酒夜光杯,欲吟琵琶马上催。醉卧沙场君莫笑,古来征战几人回"四句,描述边塞夜宴情景,歌颂将士献身疆场、马革裹尸的爱国精神,不但热烈奔放,情感真挚,思想深刻,而且地域特色鲜明,意境瑰丽雄奇,体现出深厚浓郁的家国情怀和人文精神。

2017 年 9 月 5 日草拟
2020 年 1 月 22 日修订

附:关于王翰其人文献史料的考证

中华民族有着"知人论世"乃至"知人论诗"的优秀文化传统,关于《凉州词·葡萄美酒夜光杯》作者的生平研究,自唐代迄今不少学人做出过贡献,如《旧唐书》《新唐书》的编者、现当代的闻一多《唐诗大系》与傅璇琮《唐代诗人丛考·王翰考》等,但目前仍然存在一些未能解决、模糊不清与疏漏疑窦的问题。比如,关于王翰"《旧唐书》本传"的错误提法、《旧唐书》中"王翰"与"王浣"的矛盾关系、《新唐书》王翰传的文献依据与文字来源、《唐才子传》中王翰传的内容源渊，等等。这些问题往往给读者造成困惑，也影响他们对王翰其人的认识了解和对其作品的正确理解，所以很有必要做一番"辨章学术、考镜源流"的功夫，予以厘清。

目前所见最早记载王翰事迹的文献，是唐代刘肃撰写的《大唐世说新语》①。这部成书于"元和丁亥岁（公元807年）"的文人笔记，"起自国初（618），迄于大历（766—779）"，不仅距王翰生活的年代近，而且作者在自序中声称"事关政教，言涉文词，道可师模，志将存古"，可知其立意高远、选择精细、措辞严谨，因此具有较高的权威性和可信性。此书卷八"文章第十八"末段文字云：

> 张说、徐坚同为集贤学士十余年，好尚颇同，情契相得。时诸学士凋落者众，唯说、坚二人存焉。说手疏诸人名，与坚同观之。坚谓说曰："诸公昔年皆擅一时之美，敢问艺之先后？"说曰："李峤、崔融、薛稷、宋之问之文，皆如良金美玉，无施不可。富嘉谟之文，如孤峰绝岸，壁立万仞，丛云郁兴，震雷俱发，诚可异乎！若施于廊庙，则为骇矣。阎朝隐之文，则如丽色靓妆，衣之绮绣，燕歌赵舞，观者忘忧。然类之《风》《雅》，则为俳矣。"坚又曰："今之后进，文词孰贤？"说曰："韩休之文，有如太羹玄酒，虽雅有典则，而薄于滋味。许景先之文，有如丰肌腻体，虽秾华可爱，而乏风骨。张九龄之文，有如轻缣素练，虽济时适用，而窘于边幅。王翰之文，有如琼林玉斝，虽烂然可珍，而多有玷缺。若能箴其所阙，济其所长，亦一时之秀也。"

这段文字记述了位高权重的文坛翘楚张说与徐坚，讨论当代文章高手

---

① 《大唐世说新语》又名《大唐新语》《唐新语》《唐世说新语》《世说》《大唐新话》等，记载唐代历史人物的言行故事，分匡赞、规谏、极谏、刚正、公直、清廉、持法、政能、忠烈、节义、孝行、友悌、举贤、识量、容恕、知微、聪敏、文章、著述、从善、谀佞、厘革、隐逸、褒锡、惩戒、劝励、酷忍、谐谑、记异、郊禅等30门类，13卷。此书多取材于《朝野佥载》《隋唐嘉话》等书。中华书局1984年出版许德楠、李鼎霞点校本《大唐新语》。（《唐宋史料笔记丛刊》）

与评价其品位水平的情形,历述名家特点与得失,而以评论"王翰之文"收尾,指出其"烂然可珍,而多有玷缺"的特点,以及"箴其所阙,济其所长,亦一时之秀"的地位。显然,这是对王翰文学成就和文化贡献的肯定,并非直接记载王翰行实。尤其值得注意的是,张说不仅政治地位高、文坛影响大,而且与王翰交谊甚厚,是王翰的识拔推荐者,属于第一手资料,故最具权威性。

后晋刘昫等编撰的《唐书》(即后世所称《旧唐书》),将上引刘肃《大唐世说新语》的这段文字略予修改,放在了第一百九十卷(上)的《列传第一百四十·文苑上》。为方便对比,兹抄录如下:

> 开元中,说为集贤大学士十余年。常与学士徐坚论近代文士,悲其凋丧。坚曰:"李赵公、崔文公之笔术,擅价一时,其间孰优?"说曰:"李峤、崔融、薛稷、宋之问之文,如良金美玉,无施不可。富嘉谟之文,如孤峰绝岸,壁立万仞,浓云郁兴,震雷俱发,诚可畏也,若施于廊庙,则骇矣!阎朝隐之文,如丽服靓妆,燕歌赵舞,观者忘疲,若类之风、雅,则罪人矣!"问后进词人之优劣,说曰:"韩休之文,如大羹旨酒,雅有典则,而薄于滋味。许景先之文,如丰肌腻理,虽秾华可爱,而微少风骨。张九龄之文,如轻缣素练,实济时用,而微窘边幅。王翰之文,如琼怀玉斝,虽烂然可珍,而多有玷缺。"坚以为然。

显然,这段文字虽然较《大唐世说新语》有删减,但基本内容和根本性质没有大的改变,依然属于评论王翰的文章,值得注意的是,此处已经将王翰定性为撰写歌词的"后进词人",着眼点在于"歌词"。这里应当特别强调指出的是:《旧唐书》中没有关于"王翰"专门的传记或介绍。

真正为王翰立传的是北宋宋祁、欧阳修等修撰的《新唐书》。《新唐书》对于王翰的记载有三处。一是第二百零一卷《列传第一百二十六·文艺上》保留了《旧唐书》"开元中"张说与徐坚论近世文章的内容,只做了文字上的加工和精炼,对王翰的评价没有变动:

> 开元中,说与徐坚论近世文章,说曰:"李峤、崔融、薛稷、宋

之问之文如良金美玉，无施不可。富嘉谟如孤峰绝岸，壁立万仞，浓云郁兴，震雷俱发，诚可畏也；若施于廊庙，骇矣。阎朝隐如丽服靓妆，燕歌赵舞，观者忘疲，若类之《风》、《雅》，则罪人矣。"坚问："今世奈何？"说曰："韩休之文如大羹玄酒，有典则，薄滋味。许景先如丰肌腻理，虽秾华可爱，而乏风骨。张九龄如轻缣素练，实济时用，而窘边幅。王翰如琼杯玉斝，虽烂然可珍，而多玷缺。"坚谓笃论云。

二是《新唐书》第六十卷《志第五十·艺文四》著录著作中涉及王翰的行实及诗歌创作：

《朝英集》三卷（开元中张孝嵩出塞，张九龄、韩休、崔沔、王翰、胡皓、贺知章所撰送行歌诗。）

此处对于《朝英集》中结撰内容和创作背景以及参与人员的注明，不但涉及王翰，而且由此可以知道王翰的行实和交往。

三是王翰本传。这是正史中首次明确出现王翰专门的传记。《新唐书》第二百零二卷《列传第一百二十七》云：

王翰，字子羽，并州晋阳人。少豪健恃才，及进士第，然喜蒲酒。张嘉贞为本州长史，伟其人，厚遇之。翰自歌以舞属嘉贞，神气轩举自如。张说至，礼益加。复举直言极谏，调昌乐尉，又举超拔群类。方说辅政，故召为秘书正字，擢通事舍人、驾部员外郎。家畜声伎，目使颐令，自视王侯，人莫不恶之。说罢宰相，翰出为汝州长史，徙仙州别驾。日与才士豪侠饮乐游畋，伐鼓穷欢，坐贬道州司马，卒。

这段文字虽然只有148个字，篇幅不长，但从表达形式到具体内容都体现着规范的人物传记特点，明确记载了王翰的名与字、籍贯与性格、仕途经历与交往友谊等，反映了王翰的生平，成为后世研究王翰其人最为重要的文献资料。元代辛文房《唐才子传》卷一《王翰传》（320字）就是

以《新唐书》的这段文字为主体蓝本,进行修改整理和补充丰富而成:

> 翰,字子羽,并州人。景云元年卢逸下进士及第。又举直言极谏,又举超拔群类科。少豪荡,怙(恃)才不羁,喜纵酒,枥多名马,家蓄妓乐。翰发言立意,自比王侯。日聚英杰,纵禽击鼓为欢。张嘉贞为本州长史,厚遇之。翰酒间自歌,以舞属嘉贞,神气轩举。张说尤加礼异,及辅政,召为正字,擢驾部员外郎。说罢,翰出为仙州别驾。以穷乐畋饮,贬岭表,道卒。翰工诗,多壮丽之词。文士祖咏、杜华等,尝与从游。华母崔氏云:"吾闻孟母三迁,吾今欲卜居,使汝与王翰为邻,足矣。"其才名如此。燕公论其文"如琼杯玉斝,虽烂然可珍,而多玷缺"云。有集今传。太史公恨古布衣之侠,淹没无闻,以其义出存亡死生之间,而不伐其德,千金劝驷马,才窜草芥。信哉,名不虚立也。观王翰之气,其若人之俦乎!

显然,此处的《王翰传》不但吸收并整合了《大唐世说新语》《旧唐书》《新唐书》等文献中的相关内容,而且增补了传主王翰的文学成就、社会影响、文集情况以及对于王翰的评论等内容,使这篇传记比《新唐书·王翰传》的思想内容更丰富,人物形象更丰满,文字表达更流畅。毫无疑问,《唐才子传》让人们对于王翰的认识更具体更深刻。

既然《新唐书》首次为王翰立传,成为《唐才子传·王翰传》的主体底本,那么,《新唐书·王翰传》的基本内容来源于何处?这是一个必须细加考察和认真解答的问题。

《新唐书》的修撰背景与修撰人素养是必须明确的两大因素。众所周知,宋代文教兴国,当轴者极重文化建设。宋仁宗对后晋刘昫等编撰的《唐书》很不满意,认为"纪次无法,详略失中,文采不明,事实零落",于是庆历四年(1044)下诏重修,至欧阳修最后审定,历时17年。此其一。其二,参与修撰《新唐书》的作者如宋祁、欧阳修、宋敏求、范镇、吕夏卿、梅尧臣等,都是博学宏才、影响深远、辞不轻措的文化名家,对史书的意义和价值有着充分认识,史料的选择与分寸的把握都十分严谨。可以断定,《新唐书·王翰传》必然会有可信的依据和出处。由上还可推出第三点:《新唐书》的总体水平较之《旧唐书》有很大提升,且有不少创新之处，但依然是以《旧唐书》为基础，特别是传记部分的传主事迹应当有迹可循。

《旧唐书》的确没有"王翰传"。但在此书第一百九十卷《列传第一百四十》中，有一段传主为"王浣"的生平事迹记述（166字），与《新唐书·王翰传》的内容十分吻合，兹抄录如下：

> 王浣，并州晋阳人。少豪荡不羁。登进士第，日以蒲酒为事。并州长史张嘉贞奇其才，礼接甚厚。浣感之，撰乐词以叙情，于席上自唱自舞，神气豪迈。张说镇并州，礼浣益至。会说复知政事，以浣为秘书正字，擢拜通事舍人，迁驾部员外。枥多名马，家有妓乐。浣发言立意，自比王侯；颐指侪类，人多嫉之。说既罢相，出浣为汝州长史，改仙州别驾。至郡，日聚英豪，从禽击鼓，恣为欢赏，文士祖咏、杜华常在座，于是贬道州司马，卒。有文集十卷。

此与《新唐书·王翰传》的文字相比，除了最关键的同姓异"名"且无"字子羽"，生平际遇文字重合度在80%以上。那么，"王浣"与"王翰"是什么样的关系？是否同为一人？《大唐世说新语》与《旧唐书》关于张说与徐坚谈论文章的记述都是"王翰"，为什么《旧唐书》的"王浣"到《新唐书》中就变成了"王翰"？

由《旧唐书》中"王翰"与"王浣"同存并用的情形，以及"翰""浣"读音的明显区别，可以完全排除"避讳"的可能性。

"翰"字，检阅许慎的《说文解字》，其卷四称"翰，天鸡，赤羽也，从羽，倝（han）声"。又举《逸周书》"大翰，若翚雉，一名鷐风。周成王时，蜀人献之"以证。段玉裁的《说文解字注》亦谓"翰，天鸡也，赤羽。从羽、倝声"。由此可知"翰"字与飞鸟相关，而本义是赤羽山鸡，也叫锦鸡，与锦鸡的羽毛有关，是一个会意字。而在古代，人的"名"与"字"，其内涵意义相通相连，所以《新唐书·王翰传》增加补充了"字子羽"三字。上言的"天鸡""山鸡""锦鸡"，其突出的特点就是羽毛的艳丽多彩，由此而引申用以比喻文章的文采华美，进而指代书写文章的工具"笔"（《文选·李善注》有"翰林，文翰之多若林也"之语），由笔再指代执笔之人，包括翰林院这样的职能部门，进而由人再引申为人才,至少包含了"翰—鸡—羽—丽—文—笔—人—院—才"九个层面的内涵变化,其中尚不包括"羽"之飞翔腾达的意思。"王翰"之名与"子羽"之字,含纳了期望他成为杰出人才的祝福与期待。而"王浣"之名则不可能体现这些潜在的丰富含义。

"浣"字,清代陈昌治刻本《说文解字》第十一卷释为"濯衣垢也。从水,从完。胡玩切"。清代段玉裁的《说文解字注》引《诗·周南》笺"澣谓濯之",有"按,作'澣'者,今俗字也"之语,即"浣"的俗字是"澣"。《康熙字典》解释"澣"亦称"濯衣垢也",且引《诗·周南》"薄澣我衣"为证,谓"音'翰',同'瀚',《说文》本作'澣'",知"翰""瀚"通用、"瀚""澣"通用;尤其有"俗以'上澣、中澣、下澣'为'上旬、中旬、下旬'。杨慎曰:本唐官制,十日一休沐,今袭用之,或省作'浣'",则"澣"可省作"浣",或"浣"同"澣"甚明。由上可知,"浣"字与"翰"字虽然在读音、字义方面均无任何相同处,但由于"浣"与"澣"通用、"瀚"与"翰"的同音,尤其是"澣"与"瀚"通用而容易混淆,再加上"浣"="澣"="瀚"="翰"的关联,导致《旧唐书》将"翰"通为"浣"。由此亦可印证宋仁宗对《旧唐书》"事实零落"的批评是有根据的。

宋代尚香文化与人文内涵[*]

概要：宋代尚香文化蔚为大观，不仅涌现出大量以香为主题的优秀文学作品，而且奉香成为文人雅士日常生活的重要部分，蕴含着丰富且深刻的人文内涵。尚香是宋代文人出于对群体身份的认同而形成的共同趣味和文化品位。文学作品中对香气氤氲的反复书写和读书焚香的执着要求，是因为文人对香气养护性命的功能有着理性的认识，表现出重视生命价值的人文关怀。宋代士大夫以尚香正心慎独、濡养德性，其实质是对儒家"修身养性"理想人格的躬行实践。通过尚香可让人潜消世虑，回归清静本性，借感应天地之香气沟通宇宙万物，体现出宋代文人对"天人合一"哲学境界的精神追求。

一　引言：唐宋文学研究角度转换的新尝试

文学既是人类发展的智慧创造和历史实践的形象表达，又是人类文化的重要载体和传播、传承、创新的基本方式；文学作品、文学现象、文学理论与文学发展轨迹等，无不含纳丰富鲜活的生活气息、时代信息和思想观念，无不充满深切的人文关怀和浓厚的人文精神，甚至蕴藏着人类文明发展的普遍规律与深刻启示。这是一个真正跨学科、跨领域、包罗万象的

---

[*] 本文发表于《东北师大学报》（哲学社会科学版）2019年第4期。杨庆存为第一作者，郑倩茹为第二作者。郑倩茹执笔撰写。杨庆存曾在中国社会科学院《文学遗产》编辑部与北京师范大学文学院主办的2019年《中国唐宋文学国际学术研讨会》作为主旨演讲，引起关注，由此香港中文大学《文化与宗教》编辑部发来约稿函。本文获《东北师大学报》2016—2020年度"优秀论文"奖。

巨大知识库、资源库、数据库，是充满张力、容量无限的信息场、智力源和正能量激活器。

文学研究既要着眼于文学、立足于艺术，以扎实严谨的文本、文献研究为前提，又不能停留在欣赏品味、审美把玩、精神消费层面，更为重要的是，务必在此基础上冲破文学藩篱，站在更高层面、展开更宽视野，正确理解、科学解读和深入发掘其中的文化信息与人文内涵，把文学作为研究文化的基本切入点和重要突破口，探讨规律，传承文明，为新时期创造新文学、新文化提供借鉴。唐宋时期是中华民族发展的兴盛期、中华文化发展的繁荣期，更是文学创作的高峰期，汗牛充栋的文学作品与文化典籍，既为后人的学习研究和深入了解唐宋历史发展，提供了丰富深厚的资源，又为促进人类文化交流和文明发展做出了积极贡献。近代以来取得的研究成果举世瞩目，令人鼓舞。本文试图尝试通过考察宋代文学中的尚香书写与内涵分析，探讨宋代文学发展与文化发展的内在联系。

众所周知，宋代是文学繁荣、文化发达、思想活跃的时代。士大夫群体的志趣出现多姿多彩的创新境界，其中"崇香""尚香""奉香""品香""听香"和"焚香"就是当时的时尚与新潮，他们将这些观念和行为反映在大量的诗词、散文、随笔、札记，甚至小说、戏曲等各种文学作品中，为后世留下了一批具有深刻思想内涵和深厚人文底蕴的文学遗产。文人在奉香中融注了独特的审美品位、价值观念、理性哲思，主导并推动了宋代香文化的发展。学界已经关注到了文人尚香这一突出的文化现象，并做出了积极的研究和探索，一些学者撰写了相关的普及性著作[1]，也有学人从社会、经济、宗教的角度对此进行分析[2]，以上成果有助于我们充分

---

[1] 参见傅京亮《中国香文化》，齐鲁书社2008年版；周文志、连汝安《细说中国香文化》，九州出版社2009年版；苏弘毅《香道》，中国商业出版社2015年版；鄢敬新《尚古说香》，青岛出版社2014年版；林灿《香席》，西南师范大学出版社2015年版。

[2] 社会方面，参见戴建国《香料对宋代社会生活的影响》，《文史知识》2000年第4期；马碧莉《宋代香药与市民生活》，《文史知识》2014年第9期。经济方面，参见夏时华《宋代香药业经济研究》，博士学位论文，陕西师范大学，2012年；彭思提《仿古与创新——宋代香炉的形制与审美意蕴》，硕士学位论文，广州大学，2017年；张婷《燕居焚香：宋代文人与香炉造物》，《山西档案》2015年第1期。宗教方面，参见夏时华《宋代香料与宗教活动》，《安徽广播电视大学学报》2005年第4期。

认识宋代的香文化，但是这些成果对文人奉香的根本动因及深层内涵分析还较为缺乏。基于此，下面拟从尚香与士大夫的群体趣味、人文关怀、德性修养、精神追求等角度予以探讨，试图揭示出宋代尚香文化的人文内涵与精神价值。

二 宋代尚香文化的创新境界

中华民族的尚香文化源远流长，距今 5000 多年的辽西牛河梁红山文化晚期遗址出土了一件"之"字纹灰陶薰炉炉盖，由此开启了绵延千年的熏香之风。周代专设"庶氏""翦氏"等负责熏香事务的官职①。至汉熏香成为流行于皇宫贵族、王公权臣阶层的一种祛秽养生的生活习惯。魏晋南北朝时期熏香开始进入文人的日常生活和精神生活，并且在文学作品中书写焚香所带来的独特审美体验，如萧统在《铜博山香炉赋》中刻画出松柏、兰麝一同焚烧时"荧荧内曜，芬芬外扬"②的绚烂盛况。唐代的用香之风更盛，文人对香的推崇成为当时的一大风尚，许多名家都有咏香、颂香之作，如刘禹锡在《更衣曲》中说"博山炯炯吐香雾，红烛引至更衣处"③，描摹出芳香四溢的漫延之感。

宋代的用香之广、之盛、之精达到了空前的高度，并且出现了许多创新境界。香之用从王公贵族扩大到平民百姓，并且几乎涉及日常生活的方方面面，如晏几道在《浣溪沙》中展示出"鸭炉香过琐窗寒"④的居室焚香场景；毛滂在《清平乐》中描绘出"绣被熏兰麝"⑤的生活画面；秦观的《满庭芳》中"香囊暗解，罗带轻分"⑥一句，书写出恋人伤感

---

① 参见郑玄注，贾公彦疏《周礼注疏》，《十三经注疏（上册）》，中华书局1980年版，第888页。

② 严可均辑：《全上古三代秦汉三国六朝文》，河北教育出版社1997年版，第7册，第201页。

③ 周振甫主编：《全唐诗》，黄山书社1999年版，第7册，第2625页。

④ 唐圭璋编纂，王仲闻参订，孔凡礼补辑：《全宋词》，中华书局1991年版，第1册，第309页。

⑤ 唐圭璋编纂，王仲闻参订，孔凡礼补辑：《全宋词》，中华书局1991年版，第2册，第859页。

⑥ 唐圭璋编纂，王仲闻参订，孔凡礼补辑：《全宋词》，中华书局1991年版，第1册，第589页。

别离时互赠香囊的依依不舍之情,说明佩香是当时一种常见的礼仪与风尚。陆游在《老学庵笔记》中记载妇女随身携带熏炉,"车驰过,香烟如云,数里不绝,尘土皆香"①,虽然不无夸张的文学色彩,却令人有身临其境之感;辛弃疾在《青玉案·元夕》中也描绘过同样的情形,"宝马雕车香满路……笑语盈盈暗香去"②。用香不仅仅局限于个体的日常生活中,还是一种重要的社会交往方式,"今人燕集,往往焚香以娱客"③,此时焚香就起到了营造交际氛围的特殊作用。另外,宋代香药行业的管理、经营和销售均实现了商业化、市场化和专业化,临安专设"香药局"④为市民提供香药服务;街市上如《清明上河图》中"刘家上色沉檀拣香"之类的专营商铺随处可见;还出现了职业化的销售人员,"及有老妪,以小炉炷香为供者,谓之'香婆'"⑤。

由上可见,宋人用香的形式丰富、方法多样、用途广泛,尚香更是一种普遍流行的生活方式和盛行一时的社会风习。其中尤为引人注目的是士大夫群体的尚香活动。香不仅是文人墨客无数佳词美句的灵感来源,更是让不少人魂牵梦绕、留恋不舍的心头喜好之事,呈现日常化、普遍化、深入化的特点。

第一,尚香成为文人生活中不可或缺的一部分,他们无论是写诗填词、抚琴赏花、书画会友,还是独居默坐、案头枕边、灯前月下都要焚香,可以说香是如影相随、无处不在的。

第二,宋代的尚香文学十分繁荣,文人以香为主题创作的诗、词、散文等文学作品数量之多、品质之高,令人惊叹。诸如周邦彦《苏幕遮》中"燎沉香,消溽暑"⑥之句,描绘出燃烧沉香驱除炎热潮湿暑气的情形,词人用此得以此度过羁旅烦闷的煎熬岁月。欧阳修《越溪春·三月

---

① 陆游:《老学庵笔记》卷一,中华书局1997年版,第4页。
② 唐圭璋编纂,王仲闻参订,孔凡礼补辑:《全宋词》,中华书局1991年版,第3册,第2432页。
③ 赵希鹄:《调燮类编》卷二,中华书局1985年版,第45页。
④ 陶宗仪:《南村辍耕录》卷十九,上海古籍出版社2012年版,第209页。
⑤ 周密:《武林旧事》卷六,中华书局1991年版,第128页。
⑥ 唐圭璋编纂,王仲闻参订,孔凡礼补辑:《全宋词》,中华书局1991年版,第2册,第777页。

三日寒食节》中广为流传的"沉麝不烧金鸭冷,淡云笼月照梨花"①一句,描述因寒食节禁火无法燃香导致屋内香炉冰冷,而此刻恰与窗外月光映照下的白色梨花相互呼应,构成一幅冰冷凄清的画面。李清照《醉花阴》中的名句"薄雾浓云愁永昼,瑞脑消金兽"②,表达出重阳佳节独自一人在家,虽然金兽香炉中燃烧着名贵的"瑞脑"香,但缺少丈夫的陪伴,依然倍感孤独的凄凉心境。张元干《花心动·七夕》中"绮罗人散金猊冷,醉魂到,华胥深处"③一句,描绘出牛郎织女七夕分别后仅剩冰冷香炉在侧的悲凉境遇,此时恐怕只有醉酒才能与恋人在梦中再次相见,浸透出词人浓郁的孤独与落寞,如上所列都是脍炙人口的不朽经典之作。

第三,宋代文人不仅爱香、写香、咏香,还对香进行了体系化、专业化的研究,如丁谓的《天香传》、陈敬的《陈氏香谱》、叶庭圭的《名香谱》、洪刍的《香谱》、范成大的《桂海香志》等,不仅是具有较高艺术品质的散文佳作,更是香文化史上重要的研究著作。许多文人还亲自参与香品的创造与制作过程,以发明独家香方为乐趣,如精通香事的苏轼自制"闻思香",自称"有香癖"的黄庭坚自制"知见香"等,不一而足。

第四,一些文人爱香至痴至狂,比较极端的如幕客谢平子"癖于焚香,至忘形废事"④,书生刘垂甚至希望"死且为香鬼"⑤,真可谓嗜香如命。

以上现象是十分值得深思的,宋代文化的本质力量是理性精神,可以说理性精神既是宋代哲学和文学的内在灵魂,更是宋代士人立身行事的原则,那么文人对香的狂热是否与他们克制内敛的气质自相矛盾?尚香的背后又隐藏着怎样丰富的人文内涵和深刻的文化意义?

三 尚香与宋代文人的群体认同

宋代文人尚香,不仅是一种个体行为,而且象征着文人群体对文化身

---

① 唐圭璋编纂,王仲闻参订,孔凡礼补辑:《全宋词》,中华书局1991年版,第1册,第185页。
② 唐圭璋编纂,王仲闻参订,孔凡礼补辑:《全宋词》,中华书局1991年版,第2册,第1205页。
③ 唐圭璋编纂,王仲闻参订,孔凡礼补辑:《全宋词》,第2册。
④ 陶穀:《清异记》,朱易安等主编《全宋笔记》,大象出版社2003年版,第1编2,第20页。
⑤ 陶穀:《清异记》,朱易安等主编《全宋笔记》,第1编2,第71页。

份的普遍认同。宋代实行君主"与士大夫治天下"①的治国政策，以及"取士不问家世"②"一切考诸试篇"③的科举制度，为普通人提供了相对公平的竞争环境，使三百年间"海内文士，彬彬辈出焉"④。读书人经由科举入仕，跻身文人士大夫阶层，就获得了一定的政治地位和社会地位，具备了一定的经济实力和消费能力。正因如此，为文人士大夫所钟爱的香品都价格不菲，白笃耨香"每两值钱二十万"⑤，龙涎香"每两与金等"⑥，"婆律一铢能敌国"⑦，可见香料价格之高昂，足以令普通人望而却步。杨万里在《烧香》诗中细致地描绘出焚烧混合了龙涎香、麝香、沉香和檀香等名贵香料所制之香饼的全过程，最后以略带诙谐调谑的口吻笑称"平生饱食山林味，不奈此香殊妩媚。呼儿急取蒸木犀，却作书生真富贵"⑧，表达出对熏香非同寻常的喜爱之情，也说明对于像杨万里这样的名儒雅士来说焚香俨然也是一种花费巨大的奢侈享受，更何况一般的文人士大夫。但是即使如此，他们仍然不惜重金、趋之若鹜。其中最重要的原因是文人群体需要选择一种与众不同的生活方式、消费行为和审美趣味，塑造着区别于其他群体的身份象征和文化品位，以树立自身独特的美学风范，展现出他们所占据社会空间的位置，表现出自己与他者之间的区别关系和社会距离。这正如布迪厄所说，品位能够"发挥一种社会导向作用，引导社会空间中特定位置的占有者走向适合其特性的社会地位"⑨。于是宋代文人将"烧香点茶、挂画插花"⑩作为代表高雅文化和精致生活

---

① （宋）李焘：《续资治通鉴长编》卷二一一，中华书局1985年版，第16册，第5370页。
② （宋）郑樵：《通志》卷二五，中华书局1987年版，第1册，第439页。
③ （宋）李焘：《续资治通鉴长编》卷一三三，第10册，第3162页。
④ （元）脱脱等：《宋史》卷四百三十九，中华书局1977年版，第37册，第12997页。
⑤ （宋）曾慥：《高斋漫录》卷一，商务印书馆1936年版，第7页。
⑥ （宋）陈敬：《陈氏香谱》，洪刍《香谱（外一种）》，浙江人民美术出版社2016年版，第74页。
⑦ （宋）陆游：《秋日焚香读书戏作》，《陆游集》，中华书局1976年版，第2册，第698页。
⑧ （宋）杨万里撰，辛更儒笺校《杨万里集笺校》卷一二，中华书局2007年版，第2册，第635页。
⑨ Bourdieu, "The Philosophical Establishment", in Philosophy in France Today, edited by Alan Montefiore, Cambridge: Cambridge University Press, 1983, p. 312.
⑩ （宋）吴自牧：《梦粱录》卷十六，商务印书馆1939年版，第3册，第183页。

的"四般闲事",而焚香所象征的简明清静和韵高致雅与当时文人追求克制自持、清新内敛的审美观念相符,成为文人群体一致认同的生活情趣与文化品位。

诸如欧阳修、苏轼、陆游、辛弃疾等文坛领袖均以焚香为雅事。欧阳修在《渔家傲》词中透露出"日炉风炭薰兰麝"①的融融暖意,陆游在《移花遇小雨喜甚为赋二十字》诗中说自己十分享受"独坐闲无事,烧香赋小诗"②的悠然自得,辛弃疾在《朝中措·为人寿》中表达出"焚香度日尽从容"③的舒展与闲适,他们对香的喜爱,都蕴含着文人独有的情趣和意境。士大夫间以香中雅趣题诗互答更成为文坛佳话,黄庭坚在得到友人赠送的帐中香后,连续作数首新诗与诸友人分享其乐趣,其《有惠江南帐中香者戏赠二首》中"百炼香螺沉水,宝熏近出江南"④一句历来为人称赞,苏轼读此诗后和作《和黄鲁直烧香二首》,称"四句烧香偈子,随香遍满东南"⑤,描绘出二人因香传诗的情形,咏香成为文人间相互唱和、彼此交往的重要方式。再如李公麟的《西园雅集图》记录了王诜与苏轼、苏辙、米芾、秦观、晁补之等十六位名士在府邸聚会的情形,他们写诗作画、说经讲法,案头上有几缕淡淡的炉烟萦绕其间。以上事例均说明尚香是文人群体真实的生活方式,不仅仅是附庸风雅的装饰与点缀,更是必不可少的一部分,还是表现他们文化趣味和审美风格的一种重要方式。

尚香对普通读书人而言,是一种获得社会认同和情感归属的重要方式。文人群体的尚香品位,对很大一部分学而不得仕的中下层文人产生了示范性和导向性作用。尚香看似是个人的生活情趣和审美体验,但实际上却属于支配社会的少数权力精英,如翰林学士梅询"每晨起将视事,必

---

① 唐圭璋编纂,王仲闻参订,孔凡礼补辑:《全宋词》,中华书局1991年版,第1册,第165页。
② 《陆游集》卷十五,中华书局1976年版,第1册,第448页。
③ 唐圭璋编纂,王仲闻参订,孔凡礼补辑:《全宋词》,中华书局1991年版,第3册,第2451页。
④ 《黄庭坚全集辑校编年》第五辑,江西人民出版社2011年版,上册,第409页。
⑤ (宋)苏轼著,傅成、穆俦标点:《苏轼全集》诗集卷二十八,上海古籍出版社2000年版,上册,第341页。

焚香两炉"①；南宋宰相赵鼎"每坐堂中，则四炉焚香，烟气氤氲"②。焚香成为具有辨识度的、特定的精英文人群体的独有享受，是一种象征身份地位与品味格调的标志，因为焚香作为一种文化消费，具有区分社会地位差异的功能，正如欧阳修诗云："焚香礼进士，彻幕待经生"③，原意本是说科举登第之难，但也道出只有成为像进士这样的精英文人，才能得到焚香礼遇的事实。神童宰相晏殊在《浣溪沙》中记录了自己"水沉香冷懒熏衣"④的慵懒时光；身为仁宗天圣二年（1024）进士第一名的宋庠，在《正月望夜闻影灯之盛斋中孤坐因写所怀》诗中书写出"挟册焚香坐虚牖"⑤的萧瑟凄冷之感；神宗元丰二年（1079）的进士第一名时彦，在《青门饮》词中描摹出"雾浓香鸭，冰凝泪烛"⑥般清冷雅致的意境；葛胜仲为绍圣四年（1097）进士，其在《点绛唇·县斋愁坐作》词中说"秋晚寒斋，藜床香篆横轻雾"⑦，词人借萦绕不绝的香雾表达出自己徘徊不去的郁郁愁思。

  以上知识分子精英群体成为社会尚香风习的引领者，他们尽情地享受清淡闲适、婉转柔美、高雅精致的生活趣味，体现出文人群体共同的美学追求。虽然科举制度为普通人走上仕途提供了一条捷径，但是在少数的辉煌登第者背后还有大量默默无闻的举子，他们大都是处于社会中下层位置并积极向上攀升的普通读书人，对为上层文人推崇的精英文化情有独钟，于是他们努力向表现精英文人精神气质的文化活动看齐，以此表现出对士大夫群体身份的认可和审美风格的趋同，由此焚香就成为他们获得社会认

---

① （宋）欧阳修：《归田录》，朱易安等主编《全宋笔记》，大象出版社2003年版，第1编5，第261页。
② （清）厉鹗著，叶子卿点校：《南宋杂事诗》卷一，浙江人民美术出版社2016年版，上册，第31页。
③ （宋）沈括著，侯真平校点：《梦溪笔谈》卷一，岳麓书社1998年版，第7页。
④ 唐圭璋编纂，王仲闻参订，孔凡礼补辑：《全宋词》，中华书局1991年版，第1册，第113页。
⑤ （宋）宋庠：《元宪集》卷二，商务印书馆1935年版，上册，第23页。
⑥ 唐圭璋编纂，王仲闻参订，孔凡礼补辑：《全宋词》，中华书局1991年版，第1册，第584页。
⑦ 唐圭璋编纂，王仲闻参订，孔凡礼补辑：《全宋词》，中华书局1991年版，第2册，第927页。

同感和情感归属感的重要方式。精英士大夫将焚香作为生活雅趣,彰显他们的文化权力与价值取向;普通文人以香为媒介,构建自身在文学场域和社会空间的归属感和依附感。因此可以说尚香文化代表了为宋代文人群体所广泛认同的生活情趣与文化品位。

四 尚香与宋代文人的人文关怀

宋代文人大都精通医学,懂得焚香的医药价值。宋代流行义理之学,强调探究事物本原的重要性,程颐认为"求之性情,固是切于身,然一草一木皆有理,须是察"①,提倡对人本身和自然界的观察。格物致知的理学精神使文人注重对客观事物和一般规律的探寻,并且特别重视对自身生命规律与养生方法的把握。北宋医学家林亿说:"通天地人曰儒,通天地不通人曰技。斯医者虽曰方技,其实儒者之事乎"②,是说一个真正的儒者必须通天、通地、通人,于是"医易相通,儒医相通"思想盛行一时。文人士大夫习医蔚然成风,苏轼、欧阳修、王安石、范仲淹、陆游等名家巨擘都懂医术、善养生。范仲淹"不为良相,便为良医"的著名言论,便是对文人知医风尚的最好写照,苏轼编纂医药学著作《良方》一卷,司马光编《医问》一书,文彦博撰《药准》一书,陆游"少时喜方药,晚亦学黄老"③,王安石自称"至于《难经》《素问》《本草》……无所不读"④,均体现出士大夫普遍通晓医学的现象。所以文人尚香,绝非仅仅是一种优渥享乐的生活习惯,而是以理性科学的角度重新审视并充分运用焚香的养生价值。

宋代文人特别欣赏香气的氤氲缭绕之态,是由于他们认识到了香气具有养鼻益脾、防护阳明经、保养健康的重要功效。以香为主题的文学作品中总是对香气格外强调并反复描摹,苏轼在《子由生日以檀香观音像及

---

① 程颢、程颐:《河南程氏遗书》卷十八,《二程集》,中华书局1981年版,第1册,第193页。

② (宋)林亿:《校正黄帝针灸甲乙经序》,曾枣庄等编《全宋文》,巴蜀书社1992年版,第22册,第269页。

③ (宋)陆游:《陆游集》卷七十五,中华书局1976年版,第4册,第1763页。

④ (宋)王安石:《答曾子固书》,《临川先生文集》卷七三,中华书局1959年版,第778页。

新合印香、银篆盘为寿》诗中有"缭绕无穷合复分,绵绵浮空散氤氲"①一句,描绘出香气的缥缈绵延之感;葛立方在《满庭芳·和催梅》词中说"冰麝香浓"②;吴文英在《拜星月慢·林钟羽姜石帚以盆莲数十置中庭宴客其中》中说"荡兰烟、麝馥浓侵醉"③,香气浓郁到令人沉醉的地步;陆游更是专门作《焚香赋》一文,形容香气"既卷舒而缥缈,复聚散而轮囷"④,展示出其舒缓悠长之态。以上事例均可看出文人对香气的喜爱之情溢于言表,他们总是想尽各种办法令香气长延不绝。如范成大就发现冬季用来保暖的纸阁、纸帐具有吸附香气的作用,其在《雪寒围炉小集》中说"席帘纸阁护香浓"⑤,用此方法便可在焚香时让香味留贮更久;一些文人甚至担心香气中断而不停地用宝钗翻香,如蔡伸在《满庭芳》中就写有"玉鼎翻香"⑥的情形,李清照在《浪淘沙·帘外五更风》中也描述过与之相似的"玉钗斜拔火"⑦场景,苏轼在《翻香令》中说"惜香更把宝钗翻。重闻处,馀熏在……且图得,氤氲久,为情深、嫌怕断头烟"⑧,为了让香气更加持久而不断翻香,就连余香也格外令人沉迷。关于这一点,颜博文在《颜氏香史序》中就明确指出宋人用香"不徒为熏洁也,五脏惟脾喜香,以养鼻观、通神明而去尤疾焉"⑨,意思是说熏香不只是为清洁,其根本目的在于以香养鼻护脾,实现祛疾除病的积极治

---

① (宋)苏轼著,傅成、穆俦标点:《苏轼全集》卷三十七,上海古籍出版社2000年版,上册,第459页。

② 唐圭璋编纂,王仲闻参订,孔凡礼补辑:《全宋词》,中华书局1991年版,第2册,第1736页。

③ 唐圭璋编纂,王仲闻参订,孔凡礼补辑:《全宋词》,中华书局1991年版,第4册,第3651页。

④ (宋)陆游:《放翁逸稿卷上》,《陆游集》第5册,中华书局1976年版,第2496页。

⑤ (宋)范成大著,富寿荪标校:《范石湖集》卷三十二,上海古籍出版社2006年版,第435页。

⑥ 唐圭璋编纂,王仲闻参订,孔凡礼补辑:《全宋词》,中华书局1991年版,第2册,第1306页。

⑦ 李清照:《李清照集》,中华书局1962年版,第45页。

⑧ 唐圭璋编纂,王仲闻参订,孔凡礼补辑:《全宋词》,中华书局1991年版,第1册,第394页。

⑨ 周嘉胄著,日月洲注:《香乘》,九州出版社2014年版,第556页。

疗作用。鼻在人体中被视为主导生命最重要的力量,"神庐者,鼻也,乃神气出入之门户也"[1],因鼻属脾,无形无相的香气由鼻呼入到达人的脾部,而脾所对应的五嗅恰恰是香气,《黄帝内经》中《素问·六节藏象论》一篇就指出:"天食人以五气"[2],对此张景岳注:"臊气入肝,焦气入心,腥气入肺,香气入脾,腐气入肾"[3],也就是说只有香气才能与脾相通,会对脾产生一定的治疗作用,正是因为"脾胃喜芳香,芳香可以养鼻是也"[4]。脾在人体中具有非常重要的作用,宋代医学家严用和就在《脾胃虚实论》中明确指出脾能"运化精微,灌溉诸经"[5],将水谷精微物质转化为精、气、血、律液,并把这些营养物质传输到身体的各个部位,而气血为人身的动力源泉,气血调和则人身自安,所以说"后天之本在脾,脾应中宫之土,土为万物之母"[6],以香气养脾是扶助后天之本、养身护体之根,对保障人体健康有着极其重要的意义。此外,由鼻入体的香气除了运行于脾外,还会对阳明经产生积极的养护作用,《神农本草经疏》中说"口鼻为阳明之窍,阳明虚则恶气易入"[7],阳明经为阳气的生化之海和运行通衢,是保障人体健康的重要经脉,故而又被称为人体的"龙脉"。香气可以养护阳明经,防止病邪之气进入人体,从而实现"治未病"的效果。因此可以说香气是养鼻护脾、养护阳明经、养生保健的良药。

宋代文人在读书或创作时必定伴有焚香行为,除去对优雅情致和静谧氛围的向往外,更为重要的是读书重思,而思易伤脾,香气恰恰可以醒脾通窍,使文人才思敏捷、文如泉涌。曾巩将其书斋命名为"凝香斋",并题诗曰"沉烟细细临黄卷,疑在香炉最上头"[8],足见其对焚香伴读的喜

---

[1] 许浚:《东医宝鉴》,山西科学技术出版社2014年版,第217页。
[2] 佚名:《黄帝内经》,中国医药科技出版社2013年版,第15页。
[3] 张景岳:《类经》,山西科学技术出版社2013年版,第311页。
[4] (明)李时珍:《本草纲目》,人民卫生出版社1977年版,第902页。
[5] 陈梦雷等编:《古今图书集成医部全录》卷九十九,人民卫生出版社1991年版,第4册,第174页。
[6] 李中梓:《医宗必读》,翁藻编撰,崔为校注:《医钞类编》,中国中医药出版社2015年版,第1册,第159页。
[7] 缪希雍:《神农本草经疏》,山西科学技术出版社2013年版,第305页。
[8] (宋)曾巩著,陈杏珍、晁继周点校:《曾巩集》卷七,中华书局1984年版,第1册,第106页。

爱。葛次仲在《幽居客至集句》中表达出自己尤为喜爱"无事焚香坐，逍遥一卷经"①的逍遥生活；欧阳修被贬青州时闲来无事便"饮酒横琴销永日，焚香读《易》过残春"②；王禹偁在《黄冈竹楼记》中描述自己的读书状态是"手执《周易》一卷，焚香默坐，消遣世虑"③。陆游在《假中闭户终日偶得绝句》中说自己"禄米不供沽酒资"，连温饱都成问题的时候，却依旧坚持"焚香闲看《玉溪诗》"④，以上事例均体现出文人读书必焚香的生活常态。宋人绘画中也展示出相同的场景，如刘松年的《秋窗读〈易〉图》描绘主人书案上有展卷之册，旁有香炉，并置一香盒，读书之人望向窗边，似乎在思考着《易》之哲思。又如张激的《白莲社图》描绘白莲池畔环石而坐笺校经义的五个人，石台上除了列着笔墨纸砚，中间还有一具正散发着徐徐香气的香炉。由上可见文人无论是书斋苦读还是研经讲义必定以香炉为伴。焚香固然具有营造氛围、保暖驱虫等功效，但更关键、更深层的原因在于香气是使思维活动顺利进行的重要保障。古人读书明义尤贵于思，孔子说："学而不思则罔，思而不学则殆"⑤，就强调了学与思的辩证统一，程颐也认为"学原于思"⑥，只读书而不加思考，是无法从中发现疑问、学到知识的，所以当文人在读书或创作时就容易产生思考过度的问题。《黄帝内经》中说脾"在志为思，思伤脾"，思考过度就会干扰脾运化水谷、化生营气的生理机制，而脾伤则气血亏少，进而又会影响人的思维活动，严重者甚至会造成注意力不集中、思维不敏捷及智力下降的后果。宋代外科大家陈自明就认为"气血闻香则行，闻臭则逆"⑦，此时如果能够焚香伴读，定能通畅血气、醒脾益气、调息凝神，保障"脾藏营，营舍意"⑧功能的正常运作，进而实现思考敏

---

① 陈新等补正：《全宋诗订补》，大象出版社 2005 年版，第 309 页。

② （宋）欧阳修著，李逸安点校：《欧阳修全集》卷十四，中华书局 2001 年版，第 2 册，第 247 页。

③ 四川大学：《全宋文》，第 8 册，第 79 页。

④ 《陆游集》卷十九，第 2 册，第 575 页。

⑤ 杨伯峻译注：《论语译注》，中华书局 1980 年版，第 18 页。

⑥ （宋）程颐、程颢：《遗书卷六》，《二程集》，中华书局 1981 年版，第 1 册，第 80 页。

⑦ 陈自明编，薛己校注：《外科精要》，人民卫生出版社 1982 年版，第 51 页。

⑧ 佚名：《黄帝内经》，中国医药科技出版社 2013 年版，第 180 页。

捷、文思泉涌。朱熹在《香界》中就描述过这种状态，其诗曰："花气无边熏欲醉，灵芬一点静还通"，芬芳之气足以使人敛心安神、启迪神思。陆游的《即事》诗也描绘过同样的情形，"语君白日飞升法，正在焚香听雨中"①，在舒心香气的熏陶下凝神静气，在空灵阻隔、静谧自足的心境中飞扬思绪，更容易触发创作的灵感和妙思。大画家郭熙作画"凡落笔之日，必窗明几净，焚香左右……然后为之"②，沁人心脾的香气在有形和无形间通鼻、调息、开窍，调动人的性命、心智与灵性，继而使思维意念驰骋于万里云霄间。以上事例均揭示出香气对维持思维运转、启迪智慧创造所具有的重要意义。

五 尚香与宋代文人的德性修养

宋代文人尚香，其实质是对儒家"养德尽性"思想的践行，象征着文人对性、德、礼的极致追求。《尚书·君陈》中说"黍稷非馨，明德唯馨"③，强调只有美德才能芳香四溢。《荀子·礼论》中也提出"椒兰芬苾，所以养鼻也。……故礼者，养也"④的观点，首先提倡君子以香养性修礼。宋人继承了以香修身的理念，将香视为涵养性灵之物，以香净心契道、濡养德性的观念深入人心。被远贬海南、一贫如洗的苏轼为祝胞弟苏辙甲子生辰，特意制作沉香山为贺礼，并作《沉香山子赋》一文赠之，其中说沉香"矧儋崖之异产，实超然而不群。既金坚而玉润，亦鹤骨而龙筋"⑤，便是由香品推及人品，借沉香隐喻坚贞超迈的君子，激励正身陷逆境的子由要坚定地持守人生信念。可以说尚香是宋代文人在日常生活中正心修为的一种重要方式。

宋代文人多在夜间焚香，因为尚香可以"正心"。描写夜间焚香的文学作品十分丰富，邵雍的《安乐窝中一炷香》诗曰："安乐窝中一炷香，凌晨

---

① （宋）陆游：《陆游集》卷十八，中华书局1976年版，第2册，第525页。
② （宋）郭熙：《林泉高致序》，俞剑华编《中国古代画论类编》，人民美术出版社2004年版，上册，第631页。
③ 阮元：《十三经注疏》，中华书局1982年版，第1795页。
④ 王先谦撰，沈啸寰、王星贤点校：《荀子集解》，中华书局2010年版，第346页。
⑤ 《苏轼全集》文集卷一，上海古籍出版社2000年版，中册，第652页。

焚意岂寻常"①，苏轼在《四时词四首》诗中说"夜香烧罢掩重扃，香雾空蒙月满庭"②。陆游在《烧香（其二）》诗中也有"宝熏清夜起氤氲，寂寂中庭伴月痕"③之句，所描绘的都是清幽月夜的焚香画面：弥散的香雾与朦胧的月影交相辉映，形成肃穆寂静、洁净清冷的氛围。徐铉"每遇月夜，露坐中庭，但爇佳香一炷"④，甚至还将自己钟爱的香品命名为"伴月香"，足见其对月夜焚香的喜爱。但是需要指出的是，文人多在夜间焚香并非仅仅是为了享受轻柔静谧、朦胧缥缈的诗意境界，更重要的是他们认为夜间阳气减弱、阴气加强，阳气"失其所则折寿而不彰"，病邪之气更容易侵入人体，此时就需要固护阳气、培补元气、扶正祛邪。古人认为香集天地之灵气、草木之精华于一体，"香者气之正，正气盛，则自能除邪辟秽也"⑤，香能以其清正之格，祛除污秽、清净身心。故而宋代文人所钟爱的香品皆有积聚正气之效，焚安息香可"通神明而辟诸邪"⑥，龙涎香可"辟精魅鬼邪"⑦，沉香使"鬼疰堪辟"⑧，乳香"焚之祛邪"⑨，麝香能"辟恶气，杀鬼精物"（《本草纲目》，第1251页）。夜间焚香能发散出人体的污浊之邪，摆脱一切身心羁绊和世俗束缚，保持心性的端正与平静，从而进入清心恬淡、顺遂自然之境，体现出宋代文人对自我内在精神的修炼与升华。陆游在《太平时》词中说"铜炉袅袅海南沉，洗尘襟"⑩，在不绝如缕的香气的萦绕下，诗人得以洗刷掉内心不洁的世俗杂念。陈与义在《焚香》诗中也描绘过这样的心性转变过程："聊将无穷意，寓此一炷烟。……世事有过现，熏性无变迁"（《陈氏香谱》，第265页），夜

---

① 吕祖谦编：《宋文鉴》，中华书局1992年版，上册，第380页。
② 《苏轼全集》诗集卷二十一，上册，第257页。
③ 《陆游集》卷四十七，第3册，第1169页。
④ 《全宋笔记》，第1编2，第110页。
⑤ 徐大椿：《神农本草经百种录》，张瑞贤主编《本草名著集成》，华夏出版社1998年版，第1108页。
⑥ 《中华本草》编委会编：《中华本草》，上海科学技术出版社1999年版，第6册，第146页。
⑦ 赵学敏著，闫冰等校注：《本草纲目拾遗》，中国中医药出版社1998年版，第413页。
⑧ 王世钟编纂，李柳骥校注：《家藏蒙筌》，中国中医药出版社2015年版，下册，第752页。
⑨ 郭佩兰撰：《本草汇》，中国中医药出版社2015年版，第528页。
⑩ 唐圭璋编纂，王仲闻参订，孔凡礼补辑：《全宋词》，中华书局1991年版，第3册，第2068页。

晚焚香静坐、驱除私欲、烬灭烦恼、绝虑凝神，诗人内心平静自若，便能将全部情感和意念都凝注在一缕馨香之中。夜间焚香可以消除负面情绪的束缚，摆脱私心杂念的缠累，由此便可心静神清、正心诚意。

宋代文人认为尚香可以"慎独"，这是修炼坦荡胸怀、安逸本性、律己自持品格的重要方式。《礼记·中庸》中说"莫见乎隐，莫显乎微，故君子慎其独也"[①]，指出人性的弱点最容易在隐匿细微之处暴露出来，故君子在独处时要格外谨慎警惕。香具有"清净和寂"的内在精神，焚香则可使人慎独自省，对此宋代文人多有体悟。苏轼在《黄州安国寺记》中说"焚香默坐，深自省察，则物我相忘，身心皆空，求罪垢所从生而不可得"[②]，通过焚香静坐的方式，洗净心灵的尘垢、排除外界的纷扰，进而思虑空明、直视己心、反躬自省，表现出苏轼自律克己的修身追求。陆游在《烧香》中云："一寸丹心幸无愧，庭空月白夜烧香"[③]，诗人在对月焚香时反思自己的所作所为，只求无愧于心。陈敬的《陈氏香谱》中有"焚香告天"条，记载贤相赵抃"平生所为事，夜必衣冠露香，九拜手，告于天，应不敢告者则不敢为也"，赵抃每夜焚香，自省所言所行，如果不敢心安理得地告知神明，就一定不敢去做。文人通过焚香审己反思，从而使自己的心灵和精神得到深层净化。与此类似的还有宋代话本小说《王魁负心》中王魁、桂英二人焚香设誓各不负心，以及南戏《崔莺莺西厢记》中莺莺拜月焚香的场景，都是在焚香中剖析自我、袒露心声，所流露出的都是最真挚、最敬虔的情感与信念，因为这时更易使人产生敬畏、恭谦之感，更能令人反思自我、坦荡襟怀、清净心灵。因此可以说尚香是宋代文人修炼性灵、濡养德性的重要方式，是士大夫对修身养性、明理见性主张的内化与践行，更是他们锤炼"正心""诚意""慎独""内省"道德品质的一次心灵洗礼和精神升华。

六 尚香与宋代文人的精神境界

宋代文人强调焚香唯要静谧，由此才能摆脱尘世干扰、恢复心神宁

[①] 阮元：《十三经注疏》，中华书局1982年版，第1625页。
[②] 《苏轼全集》文集卷十一，下册，第903页。
[③] 《陆游集》卷一，第1册，第27页。

静、升华自我性命，这也是"究天人之际"的重要前提。《礼记·乐记》曰："人生而静，天之性也。"[1] 清静恬和是人的天性，所以只有此身处在静的状态时才更利于调节其道德生命。同样万物的元初状态也归于虚静，"夫虚静恬淡寂寞无为者，万物之本矣"[2]，因此当人与物均处于万念归一、宁静虚空的状态下，才能进入"天人以合"的本原境界。焚香正是宋代文人将此过程的日常化和生活化，文学作品中对焚香所具有的净化自我、安静己心之功已多有描述。陈敬的《陈氏香谱》中有"焚香静坐"条，记载"人在家及外行，卒遇飘风、暴雨、震电、昏暗、大雾，皆诸神龙经过，宜入室闭户，焚香静坐避之，不尔损人"。古人对天地宇宙万物都怀有敬畏之心，他们认为通过焚香能够使人气定神闲、静心澄虑，从而排除外在干扰、保持清静本性，实现保全自我性命的目的。黄庭坚在被贬宜州时写下《题自书卷后》一文，其中说"既设卧榻，焚香而坐"[3]，恶劣简陋、喧嚣杂陈环境中的一炷清香，足以让他始终保持泰然自若，依旧气定神闲地坦然安居，这是何等的彻悟自得与灵魂通达。陈与义的《焚香》诗中有"明窗延静昼，默坐息诸缘"一句，呈现出韵味无穷的诗意空间，诗人在焚香静坐中消解世间的纷繁和干扰，阻断内心的不安与杂念，体悟宇宙的瞬息万变，从而回归到纯净忘我的本真状态，进入神人以和、天人合一的至高境界。

宋代文人认为香气是人与天地万物交流通衢的重要媒介，是实现物我为一、"人天整体"的基础和关键。张载在《正蒙·乾称篇第十七》中提出"气本论"[4]，认为天人一物、万物本一的基础就是气，气充塞宇宙之间，是构成万物生存的基础，也是维持人体生命活动最基本的物质，因此可以说气是人与天地相互沟通、相互感应的重要成分。而香气则是人与神明沟通的关键，《礼记·郊特性》中说"至敬不飨味，而贵气臭也"[5]，意思是说最好的奉敬不是享味而是重气，对此宋人丁谓也说"孰歆至德？孰享芳烟？上圣之圣，高天之天"[6]，只有馨香之气才能感于神明，才会蒙上天悦纳。

---

[1] 阮元：《十三经注疏》，中华书局1982年版，第1625页。
[2] 陈鼓应注释：《庄子今译今注》，中华书局1983年版，中册，第337页。
[3] 《黄庭坚全集辑校编年》第十辑，下册，第1265页。
[4] 张载著，章锡琛点校：《张载集》，中华书局1978年版，第63页。
[5] 阮元：《十三经注疏》，中华书局1982年版，第1030页。
[6] 丁谓：《天香传》，洪刍《香谱（外一种）》，浙江人民美术出版社2016年版，第39页。

陆游在《义方训》诗中有"空庭一炷,上达神明"一句,便是将香气视为敬奉神明、沟通天地的重要手段。黄庭坚在《香十德》中第一条就指出香具有"感格鬼神"之功,所谓"鬼神"即气之本能,"鬼神,阴阳之名也。阴气逆物而归,故谓之鬼。阳气导物而生,故谓之神"①,是说鬼和神是流动于宇宙中不同状态的气体:阳气曰神、阴气曰鬼,因此"感格鬼神"之意即香能感应天地之精气,故而香气作为人物契合无间的介质,自然能够实现人与天地万物的相互亲近、交流与融合,从而达到"物我合一""天人合一"的本原境界。南宋画家马远在《竹涧焚香图》中也展示出这样的状态,在细弱疏竹和潺潺流水的悠远意境中一人焚香默坐,香炉中缥缈的香气与天地间蒙蒙的雾气融为一体,又与人体内的无形之气合二为一,这正是苏辙在《龙川略志》中所描绘的状态:"今诚忘物我之异,使此身与天地相通,如五行之气中外流注不竭"②,天地之气与五行之气畅通无阻,就实现了天人合一的精神境界。关于这种神秘性的思维模式,王水照先生指出:"宋代文人则更多地趋于内省沉思,力求探索天道、人道与天人关系之道的奥秘。"③ 于是他们将天人感应、物我相融作为观照万物的准则,而宋代的尚香文化正反映出士大夫对"天人合一"中所蕴藉无穷的人格精神、生命创价和崇高理想的不懈追求。

总之,宋代文人"尚香""爱香""奉香""听香"和"焚香",以及从反映和表现这些行为观念的诗词、散文、随笔等大量文学作品中,所展现出来的文化品位、美学观念、价值取向、精神气质和思想境界,蕴含了深厚的人文底蕴和丰富的文化内涵。宋代的尚香文化以文人群体的趣味认同为基础,以重视生命的人文关怀为重点,以濡养德性的人格完善为核心,以"天人合一"的哲学理念为目标。充溢着深刻的人文精神和积极的文化价值,体现了中华民族传统文化的源远流长与博大精深,表现出中华民族最高层次的精神追求。

2018 年 10 月草拟于交大闵行

---

① (宋)王充撰,黄晖注:《论衡校释》卷二十,中华书局 1990 年版,第 872 页。
② (宋)苏辙撰,俞宗宪校注:《龙川略志·龙川别志》卷十,中华书局 1982 年版,第 62 页。
③ 王水照:《半肖居笔记》,东方出版中心 1998 年版,第 199 页。

宋代琴文化的哲思内涵与境界创新[*]

摘要：宋代琴文化，是体现中华传统文化博大精深和文明发展智慧的经典范例，"以人为本""天人合一""尊道贵德"的三大理念表现充分。宋人继承上古"以琴治国"思想的精髓，熔道、德、政、人、琴、乐于一炉，创造了琴乐实践与思想升华浑然一体的新境界，表现出强大的艺术创造力。宋人视琴为"内圣""外王"、形上之"道"与形下之"器"完美结合的现实存在，将琴所承载的道德品格观念与追求上古"圣治"的理想相结合，使汉唐淡化的"政统"属性得以回归。士人以"自适"与"体道"为旨归，形成"重意轻音"与"大音希声"的哲思认知，赋予琴文化更为深刻的人文内涵。以琴表达家国情怀，更是颇具时代特征的实践与精神超越，底蕴深刻丰富。琴与文学、历史、哲学及其他艺术门类的融通，呈现出"天人合一"的新面貌，为"宋型文化"之代表。宋代以后，琴文化朝着艺术的专精化、理论化和普及化方向发展，"为治"属性消失，却创造了艺术新辉煌。宋代琴文化"同人心而出治道"，对当代新文化建设和人类文明发展具有重要启迪。

宋代琴文化是体现中华传统文化博大精深和文明发展思想智慧的经典范例，人文内涵深刻丰厚，民族特色鲜明突出。范仲淹对远古"将治四海

---

[*] 本文发表于《东北师范大学学报》2022年第1期，杨庆存为第一作者，侯捷飞为第二作者。文章由侯捷飞执笔撰写初稿。

先治琴"① 兴邦治国理念的深刻总结；朱熹对琴乐"声音之道与政通"，"心和则声和，声和则政和，政和则物无不和"的精湛诠释；都反映了宋人对琴文化的深刻理解。然而，近代以来，人们视琴为一般乐器者居多，并不清楚个中凝结的深厚哲思与人文内涵。作为族群历史实践和集体智慧共同创造的艺术结晶，琴既是民族乐器的瑰宝又是感化人心的道器，既是思想交流与情感表达的高雅方式，又有修身养性和兴邦治国的多层功能，成为中华文化的重要符号和民族音乐艺术的经典标志。琴将"以人为本""天人合一""尊道贵德"的中华三大文化理念，体现得淋漓尽致。宋代是中华传统文化发展的鼎盛期，也是中国琴文化发展的巅峰期。宋人继承先贤创造的琴乐文化观念、社会政治实践、艺术表现精髓，进行多层次、全方位的深入思考、实践体验与创新发展，开拓了琴文化的新境界。本文以宋代文学作品与文献史料为依据，围绕琴文化"道""德""政""人""琴""乐"六大核心要素的融通变化，探讨宋人琴文化的承传弘扬与境界创新。

一 宋代琴文化的渊源：古琴创制与内涵衍变

任何形态的文化发展，都以前人实践为基础。宋人继承前代琴文化精髓，熔道体、德性、政统、乐教、心志于一炉，创造了琴乐实践与思想创造浑然一体的新境界。

中国的琴文化源于自然，始于礼乐。宋代琴文化渊源，至少可以追溯到远古神话传说的伏羲、神农时期。汉代桓谭的《新论》称神农氏"削桐为琴"以"通神明之德，合天地之和"②；蔡邕的《琴操》称伏羲氏作琴以"御邪僻、防心淫"，使人"修身理性，反其天真"③。伏羲与神农均为中华人文始祖，其创制琴的初衷，旨在"通德""合和""修身理性"，既寓教于乐，又施化于民。由此引导人们保持积极健康的心态意识与思想观念，实现人与自然、人与社会、人与人、人自身的"和谐"，

---

① 上古先圣认为琴有感化四方与理顺政治的功能。如陆贾《新语》载"昔虞舜治天下，弹五弦之琴，歌《南风》之诗，寂若无治国之意，漠若无忧民之心，然天下治"。参见王利器撰《新语校注》卷上，中华书局1986年版，第59页。
② 桓谭撰，朱谦之校辑：《新辑本桓谭新论》卷16，中华书局2009年版，第64页。
③ 蔡邕：《琴操》卷上，清平津馆丛书本，第1页a。

达到族群和顺、社会安定与文明发展，体现着以人为本，而乐为手段，道、德、政、人、琴、乐融通一体的大格局。琴的创制、形成重在提高个体修养的"乐教"，与重在规范社会行为的"礼法"，共同构成互为补充、相辅相成且具有实践性的统治思想体系。故司马迁在《史记·乐书》中称："夫上古明王举乐者，非以娱心自乐，快意恣欲，将欲为治也。正教者皆始于音，音正而行正。故音乐者，所以动荡血脉通流精神而和正心也。……上以事宗庙，下以变化黎庶也。"① 这不仅强调了琴的创制目的是"将欲为治"，指出琴乐具有"正教、正心，事宗庙、化黎庶""治国兴邦"的重大作用，突出其"政统"属性，而且说明了"琴、音乐、人心、血脉、精神"五者之间的密切关系与相互作用。琴乐极富道德性的文化内涵与潜在的心理感化功能，确立了琴在国家礼乐政教中的重要地位，尤为士人君子所珍视。

伏羲、神农之后的虞夏商周时期，琴文化在历史实践中不断丰富和发展。《吕氏春秋》称"昔朱襄氏（炎帝）治天下""做五弦琴瑟""以定群生"②；陆贾的《新语》说"昔禹舜治天下，弹五弦之琴，歌《南风》之诗，寂若无治国之意，漠若无忧民之心，然天下治"③；桓谭的《新论》载"昔夏之时，洪水环山襄陵，禹乃援琴做操，其声清以溢，潺潺缓缓志在深河"④；诸如此类的文献记载，都有"以琴治国"的典型意义，彰显着琴之"道体""德性""政统"三位一体的历史实践。西周时期，"文王、武王各加一（弦），以为文弦、武弦，是为七弦"⑤。"文拱武卫"是立国兴国的根本原则，七弦琴的形制创新，是对"以琴兴邦"思想内涵的丰富和扩展，强化了琴的"政统"属性。而琴作为周人礼仪文化的重要组成部分，被广泛运用于社会交往或祭祀礼仪中，诸如《诗经》开篇《关雎》以"窈窕淑女，琴瑟友之"写爱情，《常棣》以"妻子好合，如鼓瑟琴"写亲情，《小雅·鹿鸣》以"我有嘉宾，鼓瑟鼓琴"叙友情，

---

① 《史记》卷24《乐书第二》，中华书局1959年版，第1235—1236页。
② 许维遹撰，梁运华整理：《吕氏春秋集释》卷5，中华书局2009年版，第118页。
③ 王利器撰：《新语校注》卷上，第59页。
④ 桓谭撰，朱谦之校辑：《新辑本桓谭新论》卷16，第65页。
⑤ 马端临撰：《文献通考》卷137，中华书局1986年版，第1213页。

《甫田》以"琴瑟击鼓,以御田祖。以祈甘雨,以介我稷黍,以穀我士女"① 写民风民俗,都是典型的例子。

春秋战国时期,琴文化"政统"属性开始呈现弱化趋势。社会大动荡、大分裂,"弑君三十六,亡国五十二,诸侯奔走不得保其社稷者,不可胜数"②,群雄争霸打破了"天下共主"局面,"以琴治国"的人文环境遭到破坏。与此同时,学术活跃,百家争鸣,人才辈出,"道术将为天下裂"③,"道体"承续的士人与"政统"代表的君王,思想意识与价值取向出现分离迹象。由此,琴文化发展呈现"政统"弱化与艺术强化并行趋势。《慎子》内篇有"昔者邹忌以鼓琴见齐宣王,宣王善之。邹忌曰:'夫琴所以象政也。'遂为王言琴之象政状,及霸王之事。宣王大悦,与语三日,遂拜以为相"④ 的记载,说明局部区域的"琴""政"理念,依然深入人心。《史记·孔子世家》记载孔子学琴于师襄,"十日不进","有间"三次,"得其志""得其教"乃至"得其为人",最终由《文王操》琴曲,感受到周文王"黯然而黑,几然而长,眼如望羊,如王四国"⑤ 的形象。这反映出孔子于"礼崩乐坏"情况下习琴专精的同时,更有对周代"道政合一"理想政治状态的叹赏,以及对"圣王"典范的追慕。与努力维护古琴"政统"属性不同,《列子·汤问》中"高山流水"的典故,更多地呈现艺术专精色彩:"伯牙善鼓琴,钟子期善听。伯牙鼓琴,志在高山。钟子期曰'善哉!峨峨兮若泰山!'志在流水,钟子期曰'善哉!洋洋兮若江河!'伯牙所念,钟子期必得之。"⑥ 显然,这里只是艺术层面的"善鼓""善听",已经看不到琴与政治的关联。《吕氏春秋·本味》所记"钟子期死,伯牙破琴绝弦,终身不复鼓琴"⑦,反映出老庄隐士思想的影响,也带有专注于"道"而远离政治的意味。

由汉代至唐代是大一统为主的时代,儒生与文吏二者趋于融合的士

---

① 周振甫译注:《诗经译注》,中华书局 2002 年版,第 2、236、349—350 页。
② 《史记》卷 130《太史公自序》,第 3297 页。
③ 王先谦撰:《庄子集解》卷 8,中华书局 1999 年版,第 288 页。
④ 刘向编著,石光瑛校释:《新序校释》卷 2,中华书局 2017 年版,第 201—205 页。
⑤ 《史记》卷 47《孔子世家第十七》,第 1925 页。
⑥ 杨伯峻撰:《列子集释》卷 5,中华书局 1985 年版,第 178 页。
⑦ 许维遹撰,梁运华整理:《吕氏春秋集释》卷 14,第 312 页。

人政治①基本定型，封建政治制度逐步完善，社会秩序相对稳定，文化发展促进了统治思想体系的完善。帝王君主更注重用思想文化观念、伦理道德意识与政治法律制度来维护和巩固统治地位，琴的施政教化作用继续淡化。汉代董仲舒倡导"罢黜百家，独尊儒术"，逐渐形成了一套"霸王道杂之"②即"阳儒阴法"的政治统御术，加上当时"黄老之学"的流行，尽管部分文人对于琴文化的认识深刻，但琴在社会政治实践中的作用与地位不断下滑，"将欲为治"的直接实践越来越少。琴的"政统"属性分离情形愈加明显，这种状况一直持续到唐代。理论方面，司马迁的《史记·乐书》记载"琴长八尺一寸，正度也。弦大者为宫，而居中央，君也。商张右傍，其余大小相次，不失其次序，则君臣之位正矣。故闻宫音，使人温舒而广大；闻商音，使人方正而好义；闻角音，使人恻隐而爱人；闻徵音，使人乐善而好施；闻羽音，使人整齐而好礼"③。其对琴之形制、音声与政治内在联系的阐释，对"道体""德音"与"政统"三者内在贯通的解读，以及对琴在"乐教"体系中独特作用的认识，均趋于细化而超越前人，呈现浓郁的儒家"秩序"色彩。汉代蔡邕的《琴操》中有关于琴的尺寸法天象地，五弦象征"君、臣、民、事、物"的观点，也都明确指出了琴之"道体""德音""政统"三位一体的特征。但这些理论层面的深化并没有遏止琴"政统"属性的弱化，而艺术性却得到强化。蔡文姬的《胡笳十八拍》琴曲歌辞的规模，体现着琴艺术境界的阔大；《史记·司马相如列传》中"琴挑文君"的著名典故，反映着琴强烈的艺术效果。同时，琴之"道体"传承发展的隐士文化凸显。曹操于征战途中"坐盘石之上，弹五弦之琴""歌以言志"④；阮籍"夜中不能寐，起坐弹鸣琴"⑤，以琴抒怀。田园诗人陶渊明更是最具典型意义的代表人物。他"自谓是羲皇上人"⑥，甚至提出了"但识琴中趣，何劳弦上声"

---

① 参见阎步克《儒生与文吏的融合》，《士大夫政治演生史稿》，中华书局2015年版，第365—395页。
② 参见《汉书》卷9《元帝纪第九》，中华书局1962年版，第277页。
③ 《史记》卷24《乐书第二》，第1236—1237页。
④ 曹操：《曹操集·诗集》，中华书局1974年版，第12页。
⑤ 阮籍著，陈伯君校注：《阮籍集校注》卷下，中华书局1987年版，第210页。
⑥ 陶潜著，逯钦立校注：《陶渊明集》卷7，中华书局1979年版，第188页。

的"无弦琴"理念,体现出对当时政治的不满与追求自然的旨趣,也反映着琴"道体""政统"属性传承的分离。

　　隋唐帝国政治制度与思想文化大发展,音乐舞蹈等各类艺术繁荣发展。虽然"琵琶起舞换新声"(王昌龄《从军行》)更受欢迎,但是琴文化依然在文人与艺术家中流传。唐代不仅制琴工艺超越前人,而且涌现出大批著名琴师,琴学专著也相继面世,甚至出现了琴学艺术流派。遗憾的是,琴更多地是一种艺术存在,并非"将欲为治",连酷好音乐的唐玄宗也不予青睐。唐代现存琴诗近千首,大都属于欣赏技艺。名篇如李颀的《听董大弹胡笳声兼寄语弄房给事》"言迟更速皆应手,将往复旋如有情。空山百鸟散还合,万里浮云阴且晴"[1],描绘董大弹琴的精湛技艺和营造的精妙意境;李白的《听蜀僧濬弹琴》"蜀僧抱绿绮,西下峨眉峰。为我一挥手,如听万壑松"[2]、《月夜听卢子顺弹琴》"忽闻悲风调,宛若寒松吟。白雪乱纤手,绿水清虚心"[3],也都侧重赞扬演奏者的演奏技艺与表现的意境感受。晚唐韦庄的《听赵秀才弹琴》"满匣冰泉咽又鸣,玉音闲澹入神清。巫山夜雨弦中起,湘水清波指下生。蜂簇野花吟细韵,蝉移高柳迸残声"[4],更是以描绘演奏技艺与音乐意境著称。值得注意的是,作为琴学艺术名家的白居易,其《废琴》一诗道出了琴受冷落的多重原因:"丝桐合为琴,中有太古声。古声澹无味,不称今人情。玉徽光彩灭,朱弦尘土生。废弃来已久,遗音尚泠泠。不辞为君弹,纵弹人不听。何物使之然,羌笛与秦筝。"[5] 然而,"羌笛""秦筝"之类新乐器受到欢迎,并非导致琴受冷落的根本原因。张籍的《废瑟词》"古瑟在匣谁复识,玉柱颠倒朱黑"[6] 表达了相同的意思。由此,后世学者论述琴的"道统"传承时,几乎很少称道唐人。如元代杨维桢认为"道统者……孟子没,又几不得其传千有余年,……然则道统不在辽、金,而在宋"[7];刘宗周在

---

[1] 李颀著,隋秀玲校注:《李颀集校注》卷中,河南人民出版社2007年版,第108页。
[2] 李白著,王琦注:《李太白全集》卷23,中华书局1999年版,第1071页。
[3] 李白著,王琦注:《李太白全集》卷24,第1129页。
[4] 韦庄撰,李谊校注:《韦庄集注》卷1,四川大学出版社2015年版,第29页。
[5] 白居易著,顾学颉校点:《白居易集》卷1,中华书局1999年版,第6页。
[6] 张籍著,李冬生集注:《张籍集注·新乐府》,黄山书社1989年版,第87页。
[7] 陶宗仪:《南村辍耕录》卷3,四部丛刊三编景元本,第19页a。

《三申皇极要疏》中亦称"臣闻古之帝王,道统与治统合而为一……及其衰也,孔、孟不得已而分道统之任……又千百余年,有宋诸儒继之"①;以上都淡化了琴人文"道体"的传统。这大约是士人"道体"传承的内在价值,与帝国"阳儒阴法"的政治理念存在矛盾,导致琴"道体""政统"弱化而艺术性得到强化。

至宋代,伴随皇帝与士人"共治天下"局面的形成,文化整体的繁荣兴盛,琴文化的外在表现与内在机制均发生深刻变化,不仅"道体""德性""政统"属性复归一体,而且艺术创新、哲思内涵、家国情怀及其与各艺术门类的交融互通等方面,均全面超越前代而亦为后世所不及。

二 宋代琴文化的新变:"圣治"理想与"政统"复归

"政统"属性的复归是宋代琴文化创新的重要表现。宋人视琴为"内圣"与"外王"、形上之"道"与形下之"器"完美结合的现实存在,将琴所承载的道德品格观念,与上古"圣治"的理想追求相结合,使"政统"属性得以回归。

宋代"崇文抑武"的大政方略、皇室与文人"共治天下"的基本格局、权力结构与文官政府的制度特点,让士人获得参政的重要机遇和显赫的社会地位。公元11世纪,"具备明确的主体意识、道德责任感张扬、兼具才学识见与行政能力的新型士大夫群体"② 基本形成,同帝王"共治天下"的格局随之确立。士人群体由"高调的道德境界追求",进一步上溯远古三代,试图根据先贤经典,"沟通'内圣''外王',重建社会的理想秩序"③。宋代文人大规模的经学辨疑,考证和诠释儒家经典④,在完善政权合法性理论基础上,建立起以士人为主导的政治体系,意在承续"道统"并含纳"政统",从而实现儒家政治的社会理想,再现上古"道政合一"的"太平治世"。当代学者余英时认为:

---

① 刘宗周著,吴光主编:《刘宗周全集》,浙江古籍出版社2012年版,第109页。
② 邓小南:《祖宗之法:北宋前期政治述略》,生活·读书·新知三联书店2014年版,第150页。
③ 邓小南:《祖宗之法:北宋前期政治述略》,第543—544页。
④ 杨世文:《走出汉学——宋代经典辨疑思潮研究》,四川大学出版社2008年版,第60—67页。

在重建政治、社会秩序方面，仁宗朝的儒学领袖人物都主张超越汉唐，回到"三代"的理想。这一理想也获得皇帝的正式承认……神宗时代的政治文化在南宋的延续是显而易见的。就正面而言，南宋士大夫仍然不曾放弃"回向三代"的理想……打破"士贱君肆"的成局，自始至终是宋代儒家的一个最重要的奋斗目标。从现代的观点说，士的主体意识的觉醒是通贯宋代政治文化三大阶段的一条主要线索。①

士人精英、著名思想家张载的《横渠语录》中说的"为天地立志，为生民立道，为去圣继绝学，为万世开太平"②，正是对士人政治追求"道政合一"理想的最佳诠释。

因此，琴在上古三代"圣世""圣治"遗存的性质、"德性""德音"的文化象征与育化感化功能，不仅是治世之音的典范，而且为宋代士人追溯"三代圣治"气象，提供了重要的现实参考。人们通过琴之形制、音声品位，或聆听琴曲的现实体悟，判断社会风俗情况与政治治理程度。"吾君方急民财阜，好助薰风入舜琴""用旧为邦不务新，舜琴何事有埃尘""作宰古尚教，宓齐但横琴"③，诗人正是在琴音中寻求实现"道政合一"太平治世的实践途径。

北宋初年著名政治家文学家范仲淹，有"先忧后乐之志"④而毕生爱琴，认为"圣人之作琴也，鼓天地之和而和天下"⑤，希望通过琴来寻求、感触三代圣治气象，从而获得现实政治治理的启示。如其所言"思古理鸣琴，声声动金玉。何以报昔人，传此尧舜曲"⑥。其《听真上人琴歌》"乃知圣人情虑深，将治四海先治琴。兴亡哀乐不我遁，坐中可见天下

---

① 余英时：《朱熹的历史世界：宋代士大夫政治文化的研究》，生活·读书·新知三联书店2011年版，第8—9页。
② 张载著，章锡琛点校：《张载集》，中华书局1985年版，第320页。
③ 傅璇琮等主编，北京大学古典文献研究所编：《全宋诗》，北京大学出版社1991—1999年版，第5287、13791、27967页。
④ 《宋史》卷314《范仲淹传》，中华书局1977年版，第10295页。
⑤ 范仲淹著，李勇先、王蓉贵校点：《范仲淹全集》卷11，四川大学出版社2002年版，第244页。
⑥ 范仲淹著，李勇先、王蓉贵校点：《范仲淹全集》卷2，第30页。

心";及《阅古堂诗》"王道自此始,然后张薰琴"①,都是视琴为"王道"象征。他在《与唐处士书》中,批评"秦祚之后,礼乐失驭。予嗟乎琴散久矣,后之传者,妙指美声,巧以相尚,丧其大、矜其细"而"人以艺观焉",肯定当时琴艺大家崔遵度"清净平和"的"自然之义"风操,进而总结出"清丽而弗静其失也躁,和润而弗远其失也佞,不躁不佞其中和之道欤"②,讲求"中和"正心修身、内合"中庸"的"琴道",反映出范仲淹对琴之融合个人修养与国家治理于一体、"道政合一"意象的深刻体认。

北宋龙图阁学士舒亶在《舜琴歌南风赋》中称琴能"寄声于政,又将陶万国之和。自是正音畅而化洽幽遐,协气流而时消愍润。闺门听之,则翕尔和顺;朝廷闻之,则欢然感厉"③。南宋丞相周必大的《舜五弦琴铭》指出琴能"兼述事亲爱民之志"④。朱熹的《琴坞记》中的"余闻声音之道与政通,故君子穷则寓其志以善其身,达则推其和以淑诸人。盖心和则声和,声和则政和,政和则物无不和矣"⑤,更是对琴音琴声的精辟诠释。叶梦得的《石林诗话》载:

> 赵清献公以清德服一世,平生蓄雷氏琴一张,鹤与白龟各一,所向与之俱。始除帅成都,蜀风素侈,公单马就道,以琴、鹤、龟自随,蜀人安其政,治声藉甚。元丰间,既罢政事守越,复自越再移蜀,时公将老矣。过泗州渡淮,前已放鹤,至是复以龟投淮中。既入见,先帝问:"卿前以匹马入蜀,所携独琴、鹤,廉者固如是乎?"公顿首谢。⑥

如果说放鹤、投龟是赵抃为官廉洁操守的行为表现,那么赴任与归来

---

① 范仲淹著,李勇先、王蓉贵校点:《范仲淹全集》卷2、3,四川大学出版社2002年版,第40、64页。
② 范仲淹著,李勇先、王蓉贵校点:《范仲淹全集》卷11,第244页。
③ 曾枣庄、刘琳主编:《全宋文》(第一〇〇册),上海辞书出版社2006年版,第63、64页。
④ 周必大:《文忠集》卷92,清文渊阁四库全书本,第735页a。
⑤ 曾枣庄、刘琳主编:《全宋文》(第二五二册),第152页。
⑥ 叶梦得撰,逯铭昕校注:《石林诗话校注》卷上,人民文学出版社2011年版,第1页。

均以琴相伴，则体现着他对琴"道体"象征意义的传承坚守，以及对琴"政统"合法权威象征意义的深刻体认，这足可证明琴在士人生命情志与政治观念的认知中，具有不可替代的作用。凡此种种，都表明宋代士人对琴之"道体"属性的传承，而琴的"政统"象征性意义亦是国家政治达到高度文明、王朝"正统"合法存续的现实诠释。

　　士人之外，宋代帝王也为琴文化的创新做出了贡献。如宋太宗赵光义"增作九弦琴、五弦阮，别造新谱三十七卷"①，其所作《缘识》组诗中多处吟咏古琴，如"稽古看书罢，时听一弄琴""簇簇排弦声流美，因风独弄无宫徵""夜静风还静，凝情一弄琴""紫檀金线槽偏蹙，拨弄朱弦敲冰玉"②等。宋徽宗赵佶在内府设"万琴堂"，广罗天下珍贵名琴，在他创作的诗中对琴的钟爱也多有描述，如"不将箫瑟为贪靡，竞鼓瑶徽数弄琴""石琴应自伏羲传，品弄尤知逸韵全""心情酷爱清虚乐，琴阮相兼一几书"③等。他创作的《听琴图》，更是生动描绘君臣抚琴情景与听琴乐趣的绘画珍品。宋高宗赵构自幼"属意丝桐"，他所作的《渔父词》"高山流水意无穷，三尺空弦膝上桐。默默此时谁会得，坐凭江阁看飞鸿"④，意境阔大而深沉，意趣浓厚。作为一代帝王，他们的态度无疑具有明确的导向性和广泛的影响性。另外，宋代还涌现出一批以真上人、释惠崇、释义海等为代表的琴僧群体⑤，他们同士人交游密切，推动着琴文化的创新。宋代的琴学流派、琴曲创新、琴艺演奏等，学界既有相关普及性著作，也有系统研究的学术论著，此不细述。

　　综上所论，宋代士人群体超轶汉唐、直溯三代"圣治"的政治理想，与践行"王道"的思想主张，促成了琴之"政统"属性的回归。其研究琴道、探讨琴艺，在继承前代艺术精神的同时，也包含着"道政合一"的意韵，纠正了汉唐时期"政统"分离淡化的趋势，实现了意识形态与实践应用的回归。

---

　　① 《宋史》卷126《乐志》，第2944页。
　　② 傅璇琮等主编，北京大学古典文献研究所编：《全宋诗》，北京大学出版社1991—1999年版，第415、420、428、433页。
　　③ 傅璇琮等主编，北京大学古典文献研究所编：《全宋诗》，第17048、17054、17056页。
　　④ 傅璇琮等主编，北京大学古典文献研究所编：《全宋诗》，第22214页。
　　⑤ 章华英：《宋代古琴音乐研究》，中华书局2013年版。

三 宋代琴文化的哲思升华:"重意轻音"与"大音希声"

宋代琴文化创新的又一重要表现,是以"自适"与"体道"为旨归,形成"重意轻音"与"大音希声"的哲思认知,赋予琴文化更为深刻的哲学内涵。

欣赏品味琴乐、观摩琴体形态、体悟琴音蕴意,这是宋代士人修身养性的重要方式。观琴、弹琴、听琴都是"体道"的重要方式。但宋人往往淡化音乐感觉的浅层关注而进入深层的人文思考,认为琴并非必须演奏才能产生效果。被《宋史》称为"与物无竞"而"淳澹清素"的琴学大家崔遵度,曾是范仲淹学琴的老师,他在《琴笺序》中明确指出"圣人本于道,道本于自然,自然之外以至于无为;乐本于琴,琴本于中徽,中徽之外以至于无声"①。琴之"无声"与圣人"无为"相通,是琴乐至境。

欧阳修在《三琴记》中称"琴曲不必多学,要于自适;琴亦不必多藏"②,于《书琴阮记后》中指出"乃知在人不在器,若有以自适,无弦可也"③。虽然琴艺水平反映琴学修养,制作精良的琴体有着很高的美学意蕴与收藏价值,但相比于名琴和琴曲,欧阳修更加注重"自适",遵循缘法而不强求。由于琴体本身是一种"道器"的存在,士人在生活中以琴为伴,往往产生条件反射式的安闲感与舒适感,从而排遣尘俗杂务,在一定程度上可消遣心中忧虑。因此,在宋代士人看来,琴即便闲置,也自有一种哲思意趣。散文名家曾巩在《听琴序》中指出:

> 乐之实,不在于器,而至于鼓之以尽神,则乐由中也明矣。故闻其乐,可以知其德,而德之有,见于乐者,岂系于器哉?惟其未离于器也,故习之有曲,以至于有数,推之则将以得其志,又中于得其人,则器之所不及矣。④

---

① 《宋史》卷441《崔遵度传》,第13065页。
② 欧阳修著,洪本健校笺:《欧阳修诗文集校笺》卷13,上海古籍出版社2009年版,第1698页。
③ 曾枣庄、刘琳主编:《全宋文》(第三四册),上海辞书出版社2006年版,第97页。
④ 曾枣庄、刘琳主编:《全宋文》(第五八册),上海辞书出版社2006年版,第182—183页。

意思就是说"乐之实"不在于"器"而在于"德",强调"吾之琴如是,则有耳者无所用其听",而"苟知所存不在弦,所志不在声,然后吾之琴可得矣",从而鲜明地表达出重视琴乐内在的道德性,而非音乐性的价值取向。理学家范浚在《琴辩》中更是明确提出,"古人即于琴以止淫心,今人玩于琴而心以淫。心淫而慝,用弃于德之修,则惟琴为学之蠹"①的观点。

苏轼《杂书琴诗十首》中的《欧阳公论琴诗》有载:

"昵昵儿女语,恩怨相尔汝。划然变轩昂,勇士赴敌场。"此退之《听颖师(弹)琴》诗也。欧阳文忠公尝问仆:"琴诗何者最佳?"余以此答之。公言此诗固奇丽,然自是"听琵琶"诗,非琴诗。余退而作《听杭僧惟贤琴》诗云:"大弦春温和且平,小弦廉折亮以清。平生未识宫与角,但闻牛鸣盎中雉登木。门前剥啄谁扣门,山僧未闲君勿嗔。归家且觅千斛水,净洗从前筝笛耳。"诗成欲寄公,而公薨,至今以为恨。②

韩愈的《听颖师弹琴》围绕琴声展开想象,以比喻的方式描述琴声与意境,直观地表达音乐感受,欧阳修认为"自是听琵琶诗,非琴诗",内在含义即此诗仅仅注重音乐与艺术欣赏的描写,并未触及古琴音乐更加深层的文化内涵。显然,苏轼也领悟到了欧阳修话语的个中三昧,所作《听杭僧惟贤琴》重在通过体悟意境描述琴音琴声的机心不起、道法自然,这才可称得上是琴诗。苏轼以欧阳修仙逝不得其评为恨。从此处文献记载可以明显看出,较之唐人对古琴音乐的认知,宋人更多地体现出注重琴的弦外之音与内在本真的价值取向。

陈师道的《后山诗话》载"鲁直有痴弟,畜漆琴而不御,虫虱入焉"③,虽然被黄庭坚嗔嘲为"龙池生壁虱",然其中却蕴含着一种卓然意趣与目睹而"道存"的玄思。蒋正子的《山房随笔》载周芝"遇琴则一

---

① 曾枣庄、刘琳主编:《全宋文》(第一九四册),第128页。
② 苏轼著,孔凡礼点校:《苏诗文集》卷71,中华书局1986年版,第2243页。
③ 陈师道:《后山诗话》,明津逮秘书本,第4页b。

弹，适兴则吟一二句，而不终篇……《琴诗》云'膝上横陈玉一枝，此音惟独此心知。夜深断送鹤先睡，弹到空山月落时'"①。所谓"遇琴则一弹"，即内蕴一种意到即止的高妙哲思，这与《世说新语·任诞》所载王子猷"忽忆戴安道""乘兴而行，兴尽而返，何必见戴'"②有异曲同工之妙；而"夜深断送鹤先睡，弹到空山月落时"更是以深夜倦鹤为衬托，用"空山月落"的意象，喻示通过抚琴而不断触感天地万物，进入"心凝形释，与万化冥合"③的"天人合一"之境，蕴含着丰富而深刻的哲学意味。

诸如"横琴"而非弹琴的文字，屡见于宋代的琴诗、琴词中。如欧阳修的诗句"饮酒横琴销永日，焚香读易过残春"④，写"横琴"成为日常化生活情景；梅尧臣的诗句"横琴乃玄悟，岂必弄鸣丝"，写"横琴"悟道妙趣；陈必复的诗句"约客有时同把酒，横琴无事自烧香"⑤，以"约客把酒"的欢乐热闹反衬和突出"横琴烧香"的安详静谧感受；黄庭坚的词句"横一琴，甚处不逍遥自在"，表达"横琴"即"逍遥自在"的心境；吕渭老的词句"白鸥汀，风共水，一生闲。横琴唳鹤，要携妻子老云间"⑥，写作者希望"横琴"终老；如此等等，均反映出宋代琴文化的丰富意趣与深刻哲思。

与之相应的是，宋人诗文中出现了大量"无弦琴"的意象。"无弦琴"的典故本与晋代诗人陶渊明相关。陶渊明爱琴至深，乃至愿以身化琴，其《闲情赋》云"愿在木而为桐，作膝上之鸣琴"⑦。《晋书·陶渊明传》载其"性不解音，而畜素琴一张，弦徽不具，每朋酒之会，则抚而和之，曰：

---

① 蒋正子：《山房随笔》，清知不足斋丛书本，第6页b。
② 刘义庆著，刘孝标注，余嘉锡笺疏：《世说新语笺疏》卷下之上，中华书局2011年版，第656—657页。
③ 尹占华、韩文奇校注：《柳宗元集校注》卷29，中华书局2013年版，第1891页。
④ 欧阳修著，洪本健校笺：《欧阳修诗文集校笺》卷14，第460页。
⑤ 傅璇琮等主编，北京大学古典文献研究所编：《全宋诗》，北京大学出版社1991—1999年版，第2806、41096页。
⑥ 唐圭璋编纂，王仲闻参订，孔凡礼补辑：《全宋词》，中华书局1965年版，第398、1122页。
⑦ 张溥：《汉魏六朝一百三家集》卷62，清文渊阁四库全书本，第1155页b。

'但识琴中趣，何劳弦上声。'"① 因此，"无弦"遂成为"陶琴"最主要的特征。而宋代士人创作的琴诗、琴词中大量出现"无弦琴""陶琴"意象，如邵雍的"会弹无弦琴，然后能知音""必欲去心垢，须弹无弦琴"②，"无弦琴"成为"能知音"的象征和"去心垢"的方式。苏轼的"谁谓渊明贫，尚有一素琴。心闲手自适，寄此无穷音""借君无弦琴，寓我非指弹"③，"无弦琴"被视为巨大精神财富的"无穷音"。黄庭坚的"聊持不俗耳，静听无弦琴"，指出"无弦琴"高雅不俗的特点；陈师道的"袁酒无何饮，陶琴不具弦"、张耒的"无令儿辈觉，一抚无弦琴"、陈瓘的"五柳却能知此意，无弦琴上赋归与"④ 等，都具有耐人寻味的典型性。

　　在宋代士人看来，"弦"有外界纷扰与尘俗繁杂的象征，是成就内心清净通明的一种干扰，而"琴"则是"道"的具象之体，因而"无弦"琴也就意味着排除世俗的打搅干扰，涤去尘俗而以自我澄明本心去感知、体会物我无间的"天人合一"状态，进而与天地自然相印证。这既是对自然"真音"的探寻，也是对"道"的体悟与参习。宋代士人将"无弦"内蕴"空""无"的哲学思想，将它与琴体器物存在的现实性质结合发挥，从而实现了琴文化属性的形上哲思，与器物属性的形下"道器"实体存在的统一，体现出"大音不在弦"⑤、禅宗"心性本觉"与道家"大音希声"的深刻哲思。而宋代儒释道三教并用与本土禅宗的兴盛，以及琴僧群体与士人的交游⑥，也促进了宋代琴文化哲学意趣的生成与盛行。

　　总之，宋人对琴文化哲学意境的开拓，为琴文化的发展注入了更为深刻而丰富的活力元素。无论是"横琴""陶琴"还是"无弦琴"，背后共同蕴含的皆是中国传统文化尊道贵德、安贫乐道与静定生慧的向善精神。这种开拓在进一步增强琴文化内在张力的同时，对其起源要素

---

① 《晋书》卷94《隐逸列传》，中华书局1974年版，第2463页。
② 邵雍著，郭彧整理：《邵雍集》，中华书局2010年版，第463、480页。
③ 苏轼著，孔凡礼点校：《苏轼诗集》卷39、41，中华书局1982年版，第2138、2267页。
④ 傅璇琮等主编，北京大学古典文献研究所编：《全宋诗》，第11432、12676、13085、13467页。
⑤ 傅璇琮等主编，北京大学古典文献研究所编：《全宋诗》，第33011页。
⑥ 参见章华英《禅月琴心——宋代琴僧现象探微》，《宋代古琴音乐研究》，中华书局2013年版，第243—309页；张斌《宋代的方外琴人》，《宋代琴文化考论》，南京大学出版社2014年版，第82—123页。

"道"的传承与丰富,发挥了重要作用。

四 宋代琴文化的家国情怀:观念实践与精神超越

宋代琴文化创新的第三个方面,是颇具时代特征的观念实践与精神超越,这主要表现为兼具深刻的人文内涵与现实实践意义的家国情怀。

宋代承平时期,士人对琴学的思考与探索,更多地表现在道德体悟与哲学层面,而当民族矛盾尖锐,或光复中原、统一国家的理想无法实现,抑或在河山破碎、家国飘零之际,士人往往将忧虑国家与报国壮志的情感,寄寓于琴。或操琴曲寄托国事萦怀的忧思,或借琴声抒发壮志难酬的悲愤,使琴于幽娴自适、安贫乐道的具象之外,更有一重深厚的家国情怀内蕴。这不仅是一种情感力量,而且是将个人命运与家国大义关联一体的超越性精神升华。

北宋灭亡后,"靖康耻,犹未雪;臣子恨,何时灭"[1],有志士人,日夜忧心。但错综复杂的政治形势与朝野各方为谋求政治利益最大化的外消内耗,使得"北定中原"成为南宋志士的空想。许多仁人志士,将一腔热血与悲愤倾注于琴,使琴增添和具备了象征家国情怀的政治文化意义。《宋史》称"千载而下,忠臣义士犹为之抚卷扼腕"[2] 的"真宰相"赵鼎,面对"西北欃枪未灭"的现实,以"绿琴三叹朱弦绝,与谁唱、阳春白雪",感叹支持收复中原的主张,成为"和者盖寡"的"阳春白雪";"欲将心事付瑶琴,知音少,弦断有谁听"[3],这是岳飞悲叹奋力抗金复国却得不到朝廷支持,成为直捣黄龙而不得的千古遗恨。上《千虑策》志在复兴家国、为"享庙配祀"[4] 而犯颜强谏的杨万里,困顿不改"频掉乌纱知得句,快挥绿绮更留尘"之乐,为国自比"破琴",甘愿"聊再行"[5],诗中"绿绮"即是琴的别称。

---

[1] 唐圭璋编纂,王仲闻参订,孔凡礼补辑:《全宋词》,中华书局1965年版,第1246页。
[2] 《宋史》卷360《赵鼎传》,第11296页。
[3] 唐圭璋编纂,王仲闻参订,孔凡礼补辑:《全宋词》,中华书局1965年版,第945、1246页。
[4] 《宋史》卷433《杨万里传》,第12868—12869页。
[5] 傅璇琮等主编,北京大学古典文献研究所编:《全宋诗》,北京大学出版社1991—1999年版,第26086、26432页。

大智大勇"足以荷载四国之重"[1]却郁郁不得志的辛弃疾，词作中大量出现弹琴抚怀、以琴寄愤的意象。他在《念奴娇·重九席上》中慨叹"爱说琴中如得趣，弦上何劳声切"；在《水调歌头·题晋臣真得归、方是闲二堂》中称"点检歌舞了，琴罢更围棋"背后，是"知君勋业未了"的无奈；在《鹧鸪天·徐仲惠琴不受》中"试弹幽愤泪空垂"；在《谒金门·山吐月》中"一曲瑶琴才听彻"而"有时清泪咽"[2]。爱国诗人陆游在《即事》诗中批评南宋无意收复中原，而自己甘愿"携琴剑"赴前线："渭水岐山不出兵，欲携琴剑锦官城"；其《休日》"酿酒移花调护闷，弄琴洗砚破除闲"、《山行》"三尺古琴余爨迹，一枝禅杖带湘斑"、《幽事绝句》"苔井闲磨剑，松窗自斲琴"[3]等，都是抒发报国之志难以实现的忧愁。身居下僚仍心系庙堂的刘克庄，在《贺新郎·送唐伯玉还朝》中用赵忭"琴鹤相随"的典故，以"作么携将琴鹤去，不管州人堕泪"，喷赞友人的风操政绩，看似辛辣而带有讥刺意味地叮嘱其"在朝廷、最好图西事。何必向，玉关外"[4]，实则是对国家前途命运的深重忧虑。在刘克庄的一生中，琴真正成为他家国情怀与理想壮志无可替代的寄托之物，即使在"援琴操，促筝柱"时，仍有"手笔如燕许"[5]之念，"欲托朱弦写悲壮，这琴心、脉脉谁堪许"，不堪托许的琴心之中，长存的是一片忧国忧民的家国深情。南宋著名格律派词人姜夔创作的琴曲歌词《古怨》，更是借佳人薄命、美人迟暮，哀叹时势多变，表达忧国忧民的情怀，其末段"欢有穷兮恨无数，弦欲绝兮声苦。满目江山兮泪沾屦。君不见年年汾水上兮，惟秋雁飞去"[6]，使作者的沉痛苦闷，跃然纸上，感人至深。

---

[1] 陈亮：《陈亮集》卷10，中华书局1974年版，第111页。

[2] 辛弃疾：《辛弃疾词集》，上海古籍出版社2016年版，第249、269、77、143页。

[3] 陆游：《剑南诗稿》卷3、12、63、65，钱仲联、马亚中主编：《陆游全集校注》，浙江教育出版社2011年版，第212、356、2、76页。

[4] 唐圭璋编纂，王仲闻参订，孔凡礼补辑：《全宋词》，中华书局1965年版，第2630页。

[5] 案："燕许"指唐代著名文学家燕国公张说、许国公苏颋。《新唐书》载"自景龙后，与张说以文章显，称望略等，故时号'燕许大手笔'"。参见《新唐书》卷125《苏颋传》，中华书局1975年版，第4402页。

[6] 姜夔：《姜尧章先生集》卷1，清道光二十三年宗祠刻本，第20页a。

如果说南渡后自绍兴至庆元间，士人群体寄寓琴中的家国情怀，侧重表现对收复中原、国家统一的强烈希冀与"事与愿违"的无奈悲愤，或许还保有对国事一丝不绝如缕的希望的话，那么，在南宋之末家国沦亡、河山飘零之际，以琴表达家国情怀的悲凉凄怆、愤懑无奈，则更为深重与突出。"孤忠大节，万古攸传"丹心照汗青的文天祥，以"独坐瑶琴悲世虑，君恩犹恐壮怀消"[1]，表达对国势日颓、山河飘零的忧心忡忡。其抗元失败入狱后，仿蔡文姬所作《胡笳曲·十三拍》"罢琴惆怅月照席，人生有情泪沾臆"[2]，更是以琴为通感介质道出了与汉末蔡文姬流落塞外相同的而穿越时空的家国之悲。善鼓琴而亲历宋亡、几度反元不成，最终遁入道门的汪元量，以"腰宝剑，背瑶琴，燕云万里金门深。斩邪诛佞拱北极，阜财解愠歌南音"，表达对奸佞误国的愤恨与对国事的希冀。其"宫人清夜按瑶琴，不识明妃出塞心。十八拍中无限恨，转弦又奏广陵音"的脉脉琴声中，深蕴对国势日颓的愁哀；他在羁旅北上途中所作《幽州秋日听王昭仪琴》，称赞王昭仪"弹到急时声不乱，曲当终处意尤奇"高超技艺的背后，是"羁客相看默无语，一襟秋思自心知"的臣虏之悲。他从北国回到江南后，感慨"偶尔得生还，相对真梦如。万事一画饼，百年捋髭须。向来误儒冠，今也无壮图。且愿休王师，努力加饭蔬"，余生唯念"壁间岂无琴，床头亦有书"的背后，是复国无计的心如死灰。汪元量的《水龙吟·淮河舟中夜闻宫人琴声》"目断东南半壁，怅长淮已非吾土。受降城下，草如霜白，凄凉酸楚。粉阵红围，夜深人静，谁宾谁主"，作者只能"对渔灯一点，羁愁一搦，谱琴中语"[3]，其沉痛之情溢于言表。士人将立身行道的家国大义、不甘放弃的中兴理想与浓重的亡国之悲，寄寓于琴，在旷达幽远的琴声之外，蕴含的是深重而伟岸的家国情怀。

毫无疑问，宋代琴文化家国情怀的精神内蕴，既丰富了其内在的道德

---

[1] 傅璇琮等主编，北京大学古典文献研究所编：《全宋诗》，北京大学出版社 1991—1999 年版，第 43122 页。

[2] 傅璇琮等主编，北京大学古典文献研究所编：《全宋诗》，第 43051 页。

[3] 汪元量撰，孔凡礼辑校：《增订湖山类稿》卷 1、2、3、4、5，中华书局 1984 年版，第 25、44、68、122、171 页。

性意义，又展现出琴以人性为核心的文化特质。士人在通过弹琴寄寓、抒发心志的同时，琴声蕴含的强烈的情感力量，往往能够以内在共鸣的方式，给予士人最具包容性的理解与肯定。由此增强了琴文化的生命感与凝聚力，深刻诠释了琴文化内在的家国一体、生生不息的人文内涵。

五 宋代琴文化的新境界："艺术融通"与"天人合一"

宋代琴文化创新的第四个重要表现，是琴同其他艺术门类的交互融通与迈入的"天人合一"的新境界，并由此成为"宋型文化"的典型。

著名学者王水照在《宋代文学通论》中指出，"宋型文化"的重要特征是"以人为本位的人文精神的高扬，表现出对吸纳天地、囊括自然的理想人格的追求"①，"宋代文人则更多地趋于内省沉思，力求探索天道、人道与天人关系之道的奥秘"②。宋代琴文化从一个方面反映出宋代士人主导下，文化艺术、道德政治发展的全面丰富与社会整体文明的不断提高。琴与文学、历史、哲学以及绘画、瓷器等其他艺术门类交互融通，创造了丰富多彩且为后人追慕的"宋型"琴文化。

其一，琴与文学为同胞，启于心、发乎情，或乐曲或歌词，融通一体。从经典文学作品中选取表现内容，成为琴曲的创作通式。宋代新创琴曲，大多文学色彩浓郁。苏轼、崔闲合制的《醉翁吟》源于欧阳修的《醉翁亭记》，南宋郭楚望的《潇湘水云》《秋鸿》《泛沧浪》、毛敏仲的《列子御风》《庄周梦蝶》等，无不诗意盎然，意境意象充满活力与生机。琴与文学艺术的融通，更多地体现在具体作品中。宋代写琴诗词近万首，陆游一人就有 200 多篇。文坛领袖欧阳修在《赠无为军李道士二首》中称赞无为道士琴艺高妙、音声古朴优美，境界开阔，令人陶醉而得意忘形，所谓"中有万古无穷音。音如石上泻流水，泻之不竭由源深。弹虽在指声在意，听不以耳而以心。心意既得形骸忘，不觉天地白日愁云阴"。其在《夜坐弹琴有感二首呈圣俞》中既赞叹陶渊明"无弦琴""此乐有谁知"，又感慨"其中苟有得，外物竟何为"的哲思体悟；既批评俞伯牙"绝弦谢世人，知音从此无"的误判，又称扬"师旷尝一鼓，群鹤

---

① 王水照主编：《宋代文学通论》，河南大学出版社 1997 年版，第 18 页。
② 王水照：《半肖居笔记》，东方出版中心 1998 年版，第 199 页。

舞空虚"① 的艺术超越。文化巨擘苏轼在《题沈君琴》中"若言琴上有琴声，放在匣中何不鸣？若言声在指头上，何不于君指上听？"② 讨论琴、声、人、艺的关系，幽默诙谐、举重若轻、富于机锋。被列宁誉为"中国十一世纪改革家"的王安石，创作《孤桐》诗"天质自森森，孤高几百寻。凌霄不屈己，得地本虚心。岁老根弥壮，阳骄叶更阴。明时思解愠，愿斫五弦琴"③，以孤桐自喻，表达继承"以琴治国"传统与献身改革、富国强兵的决心。江西诗派鼻祖黄庭坚《听崇德君鼓琴》描绘听人弹琴"古人已矣古乐在，彷佛雅颂之遗风""两忘琴意与己意，乃似不著十指弹"的情景，以及"禅心默默三渊静，幽谷清风淡相应。丝声谁道不如竹，我已忘言得真性"④的感觉，既赞颂了友人技艺高妙，又表达了自己善解善悟的"禅心""真性"。辛弃疾与陆游等众多文学名家以琴入诗入词的佳作，更是不胜枚举。

其二，琴乃中华民族生活实践的智慧创造，与历史的融通更为直接。宋代琴与历史融通的代表性成果，就是北宋神宗元丰七年（1084）面世的中国古代第一部《琴史》。作者朱长文学识渊博，著述丰富，《琴台记》《乐圃余稿》均出自其手。《琴史·序》介绍了"琴之为器，起于上皇之世"的创制、"包天地万物之声""考民物治乱之兆"的功能，以及"八音之舆、众乐之统"的地位；指出"奏之宗庙""用之房中""作之朝廷""教之庠序""施之闺门"的重要作用，强调"动荡血脉，通流精神，充养行义，防去淫佚""移风易俗、迁善远罪"的"琴德"；尤其说明了"制作礼乐，比隆商周""岂为虚文"的编撰意义，体现出"以琴为治"的复古思想，突出了琴的"政统"属性。《琴史》采用以时为序、因琴记人、因人系事、史论结合的方法，系统讲述上古至北宋琴学的发生发展，"凡操弄沿起、制度损益，无不咸具。采摭详博，文辞雅赡"⑤。全书

---

① 欧阳修著，洪本健校笺：《欧阳修诗文集校笺》卷4、8，第97、228页。
② 苏轼著，孔凡礼点校：《苏轼诗集》卷47，第2534页。
③ 王安石撰，王水照主编，朱刚等整理：《王安石全集·第五册》卷16，复旦大学出版社2016—2017年版，第377页。
④ 黄庭坚撰，任渊等注，刘尚荣校点：《黄庭坚诗集注·山谷外集诗注》卷2，中华书局2003年版，第783页。
⑤ 纪昀等：《四库全书总目》卷113，清乾隆武英殿刻本，第1888页a。

六卷，前五卷以历代琴家的作为史实为基础，呈现古琴发展历史的基本面貌，突出了"琴以载道""琴以传道"的主张。末卷分为莹律、释弦、明度、拟象、论音、审调、声歌等十一方面专讲琴的技艺、理论与要求，充分体现了作者的琴学思想。朱长文发扬光大了前人"将欲为治"的思想，突出"道、德、政、人、琴、乐"的一体性与施化功能，将古琴文化纳入儒家思想体系中，提出"心者，道也，琴者，器也。本乎道则可以用于器，通乎心故可以应于琴"①"达则推其和以兼济天下，穷则寓其志以独善一躬"②的重要观点。《琴史》既成为中华琴学成熟的标志，也填补了琴学研究的空白。

其三，宋人围绕琴文化展开的实践，体现着"天人合一"的核心精神。以弹奏欣赏为例，演奏者对乐曲的主观处理反映出自身的道德境界，通过触感琴体、演奏乐曲、聆听音乐，来调整心态，提高艺术修养。琴曲同样能够滋润、启发心智，使人在领悟理解琴曲思想内涵的过程中，升华人文素养。南朝宋宗炳的《画山水序》，分析古琴引导人复归清静本性，让人在物我会通、形神合一之际与万物通感，由此进入体察自然与人事变化状态的"天人相和"境界："于是闲居理气，拂觞鸣琴，披图幽对，坐究四荒，不违天励之丛，独应无人之野。峰岫峣嶷，云林森渺，圣贤映于绝代，万趣融其神思"③。而琴亦与人心通合，正所谓"夫琴惨舒，即心喜忧，心逸琴逸，心戚琴戚。琴感诸心，心寓乎琴。心乎山则琴亦山，心乎水则琴亦水。心乎风月，琴亦倚之"④，当"弦指相忘，声徽相化，其若无弦"时，琴与人共鸣通感而和谐臻极，万物对立消融而"道"体即随之感现。宋人诗文中诸如"琴中弹不尽，石上坐忘归"、"琴意高远而飘飘，一奏令人万虑消"、"把琴弹破世间事，净几明窗一炷香"⑤等，描

---

① 朱长文：《乐圃琴史校》，文化部艺术研究院音乐研究所《中国古代乐论选集》，人民音乐出版社1981年版，第200页。

② 朱长文：《乐圃余稿》卷7，清文渊阁四库全书补配清文津阁四库全书本，第31页b。

③ 严可均：《全宋文》卷20，《全上古三代秦汉三国六朝文》，民国十九年景清光绪二十年黄冈王氏刻本，第3861页a。

④ 傅璇琮等主编，北京大学古典文献研究所编：《全宋诗》，北京大学出版社1991—1999年版，第37586页。

⑤ 傅璇琮等主编，北京大学古典文献研究所编：《全宋诗》，第1747、37578、37645页。

述琴音对演奏者与聆听者共同的滋润与引导，实质上是"人"借助"琴"来与天地自然、大千世界进行心灵沟通。这种"人、琴、道"三者的贯通，体现的正是中华文化"天人合一"的至高境界。

其四，琴与宋代书法、绘画、瓷器、茶艺等文化艺术的交融互通，极大地丰富了"宋型文化"的人文内涵。这些艺术门类在各自获得长足发展的同时，又互相影响借鉴、交流融通，从而共同造就了宋代文化发展顶峰式的繁荣。宋人在进行绘画、书法艺术实践时，往往伴以琴音，传世作品如宋徽宗的《听琴图》就完美地将琴、书法、绘画三者有机结合，不仅丰富了作品的表现内容与内在张力，而且提高了作品的文化品位与艺术韵味。琴与宋代陶瓷、茶道等人文艺术精粹，也有深刻广泛的内在融通。宋琴的形制与纹饰，就受宋瓷不同窑系陶瓷艺术的影响。"汤泛冰瓷一坐春"[①]"瀹茗初试琼瓯瓷""越瓷涵绿更疑空"[②]等，这些诗句中古朴深沉、素雅简洁而又千姿百态、瑰丽万千的多重审美意趣[③]，与宋代陶瓷一起对崇尚"素以为绚、简朴古雅"的时代审美取向，做出了最佳诠释。宋代茶文化"致清导和""韵高致静"的总体特点，以及融合儒释道思想内涵的茶诗创作[④]，与琴文化相关文学创作有异曲同工之妙。"画共药材悬屋壁，琴兼茶具入船扉"[⑤]，诗中所涉琴、茶组合意象，也多见于宋人的文学创作中。北宋著名文学家王禹偁脍炙人口的散文经典名篇《黄州新建小竹楼记》，即以"宜鼓琴，琴调虚畅；宜咏诗，诗韵清绝；宜围棋，子声丁丁然；宜投壶，矢声铮铮然"[⑥]，描绘了竹楼中琴、诗、棋、射交融而和谐的艺术氛围。可以说，宋代琴文化与其他类型人文艺术的共同发展，成就了华夏文化历数千载演进而"造极于赵宋之世"的辉煌局

---

① 唐圭璋编纂，王仲闻参订，孔凡礼补辑：《全宋词》，中华书局1965年版，第397页。
② 傅璇琮等主编，北京大学古典文献研究所编：《全宋诗》，北京大学出版社1991—1999年版，第2266、39951页。
③ 参见邹丽娜《中国瓷文化》，时事出版社2007年版；刘涛《宋瓷笔记》，生活·读书·新知三联书店2014年版；赵宏《中国陶瓷文化史》，中国言实出版社2016年版。
④ 参见檀晶、李晓燕《宋代茶诗的文化意蕴初探》，《鲁东大学学报》（哲学社会科学版）2018年第3期。
⑤ 林逋著，沈幼征校注：《林和靖集》卷3，浙江古籍出版社2015年版，第125页。
⑥ 王禹偁：《小畜集》卷17，四部丛刊景宋本配吕无党钞本，第126页a。

面，呈现时代整体文明高度繁荣的巍然气象。

其五，宋代在琴的制作工艺方面，还创造了"文字饰琴"的审美风格，丰厚了文化的承载量。宋人多以诗词或散文铭于琴底，而不同于唐代"多饰以犀玉金彩"。现存宋人别集中即收录苏轼的《文与可琴铭》《十二琴铭》，黄庭坚的《张益老十二琴铭》，朱熹的《刘屏山复斋蒙斋二琴铭》《黄子厚琴铭》等铭文。当代著名古琴家李祥霆亦指出"宋代斫琴，初承唐风的浑厚圆拱，尾部略宽。后逐渐趋向方扁，尾部与肩相较，也常比唐琴肩尾之差更窄"，充分体现出宋人制琴精致、灵巧、重理性规矩的审美趣味。"宋琴所开创并追求清瘦、简朴、古雅的审美特点，为后世的明清所继承。"① 现存的北京故宫博物院藏"海岳清辉"琴、原为文物大家王世襄旧藏"龙吟虎啸"琴（仲尼式）、当代著名琴家管平湖旧藏"鸣凤"琴等，均为宋琴。宋代琴学研究达到了前所未有的高度，朱长文的《琴史》之外，还出现了诸如崔遵度的《琴笺》、徐理的《琴统》、刘籍的《琴议》等专门探讨古琴源流发展和艺术理论的著作。宋人开以"琴趣"命名词集的先河，如欧阳修的《醉翁琴趣》、秦观的《淮海琴趣》、晁补之的《晁氏琴趣外篇》、黄庭坚的《山谷琴趣外篇》等。

总之，宋人对前代琴文化的继承与创新，既体现出"道政合一"的政治理想与对"修己化人"道德境界的追求，又反映出"天人合一""天地化育"的深刻哲思。士人将琴文化发展与时代的审美情趣、哲学思考相结合，在升华琴乐艺术的同时，更加注重琴的形而上"道体"存在于具象之中的象征意义和现实实践。宋人将自身的品性修养、哲学领悟与家国情怀融注于琴乐中，形成"境寂听愈真，弦舒心已平。用兹有道器，寄此无景情"② 的独特文化景象。其中蕴含着弘大的精神气象和深刻的人文内涵，体现出中华民族"尊道贵德"的文化传统与"天人合一"的智慧境界。

六 宋代琴文化的后世衍变："妙指美声"与"技艺升华"

宋代以后的琴文化，朝着"妙指美声"的艺术专精化、技法理论化

---

① 李祥霆：《古琴综议》，中国人民大学出版社2014年版，第219页。
② 欧阳修著，洪本健校笺：《欧阳修诗文集校笺·外集》卷1，第1277页。

和实践普及化方向迅速发展，进入艺术升华的辉煌期。元代、明代、清代琴文化的发展，既接受着宋人的影响，又创造着时代的辉煌。由此呈现两大特征：一方面，琴以人为本、乐为根、德为魂的"道体"象征意义为士人所承传，探求和实践个体"内圣"的人生价值与道德修养；另一方面，琴"妙指美声，巧以相尚"①的艺术技法创造和审美娱乐功能，得到充分发挥，其标志是不仅大批著名琴师相继涌现，而且大批琴学著作相继面世，琴乐艺术繁荣昌盛，流派纷呈，甚至远播海外。同时，琴"为治"的政统属性消失，宋人创造的哲思内涵也在淡化。

其实，以上两大特征从北宋之后的金朝时期即初露端倪。金世宗完颜雍、金熙宗完颜亶、金章宗完颜璟以及元中书令耶律楚材等，均嗜好琴乐②，但他们更多地将琴视为一种高级典雅的文化娱乐。明清时期，虽然部分士人乃至皇室帝王，对琴的"道体"象征意义领悟深刻，但是并未形成规模性的文化传承与社会实践。明代王室朱权在琴谱《神奇秘谱·序》中称琴"俗浇道漓、淳风斯竭"，刊集此谱希望"庶几有补于万一，以回太古之风"③；胡文焕编的《文会堂琴谱·琴论》，对琴体各部分形制、音声与自然物候、人事政治对应关系背后的诸多文化元素喻象，进行全方位诠释与总结，其核心则是"道体""德音"及"政统"要素的象征意义；夏溥的《徐青山先生琴谱序》亦称"学道者，审音者也"④；这些观点显然都受宋代影响，与"回归三代""圣治"思想，以及对琴的人文属性认识很相近，但落脚点都在琴艺。明代万历、天启年间的琴学名家陈大斌"殚精竭思五十余年"⑤，遍访湘沅、河洛、燕赵、邹鲁、禹穴等地的知名琴家，著有《太音希声》琴谱，琴学思想不无宋人痕迹，也终以琴艺为旨归。明太祖第十七子朱权，亲自主持编

---

① 范仲淹著，李勇先、王蓉贵校点：《范仲淹全集》卷11，第244页。
② 金熙宗、金世宗常于寝殿外设琴工而"幕次鼓至夜分乃罢"；金章宗临终时甚至以琴殉身；耶律楚材曾向当时的名家苗秀实、弭大用等学琴，琴学造诣亦十分深厚。参见许健《琴史新编》，中华书局2012年版，第161页。
③ 朱权：《神奇秘谱》，中国书店出版社2016年版，第1页。
④ 徐樑：《溪山琴况·序》，徐上瀛著，徐樑编著《溪山琴况》，中华书局2013年版，第11页。
⑤ 许健：《琴史初编》，中华书局2009年版，第130页。

印《神奇秘谱》，从琴艺多样化角度，提出尊重各家各派创造，不能强求一律，所谓"操间有不同者，盖达人之志焉"，"各有道焉，所以不同者多，使其同，则鄙也"①；陆符的《青山琴谱序》载，崇祯皇帝朱由检酷爱弹琴，能演奏三十多支曲子，尤其喜欢琴曲《汉宫秋》，他曾亲自创作了五首琴曲歌词，数百人应诏作曲，但其初衷均在"艺"而不在"治"。

明清易代之际，民族矛盾突出，部分士人受宋代影响，以琴明志、以琴抒愤，借此表达家国情怀。据《广东通志》载，能诗善琴的中书舍人邝露，在清兵入粤时，"与诸将戮力死守，凡十阅月，城陷，不食，抱琴而死"②。后人写《抱琴歌》挽颂，诗中有"城陷中书义不辱，抱琴西向苍梧哭"③ 句，表达对邝露的敬仰。部分士人将毕生心血努力编撰成书，以传琴艺。典型者如徐上瀛文武双全而志在报国，然"国难遽及"，"弃琴仗剑，诣军门请自效"不得其请，最终"遂以琴隐藏，嘉遁吴门，寓居萧寺"④。

徐上瀛所著《溪山琴况》通篇阐述古琴格调、音质、指法、乐曲等方面的艺术理论，而无一言述及家国政治，反映出作者重技艺传承而非"道体"特质的复杂心理。徐樑在《溪山琴况》的前言中称：

"在甲申国难之时，为何青山还念念于其《琴况》《琴谱》的编订？""鼎革之际，或生或死全无定数；对于青山之类一介布衣而言，一旦身死，则湮灭无闻亦属寻常之事。""倘若以一己之聪明，得窥天地堂奥于万一，成一段独得之思、独到之情，自当念念不已，终不忍其随己身而磨灭。故青山每以《琴况》示人，非图己身之功名，亦非必得其人之赏，而实求此书之存世。"⑤

---

① 朱权：《臞仙神奇秘谱序》，《神奇秘谱》，第2页。
② 道光《广东通志》卷285《列传十八·广州十八·明》，清道光二年刻本，第4791页a。
③ 许健：《琴史新编》，中华书局2012年版，第218—220页。
④ 徐樑：《溪山琴况·序》，徐上瀛著，徐樑编著《溪山琴况》，第4、6、11页。
⑤ 徐樑：《溪山琴况·前言》，徐上瀛著，徐樑编著《溪山琴况》，第3页。

像徐上瀛这样面对家国剧变,做到以艺传道的琴人,亦属难得。另如蒋克谦所编《琴书大全》等相关琴学论著与琴谱汇集,基本上都是侧重于艺术探讨,以琴传道、以琴明志的思想明显偏弱偏轻①,更看不到与"政统"属性的联系。

清代琴师群体庞大,见于文献记载者逾千人。江南地区更是流派众多,成就高、影响大的名家层出不穷。他们成立琴社,定期聚会,交流观摩,相互切磋,汲取众家之长,提升技艺水平。比如以扬州为中心的广陵派,师徒相传,人才辈出,在加工整理传统曲目,发展演奏技法方面,成就突出。琴僧群体也有出色表现,如"精于琴理"的汪明辰和尚,以释家观念体悟琴理,指出"乐之音足以宣幽抑,释矜燥,远性情,移中和,使人神气清旷,襟抱澄静,超然如出人境,而立于埃氛之表者,惟琴焉"②。他把操琴作为现实生活中修身养性的手段,并培养了众多弟子。原为杭州永福寺住持的蒋兴俦,携五张琴与《伯牙心法》《琴学心声》《松弦馆琴谱》《理性元雅》及自撰《谐音琴谱》等著作,东渡日本传授琴艺,儿玉空空在《琴社诸友记》中称其学琴师友多达上百人。乾隆年间,钱塘苏璟、戴源、曹尚炯合编《春草堂琴谱》,其中"鼓琴八则"是琴艺经验的概括与总结。"得情"置于第一,体现以人为本,第二为"音如歌",第三"按节"、第四"调气"、第五"炼骨"("不仅于指上求之",而且要"有周身之全力"),第六"要取音",第七"明谱理",第八能"辨派"而"从其善者"。八条原则均立足方法,着眼技艺。

琴艺昌盛的同时,琴文化的身影大量出现在戏剧小说中。诸如元代王实甫《西厢记》中的"月夜听琴"、石子章杂剧《秦脩然竹屋听琴》、罗贯中《三国演义》中"空城计"——诸葛亮于城楼抚琴退敌、《红楼梦》黛玉论操琴等,琴文化在文学作品中绽放新姿。而琴与绘画、陶瓷等各类艺术的交融汇通,也深受宋代启发。

总之,元明清时期的琴文化接受着宋代影响,而又顺应时代发展,创造了琴艺繁荣的新局面。伴随中华文化的发展与人类文明的提升,"以琴

---

① 参见许健《琴史新编》之《第七章明代》《第八章清代》,中华书局2013年版,第203—293页;李祥霆《古琴综议》,中国人民大学出版社2014年版,第246—273页。

② 汪明辰:《蕉庵琴谱·自序》,秦维翰《蕉庵琴谱四卷》,清光绪三年刻本,第2页。

为治"的时代一去不回，但宋代琴文化的境界创新留给世人的思考，将永远值得珍视。"将欲为治"的古琴历经数千年的发展演变，早已成为中华文化的经典标志和人类珍贵的文化资源，2003年古琴艺术入选联合国"人类口头和非物质遗产代表作"名录，标志着世界的公认。

七 宋代琴文化的当代启示："同民心而出治道"

了解过去，意在当下；研究历史，旨在未来。宋代琴文化围绕"同民心而出治道"[1]发展创新，给予当代文化建设以深刻启示。

第一，宋代琴文化对于优秀传统文化的创造性继承具有示范意义。宋人弘扬琴文化的"为治"思想，凝聚人心，推进国家治理。中华文明与世界其他文明的区别之一，是始终不渝地致力于构建和平安定的社会秩序，形成系统的道德观念、社会结构与意识形态。"厚德载物""天下大同"的思想追求、"海纳百川""和而不同"的文化包容、"有教无类""文明以健"的人文理念，以及"和合万物""万世太平"的主张，体现着人类"和平"与"发展"两大主题的"道德"内涵。具有本源性质的经典著作《道德经》与《论语》，都特别强调"道德"的理念与实践。《道德经》称"孔德之容，惟道是从""道生之，德畜之，物形之，势成之"[2]；《论语》既从国家政治角度强调"为政以德，譬如北辰居其所而众星共之"，又视"德"为思想品格修养的判断标准，所谓"志于道，据于德，依于仁，游于艺"[3]。在"万物莫不尊道而贵德"的古代中国，"道德"是"莫之命而常自然"[4]的自觉遵循。

琴与"道德"密切关联。古人认为，音乐起源于"道"，是自然运动、形气相互作用的结果。《吕氏春秋》称音乐"生于度量，本于太一"[5]；阮籍的《乐论》认为"自然之道"为"乐之所始"[6]；唐代《乐书要录》则

---

[1] 《史记》卷24《乐书第二》，中华书局1959年版，第1179页。
[2] 陈徽：《老子新校释译：以新近出土诸简、帛本为基础》上篇，上海古籍出版社2017年版，第131、283页。
[3] 杨伯峻译注：《论语译注》，中华书局2009年版，第66页。
[4] 陈徽：《老子新校释译：以新近出土诸简、帛本为基础》上篇，第283页。
[5] 许维遹撰，梁运华整理：《吕氏春秋集释》卷5，第108页。
[6] 阮籍著，陈伯君校注：《阮籍集校注》卷上，第78页。

指出"道生气,气生形,形动气缴,声所由出也"①。而《礼记·乐记》早就指出了音、乐、人、心的互动关系:

> 凡音之起,由人心生也。人心之动,物使之然也。感于物而动,故形于声。声相应,故生变;变成方,谓之音;比音而乐之,及干戚羽旄,谓之乐。乐者,音之所由生也;其本在人心之感于物也。②

"音"生于人心,"乐"是"音"的演绎,"音"与"乐",都以人心为源头。因此,音乐既能表达人的思想情感,又能陶冶感化人心。古人将音乐同规范社会秩序的"礼仪"相结合,构建礼乐教化的政治模式,所谓"礼以道其志,乐以和其声,政以一其行,刑以防其奸。礼乐刑政,其极一也;所以同民心而出治道也"③ "乐以治内而为同,礼以修外而为异"④,礼、乐在社会政治组织中分别发挥着规范秩序与凝聚人心、和同情感的作用。这种礼乐文明,与在此基础上形成的宗法等级制度,为历代统治者沿用,成为维护统治的政治手段。"六经"衍生的"六教"中,"乐教""广博易良而不奢"⑤,始终贯穿历代王朝政治中。官修二十五史大都于"志"类下设"乐志"或"礼乐志",综述音乐发展沿革及相关典章制度变迁,从而为统治者提供借鉴参考。可见在古代中国,音乐是体现国家政治思想与意识形态的重要方面。琴是"为治"的弦拨乐器,内在的"道体"象征、"政统"属性,以及体现个体修养"至德"与国家治理"德政"的"德性",三者统一于琴。宋代正是继承和弘扬了前代琴文化的这些思想精华,创造了新辉煌,为后世文化创新树立了榜样。

第二,宋人追求"圣治"理想与恢复琴的"政统"属性,既为国家治理注入了正能量,又为人才培养激发出新活力,发人深思。生存与发

---

① 武则天敕撰,元万顷等参修:《乐书要录》,清嘉庆宛委别藏本,第1页a。
② 郑玄注,孔颖达疏:《礼记疏·附释音礼记注疏》卷37,清嘉庆二十年南昌府学重刊宋本十三经注疏本,第911页a。
③ 《史记》卷24《乐书第二》,第1179页。
④ 《汉书》卷22《礼乐志第二》,第1028页。
⑤ 郑玄注,孔颖达疏:《礼记疏·附释音礼记注疏》卷50,第1167页b。

展,是人类必须始终面对的重大问题,选择什么样的方式,是每个族群或国家必须考虑的现实问题。宋代治国精英遵循中华文化"以人为本"的理念,把"致君尧舜上,再使风俗淳"① 作为价值实现和社会治理的努力目标,反映着尊重人性、关注民生和"斯文自任"的历史使命感与社会责任感。他们以琴为切入点,充分发挥琴与音乐的育化功能,既寓教于琴、寓教于乐,又将思想观念、道德实践寓于琴,实现了艺术发展、文化创造与国家治理的统一,矫正了前代琴"政统"属性弱化趋向。宋人将琴作为修身养性、体道悟道和智力开发的重要手段,体现着"自天子以至于庶人,一是皆以修身为本"② 的现实实践,也从一个侧面显示了培养国家治理人才与"立德树人"的具体门径。

第三,宋代琴与多门类艺术融通促进文化繁荣的实践,具有方法论意义。任何艺术都受历史环境和文化氛围影响,吸收融通其他门类的文化艺术,既能开拓自身艺术发展的新局面,又能形成艺术创造的新亮点,由此推进社会文明的发展。宋代,琴在文学中的鲜活意象、纵贯历史的优雅身影、哲学内涵的不断丰富,以及与书法、绘画、陶瓷、茶艺的融通映衬,不仅相互丰厚了彼此高雅古朴的韵味,提升了文化品位,而且对族群与社会产生了广泛的积极影响。其对丰富人们精神生活,提高民族文化素质,推进社会文明进步,都有不可小觑的重要作用。与此同时,创造了大批的文化珍品,保存了丰厚的思想资源与艺术资源,为后世研究宋代琴文化发展的特点和规律,提供了方便。

第四,宋代琴文化的美育功能,是培养治国理政人才不可或缺的重要方面。宋代著名政治家、思想家、文学家都是琴文化的积极倡导者和主要创新者,从范仲淹、欧阳修、王安石、苏轼,到李清照、辛弃疾、陆游、朱熹,以及众多琴艺家,都对琴可"格物、致知、诚心、正意、修身、齐家、治国、平天下"的"为治"意义,有着深刻认识与理解。琴学蕴含的审美能力、艺术情趣和文化内涵,固然令人钦佩,但琴学实践对于琴意琴曲的内容理解和形象思维、创新能力的培养锻炼,更是不容小觑。琴棋书画不仅体现一个人的高雅情趣与文化修养,而且是人格魅力与思想智

---

① 杜甫著,谢思炜校注:《杜甫集校注》卷1,上海古籍出版社2015年版,第1页。
② 朱熹撰:《四书章句集注》,中华书局2012年版,第4页。

慧的表达。因此，琴学既是中华文化极富民族特色的组成部分，又是智力开发和人才成长不可缺少的重要方面。在科学技术迅猛发展的当今时代，琴学依然有着促进人类文明发展的重要作用，更何况音乐具有人类思想沟通与情感交流的普遍意义。

初拟于 2019 年 12 月
定稿于 2020 年 6 月

2019 年 11 月 2 日杨庆存教授在中国社会科学院、北京师范大学主办的《中国唐宋文学国际学术研讨会》上致辞

论宋词中的都市风采与人文精神[*]

概要：都市是人类文明发展的重要标志。宋词关于都市风采的描写，不仅蕴含着中华文化"以人为本""天人合一"的核心理念，而且体现着都市建设的鲜明民族特色和文学表达的强大艺术魅力。柳永的《望海潮》立体式多侧面描绘杭州风采，是展现都市风采的经典之作；宋词对于都市标志性建筑楼宇台榭群的描绘，展示了宋代都市宏伟的气势规模和非凡的建筑艺术；宋词关于园林亮丽风姿的描述，将都市、人群与自然融为一体，反映了宋代都市的宜居环境与达到的审美高度；宋词中表现都市街道交通发达繁华景象的篇章，揭示了都市巨大生命活力的基础条件；宋词描绘丰富多彩的都市文化，体现了城市内在的精神风貌与人文情怀。宋词运用汉字形、音、义等多方面的表达优势，与都市的生态风貌、文化建设等浓厚的人性化内涵完美结合，创造了生动形象而又深刻感人的艺术境界，反映了中华民族文明发展的辉煌。

一 引言

都市是人类文明发展的重要标志。刘易斯·芒福德在《城市发展史起源、演变和前景》中指出："城市实质上就是人类的化身，城市从无到

---

[*] 本文是 2017 年 11 月 12 日为上海国际学术研讨会《世界城市文化上海论坛》提供的论文，嗣后发表于《清华大学学报》（哲学社会科学版）2018 年第 5 期；《北京日报·理论周刊》2019 年 3 月 4 日第 15 版以《宋词中的都市人文精神》为题转载（有删减）；几十家媒体转载并入选高中语文试题库。杨庆存为第一作者，李欣玮为第二作者。李欣玮收集材料、撰写初稿，并参与修改润色。

有,从简单到复杂,从低级到高级的发展历程,反映着人类社会、人类自身同样的发展过程。"① 也就是说,人类的文明发展大都集中体现于城市之中,体现于规模宏阔的建筑、数量众多的人口以及高度发达繁荣的经济和文化之中。物质、思想、文化在这里充分汇聚交流,不同民族与国家元素不断碰撞、融合、创新,呈现出千姿百态的风采。城市以其独有的特质,提高了人类生活的品质,促进着社会的文明发展,蕴含着丰厚的人文精神。从这一视角来看,宋朝"完全称得上是当时世界上最大、生产力最高和最发达的国家"②,堪称中国历史上最令人激动的朝代,也最能充分展现都市的风采与人文精神。作为宋代最具艺术创新精神和时代发展特色的文学样式——宋词极富张力地描述和展示了当时的都市风貌,并以市井化生活化的题材和细致化通俗化的语言,体现出人文精神的具体内涵。遗憾的是,对于宋词都市题材内容的研究鲜有从城市建筑、交通与都市文化风采以及其中蕴含的人文精神等方面进行深入思考。本文拟通过考察和分析宋词中的都市描写,深入挖掘其中蕴含的艺术创造和人文精神,在探讨文学艺术发展规律的同时,或对当代城市建设有所启迪。

二 立体展示都市风采的《望海潮》

在中华文化发展史上,最早集中描绘和反映都市风采的文学作品当属汉代班固的《两都赋》,其后张衡的《二京赋》、西晋左思的《三都赋》等,均步其后韵。而千年之后的宋词,描绘都市风貌最为精彩的莫过于柳永的《望海潮》③:

> 东南形胜,三吴都会,钱塘自古繁华。烟柳画桥,风帘翠幕,参差十万人家。云树绕堤沙,怒涛卷霜雪,天堑无涯。市列珠玑,户盈罗绮,竞豪奢。

---

① [美]刘易斯·芒福德:《城市发展史(起源、演变和前景)》,中国建筑工业出版社2005年版,序言,第9页。

② [美]罗兹·墨菲:《亚洲史》,黄磷译,世界图书出版公司北京公司2011年版,第169页。

③ (宋)柳永:《望海潮》,《柳永词集》,上海古籍出版社2009年版,第83页。

　　　　重湖叠巘清嘉，有三秋桂子，十里荷花。羌管弄晴，菱歌泛夜，嬉嬉钓叟莲娃。千骑拥高牙，乘醉听箫鼓，吟赏烟霞。异日图将好景，归去凤池夸。

　　这首词将分景式的描述和纵深式的渲染相结合，全方位、多角度、多层面、立体式地展现了杭州都市的"繁华"盛景。"东南形胜，三吴都会，钱塘自古繁华"总写杭州绝佳的地理位置和悠久的历史文化。"东南形胜"概括描述宋代杭州总体的区域方位和壮丽繁盛；"三吴都会"突出其历史的悠久和地理位置的重要；"钱塘自古繁华"收束以上两句，既点明描述的是都市杭州，又透露下面描写的重点在于"繁华"。起拍三句便渲染出杭州都市的非凡气派和宏阔意境。

　　"烟柳画桥，风帘翠幕，参差十万人家"由近及远，分别从城市的景观建筑、居住环境和人口数量展现杭州的"繁华"景象。"烟柳"是墨绿的柳树，"画桥"是雕饰精致的桥梁，这两种临水景物，间接含蓄地表现出杭州城多水道、多绿植的清润舒适的宜人气候。"风帘""翠幕"则是通过家家门前悬挂富于装饰性的挡风帘子，展现宋代杭州城内居民生活的精致考究。"参差十万人家"以居民建筑的高低错落、鳞次栉比表现人口众多和城市规模的宏大，极写杭州市内的"繁华"景象。"云树绕堤沙，怒涛卷霜雪，天堑无涯"转而描写杭州城郊钱塘江的自然景观——茂盛葱郁宛若云朵般饱满的树木环绕着沙堤，气势宏大的白色江涛奔涌而来，声势极为壮观，宏伟宽阔的钱塘江仿佛巨大的天然屏障，护卫着杭州城。杭州城紧邻钱塘江，人工建筑与自然景观完美地融合在一起。"市列珠玑，户盈罗绮，竞豪奢"，则是从商业贸易方面展现杭州城的"繁华"——市场上交易的都是珍贵的珠宝，出入商铺的人群衣着华贵，似乎在争相夸耀豪华奢侈。

　　词的下片进一步描述杭州西湖的自然风光。"重湖叠巘清嘉，有三秋桂子，十里荷花"，以西湖的"形、神、味、色"突出描绘其给人的视觉、感觉、嗅觉诸方面的美感享受，由"苏堤"隔分为二的"重湖"、岸边分别耸立的"叠巘"，都给人以清爽、秀丽和优美的感觉。不仅如此，不同季节的西湖更有不同的景致：秋天桂花飘香，沁人肺腑；夏日荷花十里，争红斗艳。重重叠叠的山峦环绕着湖泊，相映成趣，湖外有湖，山外有山，展现出一派清爽宜人的佳景。西湖是杭州的名片，更是城中市民生产、生活、休闲的地方。在这一片大好的湖光山色之中，人们在尽情享受大自然的优美的同时又为其增添和彰显着强大的生命活力："羌管弄晴，菱歌泛夜，嘻嘻钓叟莲娃"。这里白日有悠扬的羌笛之声，入夜又有采菱人的歌声；白发苍苍的垂钓老人与采摘莲蓬的儿童嬉笑玩耍，怡然自乐。在不同的时间里，不同性别与不同年龄的人都能享受杭州西湖的美景，笛声、歌声、欢笑声荡漾湖面，呈现一幅令人沉醉的市民百姓游乐图，展示着都市休闲热闹的场景。都市的价值正在于它将不同身份地位的人集聚在一起，形成多层次的群体。"千骑拥高牙，乘醉听箫鼓，吟赏烟霞"，描述了仪仗威严、护卫簇拥的官吏游湖、与民同乐的景象，在夜晚宴饮和欢乐的箫鼓声中，吟诗赞美西湖令人沉醉的霞光暮霭。太平盛世的都市繁华，让人流连忘返。这位官员希望"异日图将好景，归去凤池夸"，把杭州城的繁华美丽绘成图画，回到朝廷后与同僚们共同分享。

这首《望海潮》不失为宋代都市词的典范，词人以精深的文学造诣和非凡的艺术腕力，生动、具体、形象地描述了杭州都市的繁华，描述了真切的见闻感受，展现出宋代都市的繁华盛况：不仅人口众多、规模巨大、商业贸易繁荣，经济发达、文化丰富，楼宇精致、交通便捷，而且生态环境优美，人与自然和谐一体。人们生活富足，娱乐活动繁多，精神世界饱满而幸福。当然，像《望海潮》这样全面而集中地描绘都市繁华风采的作品在宋词中虽并不多见，但也并非绝无仅有，诸如张先的《破阵乐·四堂互映》具体描绘杭州的官邸豪宅、灯红柳绿；辛弃疾的《青玉案·元夕》以元宵节的欢腾热闹景象为窗口，展现都市节日锣鼓喧天、热闹非凡的场景；姜夔的《扬州慢·淮左名都》则将战后的衰颓与往昔的繁荣相对比，反映扬州城曾经的辉煌兴盛，诸如此类局部描述都市风采的篇章比比皆是。

三　宋词中的楼宇台榭建筑群

楼宇台榭是最引人注目的都市标志性建筑，宋代都市的建筑既规模雄阔，又强调细节，大力发展装修与色彩，并在组合方面加强了进深方向的空间层次；为人们提供了更加舒适美观的生活环境，做到了实用与审美的双向突破。

与小说、散文等文体相比，词的篇幅小，故更重视代表性意象的选取，以小见大，侧面展现场景，表达情思。在宋词里集中体现在宋代建筑轻柔灵动的"飞甍"上，即两端翘起的房脊或屋檐，用以代指高楼。诸如陈人杰的《沁园春·咏西湖酒楼》"看高楼倚郭，云边矗栋，小亭连苑，波上飞甍"①突出西湖酒楼"飞甍"建筑样式的优美，赵时奚的《多丽·西湖》"露花浓、静迎直砌，雾藓冷、淡护飞甍"②描绘秋天带着露水的花丛和雾气笼罩的苔藓，围绕掩映着飞檐斗拱亭榭的晨景。另如仲殊的《南柯子·六和塔》"金鳌蟠龙尾，莲开舞凤头"③状述杭州六和塔的坚固与优雅、姜夔的《翠楼吟·淳熙丙午冬》"看槛曲萦红，檐牙飞翠"④描写楼宇建筑设计的别致与色彩的亮丽等，既突出了楼宇台榭建筑的民族特色，又彰显了深厚的文化艺术底蕴。

楼宇台榭的"飞檐斗拱"，采用乳栿与四椽栿在内柱柱头斗拱上对接的方法，内外柱子基本同高，方便施工时的水平装卸。同时，这种木构架中的内柱可根据设计需要随意增减，位置上也可以前后移动，这样的建筑柱网设置较为灵活，有很大的创造空间与发挥空间。这种极具人性化和创意的木架构建筑方式，在宋代达到了新的水平。《营造法式》成书于宋代，是中国古代官方编纂的建筑法规性质的专用书籍，它着重体现了宋代官方对于建筑稳定性的要求。张先的《破阵乐·四堂互映》"四堂互映，双门并丽，龙阁开府"⑤描写开封府衙的整体房屋布局结构和亮丽的大门、王庭珪的《虞美人·辰州上元》"城东楼阁连云起，绝冠辰州市"⑥描写城中东部"楼阁连云"的壮观景象，都不难想见宋代建筑木构架的坚固与艺术美。宋代人们不断探索、提升着房屋建造技术的稳定性，以自身的力量改造着生存环境。这种对于房屋稳固性技术的不懈追求，是建立在对人类生命安危的关怀与重视之上，体现着都市所孕育的人文精神。

---

① 唐圭璋主编：《全宋词》，中州古籍出版社1996年版，第2066页。
② 唐圭璋主编：《全宋词》，第2128页。
③ 唐圭璋主编：《全宋词》，第385页。
④ （宋）姜夔：《姜夔集》，三晋出版社2008年版，第82页。
⑤ （宋）张先：《张先集编年校注》，浙江古籍出版社1996年版，第36页。
⑥ 唐圭璋主编：《全宋词》，第572页。

宋代建筑大都以红色为主体色，宋词中多有对赤色楼宇的描绘：柳永《如鱼水·仙吕调》"红楼朱阁相望"、晏殊《蝶恋花·帘幕风轻双语燕》"百尺朱楼闲倚遍"[1]、朱淑贞《眼儿媚·迟迟春日弄轻柔》"清明过了，不堪回首，云锁朱楼"[2] 等句中的"红楼""朱阁""朱楼"都展现了宋代建筑喜以红色为主的审美特质。红色是吉祥、富庶的象征，色彩体验上也更为明媚热烈。远望宋代的都市建筑群，阳光照耀着翠绿的树木和掩映其中的朱红色房屋，熙熙攘攘的人群欢腾雀跃，全身心地沉醉在如此美好的城市景象之中。贺铸《青玉案·凌波不过横塘路》"月桥花院，琐窗朱户"[3]、苏轼《水调歌头》"转朱阁，低绮户，照无眠"[4]，词句中的意象、意境，反映着宋人对建筑细节极高的审美要求，雕梁画栋、朱门红窗都有精致的镂空花纹。反映出木雕在我国雕刻史上占据的重要地位，也体现着宋人对艺术美、生活美的追求。"在建筑上添加装饰性的彩画在宋代也十分流行，其中的衬色技术、罩染技术、堆粉贴金技术、调色全色技术、叠晕技术都有所发展和提高"[5]，这使得木结构建筑的艺术风格更趋秀丽飘逸，造型更加细腻、精美。

总之，宋词中大量描绘的楼宇台榭建筑群，以其宏伟的外观、亮丽的色彩、精致的结构直接展现着都市风采，已不止于对遮风避雨这一基本要素的要求，而是进一步关注人精神上对美的向往，向审美层面推进。宋词中的建筑之美，正是人文精神的具体体现。

四 宋词中的都市园林风姿

园林是都市必不可少的重要组成部分，自然与人在其中完美融合，成为都市亮丽的风景。因此，园林成为宋词重要的表现对象，宋词的曲折婉约与园林的曲径通幽相结合，其艺术性直接反映了人类的审美高度，从而体现着都市风采。宋代是继秦汉之后园林发展的第二个高潮，"宋代之

---

[1] （宋）晏殊、晏几道：《晏殊词集》，上海古籍出版社2016年版，第61页。
[2] （宋）唐圭璋主编：《全宋词》中州古籍出版社1996年版，第970页。
[3] （宋）贺铸：《东山词》，上海古籍出版社1989年版，第152页。
[4] 王宗堂等编：《苏轼词编年校注》，中华书局2002年版，第173页。
[5] 王其钧：《中国古建筑语言》，机械工业出版社2007年版，第221页。

后，园林中人为设计与艺术加工的程度更重，但其情致却更浓更美，更有意味，更富游赏性"①。苏舜钦的沧浪亭"前竹后水，水之阳又竹，无穷极。澄川翠干，光影会合于轩户之间，尤与风月为相宜"②。司马光的独乐园"明月时至，清风自来，行无所牵，止无所框，耳目肺肠，悉为己有"③。都是极具代表性的宋代园林，至今仍存留下来的山西晋祠，更是宋代园林艺术高深造诣的直接展现。"词和园有着密切的、相互影响的美学关系，它常常以园作为抒情环境，而园林美学也常常可以从词中得到某种有益的启示。"④ 宋词对庭院的表现数不胜数：柳永的《风归云·林钟商》"更可惜、淑景亭台，暑天枕簟，霜月夜凉，雪霰朝飞。一岁风光，尽堪随分，俊游清宴"⑤，写佳人春日在亭台遥看繁花飞絮，夏季枕着凉席卧听知了的叫声，秋天仰头便能望到宁静明亮的圆月，深冬围着暖炉看窗外漫天白雪。原本需要跋山涉水才能看到的自然风光，被宋人引入都市之中，与都市融为一体，使人能够充满诗意地栖居。杨万里的《好事近》"月未到诚斋，先到万花川谷。不是诚斋无月，隔一林修竹"⑥，以竹林为帘，将书斋设于万花川谷之中，月色朦胧，持一卷书静待月光入户，这是多么的清幽安逸，在如此庭院中吟诗读书，精神怎能不得到莫大的放松与宽慰？黄庭坚的《念奴娇》"年少从我追游，晚凉幽径，绕张园森木。共倒金荷家万里"⑦，写作者在月凉如水的夜晚与志同道合之人在园内游赏，谈论人生理想。美好的自然景象与建筑相结合，可以陶冶人、愉悦人，让人的精神得以放松。园林不仅仅是建筑艺术，更是宋人栖居安慰自我灵魂的家园，园林艺术的臻于完善，其实也是对人自身精神价值的一种反思与超越。

除颇具规模的私家园林之外，宋代还大量兴建了开放性的皇家园林和公共园林，这从另一个层面反映了宋代都市社会、文化氛围的进步性与包

---

① 王其钧：《中国古建筑语言》，第262页。
② 沈文倬校点：《苏舜钦集》，上海古籍出版社1981年版，第157页。
③ 司马光：《司马温公文集》，中华书局1981年版，第283页。
④ 金学智：《中国园林美学》，江苏文艺出版社1990年版，第439页。
⑤ （宋）柳永：《柳永词集》，上海古籍出版社2009年版，第59页。
⑥ 唐圭璋主编：《全宋词》，中州古籍出版社1996年版，第1142页。
⑦ （宋）黄庭坚：《黄庭坚词集》，上海古籍出版社2011年版，第6页。

容性：皇家贵族以开放的心态接受了平民百姓，从某种程度上讲，"这种'接受'是颇具时代意义的，不仅体现了儒家'共乐'观念下的士大夫造园实践，且作为社会各阶层日常生活的舞台，呈现了与社会经济和民俗文化对应发展的紧密关系"[①]。皇家园林和公共园林的普及引发了宋词描绘人们休闲踏青的热潮。比如欧阳修的《采桑子·轻舟短棹西湖好》"轻舟短棹西湖好，绿水逶迤，芳草长堤，隐隐笙歌处处随"[②] 写划船游湖情景，表现在温暖晴好的初春泛舟西湖之上，感受笙歌音乐、绿水蓝天的惬意；柳永的《一寸金·井络天开》"雅俗多游赏，轻裘俊、靓妆艳冶"[③] 写英俊少年、娇美女子乃至白丁俗客游园的景象；晏殊《玉堂春·帝城春暖》"宝马香车、欲傍西池看，触处杨花满袖风"[④] 则极写了名门贵族的出游情景。这些词句都体现了人在园林中的惬意和欢畅。在都市里，人们忘却了身份、地位、等级的不同和经历、文化、年龄的差异，平等地享受着城市园林的生态美景和盛世带来的祥和之气。宋代都市经济的发达使人们更有精力关注自我生活品质和生存状态，并将注意力聚焦于与之息息相关的生活环境之上。都市正是通过园林建筑，将人与自然融为一体，展现着深厚的人文精神。

五 宋词中的街道交通景象

交通是城市的筋骨与血脉，更是城市发达程度的重要标志。城市的文明得益于人和物在空间上的聚集。街道的繁华、交通的便捷极大地提高了人类做事的效率，拓展了人类发展的空间，从而满足并提升了人类生存、发展的需求。宋词中有很多篇章和段落表现着街道的繁华：柳永的《凤归云·恋帝里》"恋帝里，金谷园林，平康巷陌，触处繁华"、《看花回·二之二·大石调》"凤楼临绮陌，嘉气非烟，雅俗熙熙物态妍"；刘辰翁的《宝鼎现·春月》"红妆春骑。踏月影、竿旗穿市"；以上这些词句都描写了以

[①] 毛华松：《礼乐的风景——城市文明演变下的宋代公共园林》，中国建筑工业出版社2016年版，第1页。

[②] 刘扬忠编选：《欧阳修集》，凤凰出版社2014年版，第98页。

[③] （宋）柳永：《柳永词集》，上海古籍出版社2009年版，第41页。

[④] （宋）晏殊、晏几道：《晏殊词集·晏几道词集》，上海古籍出版社2016年版，第71页。

街道为轴心的热闹景象。街道贯通城市的发展，大量的人口集中于此，为其注入了鲜活的生命力。

与唐代总体呈方格形、布局严整的道路不同，宋代道路视城市的具体情况而多有变化。以北宋汴京城为例，围绕着皇宫的四条御街是朝廷举行庆典时供皇帝行走的道路，故相当宽敞："坊巷御街，自宣德楼一直南出，约阔二百余步，西边乃御廊，旧许市人买卖于其间，自政和间，官司禁止，各安立黑漆杈子。路心又安朱漆杈子两行，中心御道，不得人马行往。行人皆在廊下朱杈子之外。杈子里有砖石甃砌御沟水两道。宣和间尽植莲荷。近岸植桃李梨杏，杂花相间，春夏之间，望之如绣。"① 由上文可知，御街被分为中心御道、人行道、绿化带、水沟等分道。这样的功能划分，在体现宋代重视皇室尊严的同时，还关注了城市街道对百姓的实际效用。百姓临街设摊、经商交流，极大地便利了生活。从宋词中我们能感受到，道路的拓展使城市不再是简单的人群聚集地，亲朋出游、贸易往来、节日欢庆等人在街道上的活动使城市成为因人而设的，方便人、满足人各种需求的家园。

宋代的陆路和水上交通都很发达，宋词中常有绿水舟船等意象出现，这反映出宋代街道和交通布局依城市形态不同而各具特色。如柳永的《木兰花慢·三之三·南吕调》中的"万家绿水朱楼"、《瑞鹧鸪·二之二·南吕调》中的"触处青蛾画舸，红粉朱楼"等，就是描写水巷两旁的情景。临安城面积有限且布局纵横交错，故其街道"以贯穿南北的御街为核心，纵横交错，如鱼骨形，四通八达"②，而平江府、静江府则采取引河水入城的设计方法，形成了"河街""水巷"的新特点。宋词中表现的街道布局，强调"宜居"，完全以人为关注的核心，既方便了市民的生活，又在一定程度上美化了城市环境，带给人们生活上的方便和精神上的享受。

在宋代，坊市制度进一步被打破，街道上处处可见柳永的《看花回·二之二·大石调》中所绘的"凤楼临绮陌，嘉气非烟。雅俗熙熙物态妍"的画面：各色建筑临街而起，楼宇精致，街道华丽，祥瑞之气笼罩在城市

---

① （宋）孟元老：《东京梦华录》卷三，中州古籍出版社 2010 年版。
② 杨渭生等：《两宋文化史》，浙江大学出版社 2008 年版，第 86 页。

上空，风雅之人与世俗之人和乐的相处。如周邦彦的《解语花·上元》"箫鼓喧，人影参差，满路飘香麝"，月光明亮，人影憧憧，彩旗飘扬，锣鼓喧天，空气中弥漫着年轻女子佩带的香囊气味。在辛弃疾的《青玉案·元夕》中，"宝马雕车香满路"，街道上不仅有步行出游、熙熙攘攘的人群，还有身份尊贵的官员乘坐的精致车马。不同等级、不同层次和不同身份的人，汇集街道，精神的隔离被瓦解，包容、和谐等浓厚的人文精神得到了生动的体现。

六 宋词中都市文化的展现

都市文化是一个城市精神风貌的集中体现，费正清在《中国传统与变革》中提出了宋代都市中文化生活的重要意义："中国文化真正的城市化不在于城市的数目，而是从这时起城市和城市居民在社会中起主导作用。……在城市环境中，（两宋）高层次文化比以前更复杂多样，更多的居民参与到文化活动之中。……宋代的城市生活是自由奢华的。"[①] 宋词中很多作品皆描写了群体性的文化活动。

群体狂欢是城市建设达到一定高度、居民精神文化富足的生动表现。宋词描写了许多群体参与的节日游赏文化活动。词中有庄重肃穆的皇室庆典："凤阁祥烟，龙城佳气，明禋恭谢时丰。绮罗争看，帘幕卷南风。十里仙仪宝仗，暖红翠、玉辇玲珑。銮回也，箫韶缓奏，声在五云中。千官迎万乘"（佚名《满庭芳》）[②]。这首词写"凤阁龙城"庆祝"时丰"大典的情形，不仅展示了仙仪宝仗、玉辇回銮、箫韶缓奏、声上云霄、千官迎接的壮观景象，而且展示了民族特色鲜明的深厚中华文化。也有展现欢快祥和的百姓节日风俗的辞章："正年少、尽香车宝马，次第追随士女。看往来、巷陌连甍，簇起星毯无数。政简物阜清闲处，听笙歌、鼎沸频举。灯焰暖、庭帏高下，红影相交知几户。恣欢笑、道今宵景色，胜却前时几度"（赵长卿《宝鼎现》）[③]，作者极力描绘繁华热闹的都市节日情景，生动地

[①] [美] 费正清、赖肖尔：《中国传统与变革》，陈仲丹等译，江苏人民出版社 2012 年版，第 124 页。

[②] 唐圭璋主编：《全宋词》（七），中华书局 1965 年版（1992 年重印），第 666 页。

[③] 唐圭璋主编：《全宋词》，中州古籍出版社 1996 年版，第 1218 页。

展现了都市的民俗文化和深厚的历史文化积淀。欧阳修的《生查子·元夕》"花市灯如昼"①、辛弃疾的《青玉案·元夕》"玉壶光转,一夜鱼龙舞"②,都是耳熟能详的写节日活动的经典之词。

节日文化最能反映一个时代的精神风貌。"上元五夜,马行南北几十里,夹道药肆,盖多国医,咸巨富,声伎非常,烧灯尤壮观。故诗人亦多道马行街灯火"③。宋人的元宵之夜,人流汇集,阅不尽的歌台舞榭,唱不完的盛世之曲。人们张灯结彩,画龙舞狮。节日狂欢并不仅仅是一种娱乐活动,更是经由历史时代演变而沉淀下来的一种约定俗成的文化生活,它作为都市风采的象征,潜移默化地影响、感染着人的精神世界,使人们更加乐观,昂扬地面对生活。月色将尽,游人渐散,节日的喜悦似乎已经到了尽头,但在李持正的《人月圆令》中,"禁街箫鼓,寒轻夜永,纤手重携。更阑人散,千门笑语,声在帘帏"④,千门万户的帏帐里,人们的幸福感并未因夜幕降临市场散尽而消失,而是延续至家中,蔓延到心里。从这些宋词中我们可以看到:社会生产力发展到一定程度时,人的精神需求会不断地升华,并使文化转化为一种巨大的推动力,无形地引领着社会与人类的发展。宋词表现的虽然是城市歌舞喧天的热闹场景,但其中蕴含着一种在城市空间中形成的文化心态——人的精神将在这里昂扬向上,在这里得到高度的满足。

都市商业经济的繁荣发展促进市民文化的兴盛,勾栏瓦肆成为重要的演出场所,展示着丰富多彩的艺术文化。商业往来中都市人真实的生活状态与游人的活动构成的鲜活画面,在宋词中得到充分体现,更生动地展示出宋代都市的别样风采和人文意义。文化与商业的结合产生了繁盛的文化产业,体现着城市的人文关怀。随着宋代坊市制度的突破和夜禁的解除,大型演艺场所等产业愈益发达,极大地丰富了人们的文化生活。瓦肆乃艺妓演出之所,小唱、嘌唱、杂剧、傀儡、讲史、小说、散乐、影戏、诸宫调、商谜等各种文化艺术演出都集中于此。市井娱乐业在宋代得到了充分

---

① 刘扬忠编选:《欧阳修集》,凤凰出版社2014年版,第114页。
② 辛更儒笺注:《辛弃疾编年笺注》,中华书局2015年版,第520页。
③ (宋)蔡绦:《铁围山丛谈》,中华书局1983年版,第61页。
④ 唐圭璋主编:《全宋词》,中州古籍出版社1996年版,第685页。

的发展，可谓时时纵歌，处处起舞。刘辰翁的《宝鼎现·春月》"望不尽、楼台歌舞，习习香尘莲步底"①，柳永的《看花回·二之二·大石调》"笑筵歌席连昏昼，任旗亭、斗酒十千"②，歌台舞榭一眼望不到边际，人们鼓瑟吹笙、嬉戏游赏、推杯换盏、共享歌舞，在这样的气氛中交流思想，释放情感，品味人生，享受生活。

除了歌舞娱乐产业，宋词中还反映了因城市经济的繁荣、生活水平的提升而形成的服饰文化、饮食文化。赵希彭《秋蕊香·髻稳冠宜翡翠》"髻稳冠宜翡翠，压鬓彩丝金蕊"③、张孝祥《鹧鸪天·瞻跸门前识个人》"短襟衫子新来棹，四直冠儿内样新"④、晏几道《诉衷情·御纱新制石榴裙》"御纱新制石榴裙，沉香慢火熏。越罗双带宫样，飞鹭碧波纹"⑤，诸如此类，正如词中所展现的，宋代女子对于衣物、发冠的追求极为细致，将其作为一种表达自身仪态风情的文化象征。饮食上更可谓精致，极大地满足了人的需求。宋词创作中出现了"咏圆子"⑥、"咏汤"⑦、"咏茶"⑧等以饮食为主题的词。甚至宋词本身，也产生于人的都市生活，并以一种文学的样式，在浅斟低唱中表现都市人的生活、情感。

高度商品化的宋代还因城市人的审美需要而生成了新的文化产品，如文士之间尤爱簪花的风流行为，便充分体现了城市文化。如此种种，于宋词中俯拾即是：欧阳修《鹤冲天·梅谢粉》云："戴花持酒祝东风，千万莫匆匆"⑨、《浣溪沙·堤上游人逐画船》"白发戴花君莫笑，六幺催拍盏频传，人生何处似樽前"⑩；黄庭坚也有《南乡子·诸将说封侯》"花向老人头上笑，羞羞，白发簪花不解愁"⑪。由文人引发的花卉热潮因着城

---

① （宋）刘辰翁：《刘辰翁集》，江西人民出版社1987年版，第325页。
② （宋）柳永：《柳永词集》，上海古籍出版社2009年版，第17页。
③ 唐圭璋主编：《全宋词》，中州古籍出版社1996年版，第1981页。
④ 唐圭璋主编：《全宋词》，第1162页。
⑤ （宋）晏几道：《晏几道词集》，上海古籍出版社2016年版，第186页。
⑥ （宋）王千秋《鹧鸪天·圆子》、史浩《人月圆·咏圆子》。
⑦ （宋）吴文英《杏花天·咏汤》、李处全《柳梢青·汤》、黄庭坚《更漏子·馀甘汤》。
⑧ （宋）黄庭坚《阮郎归·茶词》、苏轼《行香子·茶词》。
⑨ 张春林编：《欧阳修全集》，中国文史出版社1999年版，第176页。
⑩ 张春林编：《欧阳修全集》，第174页。
⑪ （宋）黄庭坚：《黄庭坚词集》，上海古籍出版社2011年版，第85页。

市信息的便捷迅速扩展至寻常百姓家:"洛中风俗……三月牡丹开。于花盛处作园圃,四方伎艺举集,都人士女载酒争出择园亭胜地,上下池台间引满歌呼,不复问其主人,抵暮游花市,以筠笼卖花,虽贫者亦戴花饮酒相乐"①,其中"虽贫者亦戴花饮酒相乐",真实地体现出簪花在宋代文化生活的普及。城市发达的经济使百姓的生活质量显著提升,有暇顾及除温饱之外的审美世界,精神生活格外富足完满。刘易斯·芒福德在《城市发展史(起源、演变和前景)》中提到:"城市乃是人类之爱的一个器官,因而最优化的城市经济模式应是关怀人,陶冶人。"② 宋代都市即以其极富人文关怀的经济模式满足了市民的实际生活需要和精神审美诉求。

七 结语

"人类文化的重要表征,一个是语言文字,另一个就是城市。"③ 宋词将汉语言文字的形、音、义多方面的艺术表达优势与城市鲜活的生态风貌、文化精神的深厚人性化内涵完美结合,创造了生动形象而又深刻感人的艺术境界。宋词中的都市风采作为中国语言艺术、城市建筑、文化生态高度凝结的智慧结晶,展示了城市对人的生命尊严、价值观念、精神追求的关怀与关切:都市繁华的交通、精美的建筑、优雅的园林、丰富的文化都在发挥着方便人、满足人、提升人的巨大作用。这种人文精神,正是宋代都市留给我们的珍贵礼物。宋词是文学语言的艺术,都市建筑更是凝固的语言,宋词中的都市风采向世人展示着中华民族文明发展的辉煌历程,展示着中华民族"以人为本"的思想智慧和"天人合一"的巨大创造力,同时也为当代和未来的城市建设提供着深刻启示。

2017 年 10 月草拟于上海交通大学闵行

---

① (宋)邵伯温:《邵氏闻见录》,三秦出版社 2005 年版,第 217 页。
② [美]刘易斯·芒福德:《城市发展史(起源、演变和前景)》,中国建筑工业出版社 2005 年版,序言,第 9 页。
③ [美]刘易斯·芒福德:《城市发展史起源(演变和前景)》,中国建筑工业出版社 2005 年版,第 213 页。

论欧阳修文道观的生成创构与文化实践[*]

摘要： 文道观是决定创作境界、引领学风建设的关键。欧阳修文与道俱、道胜文至、不为空言的文道观，引导了宋代文学创作与文化建设，推动了"古文运动"的健康发展。这既与北宋前期的文学环境与文化语境息息相关，又与个人文化资本与"斯文自任"的使命意识紧密相连。欧阳修多以"回信"的方式表达见解，"履之以身，施之于事，而又见于文章而发之，以信后世"的主张，得到士人群体广泛认同。欧阳修正本清源，复兴儒道古风，积极承担社会道义和现实使命，实现了从理论到实践的飞跃。在文化实践中，欧阳修突破"文各有体"藩篱，破体为文，"以文体为四六"，创造了风神独具的"宋四六"，化解了骈散之争；又通过知贡举黜落僻涩险怪的太学体，使古文传统重获新生。欧阳修的文道观理论与文化创新策略，使北宋诗文革新运动取得决定性胜利，创造性地弘扬了中华文化的优秀传统。

文道观是决定作家创作风格与艺术境界、引领学风文风与文化建设的关键。对于"文""道"关的思考与认知，一直是中国古代文坛反复讨论的热点问题，不仅成为中国传统文化的重要内容，而且涌现出各具特色的学术流派。欧阳修对文章形式与思想内容关系的深入思考并逐渐生成构建的"文道观"，不但奠定了其文坛盟主的坚实基础，而且直接促进了宋代文化建设，既有力地推动了"古文运动"的健康发展，又给后世以深刻

---

[*] 本文发表于《清华大学学报》（哲学社会科学版）2021年第3期，第一作者郑倩茹选题并执笔撰写，第二作者杨庆存定稿。

启迪。以往研究大都侧重于文道观内容的理解与阐释,很少就欧阳修文道观生成的创构过程、文化环境和实践策略,进行多侧面、多层次的动态考察。本文拟就此略作探讨,力图在还原时代历史语境的过程中,揭橥其丰富深刻的文化内涵和广泛深远的历史影响。

一 欧阳修文道观的生成创构与文化语境

任何理论的产生与传播,都是特定历史环境下多种因素相互作用的产物。诸如首创者的综合素养、表述方式,接受者的层次范围、传播途径,乃至社会环境、文化思潮等。而首创者在建构话语体系时,也会受到文化资本、社会声誉、政治权力、士人群体、审美情趣等多种要素的影响。中国古代文论的话语体系,并非纯粹的认知性的知识形态,其包含多重文化因素,是具有鲜明思想性、专业性、政治性、社会性与引导性的文化综合体。理论主张既与文人阶层在不同历史时期的社会角色紧密相连,也与士人群体的身份认同息息相关,其背后依托的乃是古代文人的精神追求与价值理想。如果将欧阳修的文道观仅仅理解为诗文风格或文学主张,就忽略了其文论话语产生的复杂性,遮蔽了其文道观在文化内涵上的丰富性与独特性,也忽视了其在特定历史语境中的文学价值与文化意义。我们尝试运用"把古文论的资料放回到它的文化、历史语境中去考察"[1]的方法,探讨欧阳修文道观的生成与构建。

欧阳修文道观的重要论述,大都集中在写给学人的书信中,诸如《与张秀才棐第一书》(1033)、《与张秀才棐第二书》(1033)、《与乐秀才第一书》(1037)、《与荆南乐秀才书》(1037)、《答吴充秀才书》(1040)、《答祖择之书》(1041),等等。这些文章均写于景祐元年(1034)到庆历五年(1045)间,是"欧阳修政治道路和文学道路上又一重要时期"[2]。在此期间的三段经历:西河幕府彰显文人身份;被贬夷陵赢得士人认同;任职馆阁成为文化精英,不仅促使欧阳修的文化资本迅速积累,而且获得了一定的文学话语权利,为其文道观的生成奠定了坚实基础。

---

[1] 童庆炳:《中国古代文论的现代意义》,北京师范大学出版社2001年版,第2页。
[2] 王水照:《欧阳修散文创作的发展道路》,《走马塘集》,复旦大学出版社2016年版,第180页。

欧阳修于天圣八年（1030）进士及第，次年任西京留守推官，当时的文坛宿老与新秀，如钱惟演、梅尧臣、尹洙、苏舜钦、张先等都汇聚于此，欧阳修在《寓随启》中称"西河幕府，最盛于文章"①，西河幕府是宋初文坛极具号召力和影响力的文学团体。他们主导了文学的主流话语，引领了社会的文化风向，并在文化因革中发挥着重要作用。欧阳修深受熏陶，"专以古文相尚，天下竞为楷模，于是文风一变，遂跨于唐矣"②。其好作古文的文学志趣与审美风格，得到了士人群体的广泛认同，不少学子慕名向他投师求学。明道二年（1033），来自河中的张棐秀才献上诗赋作品，但欧阳修不予认可，作《与张秀才棐第一书》批评他"持宝而欲价者"的钻营行为，谦称自己"官位学行无动人也，是非可否不足取信也"③，拒绝了张秀才的举荐要求。然而，从话语表述中可以发现，欧阳修对自己此时所拥有的文化资本有着清醒认识，因为决定文学话语的根本因素是政治权力与社会地位，显然这时他并不具备这样的条件。

景祐三年（1036），欧阳修因贻书责备高若讷被贬为夷陵县令，虽然在政治上遭受了打击与挫折，但他仗义执言、不畏强权的精神品格，反而赢得文人同气相求、正义相惜的心理认同，得到士人群体的广泛支持，使他在文学领域的声誉不降反升。石介、苏舜钦等大批雅士纷纷寄诗慰问，蔡襄作《四贤一不肖》诗，高度赞扬他疾恶如仇、临难不避的文人气节。此诗一出，天下争相传颂，"布在都下，人争传写"④，进一步扩大了欧阳修的社会影响。欧阳修的《于役志》记载自己即将离京之时众多文人分批前来送行，被贬途中也有大量雅士结伴同游、赋诗赠答，行迹所至均有士人迎来送往，如行至楚州先后与田况、刘春卿等人饮酒弈诗；至南京有石介相邀小饮于河亭⑤；不一而足。文人群体的种种文化行为，充分表达出他们对欧阳修文化地位、士人品格以及精神追求的全面认同，也说明他此时的文化影响力，突破了地理空间的局限，辐射范围之广前所未有。被

---

① 欧阳修撰，李逸安点校：《欧阳修全集》卷一百五十五，第6册，中华书局2001年版，第2590页。
② 刘琳等校点：《宋会要辑稿·选举六》，第9册，上海古籍出版社2014年版，第5379页。
③ 欧阳修撰，李逸安点校：《欧阳修全集》卷六十七，第3册，第977页。
④ 王辟之：《渑水燕谈录》卷二，中华书局1981年版，第15页。
⑤ 欧阳修撰，李逸安点校：《欧阳修全集》卷一百二十五，第5册，第1897—1905页。

贬期间的欧阳修要求自己"慎勿作戚戚之文"①，不仅文章琢磨愈精，而且倡导疑经惑传，开经学研究新风。欧阳修还与尹洙商议合撰《五代史》，在史学领域有所建树。欧阳修此时广泛涉猎文学、经学、史学等领域，奠定了日后成为一代宗师的基础，正如庄有恭诗言"庐陵事业起夷陵，眼界原从阅历增"②。这段贬谪经历让他对文化资本和话语权利有了更加深刻的认识与体悟，他在《与乐秀才第一书》中说："官仅得一县令，又为有罪之人。其德、爵、齿三者，皆不足以称足下之所待，此其所以为惭。"③ 此话虽是自谦之语，却透露出只有在世俗社会政治权力的主导下，文化资本与文学话语才能得以彰显的事实。

康定元年（1040），范仲淹举荐欧阳修为陕西经略府掌书记，其《举欧阳修充经略掌书记状》说："臣访于士大夫，皆言非欧阳修不可，文学才识，为众所伏"④，足见当时欧阳修的文学声望日隆。欧阳修六月被召还京师，复任馆阁校勘，仍修《崇文总目》，重新回到政治文化权力中心，并与宋祁、晏殊等权贵显达、文章宿老宴集唱和。任职馆阁标志着欧阳修精英士大夫身份的确立，馆阁是培养和储备治国精英的文化机构，位于宋代政治最高端，欧阳修在《又论馆阁取士劄子》中说文臣均是"有文章，有学问，有材有行，或精于一艺，或长于一事者"⑤，像晏殊、黄庭坚、秦观、苏轼、王安石等一流学者才能进入馆阁，他们代表着精英人才的最高文化品位，掌控着文坛的主流话语权，扮演着文化创造者、政策制定者和思想传播者的主要角色。更为重要的是，馆阁文臣在国家科举考试中负责具体考务，与翰林学士一起为国家选拔人才，其不仅是文化的实际"立法者"，更是社会价值取向的引领者。在此时期许多学人入京进谒，欧阳修自称"过吾门者百千人"⑥，可见他的精英身份与文学趣尚，已经成为引领时代文化思潮与社会审美风尚的旗帜。而欧阳修对此始终保

---

① 欧阳修撰，李逸安点校：《欧阳修全集》卷六十九，第3册，第282页。
② 洪本健编：《欧阳修资料汇编》，中华书局1995年版，第1105页。
③ 欧阳修撰，李逸安点校：《欧阳修全集》卷七十，第3册，第1023页。
④ 李勇先、王蓉贵校点：《范仲淹全集》卷十九，四川大学出版社2002年版，第432页。
⑤ 欧阳修撰，李逸安点校：《欧阳修全集》卷一百一十四，第4册，第1728页。
⑥ 曾巩：《上欧阳学士第二书》，陈杏珍等点校《曾巩集》卷一五，中华书局1984年版，第234页。

持着理性、谨慎的态度，在《答吴充秀才书》中说："修材不足用于时，仕不足荣于世，其毁誉不足轻重，气力不足动人。世之欲假誉以为重，借力而后进者，奚取于修焉？"① 谦称自己的天资、官职、荣誉、才能不足以奖掖后进，但此语恰恰说明他深知自己"由于占有文化资本而被授予某种特权"②，后辈士子的拜谒行为，也是看重他所占据的政治地位和拥有的话语权利。对吴充秀才来说，一旦得到欧阳修的赏识或举荐，他的文学生涯和社会地位将会发生巨大转变；对欧阳修而言，超越文学意义的馆阁身份，促使他思考着如何引导文风、砥砺士风。以上所述，都为欧阳修酝酿文道观提供了有益的环境和氛围。

二　欧阳修文道观的表述媒介与内涵创新

宋代文学众体皆备，吕祖谦的《宋文鉴》将文体分为五十八类，与人际交往相关的有问答、对、说、记、论、书等体裁。而欧阳修对文道观的理论建构与话语论述，几乎全部集中在与学人的交往书信中，这是他精心选择的一种表述形式。与普通学人相比，欧阳修显然在社会政治环境中占据优势地位，拥有较高的文化资本，而表述媒介不仅是一种交际工具，也是一种标志着更深层次权力关系的符号形式，其中不无文化权力运作的支配性力量。学人借助"来信"表达自己的文化意图，即渴望凭借欧阳修的文化权威获得文化地位的提升。而欧阳修则通过"回信"阐述文学思想，传递给后进士人，引导他们的文化实践，传播自己的文化思想与理论主张。作为一种话语权力由高到低的传递方式，回信在一定程度上更能满足求教者的心理期待，更益于欧阳修自己的话语论述得到全面认可与接受，也更容易引导并改变学人的知识表述与心态结构。

欧阳修对回信这种传播媒介的认识是逐步明晰并加深的。《与张秀才棐第二书》一改之前的嘲讽态度，对他多有肯定和赞美，如"言尤高而志极大""甚有志""多闻博学"③ 等，所述内容不仅包括自己对治学的

---

① 欧阳修撰，李逸安点校：《欧阳修全集》卷四十四，第2册，第663—664页。
② 布尔迪厄：《文化资本与社会炼金术术》，包亚明编译，上海人民出版社1997年版，第85页。
③ 欧阳修撰，李逸安点校：《欧阳修全集》卷六十七，第3册，第978页。

理解，而且阐发了对文道关系的思考。从欧阳修前后态度的显著变化，以及书写内容、言说方式的明显转变，可以看出他已经意识到自己与张秀才在文学话语上的不平等关系，可以利用"回信"这种表述形式将文学思想传递给广大士子，通过一个又一个学人的具体文化行为，让自己创构的理论主张获得更广泛的群体认同，并逐渐形成规模性的文化思潮。被贬夷陵期间，欧阳修对回信的传播力度之大和接受程度之高已然深有体悟。《与荆南乐秀才书》虽然对乐生所问"举子业之文"略有不屑论之的意思，但又担心误导和打击他，故而挈出"顺时"二字告之，将其为学困惑与文坛乱象结合起来，指出这不仅是个人问题而是普遍现象，并且说自己在创作中也存在这种状况，"其前所为既不足学，其后所为慎不可学"①，鼓励他树立信心，还以"齐肩于两汉"期许乐秀才。清代文评家王元启说此文"措辞微婉，不作伉直语，较为可味"②，正是看到了欧公一改往日直白晓畅，措辞变得委婉善诱，反映出他越来越重视回信这种话语传递形式，也更加注重言辞表达的谨慎性以及思想论述的启发性。

欧阳修任职馆阁时所作的《答吴充秀才书》与《答祖择之书》，无论是内容要义还是表达方式都更为朴实，因为此时他已经位于政治空间的较高位置上，并成为文坛风气的引领者，可以更加坚定、直接地表述自己的文道观理论，也更利于学人顺利接受并迅速掌握。如《答吴充秀才书》以自己的作文经历为例，"修学道而不至者，然幸不甘于所悦而溺于所止"③，使吴充秀才更容易理解并接受启迪，话语表述体现出普适性、引导性与启发性。同时也更加注意回复内容的典型性和针对性，面对文士为求利禄而尽心于文字的现象，《答吴充秀才书》指出学人必须走出书斋，在社会现实中行道；针对当时士风堕落的现象，《答祖择之书》提出"师经"重道、重振儒学的主张。两封回信彰显出嘉惠后学、奖掖后进的领袖风姿，透露出精英文人的身份使命和责任担当，与此同时欧阳修也建构着自己的文道观话语系统。

---

① 欧阳修撰，李逸安点校：《欧阳修全集》卷四十七，第2册，第661页。
② 王元启：《读欧记疑》卷一，《丛书集成续编》第23册，（台北）新文丰出版公司1989年版，第47页。
③ 欧阳修撰，李逸安点校：《欧阳修全集》卷四十七，第2册，第663页。

首先，欧阳修将"圣人之道"作为文道观的灵魂。宋初，柳开、石介等人推尊韩愈，提倡"行古道作古文"，但只取其道统而忽视文章。柳开认为"文章为道之筌也"①，将文学视为道的工具与附庸，之后石介接过复古大旗，其《尊韩》提出只要将"布三纲之象，全五常之质"②的传道内容贯彻到文章中，文采形式亦可以略而不计，表现出重道轻文思想，导致文坛出现偏离现实、轻视实用的怪诞文风。欧阳修结合当时文坛状况，梳理儒学本义与传承，强化儒家之"道"的思想内涵，建构"圣人之道"话语体系，并针对当时文风险怪乱象，赋予"道"新的时代内涵，严厉批评"诞者之言"，遏止其蔓延，使复古行道的儒家精神重新得以弘扬。

《与张秀才棐第二书》是欧阳修文道观最为集中、最为充分的展现。这封书信以评论张棐文章为引子，从六个方面，层层深入地阐明了自己的"文道观"思想，如"圣人之道"与"诞者之言""知道""明道""为道""务道""王道"等，构成一套相对完整的话语体系。全文突出六大重点：一是由评论张秀才的"古今杂文"提出问题。欧阳修认为大部分"言尤高而志极大"，意在"闵世病俗，究古明道，欲拔今以复之古"，对此做了基本肯定和鼓励。同时也严肃指出其"述三皇太古之道，舍近取远，务高言而鲜事实"的错误。由此引出"文""道"关系的重要话题。二是分析"文"与"道"的关系，突出其重大意义。欧阳修先着眼于"道"，讲述"君子之于学"的目的在于"务为道"，进而指出"为道必求知古"的路径，再说"知古明道"的用途，在于"履之以身，施之于事，而又见于文章而发之，以信后世"，即躬身实践、应用于现实社会，然后体现于文章，流传于世，启迪后人，实现"行道""传道"的目标，促进人类的文明发展，而最后落脚于"文"。作者在讲清读书学习、知古明道、履身施事、见于文章、以信后世这五者之间内在逻辑与密切关联的同时，突出了用古代儒家之"道"来指导现实实践并体现于"文"的核心思想，着眼点与落脚点始终围绕阐发"文道"关系，而以"好学""知古""明道""务道""为文"五大支点为轴心，思路清晰，重点突出。

---

① 柳开：《上王学士第三书》，曾枣庄等编《全宋文》第3册，巴蜀书社1989年版，第582页。

② 石介：《上蔡副枢书》，曾枣庄等编《全宋文》第15册，巴蜀书社1991年版，第196页。

三是界定"道"与"文"的内涵特质,突出文化传承。欧阳修明确指出,"其道,周公、孔子、孟轲之徒常履而行之者是也","其文章,则六经所载,至今而取信者是也"。这不仅具体诠释了"道"与"文"的规定内涵,而且明确了儒家思想之"道"可"履而行之"与儒学经典之"文"能"至今取信"的根本性质。与此同时,欧阳修还总结了"其道易知而可法,其言易明而可行"的重要特征。这与"以混蒙虚无为道,洪荒广略为古;其道难法,其言难行"的"诞者之言"形成鲜明对比。四是强调"圣人之道"的"可得""可行""可学"。欧阳修以孔子"道不远人"的名言与《中庸》"率性之谓道"的观点,说明"人"与"道"的密切关系;以《春秋》为书,"以成隐让","信道不信邪"等,说明"文""道"本为一体;指出"圣人之道"能"履之于身,施之于事",此非"诞者之言"所可比。又以《尚书》"稽古"、孔子"好古",说明"其事乃君臣上下、礼乐刑法之事",既具体实在又不虚不诞,"宜为君子之所学"。五是倡导为文"切于事实"而不务"高言"虚语。欧阳修以"孔子删《书》断自《尧典》",其学则曰"祖述尧舜"为例,说明儒家明白"渐远而难彰,不可以信后世"的道理,故"弗道其前",不说尧舜以前的事,体现了学风的扎实与文风的严谨。对于当时"舍近而取远""务高言而鲜事实"的不良风气,欧阳修给予了严厉批评。此后,其又举《书》为例,称"唐、虞之道为百王首",而所书"其事不过于亲九族,平百姓,忧水患",以此说明"道"在"事"中。欧阳修认为"孔子之后,惟孟轲最知道""然其言不过于教人树桑麻,畜鸡豚",而"孟轲之言道""其事乃世人之甚易知而近者",也是不务"高言"。六是批评"诞者之言""无用之说",以遏止与矫正不良文风。欧阳修批评"今之学者不深本之,乃乐诞者之言,思混沌于古初,以无形为至道",指出"务高远之为胜,以广诞者无用之说",这不是"学者之所尽心"的事。并针对张秀才文章"舍近取远,务高言而鲜事实"的弊病,劝其"宜少下其高而近其远"[①]。由上述六点可知,欧阳修以正本清源的方式,重新举起复兴儒"道"与古朴文风的大旗,在建构文道观的话语体系时,不仅选择了广大

[①] 欧阳修撰,李逸安点校:《欧阳修全集》卷六十七,第3册,第977—979页。

士人最为熟知的"文""道"概念，而且使用表达精准的"圣人之道""诞者之言"一类不易产生歧义的词语，易为广大学人所接受。

其次，欧阳修文道观的生成是一个不断丰富和深化的建构过程。其《与乐秀才第一书》对广大学人最为关心的"文"做了深入阐释，进一步丰厚了文道观的理论内容。欧阳修指出往圣前贤"为道虽同"而"辞皆不同""言语文章未尝相似"①的现象，不仅揭示了"文如其人"的个性化规律，而且说明艺术风格多样化的必然性。他们的生活环境与内在修养有差异，却始终遵循儒家之"道"，尽管文章的形式风格与表述方式各具风貌，但在思想内容方面，都体现着关心社会、关注现实、关切民生的人文情怀，承载着重要的道德价值和文化意义。欧阳修视"文"为"道"的集中反映和表现载体，将儒学之"道"与科举考试的现实需求紧密结合，引导学人追求"圣人之道"，进而带动"圣人之文"在知识论述和文学表达上的转变，为广大士人指出了一条既能实现政治功利性，又能达成文学审美性的努力方向。

再次，欧阳修在厘清"圣人之道"的文化定位以及"文道"关系的基础上，又为建构文道观话语体系赋予实践意义。他在《答吴充秀才书》中提出"道胜文至"说，"圣人之文虽不可及，然大抵道胜者文不难而自至也"。由此进一步指出"终日不出于轩序，不能纵横高下皆如意者，道未足也"②。欧阳修认为，孔子著述整理六经只花了数年时间就得以完成，是因为他周游列国并实际考察，对现实社会的思考与认识深刻，思想与文化积累深厚。当今学人要想写出"圣人之文"，就要走出书斋，深入社会，践行其"道"。圣人之"道"是具体的、实在的、充满人情人性的，既在于"君臣、上下、礼乐、刑法之事"的纲常伦理，更在于社会生活中"百事"的方方面面。"务道、行道"就是要身体力行地在社会生活中不断实践，积极承担社会道义和现实使命。欧阳修将抽象的"道"创新为一种可知可行的话语体系，实现了从理论到实践的飞跃与质变，使其文道观话语体系不仅具有理论意义，更具有行为上的可操作性，对现实生活有实际的指导价值，因此获得了士人群体的广泛认同与普遍接受。

---

① 欧阳修撰，李逸安点校：《欧阳修全集》卷七十，第 3 册，第 1024 页。
② 欧阳修撰，李逸安点校：《欧阳修全集》卷四十七，第 2 册，第 664 页。

最后，欧阳修将"圣人之道"升华为士人阶层实现人生理想的坚定信念与践行准则。他在《答祖择之书》中指出，社会中存在着"今世无师""忘本逐利"等败坏风气的现象，造成这种乱象的重要原因就是儒家文化的式微。于是他告诉学人，"学者当师经，师经必先求其意，意得则心定，心定则道纯，道纯则充于中者实，中充实则发为文者辉光，施于世者果毅"[①]，要求士人向真正代表"圣人之文"的"六经"学习，以"格物致知、修身齐家治国平天下"为核心价值，将"道"的精神实质内化在濡养德性的人格修养中，"君子多识前言行，以畜其德"[②]，注重对自身德性修养的锤炼，从而达到"道纯中实"的有德境界，体现在文章中自然会富有光彩。欧阳修将儒者终生追求的道德理想纳入"圣人之道"的评判维度，将"道"升华为士人阶层的核心文化价值和最高精神追求，体现出他文道观所具有的社会良知与思想价值。

以上考述了欧阳修文道观及话语体系的建构与完善，其根本实质是欧阳修对儒家思想的殷服，是对修身养性圣贤品格的企慕，代表着士人阶层的文化品格与精神价值。欧阳修呼唤并创明"圣人之道"的话语论述，恢复儒学精神，回归圣人原旨，体现出强烈的古道意识以及"我注六经"的创新意识，有宋一代的精神风尚、价值观念、审美趣味与诗文风格都是在"圣人之道"中形成并充分发展起来的。

三 欧阳修文道观的文化实践与革新策略

宋初以杨亿、刘筠等为首的"西昆派"承袭晚唐五代文风，创作用事精巧、辞藻华丽的四六文，重新煽起浮靡文风，随后晏殊、宋庠、宋祁、王珪等"后西昆派"又将骈文大量运用于制诰、奏议、碑册、谢表、笺启等应用文体中，促使四六文"耸动天下"[③]，盛极一时。宋仁宗自天圣三年至明道二年间（1025—1033），多次下诏申戒浮华，尹洙、王禹偁、穆修等文人也极力提倡古文，尽管朝廷遏制与古文派上下呼应，但似乎还是没有引起文坛的巨大响应。一方面是因为古文家对骈文、散文非

---

① 欧阳修撰，李逸安点校：《欧阳修全集》卷六十九，第3册，第1010页。
② 欧阳修撰，李逸安点校：《欧阳修全集》卷四十七，第2册，第661页。
③ 刘克庄：《后村诗话》卷二，中华书局1983年版，第22页。

此即彼的绝对态度，在四六文风头正劲之时，要"以散代骈"必定阻力重重；另一方面，古文家们并没有创作出超越前人的优秀作品，也没有出现能够折服文坛、号召与凝聚文人群体的领军人物，故不会得到广泛认同。

欧阳修走向文坛并逐渐崭露头角时，四六骈文早已是成熟的文体，具备了自成系统的话语风格，要想革新，并非易事。否定四六文体的话语形式，改变士人长期以来僵化的思维模式与文化心态，尤其是当四六文在科举取士中颇受重视的情况下，正所谓"自词科之兴，其最贵者四六之文"[①]，难度之大不言而喻！面对朝廷申戒浮华的现实政治压力，如何恢复上古文风，让散体古文成为主流，这是古文派面临的重大挑战，也是变革文风的重大机遇。对欧阳修而言，这一时期是他引领文坛并树立盟主形象的重要阶段，文体改革的成败会影响甚至改变他的话语权力与政治地位。采取什么样的文化策略才能确保文风改革成功，是他必须认真考虑的重大问题。欧阳修选择既有因循又有创造的策略，借鉴前人的创新经验，选择"破体为文"的方式，在"尊体"与"破体"中突破了"文各有体"的藩篱，通过"以文体为四六"[②]的话语创新方式，巧妙化解了骈体、散体看似完全对立的矛盾话语体系，创造出能够兼容古文而自成一格、独具风神的"宋四六"，探索到一种既维系时文功利性又含纳古文审美性的均衡模式，从而取得了宋代文风革新运动第一战役的巨大成功。

首先，欧阳修以开阔的学术视野与海纳百川的胸怀，用理性、包容、通达的态度看待四六文。其一，宋代建国至欧阳修主盟文坛之前的 70 年，四六文创作十分繁荣，有历史的必然性。宋初万象更新、文治武功、国威扬厉，自然需要典雅庄重、富丽堂皇的骈文来歌功颂德、润色宏业，属对精切、形式优美的骈体，契合安稳平和、雍容醇正的审美风尚与文化心理。"兴文教，抑武事"[③] 的治国方略，表现出统治者尊重知识、优渥文人的政策倾向，不少士子因献赋获誉，如开宝九年（976）正月，扈蒙上

---

① 叶适：《宏词》，曾枣庄等编《全宋文》第 285 册，上海辞书出版社、安徽教育出版社 2006 年版，第 255 页。

② 陈善：《扪虱新语》卷一，中华书局 1985 年版，第 7 页。

③ 李焘：《续资治通鉴长编》卷一八，中华书局 1979 年版，第 394 页。

《圣功颂》"述太祖受禅、平一天下之功,其词夸丽,遂有诏褒之"①;又如太平兴国四年(979)宋白献《平晋颂》而擢为中书舍人。此类例子,体现出政治权力对文学话语的规范要求,而文人通过创作四六文迎合圣心,表达出自己的政治意愿与权力诉求。因此可以说四六文体是政治集权和文化专制状态下,文人选择的集体书写形式,受到特定时代的影响。其二,四六文确有无可取代的文体价值。欧阳修在《答陕西安抚使范龙图辞辟命书》中说:"世人所谓四六者,非修所好,少为进士时不免作之,自及第,遂弃不复作"②,透露出四六文能为士子提供文学话语与政治权力之间转换的可能性,具有不可忽视的功利性;此外还具有"上至朝廷命令、诏册,下至缙绅之间笺书、祝疏"③无所不用的广泛性。其三,四六文具有独特的美学风格。欧阳修在《谢知制诰表》中称:"质而不文,则不足以行远而昭圣谟;丽而不典,则不足以示后而为世法"④,充分肯定四六骈文端庄严肃的文体优势,以及用典精当、对仗工整等形式美。其四,欧阳修早年的创作经历以及他与四六大家的密切交往关系。欧阳修"早工偶丽之文,故试于国学、南省,皆为天下第一"⑤,足见其四六创作的功力。欧阳修在文学上与"西昆派"有一定渊源,钱惟演是西河幕府的主人,洛阳的文学经历影响了欧公文学思想的形成,他在政治上又受到晏殊等人的提携举荐,他也赞赏西昆诸家"雄文博学,笔力有余"⑥,更称杨亿为"真一代之文豪也"⑦,故他并不全盘否定四六文。其五,欧阳修对文学发展规律有清醒认识。四六文发展至杨亿、刘筠时已达高峰,物极必反,后期似乎再无出路,而陷入隶事晦涩、堆砌典故、形式僵化的泥

---

① 脱脱等:《宋史》卷二六九,中华书局 1985 年版,第 9293 页。
② 欧阳修撰,李逸安点校:《欧阳修全集》卷四十七,第 2 册,第 662 页。
③ 洪迈:《容斋四六丛谈》,见王水照编《历代文话》第 1 册,复旦大学出版社 2007 年版,第 49 页。
④ 欧阳修撰,李逸安点校:《欧阳修全集》卷九十,第 4 册,第 1319 页。
⑤ 邵伯温撰,李剑雄、刘德权点校:《邵氏闻见录》卷一五,中华书局 1983 年版,第 166 页。
⑥ 欧阳修:《六一诗话》,见何文焕辑《历代诗话》上册,中华书局 2004 年版,第 270 页。
⑦ 欧阳修:《归田录》,见朱易安等主编《全宋笔记》第 1 编,大象出版社 2003 年版,第 252 页。

淖，导致"今世士子，习尚浅近，非章句声偶之辞不置耳目"①，士人沉迷于内容空虚、浮艳纤弱的时文不可自拔。欧阳修于此时提出"以文体为四六"的主张，则为骈文发展指出了一条新路，使四六文的长短及节奏变化，服从于议论说理的需要；同时又借助古文的气势与笔调，使骈文自然流畅、情文并茂，从而提高了四六文的实用功能与审美价值，"骈体亦一变其格，始以排戛古雅，争胜古人"②，重新焕发了鲜活的生命力。

其次，欧阳修始终将"圣人之道"作为核心思想贯穿文体改造中。四六文最大的弊病就是片面追求语言工整，容易造成说理不清和叙述不畅，限制思想的自由表达，内容空泛显然无力承担载"道"使命，与"圣人之文"的标准相去甚远。"以文体为四六"的文化策略，改变了时文刻意追求对偶、堆砌辞藻的僵化形式，有利于自由灵活地表达儒家礼乐的政教内容，改变了士人群体文化资本趋于世俗化的局面。欧阳修甚至直接将"圣人之道"的儒学精神贯注于新四六文中，《上执政谢馆职启》直接以六经入文，但又叙事明白、娓娓道来，堪称"变革为文"的经典，不仅从文体形式上恢复了叙事议论的先秦古文传统，而且从思想内容上突出了"六经之所载，皆人事之切于世者"③ 的社会功能，从形式与内容两方面为四六文注入了一股源头活水，体现出欧阳修复兴儒学的精神实质。这才是纠正浮靡文风、净化文化环境，最有力度的话语重塑与变革方式。

再次，欧阳修"众莫能及"④ 的文章模范，以及文人的文化意愿与创作实践，促使"以文体为四六"的主张获得普遍认同与广泛传播。一是欧阳修的四六文创作代表了"宋四六"的最高成就。他的文集中有七卷是四六骈文，大多为表、奏、书、启等，陈师道说"欧阳少师始以文体为对属，又善叙事，不用故事陈言，而文益高，次退之云"⑤，指出欧阳修骈文以散行之气运对偶之文，艺术成就仅次于韩愈。他本人的艺术才力超群，能将两种文体的章法、结构、风格有机地融为一体，其《谢襄州

---

① 穆修：《答乔适书》，曾枣庄等编《全宋文》第 8 册，巴蜀书社 1990 年版，第 412 页。
② 孙梅：《四六丛话》，王水照编《历代文话》第 5 册，第 4955 页。
③ 欧阳修撰，李逸安点校：《欧阳修全集》卷九十五，第 4 册，第 1446 页。
④ 韩琦：《欧阳公墓志铭》，见欧阳修撰，李逸安点校《欧阳修全集》附录卷三，第 6 册，第 2704 页。
⑤ 陈师道：《后山诗话》，何文焕辑《历代诗话》上册，第 310 页。

燕龙图肃惠诗启》"佳在不作长句"①,《上随州钱相公启》"言情运事皆佳"②,他的四六文创作异于流俗的文学形式,为广大士人钦服,"修文一出,天下士皆向慕,为之唯恐不及,一时文字,大变从古"③,对变革浮华文风具有重要示范作用。二是欧阳修作为文坛盟主,其文学主张获得士人群体的积极响应,前有苏洵、苏轼、苏辙、王安石、曾巩等人,稍后有苏门四学士、陈师道等人,交相呼应,创作出了许多出色的"宋四六"作品。其中苏轼与王安石的四六文创作最具代表性,"本朝四六,以欧公为第一,苏、王次之"④,苏轼的四六文独辟蹊径,杨囦道的《云庄四六余话》说他的骈文"偶俪甚恶之气一除,而四六之法则亡矣"⑤,其《谢量移汝州表》《孙觉可给事中制》等,笔调轻快雄健、句式自然妥帖。王安石的骈文自守法度,如《贺韩魏公启》《辞拜相启》等文章,笔力雄健、深厚典雅,展现着文风改革之后"宋四六"的新风貌。

最后,"以文体为四六"的改革策略其实是文学、政治与社会多方互动、彼此妥协的产物。欧阳修凭借长期积累的文化资本和话语权利,已经获得文人群体的广泛认可与普遍支持,士人承认、服从并认可他的文化权威与领导,团结了如梅尧臣、苏舜钦、范仲淹等同道,奖掖推荐了苏洵、苏轼、王安石等人。但当时的欧阳修,在国家政治领域的影响力并不足够大,无法直接抗衡具有根深蒂固的社会基础和现实政治权力的四六文。何况骈文还是当时科举取士的重要内容,承载着一定的政治使命与服务功能,是文学形式与政治权力交织的产物。故欲变革文坛风气,只能通过"委婉"的文化创新策略来实现,在悄然渐变中完成。这里不妨与欧阳修排抑太学体做比较,更能凸显他"破体为文"的思想智慧。嘉祐二年(1057)前后,欧阳修接连被授予翰林学士、权知礼部贡举、右谏大夫、判尚书礼部、判

---

① 何焯著,崔高维点校:《义门读书记》卷三八,中华书局1987年版,第679页。

② 高步瀛:《唐宋文举要》乙编卷四,上海古籍出版社1982年版,第1622页。

③ 叶涛:《重修实录本传》,欧阳修撰,李逸安点校《欧阳修全集》附录卷二,第6册,第2670页。

④ 吴子良:《林下偶谈》卷二,曾枣庄等编《宋文纪事》(上),四川大学出版社1995年版,第251页。

⑤ 邵博:《闻见后录》卷十六,《四库全书·子部·小说家类》第1039册,上海古籍出版社1987年版,第291页。

秘阁等八种官职，宋仁宗还亲赐"文儒"二字，标志着他获得了社会政治与文化领域的全面认可，掌握了实际话语权。欧阳修在这样的文化语境中知贡举，黜落僻涩险怪的太学体，"凡如是者辄黜"①，象征的是政治许可与权力意愿对文学形式与知识论述的甄别、筛选，所以短时期内就获得显著成效，"时体为之一变"②，沉重打击了太学体，让古文传统重获新生。欧阳修在改造骈文的第一次诗文革新运动时，并未得到最高统治者的亲自授权，更没有文学领域的绝对话语权力，所以面对变革四六文风的历史任务，他不具备彻底否定的资本，而只能通过矫正四六文的弊病，更新骈体的话语形式与论述方式，使之发生改变，"以优游坦夷之辞矫而变之，其功不可少，然亦未尝不有取于昆体也"③，而这正是欧阳修在变革文风过程中受到较少阻力，并取得成功的关键因素。因此欧阳修采取"以文体为属对"的文化策略，领导了宋代第一阶段的古文运动并获得成功，是他对文坛风向、政治权力和士人群体三者复杂关系的准确把握，以及对文学话语的创新性表述，才取得了诗文革新运动的最终胜利。

欧阳修赋予"宋四六"新的生命与风骨，不仅古文家欣然接受，而且专精四六文的骈俪名家如王畦也有所接受，其创作风格也为之一变。新式四六在南北宋之际及南宋进入了发展的鼎盛时期，清人彭元瑞在《宋四六选·自序》中说："洎乎渡江之衰，鸣者浮溪为盛，盘洲之言语妙天下，平园之制作高禁中，杨廷秀笺牍擅场，陆务观风骚余力。"④ 南宋文人汪藻、洪适、周必大、杨万里、陆游等人将这种新文体发扬光大，创作出了耸动人心、传诵人口的名篇。欧阳修"破体为文"的文化创新策略，为文学发展开辟了崭新的道路，推动了北宋诗文革新运动健康发展并取得巨大成功，扭转了"论卑气弱"的文坛态势，营造了救时传道的文化环境，也创造性地弘扬和建构了中华文明发展的优秀文化传统。苏轼在《六一居士集叙》中称欧阳修为"今之韩愈"，"其学推韩愈、孟子以达于

---

① 脱脱：《宋史》卷三百一十九，第 10378 页。
② 沈括著，金良年校点：《梦溪笔谈》卷十九，齐鲁书社 2007 年版，第 58 页。
③ 张绥：《明嘉靖玩珠堂刊西昆酬唱集序》，见杨亿编，王仲荦注《西昆酬唱集注》附录二，中华书局 1980 年版，第 340 页。
④ 彭元瑞：《宋四六选·自序》，《恩余堂辑稿》卷一，《续修四库全书·集部·别集类》第 1447 册，上海古籍出版社 1996 年版，第 446 页。

孔氏，著礼乐仁义之实，以合于大道，其言简而明，信而通，引物连类，折之于至理，以服人心"[①]，正是对欧阳修亲身践行"圣人之道"与"圣人之文"文道观的最好评论。

2019年初夏草拟于闵行
2020年7月定稿于奉贤

[①] 苏轼：《六一居士集叙》，孔凡礼点校《苏轼文集》卷十，第2册，中华书局1986年版，第316页。

论苏轼的人文史观:"功与天地并"*

摘要:中华文化以人文为灵魂,从人文初祖伏羲到周文王姬昌,从孔子、孟子到韩愈、欧阳修,都在人文体系创建、社会历史实践和思想理论引导诸方面建树卓越。苏轼的《六一居士集叙》从中华民族发展史的高度,审视儒学的作用与影响,以丰富的史实系统阐释"孔孟韩欧"一脉相承的儒学谱系,认为儒学的创建与传承"功与天地并",集中反映了苏轼的人文史观。苏轼着眼于人类生存,将人文思想与物质基础并列,具有里程碑意义。苏轼人文史观既以深厚儒学修养为基础,又得益欧阳修熏陶与时代思潮濡养,不仅具有多方面的创造性特征,成为文化社会实践的内在动力,而且引领了时代的文化发展,并给后世以深刻思想启迪。

人文思想是关系人类生存与发展方向的根本问题,人文史观与思想文化建设、人类文明发展紧密相连。一部人类发展史,就是不断深化人文认知和推动社会实践的思想史与文化史。人文是中华文化的灵魂,"以人为本""尊道贵德""人文化成"的思想理念和优秀传统,体现着先进的人文思想和文明发展的趋势。但迄今仍有不少人群,对人文的重要意义与巨大价值疑惑不清,甚至将"人文"与"科技"对立。其实,中国古代先贤对人文早有深刻认识并终生推动实践,儒学表现最为突出。从人文初祖伏羲到周代文王姬昌,从孔子、孟子到韩愈、欧阳修,都在人文体系创建、

---

* 本文发表于《东岳论丛》2021年第2期。中国人民大学复印报刊资料中国古代文学卷2021年第4期全文复印转载。杨庆存为第一作者,郑倩茹为第二作者。论文由郑倩茹执笔起草,杨庆存修改定稿。

社会历史实践和思想理论引导诸方面建树卓越。宋代文化巨擘苏轼，对儒学人文思想"功与天地并"的深刻理解和精湛阐释，是先进人文史观的集中呈现，也是其文化创造与社会实践的内在动力，且引领了时代文化发展，并给后世以深刻启迪。然而，学界对此鲜有专门研究，本文拟从《六一居士集叙》切入，考察讨论，或许对学人深入认识人文思想的人类意义与文化发展规律、深刻理解苏轼爆发式的文化创造与宋代文化的全面繁荣有所裨益，抑或对纠正近代以来的"重理轻文"偏向，重新认识人文学科的重大意义有所启迪。

一　苏轼人文史观的震撼引出："言有大而非夸"

当代著名学者王水照先生认为，"苏轼是我国文化史上一位罕见的全才，是人类知识和才华发展到某方面极限的化身"[①]；南宋孝宗赵昚则以"力斡造化，元气淋漓，穷理尽性，贯通天人"[②] 赞叹苏轼文化思想的博大精深。苏轼为欧阳修诗文全集结撰的序言《六一居士集叙》[③]（下称《集叙》），乃是其人文史观与学识才华的具体呈现，反映了深刻精到的儒学见解与高瞻远瞩的文化视野，读之令人震撼。其中用"功与天地并"评价儒学与传承，既是对欧阳修历史贡献的肯定，又是对人文意义的凝练表达，在中国古代文化史上具有里程碑意义。

文贵得体。书序既要得文章形式之"体"，又要得思想内容之"体"，更要得著者身份之"体"。与一般文人不同，欧阳修既是文学家又是政治家，不仅"以文章道德为一世学者宗师"[④]，而且领导了北宋诗文革新并获得巨大成功，所谓"挽百川之颓波，息千古之邪说，使斯文之正气，可以羽翼大道，扶持人心"[⑤]。范仲淹称北宋散文创作，至欧阳修"而大

[①] 王水照：《走进"苏海"——苏轼研究的几点反思》，《文学评论》1999年第3期。

[②] 赵昚：《苏轼文集序》，孔凡礼点校《苏轼文集》附录，中华书局1986年版，第6册，第2385页。

[③] 本文对《六一居士集叙》的引用，皆出自孔凡礼点校《苏轼文集》卷10，第2册，第315—316页。以下不再出注。

[④] 吴充：《欧阳公行状》，李逸安点校《欧阳修全集》附录3，中华书局2001年版，第6册，第2693页。

[⑤] 脱脱等：《宋史》卷319《欧阳修传》，中华书局1977年版，第30册，第10383页。

振之，由是天下之文一变而古，其深有功于道"①。欧阳修还提出了"文与道俱""事信言文"的系统理论，倡导"百事为道""切于事实""不为空言而期于有用"②，显示出思想的进步性。尤其是他创作了大批"超然独骛，众莫能及"③的优秀散文，"文备众体，变化开阖，因物命意，各极其工"④，影响深广。欧阳修"平生以奖进贤材为己任"⑤，"奖引后进，如恐不及，赏识之下，率为闻人"⑥，由此培养了大批传承儒学的文化精英与治国人才。给这样一位为宋代文化发展做出巨大贡献的"一代宗师"⑦作书序，无疑是对思想境界与艺术魄力的挑战。

欧阳修在文化层面的贡献，首先是创造性地传承儒家学说引领文风复古，发扬光大中华优秀传统文化的思想精髓，推动了时代文化与社会文明的发展。儒学创始人孔子终生致力于中华文化与社会文明的思考，所谓"周室既衰，诸侯恣行。仲尼悼礼废乐崩，追修经术，以达王道。匡乱世反之于正，见其文辞，为天下制仪法，垂《六艺》之统纪于后世"⑧，创建了以关心民生、关注现实、关切社会为核心并保障社会秩序安定的儒家学说，代表着中国古代的主流文化与核心价值观。这是在继承夏、商、周优秀传统文化基础上创建的思想体系，在中华文化发展和中国历史演进中发挥了重大作用。欧阳修继承弘扬儒学思想，不仅以"圣人之道"为灵魂、以儒家经典为范本，强调"其道，周公、孔子、孟轲之徒常履而行之者是也"，"其文章，则六经所载，至今而取信者是也"⑨，而且特别重视儒家思想的社会实践性，要求学人士子"履之于身，施之于事"，为文"切于事实"而不务"高言"，其思想主张与孔孟一脉相承。显然，只要

---

① 范仲淹：《尹师鲁河南集序》，李勇先、王蓉贵点校：《范仲淹全集》卷8，四川大学出版社2007年版，上册，第183页。

② 欧阳修：《荐布衣苏洵状》，李逸安点校《欧阳修全集》卷112，第4册，第1698页。

③ 《宋史》卷319《欧阳修传》，第10381页。

④ 吴充：《欧阳公行状》，李逸安点校《欧阳修全集》附录卷3，第6册，第2693页。

⑤ 欧阳发：《先公事迹》，李逸安点校《欧阳修全集》附录卷2，第6册，第2628页。

⑥ 《宋史》卷319《欧阳修传》，第10381页。

⑦ 谢枋得：《文章轨范》卷4，高海夫《唐宋八大家文钞校注集评·庐陵文钞》，三秦出版社1998年版，上册，第1811页。

⑧ 司马迁：《史记·太史公自序》，《史记》卷130，中华书局1982年版，第3310页。

⑨ 欧阳修：《与张秀才棐第二书》，李逸安点校《欧阳修全集》卷67，第3册，第978页。

说清楚儒学的人类意义，就明白了孔子孟子的巨大贡献，而欧阳修的功绩则不言而喻。按照这样的逻辑作序，既可避其细而就其大，又能凸显高度与亮点。于是，苏轼采用立意高远、视野雄阔、由古至今的结构方法，振聋发聩地提出问题，气势恢宏地深入分析，引出震撼人心的学术观点——儒学与传承"功与天地并"。

《集叙》起笔即说"言有大而非夸，达者信之，众人疑焉"，指出有些听起来似乎是令人难以置信的"大话"，其实并非故意夸张，文化修养和智力水平高的人，自然会理解和相信，而大多数普通人往往疑惑不解。从人情事理发端，新奇精警，自然亲切而又发人深省，为下面内容观点的引出预做了铺垫。作者首先拈出儒学史上的两个"大言"之例，即"孔子曰：'天之将丧斯文也，后死者不得与于斯文也。'孟子曰：'禹抑洪水，孔子作《春秋》，而予距杨、墨。'盖以是配禹也。"同时发出"文章之得丧，何与于天？而禹之功与天地并，孔子孟子以空言配之，不已夸乎"的疑问。

《论语·子罕篇》载，鲁定公十三年（公元前497），孔子率弟子由卫国去陈国，路经匡地，匡人曾遭受鲁国阳虎的掠夺和残杀，孔子相貌与阳虎相似，匡人误认孔子为阳虎，将其围困，拘禁五日，一度要杀害孔子。被困期间，孔子说了"文王既没，文不在兹乎？天之将丧斯文也，后死者不得与斯文也；天之未丧斯文，匡人其如予何"[①] 这段话。意思是说，周文王去世后，只有我掌握了周代创造的文化文明和文献，这是上天有意让我传于后世。如果我死了，后人就无法知道这些文化了。天意若是灭绝周文化，我就不会有掌握这些文化的机会；既然让我掌握了这些文化，上天就是让我担负起传承周文化的责任，我将会得到上天的护佑，匡人没有办法能害我。由此说明自己不会有生命危险，表现出临危不惧的充分自信和"斯文自任"的坚定信念。苏轼所引其中两句，重点在于突出孔子将"天"与"斯文"以及自己担负的使命联系在一起，表达"授命于天"的意思，似乎确有"大言"之嫌。

孟子之语，源于《孟子·滕文公章句下》："昔者禹抑洪水，而天下

[①] 《论语·子罕第九》，杨伯峻《论语译注》，中华书局2012年版，第124页。"后死者"，注者多作"孔子自称"，然由语境度本义，当为"后我死者"，即"死于孔子之后的人"。

平；周公兼夷狄，驱猛兽，而百姓宁；孔子成《春秋》，而乱臣贼子惧。我亦欲正人心，息邪说，距诐行，放淫辞，以承三圣者，岂好辩哉？予不得已也！能言距杨、墨者，圣人之徒也。"① 苏轼抽出的三句意思是说，大禹治水、孔子作《春秋》与自己批驳杨朱、墨翟这三件事，同宇宙自然为人类提供生存空间的功德一样大。众所周知，大禹治水改善了人类生存生活生产环境，正如李白的《公无渡河》诗所言"大禹理百川，儿啼不窥家。杀湍湮洪水，九州始蚕麻"②。苏轼也以"禹治洪水，排万世之患，使沟壑之地，疏为桑麻，鱼鳖之民，化为衣冠"③ 称叹。大禹的功德体现在物质物理层面，社会效果的直观性很强；而孔子作《春秋》与孟子辟杨墨，则属于文化意识形态，虽然影响人心、规范行为，却不具备直观性，让人觉得这二者与大禹治水没有可比性，更无法与"天地之德"并论。孟子的话，似乎也确有"大言"之嫌。

作者由此归纳说，孔子作《春秋》与孟子辟杨墨，与"天"有何关系？怎能将"文"与"天"联系一起呢？大禹治水功德之巨，固可比肩天地，而孔孟言论，并无实在物质体现，怎能与大禹比并，更何况天地！这不确实给人以夸张的感觉吗？由此既照应了开头的"言有大"，又解释了"众人疑之"的合理性。更为重要的是，此处不仅引出了本篇书序的核心观点"功与天地并"，而且暗含不为"众人"关注的深层问题，即如何评价人文思想的价值意义与历史地位。对这一问题的不同回答，代表着不同的人文史观。"言有大"仅是表面现象，证明其"非夸"才是作序者的本意，只有让人们明白孔子作《春秋》、孟子辟杨墨的意义，确实与大禹治水一样造福人类，才能说明"言有大而非夸"，儒家人文思想的确"功与天地并"。

二 苏轼人文史观的文化诠释："功与天地并"

汉代孔安国的《尚书·序》称书序"所以为作者之意，昭然义见"④，

---

① 《孟子·滕文公章句下》，杨伯峻《孟子译注》，中华书局2012年版，第165页。
② 李白：《公无渡河》，彭定求等编《全唐诗》卷19，延边人民出版社2004年版，第1册，第914页。
③ 苏轼：《儒者可以守成论》，孔凡礼点校《苏轼文集》卷2，第1册，第40页。
④ 孔安国：《尚书·序》，严可均《全上古三代秦汉三国六朝文·全汉文》卷13，中华书局1958年版，第127页。

揭示了书序介绍著作宗旨内容、便于读者了解其意义价值的基本要求。《集叙》选择了以评价欧阳修的历史贡献为重心,即"功与天地并",全篇紧紧围绕这一观点层层展开文化诠释。发端以"言、信、疑"为三支点,引出大禹孔子孟子"功与天地并"的讨论,提出孔孟以文章"配禹""不已夸乎"的考问。其后,通过前代历史发展的事实,进行深刻分析与阐释。

第一,正面讲述孔孟思想保障人类生存的社会效果。孟子曾经对孔子修《春秋》的历史背景和动因宗旨有过介绍:其时"世衰道微,邪说暴行有作,臣弑其君者有之,子弑其父者有之。孔子惧,作《春秋》"①。指出孔子时代,部分邦国仕族丧失人性道德,造成社会秩序极度混乱。孔子敏锐地认识到这将严重危及人类生存,深感恐惧与忧虑。为制止继续恶化,孔子采用记述"天子"历史的方法,借助文化道德和社会舆论的力量,实施约束,规范行为,创造了深含"微言大义"的"春秋笔法"。"自《春秋》作,而乱臣贼子惧"②,取得良好的震慑效果。孟子对自己"辟杨墨"的文化背景、社会情形和动因目的也做过生动描述:"圣王不作,诸侯放恣,处士横议,杨朱、墨翟之言盈天下。天下之言不归杨则归墨。杨氏'为我',是无君也;墨氏'兼爱',是无父也。无父无君,是禽兽也。"③ 指出了杨墨之学泯灭人性、毁灭儒学,危及人类生存。孟子认为"杨墨之道不息,孔子之道不著,是邪说诬民,充塞仁义也"④。他为此担忧和恐惧,于是毅然批判和遏止杨墨邪说,捍卫与弘扬孔子儒学,所谓"吾为此惧,闲先圣之道,距杨墨,放淫辞,邪说不得作。作于其心,害于其事;作于其事,害于其政"⑤,不给杨墨学说得逞的机会。"孟子之言行,而杨墨之道废"正是其努力维护儒学、确保社会正气的结果。然而,人们没有觉察修《春秋》和"辟杨墨"的意义,误以为当时社会的发展本来就应该是这样,不知道这是孔子、孟子努力的结果,所谓

---

① 《孟子·滕文公章句下》,《孟子译注》,中华书局2012年版,第187页。
② 《孟子·滕文公章句下》,《孟子译注》,第165页。
③ 《孟子·滕文公章句下》,《孟子译注》,第165页。
④ 《孟子·滕文公章句下》,《孟子译注》,第165页。
⑤ 《孟子·滕文公章句下》,《孟子译注》,第165页。

"天下以为是固然，而不知其功"。至此，苏轼对孔子、孟子"言有大而非夸"做了深刻诠释，既突出了儒家思想对弘扬社会正气、推动人类文明发展的重大作用，又彰显了儒家人文思想在舆论、道德、文化方面的社会影响力和巨大能量。

第二，以"申商韩非之学"的负面影响，反衬儒学保障人类生存的重要性。苏轼指出，孟子去世后，法家学说流行，创始人申不害、改革家商鞅、集大成者韩非等相继兴起，他们偏离儒学"以人为本"的宗旨，"违道而趋利，残民以厚主"，与"崇仁尚礼，继道明德"的儒学相比，恶劣丑陋。法家用"严而少恩"[①]的学说迷惑君主，而君主贪图眼前功利，"靡然从之"。当此之际，没有出现孔子、孟子这样的思想家进行批驳阻止，"故其学遂行"。由此导致的直接后果就是国家消亡、社会动乱、生灵涂炭，"秦之以是丧天下"，陈胜、吴广揭竿起义，刘邦、项羽楚汉之争，造成"死者十八九，天下萧然"的惨痛局面，"洪水之患，盖不至是也"。苏轼设想，如果在"秦之未得志"时，出现孟子式的人物，像"距杨墨"那样"距申商韩非"，维护儒学，那么就不会出现"死者十八九"的惨烈景象。由此前推，如果没有孟子，杨朱与墨翟学说将横行天下，祸害程度恐怕比"申商韩"还要惨烈。正是孟子"辟杨墨"，才避免了"天下萧然"，这同大禹治水给人们带来的福祉是一样的，所以"虽以孟子配禹可也"，即孟子与大禹一样"功与天地并"；孟子承续孔子，孔子自然也与大禹一样"功与天地并"。这就是苏轼对"言有大而非夸"和"达者信之"有力论证的内在逻辑与文化诠释。

第三，以汉代盖公、贾谊、晁错为例，表示对"众人疑焉"的理解。苏轼借《史记·太史公自序》中"盖公言黄、老，贾谊、晁错明申、韩"[②]之语，指出"邪说之移人，虽豪杰之士，有不免者，况众人乎"，回应并解释前面"众人疑焉"。"盖公"为汉代山东胶西著名学者，精通黄帝老庄之学，曾以"宁静治国"教授丞相曹参；西汉著名政论家贾谊、晁错，均博学多才，但置儒学于不顾，却推行申不害与韩非学说，贾谊位

[①] 司马迁：《太史公自序》，《史记》卷130，中华书局1975年版，第3291页。
[②] 原句为："自曹参荐盖公言黄老，而贾生、晁错明申、商。"（《史记》卷130，中华书局1975年版，第3319页）

至太傅,也以"申韩"为务,令人费解。像盖公、贾谊这样学识深厚的"豪杰之士"尚且如此,那么,普通人对"言有大"产生疑惑就不足为奇了!至此,作者以孔孟儒学为实例,以历史衍变为线索,正面阐述与反面对比相结合,突出儒学引领社会健康发展的重要意义,表达了儒学"功与天地并"的人文史观,同时圆满完成了"言、信、疑"的印证与诠释。

第四,由儒学的历史发展变化渐引至倡导"复古兴儒"的韩愈。苏轼以更为开阔的视野和恢宏的气势,讲述自汉代至宋代文化发展与社会衍变的历史事实,进一步证明儒学"功与天地并",并以此过渡到为欧阳修作铺垫。汉代董仲舒曾提出"推明孔氏,抑黜百家"[1],但未能落实到社会实践中,儒学没有恢复三代时期的主流地位,非儒学思想在中国历史发展进程中,则不断冲击着社会的正常发展。苏轼指出,"自汉以来,道术不出于孔氏,而乱天下者多矣。晋以老庄亡,梁以佛亡,莫或正之"。偏离儒学,就会天下大乱,乃至政息国亡。晋代因盛行老庄之学而灭,梁朝则因沉溺佛学而亡。晋、梁毁灭之前,没有人能以儒学思想纠正或抑制老庄、佛学思潮的过度传播。直到"五百余年而后得韩愈"[2],韩愈在儒学式微,释、道盛行之际,力辟佛、老,谏迎佛骨,倡导古文运动,致力复兴儒学,"文起八代之衰,而道济天下之溺","天下靡然从公,复归于正"[3],"学者以愈配孟子",认为其功德与孟子相同,即"功与天地并"。

第五,视欧阳修为"今之韩愈",则欧阳修亦"功与天地并"。韩愈逝世二百多年后,欧阳修走进文坛,以韩愈为榜样,揭帜"文风复古",弘扬儒学,"推韩愈、孟子以达于孔氏,著礼乐仁义之实,以合于大道",领导了宋代的诗文革新并获得巨大成功。其文学创作"简而明,信而通,引物连类,折之于至理,以服人心","天下翕然师尊之"。苏轼指出,欧阳修在世时,反对派曾"哗而攻之",但"折困其身,而不能屈其言,士无贤不肖,不谋而同曰'欧阳子,今之韩愈也'"。这就是当时人们给予欧阳修的评价,其推动儒学发展与促进社会进步的贡献,自然是与韩愈一

---

[1] 班固:《汉书》卷56《董仲舒传》,中华书局1962年版,第8册,第2525页。

[2] 此处"五百余年"是指汉代(公元前202—公元220)以后至韩愈(公元768—824)时代。

[3] 苏轼:《潮州韩文公庙碑》,孔凡礼点校《苏轼文集》卷17,第2册,第509页。

样"功与天地并"。这是《集叙》对欧阳修的历史评价，也是文章的核心观点。前面从发端开始的所有内容，都是铺垫，最终全都落实于此处，既有百川归海之势，又有曲折委婉之妙，虽然"千呼万唤"，却令读者拍案叫绝。

第六，以北宋文化发展的新变化印证欧阳修"功与天地并"。苏轼介绍了北宋前期的社会环境，一方面是和平安定，"民不知其兵，富而教之"；另一方面是文化领域缺乏活力与创新，呈现"斯文终有愧于古，士亦因陋守旧，论卑而气弱"的状态。欧阳修主盟文坛后，在弘扬儒学、改变文风、培养人才等方面做出了重大贡献，使得"天下争自濯磨，以通经学古为高；以救时行道为贤；以犯颜纳谏为忠"，不仅学风文风大变，而且注重社会实践。"长育成就，至嘉祐末，号称多士，欧阳子之功为多"，其培养社会文化精英，厥功至伟。作序者深沉感叹"此岂人力也哉？非天其孰能使之"，既呼应了前面"天"与"斯文"的关联，又正面传达了欧阳修的成就和表现，天佑其成，含纳着上天意志的历史使命感，类近孔子的受命于天。

第七，讲述欧阳修文化思想与创作实践的后世影响。苏轼指出，欧阳修去世"十有余年，士始为新学，以佛老之似，乱周孔之真"，儒学再次遭受挑战。"赖天子明圣，诏修取士法。风厉学者，专治孔氏，黜异端，然后风俗一变。考论师友渊源所自，复知诵习欧阳子之书。"由此点明编辑《六一居士集》的文化背景与现实意义，指出"欧阳子论大道似韩愈，论事似陆贽，记事似司马迁，诗赋似李白"的著作特点、文学风格与艺术境界，且以"天下之言"呼应文章发端。欧阳修广为人知，无须介绍生平事迹，故谨以名、字、号殿于末，结束全文。欧阳修身后的文坛变化，正是对其"功与天地并"的补充印证。

总之，"功与天地并"是对欧阳修历史贡献的评价，也是对儒学价值乃至人文思想意义的深刻认识，更是苏轼人文史观的具体表达。

三　苏轼人文史观的重要特征："以人为本"与"天人合一"

苏轼的人文史观具有鲜明突出的民族特色，体现着中华文化"以人为本、天人合一、尊道贵德"的三大理念。

苏轼人文史观的首要特征是着眼于人类的和平发展与文明发展，境界高远。苏轼将中华文化"天人合一"的哲学理念,作为思考审视人文思想历史地位与社会价值的前提,认为人文既是人类历史实践的智慧结晶,又是人类效法自然宇宙之天地道德,参与化育万物的特有方式,人文之德与天德地德并立为三。苏轼将思想意识层面的文化现象与物理物质层面的生存基础对举,把天地化育万物与大禹治水奠定人类生存物质基础的功绩,同孔孟韩欧以文化意识形态推动人类社会文明发展的贡献并列,凸显人文思想对人类生存、社会发展、国家兴亡的重要作用。南宋吕祖谦在《古文关键》中说"以文章配天,孔孟配禹,果然大而非夸"[1],苏轼的人文观念震撼了这位与朱熹、张栻并称"东南三贤"的著名学者,其对人文思想丰富内涵和巨大意义的深刻理解,得到学界认同。

苏轼人文史观的又一特征是立足发明"天"与"文"与"人"的密切关联,思考深刻。这是苏轼人文史观的核心内容,"天""文"关系是贯穿《集叙》全篇的内在线索。开篇即提出"天"与"斯文"及"文章"与"天"的问题,"天之将丧斯文"直接将"天"与"斯文"关联,而"文章之得丧,何与于天"的发问,尖锐明确,令人沉思,也为后面的诠释埋下伏笔。至论"欧阳子之功",感叹"非天,其孰能使之",说明欧阳修以儒学思想挽救社会颓势,绝非人力企及,欧阳修亦如孔子,兴复儒术是实践"天"的意志。天有自然之意,即"天意",其中包含不可违背的自然规律或"自然之道"。苏轼视"天"为既有生命意志又可主宰万物的"神灵","文"自然也在其掌握中。但这并不意味着人只能被动接受支配,相反,人是宇宙智慧的主体,思想文化不仅是人类独有的非凡创造,更是积极参与天地创造万物的重要方式。苏轼对"天"与"文"关系的思考,蕴含着深厚的"以人为本、天人合一"的哲学理念。

"天""人"关系是苏轼人文史观的思想精髓。中华传统文化认为,"德"是"天""人"共有的品质特性。"天地之大德曰生"[2],乃"生之始""生之本",化生万物、养育生命,为生物始源。这使得宇宙充满

---

[1] 吕祖谦:《古文关键》卷下,黄灵庚点校《吕祖谦全集》,浙江古籍出版社2008年版,第11册,第106页。

[2] 《周易·系辞下》,王弼、韩康伯注,孔颖达疏《周易正义》卷8,阮元校刻《十三经注疏》,中华书局1980年版,上册,第74页。

循环往复、生生不息的生机活力，显示着孕育生命、承载万物并始终周流不息的"天道"。"天地之道，博也，厚也，高也，明也，悠也，久也"①，表现出广博、深厚、高大、光明、悠远、长久的高贵品德。而人作为天地的独特创造，一切的生命活动都应体现与天地相同的"德"。《周易·乾·文言》谓"大人者，与天地合其德，与日月合其明，与四时合其序"②，指出圣人之所以被敬仰，就在于他们可与天地合德、日月合明、四时合序，能够达到"天人合一"的最高境界。人既然是天地间的主体，就理应顺乎天意、合乎天道。"天行健，君子以自强不息"③，"地势坤，君子以厚德载物"④，将天、地与君子同等并列，天地之道在于"广容而无怨、厚载而无私"，人应亦然。作为宇宙唯一具有道德思想的生命，人不但要承担沟通天地的桥梁枢纽作用，还要学习天地润物有为、自强不息的品格。《诗经·大雅·烝民》曰"天生烝民，有物有则。民之秉彝，好是懿德"⑤，上天生养百姓，使万物生长都有法则可循，百姓就应秉承天道，以此为标准，规范自身行为。《尚书·蔡仲之命》称"皇天无亲，惟德是辅"⑥，人只有具备与天地运行法则相同的行为品德，才能得到上天的庇佑帮助。"天"具有至高无上的地位和化育万物并"静行教化"的大德，人类就要承续并效法天道，充分发挥主观能动性和巨大创造潜力，积极参与天地创造生命的过程，将宇宙万物的发育运行同人类社会的健康发展结合起来。天地之德的外在表现是春夏秋冬运行有序，稳定不乱，秩序井然，人文就是要在人类社会中也建立起这样的秩序，确保人类健康发展、文明发展。实际上苏轼在对"天"与"文"关系的思考中，已经包含了人的因素，既说明人类参与宇宙创造的必然性与重要性，凸显

---

① 《礼记·中庸第三十一》，郑玄注，孔颖达疏《礼记正义》卷53，阮元校刻《十三经注疏》，中华书局1980年版，下册，第1632页。

② 《周易·乾·文言》，《周易正义》卷1，《十三经注疏》上册，中华书局1982年版，第5页。

③ 《周易·乾·象》，《周易正义》卷1，《十三经注疏》上册，中华书局1982年版，第14页。

④ 《周易·乾·象》，《周易正义》卷1，《十三经注疏》上册，第18页。

⑤ 周振甫：《诗经译注》，中华书局2010年版，第443页。

⑥ 《尚书·蔡仲之命》，孔安国传，孔颖达等正义《尚书正义》卷17，阮元校刻《十三经注疏》，中华书局1980年版，第227页。

人类主体意识的高昂，同时指出人文思想是人类学习和效法天道、培育并教化德性，使人道与天道相通、人德与天德相合的唯一方式。人类所特有的思想文化和智慧创造，是参与宇宙创造万物、天地化育生命的基础，因此人文思想也具有与天地并立的崇高地位。关于"天"与"人"的关系，前贤认为，天道与人道的共通之处在于"诚"，这也是"德"的表现，所谓"诚外无物"[1]。《礼记·中庸》说"诚者，天之道也；诚之者，人之道也。……自诚明，谓之性，自明诚，谓之教"[2]，指出天道就是以诚"生"物、以诚"化"物，而学习天道之"诚"就是人道；由诚而达于明，是人的天性，由明而达于诚，却是人类不断学习思想文化和接受教育的结果。与宇宙万物相比，个体的人确实非常渺小，但是人性与物性的不同之处，就在于人类所独有的文化能力，能学习、认识并理解天地化育之功，能洞悉、领悟并效法天地大"道"。因此，人类的思想和智慧，在天地万物间处于独一无二的地位。《礼记·中庸》说"唯天下至诚，为能尽其性。能尽其性，则能尽人之性。能尽人之性，则能尽物之性。能尽物之性，则可以赞天地之化育。可以赞天地之化育，则可以与天地参矣"[3]。意思是说天地的功能是化生养育，其本性在于"以诚化物"，而人作为自然界中特殊的一员，就要肩负起实现天性的使命，即通过人所创造的思想文化效法天地、参赞化育，力争与天道的法则和秩序相匹配，通过思想文化的学习，参与、分享、焕发、培育和实现万物走向完美，人就完成了"赞天地之化育"的使命，可以与天地并立，即"与天地参"。苏轼正是通过"天"与"文"与"人"关系的分析，对"文章之得丧，何与于天"的发问，做了圆满的解答与诠释。简言之，人类通过生活实践创造文化，形成认知积累，薪火相传，同时通过思想文化的学习，主动承续天地生生之德，并将此天道运行于世间，这是人类参与天地创造的特有方式，因此苏轼将人文思想放在了与天地并立的重要地位。他也曾

---

[1] 原文出自《礼记·中庸第三十一》："诚者，物之始终。不诚无物。是故君子诚之为贵。"（《礼记正义》卷53，《十三经注疏》下册，中华书局1982年版，第1632—1633页）

[2] 《礼记·中庸第三十一》，《礼记正义》卷53，《十三经注疏》下册，中华书局1982年版，第1632页。

[3] 《礼记·中庸第三十一》，《礼记正义》卷53，《十三经注疏》下册，第1632页。

以"参天地"之功称赞韩愈，说韩愈以儒家思想复兴古文传统、挽救天下衰颓局面，"岂非参天地，关盛衰，浩然而独存者乎！"[1] 他将人文思想的价值提升到宇宙生命意识的高度，体现出苏轼对人文思想所具有的崇高地位的认知。人类通过发挥主观能动性，学习、领会并运用天道，通过思想文化的独特创造，使人道合于天道、人德合于天德，参与宇宙万物化生化成，则人文思想具有"与天地并"的性质和地位，自然在情理之中。

深刻把握人文思想与人心的关系也是苏轼人文史观的重要特征。《集叙》在明确并凸显人文思想与天的紧密联系后，又进一步说明"文"对"人"的影响教化。孔子作《春秋》与孟子"距杨墨"，均以"正人心"为目标；韩愈面对"齐民逃赋役，高士著幽禅"[2] 乱象，认为"释老之害过于杨、墨"[3]，积极倡导儒学；欧阳修通过文化主张和思想力量"以服人心"。人文思想如何作用于"人心"？《礼记·礼运》中称"人者，天地之心也"[4]，充分肯定了人在天地间的价值地位。人心是生命的根本，主宰着人类的精神变化。而天地本无"心"，却以"生"万物为心，故《周易·复·彖》说"天地养万物……乃天地之心也"[5]。天地之心就是为万物生存提供物质条件，体现出鲜活的生命力。就此而言，人心即天心，人心的实质便是对天地生物之心的内化，这不仅是作为人的生命情感需求，也是天所赋予人的神圣使命，更是人的最高价值和终极目的。人类所独有的灵性智慧和思想文化，就是以"人心"合乎天地生物之"天心"的创造过程，通过"人心"展现"天心"，所以人文思想具有通"天心"和"人心"的双重属性，既有天心般的旺盛生命力，又能起到化育人心、敦风化俗的重要作用。《中庸》中说"大哉圣人之道！洋洋乎，发育万

---

[1] 苏轼：《潮州韩文公庙碑》，孔凡礼点校《苏轼文集》卷17，第2册，第509页。

[2] 韩愈：《送灵师》，彭定求《全唐诗》卷337，第6册，第2038页。

[3] 韩愈：《原道》，马其昶校注《韩昌黎文集校注》卷1，上海古籍出版社1986年版，第20页。

[4] 《礼记·礼运》，《礼记正义》卷22，《十三经注疏》下册，中华书局1982年版，第1424页。

[5] 《周易·复·彖》，《周易正义》卷3，《十三经注疏》上册，中华书局1982年版，第39页。

物,峻极于天"①。商、汤、文、武等圣君以敬德保民的思想,参赞化育人心,让万物各正性命。《集叙》说"禹之功与天地并",大禹治水拯救黎民生命,体现出他具有浓厚的泛爱生命、尊重生命、珍惜生命与仁爱万物的"天心",并且以这种仁爱与道义的人文思想感化"人心"、化育百姓。禹之后的孔子、孟子接续了"天心"之生的大德,继续以"仁"的人文思想化生万物,以至美至善的"道德"精神浇灌"人心"。著名儒学家唐君毅指出,"孔子教人以仁,亦即直接法天之使'四时行、百物生'之德,而使人皆有同于天之德。孔子之立人道,亦即承天道。人文之道与天道,唯是同一之仁道,而立人道以继天道"②。天地生养万物为"仁",天地节化万物为"义",而"仁义"正是儒家人文思想的核心与关键,是对天地仁爱万物"生生之心"的承续,并以此治己心、治道心、治民心,这正是人文思想能化育人心的重要原因,同时也是人文思想之所以具有强劲生命力的理论根源。尽管儒家文化历经风雨,在发展过程中也遭遇过曲折和坎坷,但是始终没有停息,就是因为其以天心合于人心、以天德合于人德、以天道合于人道的思想内核,让它拥有了天心般充沛的创造力和旺盛的生命力,对人心有着强大的穿透力和巨大的凝聚力,所以人文思想能够对人心产生重要作用,能够纠察人的自身矛盾,丰富人的精神世界,超越人的自我发展。

总之,苏轼对"文"与"天"、"文"与"人"关系的思考,蕴含着浓厚的"天人合一"哲学理念和"人文化成"的精神意蕴,他强调人的意识、精神、思想具有"与天地参"的极端重要性,凸显人文思想对人心的"参赞化育"作用。

四 苏轼人文史观的生成基础:"奋厉有当世志"

苏轼以儒学"功与天地并"为基础形成的人文史观,有着深厚的认知基础、思想基础和实践基础。宋代结束了晚唐五代藩镇割据的混乱局面而复归一统,巩固统治、休养生息、和平安定成为朝野的高度共识与期

---

① 朱熹:《四书集注·中庸章句》,《朱子全书》,上海古籍出版社、安徽教育出版社2002年版,第6册,第53页。

② 唐君毅:《中国文化之精神价值》,广西师范大学出版社2005年版,第37—38页。

待。朝廷从前代的历史发展中，深刻认识到"儒术污隆，其应实大，国家崇替，何莫由斯"①，于是顺应时势，确定了"以文治国"的大政方针，在制度层面营造文化发展大环境，兴教办学，科举取士，出现了"释耒耜而执笔砚者，十室而九"②的局面。苏轼正是在这种文化背景中成长起来的"奋厉有当世志"③的文化巨擘。

第一，苏轼从小接受的就是儒家思想教育，特别是家乡眉州儒学的熏陶。其在《眉州远景楼记》中说："吾州之俗，有近古者三：其士大夫贵经术而重氏族；其民尊吏而畏法；其农夫合耦以相助。盖有三代、汉、唐之遗风，而他郡之所莫及也。"④ 名门望族看重经学、重视家族教育，百姓尊重官吏且遵纪守法，农民辛勤耕种善良淳朴，成为眉州的普遍风俗。苏轼自称"治经独传于家学"⑤"龆龀授经，不知他习"⑥。其父苏洵虽然"年二十七，始大发愤"⑦，但研习儒学经典，教授苏轼兄弟，可谓"教学相长"。儒学文化教养，让少年苏轼对当时的名家范仲淹、富弼、欧阳修等充满向慕。"比冠，博通经史，属文日数千言。"⑧ 苏轼从小接受经世济民的儒家思想熏陶，不仅成就了他"奋厉有当世志"的进取精神，而且为其人文史观的形成奠定了坚实基础。其对儒学的特点与人文作用的深刻认识，在其诗文集中比比皆是。《儒者可与守成论》开端称赞"圣人之于天下也，无意于取也。譬之江海，百谷赴焉；譬之麟凤，鸟兽萃焉"⑨的思想境界与凝聚力；同时称赞"禹治洪水，排万世之患，使沟壑之地，

---

① 宋真宗：《崇儒术论》，李焘《续资治通鉴长编》卷79，中华书局1980年版，第6册，第1798—1799页。

② 苏轼：《谢范舍人启》，孔凡礼点校《苏轼文集》卷49，第4册，第1425页。

③ 苏辙：《亡兄子瞻端明墓志铭》，陈宏天、高秀芳点校《苏辙集》卷22，中华书局1990年版，第3册，第1117页。

④ 苏轼：《眉州远景楼记》，孔凡礼点校《苏轼文集》卷11，第1册，第352页。

⑤ 苏轼：《谢制科启二首》，孔凡礼点校《苏轼文集》卷46，第4册，第1324页。

⑥ 苏洵：《上张侍郎第一书》，曾枣庄、金成礼笺注《嘉祐集笺注》卷12，上海古籍出版社1993年版，第346页。

⑦ 欧阳修：《故霸州文安县主簿苏君墓志铭》，李逸安点校《欧阳修全集》卷35，第2册，第513页。

⑧ 《宋史》卷338《苏轼传》，第31册，第10801页。

⑨ 苏轼：《儒者可与守成论》，孔凡礼点校《苏轼文集》卷2，第1册，第39—40页。

疏为桑麻，鱼鳖之民，化为衣冠"的巨大功德；是视"圣人"之为与"禹治洪水"的人类意义相同。《易论》认为"圣人之道存乎其爻之辞"①，而不在其数，《诗论》指出"六经之道，唯其近于人情，是以久传而不废"②，《礼论》提出"唯其近于正而易行，庶几天下之安而从之"③，《论取郜大鼎于宋》称"《春秋》之法，皆所以待后世王者之作而举行之也"④，如此等等，立论皆中肯切实，概见儒学功底。

第二，苏轼深受欧阳修文化思想与文学主张的实际影响。嘉祐二年（1057）苏轼进京应考，他在试卷《刑赏忠厚之至论》中表达了"天下归仁"的理想："尧、舜、禹、汤、文、武、成、康之际，何其爱民之深，忧民之切，而待天下之以君子长者之道也！"⑤阐述了儒家仁政治国思想，且说理透彻、平易晓畅，有"韩柳"遗风，大得考官梅圣俞与主考欧阳修称赏，遂进士及第。当时欧阳修赞叹"读轼书，不觉汗出，快哉快哉！老夫当避路，放他出一头地"⑥。苏轼释褐入仕后，嘉祐六年（1061），欧阳修举荐他参加"贤良方正"制科考试，成绩优异，出任大理评事等职务。其后苏轼一直追随欧阳修，得到他的指导切磋，直到欧阳修逝世前，他们还在讨论"琴诗"与"琵琶诗"的区别，苏轼还以新作未呈恩师为憾。受欧阳修"济世""补世""淑世"思想的影响，苏轼曾针对社会时弊，写了《策略》《策别》《策断》等25篇系列文章，提出"立法禁""抑侥幸""决壅蔽""教战守"等一系列富国强兵、革故鼎新的主张，体现着儒术治国的理想。这些都对其人文史观的形成产生了重要影响。

第三，关心民生与"致君尧舜"的理想，成为苏轼实践人文史观的重要方面。苏轼历经五朝，正是政局多变、党争多发的时代，他历经坎坷磨难，而始终坚守爱国济民、以人为本的儒者使命，自称"有笔头千字，

---

① 苏轼：《易论》，孔凡礼点校《苏轼文集》卷2，第1册，第52页。
② 苏轼：《诗论》，孔凡礼点校《苏轼文集》卷2，第1册，第55页。
③ 苏轼：《礼论》，孔凡礼点校《苏轼文集》卷2，第1册，第58页。
④ 苏轼：《论取郜大鼎于宋》，孔凡礼点校《苏轼文集》卷3，第1册，第69页。
⑤ 苏轼：《省试刑赏忠厚之至论》，孔凡礼点校《苏轼文集》卷2，第1册，第33页。
⑥ 欧阳修：《与梅圣俞（三十）》，李逸安点校《欧阳修全集》卷149，第6册，第2459页。

胸中万卷；致君尧舜，此事何难？用舍由时，行藏在我"①，传达了他信守儒家思想的坚定。神宗元丰二年（1079）苏轼因"乌台诗案"被贬黄州，儒家情怀依然是其精神支柱。《念奴娇·赤壁怀古》词以艳羡年少得志的周瑜来抒发自己的报国壮志，在《与王定国（八）》中写"杜子美在困穷之中，一饮一食，未尝忘君，诗人以来，一人而已"②，通过赞美杜甫表达自己的意志。苏轼在写给挚友李常的信中称"虽怀坎壈于时，遇事有可尊主泽民者，便忘躯为之，祸福得丧，付与造物"③。身处逆境仍以"尊主泽民"自勉，不改报国初衷。绍圣元年（1094）苏轼被贬惠州，作《和陶咏三良》表达"君为社稷死，我则同其归"④的志向，体现着心怀天下的爱国之情。陆游的《跋东坡贴》称苏轼"不以一身祸福，易其忧国之心，千载之下，生气凛然"⑤，赞扬的正是他坚守儒家思想、忧国爱民的精神。

第四，苏轼无论京城为官抑或任职地方，始终坚持实践儒家爱人之学。苏轼从"民者国之本""民者，天下之本"角度，以儒家"行道"精神多次上书神宗，直言王安石变法的弊端，希望兴利除弊，虽不被采纳却屡奏不已，"同（文与可）极以为不然，每苦口力戒之，子瞻不能听也"⑥。元祐四年（1089）杭州遭遇水灾，为防止瘟疫传播，苏轼筹措钱款建置医院"安乐坊"，散发药物、救治百姓。密州蝗灾严重，"上翳日月，下掩草木，遇其所落，弥望萧然"⑦，他全力灭蝗抗旱，并上书朝廷减免秋税。知徐州时恰逢黄河决口，洪水围困徐州城，苏轼"庐于城上，

---

① 苏轼：《沁园春·赴密州早行马上寄子由》，龙榆生校笺，朱怀春标点《东坡乐府笺》卷1，上海古籍出版社2016年版，第65页。

② 苏轼：《与王定国（八）》，孔凡礼点校《苏轼文集》卷52，第4册，第1517页。

③ 苏轼：《与李公择十七首（十一）》，孔凡礼点校《苏轼文集》卷51，第4册，第1500页。

④ 苏轼：《和陶咏三良》，王文诰辑注，孔凡礼点校《苏轼诗集》卷40，中华书局1982年版，第7册，第2184页。

⑤ 陆游：《跋东坡贴》，《渭南文集》卷29，《陆放翁全集》上册，中国书店1986年版，第177页。

⑥ 叶梦得：《石林诗话》卷中，中华书局1999年版，第12页。

⑦ 苏轼：《上韩丞相论灾伤手实书》，孔凡礼点校《苏轼文集》卷48，第4册，第1396页。

过家不入"①，指挥抗洪。黄州因贫困有"溺婴"之风，苏轼成立"育儿会"，专门收养弃婴，"比期年，养者与儿，皆有父母之爱，遂不失所，所活亦数千人"②。被贬惠州时，苏轼"率众为二桥，以济病涉者"③。苏轼为官一任、造福一方，身体力行儒家思想，在反映对国家深切关怀和表现担当精神的同时，也体现着他的人文史观的全面实践。

第五，苏轼以"功与天地并"评价欧阳修，是其人文史观的具体运用。儒家思想是欧阳修文化贡献的主要支撑。欧阳修以"周公孔子孟轲之徒常履而行之者"④ 为"道"，以现实生活中的"百事"为"道"，力求恢复古文传统，树立社会正气。《集叙》突出欧阳修复兴儒学的巨大贡献，充分体现了苏轼对欧阳修的深刻理解与准确把握，前人认为"非长公（苏轼）不能道得出"⑤ 甚中肯綮。儒学将立德、立功、立言作为实现人生价值"三不朽"的最高境界，《左传·襄公二十四年》说"'大上有立德，其次有立功，其次有立言。'虽久不废，此之谓不朽"⑥。欧阳修进一步具体化，指出"修之于身，施之于事，见之于言，是三者，所以能不朽而存也"⑦。苏轼深谙欧阳修深意，着眼于此立论，讲述欧阳修在文章、道德、事业三个方面的贡献。欧阳修积极改造骈偶绮丽的"西昆体"，打击险怪奇涩的"太学体"，恢复韩柳古文传统，而"著礼乐仁义之实，以合于大道"的文学创作，以及"简而明、信而通，引物连类，折之于至理"的风格，也为士人做出表率，"后学大悟，文风一变"，使北宋文学朝着内容充实、流畅自然的道路健康发展。文风即世风，文风变革带来社会风气新变化。欧阳修鼓励士子"屈申取舍，要于济务"⑧，"生

---

① 苏辙：《亡兄子瞻端明墓志铭》，《苏辙集》卷22，第3册，第1120页。
② 苏轼：《与朱鄂州书》，孔凡礼点校《苏轼文集》卷49，第4册，第1418页。
③ 苏辙：《亡兄子瞻端明墓志铭》，《苏辙集》卷22，第3册，第1126页。
④ 欧阳修：《与张秀才棐第二书》，李逸安点校《欧阳修全集》卷17，第3册，第987页。
⑤ 蔡世远：《古文雅正》卷12，见高海夫主编《唐宋八大家文钞校注集评·东坡文钞》，三秦出版社1998年版，下册，第5540页。
⑥ 《左传·襄公二十四年》，杜预注，孔颖达正义《春秋左传正义》卷35，阮元校刻《十三经注疏》，中华书局1980年版，下册，第1979页。
⑦ 欧阳修：《送徐无党南归序》，李逸安点校《欧阳修全集》卷44，第2册，第631页。
⑧ 欧阳修：《与焦殿丞千之（十六）》，李逸安点校《欧阳修全集》卷150，第6册，第2480页。

有闻于当时，死有传于后世"①，逐渐形成"开口揽时事，议论争煌煌"②关切现实的风气，培育了"天下争自濯磨"的士林新风。明代茅坤说"苏长公乃欧文忠公极得意门生，此序却亦不负欧公"③，正是看到了《集叙》从儒家立德、立功、立言三个方面评价欧阳修历史贡献的精诚与智慧。清代藏书家孙琮赞叹《集叙》"用笔精警，可谓极烹练之工"④，清初储欣说"此序亦可弁冕欧阳子之书"⑤，在高度评价《集叙》艺术境界的同时，亦充分肯定了苏轼的人文史观。

五 苏轼人文史观的文化实践："问汝平生功业，黄州、惠州、儋州"

苏轼的人文史观更多地体现和贯穿文化实践中。苏轼终生都致力于人文思想的学习、研究、创造与传播，故前人称评"自古文士之见道者，必推眉山苏长公其人，读其文而可概已"⑥。

苏轼晚年有《自题金山画像》诗："心似已灰之木，身如不系之舟。问汝平生功业，黄州、惠州、儋州。"⑦这首禅机妙语式的六言诗，写于苏轼海南获赦北归时，途经镇江金山寺，看到十年前李公麟为自己画的像，无限感慨，欣然命笔，实际上是诗人一生致力于人文创造和文化实践的回顾与自评。一般读者大都拘泥于字面意思，认为是作者在抒发长期被贬的感伤或自嘲，而没有品味到"别是一般滋味在心头"⑧的深层意韵。开头两句以形象的比喻，写三次被贬期间的心态与漂泊不定的生活，与作

---

① 王安石：《祭欧阳文忠公》，李逸安点校《欧阳修全集》附录卷3，第6册，第2685页。
② 欧阳修：《镇阳读书》，李逸安点校《欧阳修全集》卷2，第1册，第35页。
③ 茅坤：《苏文忠公文钞》卷23，《唐宋八大家文钞校注集评·东坡文钞》下册，第5538页。
④ 孙琮：《山晓阁选宋大家苏东坡全集》卷5，《唐宋八大家文钞校注集评·东坡文钞》下册，第5539页。
⑤ 储欣：《唐宋十大家全集录·东坡先生全集录》卷3，《唐宋八大家文钞校注集评·东坡文钞》下册，第5539—5540页。
⑥ 茅维：《宋苏文忠公全集叙》，孔凡礼点校《苏轼文集》附录，第6册，第2390页。
⑦ 苏轼：《自题金山画像》，王文诰辑注，孔凡礼点校《苏轼诗集》卷48，第8册，第2641页。
⑧ 李煜：《乌夜啼·无言独上西楼》，张璋、黄畬编《全唐五代词》卷4，上海古籍出版社1986年版，上册，第450页。

者之前创作的《六月二十日夜渡海》"天容海色本澄清"① 对读，即可明白诗中深情。作者着眼于"心、身"之"像"，化用《庄子·齐物论》中"形固可使如槁木，而心固可使如死灰乎"② 典实，正言若反，表达目前安定可期的欣喜。第三、四两句字面上是以先后贬居之地写其流放经历，却暗含此间远离仕宦冗务而可专注文化实践的收获。所谓"平生功业"，就是对自己致力儒学传承和文化创造的深刻总结，也是对自己人生价值得以实现的充分肯定，"九死南荒吾不恨，兹游奇绝冠平生"③ 是对自己最好的注释，字里行间透露出自信、自慰与自豪。因为"黄州、惠州、儋州"既是苏轼仕途失意遭受贬谪的三个阶段，也是其文化创造与社会实践的高峰时期，其间他致力于文学创作、潜心于经典研究，实践"圣人之道"与"斯文有传"，这是他一生最喜欢和最看重的事情。

黄州"躬耕东坡"时期，是苏轼文学创作和文化创造的巅峰期。苏轼谪居黄州，"未忘为国家虑"④，而尤以文化为务。宇宙人生哲思意蕴深厚的《赤壁赋》与抒发报国壮志的《念奴娇·赤壁怀古》脍炙人口，描绘美妙月夜景色的《记承天寺夜游》与回忆学佛悟道情景的《安国寺记》千古流传，旷达豪放的《定风波·莫听穿林打叶声》与寓意高远的《卜算子·缺月挂疏桐》等名篇俊章，均写于此时。前人多用"瑰奇""绝构""最工"或"前无古人""古今绝唱""一洗万古"等评价苏轼这一时期的文学作品，可见质量之高。这个时期的创作数量与频率也呈现高峰，迄今传世诗词约 400 首，散文逾千篇。不仅如此，苏轼在黄州还深入研究儒家经典。《黄州上文潞公书》称"到黄州，无所用心，辄复覃思于《易》《论语》，端居深念，若有所得，遂因先子之学，作《易传》九卷。又自以意作《论语说》五卷""公退闲暇，一为读之，就使无取，亦足见其穷不忘道，老而能学也"⑤。其《次韵乐著作野步》诗"废兴古郡诗无

---

① 苏轼：《六月二十日夜渡海》，王文诰辑注，孔凡礼点校《苏轼诗集》卷43，第 7 册，第 2366 页。

② 《庄子·齐物论》，郭庆藩《庄子集释》卷 1 下，中华书局 1961 年版，第 1 册，第 43 页。

③ 苏轼：《六月二十日夜渡海》，王文诰辑注，孔凡礼点校《苏轼诗集》卷43，第 8 册，第 2367 页。

④ 苏轼：《与滕达道书（二十）》，孔凡礼点校《苏轼文集》卷 51，第 4 册，第 1481 页。

⑤ 苏轼：《黄州上文潞公书》，孔凡礼点校《苏轼文集》卷 48，第 4 册，第 1380 页。

数，寂寞闲窗《易》粗通"① 正是这一时期文化创造的真实写照。

惠州谪居近三年，其人文史观的文化实践主要表现在关心民生疾苦、为百姓做实事两大方面。惠州一向被称为"瘴疠之地，魍魅为邻"②，苏轼尽其所能，帮助人们改善生存环境，这在其创作的 200 多首诗词与 400 多篇散文中都有记载和反映。五言古体诗《两桥诗》记载苏轼"率众为东西二桥，以济病涉者"，不但捐出名贵犀带，而且说服族人出资，诗中"嗟此病涉久，公私困留稽""不知百年来，几人陨沙泥"极写人们生活不便，又有"叹我捐腰犀""探囊赖故侯，宝钱出金闺"③ 描述捐资建桥。《游博罗香积寺》记载苏轼因游寺而筹划水推石磨，借用水力舂米磨面，减轻劳动强度，方便人们生活，诗有"三山屏拥僧舍小，一溪雷转松阴凉。要令水力供臼磨，与相地脉增堤防。霏霏落雪看收面，隐隐叠鼓闻舂糠。散流一啜云子白，炊裂十字琼肌香"④ 句，憧憬水推石磨建成使用后的情景，令人陶醉。写于绍圣元年（1094）的《秧马歌并引》，记载苏轼"昔游武昌，见农夫皆骑秧马"劳作的情形，详述秧马"以榆枣为腹欲其滑，以楸桐为背欲其轻，腹如小舟昂其首尾，背如覆瓦以便两髀"的制作原理，以及秧马"雀跃于泥中，系束藁其首以缚秧，日行千畦。较之伛偻而作者，劳佚相绝"的轻松方便与劳动效率，在惠州帮助制作，示范推广，改变了原来"腰如箜篌首啄鸡，筋烦骨殆声酸嘶"⑤ 的原始劳作状态，既减轻了人们的劳动强度又提高了劳动效率。故清人陶澍为李彦章的《江南催耕课稻编》作序说"昔东坡先生在惠州为《秧马歌》，以示博罗林令抃，林躬率田者制作阅试，惠州民皆施用，以为便"⑥。另外，苏轼还创作了多首描绘和赞美惠州西湖的诗词，其脍炙人口的名篇《食

---

① 苏轼：《次韵乐著作野步》，王文诰辑注，孔凡礼点校《苏轼诗集》卷20，第 3 册，第 1038 页。
② 苏轼：《到惠州谢表》，孔凡礼点校《苏轼文集》卷24，第 2 册，第 707 页。
③ 苏轼：《两桥诗》，王文诰辑注，孔凡礼点校《苏轼诗集》卷40，第 6 册，第 2199 页。
④ 苏轼：《游博罗香积寺》，王文诰辑注，孔凡礼点校《苏轼诗集》卷39，第 6 册，第 2112 页。
⑤ 苏轼：《秧马歌》，王文诰辑注，孔凡礼点校《苏轼诗集》卷38，第 6 册，第 2051 页。
⑥ 陶澍：《江南催耕课稻编序》，《陶澍全集·印心石屋文钞》卷 7，岳麓书院 2010 年版，第 6 册，第 84 页。

荔枝》诗"罗浮山下四时春,卢橘杨梅次第新。日啖荔枝三百颗,不辞长作岭南人"[1],更是宣传惠州和岭南风物的永恒标志。苏轼与惠州人民结下深厚友谊,在《与陈季常十六首(十六)》中称惠州"风土食物不恶,吏民相待甚厚"[2],甚至决计"买田筑室,做惠州人矣"。惠州也因苏轼而光彩倍增,清代诗人江逢辰写出了"一自坡公谪南海,天下不敢小惠州"[3]的著名诗句。

儋州是当时最为边远荒蛮的"天涯海角"。苏轼于宋哲宗绍圣四年(1097)被贬至南海儋州。当时此地条件恶劣,教育不兴,文化凋敝,苏轼《和陶示周掾祖谢》诗"摄衣造两塾,窥户无一人。邦风方圯夷,庙貌犹殷因。先生馔已缺,弟子散莫臻。忍饥坐谈道,嗟我亦晚闻"[4],详细描述了他造访当地学校时看到的真实情况,令人痛心疾首。苏轼不顾年迈体弱,一方面积极劝勉民众兴学办教,另一方面设帐授业,开办书院"载酒堂"。他努力改善学习条件,研究儒家经典,撰写教材,《答李端叔十首(三)》称"所喜者,在海南了得《易》《书》《论语传》数十卷,似有益于骨朽后人耳目也"[5],自认"此生不虚过"。写于此时的《韩愈论》代表着苏轼人文研究和治学方法达到的新高度。这篇文章的最大亮点在于以韩愈为例,运用批判性思维模式,深入思考和客观分析儒学及传承存在的缺陷,提出独到的见解与主张。这篇文章强调儒学"履之以身""行之于事"的实践性,提出继承"圣人之道"必须做实事,所谓"安其实而乐之",而不能"趋其名而好之",更"不在于张而大之"地坐而论道,空谈理论;主张对黎民百姓要"教之使有能,化之使有知",通过文化教育让人们获得生活的能力与智慧,这才是真正的爱民;提出治学须"善学","君子之为学"既要"知其人之所长"又要"知其蔽",做到客

---

[1] 苏轼:《食荔枝二首(其二)》,王文诰辑注,孔凡礼点校《苏轼诗集》卷40,第7册,第2194页。

[2] 苏轼:《与陈季常十六首(十六)》,孔凡礼点校《苏轼文集》卷53,第4册,第1570页。

[3] 江逢辰:《白鹤峰和杨诚斋韵》,邹榕添《罗浮山古诗词楹联选》,人民教育出版社1999年版,第144页。

[4] 苏轼:《和陶示周掾祖谢》,王文诰辑注,孔凡礼点校《苏轼诗集》卷41,第7册,第2254页。

[5] 苏轼:《答李端叔十首(三)》,孔凡礼点校《苏轼文集》卷52,第4册,第1540页。

观全面、求真求是。这篇文章不为贤者讳,认为"韩愈之于圣人之道"乃"知好其名""而未能乐其实"、"儒者之患,患在于论性,以为喜怒哀乐皆出于情,而非性之所有"①,均持之有据、言之成理,体现着思考的缜密与严谨。抑或这就是当时苏轼在海南儋州讲学的内容。苏轼在儋州"以诗书礼乐之教,转化其风俗,变化其人心,听书声琅琅,弦歌四起"②,引起社会的强烈反响,渡海而来求学者甚多,如潮州吴子野、江阴葛延之等,学人姜唐佐成为琼州第一位进士。写于元符三年(1100)七月的《书合浦舟行》,苏轼回忆六月"自海康适合浦,遭连日大雨"而"碇宿大海中,天水相接,疏星满天。起坐四顾大息","所撰《易》《书》《论语》皆以自随,世未有别本。抚之而叹曰:'天未丧斯文,吾辈必济'已而果然"③的艰险情景,于生死未卜之际,最关心的却是研究儒家经典结撰的成果,可见其将对人文事业的珍惜置于生命之上,其"抚之而叹"与孔子危于匡地又何其相似!苏轼不遗余力地投身当地教育,厚人伦、美风俗、正人心,为推动当地文化发展与社会进步做出重要贡献。

宋徽宗建中靖国元年(1101)七月,一代文豪陨落,苏轼逝世噩耗传出,"吴越之民,相与哭于市,其君子相吊于家,讣闻四方,无贤愚皆咨嗟出涕。太学之士数百人,相率饭僧慧林佛舍"④,这种浩大的群众性自发式吊唁活动,显见其文化贡献的深广影响和人们对其由衷的敬仰。

六　苏轼人文史观的思考启迪:"国家之存亡,在道德之深浅"

苏轼人文史观既有深厚的历史渊源,又有深刻的现实启迪。充满正能量的人文思想"功与天地并",不但警醒当代,而且指引未来,是人类和平发展、文明发展、科学发展的基础与保证。

第一,苏轼将人文思想提升到国家存亡高度,重视"人文化成"的社会效果,启迪人类重视意识形态和文化建设,坚持正确发展方向。苏轼

---

① 苏轼:《韩愈论》,孔凡礼点校《苏轼文集》卷4,第1册,第113—115页。
② 王国宪:《重修〈儋县志〉叙》,钟平主编,海南省儋州市地方志编纂委员会编《儋县志》,新华出版社1994年版,第797页。
③ 苏轼:《书合浦舟行》,孔凡礼点校《苏轼文集》卷71,第5册,第2277页。
④ 苏辙:《亡兄子瞻端明墓志铭》,《苏辙集》卷22,第3册,第1117页。

的《上神宗皇帝书》指出:"国家之所以存亡者,在道德之浅深,不在乎强与弱,历数之所以长短者,在风俗之厚薄,不在乎富与贫。道德诚深,风俗诚厚,虽贫且弱,不害于长而存。道德诚浅,风俗诚薄,虽强且富,不救于短而亡。"[1] "道德""风俗"都属于人文精神范畴,其深厚浅薄,直接关系国家兴亡;物质方面"虽强且富"而不讲道德,难免发生灭亡厄运;说明意识形态的人文思想远比国库充盈的物质基础更重要。《策别安万民》共六篇,开篇即言"安万民者,其别有六。一曰敦教化"[2],提出通过人文教育让百姓"知信""知义",并以三代为例,说明人文教化直接关系社稷安危,所谓"圣人之于天下,所恃以为牢固不拔者,在乎天下之民可与为善,而不可与为恶也"[3]。认为政权稳定的根本在于人文教育,即使国家处于危难,百姓也能知勇知耻、是非分明,揭示出意识形态与社会教化的巨大力量。《孟子论》谓"孝悌足而王道备""《诗》之为教也,使人歌舞佚乐,无所不至,要在于不失正焉而已矣"[4],指出儒家文化对民众匡正行为的教化意义。《礼以养人为本论》说"礼之大意,存乎明天下之分,严君臣、笃父子、形孝悌而显仁义也"[5],表达的也是通过人文教化实现社会有序、天下安定,这是国家长治久安的根本方法。

第二,苏轼既尊崇儒学又强调文化的丰富性与多样化,启迪我们既要牢固树立核心价值观,又要自觉遵循文化多样性的内在规律。《思堂记》说:"言各有当也。万物并育而不相害,道并行而不相悖。"[6] "并育""并行"引自《礼记·中庸》:"仲尼祖述尧舜,宪章文武;上律天时,下袭水土;譬如天地之无不持载,无不覆帱,譬如四时之错行,如日月之代明。万物并育而不相害,道并行而不相悖。"孔颖达疏云:"子思申明夫子之德与天地相似,堪以配天地而育万物。"[7] 本义是指孔子的思想可与

---

[1] 苏轼:《上神宗皇帝书》,孔凡礼点校《苏轼文集》卷25,第2册,第737页。
[2] 苏轼:《策别安万民一》,孔凡礼点校《苏轼文集》卷8,第1册,第253页。
[3] 苏轼:《策别安万民一》,孔凡礼点校《苏轼文集》卷8,第1册,第253—254页。
[4] 苏轼:《孟子论》,孔凡礼点校《苏轼文集》卷3,第1册,第96页。
[5] 苏轼:《礼以养人为本论》,孔凡礼点校《苏轼文集》卷2,第1册,第49页。
[6] 苏轼:《思堂记》,孔凡礼点校《苏轼文集》卷11,第2册,第363页。
[7] 《礼记·中庸第三十一》,《礼记正义》卷53,《十三经注疏》下册,中华书局1982年版,第1634—1635页。

天地化育万物的功绩相媲美,并不排斥有益于促进社会健康发展的其他文化,苏轼以"言各有当"将其升华到文化哲学层次,认为人类创造的各种思想文化,呈现多元并存、共同繁荣的景象,"不相害""不相悖",充分体现出儒家和而不同、兼容并包与互补共济的文化观。苏轼在《答张文潜县丞书》中批评王安石利用行政制度推行"王氏新学",造成文化单一,不利于文化的繁荣发展:"文字之衰,未有如今日者也。其源实出于王氏",指出"王氏之文,未必不善也,而患在好使人同己",以致呈现如"荒瘠斥卤之地,弥望皆黄茅白苇"①的荒芜景象。此论不仅针对当时的文坛风气与学术生态,而且着眼于文化创造力,认为文化创造的多样性是焕发文化生命力的重要源泉,尊重文化的多样性才是人类健康发展的正确方向。

第三,苏轼强调以人为本的人文关怀和与时俱进的时代创新,这既是当前人类发展全球化趋势急需的思维模式,又是未来必须遵循的基本原则。"以人为本"既是中华文化的灵魂,又是人文精神的血肉,人文首先表现为对人性人情的关怀。苏轼的《中庸论(中)》认为"圣人之道,自本而观之,则皆出于人情"②。《诗论》称"'六经'之道,惟其近于人情,是以久传而不废"③。可见苏轼的人文史观始终以"人"为主体,将人性人情作为思考的基础,体现出深刻的人文关怀。儒家思想体系的核心是礼乐教化,周公制礼乐维护君臣宗法秩序,孔子终其一生"克己复礼",但礼制文化应根据人类发展和时代变化而完善。苏轼的《礼以养人为本论》说"礼之初,缘诸人情,因其所安者,而为之节文,凡人情之所安而有节者,举皆礼也,则是礼未始有定论也"④。既指出"礼"缘于"人情",又指出"礼"顺应人情与节制人情的双重作用,尤其强调"礼未始有定"的变化性。由此,苏轼批评"今儒者之论则不然""牵于繁文,而拘于小说,有毫毛之差,则终身以为不可"⑤,指出一味拘礼则会

---

① 苏轼:《答张文潜县丞书》,孔凡礼点校《苏轼文集》卷49,第4册,第1427页。
② 苏轼:《中庸论(中)》,孔凡礼点校《苏轼文集》卷2,第1册,第61页。
③ 苏轼:《诗论》,孔凡礼点校《苏轼文集》卷2,第1册,第55页。
④ 苏轼:《礼以养人为本论》,孔凡礼点校《苏轼文集》卷2,第1册,第49页。
⑤ 苏轼:《礼以养人为本论》,孔凡礼点校《苏轼文集》卷2,第1册,第49页。

导致迂腐，真儒应该适应时代发展。其《礼论》指出三皇五代时期的礼制并非一成不变，礼乐文化应因时制宜，提出了"唯其近于正而易行，庶几天下之安而从之"①的原则。苏轼的礼本人情、礼需适时，具有求新应变的时代精神，提高了人文化育的有效性。

第四，苏轼创建文化承传谱系的鲜明意识，为当前中华文化传承体系建设提供了方法论启示。优秀传统文化是人文思想的精髓，创造性地传承弘扬，是人类社会文明发展的保障。"斯文自任""薪火相传"是学人的历史使命和社会责任。《集叙》描述由"孔孟韩欧"（孔子、孟子、韩愈、欧阳修）构成的"儒家道统"谱系，有力证明了继承发展优秀传统文化的重要性。孔子祖述尧舜、宪章文武，"郁郁乎文哉，吾从周"②；孟子继承孔子的"道统"体系，"言必称尧舜"③；韩愈以承续孟子自居，"寻坠绪之茫茫，独旁搜而远绍"④，"旁搜""远绍"的就是"文武周公传之孔子，孔子传之孟轲，轲之死，不得其传"⑤的儒家道统谱系；欧阳修"其学推韩愈、孟子，以达于孔氏"，使"斯文有传，学者有师"⑥。苏轼描述儒家道统传承脉络，突出强调的正是优秀文化传承体系对于人类社会发展的重要性，传承的式微或中断将导致历史倒退，甚至国家消亡。清代张伯行说《集叙》"以孟子配禹，以韩文公配孟子，以欧阳子配韩文公，此是一篇血脉"⑦，指出的正是以孟子、韩愈、欧阳修为轴心的儒家道统传承体系。苏轼接受欧阳修"我老将休，付子斯文"⑧的嘱托，成为文坛盟主，继续创造性地弘扬儒学，自觉传承文脉，不但接续"斯文"使命，而且培养提携了一批文化精英，保证了儒学传承体系的生机活力，为宋明理学体系的形成与"知行合一"理念的脱颖，做出了积极贡献。李廌的

---

① 苏轼：《礼论》，孔凡礼点校《苏轼文集》卷 2，第 1 册，第 58 页。

② 《论语·八佾》，《论语译注》，第 39 页。

③ 《孟子·滕文公章句上》，《孟子译注》，第 119 页。

④ 韩愈：《进学解》，马其昶校注：《韩昌黎文集校注》卷 1，第 45 页。

⑤ 韩愈：《原道》，马其昶校注：《韩昌黎文集校注》卷 1，第 18 页。

⑥ 苏轼：《祭欧阳文忠公文》，孔凡礼点校《苏轼文集》卷 63，第 5 册，第 1937 页。

⑦ 张伯行：《唐宋八大家文钞》卷 8，《唐宋八大家文钞校注集评·东坡文钞》下册，第 5539 页。

⑧ 苏轼：《祭欧阳文忠公夫人文》，孔凡礼点校《苏轼文集》卷 63，第 5 册，第 1956 页。

《师友谈记》载:"东坡尝言,文章之任,亦在名世之士,相与主盟,则其道不坠。方今太平之盛,文士辈出,要使一时之文有所宗主。昔欧阳文忠常以是任付与某,故不敢不勉。"① 苏轼积极向朝廷举荐人才,诸如《举黄庭坚自代状》谓黄庭坚"孝友之行,追配古人;瑰玮之文,妙绝当世"②,之类甚多。苏轼晚年称"今吾衰老废学,自视缺然,而天下士不吾弃,以为可以与斯文者,犹以文忠公之故也"③。文化传承体系的建立确保了以兴复儒学为核心的古文运动圆满成功。

第五,苏轼"儒学一元、博采百家"的人文实践,为人类文化丰富多彩的繁荣发展提供了深刻启示。苏轼一生都坚持以儒家思想为主导,同时汲取益于推动社会文明发展的各家学说,形成通脱豁达"不践古人"④"自是一家"⑤的思想风格。明代焦竑的《刻苏长公集序》记载苏轼"从武人王彭游,得竺乾语而好之。久之,心凝神释,悟无思、无为之宗,慨然叹曰:'三藏十二部之文,皆《易》理也。'自是横口所发,皆为文章,肆笔而书,无非道妙,神奇出之浅易,纤穠寓于澹泊,读者人人以为己之所欲言而人人之所不能言也"⑥。"竺乾语"即印度佛学书;"无思、无为"即《易传·系辞上》"《易》,无思也,无为也,寂然不动,感而遂通,天下之故"⑦的简略语,代指《易》经,也是道家创始人老子思想的渊源所自;"三藏"即佛学著作的"经、律、论","十二部"是"说经"内容的分类。

苏轼以中国儒家经典《易》学理解印度佛学著作,将人类文化的两部顶尖级哲学宏著对读比较,从学理层面指出共情与相通处,不但体现着"海纳百川"式消化吸收外来文化的能力,而且在佛学思想中国化的过程中,深刻领悟了《易》学与佛学的机理奥妙,由此进入"横口所发,皆

---

① 李廌:《师友谈记》,中华书局2002年版,第44页。
② 苏轼:《举黄庭坚自代状》,孔凡礼点校《苏轼文集》卷24,第2册,第714页。
③ 苏轼:《太息一章送秦少章秀才》,孔凡礼点校《苏轼文集》卷64,第5册,第1979页。
④ 苏轼:《评草书》,孔凡礼点校《苏轼文集》卷69,第5册,第2183页。
⑤ 苏轼:《与鲜于子骏三首(二)》,孔凡礼点校《苏轼文集》卷53,第4册,第1560页。
⑥ 焦竑:《刻苏长公集序》,孔凡礼点校《苏轼文集》附录,第6册,第2389页。
⑦ 《周易·系辞上》,《周易正义》卷7,《十三经注疏》上册,中华书局1980年版,第81页。

为文章，肆笔而书，无非道妙"① 的创作境界。可知苏轼传承儒学、复兴古道，并不像韩愈那样简单化"排佛"，因为他深刻领悟了佛学内在的人文精神正与中国儒学人性精髓相一致。

第六，苏轼对儒家思想"道"的实践化、具体化和生活化，为当代文化建设与学风、文风建设树立了榜样。苏轼不仅发展了欧阳修"文与道俱"的理论主张，且更注重在生活实践中"求道""悟道""致道"和"行道"。《日喻》以"盲人识日"和"北人学游"两个故事，说明"道可致而不可求""学以致其道"② 的道理，强调的正是"道"在生活实践中。在文学创作上，苏轼既注重文章的"有用"性，又注重表达的"美感"性，强调作品应"有益于当世"③"以体用为本"④"有意于济世之实用"⑤，要有"济世""补世""淑世"的深刻思想，所谓"言必中当世之过，凿凿乎如五谷必可以疗饥，断断乎如药石必可以伐病"⑥。内容有补于世，形式则要做到"辞达"。他在《与王庠书》中指出"辞至于达，止矣，不可以有加矣"⑦。《答谢民师推官书》以描述和阐发艺术创造过程进一步解释辞达："求物之妙，如系风捕影，能使是物了然于心者，盖千万人而不一遇也。而况能使了然于口与手乎？是之谓辞达。辞至于能达，则文不可胜用矣。"⑧ 实现辞达，就必须求物之妙、攫其要点而了然于心，心里清楚才能说得明白、写得准确，才能做到意称物、文逮意，达到"其神与万物交，其智与百工融"⑨ 的境界。

苏轼在《自评文》中说："吾文如万斛泉源，不择地皆可出，在平地滔滔汩汩，虽一日千里无难。及其与山石曲折，随物赋形，而不可知也。

---

① 焦竑：《刻苏长公集序》，孔凡礼点校《苏轼文集》附录，第 6 册，第 2389 页。
② 苏轼：《日喻》，孔凡礼点校《苏轼文集》卷 64，第 5 册，第 1981 页。
③ 苏轼：《策总叙》，孔凡礼点校《苏轼文集》卷 8，第 1 册，第 225 页。
④ 苏轼：《答乔舍人启》，孔凡礼点校《苏轼文集》卷 47，第 4 册，第 1363 页。
⑤ 苏轼：《答虔悴俞括一首》，孔凡礼点校《苏轼文集》卷 59，第 4 册，第 1793 页。
⑥ 苏轼：《凫绎先生诗集叙》，孔凡礼点校《苏轼文集》卷 10，第 1 册，第 313 页。
⑦ 苏轼：《与王庠书》，孔凡礼点校《苏轼文集》卷 49，第 4 册，第 1422 页。
⑧ 苏轼：《答谢民师推官书》，孔凡礼点校《苏轼文集》卷 49，第 4 册，第 1418 页。
⑨ 苏轼：《书李伯时山庄图后》，孔凡礼点校《苏轼文集》卷 70，第 5 册，第 2211 页。

所可知者，常行于所当行，常止于不可不止，如是而已矣。"① 这种"文理自然，姿态横生"②的文章风格，呈现"道法自然"③的浓重色彩，已经超越了韩愈"陈言务去"④和欧阳修"简而有法"⑤的境界。

总之，苏轼"功与天地并"的人文史观，代表着中国古代人文认知的最高点，为后世人文思想的发展提供了深刻的借鉴。明代茅维的《宋苏文忠公全集叙》称"长公之文，犹夫云霞在天，江河在地，日遇之而日新，家取之而家足，若无意而意合，若无法而法随"⑥，指出了苏轼的历史贡献、艺术境界与深广影响。

2019 年草拟于交大闵行校区
2020 年 8 月 20 日修订于奉贤

---

① 苏轼：《自评文》，孔凡礼点校《苏轼文集》卷66，第5册，第2069页。
② 苏轼：《答谢民师推官书》，孔凡礼点校《苏轼文集》卷49，第4册，第1418页。
③ 《老子·第二十五章》，陈鼓应《老子译注》，中华书局1984年版，第101页。
④ 韩愈：《答李翊书》，马其昶校注《韩昌黎文集校注》卷3，第170页。
⑤ 欧阳修：《尹师鲁墓志铭》，李逸安点校《欧阳修全集》卷28，第2册，第432页。
⑥ （明）茅维：《宋苏文忠公全集叙》，孔凡礼点校《苏轼文集》附录，第6册，第2390页。

论杨万里的历史贡献与当代启示[*]

一 杨万里的文化定位与研究缺憾

南宋杨万里向来以文学家和著名诗人称于世,特别是他创造的"诚斋体""活法诗"赞誉颇多,而政论系列散文《千虑策》更是为人称道。然而,诗歌创作、文学成就只是杨万里文化实践的一个方面,并不能完全反映他为中国文化发展做出的重要贡献。进入 21 世纪以来,伴随文化强国战略和中华优秀传统文化传承发展工程的实施,杨万里研究有了新进展,开始出现多角度、多层面、全方位、立体式研究的新苗头,并收获了一批新成果。但是,对于杨万里历史贡献与当代启示的认识,依然差强人意,有待深入。

党的十九大提出"推动中华优秀传统文化创造性转化、创新性发展","深入挖掘中华优秀传统文化蕴含的思想观念、人文精神、道德规范,结合时代要求继承创新,让中华文化展现出永久魅力和时代风采","更好构筑中国精神、中国价值、中国力量,为人民提供精神指引"。这为我们深入研究杨万里创造了优越的环境和强劲的动力。

研究杨万里,自然需要考察其生平经历、文学创作与文化实践,而杨万里的文化观念、文化精神和文化态度更值得我们深入思考、深入研究,他在传承前代优秀文化和创造时代文化方面,给人以更深刻的启迪。仅从相关杨万里的传世文献看,他的思想理念、文化观念、文学主

---

[*] 该文是参加江西"杨万里诞辰890周年纪念大会暨国际学术研讨会"的主旨演讲稿,杨庆存为第一作者,杨宝珠为第二作者,杨宝珠负责搜集材料、起草初稿,杨庆存修改定稿。已收入《诚斋气节万里风》论文集,江西人民出版社2018年版,第282—292页。

张、人格修养、社会实践等，都有很多创新与建树。应该说，他首先是一位思想家、政治家、学问家，然后才是文学家和诗人。我们应该从中华民族的历史长河中把握，在宋代文化发展的时代环境中考察，依据丰富的文献典籍去研究，着眼现实的文化创新来思考。特别是应该深入研究杨万里著述的思想性、学术性、系统性、创新性和实践性，全面审视其历史贡献及其当代启示。

二　杨万里的文化视野与深厚底蕴

如所周知，中华民族有五千多年的文明历史，创造了灿烂的中华文明，为人类做出了卓越贡献，成为世界上伟大的民族。而中华民族传统文化的一个重要特点，就是"文史哲"不分家，古代文化经典在这方面体现得尤其充分，"文史哲"即使有主辅之分，但实际则互为依存。考察古代许多文化名家，其知识结构多是"文史哲"兼通兼精。杨万里就是其中的典型。

杨万里是一位倾心中华传统文化特别是儒家文化的鸿学硕儒。他对前代的传统文化不仅有着全面、系统、精深的学习、了解、把握、思考与研究，而且提出了一系列的独到见解。这在其传世文集中有着充分的体现。比如，他在《易外传后序》起端说"《六经》至于夫子而大备。然《书》非夫子作也，定之而已耳。《诗》非夫子作也，删之而已耳。《礼》《乐》非夫子作也，正之而已耳。惟《易》与《春秋》，所谓夫子之文章与？"其下讲"伏羲作易""有其画无其辞"，"文王重易""有卦辞无余辞"，至夫子"发天之藏，拓圣之疆"，"注之于三绝之简"，"其辞精以幽，其旨渊以长，其道溥以崇"。而以感叹后学有幸为结尾，高度肯定了孔子的文化传承的巨大贡献[①]。

他的《庸言》20篇，其实是具有浓厚学术性的系统著作。取《周易·乾》："庸言之信，庸行之谨"之"庸言"义。《四库全书总目提要》说《庸言》"是编乃其语录，大致规模杨雄《法言》，颇极修饰之力，较其诗文又自为一体，而词工意浅，亦略近于雄"。以对话的方式讨论问题，实

---

① 辛更儒：《杨万里集笺校》，中华书局2007年版，第7册，第3565—3634页。

为学术性语录体散文。如《庸言二》开头"或问：横渠子云'阴阳之精互藏其宅'何谓也？"① 亲切自然。

其《心学论》之中又有《六经论》《圣徒论》等，共计20篇，是整体谋划设计、系统研究思考儒家经典和代表人物的学术著作。《六经论》的核心是孔子，《圣徒论》的重点在传人②。至于其诗歌、散文中大量论及前代优秀传统文化的例子更是俯拾即是。

由杨万里对前代传统文化的精研深知，这既是他深厚学养、人格养成和思想创造的重要基础，又是他文学创新和文化创造的重要基础，更是杨万里成为思想家、理学家的重要基础。

三 杨万里的文化情怀与使命意识

杨万里的文化特点、文化精神和文化态度，反映着他"以文化人""文以化成"的思想理念和"格物致知、正心诚意、修身齐家、治国平天下"的人生理想，体现着鲜明的社会责任心和历史使命感。

杨万里生活的时代是一个文化大发展、文学大繁荣的时代。享有国际声誉的著名学者王国维认为，宋代"人智之活动与文化之多方面，前之汉唐，后之元明，皆所不逮也"③；著名历史学家陈寅恪指出："华夏民族之文化，历数千载之演进，造极于赵宋之世。"④复旦大学王水照教授则认为，"中国传统文化发展到宋代，已达到一个全面繁荣和高度成熟的新的质变点"。宋代是中华文化繁荣发展的又一鼎盛期，而江西表现尤为突出，诸如欧阳修、王安石、杨万里等，都是具有代表性的文化巨擘，成为江西地域的荣耀和中华民族的骄傲。

宋代文礼兴邦，高度重视文化发展。宋太祖赵匡胤"陈桥兵变"夺取后周政权后，立即制定了"抑武佑文"的国策，大力兴办教育，改革科举取士，发展学术，培养人才。江西成为宋代人文最为发达兴盛的区

---

① 辛更儒：《杨万里集笺校》，中华书局2007年版，第7册卷91—94，第3565—3634页。
② 辛更儒：《杨万里集笺校》，中华书局2007年版，第6—7册卷84—85，第3361—3412页。
③ 王国维：《宋代之金石学》，《王国维遗书》第五册《静安文集续编》。
④ 《邓广铭〈宋史职官志考正〉序》，《金明馆丛稿》二编，上海古籍出版社1980年版，第245页。

域,名家辈出,群星灿烂。宋代文化的发达,是因为宋廷文化导向发挥了重要作用,宋代几位创业君主的崇文意识所起的积极作用更不容忽视。宋太祖、宋太宗等遵行"文以守成"的古训,好文、尚文、右文,制定并实施了一系列操作性甚强的政策措施,兴教办学,培育人才,选拔贤士,奖掖才俊,优渥文人,从而刺激了文化的长足发展,不仅相对提高了整个民族的文化素质,而且创造了有利于文学发展的优越的社会环境,故南宋王十朋称"国朝四叶文章最盛,议者皆归功于仁祖文德之治"。《宋史·文苑传序》云:"自古创业垂统之君,即其一时之好尚,而一代之规模,可以豫知矣。艺祖革命,首用文吏而夺武臣之权,宋之尚文,端本乎此。太宗、真宗其在藩邸,已有好学之名。作其即位,弥文日增。自时厥后,子孙相承,上之为人君者,无不典学;下之为人臣者,自宰相以至令录,无不擢科,海内文士彬彬辈出焉。"这段话透露了宋朝尚文政策的影响与效果。

北宋前期的南唐旧臣徐铉曾记述宋太宗勤奋好学、卓识远见,于万机暇豫,攻书课文,宵分乃罢,"讨论坟典,昧旦而兴,口无择言,手不释卷。尝从容谓近臣曰:'卿辈从公之暇,莫若为学为文;为学为文,莫若讨论六籍'。"可见其于读书为文不仅身体力行,而且倡导于臣属。宋初诸帝尚文、好文、右文,并非出于一时兴趣而附庸风雅,而是基于清醒的理性认识,出自维护统治的需要。宋太祖本系一介武夫,不但自己读书,而且倡导臣下习文,使他们了解"为治之道",明言"宰相需用读书人",且"令选儒臣干事者百余,分治大藩"。太宗更是酷爱读书,认为"开卷有益","辰已间视事,既罢,即看书,深夜乃寝,五鼓而起,盛暑永昼未尝卧",而"凡诸故事可资风教者悉记之"。其曾与近臣云:"王者虽以武功克定,终须用文德致治。朕每退朝,不废观书,意欲酌前代成败而行之,以尽损益也。"宋真宗"听政之外,未尝虚度时日,探测简编,素所耽玩","讲论文艺,以日系时"。其"博观载籍,非唯多闻广记,实皆取其规鉴。谈经典必稽其道,语史籍必穷其事,论为君必究其治乱,言为臣必志其邪正"。真宗还亲自撰写了《崇儒术论》并刻石于国子监,中云:"儒术污隆,其应实大,国家崇替,何莫由斯!故秦衰则经籍道息,汉盛则学校兴行。其后命历迭改,而风教一揆。有唐文物最盛,朱梁而下,王风寝微。太祖太宗,丕变弊俗,崇尚斯文。朕获绍先业,谨导圣训,礼乐交举,儒术化成,实二后垂裕之所至也。"宋真宗从历史发展的角度,考察审视文化兴衰与国家崇替的关系，从而深刻地认识到"崇尚斯文""礼乐交举"对于维护统治和促进社会发展的重要性。宋真宗还经常对近臣说："经史之文，有国家之龟鉴，保邦治民之要，尽在是矣""参古今而适时用""学者不可不尽心焉""勤学有益，最胜他事。且深资政理，无如经书"。宋初诸帝这种高度自觉而有功利目的的文化意识为其后登宝座即位者所承传。据范祖禹说，"神宗皇帝即位之初，多与讲读之臣论政事于迩英，君臣倾尽，无有所隐。而帝天资好学，自强不息，禁中观书，或至夜分。其励精勤政，前世帝王所未有也。自熙宁至元丰之末间，日御经筵，风雨不易，盖一遵祖宗成宪，以为后世子孙法也"。

宋代最高统治者除身体力行倡导读书外，还制定和实行了一系列强有力的刺激措施，吸引人们习儒向道，并通过科举的形式，大量网罗人才，选拔俊彦，将优秀的学子纳入仕途，让其参政议政，以"为致治之具"，"学而优则仕"在宋代才真正得以实施，许多孤寒之士通过读书科举之路进入仕途，成为显宦达人。

以为"致治之具"的宋代科举，事实上已成为刺激文化发展的重要因素，并由此引发了一系列的文化连锁反应：读书之风骤起，"释耒耜而执笔砚者，十室而九"，"虽濒海裔夷之邦，执耒垂髫之子，孰不抱籍缀辞"；兴教办学形成热潮，"海隅徼塞四方万里之外，莫不皆有学"，"虽荒服郡县必有学"；讲学风气盛行，"儒先往往依山林，即闲旷以讲授，大师多至数十百人"；学术研究空前活跃，疑古惑经，对传统文化进行重新反思和探讨，学派林立，竞创新说，儒、释、道相互融纳、相互整合；"学必始于观书"，由是宋代的刻书印刷业出现了前所未有的繁荣，官刻、家刻、坊刻多种经营，遍布全国，加速了文化的传播，"庆历中，有布衣毕升，又为活板"，改进了印刷术；刻书业的发达又为藏书风气的盛行提供了基础，官藏之外，私藏极丰富，李淑、宋绶"所蓄皆不减三万卷"，王钦臣目至四万三千卷，"虽秘府之盛，无以逾之"，陈振孙家藏达"五万一千一百八十余卷"，"石林叶氏、贺氏，皆号藏书之多，至十万卷"……以宋代科举为纲而连接起来的全社会性的各种文化网络，构成了宋代浓厚的文化氛围。

杨万里正是在这样的文化大背景中成长起来的文化巨子。他的著述不仅表现出深厚的文化底蕴和开阔的视野，而且体现着浓厚的家国情怀和深刻的思想见解。比如，杨万里的《千虑策》共计30篇，始于"君道"，继以"国势""治源""人才"，然后"论相""论将""论兵""驭吏"，而以"选法""刑法""冗官""民政"殿后，是体大思精、内部逻辑紧密、自成体系的治国方略①。

《海鳅赋》以南宋绍兴三十一年（1161）中书舍人虞允文指挥的"采石"战役为题材，描述了宋军打败"既饮马于大江，欲断流而投鞭"的金主完颜亮所统帅的大军，将重大历史事件入赋，不仅具有重要的历史文献价值，而且体现了作者强烈的爱国情怀。其结尾"以仁政为甲兵，以人才为河山，以民心为垣墉"更是战争规律的深刻总结，发人深思。此赋还以"后记"的形式记载了采石战舰的作战情形②。

《通州重修学记》始于叙述重修学堂，其后以"玉不琢不成器"为喻，重点讲论"学者内而不外，古也外而不内"，指出古代"齐家而出，至于平天下，自修身而入，至于格物。出者止于三，而入者极于五"，强调了学习的重要性和必要性。最后指出，"能用力乎此，则自士而进乎贤，自己贤而跂乎圣，潜乎身，溥乎天下国家"，揭示了兴办学校教书育人的重大意义③。而《天问天对解》取屈原的《天问》、柳宗元的《天对》比附对照，诠解释义，不仅以浅易自然的语言方便读者理解，而且多有考辨新见④。

从这些文章中，我们可以清楚地看到杨万里深厚的文化情怀与鲜明的历史使命意识。

四　杨万里的文化理念与创新实践

中国古代知识分子一贯追求"内圣外王"之境界，把"修身、齐家、治国、平天下"作为自己的终生奋斗目标和理想终端，而实现这种境界和理想，必须具备很高的思想境界和深厚的文化素养，除了个体的主观努力，尚需有适宜的社会环境。宋代的知识分子无疑成为其前贤和后学共同

---

① 辛更儒：《杨万里集笺校》，中华书局2007年版，第7册卷87—89，第3413—3540页。
② 辛更儒：《杨万里集笺校》，中华书局2007年版，第5册卷44，第2285—2286页。
③ 辛更儒：《杨万里集笺校》，中华书局2007年版，第6册卷73，第3053页。
④ 辛更儒：《杨万里集笺校》，第7册卷95，第3635—3636页。

艳羡的幸运者，时代和社会为他们提供了实践或实现这种理想的机会与条件。宋廷的崇文国策和全社会性的兴教办学以及书籍业的繁荣，使得宋代学子能够在浓厚的文化氛围中砥砺学问，大面积、多层次、全方位地了解、学习、汲取前代文化的精华，从而滋养和提高个体素质，而大体公平竞争、机会均等的科举之路，又为他们实现治国平天下的理想提供了可能，故宋代的作家，往往集学者、显宦、文学于一身，全才、通才型作家不胜枚举，诸如晏殊、范仲淹、欧阳修、王安石、苏轼、杨万里、范成大、辛弃疾、文天祥等，都是十分典型的例子。杨万里的思想境界和文化实践全部体现在他的著述中。这里仅举其散文中的几个示例。

比如，杨万里特别注重创新意识和精品意识。其《答朱晦庵书》突破书信常式，创造了"梦二仙对弈"与"东坡、山谷"来访之幻境，言情说理，讨论"仙家争颉"，融传奇性、故事性和说理性于一体，不但令人耳目一新，而且深刻精警。同时以"在外则已远，无应则无累"表达自己谢绝出山的意愿[1]。而《再答陆务观郎中书》讨论"富贵"之"偶然"与"必然"，又讨论"旨之不多，多则不旨"，举"采菊东篱，焉用百韵？枫落吴江，一名千载"[2] 为例。

《石湖先生大资参政范公文集序》始以范成大之子求序，谈及与范公"同年进士"之谊，指出范成大"以文学才气受知寿皇，自致大用"，而其"诗文非能工也，不能不工耳"。作者认为范成大"风神英迈，意气倾倒，拔新领异之谈，登峰造极之理，萧然如晋、宋间人物"。作者认为，"长于台阁之体者，或短于山林之味；谐于时世之嗜者，或漓于古雅之风。笺奏与记序异曲，五七与百千不同调。非文之难，兼之者难也。至于公训诰具西汉之尔雅，赋篇有杜牧之深刻，骚词得楚人之幽婉，序山水则柳子厚，传任侠则太史迁。至于大篇决流，短章敛芒，缛而不酿，缩而不窘；清新妍丽，奄有鲍、谢，奔逸隽伟，穷追太白"，对范成大的创作成就和创新风格给予了高度评价[3]。

《江西宗派诗序》体现出杨万里重要的诗歌理论见解。此序以"诗江

---

[1] 辛更儒：《杨万里集笺校》，中华书局2007年版，第6册卷68，第2887页。
[2] 辛更儒：《杨万里集笺校》，第2880页。
[3] 辛更儒：《杨万里集笺校》，第6册卷82，第3295—3297页。

西也，而人非皆江西也"破题，指出"江西诗派"为世公认的根本原因在于"以味不以形"。文章重点以唐宋时期之李白、杜甫、苏轼、黄庭坚为例，分析他们写作风格韵味异同。最后揭示为吕居仁的《江西宗派图》作序①。

《沙溪六一先生祠堂记》先说"门人永丰罗椿"为"六一先生"欧阳修祠堂求记，然后说"自韩（愈）退之没，斯文绝而不续，至先生复作而兴之"，欧阳修主盟文坛，"丕变容悦之俗，至于庆历、元祐之隆，近古未有，天下国家，至今赖之"，且言"如三百年之唐，而所师尊者惟退之一人；本朝二百年矣，而所师尊者，惟先生一人"。最后慨叹"自眉山之苏（轼）、豫章之黄（庭坚），相继沦谢，先生之徒党无在者"，再以强调"新斯堂而尸祝之"的必要性结束。全文对比韩愈，衬以苏黄，高度评价欧阳修对中华文化发展做出的巨大贡献，体现出鲜明的文化观念与儒学理念②。

《高安县学记》起笔于县学落成而众人议其简，其下则以解惑为重点，"开一卷之书于竹牖之下，举目而见尧、舜、孔颜，属耳而闻金声玉振，潜心而得性与天道，家焉而亲其亲，官焉而民其民，国焉而君其君。塞则淑诸身，亨则淑诸世"，指出立德育人的重大意义，不在于校舍之大小。思想深刻，构思新巧，确有欧阳修、苏轼风味③。

《答陆务观郎中书》由陆游以"诗可以妒"推称杨万里为文坛"主盟"谈起，讨论"古者文人相轻"，而陆游实为"推者谦之"，且以韩愈与柳宗元相互推称为比，表达自己实在陆游之下的谦虚态度④。

《宜州新豫章先生祠堂记》首先叙述宜州太守韩璧"首新山谷先生祠堂"而求记的过程，然后回忆了"山谷之始至宜州"，以及黄庭坚遭受官府迫害的境遇，进而议论"君子与小人"之区别⑤。

另如《一经堂记》《石泉寺经藏记》《兴崇院经藏记》《建昌军麻姑

---

① 辛更儒：《杨万里集笺校》，中华书局2007年版，第6册卷79，第3231页。
② 辛更儒：《杨万里集笺校》，第6册卷72，第3041页。
③ 辛更儒：《杨万里集笺校》，第6册卷73，第3058页。
④ 辛更儒：《杨万里集笺校》，第6册卷67，第2865页。
⑤ 辛更儒：《杨万里集笺校》，第6册卷72，第3027页。

山藏书山房记》《邵州重复旧学记》《廖氏龙潭书院记》《秀溪书院记》等，都是讲兴学、藏书、文化事业的优秀篇章。

以上所述，都十分鲜明地体现着杨万里文学创作与文化实践中的创新理念，体现着他鲜明的文化境界与艺术高度。南宋刘炜叔在《诚斋集跋》中评价杨万里："人皆知先生之文，如瓮茧缫丝，璀璨夺目，取而不竭，不知文以气为主，充浩然之气，见诸文而老益壮者，先生之诚也"①。

清代杨振鳞在《杨文节公诗集跋》中说："公之著作本乎道德，发为文章，同时如朱晦庵、张南轩、周平原诸公莫不推服。虽为公余事，然其胸次矫矫拔俗，间见诸歌咏雄杰排奡（ào），有笼罩万象之概，南渡以来，与尤、萧、范、陆并称五家，评其诗者谓杨诚斋天分也似李白。"②

《浯溪赋》以记游的形式，描述游览浯溪的见闻感受，杨万里一改写景为主的传统方法，将"剥苔读碑，慷慨吊古"作为重点，议论唐代中期的"安史之乱"，使作品具有了深刻的思想性，发人深思，这篇赋也被称为"赋体中的精彩史论"。杨万里另有《浯溪摩崖怀古》诗，题材内容与《浯溪赋》基本相同，但着眼点与表现方法却有很大不同。诗用比兴，偏于抒情，重点谴责明皇父子沉于美色而荒废朝政，致使国家动乱，百姓遭殃③。《学林赋》是杨万里为友人书斋所撰，友人胡英彦"取班孟坚《序传》之卒章与黄豫章'求益窗下'之意，命其斋房曰'学林'"。此赋重点表现淡泊名利、修养道德、"惟书为林"的思想境界④。

五 杨万里的文化影响与当代启示

欧阳修曾云："君子之学，或施之事业，或见于文章，而常患于难兼也。盖遭时之士，功烈显于朝廷，名誉光于竹帛，故其常视文章为末事，而又有不暇与不能者焉"，是乃先功业而后文章甚明，欧公之"文学止于润身，政事可以及物"说甚至被视为至理名言而广为流传，可见人们是将能够广济天下的政事放在首位，其次才是文学。宋代很多以文学名世

---

① 辛更儒：《杨万里集笺校》，中华书局 2007 年版，第 10 册附录三，第 5325 页。
② 辛更儒：《杨万里集笺校》，第 10 册附录三，第 5329 页。
③ 辛更儒：《杨万里集笺校》，中华书局 2007 年版，第 5 册卷 43，第 2255—2256 页。
④ 辛更儒：《杨万里集笺校》，第 5 册卷 43，第 2269—2270 页。

者，实际上大都是深于学术、娴于理政、尤精文学的综合型通才。杨万里就是这方面的典型之一。他不仅能够鉴于古而通于今，视野开阔，气魄宏大，而且具有一种高度自觉的强烈的历史责任感和社会责任心，在"以天下为己任"的同时，尚追求人格的完善。由此，给后世学人留下了深刻启示。特别是在弘扬光大传统文化精华的积极态度、创造反映时代风貌的文化精神、表现深厚的家国情怀与淑世思想，以及强化道德修养与品格情操等方面，都给人以深刻启迪。这里重点谈谈杨万里的"诚"。

杨万里在理学、社会政治理念、文学观念与创作、道德实践等诸多方面都有辉前烛后的建树。杨万里把"诚"作为自己思想体系的核心和为人处世的座右铭，贯彻到学、行、文的方方面面，既进行了理论与理念的建构，又完成了创作与德行的实践，既履行了文官的职责，又忠实于文人的身份，从而成功调和了社会角色与本我角色、道德与情趣之间的矛盾，建构出一个知行合一、既不负众又不负我的模范与标杆。这对我们解决当下工作、生活中面临的诸多心理困境有重要的启发和借鉴意义。正如王水照先生所说，"诚"是杨万里思想体系的核心，他总是用这套理论来密切关注现实，跟他的政治实践、道德实践、文化创造实践密切结合在一起。杨万里的"诚"所蕴含的意义，我们今天可以结合当下现实进行新的阐释，同时将这种"诚"加入我们的核心价值体系里面来。

杨万里社会政治理念与实践中的"诚"表现得最为突出。杨万里是儒家思想忠实的追随者与拥护者，他在《习斋〈论语讲义〉序》中说："《论语》之书，非吾道之稻粱而奚也？天下可无稻粱，则是书可无矣。虽然，匹夫匹妇一日而无稻粱，死不死也？死也，一匹夫匹妇而已矣，况未必死乎？然则，稻粱者无之不可也，一日而无之，亦可也。至于是书，一日而无之，则天下其无人类矣。非无人类也，有人类而无人心也。有人类而无人心，其死者一匹夫匹妇而已乎？然则《论语》之书，又非止于吾道之稻粱而已矣。"杨万里把儒家"道统"比作我们生存必需的"稻粱"，认为道统之于精神比稻粱之于肉体重要得多，人一天不吃饭，肉体不一定饿死，但如果一天没有儒家经典，"人类"的身份一定会死，因为没有道统的引导人就会失去"人心"。这个"人心"就是儒家提倡的"仁、义、礼、智、信"等人文精神。然而，杨万里并不是空谈"道统"和"人心"，他把看似抽象的、道德层面的儒家学说和现实目的即"保民富国"直白而紧密地结合起来。杨万里的《庸言一》写道:"仁者,万善之元首,正者,万事之本干。"《庸言七》写道:"君职在养民,养民在仁政。""然得位之难,又未若守位之难,何以守?曰:仁而已。何以为仁?曰:财而已。虽有仁心仁闻,而天下不被其仁恩之泽者,夺民之财,为己之财而已。""何谓义?教民理财,义也。谨以出入,亦义也。禁民为非,亦义也。"杨万里继承了孔孟的"仁义"思想并进一步做了经世致用的阐发,他明确指出"仁政"就是"保民",是让民众获得生命安全与生存条件的基本保障,从而可以成为劳动力发展生产,"义"就是"富国","教民理财",引导民众发展经济,解决现实的生存和生活问题。

这种直白透彻的阐发也与杨万里多年的外宦经历有关。杨万里前后任职过三十多年的地方官,非常了解现实民生问题,连年战争、苛捐杂税使农民失去了再生产的能力,他多次上书进言薄税敛、平徭役等"保民"措施,并提出很多具体的经济政策。如运用传统的母子相权论,创造性地提出钱楮母子论,以朝廷为后盾,收券之入,发都内散钱以出,守钱券十半之约,于是母子相平,民蒙其利。后人以此为基础形成了"称提之术",即运用通宝、银绢等收兑流通中过多的纸币以稳定纸币币值的管理调控方法。这是历史上币论与币政密切互动与结合的典型史例,更是杨万里重视工商业、忧心民众思想的实践。可以说,杨万里社会政治理念中的务实精神是来自他的亲身实践。

杨万里的务实精神还体现在他的"卫道远佛"主张上,他继承了韩柳一脉士大夫的主张,反对佛教的过度迷信导致社会秩序混乱、阻碍经济发展等一系列后果。他在《送蒋安行序》中说:"佛之行乎中国几年矣,佛之俗将狄乎夏矣,人之闻于古也弗绝而绝矣。而安行毅以守如此,天下之大,曰无安行乎?圣人者作,因天下守者之心,明先王中正之道,而礼复于古,言异有禁,术异有诛,以攘佛者之妄,而谓天下不复于先王之治,可不可也?"

佛教传入中国后,对社会经济产生的负面影响一直存在,佛教寺院拥有大量土地与男女僧众,并享有免税特权,很多人为了逃避税收而出家加入寺院经济群体,这导致正常经济秩序中劳动力和政府财政税收的流失,对社会的正常运转以及军事等造成恶性影响。历史上出现过四次大规模的政府主导的"反佛运动",即北魏太武帝、北周武帝、唐武宗、后周世宗主持的灭佛运动。唐代佛教盛行，信奉儒家道统的士大夫在"卫道远佛"上仍然做出努力。元和十四年（819），唐宪宗迎佛骨入宫，全社会掀起一股狂热的礼佛风潮，百姓甚至有废业破产、烧顶灼臂供养者。韩愈上《谏迎佛骨表》加以阻拦，反对佞佛，维护儒家正统地位，并因此遭到打击，被贬为潮州刺史。

杨万里的"卫道远佛"主张同样出于维护社会正常秩序、确保生产的现实目的。目的都指向建立安定和谐、利于社会生产的社会政治秩序，以解决现实世界中的生存问题。

杨万里在政治实践方面，关切时务，不虚谈仁政，而是落实到具体措施当中，关注现实问题，关注民生，主张富国保民。《千虑策》论及君道、国势、人才、刑法、冗官、民政等多方面的问题，而这些均是当时社会矛盾的实质性问题。其中最能体现他与当时社会思潮之间关系的主要有两方面：一是反对和议，恢复中原；二是寄希望于君主，实现理学家所共有的"得君行道之愿望"。而在哲学思想方面则强调"重实尚用""知行合一"，主张用实践检验理论。其《千虑策》之《君道（上）》提出治国要循序渐进，体察事物深层的矛盾与原因，从根本上逐步解决问题，防患于未然；《君道（中）》以"医疾"拟"治国"。另如《送郭庆道序》切中时弊、针对尖锐矛盾提出措施，等等。淳熙十二年（1185）被选为侍讲东宫的伴读官，杨万里著《东宫侍读录》，通过给太子讲史讲道，向他灌输"畏天安民"思想。

总之，杨万里开阔的文化视野和深刻的思想理念，强烈的历史使命意识与浓厚的家国情怀，以及传承前代优秀文化的积极态度，开拓学术研究的探索精神和关于文化实践的创新主张，以及注重人格修养的文化精神，都给我们新时代中国特色社会主义文化建设与思想建设以深刻启示。

（2017 年 10 月 28 日于江西吉水）

返本开新与当代启示
——朱自清的学术研究与散文创作[*]

如何认识朱自清先生的学术贡献与文学成就,特别是如何认识朱自清先生对待中国古代传统文化的态度,这是一个值得深入思考且颇具现实意义的重要问题。朱自清先生呈现给世人的"显性"学术贡献与文学成就,如《朱自清全集》的文字文本,以往多有客观切实和公允确当的评论,如李少雍《朱自清先生古典文学研究的贡献》(《文学遗产》1991年第1期)之类;而对其无形无相、潜在内含的"隐性"思想价值与文化意义,学界虽偶有零碎涉及,却鲜见专门思考和系统讨论。笔者以为,后者对于深刻理解朱自清先生和深刻认识其文化贡献更重要,尽管"显性"成果是"隐性"影响的重要基础和基本依据。评价学者或作家的文化贡献,应置于民族历史长河乃至人类文化发展的高度来审视,如此才可能更科学、更全面、更充分,对于朱自清先生也应作如是观。

朱自清先生生活于20世纪上半叶,这是一个世界动荡、战争频繁的残酷年代,中华民族灾难深重、内忧外患交织。一切爱国志士仁人都在为民族命运与国家存亡而上下求索,尤其是深受中华民族优秀传统文化熏陶滋养而思想敏锐、先知先觉的爱国知识分子,更是"铁肩担道义,妙手著文章",积极投身拯救民族危难的革命洪流中。"五四"新文化运动是颇具典型意义的集中反映,成为当时先进知识青年实现思想抱负的重要舞台,他们选择不同的方式与角度,表达自己的主张和见解。朱自清先生就

---

[*] 本文为2018年11月24日在清华大学"朱自清先生诞辰120周年纪念大会与学术研讨会"开幕式上的主旨演讲稿。郑倩茹搜集材料并草拟初稿。

是以学者兼作家的身份，积极顺应时代变化与社会转型，参与了这场波澜壮阔的"新文化"运动，且以学术研究与文学创作"返本开新"的卓著实绩，创造性地继承和弘扬中华民族的优秀文化与优良传统，赢得了世人赞誉。

一　学术研究的"返本开新"

学术研究是文化活动的最高形态，也是体现思想主张和价值取向的重要载体。随着辛亥革命的成功和封建帝制的毁灭，中华民族发展道路与生存方式的选择，成为爱国志士共同面对和深入思考的重大问题，特别是如何对待持续发展数千年且一直占据思想主流位置的中国古代传统文化，成为人们普遍关心的热点与焦点。"五四"新文化运动就是时代的缩影。

朱自清先生并没有盲从当时诸如"打倒孔家店""全盘反传统"的思潮，"把婴儿与洗澡水一起倒掉"，而是有着自己的独立思考和主张。他宣称"国学是我的职业"（《哪里走》），对中国古代传统文化进行审慎、科学、严谨、扎实的认真思考和深入研究，提出一系列新观点、新主张和新思想，充分体现出"斯文自任"的历史使命感和社会责任心。这些都集中反映在上海古籍出版社刊行的《朱自清古典文学专集》中，由此书内容，我们可以看到朱自清先生研究中国古代传统文化呈现的三大特点。

一是系统性构架。《朱自清古典文学专集》除包括《朱自清古典文学论文集》上、下两册外，尚有《古诗歌笺释三种》（《古逸歌谣集说》《诗名著笺》《古诗十九首释》，1981出版）、《十四家诗抄》（三国至唐末诗人曹植、陶潜、李白、杜甫、杜牧等的名作选注）和《宋五家诗抄》（北宋诗人梅尧臣、欧阳修、王安石、苏轼、黄庭坚的名篇选笺和集评）。从内容上可以看出，朱自清先生是从诗歌入手，着眼于具体作品和著名作家，以时为序，依次选取先秦歌谣、汉末古诗以及三国至南宋之前的经典性作品和代表性作家，进行了认真、全面和系统的梳理，基本勾勒和显现出了从远古至北宋千年间诗歌发展的轮廓。这无疑是一部颇具规模的中国古代诗歌史的架构雏形，呈现着鲜明的系统性。这些未竟之作，都是先生在清华大学任教时精心准备的教材！正如浦江清先生所言，我们由此可以看到"一位认真负责的教授，如何在教材上用过一番搜辑工夫！就是这么丰富的参考材料，对于学者也是很有帮助的"（《宋五家诗抄》附记）。

细读先生笺注，其或采用成说，或断以己意，无不细择精审、诠解深刻，表现出非凡的识见和深邃的思想，令人敬佩不已。其具体论著中的整体结构，也充分体现着系统性的特征。比如《诗言志》分为《献诗陈志》《赋诗言志》《教诗明志》《作诗言志》四章，内在逻辑缜密；《比兴篇》分为《毛诗郑笺释兴》《兴义溯源》《赋比兴通释》《比兴论诗》四章，从考察《毛传》《郑笺》比兴说入手，继而探寻渊源、诠释本义并提出个人见解，呈现很强的系统性。

二是精确性研究。朱自清先生是最早将统计学思维方法引入中国古代文学研究的著名学者之一。这不仅提高了研究的精确性，是研究方法的重大创新，而且增强了学术研究的科学性和严谨性。据听过朱自清先生授课的同学回忆，朱先生在讲解诗歌"风调"内涵时，就采用了统计学方法，通过归纳概括其规律性，将一个感性的模糊概念，清晰地解释出其丰富的内涵。朱先生通过统计表明，凡是前人认为不失"风调"的诗，都是七言绝句，并得出"风调"是评论七言绝句优劣的重要"标准"。朱先生还以大量实例证明："风"是指抒情的成分，"调"是指音节的铿锵，并由此推导出七绝不适于叙述和描写。进而指出，"风"的内涵"抒情"，是由七绝形式篇幅容量小、没有铺排余地决定的；而"调"的内涵"音节铿锵"，则是因七绝入乐而形成。先生指出，七绝末二句入乐时要复沓，故全诗的重心得放在第三、四句，才能特别有力。朱先生又由统计得知，四分之三以上的唐人七绝，第三或第四句里都含有"否定词"以加强语气和表现力。此外，朱先生还谈到评论五言绝句不用"风调"一语的原因，认为"风飘摇而有远情，调悠扬而有远韵，总之是余味深长。这也配合着七绝的曼长的声调而言，五绝字少节促，便无所谓风调"。朱先生的这一研究，使诗歌史上"风调"这一重要概念有了比较准确的解释，对于我们深入理解七绝诗作本身很有帮助（参见《纪念朱自清先生·说诗缀忆》）。朱先生对于谢灵运名句"池塘生春草"的理解诠释，也是得益于统计学原理。宋人叶梦得称此句好在"无所用意，猝然与景相遇"；元代元好问以"万古千秋五字新"赞誉；而王若虚却说"反复求之，不得佳处，乃晋人自行夸大耳"。朱先生将谢灵运的全部诗句逐一排比，细致分析，发现描写句为多，叙述句及表情句很少。"池塘生春草"是叙述句，风格颇类《古诗十九首》里的句子，因而"在声色富艳的谢诗中……

倒显得格外清新"。这样缜密的考察比勘得出的结论，比前人更具体、更确切，也更有说服力。王瑶先生说"朱先生是诗人，中国诗，从《诗经》到现代，他都有深湛的研究。诗选，是他多年来所担任的课程；陶潜、李贺，他都做过详审的行年考证"。正是从另一个角度指出了朱自清先生认真、深入、扎实、严谨的治学态度。

三是理论性思考。理论是文化的最高表现形态。朱自清先生对于中国传统文化的思考与研究，不仅超前性地提出了建构中国特色话语体系和理论体系的设想，而且躬行实践，在中国古代诗歌批评方面多有建树。朱先生主张，首先应当从梳理传统专业术语和思想理论概念入手，建构中国诗歌批评的话语体系和理论体系。这在《中国文评流别述略》中体现得最充分。先生指出，中国古代评论诗歌与散文的著述典籍，有大量值得研究的传统术语和概念，即所谓"意念"，但往往内涵模糊不清，界定也不明确，诸如"神""气""韵""味"乃至"诗言志""思无邪"等，"五光十色，层出不穷"。朱先生提出，"若有人能用考据方法将历来文评所用的性状形容词爬罗剔抉一番，分别确定它们的义界，我们也许可把旧日文学的面目看得清楚些"。朱先生提出，要"有许多人分头来搜集材料，寻出各个批评的意念如何发生，如何演变——寻出它们的史迹"，"只要不掉以轻心，谨严地考证、辨析"，就"可以阐明批评的价值，化除一般人的成见，并坚强它那新获得的地位"，形成独特的思想理论体系。先生的《诗言志辨》其实就是这方面的示范之作。其《"好"与"妙"》指出"好"字出现比"妙"字早，原为审美评语，后延伸至道德领域，而"妙"字最初是道家哲学术语，后衍变为审美评语，表达不可言传的玄虚。作为审美评语，"好"可以诉诸感觉，凭常识就能辨得出，因此大家乐于使用，而"妙"就很难雅俗共赏，词语"莫名其妙"即表示了"俗人"对这个审美术语的贬抑。其《论逼真与如画》称，"如画"除了"在作为一种境界解释的时候变为玄心妙赏"以外，它与"逼真"都只是分明、具体、可感觉的意思，"这就可见我们的传统的对于自然和艺术的态度，一般的还是以常识为体，雅俗共赏为用的"。其缜密考索，揭示了国人对于自然与艺术的传统态度。其《〈文选序〉"事出于沉思义归乎翰藻"说》《论"以文为诗"》《论雅俗共赏》等，也都是考辨文学批评术语的研究成果。

傅璇琮先生曾经提出,"在学术研究中,一要求实,二要创新,并力求出原创性作品,这样才能真正在历史上站得住脚"(《当代学者自选文库·傅璇琮卷·自序》,安徽教育出版社 1998 年版)。朱自清先生正是以认真严谨的治学态度,求真、求实、求是,从早期的中华文化开始,"辨章学术,考镜源流"(章学诚《校雠通义》),重新审视中国古代传统文化,开辟出一片学术研究的新境地,成为返本开新、创造性传承中华民族优秀文化的典范。

二 散文创作的"返本开新"

诗歌与散文是中国古代文学的两大基本样式,也是中国古代文化的两大轴心载体。朱自清先生宣称"文学是我的娱乐"(《哪里走》),表达的就是对创作诗歌和散文的兴趣、投入与感情。朱先生的诗歌与散文,都相当出色,而散文成就更突出、特点更鲜明、影响更深广。与学术研究的思想境界相一致,朱先生的散文在总体风格上也呈现"返本开新"的新面貌,一方面弘扬了"尊道贵德""以人为本""文以化人"的优秀传统,另一方面在思想内容与艺术风貌上独具特色,成功地创造出一片新天地。这突出地表现在以下三个方面。

一是内涵深厚。朱自清先生创作的散文作品,大都饱含着日常生活的亲身体验和深刻感受,侧重表现人的思想情感、人的生活状态、人的社会行为,体现人的道德修养、品格境界、理想情趣,具有深厚的人性化、生活化、情感化色彩,充满对人的理解与关怀,更多地让人感觉到深厚的人文内涵。经典名篇《背影》最为典型。作者叙述离开南京去北京大学时,父亲送他到浦口火车站,照料他上车,并替他买橘子的情形。作者紧紧抓取父亲为他买橘子时在月台爬上攀下时的背影这样一个瞬间情景,真实具体、生动形象地表现父亲对儿女的爱,深刻细腻,真挚感人,既表现了享受父爱的内心感动,又充满了对父亲的尊敬感激,淋漓尽致地表现了父子亲情的纯朴与真挚。《给亡妇》是他在妻子逝世三周年之际写给亡妇的一封信。信中缕述三年来妻子最关心、最惦记的人与事,既描述了三个孩子与自己的目前状态,又回忆了以往"十二年结婚生活"的温馨、艰难与甜蜜,更诉说出对妻子的无限感激与深刻思念。其中的夫妻深情、人文关怀以及体现出的道德品格、家庭责任,着实让人感动、感慨,而亲情、爱情又是那么的亲切！这比潘安的《悼亡诗》、白居易的《为薛台悼亡》（半死梧桐老病身）、苏轼的《江城子》（十年生死两茫茫）、黄庭坚的《黄氏二室墓志铭》、陆游的《沈园》（梦断香消四十年）、纳兰性德的《南乡子》（为亡妇题照）等，更为平易感人。中国古代是以农耕文明著称的社会，家庭是族群构成与社会构成的基本单位，重视伦理和亲情，既体现社会责任，又反映个体义务，成为凝聚人心最基本的精神动力。朱先生的散文即便是记游散文如《桨声灯影里的秦淮河》也充满对不同社会阶层人们的理解与尊重，特别是关于"道德律"的发挥，更是充满人性、人情与事理，人文内涵十分深厚。作家赵景深说"朱自清的文章不大谈哲理，只是谈一点家常琐事，虽是像淡香疏影似的不过几笔，却常能把那真诚的灵魂捧出来给读者看"。其实哲理就在"家常琐事"中，也正是如此，朱自清的散文才具有了浓厚的人情味和更为感人的力量。

二是以诗为文。郁达夫在《新文学大系·现代散文导论》中说："朱自清虽则是一个诗人，可是他的散文仍能够贮满那一种诗意。"用"散文贮满诗意"来评论朱先生的散文，的确准确切当！在中国古代文学发展史上，一向有"以文为诗"之说，即运用散文的章法、句法、字法和表现手法来进行诗歌创作，清代赵翼的《瓯北诗话》认为"以文为诗，自昌黎始；至东坡益大放厥词，别开生面，成一代之大观"。而对于"以文为诗"的反面——"以诗为文"则鲜有评论。其实韩愈在倡导"以文为诗"的同时，也在尝试"以诗为文"，将诗歌的抒情性、诗歌的意境和诗歌的表现技巧运化到散文创作中，形成形象鲜明、韵味悠长、意境深远的艺术效果，大大提高了散文的文学与美学价值。当其时，柳宗元的《小石潭记》已初见端倪，至宋则名篇隽章，层见叠出。朱自清先生创造性弘扬唐宋散文名家艺术风格，而把散文的诗化推进到更高层次，将诗的题材、诗的意境、诗的语言、诗的手法融入散文，呈现新的风貌。诸如《春》《绿》《匆匆》《背影》《荷塘月色》《桨声灯影里的秦淮河》《月朦胧，鸟朦胧，帘卷海棠红》之类，只看题目就可以领略到浓郁的"诗元素"和"诗韵味"。有学者说朱自清的散文是"诗的变体，具有诗的艺术特征"，诚然不错。

《春》描写、讴歌了一个蓬蓬勃勃的春天："盼望着，盼望着，东风来了，春天的脚步近了。一切都像刚睡醒的样子，欣欣然张开了眼。山朗润起来了,水涨起来了,太阳的脸红起来了。小草偷偷地从土里钻出来,嫩嫩的,绿绿的。园子里,田野里,瞧去,一大片一大片满是的。坐着,躺着,打两个滚,踢几脚球,赛几趟跑,捉几回迷藏。风轻悄悄的,草软绵绵的。桃树、杏树、梨树,你不让我,我不让你,都开满了花赶趟儿。红的像火,粉的像霞,白的像雪。花里带着甜味儿;闭了眼,树上仿佛已经满是桃儿、杏儿、梨儿。花下成千成百的蜜蜂嗡嗡地闹着,大小的蝴蝶飞来飞去。野花遍地是:杂样儿,有名字的,没名字的,散在草丛里,像眼睛,像星星,还眨呀眨的。"从作品的意境、意象和情趣,到炼字、炼句和技法,都鲜明地呈现写诗的方法和路径。的确是诗化的散文,是名副其实的"散文诗"。

  与《春》风格极其相近的《绿》,则描绘仙岩"梅雨潭的绿":"我的心随潭水的绿而摇荡。那醉人的绿呀,仿佛一张极大极大的荷叶铺着,满是奇异的绿呀","这平铺着,厚积着的绿,着实可爱。她松松的皱缬着,像少妇拖着的裙幅;她轻轻的摆弄着,像跳动的初恋的处女的心;她滑滑的明亮着,像涂了'明油'一般,有鸡蛋清那样软,那样嫩,令人想着所曾触过的最嫩的皮肤;她又不杂些儿尘滓,宛然一块温润的碧玉,只清清的一色——但你却看不透她!我曾见过北京什刹海拂地的绿杨,脱不了鹅黄的底子,似乎太淡了。我又曾见过杭州虎跑寺旁高峻而深密的'绿壁',丛叠着无穷的碧草与绿叶的,那又似乎太浓了。其余呢,西湖的波太明了,秦淮河的又太暗了。可爱的,我将什么来比拟你呢?我怎么比拟得出呢?大约潭是很深的,故能蕴蓄着这样奇异的绿;仿佛蔚蓝的天融了一块在里面似的,这才这般的鲜润呀。——那醉人的绿呀!我若能裁你以为带,我将赠给那轻盈的舞女;她必能临风飘举了。我若能把你以为眼,我将赠给那善歌的盲妹;她必明眸善睐了。我舍不得你;我怎么舍得你呢?我用手拍着你,抚摩着你,如同一个十二三岁的小姑娘。我又掬你入口,便是吻着她了。我送你一个名字,我从此叫你'女儿绿'。"读来回味无穷。《月朦胧,鸟朦胧,帘卷海棠红》实际上是神品级画记,而其描述画面之精美细腻、品评内涵之无穷韵味、发掘渊源之丰厚积淀,以及意境之含蓄优美、语言之精粹凝练,的确让人爱不释手。

  三是茹古涵今。朱自清先生以中国古代传统文化的学术研究为支撑,以对当时社会世情与民俗风情的深刻了解和对生活的亲身体验为基础,使散文作品显示出深厚广博的文化积淀和强烈持久的艺术魅力。《桨声灯影里的秦淮河》记述与友人俞平伯夏夜泛舟秦淮河的见闻感受,将与"六朝金粉""纸醉金迷"的秦淮河相关的民俗风情、历史事件、著名人物、经典作品融入其中。《匆匆》题目取自宋代辛弃疾《摸鱼儿》起拍"更能消几番风雨,匆匆春又归去",而内容则是表达"逝者如斯""惜时如金"的思想,以生动形象的语言告诉读者不能虚度时光,既深含哲理,又含蓄委婉。《荷塘月色》,其题目就包含着深厚的历史文化积淀,"荷塘"与"月色"可以说是中国古代诗歌中出现频率最高的意象景物,甚至有学者提出"荷文化""月文化"概念进行专门研究,仅就"荷塘"而言,从《诗经·泽陂》"有蒲与荷"到唐代司空图的《王官》"荷塘烟罩小斋虚",从北宋周邦彦的《苏幕遮》"水面清圆,一一风荷举"到南宋吴文英的《天香》"荷塘水暖香斗",不胜枚举,而"月色"之名篇佳句就更多了。文章结尾部分"忽然想起采莲的事情来了。采莲是江南的旧俗,似乎很早就有,而六朝时为盛;从诗歌里可以约略知道。采莲的是少年的女子,她们是荡着小船,唱着艳歌去的。采莲人不用说很多,还有看采莲的人。那是一个热闹的季节,也是一个风流的季节。梁元帝《采莲赋》里说得好:'于是妖童媛女,荡舟心许;鹢首徐回,兼传羽杯;棹将移而藻挂,船欲动而萍开。尔其纤腰束素,迁延顾步;夏始春余,叶嫩花初,恐沾裳而浅笑,畏倾船而敛裾。'可见当时嬉游的光景了。这真是有趣的事,可惜我们现在早已无福消受了。于是又记起,《西洲曲》里的句子'采莲南塘秋,莲花过人头;低头弄莲子,莲子清如水'",更是展示了作者对古代文学经典的稔熟。

三 朱自清文化精神的当代启示

朱自清先生抒情长诗《毁灭》中"一步步踏在土泥上,打上深深的脚印"的诗句,其实正是对他自己学术研究与文学创作特点及其文化精神的最好概括。

朱先生在新世纪新时代的"新文化"运动中,以求真务实、返本开新的文化精神,致力于学术研究与文学创作,取得出色成绩,为中华民族的文化发展做出了积极贡献,给后人以诸多深刻启示。

一是朱自清的学术研究与文学创作相辅相成,精深的传统文化积淀是创作经典文学作品的重要基础。

二是中国古代传统文化研究必须不囿成见,立足原典文本的精准理解,深入发掘人文内涵,进行创造性的科学阐释,增强系统性和科学性,倡导创建中国特色的话语体系和理论体系。

三是学术研究与文学创作必须具有国家观念、人类意识和历史使命感与社会责任心,体现思想境界和文化品格,传达正能量。

四是中国传统文化研究当前面临最好机遇,国家频频出台政策,推动中华优秀传统文化创造性转化和创新性发展。

五是中国古代传统文化研究必须围绕国家发展战略需要,充分利用现代高新科技手段,出成果、出人才、出效益、出传世之作。

六是中国古代传统文化研究重点必须向早期文明与当代文化两端延伸,提高层次,创新境界。

2018 年 11 月 17 日于上海奉贤南郊一品

朱自清先生诞辰 120 周年纪念大会开幕式

闻一多《神话与诗》的学术境界与人文思想[*]

摘要：闻一多是"富有发明力的天才"学者，《神话与诗》是代表当时传统诗歌研究水平的经典著作。该著作以诗为核心，"把古书放在古人的生活范畴里去研究"，深入发掘诗中蕴含的神话元素及其深层文化意韵，揭示诗本义与神话故事生成的内在关联，实质乃是"人的神化"。著作以诗歌作品与作家为根基，从人类发展史视野考察中国诗歌发展与民族特色，从中华文化高度探寻诗歌创作的艺术规律，体现着"以人为本"的深刻理念与浓郁的家国情怀。《神话与诗》充分体现着中华文化"以人为本"价值观、"天人合一"宇宙观、"尊道贵德"发展观的三大理念，为创造性继承和创新性发展优秀传统文化做出了贡献，给学人方法论以深刻启迪。

闻一多先生谦称自己"以文学史家自居"[①]，实际上是集"斗士、诗人、学者""三重人格"[②] 于一身，以深刻的人文思想、民族的铮铮气骨、丰厚的文化底蕴和突出的学术贡献，成为当代学人的楷模和中华民族的骄傲。闻一多先生对于创造性传承中华民族传统文化和创新性发展现代新文化，特别是对中国古典诗歌的执着热爱和深入研究，成就卓著，影响深

---

[*] 该文是清华大学 2019 年 11 月 23 日举办的"闻一多先生诞辰 120 周年纪念大会"上的主旨演讲稿，发表于《社会科学战线》2021 年第 9 期。杨庆存为第一作者，郑倩茹为第二作者，郑倩茹负责收集材料，草拟初稿；杨庆存修改定稿。

① 闻一多：《闻一多 1943 年 11 月 25 日致臧克家信》，《闻一多全集》卷 12，湖北人民出版社 1993 年版，第 382 页。

② 朱自清：《开明版〈闻一多全集〉序》，《闻一多全集》卷 12，第 442 页。

广。本文拟从中华文化与诗歌文明的角度,讨论闻一多《神话与诗》的学术境界与人文思想,以弘扬其治学精神与科学方法。

毛泽东曾高度赞誉闻一多"宁可倒下去,不愿屈服"[①] 的铮铮铁骨和民族精神。这种精神首先得力于闻一多先生对中华文化的热爱,特别是对中国古代诗歌的深厚情感与执着研究。他的《神话与诗》《唐诗杂论》《古典新义》《楚辞校补》等都早已成为学术经典名著,郭沫若认为闻一多是"富有发明力的天才",治学"眼光的犀利,考索的赅博,立说的新颖而翔实,实在不仅是前无古人,恐怕还要后无来者"[②],给予很高的评价;吴晗则从"严谨的治学精神,强烈的正义感和对民主的笃信,对广大人民的热爱"[③] 诸方面的人文思想表示敬仰与钦佩;所以臧克家用"巨人心中的巨人,大师笔下的大师"[④] 称评闻一多的思想境界与文化地位。细读《神话与诗》,的确代表着那个时代相关领域的最高水平。

一 诗中的神话与神话的诗韵

诗中的神话与神话的诗韵,是《神话与诗》主题内容的一大重要特色。这部学术著作虽然是以论文集的形式呈现,却有着紧密的内在逻辑,形成以"诗为核心"的"一元"格局。部分读者囿于书名字面的表层意思,误以为是对"神话"与"诗"两个领域的分别研究,忽略了书名背后潜在的深层文化意蕴之密切关联。

众所周知,诗歌是中华文化的基本载体,与散文一起成为中国文学、中华文化发展的两大支撑,成为中华文明的重要标志。从世界层面看,诗歌作为人类历史实践和思想智慧的精神创造,不仅是雅俗共赏和艺术生命力旺盛的文学样式,更是人类文明的表现和人类文化的载体,众多民族与国家,各以特有的本土语言和生活激情,创造着不同历史环境、不同艺术风格的辉煌诗篇,形成了人类的诗歌文化与诗歌文明。中华民族是一个热

---

① 毛泽东:《别了,司徒雷登》,《毛泽东选集》卷4,人民出版社1991年版,第1495页。
② 郭沫若:《开明版〈闻一多全集〉序》,《闻一多全集》卷12,第435页。
③ 吴晗:《开明版〈闻一多全集〉跋》,《闻一多全集》卷12,第452页。
④ 臧克家:《说和做——记闻一多先生言行片断》,《闻一多全集》(第4册),生活·读书·新知三联书店1982年版,第637页。

爱诗歌、擅长诗歌的多民族大家庭，五千多年的历史实践和智慧创造，铸就了无与伦比的诗歌大国、诗歌强国和诗歌王国，中国诗歌成为人类智慧资源、思想资源和文化资源的巨大宝库。诗在中国古代，既是治国理政和价值实现的重要渠道，又是实践"文以载道""以文化人""人文化成"诸多文化理念的重要方式，以致有广为人知的"兴观群怨"①论和"正得失""经夫妇，成孝敬，厚人伦，美教化，移风俗"②说。毫无疑问，中国诗歌是中华民族优秀传统文化的艺术精华与重要代表，不仅思想内容博大精深，文化底蕴深厚丰广，人文精神鲜明突出，而且体裁形式丰富多彩，具有鲜明的民族特色和艺术创新性。深入研究和开发运用诗歌，是每个时代都必须面对的重大课题。闻一多先生《神话与诗》的研究既有创造性又有突破性，做出了充满正能量的示范和引导。

《神话与诗》有多种版本③，而目前关于这部经典著作的内容介绍，几乎均持"神话中心"与"楚辞中心"并列的"二元论"，即所谓全书"大致分为两部分"，"一是以神话为中心，对古代文化的考察；二是以楚辞为中心，对先秦诗歌的考察"④。仅从书名与文章目录的表面文字看，有这样的感觉和结论并非无据。即便如此，也会让人感觉既不准确又不到位，难以全面覆盖和充分反映著作的研究内容、学术价值与文化意义。

第一，"二元"说的概括不全面。诸如《律诗的研究》《诗的格律》《诗与批评》以及《杜甫》《宫体诗的自赎》《英译李太白诗》之类的篇章，这些占全书三分之一篇幅的内容，既无法归入神话考察的范围，又不能装入楚辞研究的筐内，更无法接受"先秦诗歌"的认知，而这些恰恰属于中国古代诗歌本体研究的基本内容。第二，"诗"才是全书的核心与轴心。细心研读全书就会发觉核心主题只有一个，那就是"诗"！书中所有文章都在围绕"诗"来展开，"诗"是唯一的着眼点和落脚点。第三，神话是诗的重要内容。书中考察研究的神话，均属中国古代诗歌经常表现

---

① 邢昺疏：《论语注疏》卷17，《十三经注疏》（下册），中华书局1980年版，第2487页。
② 孔颖达疏：《毛诗正义》卷1，《十三经注疏》，中华书局1980年版，第270页。
③ 诸如古籍出版社1956年中华书局21篇本、北京联合出版公司2014年出版22篇本、江西教育出版社2017年"大家学术文库"18篇本等。
④ 闻一多：《神话与诗》，江西教育出版社2018年版，封一《内容简介》。

的内容,与诗歌有着密切联系。不仅《姜嫄履大人迹考》《高唐神女传说之分析》《东皇太一考》这样的文章或直接从诗歌切入,或与作品直接相关,即便《伏羲考》《神仙考》《司命考》的研究对象也都是古诗反复咏叹的内容或反复运用的典故。第四,楚辞固然是诗的重要门类,书中《人民的诗人——屈原》《什么是九歌》《〈九歌〉的结构》等篇亦对楚辞作品作家的研究考察,不同程度地涉及诸多神话元素,但依然落脚于诗。第五,在思维模式与文学表达方面,神话与诗歌有着很多相似处,诸如思想意象的形象性思维、内容情趣的审美性要求、故事情节的叙述性表达,等等,《神仙考》《龙凤》《说舞》都洋溢着浓郁的诗歌韵味和诗的美丽。第六,最为重要的是,著者认为神话是一切文化尤其是文学的源头,研究神话同研究诗一样,都是要清理自上古以来中华民族的"心灵史",换言之,神话与诗歌本质上都是人类的"心灵史"。另外,这种以"诗为核心"的考察研究,既与闻一多诗人兼学者的气质密切有关,又与中华文化诗文并重的传统理念密切相连。

二 人类文化共同体的世界视野

《神话与诗》的又一重要学术特征,是从人类发展的历史长河中审视和考察中国诗歌的发生衍变,突出中国古代诗歌乃至中华文化的民族特色与世界地位,体现着闻一多先生学术思想的高度和开阔的学术视野。

诗歌是人类历史实践的智慧创造和思想情感的形象表达,是人类文化的重要载体和传播传承的基本方式,更是人类文化的重要组成部分和人类思想艺术的巨大宝库。作为人类发展史上最为悠久的文学样式和世界文学中最受欢迎的体裁形态,诗歌创作、诗歌作品、诗歌理论与诗歌发展等,无不含纳丰富鲜活的生活气息、时代信息和思想观念,无不充满深切的人文关怀和浓郁的人文精神,甚至蕴藏着人类文明发展的普遍规律与深刻启示。可以说,诗歌是一个并不囿于文学藩篱而跨学科、跨领域、包罗万象的知识库、资源库和数据库,是充满张力、容量无限的信息场、智力源和培养创新思维的加速器。《神话与诗》着眼于文学、立足于艺术,以扎实严谨的文本、文献研究为前提,从人类高度和世界层面科学解读和深入发掘诗歌的文化信息与人文内涵,把诗歌作为研究文化的切入点和突破口,探讨规律,升华理论,获得了一系列突破性的原创性研究成果。

闻一多在《文学的历史动向》中这样论述诗歌的产生与发展：

人类在进化的途程中蹒跚了多少万年，忽然这对近世文明影响最大最深的四个古老民族——中国、印度、以色列、希腊——都在差不多同时猛抬头，迈开了大步。约当纪元前一千年，在这四个国度里，人们都歌唱起来，并将他们的歌纪录在文字里，给流传到后代。在中国，《三百篇》里最古部分——《周颂》和《大雅》，印度的《黎俱吠陀》（Rig-Veda）、《旧约》里最早的《希伯来诗篇》，希腊的《伊利亚特》（Iliad）和《奥德赛》（Odyssey）——都约略同时产生。再过几百年，在四处思想都醒觉了，跟着比较可靠的历史记载的出现，从此，四个文化，在悠久的年代里，起先是沿着各自的路线，分途发展，不相闻问，然后，慢慢地随着文化势力的扩张，一个个地胳臂碰上了胳臂，于是吃惊，点头，招手，交谈，日子久了，也就交换了观念思想与习惯。最后，四个文化慢慢地都起着变化，互相吸收，融合，以至总有那么一天，四个的个别性渐渐消失，于是文化只有一个世界的文化。这是人类历史发展的必然路线，谁都不能改变，也不必改变。[1]

很显然，这是闻一多先生在接受传承中华文化"天人合一"整体宇宙观思想理念，从人类共同体的层面来分析解读诗歌的产生与发展，在指出世界四大文明古国诗歌发生之共性的同时，也用生动形象的语言描述了诗歌文化的相互交流、相互影响和相互融合的过程。

文章还特别指出，"四个国度里同时迸出歌声。但那歌的性质并非一致。印度、希腊，是在歌中讲着故事，他们那歌是比较近乎小说戏剧性质的，而且篇幅都很长，而中国、以色列则都唱着以人生与宗教为主题的较短的抒情诗。中国与以色列许是偶同，印度与希腊都是雅利安种人，说着同一系统的语言，他们唱着性质比较类似的歌，倒也不足怪"[2]。闻一多先生从诗歌内容与形式方面的区别，来分析中国诗歌的特点，并探讨深层

---

[1] 闻一多：《文学的历史动向》，《闻一多全集》卷10，湖北人民出版社1994年版，第16页。
[2] 闻一多：《文学的历史动向》，《闻一多全集》卷10，第16页。

的种族文化基因，揭示了人类文化的多样化和诗歌风格的丰富化。闻一多先生还进一步指出了世界文化对中国小说与戏剧的影响："是那充满故事兴味的佛典之翻译与宣讲，唤醒了本土的故事兴趣的萌芽，使它与那较进步的外来形式相结合，而产生了我们的小说与戏剧。"① 在论及诗歌的特点与发展变化时，闻一多先生也总是从世界层面来观察和审视："历史上常常有人把诗写得不像诗，如阮籍、陈子昂、孟郊，如华茨渥斯（Words-worth），惠特曼（Whitmen），而转瞬间便是最真实的诗了。诗这东西的长处就在它有无限度的弹性，变得出无穷的花样，装得进无限的内容。只有固执与狭隘才是诗的致命伤，纵没有时代的威胁，它也难立足。"②

《伏羲考·引论》说"人类学报告了一个惊人的消息，说在许多边疆和邻近民族的传说中，伏羲、女娲原是以兄妹为夫妇的一对人类的始祖"③、《伏羲考·图腾的演变》说"龙""是一种图腾，并且是只存在于图腾中而不存在于生物界中的一种虚拟的生物，因为它是由许多不同的图腾糅和成的一种综合体因部落的兼并而产生的混合的图腾。古埃及是一个最显著的例子"④ 等，都是着眼于人类、立足于世界，无不体现着博大的胸怀和开阔的视野。

世界著名学者张光直在《中国青铜时代》第一集《前言》中，曾经将自己治学的亲身体会和珍贵经验总结为这样的话："讲通史讲到底，我们还得把中国的材料与中国的研究成果，与世界其他各地情形作比较，因为中国的情形只是全世界人类千变万化的各种情形之一，不了解世界的变局便不能了解中国的常局"，"讲中国学问没有中国训练讲不深入，但讲中国学问没有世界眼光也如坐井观天，永远讲不开敞，也就讲不彻底"⑤。张光直先生的主张恰恰与闻一多先生对中华文化特别是中国诗歌的研究路数高度一致，或许是受到闻一多先生研究方法的启发。

---

① 闻一多：《文学的历史动向》，《闻一多全集》卷10，湖北人民出版社1994年版，第17页。
② 闻一多：《文学的历史动向》，《闻一多全集》卷10，第20页。
③ 闻一多：《伏羲考》，《闻一多全集》卷3，第58页。
④ 闻一多：《龙凤》，《闻一多全集》卷3，第159页。
⑤ 转引自董立章《三皇五帝史断代·序言》，暨南大学出版社1999年版，第4—5页。

三　中华文化主体论的国家观念

从中华文化发展的沃土中探寻诗歌发展的线索与规律,审视诗歌的文化意义与社会价值,既体现着以本土文化为主体的思想理念,又洋溢着闻一多先生浓郁的家国情怀与民族自豪。这是《神话与诗》的第三个重要特点。

闻一多先生在论及中国诗歌发展时,始终将其置于中国文化发展大环境中,考察其创造性、民族性和区域性特点,始终以中华民族文化为本位、为主体、为根基,深刻分析诗歌在中华文化发展历史进程中的重大功能与关键作用。闻一多先生认为,中华民族"在他开宗第一声歌里,便预告了他以后数千年间文学发展的路线。《三百篇》的时代,确乎是一个伟大的时代,我们的文化大体上是从这一刚开端的时期就定型了。文化定型了,文学也定型了,从此以后二千年间,诗——抒情诗,始终是我们文学的正统的类型,甚至除散文外,它是惟一的类型、赋、词、曲,是诗的支流,一部分散文,如赠序、碑志等,是诗的副产品,而小说和戏剧又往往以各自不同的方式夹杂些诗"①。在这里,闻一多先生从体裁形态和诗歌类型层面,探讨分析中国诗歌与中华文化的密切关系,认为中国诗歌从诞生开始,就显示出它的"抒情"特点和其后的发展大势,并由此透露出中华文化的突出人文特征和中国文学的主体架构,即所谓"文学发展的路线"、文化与文学的"定型"、"抒情诗"成为中国文学"正统的类型",而且是散文之外"唯一的类型"。简言之,闻一多先生认为,"抒情"是中国诗歌最突出的民族特征,诗歌与散文是中华文化的两大支柱和基本类型。

闻一多先生还特别强调诗在中华文化发展历程中发挥的重要作用。他一方面指出诗对文学领域其他体裁类型乃至其他艺术领域的重大影响,认为"诗,不但支配了整个文学领域,还影响了造型艺术,它同化了绘画,又装饰了建筑(如楹联、春帖等)和许多工艺美术品"。另一方面,他又从世界层面比较诗在其他国家或民族文化中的地位,认为"诗似乎也没

---

① 闻一多:《文学的历史动向》,《闻一多全集》卷10,湖北人民出版社1993年版,第17页。

有在第二个国度里,像它在(中国)这里发挥过的那样大的社会功能。在我们(中华民族)这里,一出世,它就是宗教,是政治,是教育,是社交,它是全面的生活。维系封建精神的是礼乐,阐发礼乐意义的是诗,所以诗支持了(中国古代)那整个封建时代的文化"①。由此把诗歌在中华文化发展中发挥的作用强调到近乎极致。当然,在语言表述上,与其说诗"支配了整个文学领域",不如说"贯串"或者"体现"于"整个文学领域"更妥帖。

闻一多从中国文学发展史的层面分析中国古代诗歌的发展脉络和演进轨迹,寻找并总结规律。他认为,"从西周到春秋中期,从建安到盛唐,这中国文学史上两个最光荣的时期,都是诗的时期。两个时期各自拖着一条姿势稍异,但同样灿烂的尾巴,前者是《楚辞》《汉赋》,后者是五代宋词,而这辞赋与词还是诗的支流。然则从西周到宋,我们这大半部文学史,实质上只是一部诗史。但是诗的发展到北宋实际也就完了。南宋的词已经是强弩之末。就诗本身说,连尤(袤)、杨(万里)、范(成大)、陆(游)和稍后的元遗山似乎都是多余的,重复的,以后的更不必提了。我们只觉得明清两代关于诗的那许多运动和争论都是无谓的挣扎。每一度挣扎的失败,无非重新证实一遍那挣扎的徒劳无益而已。本来从西周唱到北宋,足足二千年的工夫也够长的了,可能的调子都已唱完了。到此,中国文学史可能不必再写,假如不是两种外来的文艺形式——小说与戏剧,早在旁边静候着,准备届时上前来'接力'。是的,中国文学史的路线南宋起便转向了,从此以后是小说戏剧的时代"②。闻一多先生着眼于梳理中国古代诗歌发展的史实,用简洁素描的方式勾勒出清晰的兴衰脉络,并提出了基本符合实际的一系列观点与看法。诸如"从西周到宋,我们这中国的大半部文学史,实质上只是一部诗史","从西周到春秋中期,从建安到盛唐,这中国文学史上两个最光荣的时期,都是诗的时期",等等。尽管现在看来其中有的观点或个别地方的措辞还可以进一步斟酌与商量,但已经把中国古代诗歌乃至中国古代文学发展的突出特点呈现出来了。

闻一多先生对中国古代诗歌的民族特色、对促进中华文化发展和发挥

---

① 闻一多:《文学的历史动向》,《闻一多全集》卷10,湖北人民出版社1993年版,第17页。
② 闻一多:《文学的历史动向》,《闻一多全集》卷10,第17页。

诗歌的重要社会功能的充分肯定，既涵载着浓厚的民族情怀与国家观念，又呈现着对中华文化的自豪与自信，蕴含着深刻丰富的人文思想。

四 从"人的神化"到"神的人化"

"辨章学术，考镜源流"①，将跨越时空、回归生活实际情境场域，与采用逻辑推理紧密结合，研究和发掘诗的本义与神话故事生成的内在关联，深刻揭示神话这一文化现象的本质乃是"人的神化"，与此同时恢复和还原"神的人化"，在人类寻常生活中探讨诗歌发展规律，这是《神话与诗》最富创新意义的第四大特点。

中华文化具有的"以人为本"价值观、"天人合一"宇宙观、"尊道贵德"发展观的三大理念，构成了中华文明发展的三大支柱而又具有普遍人类意义。其中具有引领意义的"以人为本"，基本内涵乃是立足于人、着眼于人，将"人"作为观照主体，注重人、尊重人、关心人、爱护人，理解人、反映人、表现人，服务人。《管子》明确使用"以人为本"②的概念，其"人"是现实中活生生的真实存在。而在管仲之前数千年，人类大概就创造了"神"这一相对于"人"而言且现实中并不存在的名词概念。与"人"的概念不同，"神"的概念内涵核心是以"奇"为底色，即所谓"神奇"，"神"具备"人"所不能的奇特创造力、超强爆发力和无所不能的超自然力，由此产生对人在心理上的震撼力和威慑力，令人惊奇、敬仰和崇拜，或畏惧、恐怖与服从。"神"的概念出现与人的天赋本性"好奇"心理有着密切关系。人性天生好奇，由好奇而猎奇、由猎奇而传奇，在此过程中因认知的局限又使人酝酿崇拜、塑造神话、甚至形成宗教。茅盾在《神话研究》中说神话是"一种流行于上古民间的故事"③诚为不错，林惠祥在《文化人类学》中称"神话是原始心理的表现"④，更是抓住了神话内涵之人的心理心态与精神思维的关键。

---

① （清）章学诚:《校雠通义·序》，叶瑛校注《文史通义校注（下）》，中华书局1985年版，第945页。
② 《管子·霸言》，黎翔凤校注《管子校注》上册，中华书局2004年版，第472页。
③ 茅盾:《神话研究》，百花文艺出版社1981年版，第3页。
④ 林惠祥:《文化人类学》，商务印书馆1996年版，第267页。

英国著名学者弗雷德里赫·麦克斯·缪勒在《宗教的起源与发展》中认为"从自然对象中形成物质宗教，从人类自身中形成人类宗教，然后在心理宗教中合流"[1]。这三条线索实际上都始于人的心理和精神。闻一多先生正是抓住人的心理意识，将诗中神话置于当时生活情境中做人性解读，让"神"复归于人。

《姜嫄履大人迹考》是揭示从"人的神化"到"神的人化"过程最富典型意义的案例。文章研究的对象是周代史诗《诗·大雅·生民》开篇"姜嫄履大人迹"而怀孕的神话。著者通过还原当时的社会环境、民风民俗和具体场景，对诗歌本事、本义、本源进行符合当时生活实际的深入思考与细微详尽的考察，提出了既出人意料又合乎常情常理的新见解。由此揭示了远古的传说、诗歌以及后来的文献文本如何将人变成了"神"，而后世读者由于既不了解当时的社会背景与具体情境，又未能进行深入思考与详细考察，只是偏重于文字表面来理解诗歌内容，导致误读与误解，在以讹传讹的过程中，不断渲染扩大姜嫄受孕故事的"神奇"性，满足人们的好奇与猎奇，越传越"神"，遂成"神话"。而闻一多先生的研究却让故事回归历史的生活实际，做了人性化解读，解构和还原了神话故事的真相，恢复了故事真相和人的本来面目。

《生民》是《诗·大雅》中的第十一篇，全诗八章，以时为序，按照事情发生发展的先后逻辑结构全篇，叙述和颂美周王朝始祖后稷从受孕、出生到创造辉煌的神圣故事，歌颂后稷对族群生存和周朝发展做出的重大贡献。后稷是诗中被歌颂的中心人物。《毛诗序》称"《生民》，尊祖也。后稷生于姜嫄，文武之功起于后稷，故推以配天焉"[2]。可以推定，关于周人始祖后稷这位"农神"的故事，在未有文字之前，早就在民间口耳相传，或讲述或歌唱，成为远古时代中华民族的重要史诗之一，后世创造文字记录为文献文本而定型，成为"诗歌形态"的"后稷传"。大概是为了突出强调和极力渲染后稷这位创世英雄的奇特，所以诗的第一章首先叙述其母姜嫄受孕的神奇，给读者留下的印象似乎姜嫄受孕并非得之于人，

---

[1] 孙坚、于馥华：《彼岸世界的幻化：西方人信仰的嬗变》，长春出版社2016年版，第11页。

[2] 孔颖达疏：《毛诗正义》卷17，《十三经注疏》（上册），中华书局1980年版，第528页。

而是受之于天,所谓"命由天授",以此强化后稷生命来源的奇特性、神圣性和权威性。《姜嫄履大人迹考》讨论的重点正是《生民》首章的内容。诗的原文是:

> 厥初生民,时维姜嫄。生民如何?克禋克祀,以弗无子。
> 履帝武敏,歆,攸介攸止。载震载夙,载生载育,时维后稷。①

细读品味,可知此章内容分为三层:开端两句介绍后稷生母姜嫄,然后用"生民如何"领起和引出姜嫄受孕过程,重点叙述和描绘受孕情境,最后三句描写怀胎境况。全章脉络清晰,重点突出,逻辑严密。其中"履帝武敏,歆"最为关键。闻一多先生吸收毛传与孔颖达疏的祭祀仪式说,并结合文化人类学方法诠释说,"上云禋祀,下云履迹,是履迹乃祭祀仪式之一部分,疑即一种象征的舞蹈。所谓'帝'实即代表上帝之神尸。神尸舞于前,姜嫄尾随其后,践神尸之迹而舞,其事可乐,故曰'履帝武敏,歆(各家多读为欣,训喜)',犹言与尸伴舞而心甚悦喜也。'攸介攸止','介',林义光读为愒,息也,至确。盖舞毕而相携止息于幽闭之处,因而有孕也"②。闻一多还援引《论衡》《史记·封禅书》《续汉书·礼仪志》诸典籍中的"祠灵星"故事,进一步解释说,"公尸衣丝衣,戴会弁,以象天帝,是姜嫄衣帝嚳衣,即衣尸衣,衣尸衣而坐息于尸处,盖即'攸介攸止'时行夫妇事之象征"③。最后,闻一多先生总结称,"诗所纪既为祭时所奏之象征舞,则其间情节,去其本事之真相已远,自不待言。以意逆之,当时实情,只是耕时与人野合而有身,后人讳言野合,则曰履人之迹,更欲神异其事,乃曰履帝迹耳"④。至此,"履帝武敏"而受孕的神话完全被破解,合情合理、入情入理地将"神话"还原为当时现实生活中符合人性、人情与人事的"人话",揭开了神奇神密的面纱,恢复了当时生活的真相。而此章结尾三句描写胎孕时期的精心和艰

---

① 孔颖达疏:《毛诗正义》卷17,《十三经注疏》(上册),中华书局1980年版,第528页。
② 闻一多:《神话与诗》,江西教育出版社2018年版,第54页。
③ 闻一多:《神话与诗》,第57页。
④ 闻一多:《神话与诗》,第58页。

难,则是很平常很普通的孕妇生活状态,无须赘言。其后的第二、三章写后稷出生的奇异与被弃得救的神奇,第四至六章描写后稷的农耕天赋与其巨大贡献,最后两章写祭祀情景,无不呈现神奇神圣的景状。

  由诗可知,这首由传说而形成文本的周代史诗,尚有母系氏族社会意识的痕迹,故颂其母而略其父,此其一。其二,这是一个极其重视人力资源生产和崇拜人的自身繁衍的时代,既有近乎宗教形式的求子祈福仪式,又有人性情感引发的自然"野合"。这种情况在当时或以后不太长的时期内,由于人们对于社会思想观念和风俗文化大环境的熟悉,并不觉得奇怪,但对于数百年乃至数千年之后的读者而言,则会产生诸多疑窦,特别是对于"履帝武敏"而受孕大惑不解,越传越神,遂成"神话"。

  与《姜嫄履大人迹考》相似,《高唐神女传说之分析》以《诗·曹风·候人》的"候人诗释义"开篇,紧紧围绕"高唐神女"神话,分为九部分系统梳理和深入分析相关文献。其第一部分发端即说"要想明白这位神女的底蕴,唯一的捷径恐怕还是从一个较迂远的距离——《诗经·曹风》的《候人》篇出发"[1]。闻一多先生批评了毛诗《序》"刺近小人"的说法与朱熹"太客气"的态度,认为这首诗的内容和本义就是"一个少女派人去迎接她所私恋的人,没有迎着。诗中大意如此而已"[2]。并举出《候人》第三章"不遂其媾"、第四章"季女斯饥"为证,从多个方面说明恋爱本事。第二部分《候人诗与高唐赋》认为"《候人》末章四句全是用典,用一个古代神话的典故来咏那曹女"[3],第三部分认为"诗的朝隮即赋的朝云",第四至第八部分以大量文学或文献说明当时的民风民俗与高唐神女之间的深化联系,而在最后第九部分的结论中指出,"在农业时代,神能赐予人类最大的恩惠莫过于雨——能长养百谷的雨。大概因为先妣是天神的配偶,要想神降雨,唯一的方法就是走先妣的门路",形成"神女"的传说故事,而《月令》所记祀典"天子亲往,后妃率九嫔御"、《周礼·媒氏》"仲春之月,令会男女"与《桑中》《溱洧》等诗昭示的风俗,"确乎是十足的代表着那以生殖机能为宗教的原始

---

[1] 闻一多:《神话与诗》,江西教育出版社2018年版,第61页。
[2] 闻一多:《神话与诗》,第60页。
[3] 闻一多:《神话与诗》,第68页。

时代的一种礼俗。文明的进步把羞耻心培植出来了，虔诚一变而为淫欲，惊畏一变而为玩狎，于是那以先妣而兼高媒的高唐，在宋玉的赋中，便不能不堕落成一个奔女了"①。由此，著者以广阔的视野和渊深的知识，解读和梳理了高唐神女神话来源于远古时代社会生活的脉络，揭示了从"人"到"神"的变化过程，让"神"又回到了"人"的本位。从而探索了文学发展、文化发展的规律性。

闻一多先生自称"我是把古书放在古人生活范畴里去研究"②，可以说这是闻先生《神话与诗》研究方法的总结与揭示，也是对学界学人的又一重要贡献。

五 诗歌研究的"致广大而尽精微"

诗歌研究以作品作家为根基，在创作现象、演变轨迹与理论形成中探寻发展规律，努力做到"致广大而尽精微"③，这是《神话与诗》的第五个突出特点。

闻一多论诗特别关注诗人的品格与境界，尤其重视作品的人文精神、思想意义与艺术成就，重视"诗以化人"的社会效果，将对待人民的态度与人民热爱不热爱、喜欢不喜欢作为评价的重要标准和依据。他认为"每个诗人都有他独特的性格、作风、意见和态度，这些东西会表现在作品里"④。《人民的诗人——屈原》正是这方面的典范。文章发端即说"古今没有第二个诗人像屈原那样曾经被人民热爱的"⑤。作者首先从历史影响和重大效果方面突出屈原的高尚品格与思想境界。然后指出，"端午这个节日，远在屈原出世以前，已经存在，而它变为屈原的纪念日，又远在屈原死去以后。也许正因如此，才足以证明屈原是一个真正的人民诗人"。文章认为，屈原的《离骚》"无情地暴露了统治阶层的罪行，严正地宣判了他们的罪状，这对于当时那在水深火热中敢怒而不敢言的人民，

---

① 闻一多：《神话与诗》，江西教育出版社2018年版，第86页。
② 傅璇琮：《闻一多与唐诗研究》，《清华大学学报》（社会科学版）1986年第2期。
③ 孔颖达疏：《礼记正义》卷52，《十三经注疏》（下册），中华书局1980年版，第1625页。
④ 闻一多：《神话与诗》，第206页。
⑤ 闻一多：《神话与诗》，第127页。

是一个安慰,也是一个兴奋。用人民的形式,喊出了人民的愤怒,《离骚》的成功不仅是艺术的,而且是政治的,不,它的政治的成功,甚至超过了艺术的成功,因为人民是最富于正义感的。"① 闻一多先生认为,"最使屈原成为人民热爱与崇敬的对象的,是他的'行义',不是他的'文采'"。"屈原的死,更把那反抗情绪提高到爆炸的边沿"②。著者认为,"屈原虽没写人民的生活,诉人民的痛苦,然而实质的等于领导了一次人民革命,替人民报了一次仇。屈原是中国历史上唯一有充分条件称为人民诗人的人"③。闻一多先生在《屈原问题——敬质孙次舟先生》中说,《离骚》将"个人的身世,国家的命运,变成哀怨和愤怒,火浆似的喷向听众,炙灼着、燃烧着千百人的心",同时指出"从来艺术就是教育,但艺术效果之高,教育意义之大,在中国历史上,这还是破天荒第一次"④。又说《离骚》"恢复了《诗经》时代艺术的健康性,而减免了它的朴质性。从奴隶制度的粪土中不但茁生了文学艺术,而且这文学艺术里面还包含着作为一切伟大文学艺术真实内容的教育意义,因此,奴隶不但重新站起来做了'人',而且做了'人'的导师。《离骚》之堪'与日月争光'"⑤。这些评价,都是从作家本身的思想境界和作品的巨大社会影响着眼,给予了充分的肯定和高度的赞扬。

闻一多先生对"诗圣"杜甫的评论也很典型。他认为杜甫是"伟大的人格,伟大的天才","上下数千年没有第二个杜甫(李白有他的天才,没有他的人格)"⑥,认为杜甫"的笔触到广大的社会与人群,他为了这个社会与人群而同其欢乐,同其悲苦,他为社会与人群而振呼"⑦(《诗与批评》),杜甫是"中国有史以来第一个大诗人,四千年文化中最庄严,最瑰丽,最永久的一道光彩"⑧(《杜甫》),也是着眼于人格魅力、思想境

---

① 闻一多:《神话与诗》,江西教育出版社 2018 年版,第 128 页。
② 闻一多:《神话与诗》,第 129 页。
③ 闻一多:《神话与诗》,第 137 页。
④ 闻一多:《神话与诗》,第 137 页。
⑤ 闻一多:《神话与诗》,第 138 页。
⑥ 闻一多:《神话与诗》,第 228 页。
⑦ 闻一多:《神话与诗》,第 206 页。
⑧ 闻一多:《神话与诗》,第 227 页。

界和艺术成就表达其无限敬仰之情。

探讨和认识规律、总结和升华理论,这是文学研究的基本任务,更是诗歌研究的主要目标。闻一多先生宏观审视与微观分析相结合,一方面注重从历史宏观把握中探寻诗的发展规律,另一方面通过对经典作品的深入精细的分析,探寻和认识诗歌自身的特点。他在《诗与批评》中指出,"历史是循环的","封建的时代我们看得出只有社会,没有个人,《诗经》给他们一个证明。《诗经》的时代过去了,个人从社会里边站出来,于是我们发觉《古诗十九首》实在比《诗经》可爱,《楚辞》实在比《诗经》可爱。因为我们自己现在是个人主义社会里的一员,我们所以喜爱那种个人的表现,我们因之觉得《古诗十九首》比《诗经》对我们亲切。《诗经》的时代过去了之后,个人主义社会的趋势已经非常明显了。而且实实在在就果然进到了个人主义社会。这时候只有个人,没有社会。个人是耽沉于自己的享乐,忘记社会,个人是觅求'效率'以增加自己愉悦的感受,忘记自己以外的人群。

陶渊明时代有多少人过极端苦难的日子,但他不管,他为他自己写下他闲逸的诗篇。谢灵运一样忘记社会,为自己的愉悦而玩弄文字——当我们想到那时别人的苦难,想着那幅流民图,我们实实在在觉得陶渊明与谢灵运之流是多么无心肝,多么该死——这是个人主义发展到极端了,到了极端,即是宣布了个人主义的崩溃,灭亡。杜甫出来了,他的笔触到广大的社会与人群,他为了这个社会与人群而同其欢乐,同其悲苦,他为社会与人群而振呼。杜甫之后有了白居易,白居易不单是把笔濡染着社会,而且他为当前的事物提出他的主张与见解。诗人从个人的圈子走出来,从小我而走向大我,《诗经》时代只有社会,没有个人,再进而只有个人没有社会,进到这时候,已经是成为了个人社会(IndividualSociety)了"①。作者紧紧围绕诗歌在不同时期反映社会与表现个人的关系变化,以素描的方式大笔勾勒中国古代诗歌发展变化的重大特点,体现出著者思考的深刻和学术眼光的敏锐。

在微观方面,闻一多先生又充分表现出诗人气质的修养与擅长。《什

---

① 闻一多:《神话与诗》,江西教育出版社 2018 年版,第 206 页。

么是九歌》从十个方面系统详细地考察《九歌》的发生、发展、性质、形式、内容、区别、作用、分类、句法、语言等,提出"九歌不专指某一首歌,而是歌的一种标准体裁"①的观点。《〈九歌〉的结构》则从内容、作用、主要人物及音节变化诸方面进行深入对比研究,得出"纵命中间是八篇或十篇,也不妨害那首尾两篇是迎送神曲"②的结论。他在《诗的格律》中提出,"诗的所以能激发情感,完全在它的节奏。节奏便是格律。莎士比亚的诗剧里往往遇见情绪紧张到万分的时候,便用韵语来描写。歌德作《浮士德》也曾用同类的手段","越有魄力的作家,越是要戴着脚镣跳舞才跳得痛快,跳得好"③。其《律诗底研究》④从律诗的定义、定位、定限、定界开始,分为七章对定义、溯源、组织、音节、作用、辩质、排律诸方面进行了精细系统的研究,其中对篇幅、布局、平仄、句读、用韵、风格等极细腻的方面也进行了深入研究和总结。

六 结语

著名学者傅璇琮先生在《闻一多与唐诗研究》一文中指出,闻一多"把昨天的历史与今天的现实联结,以古代广阔的文化背景给现实以启示,把他那深沉的爱国主义用对祖国文化的反思,曲折地表现出来,来探求我们民族前进的步子"⑤。这是对闻一多先生学术研究方法、特点与意义的准确概括。《神话与诗》立足于中国,着眼于文化,对诗歌中的神话元素与神话中的诗歌韵味进行了多层次、多侧面、立体式的深入研究和探讨,不仅为当代继承弘扬中华优秀传统文化做出了榜样,而且给学人以方法论的深刻启示。

当然,闻一多先生于中国文化发展有着多方面的突出贡献,这位"在近现代中西文化大交汇、大碰撞中成长起来的学贯中西、博古通今的大家","倡导的新格律诗理论和独树一帜的新诗创作,影响了为数众多

---

① 闻一多:《神话与诗》,江西教育出版社2018年版,第140—141页。
② 闻一多:《神话与诗》,第159页。
③ 闻一多:《神话与诗》,第198页。
④ 闻一多:《神话与诗》,第160—203页。
⑤ 傅璇琮:《当代学者自选文库·傅璇琮卷》,安徽教育出版社1998年版,第347页。

的诗人,并形成了以他为代表的新格律诗派,在新诗发展史上写下了重要的一页","他在中国古代文学研究和古代文化研究方面所取得的创造性的重大成就,引起了学术界和思想界更为强烈而普遍的震动"[1]。而《神话与诗》仅仅是一个缩影。

2019 年 12 月 11 日草拟于奉贤
2021 年 4 月 18 日最后修订稿

---

[1] 武汉大学闻一多研究室:《闻一多全集·前言》卷 1,湖北人民出版社 1993 年版,第 4 页。

中华文化优秀传统的弘扬与践行者傅璇琮[*]

　　面对案头厚厚一摞傅璇琮先生写给我的亲笔信件、厚厚一摞傅先生亲笔题签用印惠赠给我的个人专著，厚厚一摞先生慈祥亲切、温润和雅的照片，湿润的眼睛总是难以控制泪水的溢出——这位德高望重、令人钦敬的著名学者离开我们已经300多个日夜，而他的音容笑貌一直宛在眼前！信件、照片与题签熟悉的文字笔迹、熟悉的亲切话语，更增添一摞沉甸甸的深切思念！

　　傅璇琮先生是一位以人格魅力和学术建树赢得学界敬佩并享誉海外的著名学者。偶然的机缘和在全国哲学社会科学规划办公室工作的性质，使我认识了这位受人尊敬的学术前辈，并在交往中感受着先生的长者风范。回想起来，我作为一位中国古代文化的学习者、爱好者和研究者，读先生著述已逾三十六载，即便从首次面晤聆教，建立私淑之谊，至傅先生谢世，也已度越十六春秋！其间先生给予的扶持指导、奖掖提携和工作支持，让我对先生的道德品格和学术境界，深有感触，深受感动，更深得教益。傅先生终其一生致力于中华民族优秀传统文化的学术研究事业，致力于实践中华民族优秀文化传统的实践，不仅个人学术造诣精深，研究成果丰硕厚重，而且精心策划和组织实施了众多重大学术项目，培养扶持了大批青年学术才俊，让后辈学者成长为学术界的中坚力量甚至相关领域的领军人物，为国家文化建设和人才培养做出了重要贡献，成为中华民族优秀传统文化的杰出弘扬者与积极践行者。

---

[*] 本文为纪念著名学者、出版家、中华书局原总编辑傅璇琮先生辞世一周年而写，收入中华书局于2017年出版的《傅璇琮先生纪念集》。

一　书香缘与忘年交

我对傅璇琮先生的敬慕始于 1979 年初春。那时，作为才疏学浅的年轻学子，我对先生知之无多，但手捧沉甸甸墨香尚浓的《黄庭坚和江西诗派资料汇编》（上、下册）[①]，着实让我肃然起敬，高山仰止的感觉油然而生。是书搜罗典籍之广博宏富、选择内容之精审细密，令我惊叹和震撼。此后，这部《黄庭坚和江西诗派资料汇编》，成为我研究宋代文化巨擘黄庭坚过程中，反复阅读和检索的案头书，伴随我完成了国家社科基金"六五"重大项目《中国文学史》宋代部分书稿的撰写，完成了山东省"七五"重点项目《黄庭坚与宋代文化》书稿的撰写，成为我与傅先生忘年友谊的重要起因和思想基础。同时，随着我学术的成长以及与学界交往的增多，对《黄庭坚和江西诗派资料汇编》作者的了解也越来越多、越来越深入，敬慕与日俱增，而常以未能拜晤为憾。

1999 年 5 月下旬，在浙江新昌召开的《〈李白与天姥〉国际学术研讨会》上，我第一次见到了心仪久之的傅璇琮先生，得以当面聆教。会议期间，当时作为唐代文学学会会长的傅先生，不仅对我提交的论文《李白〈梦游天姥吟留别〉的构思与创新》鼓励有加，而且还亲自作为介绍人推荐我加入了中国李白研究会。我们同游天姥，共话李白，研讨唐诗之路。几天的接触，使我充分感受到了傅先生的亲切平和与温润博雅，充分感受到了先生奖掖后学、提携后进的热情与真诚。傅先生知道我在黄庭坚研究方面做过努力，回京后，还把自己撰写序言的《黄庭坚研究论文集》[②] 送给了我，鼓励我继续深入开展研究。这一年的金秋，傅先生受聘中央宣传部全国哲学社会科学规划办公室，参加了中华人民共和国成立后由国家组织的首届国家社科基金项目优秀成果评奖工作。先生深厚广博的学识和敏锐超前的学术眼光，尤其是客观公正的见解和认真负责的态度，给参加组织评审工作的同志们和人文学科组的所有专家留下了深刻的印象。其实，傅璇琮先生是国家社科基金最早的学科评审组专家，1983 年

[①] 傅璇琮：《黄庭坚和江西诗派资料汇编》，中华书局 1978 年版。
[②] 九江师专古籍整理研究室和九江师专图书馆编：《黄庭坚研究论文集》，纪念黄庭坚诞生 940 周年论文集，江西人民出版社 1989 年版。

就同程千帆先生一起在桂林参加了全国哲学社会科学"六五"规划项目的评审。这次评选国家项目优秀成果时,先生又提出了不少关于加强人文社会科学研究规划的好建议,从而使我对先生的思想品格有了更深入的了解。自此以后,先生或颁示手札,或惠赠新作,或电话交流,经常使我如沐春风,倍增学术研究和项目管理的信心与力量。

2002年,拙著《黄庭坚与宋代文化》付梓,先生不仅精心审读了全部书稿并亲笔撰写了三千多字的书《序》,而且还以《黄庭坚文化现象的历史启示》[①]为题,亲撰书评在《光明日报》刊出。先生认为,拙作"对黄庭坚的家世、生平、文学活动、创作思想等做全面的探讨,并与宋代文化研究相结合,探索山谷作品中富有时代特色与艺术内涵的文化意蕴,颇使人有创新、求实之感";指出这部书"一是从具体考证黄氏宗系与家学着手,展示山谷这一文学大家所承受的深潜文化渊源";"二是由全面论述山谷诗词创作,进而探索其文学思想,特别对多有误解的'点铁成金'、'夺胎换骨'加以深细的辨析。庆存同志首先提出,要求出新和独创,是山谷诗歌理论系统的核心。正因为抓住这一要点,就能对山谷的创作思想进行规范有序的逻辑演绎。书中还上下贯通,起先秦两汉至唐,又述及两宋,甚至元明清戏曲小说,作创作实践与理论演化的系统考察,得出这样的结论,即'点铁成金'与'夺胎换骨'说,其价值与意义还不止于诗歌创作的求新,更重要的是触及或揭示古代文学创作中的一条艺术规律。进而又提升至文化研究的格局,认为这对于今天我们如何对待传统的民族文化和如何创造社会主义新文化,都不无启迪。这是有助于文学研究由古代向现代拓展的";"三是提出对山谷散文的重视,并从人文精神的角度探讨其散文的美学意义和文化内涵"。"由此我认为,20世纪80年代以来,已有好几部关于黄庭坚的研究著作,迭有新见,现在又有幸获读庆存同志之作,故套用元好问的话:最知山谷者,唯近世新一代学人。"先生还建议读者"最好能就书中所体现的新一代学人之学术风貌、文化涵养,以及创新气度、勤奋志向等,做深切的思索"。这些肯定与鼓励,都让我在倍受感动的同时,再次深切地感受到了先生真诚扶持后

---

① 《光明日报》2002年7月3日理论版文史专栏。

学的热情，感受到了先生对后学成长的殷切厚望，感受到了先生对学术研究之时代脉搏和发展态势的准确把握。

三年之后的又一个金秋季节，我与傅先生同机飞南昌、又驱车到修水，一起参加了黄庭坚960年诞辰暨国际学术研讨会。其间先生对学术研究和文化发展的很多见解，对改进和完善国家社科基金项目评审和管理工作的积极建议，特别是对弘扬中华民族优秀传统文化和民族精神的见解，给了我很大启发，后来我将这种启发吸纳到国家哲学社会科学规划研究项目的管理中。

二　思想境界与学术实践

实事求是地讲，20世纪末，我与傅璇琮先生直接的接触和深入的交流并不算很多，而更多的是从先生的文章著述中、从学界同好的交流中了解先生的人品与文品。先生的学术品格、学术精神和学术建树，无疑令世人敬仰，其"精思劬学，能发千古之覆"（钱锺书所赠《管锥编》题签）和"一心为学，静观自得"（《李德裕年谱新版题记》）的突出特点，实事求是、科学严谨、善于创新的优良学风，学界多有公允精到、中肯切实、精辟具体的论述，我都十分赞同。傅先生在学术活动中表现出的"斯文自任"的使命意识、文化建设的国家意识和与时俱进的创新意识，更是集中而深刻地反映了其博大宽广的学术胸怀。

首先，"斯文自任"的使命意识体现着傅璇琮先生的文化自觉。"斯文自任"是古代华夏学人传承千载的优良传统。"斯文"与"学术"密不可分。前人讲"学术乃天下之公器"，学术特别是人文学科的学术研究对于文化建设、社会进步和文明发展作用巨大，所以宋代张载有"为天地立心，为生民立命，为往圣继绝学，为万世开太平"之说。正因如此，很多志向高远的学人往往都试图通过"斯文自任"的途径，实现经世、济世、淑世的报国理想和奉献社会的个人价值。傅璇琮先生可以说是当代学人发扬光大这一优秀传统的典型代表。他不管在什么样的环境和条件下，都把研究当事业，视学术为生命，把全部的热情和精力投入学术活动中，表现出强烈的历史使命感和时代责任感。这在傅先生自己撰写的众多文章中都有反复呈现。傅先生认为，"中国学者有责任也有义务发扬光大我们自身的学术传统，向世界展示中国学术的优势，为世界学术做出贡献"(陈良运《周易与中国文学·序》)。他称扬学术大师陈寅恪关于"士之读书治学,盖将以脱心志于俗谛之桎梏,真理因得以发扬"的观点(《理性考索所得的愉悦》);赞誉顾颉刚先生在遭受不公正待遇的特殊背景下欣然接受翻译《尚书》的任务,"表现了一个知识分子对自己民族文化高尚的责任感和理性的使命感"(《启示》)。傅先生乐于奉献而不求回报,他"相信庄子的话:'鹪鹩巢于深林,不过一枝,偃鼠饮河,不过满腹'"(《坎坷的经历与纯真的追求》),执着于学术事业而又淡泊名利,明确表示"我们许多古典文学的研究者是准备献身于我们所从事的这一项事业的"《"岂无他好,乐是幽居"》。这些都反映出先生在事业上入世入俗而思想上超世脱俗的不凡境界,体现着高度的文化自觉精神。

其次,文化建设的国家意识体现着傅璇琮先生对中华民族优秀传统文化的弘扬。文化是民族的血脉和根本,是国家实力的重要组成部分。文化发展则社会进步,文化繁荣则国家富强。所以,文化建设始终是国家高度重视的重点工作。文化建设的最高层次是学术研究,献身于学术研究,就是献身于国家的文化建设,也是具有强烈国家意识和爱国情怀的具体表现。傅先生正是站在民族振兴和国家富强的高度来认识学术发展的意义,并通过扎扎实实的努力工作来推动学术事业的健康发展。比如,他在《文化精品与学术窗口》一文中谈了对中央关于加强社会主义精神文明建设的深刻理解;其《祝贺〈中国古籍善本书目〉编成》一文则认为"中国古籍也是全人类的宝贵财富""有取之不尽的宝藏为社会主义现代化服务";《开展地域文化的研究》称赞浙江人民出版社编辑出版的"浙江文化研究丛书""能从传统文化的研究来观照现实问题","进一步丰富了整个中华民族文化研究的内容";《文化意识与理性精神》一文还总结了清华大学的学风具有"清晰的文化意识""鲜明的当代意识""对中华的历史和文化有强烈深沉的爱"三大特点——所有这些,都充分体现了傅先生学术研究的高度。傅先生还通过勤奋工作努力推动国家的文化建设。他在中华书局组织策划和出版了一大批学术品位高、社会影响大的著作;在担任国家古籍整理出版规划领导小组秘书长、副组长职务期间,傅先生积极策划和推动古代典籍的整理,并担任了《中国古籍总目》编纂委员会主任。他与任继愈先生一起担任影印文津阁《四库全书》的编纂委员会主任,与顾廷龙先生一起主编了1800多册的《续修四库全书》;他策划并组织撰写《中国古代诗文名著提要》这一收入 2000 种典籍的大型图书；他参与主编了 72 巨册 4000 多万字的《全宋诗》——所有这些，都是国家文化建设的重大工程。

再次，与时俱进的创新意识反映了傅璇琮先生学术目标的不懈追求。学术的生命在于创新，创新更是学术研究的灵魂。傅先生一方面积极呼吁"力求务实创新，切忌急功近利"，大力倡导求真务实的新学风；另一方面躬行实践，努力探索学术创新的路子和规律。先生认为，"就科学的意义上说，研究客体是无所谓重要不重要的，重要的是研究过程中表现出来的突破与创新的程度"（《一种开拓的胸怀》）；"新世纪伊始，一种全新的古典文学研究形态，一个全新的学术研究任务，历史地摆在我们面前"（《中国古代文学通论·总序》）。他主张学术研究应当立足本土、面向世界，要关注国外对中国文化的研究，促进世界文化的交流，特别是应当将中国文化推向世界（参见《他山之石》）。他提出"古典文学界应当开拓自己的研究领域，打破固有的樊篱，把视野展向域外的汉文化区"（《读〈日本汉诗选评〉》）；提出要培养"一代新的学风：一种严肃的、境界高尚的治学胸怀，融合中西文化、广博与精深相结合的治学手段，不拘一格、纵逸自如的治学气派"（《学养深厚与纵逸自如》）。傅先生在《唐代科举与文学自序》中称，"这本书把唐代的科举与唐代的文学结合在一起，作为研究的课题，是想尝试运用一种新方法"，同时又提出，"鉴于社会是在不断地发展，社会生活又是如此的纷繁多彩，研究方式也应有所更新，要善于从经济、政治与文化的相互关系中把握住恰当的中介环节"。记得傅先生早在 1991 年就承担了国家社科基金项目《中国古典文学在世界的传播与研究》，显示出全球的视野和前瞻的眼光。他与蒋寅同志共同承担的 2002 年度国家社科基金重点项目《中国古代文学通论》，组织了全国近六十所高校及科研单位的 120 多位专家学者，历时四年，形成了 300 多万字的成果。而这项成果则"是多角度地宏观把握中国古代文学史的尝试，同时也是一项跨学科的综合性的学术探索"（《中国古代文学通论·总序》），极富开创性和建设性意义。先生认为，"我们民族的学术发展必将应上古代学人的一句名言：日新之谓盛德"（《从一本书看一种学风》），他对学术创新充满了信心。所有这些，对于当前的学风建设，无疑都具有很强的现实启发意义和思想指导意义。

三 "务相勉于道"而"不务相引于利"

"务相勉于道,不务相引于利"(《苏轼文集》卷四九《与李方叔书》),这是苏轼继承欧阳修关于"君子与君子以同道为朋","所守者道义,所行者忠信,所惜者名节。以之修身则同道而相益,以之事国则同心而共济,始终如一"(《朋党论》)的思想,而积极倡导的"君子仁人"之风。在与傅璇琮先生的交往中,让我具体而深刻地感受到欧、苏精神的当代弘扬。

傅璇琮先生对母校清华大学有着深厚的感情。2008年回校出任新成立的"清华大学中国古典文献研究中心"主任。我很荣幸地被聘为兼职教授,清华大学校长顾秉林院士在成立大会上亲自颁发聘书。学界德高望重的前辈如冯其庸先生、李学勤先生皆参与盛事,任继愈先生也发来贺信。兼职虽然没有任何经济报酬,但是在傅先生的带领下,大家共同切磋学问,一起开展学术研究,做了不少事情,不仅耳濡目染学习傅先生做人做事的风格精神,而且长知识、长见识、长本事,出了诸多成果,心情愉悦,受益甚丰。傅先生组织大家一起研讨如何开展中国古典文献的抢救性整理与系统性研究,组织大家撰写深入思考、深入研究的思想成果,我撰写的《创新古典文献研究的思考》一文,先生也推荐给《清华大学学报》,发表在2009年1期上。文献研究中心的重要成果之一,是由傅先生牵头负责编著的《续修四库全书总目提要》,已于2014年出版。这是继《四库全书提要》之后200余年来规模最大的目录提要类著作,也是充分体现当代古典学术研究水平的重要著作。傅先生还精心设计和策划了《中国历代散文选》丛书,以历史朝代为序,分为先秦卷、两汉卷、魏晋南北朝卷、唐代卷、北宋卷、南宋卷、元明卷、清代卷八册,依次由上海大学林建福教授、清华大学马庆洲编审、北京大学傅刚教授、西北大学李浩教授、宋代文学学会理事杨庆存教授、中国社会科学院毛双民研究员、中华书局骈宇骞编审分别担任各卷主编。丛书拟由崇贤馆藏书出版社以线装书形式出版。大概因为我长期将中国古代散文研究特别是宋代散文研究作为自己学术研究的主攻方向,傅先生竭力推荐我作为丛书的总主编。而在宗旨要求、体例制定、样稿审定等方面,傅先生不仅及时指导,提出建议,而且亲自把关,修改审定,使丛书顺利付梓面世。先生仙逝后,清华大学人文学院副院长、文献中心副主任刘石教授陪我来到先生简朴的办公室，睹物思人，深深怀念涌上心头！

记得 2007 年季夏，为加强学风建设，给学界特别是年轻学者提供一个好的学习典范，我在休假期间认真阅读先生著述后，撰写了《傅璇琮的学术境界》一文，发表在是年 8 月 9 日的《光明日报》上。而先生认为，这些是每一位学人都能做而且是应该做的。2012 年初春，时任中央政治局常委李长春与政治局秘书处书记中宣部部长刘云山代表党中央和总书记，到中华书局看望为传承中华民族优秀文化做出重要贡献的古籍整理出版专家傅璇琮先生，并听取傅先生对于国家文化建设、文化传承创新的意见建议。先生不仅当天就在电话中告知我现场情形，而且在拿到与中央领导同志交谈情景照片的第一时间就寄给了我，并在电话中表示将继续在文化传承方面多做实事，让我分享党和国家关心关怀学人的喜悦，鼓励我在做好本职工作的同时，坚持学术研究。

傅璇琮先生于 21 世纪初指出，20 世纪八九十年代以来，我们古典文学研究界已有为数不少的博士研究生、硕士研究生，他们是古典文学界新一代的研究群体，他们之中不少人广泛吸收当代社会科学的新鲜知识，形成了更为开阔的研究视野和观念，而又努力对作为研究对象之一的文学史料做沉潜的探索。从总体来说，这一代研究新人，他们无论从治学道路、理论观念，以及精神气质、学术兴趣等，都与 20 世纪五六十年代成长的人有明显不同，已日益显露出一种新的发展方向和研究格局。因此，我们研究古典文学，固然要继续从事传统研究，但同时要注意对现状的研究，而现状研究中一个重要环节，就是对现在的年轻学人治学思路与研究方法多进行思考。这对我们学科建设是很有现实意义的。傅璇琮先生认为，近二十年来，中国古代文学研究的确有很大进展，明显标志就是重视"历史—文化"的综合研究，着重考察一个时期的文化背景及由此而产生的一个时代的总的精神状态，以及作家、士人群体的生活情趣和心理境界，各自特有的审美体验和艺术心态。这就是古典文学研究中的文化意识。当然，这样的研究，不仅在于研究层面的扩展，而且在于研究观念的拓新和研究思维的深进。以上这些，都为中国古代文学研究指出了正确方向。

2015 年，病榻上的傅先生不仅惦记着中央文史馆的活动和中国国学中心的建设，惦记着《中国传统民俗文化·科技》大系的出版，惦记着浙江唐诗之路的课题研究，而且依然鼓励我坚持学术研究，甚至要为我即将由中华书局出版的《中国古代文学研究》作序（后由陈尚君先生、刘石学长赐序）。此情此景，怎能不令人感动？

总之，傅璇琮先生终其一生，接受着中华民族优秀传统文化的滋养，纯朴善良，斯文自任，勤于治学，勇于创新，奖掖后学，唯恐不及，为中国文化传承与当代文化建设而竭尽全力，做出了重要贡献。同时，傅先生又是中华民族优秀文化传统的弘扬者与践行者，卓然名家，为学界、学人树立了榜样。这是学界的光荣和骄傲，更是我们晚辈学习的典范。可惜天不假年，阒然离世，学界沉痛！学界失去了一位令人敬重心仪的导师，国家失去了一位引领文化建设的著名专家！傅先生一生大德广泽学子，文风百世垂范！而最好的纪念，无疑是继承弘扬傅璇琮先生做人做事做学问的高尚品格与学术境界！

2016 年 11 月 19 日凌晨于上海南洋广元公寓

2020 年 1 月 29 日审定于奉贤南郊一品

王水照先生的人文情怀与学术境界*

王水照先生是享誉海内外的著名学者,尤其在宋代文化、宋代文学方面建树卓越。水照先生在学界辛勤耕耘六十年,不仅原创性的著述等身、影响深广,而且培养出一批遍布欧亚、功底扎实的研究队伍,为中华民族优秀传统文化的继承弘扬、传播创新和学科建设,做出了重要贡献。中国古代常以"道德""文章"论前贤,这既是一个普遍的文化现象,又是一个衡鉴学人境界的普遍规律。德、文并茂,是只有少数宿学鸿儒能够达到的理想境地,进入此等境界,非贤即圣。水照先生恰恰在人文情怀、人格魅力与学术境界方面,都得到了海内外学界的一致称扬和赞誉。

我从1990年在江西上饶辛弃疾国际学术研讨会上首次拜晤先生,至1993年考入复旦大学师从先生研讨宋代散文,迄今已二十多年。与先生的交流、接触,可能没有像同门有些学兄学弟、学姐学妹那样多,而感受深刻。王先生曾经解释过他的名字的含义,而我对先生的名字却有自己的理解与诠释,即"上善若水,宏文如照"。在我的感受中,先生的人文情怀与思想境界正如这八个字。老子说"上善若水,水善利万物而不争"。先生"利万物而不争"的品格,不仅为他的同事所公认,而且也让我们这些学生深受裨益。先生对大家的关心、支持与帮助,是发自内心的,是默默奉献的。如悉心指导论文、为学生即将出版的著作写序,每位同学都

---

* 本文以《"上善若水,宏文如照"》为题发表于上海社会科学院《社会科学报》2015年8月20日第5版。2013年6月1日在王水照先生诞辰80周年座谈会上,笔者曾以"王水照先生的人格魅力与学术境界"为题目发言,收入《中国文化论稿》(中国社会科学出版社2015年版,第211—216页)。

有深切体会。先生的博大胸怀与品格境界，体现在一言一行中，先生的文章更充分体现着他的学养、修养、理念与实践，给我们树立了一个实实在在的典范。

水照老师曾经是钱锺书先生的得力助手，又长期思考研究钱钟书先生的治学方法和学术成果，在为人和为文两个方面都深受钱先生濡染熏陶。钱先生学术视野的开阔和学术思考的深刻，在水照老师的著作里都有充分体现。读王水照先生的文章，是一种文化享受和精神洗礼。我跟先生攻读博士之前，一直在高校教书，苏轼研究，是读的先生的著作；散文研究，也是读的先生的文章。因此，在学问上，我们学界后生，深得其益。先生的《宋代散文选注》《苏轼选集》《唐宋文学论集》《苏轼评传》《唐宋散文精选》《南宋文学史》《王水照自选集》《半肖居笔记》《历代文话》等，无不沾溉当代学子，也必将衣被后世学者。

先生思考的学术问题都是一些事关学科建设和国家文化建设的重大问题，诸如宋型文化、中国古代文章学之类。先生创刊《新宋学》，亲自组稿、审稿和改稿，加强海外文化交流，培养学术新秀；创建"中国宋代文学学会"，开展学术讨论，成为古代文学研究最活跃的学术团体；如此等等。以古代文学而言，宋代文学有两大支柱，一个是诗，一个是文，另外一些体裁都是诗和文的派生。先生在宋诗研究与宋文研究两个方面，都做出了杰出的贡献。先生之所以能够在学界获得这么多的赞誉，有这么高的评价，这与他扎扎实实做学问，数十年如一日的刻苦、勤奋、执着，是绝对分不开的。先生经常谈到范文澜先生的治学名言"板凳甘坐十年冷，文章不写半句空"，这十四个字即是先生自己学术之路的真实写照。先生的学术精神，首先在于他对学术发自内心的尊重与热爱，并愿意为之执着一生，乐在其中而不以为苦。直到八十岁高龄之后，依然主持国家重大招标研究项目，依然在组织国际学术研讨会议，依然持续思考中国文化研究的学术问题、宋代文学学科建设问题，等等。先生勤于读书、敏于思考、精于研究和求真求实、求善求美的学术精神，不仅是我们努力学习和追求的目标，也是学人的榜样。我们一定要传承先生的学术精神与人文情怀，坚守学术岗位，做好学术研究，守住学术家园，把学术作为我们的立身之本，不负先生对我们的期望。

古人常以"德、学、才、识、胆"品评杰出贤俊，这五者是呈现一个人一生之中所做贡献大小的重要方面。先生在思想道德方面的高尚品德，让所有认识和熟悉他的人都从心底充满敬佩。他超卓而谦和、严正而包容的胸怀品格，更是让后学敬佩不已。大家接触的老师、先生都很多，在比较中自然会对王先生的道德修养有更深刻的理解和感受。学问方面，先生从大学时代开始，从写"红皮文学史"开始，即已走上学术之路，近六十年来坚持"文章不写半句空"，他是有强大的、丰厚的知识积累做基础的。要做到"文章不写半句空"，首先就要刻苦勤奋，读很多的书。先生总是能够在别人没有发现问题的地方，超前性地提出一些学术前沿命题，包括对杜甫的评价、对苏轼政治诗的定位等问题的讨论，尤其是对宋代文化的转型问题，已经涉及唐宋两代社会、历史、文化的综合型研究。这些都是我们可以努力而难以企及的。先生是才子，其文章观点之鲜明突出、语言表达之条畅雅洁，思路视野之敏捷开阔，结构逻辑之严谨严密，在同辈学者中也是极为出色的。尤其是在识与胆这两个方面——既要有自己的见解，又要有胆量说出来——都非轻易能做到，而先生在学术著作中皆表现得淋漓尽致，让人印象深刻。

总之，王水照先生的人文情怀与学术境界，为大家、为学界做出了示范、树立了榜样，为国家的文化建设和人才培养做出了重要贡献。创造性地继承和弘扬光大先生的人文情怀与学术精神，既是我们王门弟子对先生的最好回报和应该下足功夫的地方，又是晚辈学人应有的责任与担当。

2020 年 1 月 28 日审定于奉贤寓所

中 编

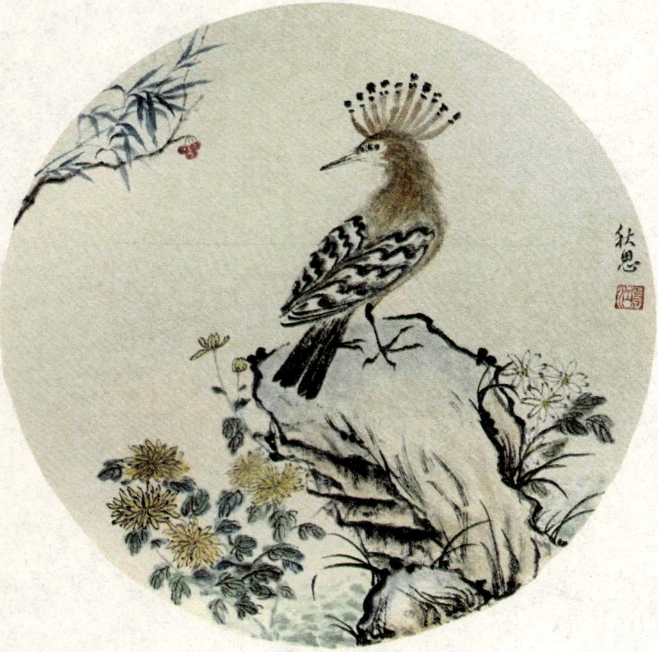
秋思

生命之歌：桑、蚕、神、人之间与唐宋文学书写[*]
——中国古代桑蚕文化与人文内涵

中国丝绸，是中华文化与中华文明的重要标志，向来以豪华尊贵的姿容与身份，享誉世界，西方甚至将其作为中华民族的称谓与符号。作为古代人类社会生活的物质奢侈品，丝绸曾经成为侵略者发动残酷掠夺战争的诱引，也曾经成为人类族群间的和平使者而"化干戈为玉帛"，甚至担当过数千年世界贸易的主要角色。然而，自古迄今，人们更多的是为丝绸神奇的物质魅力所吸引，很少关注它蕴含的深厚文化底蕴和深刻人文内涵，很少发掘其中的创造智慧、民族精神与艺术表现。借此机会，笔者拟从七个方面，与大家交流讨论。

在博大精深的中华文化中，桑蚕与丝绸密不可分，这是人所共知的，但"桑"的身影为什么会出现在太阳崇拜的神话传说中？"蚕"为什么会成为人们普遍崇拜的"神"而配享帝王与百姓制度性的膜拜礼仪？"桑""蚕"意象为什么会如此普遍、如此频繁地出现在中国古代典籍与文学作品中？在诸如此类的文化现象背后，到底有什么样的玄妙奥秘？

在人类文明发展史上，桑蚕文化璀璨瑰丽，而中国桑蚕文化尤为古老辉煌、特色鲜明。中国古代的桑蚕文化，不仅是农耕文明的典型标志与艺术表现的重要内容，而且集中体现着中华民族勤劳智慧的创造精神与博大精深的人文内涵。由此，桑蚕神人之间的奇幻经切与社会现实的劳作生活，必然成为文学书写的重要内容，而在文化繁荣兴盛、丝绸工艺发达的

---

[*] 本文是应浙江湖州师范学院党委宣传部与人文学院邀请，于 2020 年 11 月 25 日在《胡瑗大讲堂》上的学术报告。郑倩茹承担了材料的搜集与整理。

唐宋时期，桑蚕能成为作家高度关注的创作热点，呈现人文思想与艺术创新的灵光异彩，自在情理之中。

一 "桑"崇拜与神话中的"扶桑"

近代以来大量的考古研究证明，中华民族是天然动物纤维蚕茧丝的最早发现者和充分利用者，远古先民以蚕茧为原料，创造发明了丝绸，这是对人类文明发展的重大贡献。早在数千年前，古希腊等西方国家就用"赛里斯"（seres）称中国，即"丝绸之国"，说明中国早就以"丝绸"闻名于世界，丝绸成为古老中国的文化符号。

众所周知，"衣"与"食"，是人类维持自身生存与发展的基本物质条件，而"衣"又是人类进入文明发展阶段的重要标志，区别了人与其他生命物体的不同。蚕丝的发现、桑蚕的养殖与丝绸的生产，无疑是远古时期人类物资生产创新的尖端技术与重大创造。这种发现、发明、创造与创新，必然是以深刻认识和准确把握桑蚕的性质特点与生长规律为基础的。

传说、器物、文字，这是人类文化存在的三大基本形态。中国的桑蚕文化也不例外。在没有创明文字之前，人类对于宇宙万物的观察、认知、表达与交流，主要靠口耳相传，神话传说成为人们认识事物、诠释现象和思想交流的基本方式。中华民族对于"桑"的细致观察、深刻认识与精神崇拜，就是通过"神话"来体现的。远古先民不仅将"桑"神化，而且与人类的"太阳崇拜"结合在一起，这在著名的"羲和御日"神话中体现得最典型、最充分：

> 日，出于旸谷，浴于咸池，拂于扶桑，是谓晨明。登于扶桑，爰（yuán）始将行，是谓朏（fěi）明。
>
> 至于曲阿，是谓旦明。临于曾泉，是谓早食。次于桑野，是谓晏食。臻于衡阳，是谓隅中。对于昆吾，是谓正中。靡于鸟次，是谓小还。至于悲谷，是谓晡时。回于女纪，是谓大还。
>
> 经于泉隅，是谓高舂；顿于连石，是谓下舂。至于悲泉，爰止羲和，爰息六螭（chī），是谓悬车。薄于虞泉，是谓黄昏。沦于蒙谷，是谓定昏。日入崦嵫，经于细柳，入虞泉之汜，曙于蒙谷之浦。
>
> ——唐·徐坚《初学记·天部上》引汉·刘安《淮南子·天文训》

上面的"曦和御日"神话，是从唐代徐坚（660—729）编撰的《初学记》第一卷中摘录出来的，这段文字来源于西汉刘安（前179—前122）《淮南子》卷三《天文训》。《初学记》虽然晚于《淮南子》，但故事完整度、内在逻辑与措辞文采等，略胜一筹。此神话主要描述太阳一天运行的全过程，而以时间先后为序，分为"日出之前""运行过程""日落之后"三大部分。其中第一、第二部分，"桑"的形象出现了三次，即"拂于扶桑""登于扶桑""次于桑野"。

　　第一部分讲述日出之前的准备。先从"旸谷"出发，来到"咸池"，沐浴之后，来到东方神秘的"扶桑"树下。何谓"扶桑"？《山海经·海外东经》说"汤谷，上有扶桑，十日所浴"。旧本题汉代东方朔撰写的《海内十洲记》载：东方之野"多生林木，叶如桑。又有椹，树长者二千丈，大二千余围。树两两同根偶生，更相依倚，是以名为扶桑也"。《梁书·诸夷传·扶桑国》谓"扶桑在大汉国东二万余里，地在中国之东，其土多扶桑木，故以为名"。宋代李昉等编纂的《太平御览》卷955引旧题晋代郭璞撰写的《玄中记》称"天下之高者，扶桑无枝木焉，上至天，盘蜿而下屈，通三泉"。综合这些文献资料可知，不论是地名或者是树名，都是因"桑"而得名。此"扶桑"不仅其高上至云天、其深直通地下三泉，而且连太阳的升起也要借助其通天入地的条件。由此可见"桑"的神圣地位与崇高作用，无可替代。人世间的桑树，被极端夸张渲染地想象和描绘为自然界中不可能存在的雄伟崇高形象，完全被神圣化，充分体现了人们对桑树的敬仰和崇拜。第二部分描述白天太阳运行的历程，突出了太阳经过的八个地面位置与对应的时间节点。太阳运行到达第一站江苏丹阳的"曲阿"山时，已经是白天的早晨，即"旦明"，相当于早上五点左右。到达"曾泉"时，已经是"早食"时分，即七点左右。太阳到达的第三站便是"桑野"，这里到处生长着茂密旺盛的桑树，人们由于在桑野辛勤劳作，连吃早饭的时间都推迟了，故称"晏食"，这部分的"桑"与上面的"扶桑"不同，其呈现浓郁的生活气息。

　　神话的实质是人类思想意识观念的形象化，是人类对宇宙自然和社会生活观察思考的艺术表现。在"曦和御日"中，就连太阳的升起与栖息，也要借助上能通天、下可入地的"扶桑"，"桑"的神话传说与"桑"树形象的神化，反映了"桑"在中华民族心目中的崇高地位以及对其价值意义的深刻认识。"扶桑"神话与《山海经》记载的相关内容，在20世纪四川广汉市三星堆遗址出土的大型铜神树身上得到印证：

三星锥大型铜神树：太阳树扶桑

　　上图是三星堆二号祭祀坑出土的大型铜神树，由底座、树、金乌和龙四部分组成，树干通高3.96米。底座由三面弧边镂空虚块面构成，构拟出三山相连的"神山"意象，底座上则铸饰着象征太阳的"☉"纹与云气纹。扶桑树铸立于"神山之巅"的正中，呈现着卓然挺拔、直接天宇的气势。此树分为三层，每层三枝，共九枝；九只神鸟分别站立在九个树枝上。其鸟即神话中的"金乌"，也是太阳的代称。三星堆大型铜神树三层九枝及其枝头分立九鸟的形象，与"扶桑"和"上有十日"的记述相符（或曰顶部也有一只）。这棵铜神树的功能之一即为"通天"。神树连接天地，沟通人神，反映了古蜀先民对桑树与太阳神的崇拜，突出了桑树通灵、通神、通天的特殊功能，成为桑树崇拜最具典型意义和最具代表性的实物。

　　神话传说与考古实物"桑""日"的意象融为一体，不仅体现了远古先民对太阳的崇拜，而且反映着蕴藏其中的"桑"崇拜。

二 "蚕为龙精"与"蚕神"礼制

　　关于"蚕为龙精"，向仲怀院士与陶红、蔡璐合作发表了《"蚕为龙精"蕴含中华农耕社会"集体意识"的阐释》，这里不做介绍。

中国古代的"桑"崇拜不仅与"日"崇拜紧密相连，而且尤其与"蚕"崇拜联为一体，不可分割。检阅古代典籍可以发现，中国的"桑蚕文化"又称"蚕桑文化"，"桑蚕"与"蚕桑"两个概念，字相同、意相近，关联度极高乃至密不可分，频频出现在古代文献中，并行不悖。但由于"桑"与"蚕"二字的位置不同，突出的重点也就略有区别，"蚕桑"的重点显然在于"蚕"。上一部分内容介绍"桑"崇拜，所以使用了"桑蚕"概念，以突出"桑"为重点，这一部分介绍"蚕"崇拜，为了叙述的方便，我们在特定语境中将使用"蚕桑"概念。讨论学术，统一概念是基本原则，如有特殊需要，则要提前说明。

中国"蚕桑文化"历史悠久，相对于"桑"崇拜，"蚕"崇拜的表现和形式更直观、更鲜明、更生动。当代考古证明，至少在7000年以前，中华民族就开始了种桑养蚕、缫丝织绢的活动。山西省夏县西阴村仰韶文化遗址，发现了切割一半的丝质茧壳；浙江省余姚市河姆渡文化遗址出土了相关纺织工具；都是明证。据安徽省文物考古所、蚌埠市博物馆编著的《蚌埠双墩——新石器时代遗址发掘报告》（上）（科学出版社2008年版）介绍，遗址出土的大量陶器上的刻画符号，就有不少蚕的形象和蚕茧、蚕丝的形象，如标本92T0722（20）:43是陶碗底残片，"其外底部刻画有似蚕吃叶片或吐丝样的组合符号"，距今7300—7100年。距今6000年左右的辽河流域的红山文化遗址，出土了一批用玉石表现蚕或蚕蛹形象的珍贵艺术品，据于建设主编的《红山玉器》（远方出版社2004年版）介绍，其中有内蒙古巴林右旗出土的玉蚕，长达8厘米，辽宁牛河梁2号冢出土的12.7厘米长的玉蚕。古方主编的《中国出土玉器全集》第14册收入陕西扶风齐家村遗址出土的西周白玉蚕，更是生动形象，栩栩如生。

在文献记载中，《汉书·食货志》称"嘉谷布帛二者，生民之本，兴自神农之世"。"帛"是丝织品的总称，"神农"就是生活于公元前约6000年新石器时代的人文始祖炎帝。在远古传说中，也有轩辕黄帝元妃嫘祖为养蚕缫丝发明人的说法。唐代赵蕤[1]在《嫘祖圣地》碑文中说：嫘

---

[1] 赵蕤（ruí）（659—742），唐代的"蜀中二杰"，以"赵蕤术数，李白文章"并称。

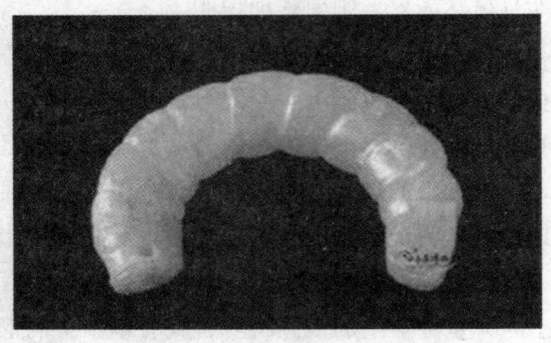

西周玉蚕

祖"首创种桑养蚕之法、抽丝编绢之术,谏诤黄帝,旨定农桑,法制衣裳,兴嫁娶,尚礼仪,架宫室,奠国基,统一中原,弼政之功,殁世不忘。是以尊为先蚕"。"先蚕"即"蚕神"。当然,这种说法只是将前人对桑蚕技术的发现与创造,集中到了嫘祖身上而已。

　　从中华文明发展史的层面看,"桑蚕"不仅是关系民生的重大问题,而且是治国兴邦、安民富民的重要手段,成为国家政治、经济、外交、赋税、贸易以及社会生活各个领域里的重要角色。历代执政者都将桑蚕生产和丝绸产品作为国家发展的重要经济命脉。二十五史中,从不同角度记载了历朝历代大量关于"桑蚕"方面的史实、事例与数据,"桑蚕"也成为中国古代农业的重要支柱。《孟子·梁惠王上》说"五亩之宅,树之以桑,五十者可以衣帛矣"。元代翰林学士王磐在《农桑辑要·序》中称,

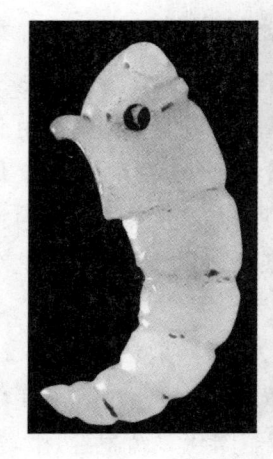

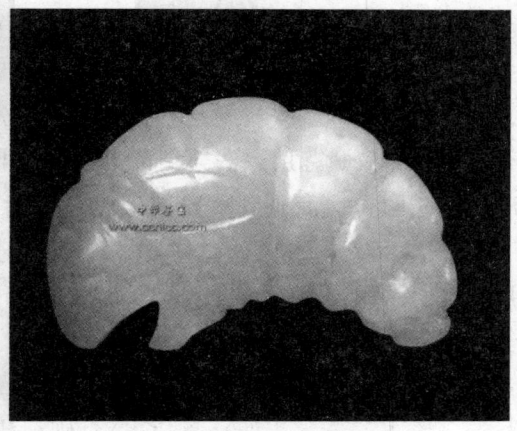

陕西扶风齐家村遗址西周白玉蚕

"欲使斯民生业富乐而永无饥寒之忧",必"以劝课农桑为务","农桑之业,真斯民衣食之源、有国者富强之本。王者所以兴教化、厚风俗、敦孝悌、崇礼让、致太平,跻斯民于仁寿,未有不权舆于此者",全面深入地指出了桑蚕在人类发展中的重要作用。清代陈启沅的《蚕桑谱·总论》称蚕桑"为民食之本,为国课之原。计其成丝获利,民得其九,而国亦得其之一。历年土丝、土绸、出口征税,动以数百万计",指出了桑蚕在国民经济中的重要地位。

由文献检索可知,周代祭拜蚕神已经成为国家规定的制度。《礼记·月令第六》记载了季春之月,皇帝让掌管山林薮泽的官员,看管好桑林,不允许砍伐,还要在桑树杈上为鸟儿搭窝,而后妃则"亲东向躬桑"的情景:"命野虞毋伐桑柘。鸣鸠拂其羽,戴胜降于桑,具曲植蘧(qú)筐。后妃齐戒,亲东向躬桑。禁妇女毋观,省妇使以劝蚕事。蚕事既登,分茧称丝效功,以共郊庙之服,毋有敢惰。"不让妇女围观,是为了避免她们浪费时间,影响"蚕事"。

《礼记·祭义第二十四》还详细记载了王室祭拜蚕神的专门建筑、仪式、要求、事项等:"古者天子诸侯,必有公桑蚕室,近川而为之,筑宫仞有三尺,棘墙而外闭之。及大昕之朝,君皮弁素积,卜三宫之夫人世妇之吉者,使入蚕于蚕室,奉种浴于川,桑于公桑,风戾以食之。岁既殚矣,世妇卒蚕,奉茧以示于君,遂献茧于夫人。夫人曰:'此所以为君服与?'遂副袆而受之，因少牢以礼之。古之献茧者，其率用此与？及良日，夫人缫，三盆手，遂布于三宫夫人世妇之吉者，使缫。遂朱绿之，玄黄之，以为黼黻文章。服既成，君服以祀先王先公，敬之至也。"由此可知，祭拜蚕神的仪式程序，浩繁细致，庄重严肃，已经成为固定的文化形态。汉代班固的《白虎通义》卷四记载"王者所以亲耕、后亲桑何？以率天下农蚕也。天子亲耕以供郊庙之祭，后之亲桑以供祭服"，正是对古人祭拜蚕神内涵的诠释。

《晋书》卷十九记载了晋武帝于太康六年（285）效法周礼、汉仪、魏文帝等先王，建蚕坛，定礼仪，完备"蚕礼"盛典的经过。唐代魏征等撰写的《隋书》卷二十四《食货志》，则记载了隋代"每岁春月，各依乡土早晚，课人农桑。自春及秋，男十五已上，皆布田亩。桑蚕之月，妇女十五已上，皆营蚕桑"的规定。

清代杨屾在《豳风广义》卷一《豳风王政二图说》中，记述了自己实施"桑蚕"之政的深刻体会："秦中桑蚕之政，久矣失传。迩来生齿日盛，费用浩繁，衣被不敷，间阎渐艰。若非力为振兴，岁计何能有补。因思古先圣贤，以诗书垂训，原欲教人力行实事，非徒为章句之说。而秦之桑蚕，载诸《豳风》《王政》，昭然纸上。余敬遵而实效之，果然大获其益。"这是一个真实的关于桑蚕之用的典型案例。

三 "桑蚕"技术之发明与历代传承

中国古代向来"农桑"并称，"农"的含义多指农作物的耕种，为人类提供食物，"桑"的含义则是桑蚕丝织品，这是人类服饰的重要原料。二者对于维护人类生存基本需求的重要性、普遍性，不言而喻。但是，与庄稼种植和收获的粗放截然不同，桑蚕的生产更多地体现出手工业的生产特点，具有很高的技术含金量，诸如从植桑到养蚕、由蚕茧到缫丝、从纺绩到织绫等，不仅需要经过一系列繁多冗杂的流程和发明创制一系列特殊工具，而且每一个环节都必须精心、耐心、上心，仅养蚕一项就必须综合考虑天气、环境、温度、疾病预防等方方面面诸多因素，不能有丝毫疏忽，否则将会前功尽弃，更不用说其他环节。

中国在桑蚕技术方面的发明创新，一直遥遥领先于世界。1972年湖南长沙马王堆一号汉墓出土的西汉素纱襌衣，由精缫的蚕丝织造，丝缕极细，轻盈精湛，通身重量仅 49 克，如果不算领口和袖口，则只有 25 克，轻若烟雾，薄过蝉翼。有个科学家用当代科学技术带领团队用了 13 年复制出来，仍然没有达到原来的质量水平，重量上较素纱襌衣超出不少。

马王堆出土的西汉素纱襌（dān）衣

中华民族充分发挥勤劳智慧的长处，发明创造了"桑蚕"养殖技术与丝绸制作技术，经历了悠久漫长的历史实践，不但形成了系列连贯的独特工艺，而且积累了极其丰富的珍贵经验，对此，历代官府与学人，不断将实践中的深刻认识和体验，进行总结、概括和提炼，形成思想指导的理论或实施操作的细则文字，广泛传播，指导人们的实践。由此出现了众多的专门著作，诸如《桑志》《种桑说》《蚕桑说》《蚕桑谱》《湖蚕述》《蚕桑简编》《蚕桑萃编》《农桑辑要》《广蚕桑说辑要》《广蚕桑说辑补》等，不胜枚举。

元代司农司编辑的《农桑辑要》，由官府主持，广泛搜集前代桑蚕技术经验，汇集成册，下发百姓，指导桑蚕生产。其卷四专门论述了《养蚕》，其中"论蚕性"摘引《齐民要术》蚕为"阳物，大恶水，故蚕'食而不饮'"、摘引《士农必用》"蚕之性，子在连（蚕种纸）则宜极

寒，成蚁则宜极暖，停眠起宜温，大眠后宜凉，临老宜渐暖，入簇则宜极暖"，体现出先人对蚕的自身特点、生活规律的深刻认识与准确把握。又有专门论述茧种选择、收藏之法，称"养蚕之法，茧种为先"，"收取种茧，必取居簇中者。近上则丝薄，近地则子不生也"，"茧种，开簇时须择近上向阳，或在苫草上者，此乃强良好茧"，"茧必雌雄相半，簇中在上者多雄，下者多雌"，"于透风凉房内净箔上，一一单排；日数既足，其蛾自生"，"候蛾生足，移蛾下连屋内一角空处，竖立柴草，散蛾于上。至十八日后，西南净地，掘坑贮蛾，上用柴草搭合，以土封之，庶免禽虫伤食"。其记述细致周详、清楚明白，具有极强的可操作性。

清代杨岫（1699—1794）将《诗经》中《豳风》的内容画成图画，不但绘出了"田园庐舍，鸡犬桑麻，周岁蚕织之图，解以俚句，俾我同人触目兴思，以启其乐为之心"，而且编写成"易于诵读"的普及性歌谣，以广流传：

> 种桑好，种桑好，要务蚕桑莫潦草。
> 无论墙下与田边，处处栽培不宜少。
> 君不见《豳风》七月篇，春日载阳便起早。
> 女执懿筐遵微行，取彼柔桑直到杪。
> 八月萑苇作曲箔，来年蚕具今日讨。
> 缫丝织组渐盈箱，黼黻文章兼绩藻。
> 本来妇职尚殷勤，岂但经营夸能巧。
> 老衣帛，幼制袄，一家大小皆温饱。
> 春作秋成冬退藏，阖户垂帘乐熙皞。
> 更得余息完课粮，免得催科省烦恼。
> 天生美利人不识，枉费奔驰徒扰扰。
> 我劝世人勤务桑，务得桑成无价宝。
> 若肯世世教儿孙，管取吃着用不了。
> 各书一通晓乡邻，方信种桑真个好。

他的《豳风广义》还摘引了郭子章《桑论》"东南之机，三吴越闽最夥，取给于湖茧。西北之机，潞（山西）最工，取给于阆（四川）茧。予道湖阆，女桑楱桑，参差墙下，未尝不羡二郡女红之勤"，以借此来介绍江南地区与北方中原桑蚕业的发展状况和特点。

汪曰桢（1813—1881）在《湖蚕述》中介绍自己家乡湖州桑蚕质量高、品质好、韧性强的特点及其原因时说，"湖浙种桑，与广东不同，初植之年，不采其叶，并不斩其枝，常留三四年而采叶者为佳。故桑叶胶结，是以蚕吐之丝亦结"。指出桑叶的胶质性高、质量好，蚕丝的坚韧度也就高。陈启沅（1834—1903）在《蚕桑谱》卷一《蚕桑总论》中指出"蚕由卵生，是虫类中之圣品"，说明蚕的可贵，区分"野蚕家蚕"，强调"家蚕之要，天时、地利、人和，缺一不可。天时占其五，而人事、地利，亦占其五。苟不知其性，百不得一"，尤其指出"蚕桑为民食之本，为国课之原"的重要性。清末黄某撰写的《蚕桑说》，讲述种桑养蚕的生产技术及经营过程，内容详尽，客观实用，普及性很强。

清末卫杰于1894年编成的《蚕桑萃编》十五卷，集中国古代蚕书之大成，其中前十卷系统叙述栽桑、养蚕、缫丝、拉丝绵、纺丝线、织绸、练染等各个环节，重点叙述了当时中国蚕桑和手工缫丝织染所达到的技术水平，尤其是在三卷图谱中绘有当时使用的生产器具，并附文字说明。有些内容，如江浙水纺图和四川旱纺图中所绘的多锭大纺车，反映了当时中国手工缫丝织绸技术的最高成就。更为可贵的是其还用两卷的篇幅分别介绍了英国和法国的蚕桑技术与生产情况，以及日本的蚕务。

四　先秦汉魏文学的"桑蚕"情思

"桑蚕"题材是中国文学中的重要表现内容，众多作家创造出异彩纷呈的文学作品，其艺术境界绚丽多姿，备受世人关注。我们这里主要讨论唐宋时期的桑蚕文学书写，而先秦汉魏南北朝时期是其渊源所在，需先做了解。

文学艺术是现实生活的反映。桑蚕文化的悠久历史，必然体现于文学创作之中。唐宋之前，"桑蚕"意象已经广泛存在于各种文献中。《易·否卦·九五爻辞》"其亡其亡，系于苞桑"，以"苞桑"喻正气犹在、需要谨慎之意；《尚书·夏书·禹贡第一》"济河惟兖州，九河既道，雷夏既泽，灉、沮会同。桑土既蚕，是降丘宅土。……厥贡漆丝，厥篚织文。……厥篚玄纤、缟。浮于淮、泗，达于河"，描述了山东疏通河道、桑蚕生产、丝绸制造与外运的情况。《诗经》中有许多篇名与桑有关，如《大雅·桑柔》《小雅桑扈》《鄘风·桑中》《小雅·隰桑》等，更有通篇以"桑"为骨者，即如《鄘风·爰采唐矣》反复吟咏"期我乎桑中，要我乎上宫，送我乎淇之上矣"，桑野恋情，跃然纸上；《卫风·氓》以"桑"为喻，诉说女主人公出嫁三年的不公平遭遇，"桑之未落，其叶沃若""桑之落矣，其黄而陨""三岁为妇，靡室劳矣"，最后落得"言既遂矣，至于暴矣"的可悲下场，只能"静言思之，躬自悼矣"。至于"彼汾一方，言采其桑"（《魏风·汾沮洳》）写桑林采叶、"女执懿筐，遵彼微行，爰求柔桑""蚕月条桑，取彼斧斨""载玄载黄，我朱孔阳，为公子裳"（《豳风·七月》）叙述采桑养蚕与染丝制衣、"隰桑有阿，其叶有难。既见君子，其乐如何。隰桑有阿，其叶有沃。既见君子，云何不乐。隰桑有阿，其叶有幽。既见君子，德音孔胶"（《小雅·隰桑》）描述桑下之恋，如此等等，或比或兴，大都寓情于桑，情景交融，生动感人。

荀子的《蚕赋》是目前传世作品中，最早系统描述家蚕性质特点、重要作用、巨大贡献与生长规律的篇章，不仅语言精美凝练、幽默风趣，而且寓意深刻，耐人寻味，生动地反映了上古先人对桑蚕生产的深刻认识与科学把握：

有物于此，㒩㒩（裸）兮其状，屡化如神，功被天下，为万世文。礼乐以成，贵贱以分，养老长幼，待之而后存。名号不美，与暴为邻。功立而身废，事成而家败。弃其耆老，收其后世，人属所利，飞鸟所害。臣愚而不识，请占之五泰。五泰占之曰："此夫身女好而头马首者与？屡化而不寿者与？善壮而拙老者与？有父母而无牝牡者与？冬伏而夏游，食桑而吐丝，前乱而后治，夏生而恶暑，喜湿而恶雨，蛹以为母，蛾以为父，三俯三起，事乃大已，夫是之谓蚕理。"

荀子在突出"蚕"的形象变化与奉献精神的同时，也糅入了对人世社会的思考，以"蚕理"暗喻社会，体现着丰厚的思想内蕴。

西晋杨泉也创作了一篇《蚕赋》，高度评价和系统描述了蚕丝的作用与生产过程，作者从"阴阳之产物"起笔，聚焦到"蚕之为物，功巨大而弘优，成天子之衮冕，著皇后之盛服，昭五色之玄黄，作四时之单复"的作用上，然后叙述"王者贵此功焉，使皇后命三宫之夫人，又世妇之吉者，亲桑于北宫"的礼仪制度，交代朝廷"布令于天下，百辟兆民，使咸务焉"的国家政令。其下详细讲述"仲春之月"的拜蚕、布种情景,以及"爰求柔桑,切若细缕。起止得时,燥湿是候"的养蚕过程。作品不仅生动描绘了蚕宝宝"逍遥偃仰,进止自如。仰似龙腾,伏似虎跃。员身方腹,列足双俱。昏明相推,日时不居"的生长情状,而且讲述了蚕房的建造与位置的朝向,以及乡邻的庆贺。作者对于收获蚕茧情景的描写尤其细腻,"方者四张,员(圆)者纡盘,纵者相属,横者交连。分薪柴而解著,茧系互而相攀。竞以挈攫,再笑再言。惰者悦而忘解,劣者勉以增勤",表现出人们完全沉浸在丰收的喜悦中。而"天子以太牢之礼,献茧于寝庙。皇后亲缲三盆,然后辨于夫人世妇,至于百辟卿士,下及兆民,咸趋缲事"。"丝如凝膏,其白伊雪。以为衣裳,冠冕服饰,礼神纳宾,各有分职,以给百礼,罔不斯服"的描写,极言丝白与制衣之功。全篇由"物生"到"物用",不仅详细描述了桑蚕生产的各个重要环节,而且突出了朝廷对此的高度重视和蚕农的辛勤劳动。

汉魏南北朝时期,出现了大量以描写桑蚕丝织生活为背景的乐府民歌。最为著名的乐府双璧《木兰诗》与《孔雀东南飞》,前者开篇即以"唧唧复唧唧,木兰当户织。不闻机杼声,唯闻女叹息"描述花木兰的丝织情景,后者则以"十三能织素,十四学裁衣""鸡鸣入机织,夜夜不得息,三日断五匹"言焦仲卿之妻刘兰芝丝织裁衣技艺功底深厚。《陌上桑》开篇介绍采桑女罗敷的姣好形象,不仅突出其"喜蚕桑"的特点,而且渲染其"采桑"时的着装非常美丽:

日出东南隅,照我秦氏楼。秦氏有好女,自名为罗敷。
罗敷喜蚕桑,采桑城南隅。青丝为笼系,桂枝为笼钩。
头上倭堕髻,耳中明月珠。缃绮为下裙,紫绮为上襦。

《西曲歌·采桑度》采用七首联唱的组诗形式,描写从"春三月"到"盛阳月"即五月之间,女子采桑的情景,表现出采桑女的勤劳朴实、美丽姿容和活泼多情:

蚕生春三月,春桑正含绿。女儿采春桑,歌吹当春曲。
冶游采桑女,尽有芳春色。姿容应春媚,粉黛不加饰。

> 系条采春桑，采叶何纷纷。采桑不装钩，牵坏紫罗裙。
> 语欢稍养蚕，一头养百堰。奈当黑瘦尽，桑叶常不周。
> 春月采桑时，林下与欢俱。养蚕不满百，那得罗绣襦。
> 采桑盛阳月，绿叶何翩翩。攀条上树表，牵坏紫罗裙。
> 伪蚕化作茧，烂熳不成丝。徒劳无所获，养蚕持底为。

汉代丝织业的发展，使织女形象成为诗歌表现的重要主题。班婕妤《怨歌行》：

> 新裂齐纨素，鲜洁如霜雪。裁为合欢扇，团团似明月。
> 出入君怀袖，动摇微风发。常恐秋节至，凉飚夺炎热。
> 弃捐箧笥中，恩情中道绝。

描述以洁白如"霜雪"的齐地出产的细绢，制作"合欢扇"时的心中想象，由此引起将来会不会被遗弃的担心和忧虑。无名氏《迢迢牵牛星》则运化"牛郎织女"的神话传说故事，以比喻的手法，抒发织女自己内心的思念：

> 迢迢牵牛星，皎皎河汉女。纤纤擢素手，札札弄机杼。
> 终日不成章，泣涕零如雨。河汉清且浅，相去复几许。
> 盈盈一水间，脉脉不得语。

《上山采蘼芜》讲述的是一位被休离婚后的女子，山中遇见原来的丈夫，问讯其目前生活与新娶妻子情况的故事：

> 上山采蘼芜，下山逢故夫。
> 长跪问故夫，"新人复何如？"
> "新人虽言姝，未若故人姝。
> 颜色类相似，手爪不相如。"
> "新人从门入，故人从阁去。"
> "新人工织缣，故人工织素。

织缣日一匹，织素五丈余。
将缣来比素，新人不如故。"

作者采用对话方式，表现弃妇与故夫偶遇重逢时的对话，论及新人与故人的区别。尤其是以"工织缣"与"工织素"以及日织数量做对比，说明这是当时评价女子的重要标准，由此可见桑蚕丝织在社会生活中的比重和分量。

五 唐代文学的"桑蚕"异彩与艺术创造

唐代是中国古代社会相对稳定且思想相对开放的时期，经济大发展、文化大繁荣，儒、释、道三家思想并行发展而人文意识空前提高，前代以人为本、关注民生、尊重人性的优良文化传统得到一定程度的恢复、弘扬、拓展和创新，成为文学创作的主流。桑蚕文化在文学领域的突出表现，就是表现内容的重心由关注"物"变为关心"人"，即由以前的以"桑蚕"为重心变为以"桑蚕"生产者为重心，反映出深刻的人文性和思想性。

唐代陆龟蒙（？—约881）也创作了一篇《蚕赋》，其《序》称"荀卿子有《蚕赋》，杨泉亦为之，皆言蚕有功于世，不斥其祸于民也。余激而赋之，极言其不可，能无意乎？诗人《硕鼠》之刺，于是乎在"。显然，由序可知，此赋的立意与前代大不相同，增强和提升了作品的思想性：

古民之衣，或羽或皮。无得无丧，其游熙熙。
艺麻缉纑，官初喜窥。
十夺四五，民心乃离。逮蚕之生，茧厚丝美。
机杼经纬，龙鸾葩卉。
官涎益馋，尽取后已。
呜呼！既豢而烹，蚕实病此。伐桑灭蚕，民不冻死。

作者一反荀子和杨泉重在赞美"蚕有功于世"的立场，指出蚕丝成为"龙鸾葩卉"，只是统治者的豪华奢侈品，而蚕丝的生产者却饱受辛苦。陆龟蒙是怀着同情人民与抨击朝廷的心情写作《蚕赋》，艺术地表达对"遍身罗绮者，不是养蚕人"的愤怒，关怀同情桑蚕劳作者，批评统治者不恤民情，浓厚的人文情怀溢于言表。

诗仙李白的恩师、旷世奇才赵蕤（659—742），曾于唐开元二十一年（733）应邀为"青龙场嫘轩宫修葺告成"撰写《嫘祖圣地》碑文，文中称赞"黄帝元妃嫘祖""生前首创种桑养蚕之法、抽丝编绢之术；谏诤黄帝，旨定农桑，法制衣裳、兴嫁娶，尚礼仪、架宫室，奠国基，统一中原，弼政之功，殁世不忘，是以尊为先蚕"。"先蚕"即"蚕神"，这是由蚕到人、由人到神的过程，或者说是由"蚕"的"神"化、到人的"神"化，进而发展为"蚕、人、神"的一体化和定型化。碑文又说"宫前设先蚕坛""宫之前殿为嫘祖殿，敬塑嫘祖、马头娘、苑窳寓氏公主三尊巨像。宫之左右各一长廊，上具桑林殿、育蚕殿、烘茧殿、抽丝殿、编绢殿、制衣殿"。如果说上面对于嫘祖的介绍就是对远古桑蚕文化创造发展历史的说明的话，那么，建筑群的介绍就是将"蚕"的形象、蚕茧生产的流程与丝绸制作工艺以固态建筑形式呈现出来。由此可知，此碑文就是中国古代桑蚕文化发展的历史记录。

唐代桑蚕文化以书写丝绸丽锦为核心内容，诗歌最多。孟浩然（689—740）《过故人庄》："古人具鸡黍，邀我至田家。绿树村边合，青山郭外斜。开轩面场圃，把酒话桑麻。待到重阳日，还来就菊花。"脍炙人口，耳熟能详。

李白（701—762）《白田马上闻莺》描写仲夏时节的桑蚕景象，抒发了思念家乡的羁旅行愁：

黄鹂啄紫椹，五月鸣桑枝。我行不记日，误作阳春时。
蚕老客未归，白田已缫丝。驱马又前去，扪心空自悲。

黄鹂在桑树林中一边啄食成熟的桑葚，一边自由地歌唱，蚕老茧成，人们已经开始缫丝，而诗人还误以为是阳春三月，自己依然未能回归家中。大约写于同一时期的《荆州歌》："白帝城边足风波，瞿塘五月谁敢过。荆州麦熟茧成蛾，缫丝忆君头绪多，拨榖飞鸣奈妾何。"全诗以乐府民歌的形式，写主人公于"茧已成蛾"之时，在家缫丝而盼望丈夫归来的急切心情。

萧昕《临风舒锦》选择了一个特别的动态视角，欣赏被风吹展开的丽锦，丽锦上的图案与天空云、院中花、阳光、回照、翠翻、红摇，虚实融合，动静相间，诸多意象，构成了一幅意境优美、特色鲜明的图画，突出了丽锦制作的精美和达到的工艺水平：

> 丽锦匹云终，襜襜展向风。花开翻覆翠，色乱动摇红。
> 缕散悠扬里，文回照灼中。低重疑步障，吹起作晴虹。

与《临风舒锦》的艺术表现有所不同，杜甫的《白丝行》巧妙运用议论、叙述、渲染、夸张、衬托、拟人等多重手法，重在表现"越罗蜀锦"的制作过程与精美至极的工艺水平：

> 缫丝须长不须白，越罗蜀锦金粟尺。
> 象床玉手乱殷红，万草千花动凝碧。
> 已悲素质随时染，裂下鸣机色相射。
> 美人细意熨帖平，裁缝灭尽针线迹。
> 春天衣著为君舞，蛱蝶飞来黄鹂语。
> 落絮游丝亦有情，随风照日宜轻举。
> 香汗轻尘污颜色，开新合故置何许。
> 君不见才士汲引难，恐惧弃捐忍羁旅。

作者起笔说缫丝不要求很白，只要足够长就行了，因为丝还要被染成五颜六色再织成罗锦，供权贵豪门人家享受，他们连丈量丝绸罗锦的尺子都是镶着金星的"金粟尺"。"象床"六句描述美人制作蜀锦的高雅环境、优美图案与精湛技艺；"春天"六句，以夸张的手法描述蜀锦因制作精美而造成的惊人效果，竟然引动了蛱蝶、黄鹂、落絮、游丝；而结尾"君不见"两句则含蓄委婉地表达了"才士"不如"锦罗"幸运的落寞。全诗没有白描采桑养蚕的艰辛，而在豪华热烈的气氛中，暗含着一种深沉含蓄的批判精神与思考精神，透露了才士担心自己会如同被用过的精美舞衣般不知被置于何许的担心，从而由物及人，通过对才士心理的描写透露出人文内涵。

孟郊（751—814）《织妇词》："夫是田中郎，妾是田中女。当年嫁得君，为君秉机杼。筋力日已疲，不息窗下机。如何织纨素，自著蓝缕衣。

官家榜村路，更索栽桑树。"以朴实通俗的语言，诉说桑蚕农家生活的劳苦艰辛与贫穷，劳动成果全都输送给了官府，织素绢者穿"蓝缕衣"，揭示了不公平的社会现象。

王建（765—830）是唐代创作桑蚕丝绸题材诗歌的重要作家。他的《凉州行》开创性地描述边疆少数民族"蕃人"也"养蚕缫茧成匹帛"，反映了当时桑蚕生产的普遍性：

> 蕃人旧日不耕犁，相学如今种禾黍。
> 驱羊亦著锦为衣，为惜毡裘防斗时。
> 养蚕缫茧成匹帛，那堪绕帐作旌旗。

而他的《织锦曲》则以极其精细的笔触，描述了技艺精湛的织锦女子在官府、为官府所驱使逼迫，夜以继日辛苦劳作的情景，而其成果却只供宫中权贵享乐：

> 大女身为织锦户，名在县家供进簿。
> 长头起样呈作官，闻道官家中苦难。
> 回花侧叶与人别，唯恐愁天丝线干。
> 红缕葳蕤wēi ruí紫茸软，蝶飞参差花宛转。
> 一梭声尽重一梭，玉腕不停罗袖卷。
> 窗中夜久睡髻偏，横钗欲堕垂著肩。
> 合衣卧时参没后，停灯起在鸡鸣前。
> 一匹千金亦不卖，限日未成官里怪。
> 锦江水涸贡转多，宫中尽著单丝罗。
> 莫言山积无尽日，百尺高楼一曲歌。

首四句写主人公的身份，是已经纳入官府名册的专业"织锦户"，按照博学多才的"长头"设计出来的丝绵图案花样进行制作织造，往往苦于官府选中的花样难度极大；"回花"四句描绘丝锦图案难度之大与要求达到的艺术效果；"一梭"六句叙述制作艰难辛苦的情景与过程，"一匹"六句倾诉织成后的心酸，突出官府逼迫怪罪与运往宫中的消费情景，从而委婉含蓄地批判了社会的不公平。王建效仿梁代民歌横吹曲《折杨柳》创作的《当窗织》与上面这首《织锦曲》有异曲同工之妙：

> 叹息复叹息，园中有枣行人食。
> 贫家女为富家织，父母隔墙不得力。
> 水寒手涩丝脆断，续来续去心肠烂。
> 草虫促促机下啼，两日催成一匹半。
> 输官上顶有零落，姑未得衣身不著。
> 当窗却羡青楼倡，十指不动衣盈箱。

表达了对农家织女艰难辛苦处境的同情与对社会不公现象的尖锐批评。王建的《簇蚕辞》更是充满浓厚民俗风趣、独具一格的蚕神祭拜诗：

> 蚕欲老，箔头作茧丝皓皓。
> 场宽地高风日多，不向中庭燃蒿草。
> 神蚕急作莫悠扬，年来为尔祭神桑。
> 但得青天不下雨，上无苍蝇下无鼠。
> 新妇拜簇愿茧稠，女洒桃浆男打鼓。
> 三日开箔雪团团，先将新茧送县官。
> 已闻乡里催织作，去与谁人身上著。

诗中包含了养蚕生产的诸多条件要求，熟蚕闻到香气会生病，吐丝的时候不专注，所以诗中说"不向中庭燃蒿草"。蚕吐丝时，不能去打扰，严禁外人喧闹，否则，蚕就会抬头游走，不好好吐丝，影响产茧量。蚕抬头游走也是一种病，所以诗中写道："神蚕急作莫悠扬。"蚕有许多的天敌必须要防治，如苍蝇、老鼠、蛇等，当蚕上簇时，苍蝇会在蚕身上生蛆，这种蛆留在茧内，就会咬破茧壳钻出；老鼠要吃蚕，咬茧子，是一大害。贾思勰在《齐民要术》中说"取土泥四角"，因而诗中说"上无苍蝇下无鼠"。蚕性喜暖而恶湿，喜承太阳洞照而恶低闷昏暗，间架要宽敞，通风舒气，所以诗中说："场宽地高风日多"，"但得青天不下雨"。洒桃浆是一种民间的习俗，用以辟邪。拜簇是祈求茧子丰收。

张籍（约766—约830）《凉州词》着眼于丝绸之路的贸易，描述了边塞上行走的驼队，驮着白色熟绢"白练"向安西都护府进发的情景：

> 边城暮雨雁飞低，芦笋初生渐欲齐。
> 无数铃声遥过碛，应驮白练到安西。

刘禹锡（772—842）的《浪淘沙》"濯锦江边两岸花，春风吹浪正淘沙。女郎剪下鸳鸯锦，将向中流匹晚霞"，描绘女子江边洗锦的动人画面，江中浪、两岸花、妙龄女、鸳鸯锦、天边霞，意境优美，层次分明，虚实辉映。

白居易（772—846）不仅是新乐府运动的倡导者，而且是丝绸题材创作的大手笔。根据贞元中宣州向皇宫进贡开样红线毯的史实，他创作了乐府名篇《红线毯》：

> 红线毯，择茧缲丝清水煮，拣丝练线红蓝染。
> 染为红线红于蓝，织作披香殿上毯。
> 披香殿广十丈馀，红线织成可殿铺。
> 彩丝茸茸香拂拂，线软花虚不胜物。
> 美人路上歌舞来，罗袜绣鞋随步没。
> 太原毯涩毳缕硬，蜀都褥薄锦花冷。
> 不如此毯温且柔，年年十月来宣州。
> 宣城太守加样织，自谓为臣能竭力。
> 百夫同担进宫中，线厚丝多卷不得。
> 宣城太守知不知，一丈毯，千两丝，
> 地不知寒人要暖，少夺人衣作地衣。

此诗的主旨在于批判和谴责安徽宣州官府，他们只管讨好皇帝而不顾百姓死活，逼迫桑蚕农家制作耗费巨大的红线地毯，进贡皇宫，以供歌舞之用。诗中重点描述了红线毯制作过程中的复杂艰辛，不仅以红线毯的超大豪华与"彩丝茸茸香拂拂，线软花虚不胜物"的特点，突出豪华奢侈过度，而且以"太原毯涩"与"蜀都褥薄"相比较，极言红线毯高贵稀有。

结尾更是直言警告"少夺人衣作地衣",体现出作者关心民生疾苦的思想深刻性。

与《红地毯》风格相近而内容更为深厚、艺术表现更为丰富的另一首经典名作《缭绫》,可以说代表着白居易桑蚕诗歌创作的最高成就:

> 缭绫缭绫何所似?不似罗绡与纨绮,
> 应似天台山上明月前,四十五尺瀑布泉。
> 中有文章又奇绝,地铺白烟花簇雪。
> 织者何人衣者谁?越溪寒女汉宫姬。
> 去年中使宣口敕,天上取样人间织。
> 织为云外秋雁行,染作江南春水色。
> 广裁衫袖长制裙,金斗熨波刀剪纹。
> 异彩奇文相隐映,转侧看花花不定。
> 昭阳舞人恩正深,春衣一对值千金。
> 汗沾粉污不再着,曳土拖泥无惜心。
> 缭绫织成费功绩,莫比寻常缯与帛。
> 丝细缲多女手疼,扎扎千声不盈尺。
> 昭阳殿里歌舞人,若见织时应也惜。

《缭绫》是白居易《新乐府》50篇中的第31篇,"缭"是一种缝纫制作方法,用针线斜着缝。"缭绫"是质地细致、文采华丽、产于越地的精致丝织品,也是唐代的贡品。全诗通过比喻、形容、渲染、铺陈以及视觉、感觉、听觉等多种手法,描述缭绫的突出特点、生产过程、工艺技巧,特别是描述出缭绫中以王昭君为中心的丰富图案,并特别突出了制作的难度之大、创新之精,既表达了对织绫者技艺精湛的赞美,又传达出对其劳动艰辛的同情,既揭露了宫廷生活的穷奢极欲,又深刻反映了当时尖锐的社会矛盾,思想性与艺术性都达到了一个新高度。其《新制绫袄成感而咏》也同样是借丝绸这一主题来抒情,写实的笔法与杜甫的《茅屋为秋风所破歌》风格极为相近:

> 水波文袄造新成,绫软绵匀温复轻。

晨兴好拥向阳坐，晚出宜披踏雪行。
鹤氅毳疏无实事，木棉花冷得虚名。
宴安往往叹侵夜，卧稳昏昏睡到明。
百姓多寒无可救，一身独暖亦何情。
心中为念农桑苦，耳里如闻饥冻声。
争得大裘长万丈，与君都盖洛阳城。

诗人由新制"绫袄"的"绫软绵匀温复轻"，想到"晨兴""晚出"的方便，对比"鹤氅毳疏""木棉花冷"，"绫袄"更为舒服实惠，进而想到"百姓多寒""农桑"辛苦，提出"争得大裘长万丈，与君都盖洛阳城"的奇特想象，不仅气势恢宏，而且境界高远。

元稹（779—831）与鲍溶（生卒年不详）都创作了《织妇词》，元稹着眼于"丝税"因战事而提前征收，农家织妇虽然理解"事戎索""束刀疮""换罗幕"的国事艰难，"缲丝织帛犹努力，变缉撩机苦难织"，苦不堪言，但是为了完成"丝税"，竟然导致"东家头白双女儿，为解挑纹嫁不得"，耽误了出嫁的人生大事。由此，织妇羡慕檐前蜘蛛"能向虚空织罗网"，自由自在，无拘无束：

织妇何太忙，蚕经三卧行欲老。
蚕神女圣早成丝，今年丝税抽征早。
早征非是官人恶，去岁官家事戎索。
征人战苦束刀疮，主将勋高换罗幕。
缲丝织帛犹努力，变缉撩机苦难织。
东家头白双女儿，为解挑纹嫁不得。
檐前袅袅游丝上，上有蜘蛛巧来往。
羡他虫豸解缘天，能向虚空织罗网。

而鲍溶则描述了"织妇"经过"百日"的辛勤劳作，完成了丝织任务后，驰骋想象自己辛勤劳动的成果，为驰骋疆场的将士们制作成"天边衣"，主人公理解将士们的出征，"不怨不知归"，但遗憾的是，在遥远的"天尽处"，没有几个人能够欣赏到"彩丝"的"光辉"：

> 百日织彩丝，一朝停杼机。机中有双凤，化作天边衣。
> 使人马如风，诚不阻音徽。影响随羽翼，双双绕君飞。
> 行人岂愿行，不怨不知归。所怨天尽处，何人见光辉。

以上两首同题诗，角度不同，立意有别，格调与境界也各自呈现不同的特点。

章孝标（791—873）《织绫词》通过"去年蚕恶绫帛贵"与"今年蚕好缲白丝"年景不同的对比，抒写织绫女子去年"官急无丝织红泪。残经脆纬不通梭，鹊凤阑珊失头尾"的艰难酸辛，而今年"鸟鲜花活人不知。瑶台雪里鹤张翅，禁苑风前梅折枝"，不仅图案优美精致、栩栩如生，而且主人公"不学邻家妇慵懒，蜡揩粉拭谩官眼"，特意精心处理，使丝绫织品更加漂亮。词中的"鹊凤""鸟鲜花活""瑶台""雪""鹤""禁苑""梅"等意象，也都鲜活生动：

> 去年蚕恶绫帛贵，官急无丝织红泪。
> 残经脆纬不通梭，鹊凤阑珊失头尾。
> 今年蚕好缲白丝，鸟鲜花活人不知。
> 瑶台雪里鹤张翅，禁苑风前梅折枝。
> 不学邻家妇慵懒，蜡揩粉拭谩官眼。

温庭筠（约812—约866）与韦庄（约836—910）都是善言"闺情"的能手，他们创作的"桑蚕"题材诗也别有风味。温庭筠之《织锦词》虽然也包含着夜以继日的辛苦，但是总体风格轻快欢欣，不仅以富丽辉煌的意象见长，诸如"琼瑟""高梧""金梭""鸳鸯""艳锦""同心""玫瑰""朱弦琴""合欢被""象尺""薰炉""碧池""莲子"等，而且充满了幸福和温馨：

> 丁东细漏侵琼瑟，影转高梧月初出。
> 簇簇金梭万缕红，鸳鸯艳锦初成匹。
> 锦中百结皆同心，蕊乱云盘相间深。
> 此意欲传传不得，玫瑰作柱朱弦琴。

为君裁破合欢被,星斗迢迢共千里。
象尺熏炉未觉秋,碧池中有新莲子。

阅读此诗,往往会启发人的丰富联想,让人产生无限憧憬,不仅为主人公的天真纯朴所感动,也为其自己营造的幸福情景与氛围所感染、所陶醉。韦庄的《姬人养蚕》:"昔年爱笑蚕家妇,今日辛勤自养蚕。仍道不愁罗与绮,女郎初解织桑篮。"则以今昔的对比,抒写了这位以前以歌舞为业的女主人公,对桑蚕劳作辛苦的理解和自食其力的精神满足。

司马扎(约847—约858)《蚕女》描述了一位农家桑蚕女,为了完成官府逼迫的赋税,一生都在桑蚕丝织中生活,伴随着循环往复的植桑养蚕和丝织,"蚕老人亦衰",心思全都在忧蚕忧桑上,连结婚的时间都不敢想,看到"东邻女新嫁,照镜弄蛾眉",想到这就是自己以后的样子,梳妆打扮,眉毛样式都是"蛾眉",与桑蚕外形相近:

养蚕先养桑,蚕老人亦衰。苟无园中叶,安得机上丝。
妾家非豪门,官赋日相追。鸣梭夜达晓,犹恐不及时。
但忧蚕与桑,敢问结发期。东邻女新嫁,照镜弄蛾眉。

诗的意境虽然不乏黑色幽默,却令人心酸同情。此与五代后蜀诗人蒋贻恭《咏蚕》"辛勤得茧不盈筐,灯下缲丝恨更长。著处不知来处苦,但贪衣上绣鸳鸯"有异曲同工之妙。

贯休(832—912)《偶作》:"谁信心火多,多能焚大国。谁信鬓上丝,茎茎出蚕腹。尝闻养蚕妇,未晓上桑树。下树畏蚕饥,儿啼亦不顾。一春膏血尽,岂止应王赋。如何酷吏酷,尽为搜将去。蚕蛾为蝶飞,伪叶空满枝。冤梭与恨机,一见一沾衣。"全诗抒写桑蚕女因劳累而心中积火,恨不得把催逼丝税的官府全部烧光,头上的白发就像茧丝,而桑妇天未亮就去采桑,为了让蚕及时吃到桑叶,连自己的亲生孩子都顾不上,其生活的沉重和悲苦可见一斑!

晚唐诗人杜荀鹤(约846—约904)《蚕妇》诗"粉色全无饥色加,岂知人世有荣华。年年道我蚕辛苦,底事浑身着苎麻!"从充满活力的妙龄少女,到脸上"粉色全无"的"蚕妇",不知道人世间荣华富贵之人的生活情景，而只知道年年为桑蚕丝织忙碌，感叹为什么自己穿的全是粗布衣服？其中的心酸、不平和愤怒，跃然纸上。

六 宋代文学的"桑蚕"书写与人文底蕴

桑蚕文化在宋代文人笔下，体现着浓厚的生活气息，而愈加显示着人性的张扬。

被称为宋诗"开山祖师"的梅尧臣（1002—1060），在《送家挣寺丞知洛南》一诗中称赞"蜀客善制锦，当先务桑蚕。衣老以及少，使煦如春酣"，以鼓励友人到任之后"当先务桑蚕"，让老百姓生活好。著名画家文与可（1018—1079）也创作了《织妇怨》，表达对"织妇"的同情和对官府的愤怒：

> 掷梭两手卷，踏籰双足趼。三日不住织，一疋才可剪。
> 织处畏风日，剪时谨刀尺。皆言边幅好，自爱经纬密。
> 昨朝持入库，何事监官怒。大字雕印文，浓和油墨污。
> 父母抱归舍，抛向中门下。相看各无语，泪迸若倾泻。
> 质钱解衣服，买丝添上轴。不敢辄下机，连宵停火烛。
> 当须了租赋，岂暇恤襦裤。前知寒彻骨，甘心肩骭露。
> 里胥踞门限，叫骂嗔纳晚。安得织妇心，变作监官眼。

极写织绢的辛苦，"手""足"都变了形，三个月才织成一匹，大家都说"边幅好"，自己也觉得"经纬密"，送到官府去交纳赋税，收税的监官却盖上了不合格的印文，父母抱回被油墨污染的丝织品，全家泪如雨倾。为了交上官府的租赋，只好解衣质钱，买丝重织，夜以继日，而管理乡里事务的公差"里胥"还不断逼迫叫骂。

英年早逝的才子诗人王令（1032—1059），曾在《山阳思归书寄女兄》诗中表达出对田园隐居生活的渴望"吾将亦娶妇，力以石臼求。贸田结归庐，种树屋四周。子居课桑蚕，我出鞭耕牛。教妻绩以筐，使儿饷东畴。坐笑忘岁时，聚首成白头"，颇富陶渊明风味。

文化巨擘苏轼（1037—1101）在徐州任上撰写的《浣溪沙》"簌簌衣巾落枣花，村南村北响缫车。牛衣古柳卖黄瓜"，词中鲜活生动的农村生活画面，主旋律就是家家户户传出的"缫丝"声。苏轼在贬谪黄州时期创作的《五禽言》（其四）自注"此鸟声云：蚕丝一百箔"，实际上是以鸟的叫声为题，创作的"祈福辟邪"辞："力作力作，蚕丝一百箔。垄上麦头昂，林间桑子落。愿侬一箔千两丝，缲丝得蛹饲尔雏"，充满对桑蚕丰收的期盼。北宋词人王仲修（生卒年不详）《宫词》"茧馆轻寒晓漏残，春阴桑柘碧于蓝。宵衣愿治先农事，故敕宫娥学养蚕"，描写了宫女们也必须桑蚕劳作的生活情景；邹极（1043—1107）《赤松寺书事》则描写了"插稻农夫晨赤脚，缲丝蚕妇昼蓬头"的具体劳作情景。

黄裳（1044—1130）《观蚕》："大巧不为蚕上簇（cù），机妇飞梭双注目。腹空万绪徒自劳，缣素如山人未足。"这首诗批评统治者压榨桑农百姓、贪得无厌，作者认为由养蚕到织锦，工艺技术含金量最高的是"机妇"，蚕即使吐尽腹中之丝，做出全部贡献，仍然满足不了人们的需求，体现出作者对社会现象的认识与批判。

李复（1052—1112?）围绕养"蚕"创作了四首组诗。《登蚕其一》描述蚕即将成熟时"林间叶半空，腹中丝欲生。已老意更急，食如风雨声"的情景、"纬萧外周防，条枝中交萦"熟蚕作茧的情形，以及蚕农"鼠雀尔无来，共愿十日晴"的祈祷，盼望蚕茧丰收。《其二》讲述幼蚕"细细玄蚁浮，蠕蠕寸蠖伸。抱叶食嚁嚁，负彩斑彬彬"生长的情形，与"假息方委蜕，吐梦非谋身。万生尔甚微，趋死成其仁"的三次蜕变过程。第三首《浴蚕》描述蚕农通过洗浴或自然"天露"，人工淘汰低劣蚕种的情景。这是一种养蚕的育种方法。《周礼》"禁原蚕"注引《蚕书》"蚕为龙精，月值大火（二月）则浴其种"。早期是用温水洗一下，可以催生得快。早期浴蚕主要在川中进行，宋代出现了朱砂温水浴法。前四句"柳暖柔可结，川晴流放光。系柳浴晴川，簇簇古渡傍"写晴天柳树下的渡口旁洗蚕。后四句"春阳涵馀润，斓斑色青苍。衣被天壤周，卵化初微芒"写蚕卵刚刚孵化出微小蚕苗的情形。据《天工开物·上篇》载"凡蚕用浴法，惟嘉、湖两郡。湖多用天露、石灰，嘉多用盐卤水"，只是方法不同。第四首《原蚕》则评论蚕的本质，"蚕马巨细殊，异物同精气。物生不两大，此衰彼所致"是说蚕与马的形体大小悬殊，虽然不是同类生灵动物，但都属于"龙精"一类，古有"蚕为龙精"之说，在中国古代神话传说中的"龙"也有马的元素，被认为是吉祥的象征，后四句"周人礼有禁，蚕为马之祟。织女天上明，多蚕今为利"是说蚕与马的关系。

四首诗分别讲述了成蚕、美蚕、浴蚕、蚕的本质,各有侧重,互为一体。

湖州归安人刘一止(1078—1160)《绿暗山前路》:"绿暗山前路,柔桑宛宛垂。稻秧分陇后,蚕茧下山时。白日缫车急,中宵织妇悲。老年官赋了,不长一绚丝(五两为一绚)。"前四句描绘湖州优美的自然环境,后四句描写百姓的辛勤劳作与生活的艰难,对其表达了深切的同情。

南北宋之交的骈文作手孙觌(1081—1169),其《分宜道中》记述在去分宜路上见到的农家劳作景象,诗有"桑柘叶大蚕满筐""缫丝百箔闻好语"句,清新欢快,令人难忘;而《次韵王次之龙图六绝其六》"柔桑采采树头稀,蚕妇携笼陌上归。县吏催钱星火急,只将败壁倚空机"讲述"蚕妇"被逼的无奈,则让人感到沉重和同情。沈与求(1086—1137)《蚕》既描绘江南吴地的优美与桑蚕的可爱,又讲述人们对蚕神的祈祷与崇拜:"吴桑成绿阴,吴蚕盈翠箔。阊门障风雨,荒祠动村落",而尤其是歌颂和赞扬蚕的奉献精神:"千丝为衣被,一茧自缠缚。杀身以成仁,此计殊不恶",反映了作者对蚕乡的热爱深情。

南宋绍兴年间画家楼璹(1090—1162)绘制的《耕织图》(耕图21幅、织图24幅),得到历代帝王的推崇和嘉许。其图各幅配有五言诗八句,织图配诗计23首,成为规模宏大的桑蚕组诗。这些诗按照蚕的生长顺序,详细描述每一节点的情形,既具有普及性和指导性,又具有知识性和操作性,通俗易懂,朴实自然。所谓"图绘以尽其状,诗文以尽其情",形象生动、细腻传神地描绘了蚕织的场景和详细的生产过程。内容包括:下蚕、喂蚕、一眠、二眠、三眠、大起、捉绩、分箔、采桑、上簇、炙箔、下簇、择茧、窖茧、缫丝、蚕蛾、祝谢、纬、织、络丝、经、攀花、剪帛、成衣。楼璹的侄子楼钥在《攻愧集·耕织图跋》中云:"伯父为于潜令,笃意民事,慨念农夫蚕妇之作苦,究访始末,为耕织二图。耕自浸种以至入仓,凡二十一事。织自浴蚕至剪帛,凡二十四事。事为之图,系以五言诗八句。农桑之务,曲尽形状。虽四方习俗,间有不同,其大略不外乎此。寻进呈,即蒙嘉奖,宜示后宫。孙洪、深等虑其久而湮没,以诗刊石,某为之书。"

谷雨无几日,豀山暖风高。华蚕初破壳,落纸细于毛。
柔桑摘蝉翼,簌簌才容刀。茅檐纸窗明,未觉眼力劳。(下蚕)

生命之歌：桑、蚕、神、人之间与唐宋文学书写　359

蚕儿初饭时，桑叶如钱许。扳条摘鹅黄，藉纸观蚁聚。
屋头草木长，窗下儿女语。日长人颇闲，绒线随缉补。（喂蚕）

蚕眠白日静，鸟语青春长。抱胫聊假寐，孰能事梳妆。
水边多丽人，罗衣蹋春阳。春阳无限思，岂知问农桑。（一眠）

吴蚕一再眠，竹屋下帘幕。拍手弄婴儿，一笑姑不恶。
风来麦秀寒，雨过桑沃若。日高蚕未起，谷鸟鸣百箔。（二眠）

屋里蚕三眠，门前春过半。桑麻绿阴合，风雨长檠（qíng）暗。
叶底虫丝繁，卧作字画短。偷闲一枕肱，梦与杨花乱。（三眠）

三眠三起余，饱叶蚕局促。众多旋分箔，早晚磓（duī）满屋。
郊原过新雨，桑柘添浓绿。竹闲快活吟，惭愧麦饱熟。（分箔）

吴儿歌采桑，桑下青春深。邻里讲欢好，逊畔无欺侵。
筥篮各自携，筥梯高倍寻。黄鹏饱紫葚，哑咤（zhà）鸣绿阴。（采桑）

盈箱大起时，食桑声似雨。春风老不知，蚕妇忙如许。
呼儿刈青麦，朝饭已过午。妖歌得绫罗，不易青裙女。（大起）

麦黄雨初足，蚕老人愈忙。辛勤减眠食，颠倒著衣裳。
丝肠映绿叶，练练金色光。松明照夜屋，杜宇啼东冈。（捉绩）

采采绿叶空，翦翦白茅短。撒簇轻放手，蚕老丝肠嫩。
山市浮晴岚，风日作妍暖。会看茧如瓮，累累光眩眼。（上簇）

峨峨爇（ruò）薪炭，重重下帘幕。初出虫结网，遽若雪满箔。
老翁不胜勤，候火珠汗落。得闲儿女子，困卧呼不觉。（炙箔）

晴明开雪屋，门巷排银山。一年蚕事办，下簇春向阑。
邻里两相贺，翁媪一笑欢。后妃应献茧，喜色开天颜。（下簇）

大茧至八蚕，小茧止独蛹。茧衣绕指柔，收拾拟何用。
冬来作缥絖（kuàng），与儿御寒冻。衣帛非不能，债多租税重。
（择茧）

盘中水晶咸，井上梧桐叶。陶器固封泥，窖茧过旬浃。
门前春水生，布谷催畚锸。明朝蹋缫车，车轮缠白氎（dié）。（窖茧）

连村煮茧香，解事谁家娘。盈盈意媚灶，拍拍手探汤。
上盆颜色好，转轴头绪长。晚来得少休，女伴语隔墙。（缫丝）

蛾初脱缠缚，如蝶栩栩然。得偶粉翅光，散子金粟圜。
岁月判悠悠，种嗣期绵绵。送蛾临远水，早归属明年。（蚕蛾）

春前作蚕市，盛事传西蜀。此邦享先蚕，再拜丝满目。

马革裹玉肌，能神不为辱。虽云事渺茫，解与民为福。（祝谢）

儿夫督机丝，输官趁时节。向来催租瘵，正为坐隃越。
朝来掉籰（yuè）勤，宁复辞腕脱。辛勤夜未眠，败屋灯明灭。（络丝）

素丝头绪多，羡君好安排。青鞋不动尘，缓步交去来。
眽眽意欲乱，睠睠首重回。王言正如丝，亦付经纶（lún）才。（经）

浸纬供织作，寒女两髻丫。缱绻（quǎn）一缕丝，成就百种花。
弄水春笋寒，卷轮蟾影斜。人间小阿香，晴空转雷车。（纬）

青镫映帏幕，络纬鸣井栏。轧轧挥素手，风露凄已寒。
辛勤度几梭，始复成一端。寄言罗绮伴，当念麻苎单。（织）

时态尚新巧，女工慕精勤。心手暗相应，照眼花纷纭。
殷勤挑锦字，曲折读回文。更将无限思，织作雁背云。（攀花）

低眉事机杼，细意把刀尺。盈盈彼美人，翦翦其束帛。
输官给边用，辛苦何足惜。大胜汉缭绫，粉涴不再著。（剪帛）

[以上"知不足斋丛书"第九集宋楼璹（shú）《耕织图诗》]

张九成（1092—1159）《拟古》"萧骚老蚕妇，窈窕深闺女。闺女曳罗裳，老妇勤机杼。夜深灯火微，那复凄寒雨。辛勤贡王宫，弃掷乃如许。一缕不著身，含愁谁敢语"，以"老蚕妇"的艰难辛苦而"一缕不著身"，与"深闺女"不知爱惜而"弃掷乃如许"形成强烈对比，批判社会的不公平现象，表达对终生以桑蚕为业的"老蚕妇"的同情。王之道（1093—1169）《菩提院》"山僧老无子，养蚕如养儿。奈何煮白茧，乃欲缲青丝"，以幽默调侃的方式，描述山间老僧养蚕缲丝的情形，语言朴实，比喻通俗，耐人品味，且颇富禅理机锋。

南宋中兴"四大诗人"之首的陆游（1125—1210），桑蚕题材作品最丰富，诗达上百首，其中有"州中未种千头桔，宅畔先栽百本桑""郁郁林间桑椹紫，茫茫水面稻苗青"等著名诗句广为流传。其《岳池农家》"谁言农家不入时，小姑画得城中眉，一双素手无人识，空村相唤看缫丝"，使农村的民风民俗与村姑的纯真魅力，跃然纸上，为人称道。陆游创作了《农桑》四首描绘农村人们的劳作生活情景"水长人家浸稻秧，蚕生女手摘桑黄"（其二）、"采桑蚕妇念蚕饥，陌上匆匆负笼归"（其三）、"蚕如黑蚁稻青针，夫妇耕桑各苦心"（其四），而《蚕麦》"村村桑暗少桑姑，户户麦丰无麦奴。又是一年春事了，缫丝捣麦笑相呼"，描述了蚕麦两熟的丰收时节，人们欣喜轻松的心情。其《示客》"桑柘成阴百草香，缫车声里午风凉"，意境清新宜人，使人如临其境。诗人居住在桑林围绕、蚕农聚集、莺啼燕舞的优美环境中，也用优美的诗篇描绘着人们纯朴和谐的乡村生活情景：

  市尘不到放翁家，绕麦穿桑野径斜。
  夜雨长深三尺水，晓寒留得一分花。
  闷从邻舍分春瓮，闲就僧窗试露芽。
  自此年光应更好，日驱秧马听缫车。
       ——《春日小园杂赋二首》其二

  煮酒青梅次第尝，啼莺乳燕占年光。
  蚕收户户缫丝白，麦熟村村捣麨（chǎo）香。
  民有袴襦（kù rú）知岁乐，亭无桴鼓喜时康。
  未尝一事横胸次，但曲吾肱梦自长。
       ——《初夏闲居八首》其八

  诗人生活在人情味、桑蚕味、麦香味浓郁淳厚的乡村中，人人自得其乐，清新的田园风趣扑面而来。

  南宋中兴四大诗人中的范成大（1126—1193）与杨万里（1127—1206）也都有表现桑蚕内容的诗作。范成大《四时田园杂兴六十首》中有两首专门描写"蚕茧"丰收时人们的喜悦："百沸缲汤雪涌波，缲车嘈囋雨鸣蓑。桑姑盆手交相贺，绵茧无多丝茧多"，这是描绘缫丝情景与

"丝茧多"的欣喜;"小妇连宵上绢机,大耆催税急于飞。今年幸甚蚕桑熟,留得黄丝织夏衣",表现蚕妇完成赋税后,还有残次品可以自用的满足,其心理的刻画十分逼真传神。杨万里《促织》"一声能遣一人愁,终夕声声晓未休。不解缫丝替人织,强来出口促衣裘",以风趣幽默的风格,批评蟋蟀彻夜叫个不停,给缫丝织锦之人增添了压力,表达对生活在底层人们艰辛的理解与同情。周必大(1126—1204)《次杨子直使君韵》"雪茧冰丝结素华,天孙初织费缲车。花开金谷空千种,蕊叠瑶英自一家。下比山礬谁薄相,上攀琼木客雄夸。集仙翰苑须公等,归继唐贤植此花",以一系列的形象比喻,极言"雪茧冰丝"之白,称赞"杨子直"出身名门,气质非凡,由是将蚕茧冰丝用为典故,成为桑蚕文化的经典。

薛季宣(1134—1173)模仿梅圣俞《四禽言》苏轼《五禽言》而创作了《九禽言》,其四"蚕姑力作,缲丝一百箔。五月罢蚕缲,炎天勤织络。今年州府急催科,轻绡织成不得著。蔽体无裈独蚕妇,百箔丝蚕枉辛苦。贵人不念有寒人,一曲千缣赐倡女",诗的主题也是表达对"蚕姑力作"辛苦勤劳的成果全部被官府掠夺、自己却"蔽体无裈"的同情,鞭挞统治者"一曲千缣赐倡女"的豪奢挥霍。

王炎(1137—1218)《白头吟》以"青丝织作双鸳鸯,紫丝绣成双凤凰"起笔,描绘用不同颜色的丝织成各种色彩艳丽的"鸳鸯"与"凤凰",意境辉煌。

周南(1159—1213)《蚕妇怨》:

去年蹉却沤麻时,寒女卒岁号无衣。
今年无叶蚕眠迟,五月簇茧方缲丝。
丝成那望衣儿女,且织霜缣了官赋。
不愁织尽杼轴空,只恐精丽不中度。
寒女寒女无重叹,且将败缕缝新绽。
愿得明年蚕叶平,剜肉医疮为汝办。

虽然风格类似乐府诗,但表现桑蚕年景不好桑农的酸楚与无奈,思想深刻,情真意浓,痛彻肺腑。与此首诗风格相近,戴复古(1167—约1248)《织妇叹》也是对"织妇"表达了深深的理解和同情:"春蚕成丝复成绢,养得夏蚕重剥茧。绢未脱轴拟输官,丝未落车图赎典。一春一夏为蚕忙,织妇布衣仍布裳。有布得着犹自可,今年无麻愁杀我。"赵汝鐩(1172—1246)《蚕舍》,则从一个新角度展现了蚕农的勤劳:"每到蚕时候,村村多闭门。往来断亲党,啼叫禁儿孙。不惜兼旬力,将图终岁温。殷勤马明祝,灯火谨朝昏。"钱时(1175—1244)《蚕妇叹》选择了蚕妇精心照料蚕宝宝的细节,表现其对蚕的爱护态度和真实的感情,"蚕妇拂蚕叶如缕,爱之何啻珠玉比。呼奴勤向帐前看,夜卧靡宁三四起",不但称赞"未必便能丝挂体,睠(同'眷')焉于怀有真喜",而且由此推及世人"人人办得此时心,推而广之岂不美。以此事君定忠臣,以此事父定孝子。以此事夫定贤妇,一念真成转枢耳。嗟哉世人胡不然,三纲茫茫不如蚕一纸"。虽然明显流于说教,破坏了诗的意境,但是切入角度呈现新意。

南宋后期,民族矛盾虽然日趋激烈,金人南侵时有发生,社会动荡不安的因素不断增加,但战火未及之处,依然不误农桑,文人诗歌创作多有反映。方岳(1199—1262)《扣角》诗以对比的手法和自嘲的形式,叙说自己"不农不桑"的读书无用,表现主题虽然不是"桑蚕",但是"缫丝""卖丝"却是诗中表现的重要生活情景:

> 东家打麦声彭魄,西家缫丝雪能白。
> 中间草屋眠者谁,不农不桑把书册。
> 书中宇宙三千年,凡几变灭成飞烟。
> 不知读此意何用,蓬藋(diào)挂迳荒春田。
> 东家麦饭香扑扑,西家卖丝籴新谷。
> 先生带经驾黄犊,扣角前坡烟水绿。

诗中的"打麦声""麦饭香""缫丝""卖丝"诸景象,充满着浓郁的乡村生活气息。

朱继芳(约1202—约1265)《和颜长官百咏·农桑》其六"四月官场入纳时,乡耆旁午上门追。请看贫妇通宵织,身上曾无挂一丝",侧重描述官府四月催逼赋税的情形;其七侧重表现织妇劳作的艰辛与交纳赋税后的悲惨生活:"肠随丝断手生胝,羡杀星边织女机。借问输官零落否,儿郎寒冷且无衣。"

姚勉（1216—1262）《禽言十咏·看蚕娘子得几许》采用以"流莺"拟人与"蚕姑"对话的方式，表现蚕姑终年辛勤，仍然生活艰难，难以度日："流莺前身织丝女，犹抛金梭学机杼。隔窗娇唤看蚕姑，娘子看蚕得几许。今年蚕悭（qiān）熟处稀，采余桑叶青满枝。一年养蚕四番熟，安得长似开元时。"

谢枋得（1226—1289）《蚕》更是立足"蚕"的视角，诉说自己的命运只是服务于皇帝"养口资身赖以桑，终成王道泽流长。吐丝不羡蜘蛛巧，饲叶频催织女忙。三起三眠时化运，一生一死命天常。待看献茧盆缲后，先与吾皇织衮裳"。幽默风趣中又意味深长。

方回（1227—1305）《缲丝吟》在描绘一派升平景象之后，含蓄地指出高楼美女不如纯朴蚕妇更忠诚，她们对国家的贡献最直接："行役过桑野，适值丝事成。缲者无劳色，缲车无怨声。彼美冶容子，高楼吹玉笙。一夕缺俪偶，愤切含离情。被绮食珍鼎，迭欲生骄盈。蚕妇虽缲缕，君子未可轻。所以不可轻，能保秋霜贞。"

南宋教育家与理学家陈普（1244—1315）《渔父辞》抒写乡村"采桑妇""养蚕女"生活的艰难，不仅要采桑养蚕、缲丝织绢、交纳赋税，还要养育儿女和承担繁重的家务，比男子付出得更多，她们盼望蚕茧丰收，改善贫穷的生活：

> 东邻采桑妇，西邻养蚕女，年年役役为蚕苦。
> 桐花如雪麦如云，鸣鸠醉椹叫春雨。
> 踏踏登竹梯，山烟锁春树。
> 不管乌台湿红雾，妾家有夫事犁锄，妾家有子尚啼饥。
> 春蚕满筐尚望叶，儿啼索食夫已归。
> 前年养蚕不熟叶，私债未偿眉暗蹙。
> 去年养蚕丝已空，打门又被官税促。
> 今年养蚕嫁小姑，催妆要作红罗襦。
> 妾身依旧只裙布，寒灯补破聊庇躯。
> 蚕兮蚕兮汝知否，安得茧成大如斗。
> 妾生恨不逢成周，治世春风桑五亩。

总之，宋代围绕桑蚕丝绸创作了大量诗词，既反映了丝织技术的发展创新，又体现着作家对民生的关注与关切，充满深厚的人文精神。

七　中国"桑蚕"文化的人文内涵

文化是人类历史实践的智慧结晶，反映着人类对宇宙万物的思考与认知，特别是蕴含着世界万物与"人"的关系，具有深刻丰富的人文内涵。不同类型的文化，体现着不同族群的信仰观念和心理意识。中国古代的"桑蚕"文化，是中华民族的独特创造，无论神话传说、器物承载，还是文献记录、文学呈现，都是人们心理观念和民族精神的表达，充分体现着"以人为本""天人合一""尊道贵德"的中华文化三大理念。

生命意识是中国"桑蚕"文化最为突出的特点。桑、蚕、人三者的共同特点就是生生不息的旺盛生命力。桑的"神"化与桑崇拜的产生，除了其本身可以为先民提供大量直接食用且可以强壮身体的高营养果实桑椹外，最重要而最根本的原因在于桑的强大生殖力、繁衍力和再生力。这与远古先民的生殖崇拜、人的繁衍与期盼族群兴旺有关，正如崇拜蛙、鱼多卵繁衍一样。由下面的桑树果实图可窥一斑：

桑树以自身的果实让人类获得维持生命活力的能量，又让人类采摘桑叶养蚕，培育新的生命；桑树自身强大的适应力、再生力和生命力，也让人类羡慕不已。"曦和御日"中的"扶桑"已经成为"图腾"式的"神化"，上通云天、下入地泉，连太阳升起都要依靠"桑"的扶持帮助！桑在古代，成为人们生活中不可或缺的重要成员，不仅种于野，而且植于宅。远古时期的创世先贤的出生，几乎都与桑林有关，不断上演着"空桑生人"的神话。"沧海桑田"，早已成为人们熟知的成语，不仅比喻世事变迁的巨大，而且代表着人类生存的两大基本环境——海洋与陆地。"桑梓之地"成为家乡的代名词；"桑弧蓬矢"用作男孩出生的标志挂在门前，象征长大后，有志于四方（《礼记·射义》"男子生，桑弧蓬矢六，以射天地四方"）；"桑榆晚景"比喻人生晚年；诸如此类，均可概见桑在人类社会生活中的深广影响力。总之，桑是生命之树，它用自身的生命活力，养育了另类生物"蚕"的新生命，而蚕通过吐丝奉献了自己的生命，提升了人类生命的生存质量，也促进了人类文明健康的发展进步，形成了由桑到蚕、由蚕到人的生命交响曲，这种生命活力传递直接影响了人们的心理，奉桑为神、桑的神化也就顺理成章了。蚕的"神"化，除了蚕为人类提供了茧丝，更为重要的是人们的"蚕为龙精"意识，特别是"三起三伏"的生命活力。蚕的破茧重生与太阳的东升西落一样，有着死而复生、生机勃勃的循环。

"奉献精神"是中国"桑蚕"文化的又一重要特征。蚕丝织成的锦是衣服被褥的珍贵原料。衣食住行、衣食无忧、衣食起居、衣食父母等，均把衣作为第一要素，衣是区别人与所有动物的唯一标准，是文明的重要标志。"蚕为龙精"体现农耕民族尊重时令的"集体意识"。桑文化始终与国政、经济、贸易及文化传播丝丝相连，在一定程度和范围内勾勒了中华民族生息繁衍的脚步，展现了我国传统宗教、信仰、礼俗等历史文化形态，是我国优秀传统文化的组成部分。桑文化映现了我国原始宗教的形式和内容。"空桑""扶桑"等典故，都充分证明了先民对"桑蚕"奉献精神的崇敬。

另外，中国"桑蚕"文化还反映着普惠人类的德性观念。"桑蚕"文学书写的人文内涵、生命活力的歌唱，人性的张扬、人文关怀、人格的尊重、社会公平与人格平等的呼唤，对劳作者的理解同情等，无不体现着对天地大德的赞美和颂扬。至如其中的生产发明创新之类，如植桑、采桑、养蚕、缫丝、织锦、染色、制作等一系列工艺技术，流泽后世，造福人类，也是德载千秋。

总而言之，中国古代的桑蚕文化是人文内涵丰富的生命之歌，体现着中华农耕文明与中华民族勤劳朴实的创造智慧。"中国蚕桑丝织技艺"已被联合国教科文组织列入《人类非物质文化遗产代表作名录》,这标志着古老的蚕桑习俗文化已正式跻身世界级文化殿堂。

2020 年 11 月 1—26 日草拟

学术报告会场照片

中国经学的守正创新与人文精神*

摘要： 中国经学是中华民族历史实践和文化创造的智慧结晶，是实现民族复兴的重要智力资源和人类共有的文化财富。经学这一最具民族特色的学术文化表现形式，实际上是一个开放性很强的动态知识系统和综合性很强的古代文化信息库，保存了大量珍贵文化史料，蕴含着丰富深刻的思想。经学以人文教化、安邦治国为宗旨，与时俱进，始终坚持守正创新，凝聚正能量，在人才培养、文化传承、理论创新和推进社会文明等方面发挥了重大作用。经学发展经过了漫长的孕育、诞生、传播、检验、认知和不断衍化丰富的历史进程，四库全书首提"学凡六变"说，但此前尚有"发轫期""定型期"，其后则有"动荡期"，经学实际经历了九大阶段。经学是一部中华民族思想意识和价值观念不断创新、不断发展的学术演变史、文化发展史和人文教育史。经学之所以成为中国古代的主流文化而盛行数千年，迄今依然显示着旺盛的文化生命力，关键在于"有根、有用、有效"，在经世致用、人文传承、勇于创新、弘扬正气等许多方面都有出色表现。中国经学创造了人类文明发展史上最富民族特色的文化传承模式，体现着对前代历史和民族文化的高度珍视和自觉传承，体现着中华民族以人为本的文化精神和尊重知识的优良传统。目前传统经学的概念、内涵与范围已不断被新的研究成果所突破，21世纪"新经学"正在悄然酝酿中。

中国经学是中华民族历史实践和文化创造的智慧结晶。在中华民族发

---

* 本文发表于《国际儒学》2021 年第 4 期。郑倩茹为第二作者。

展的历史长河中,经学对中华文化的创新、民族精神的形成和传统文化的弘扬,发挥了重要作用。由此,经学不仅走过了数千年的辉煌历程,为中国古代的文化发展、文明发展和社会进步做出了重要贡献,而且馨香远播海外,对促进人类文明健康发展产生了积极影响。近代以来,中国经学在时代变革与世界动荡的大背景中经受了强烈冲击,特别是20世纪20年代"五四"运动和70年代"文化大革命"浩劫,使中国经学在其发祥地一蹶不振,似乎再无复兴之望!

然而,正如老子所言"反者道之动"[①],物极则必返。中国"文化大革命"之后实行的"改革开放"政策,让知识匮乏的年轻国人燃起了学习传统文化的强烈欲望。于是,"经学"之元典与中国古代诸多名著一起,迅速成为人们学习阅读和开展研究的热点,文化学术界也逐渐透出经学复兴的气息与生机。人类进入21世纪,众多远见卓识的有志之士,更是深刻认识到包括经学在内的中华民族优秀传统文化蕴含的深刻人类意义与巨大当代价值。"经学"与中国古代众多优秀文化成果,被视为中华民族珍贵的精神财富和重要的思想资源。在"文化强国"成为实现民族复兴之梦的重大战略举措之时,继承和弘扬民族优秀传统文化也成为国人的普遍共识。

智力资源是一个国家、一个民族最宝贵的资源。建设中华民族优秀文化传承体系,建设社会主义核心价值体系,建设中国特色社会主义新文化,让中国优秀文化走向世界,让世界人民深入了解中国,成为实现民族复兴、实现中华之梦的重要内容。新世纪新时期中国的经济、政治和文化与世界发展一体化的大环境、大趋势,也急切需要博大精深的传统文化提供思想资源与智力支撑,所有这些都为经学复兴与创新发展提供了良好机遇。

一 "诂经之说"与"学凡六变"

中国经学是最具民族特色的学术文化表现形式,更是中国传统文化的动态知识体系和古代文化信息库。应当指出,"经学"概念实际上有广

[①] (晋)王弼注:《老子道德经注》《下篇》第四十章,中华书局2010年版,《诸子集成》第3册,第25页。

义、狭义之分。广义经学，可以泛指研究各种经典学说要义及经典文本著作的学问；而狭义经学则往往专指研究、注解和诠释儒家经典文本著作的学问，比如汉代郑玄的《三礼注》与《毛诗传笺》、唐代孔颖达的《五经注疏》、宋代朱熹的《诗集传》之类都是狭义经学代表性著作。本文关于经学的讨论即立足于对儒家经典的研究、注解与诠释。

现代学界一般以研究儒家经典的文字传世文本为依据，认为中国经学始于汉代，特别是始于汉武帝"推明孔氏"[1]、倡扬儒术之后。其实，从发生学角度讲，中国经学从元典生成之日起即已开始了其波澜壮阔的文化生命之旅。而中国传统经学至少从孔子杏坛讲学即已开始显露端倪。且不说孔子对于经典的整理，仅从《论语》中的文字记载来看，就有很多讨论儒家经典的内容，诸如大家耳熟能详的"不学诗，无以言""不学礼，无以立"[2]、"诗可以兴、可以观、可以群，可以怨，迩之事父，远之事君，多识于鸟兽草木之名"[3] 之类的结论性表达，无一不是建立在深入研究、深刻思考和深切体验的基础上。

就目前传世的经学研究著述看，传统经学着眼于"教化"，"因事以寓教"，旨在化育人文，培养人才，影响社会，教化百姓。经学家们立足于建立、阐释和丰富儒家"内圣外王""淑世济世"的思想体系，构筑"格物、致知、诚意、正心、修身、齐家、治国、平天下"[4] 的个体理论修养和社会实践路径，实现"安邦治国"的理想，所谓"圣人觉世牖民，大抵因事以寓教。《诗》寓于风谣，《礼》寓于节文，《尚书》《春秋》寓于史，而《易》则寓于卜筮"[5]。但在经学发展衍化的过程中，经学家们的学术成果一方面体现为烦琐细碎的字词注解和章句诠释，另一方面表现出内容解读偏离真实原意而多有牵强附会，以至《四库全书总目提要·

---

[1] （汉）班固：《汉书》卷五十六《董仲舒传第二十六》，中华书局1962年版，第8册，第2525页。

[2] （清）刘宝楠：《论语正义》卷十九《季氏第十六》，中华书局2010年版，第一册，第363页。

[3] （清）刘宝楠：《论语正义》卷二十《阳货第十七》，第374页。

[4] （宋）朱熹：《四书章句集注》《大学章句》，中华书局1983年版，《新编诸子集成》，第3页。

[5] 《四库全书·经部总叙》第一卷，四库全书影印本第1册，第00页。

经部总叙》称其"诂经之说而已"①。当然,"诂经"依据基本史实和文化现象而自成风貌,含纳着浓厚的书卷气和学问味,但"诂经"只是"经学"内容的一部分,或者说是传统"经学"的主体部分,而决绝不是"经学"的全部。我们不能、也不可以忽略"诂经"现象内含的巨量文化信息和人才培养与文化传承的重大作用。而"诂经"著述更是不容轻觑的重要历史文化成果,仅《四库全书》与《续修四库全书总目提要》就收录经学著作三千六百余部、三万二千多卷,其中保存了大量珍贵的文化史料,蕴藏着丰富深刻的学术思想,这是人类共同拥有的巨大智力资源和精神财富。而这仅仅是经学著作的一部分。

清代学人纪昀等在《四库全书总目提要·经部总叙》(下简称为《总叙》)中,曾回顾和总结经学发展的历史,并提出"学凡六变"说。《总叙》认为经学起于汉代,而"自汉京以后垂二千年,儒者沿波,学凡六变"②,即经过了六大发展变化阶段,而每个时期都各有创造发明,也各有偏颇弊病。《总叙》指出,经学首变于汉代,经学家们"专门授受,递禀师承,非惟诂训相传,莫敢同异,即篇章字句,亦恪守所闻,其学笃实谨严,及其弊也'拘'"。"笃实谨严"的学风是这一时期的突出特点,而其弊端在于拘泥于"师承",不敢突破师门局限而博采众家之长,即所谓"莫敢同异",学术视野不开阔,影响了经学研究更高水平的发挥。

此后再变于魏晋时期(代表人物:王弼、王肃)而延宕至北宋前期(代表人物:孙复、刘敞)。此即所谓"王弼、王肃稍持异议,流风所扇,或信或疑,越孔(颖达)、贾(公彦)、啖(助)、赵(匡)以及北宋孙复、刘敞等,各自论说,不相统摄,及其弊也'杂'"。这一阶段由魏晋而越唐入宋,跨时长而流派多,经学家们各自标旌树帜,而弊端在于"疑古惑经",竞相发挥己意,各家独自树立,"不相统摄",造成了博广杂乱的局面。

经学三变于北宋中期(代表人物:程颢、程颐)至南宋中期(代表人物:朱熹)。这是一个思想大解放、理论大提升的非常时期,"洛、闽继起,道学大昌,摆落汉唐,独研义理,凡经师旧说,俱排斥以为不足

---

① 《四库全书·经部总叙》第一卷,四库全书影印本第1册,第1页。
② 《四库全书总目提要·经部总叙》第一卷,四库全书影印本第1册,第49页。

信，其学务别是非，及其弊也'悍'"。这一阶段实际上是经学大发展、理论大突破的阶段，经学家们以"独研义理"为特色，创新理论，形成宋代"理学"，而其弊端在于部分经学家时有率意攻驳经文或擅自删改元典的现象。

经学四变于宋末明初。这一阶段的突出特点是"学脉旁分，攀缘日众，排除异己，务定一尊，自宋末以逮明初，其学见异不迁，及其弊也'党'"。"学脉旁分"与"务定一尊"的竞争态势促进了经学的繁荣，但同时也出现了一些为维护自家门户声誉而庇护和回避其短的不良学术倾向，如《论语集注》误引包咸夏瑚商琏之说，而张存中的《四书通证》即阙此一条以讳其误，王柏删《国风》三十二篇，许谦疑之而吴师道反以为非，都是典型的例子。

经学五变于明代正德、嘉靖以后。其时学人"主持太过，势有所偏，才辨聪明，激而横决，自明正德、嘉靖以后，其学各抒心得，及其弊也'肆'"。这与当时"独抒性灵、不拘格套"① 的文化思潮相一致，此一时期的突出特点是"各抒心得"，而由此出现的弊病就是过度的随意性，如王守仁之末派皆以狂禅解经，游离本意甚远。

经学六变于清初。其时经学家们"空谈臆断，考证必疏，于是博雅之儒引古义以抵其隙，国初诸家，其学征实不诬，及其弊也'琐'"。"考证必疏"与"征实不诬"是第六阶段的突出特征，而弊端在于细碎、烦琐与冗长，如一字音训动辄辨析标注文字数百言之多。

可以看出，《四库全书总目提要·经部总叙》的作者是立足经学发展变化的实际情形并参酌了历史时代划分的界限，对这六个时期的变化分别进行宏观审视和概括分析，在此基础上提出了自己的看法。他们认为，由汉代至清代两千多年的经学发展，"汉学"与"宋学"两家成就最为突出，且各有特点，不能轻予轩轾，所谓"要其归宿，则不过汉学、宋学两家互为胜负。夫汉学具有根柢，讲学者以浅陋轻之，不足服汉儒也。宋学具有精微，读书者以空疏薄之，亦不足服宋儒也"②。《四库全书总目提

---

① （明）袁宏道：《叙小修诗》，见《袁中郎全集》卷一，世界书局1935年版，第6页。
② 《四库全书总目提要·经部总叙》。

要·经部总叙》的作者认为,"经者非他,即天下之公理而已"[①],因此主张"消融门户之见而各取所长,则私心祛而公理出,公理出而经义明矣"[②]。此说甚是。

"学凡六变"总结的经学发展演变轨迹与伴随出现的六大弊端,其科学性和严谨性暂且不论,却从另外一个独特的视角说明中国传统"经学",实际上是一个开放性很强的动态知识体系和综合性很强的文化谱系,是一门"究天人之际、通古今之变""致广大而尽精微"的"大学问"。这一知识谱系和文化体系,既跨学科、跨领域,于哲学、历史、文学、文字、天文、地理、农、林、工、医,几乎无所不包,专业性要求很高,综合性特点鲜明。同时,中国传统"经学"又是具有很强实践性和深刻社会性的"大学问",体现着普遍的生活日用引导性和个体行为的指导性,普及化元素很浓。因此,"经学"又是一个最能反映中国古代文化发展实际、最能体现鲜明民族特色的历史概念,影响大、流传广、地位高,中国古代文化发展史上传统的图书分类采用"经、史、子、集"四分法,而"经"冠诸首。

二 "经学发轫"与"经典定型"

中国传统"经学"的形成,实际上是一个文化发展和学术创新的历史过程。从素材凝练到元典生成,再由元典演进为"经",进而由"经"发展成专门的学问"经学",这是一个极其漫长的孕育、诞生、传播、检验、认知和不断丰富发展的历史进程。上面所述纪昀等四库馆臣总结概括的"学凡六变",乃是"经"已成"学"之后的事情,其实在此之前还有经学的"发轫期"与元典的"定型期"。

先说经书元典的"定型期"。"经"之"元典"定型,这是经学形成的根本基础和重要标志。"经学"乃是研究阐发儒家经典而形成的专门学问,所以前人一般认为"经学"形成于公元前6世纪至公元前5世纪的儒家创始人孔子时期。的确,很多文献史料的文字记载,给予这种观点以有力支持。司马迁《史记·孔子世家》中就有十多处记载孔子整理、研究、撰述与教授"六经"的相关内容。如"孔子不仕,退而修《诗》

---

① 《四库全书总目提要·经部总叙》。
② 《四库全书总目提要·经部总叙》。

《书》《礼》《乐》，弟子弥众，至自远方，莫不受业焉"①；"孔子之时，周室微而《礼》《乐》废、《诗》《书》缺。追迹三代之礼，序《书传》，上纪唐、虞之际，下至秦缪，编次其事"。②孔子本人也有"吾自卫反鲁，然后《乐》正，《雅》《颂》各得其所"③的说法。至于《春秋》之作，则有"吾道不行矣，吾何以自见于后世哉? 乃因史记作《春秋》"的文字记述，如此等等。清末著名学者皮锡瑞在其《经学历史》一书中认为，"经学"肇始于孔子对《书》《诗》《礼》《乐》《易》《春秋》"六经"的编订和整理④，这种观点颇具代表性。然而，对于"六经"的整理和编订，更精准的表述应当是"经"之"元典定型"，这是"经学"形成的一个重要表现和基础环节。

再说经学之"发轫期"。如果说经书元典定型是经学形成的主要标志，那么经书元典定型之前的孕育酝酿，都可以看作经学的"发轫期"。众所周知，学术研究的一个重要规则就是"考镜源流"⑤，既要知"流"，更要知"源"。照此规则可以推知，"经学"实际上包括"经"与"经学"两个层面，而且是两个虽然紧密相连但本质与内涵都根本不同的概念。"经"是"元典"，即上面所言"六经"之著作；而"经学"理应既包括"元典"及其产生，又包括对"元典"的研究、注疏以及相关领域的考察。因此，"经学"的范围与内容，实际上包括"经"之元典的产生及其相关内容，换言之，"经学"发轫于"经"的产生，最早可以追溯到《书》《诗》《礼》《乐》《易》《春秋》记载和描述的事件发生时期，而其形成则在孔子时期，其后绵延发展创新数千年，成中华文化发展之大观。

经书元典定型，实际上也是一个不断调整变化的历史过程。其初次定型于孔子编订的"六经"。其后，伴随时代变迁与王朝更替，"经"之元典的界定、数量与内容也不断变化，由六经而五经、七经、九经、十二经，最后至十三经而凝定。

---

① （汉）司马迁：《史记》卷四十七《孔子世家》，中华书局2011年版，第六册，第1914页。
② （汉）司马迁：《史记》卷四十七《孔子世家》，中华书局2011年版，第六册，第1935页。
③ （汉）司马迁：《史记》卷四十七《孔子世家》，中华书局2011年版，第六册，第1927页。
④ 皮锡瑞著，周予同注：《经学历史》，中华书局1959年版。
⑤ （清）章学诚：《校雠通义》，《章氏丛书》本。

孔子对六经的编订已如上述。而目前见到的传世典籍中，最早使用"六经"一词的是《庄子》，其《外篇·天运》① 云：

> 孔子谓老聃曰："丘治《诗》《书》《礼》《乐》《易》《春秋》六经，自以为久矣，孰知其故矣，以奸者七十二君，论先王之道而明周、召之迹，一君无所钩用。甚矣！夫人之难说也？道之难明邪？"老子曰："幸矣，子之不遇治世之君！夫六经，先王之陈迹也，岂其所以迹哉！今子之所言，犹迹也。夫迹，履之所出，而迹岂履哉！"

由此我们至少可以推知三点：一是"六经"概念实际上创自孔子，老子只是复述而已；二是孔子自称"丘治""六经"，则"六经"确为孔子编定；三是"六经""论先王之道而明周、召之迹"，意在于"用"，但当时"一君无所钩用"的局面让孔子十分尴尬而疑惑不解。

至西汉初年，"六经"之《乐》经失传而遂有"五经"之说。汉武帝因维护国家长期统治需要又"推明孔氏"②，"表章《六经》"③，由此把儒家学说推向中华文化的核心与正统，而"经学"也自然地成为中华文化最重要的代表。迨至东汉，在"五经"基础上增加《孝经》与《论语》，遂成"七经"④。皮锡瑞认为"经学盛于汉"⑤，这是其中的一个重要依据。魏晋时期玄学兴而经学淡。唐代儒、释、道三家并用，而经学进一步深化。唐人先是参考沿用汉代郑玄的《三礼注》，将《礼》拆为《仪礼》《周礼》与《礼记》，而将《春秋》拆作《左传》《公羊传》与《谷梁传》，共成"九经"；唐文宗开成年间，又将《周易》《尚书》《诗经》《周礼》《仪礼》《礼记》《春秋左传》《春秋公羊传》《春秋谷梁传》《孝

---

① （清）郭庆藩：《庄子集释》《外篇·天运第十四》，中华书局2010年版，《诸子集成》3册，第234页。

② （汉）班固：《汉书》卷五十六《董仲舒传第二十六》，中华书局1962年版，第8册，第2525页。

③ （汉）班固：《汉书》卷六《武帝纪第六》，中华书局1962年版，第1册，第212页。

④ 王国维：《观堂集林》卷二十《魏石经考一》，见《王国维遗书》，上海古籍出版社1983年版，第3册，第3页。

⑤ 皮锡瑞著，周予同注：《经学历史》，中华书局1959年版，第141页。

经》《论语》《尔雅》等 12 种儒家经书并刻于石,史称"开成十二经"。宋代则将《孟子》升格为经,与"开成石经"合作《十三经》。至此儒家经典"十三经"最后凝定。经书之元典的变化调整及其内含的文化背景,自然也成为经学研究不可忽视的重要内容。

三　文化集成与族群智慧

如上所述,中国传统"经学"是一个开放性很强的动态知识体系和综合性很强的文化信息库。在中华传统文化中,儒、释、道三家学说是互济互补的三大支柱,而儒家学说是历史最为久远的本土文化,也是中国古代数千年封建社会中的主流文化。从某种角度说,经学是中华民族传统文化的基石与轴心,是民族智慧的重要载体和民族精神的集中体现,特色鲜明,成果丰富[①],世界影响深广。

以"经"名书,旨在突出强调其深厚的思想意义与巨大的文化价值,突出强调其在社会生活中的行为指导性,而这在人们的思想观念中早已是约定俗成。称"易""书""诗"为"易经""书经""诗经",又有"五经""六经""七经""九经""十二经""十三经"之说,这正如人们称"圣经""佛经"一样,充满敬重、神圣和玄密之感。那么,人们为什么选定"经"字来表达而不用其他呢?其实,这与中国农耕文化、与人们对基本生活常识的认知有着密不可分的直接关系。

"经",其本意与"纬"相对,是古代织布时预先在织布机上纵向安放的织线,是纬线交织时的依附支撑,也是织成布帛的基础。汉代许慎《说文解字》训为"织也"[②],清代段玉裁《说文解字注》进一步释为"纵线"[③]。而人们根据"经"在布帛生产中的重要支撑作用,赋予引申义,用来比喻重要书籍、重要典籍,不仅增强了形象性和生动性,丰富了

---

①　《四库全书》经部收录经学著作 1773 部、20427 卷,《续修四库全书总目提要·经部》(中华书局 1993 年版)收录经学著作 1928 部。

②　(汉)许慎:《说文解字》卷十三。

③　段玉裁以"纵线"引申为穿订书册的线,进而指书籍,此又是可商榷斟酌处,从中国古代书籍制度形成演变的历史来考察,欠缺严谨和说服力。汉代班固《汉书·孙宝传》"著于经典"、(南朝宋)范晔《后汉书·皇后纪上·和熹邓皇后》"暮诵经典"都以"经"称书,而那时尚无册页书籍。

其内涵,而且将人类历史实践的物质生产与精神生产联系起来,耐人寻味。由此可知,"经"者,既是"经线"之"经"、"经纬"之"经",又是"经典"之"经"、"圣经"之"经",强调的是书籍本身内容的重要性。而研究"经"书的"经学",不仅发展为专门的学问,而且对推动文化的发展、社会的进步和人类的文明发挥着积极作用。

的确,"经学"著作蕴藏着丰富而深刻的思想,也保存了大量珍贵的史料,不仅成为儒家学说的核心载体,而且是中华民族人类胸怀与人文品格的集中体现。经学的形成、发展与影响,是中华民族对人类文化发展和人类文明进步做出的重大贡献。它既是中华民族历史实践和社会生活的智慧结晶,是中国传统文化的重要代表,又是全世界人民共同拥有的精神财富和弥足珍贵的思想资源。经学对维护中华民族数千年相对稳定的持续发展发挥了重要作用,使中华民族成为人类发展历史长河中五大文明古国唯一持续至今不曾间断者[1]。可以预见,以中国传统"经学"为代表的中华文化,其重要的思想观念,如以人为本、天人合一、天下为公、公平正义之类以及其蕴含的人类意识、家国情怀、和谐秩序、个体修养等,在今后相当长的历史时期内,将继续对人类健康发展和文明推进产生积极影响。这是由经学的思想内容、思维方式、自身特点和价值取向所决定的。

中国传统经学发展史,从某种意义上说,就是一部中华民族思想意识和价值观念不断创新发展的学术演变史、文化发展史和人文教育史。中国古代特别是中国封建社会的发展历史证明,一方面大的历史环境和综合条件影响着经学的发展态势,另一方面,经学的发展变化又往往成为决定文化发展、社会发展和文明发展的重要因素,从先秦的"百家争鸣"到汉代的"推明孔氏"[2]、"表章《六经》"[3],从唐代"三教互补"的融合到宋代"程朱理学"的盛行,从明代的"阳明心学"到清代的"乾嘉朴

---

[1] [美]威廉·麦克高希在《世界文明史》中称"古巴比伦、古埃及、古印度、中国、古希腊是世界上的五大文明发源地"。另有"四大文明古国"说,分别是古埃及、古巴比伦、古印度和中国。四大文明古国实际上对应着世界四大发源地,文明分别指两河流域、古埃及、古印度、古中国这四个大型人类文明最早诞生的地区,而同一时期的爱琴海文明未被包含其中。

[2] (汉)班固:《汉书》卷五十六《董仲舒传第二十六》,中华书局1962年版,第8册,第2525页。

[3] (汉)班固:《汉书》卷六《武帝纪第六》,中华书局1962年版,第1册,第212页。

学",都是典型的案例与标志。

20世纪前期的上海交通大学校长、著名国学大师唐文治先生曾经指出:"吾国十三经,如日月之丽天、江河之行地,万古不磨,所谓国宝是也。"① 又说:"通经者,非徒通其句读也,当论世而知其通,得经之意焉耳。"② 在文化成为国家综合实力重要方面的当今时代,深入研究传统经学,继承和弘扬经学创造的文化精神,是建设新文化、创造新理论和增强国家文化软实力的必然要求。

四 "有根、有用、有效"

任何一门学问的产生都有其历史的必然性,而其发展与成长情形,除了必要的外部条件和社会环境,主要的则是由其内部机制的生命力来决定。中国传统经学之所以成为中国古代的主流文化而盛行数千年之久,迄今依然显示着旺盛的文化生命力,主要是因为经学"有根、有用、有效",在经世致用、人文传承、勇于创新、弘扬正气、树立学风、铸造民族精神等许多方面都有着出色表现。

一是"有根"。"根"即根源,是文化产品获得鲜活生命力的基础。经学元典之产生根源于历史实践,根源于社会生活,根源于宇宙自然。儒家以"人世"著称,以人为本,关注现实,关心社会,关切民生,儒家经典也都具有这样的特色。"十三经"既不同于以形象思维为主要特征的文学作品,又不同于以抽象逻辑为主要表现方式的哲学著作,而是记言、记行、记事、记物的"记实"文字。其思想内容无不根植于历史史实和现实生活实践,所以庄子认为"夫六经,先王之陈迹也"③。被誉为"群经之首"的《周易》"人更三圣,世历三古"④,而伏羲画卦,"仰则观象于天,俯则观法于地。观鸟兽之文与地之宜,近取诸身,远取诸物,于是始作八卦,以

---

① 唐文治:《无锡国学专修馆学规》,见王桐荪、胡邦彦、冯俊森等选注《唐文治文选》,上海交通大学出版社2005年版,第181页。

② 唐文治:《礼记提纲》,见唐文治编纂《十三经读本》第1册,上海人民出版社2015年版,第53页。

③ (清)郭庆藩:《庄子集释》《外篇·天运第十四》,中华书局2010年版,《诸子集成》第3册,第234页。

④ (汉)班固:《汉书》卷三十《艺文志第十》,中华书局2010年版,第6册,第1704页。

通神明之德，以类万物之情"①。中国古代第一部历史文章总集《尚书》乃"人君辞诰之典，右史记言之策。古之王者事总万机，发号出令，义非一揆：或设教以驭下，或展礼以事上，或宣威以肃震曜，或敷和而散风雨，得之则百度惟贞，失之则千里斯谬。枢机之发，荣辱之主，丝纶之动，不可不慎。所以辞不苟出，君举必书，欲其昭法诫，慎言行也。其泉源所渐，基于出震之君；黼藻斯彰，郁乎如云之后。勋、华揖让而典、谟起，汤、武革命而誓、诰兴"②。由此可知，《尚书》的内容不仅源于生活和实践，而且都是历史史实的真实记录。汉代班固曾考察并分析《论语》成书说："《论语》者，孔子应答弟子、时人，及弟子相与言而接闻于夫子之语也。当时弟子各有所记，夫子既卒，门人相与辑而论纂，故谓之《论语》。"③ 至于《三礼》《孟子》《春秋》等，其产生渊源与内容背景之"根"更是无须赘言。

　　二是"有用"。"经世致用"既是中华文化的优秀传统，也是中国古代志士仁人追求的人生目标。文化学术，"有用则盛，无用则衰"④。中国传统经学之所以能够成为古代主流文化而数千年不衰，关键正在于其巨大的"有用"性。"经学"元典大都旨在"垂型万世"⑤，经邦治国，立德树人，化育百姓，纯朴民俗，推进文明。《四库全书总目提要·经部·易类一·序》称"《易》道广大，无所不包，旁及天文、地理、乐律、兵法、韵学、算术以逮方外之炉火，皆可援《易》以为说"。《尚书正义》之作"庶对扬于圣范，冀有益于童稚"⑥，而《诗经》之《关雎》"先王以是经夫妇，成孝敬，厚人伦，美教化，移风俗"，"所以风天下而正夫妇也。故用之乡人焉，用之邦国焉"⑦。至"《尔雅》者，先儒授教之术，

---

① （唐）孔颖达：《周易正义》卷八《系辞下》，中华书局2009年版，《十三经注疏》第1册，第179页。

② （唐）孔颖达：《尚书正义》卷一《尚书正义序》，中华书局2009年版，《十三经注疏》第1册，第233页。

③ （汉）班固：《汉书》卷三十《艺文志第十》，中华书局2010年版，第6册，第1717页。

④ （清）皮锡瑞：《经学历史》。

⑤ （清）纪昀等：《四库全书·经部总叙》。

⑥ （唐）孔颖达：《尚书正义》卷一《尚书正义序》，中华书局2009年版，《十三经注疏》第1册，第233页。

⑦ （汉）毛苌：《毛诗序》。

后进索隐之方,诚传注之滥觞,为经籍之枢要者也"①。《四库全书总目提要·集部总叙》称"夫学者研理于经,可以正天下之是非;征事于史,可以明古今之成败",亦是着眼于"用"。由此可知儒家经典皆"有用""大用"之书。司马迁《史记·孔子世家》中记载了孔子作《春秋》的故事:

> 子曰:"弗乎弗乎,君子病没世而名不称焉。吾道不行矣,吾何以自见于后世哉?"乃因史记作春秋,上至隐公,下讫哀公十四年,十二公。据鲁,亲周,故殷,运之三代。约其文辞而指博。故吴楚之君自称王,而春秋贬之曰"子";践土之会实召周天子,而春秋讳之曰"天王狩于河阳":推此类以绳当世。贬损之义,后有王者举而开之。春秋之义行,则天下乱臣贼子惧焉。

由这段文字我们可以看到,孔子作《春秋》至少有两个目的:一是要让儒家推行的"仁礼"之道"名实相符";二是要通过"贬损之义"来"以绳当世"。而其效果则是"春秋之义行,则天下乱臣贼子惧焉",显然是达到了设想的初衷。关于经学的"有用"性,宋代张载概括得最精彩、最精辟,即"为天地立心,为生民立命,为往圣继绝学,为万世开太平"②,冯友兰先生称此为"横渠四句"③。当然,"用"又有形式之别、大小之异、层次之分。

三是"有效"。"有效"主要是指经学产生的积极影响和发挥的重要作用。经学的"有效"可以在意识形态领域和社会生活方面得到验证。经学有三个突出鲜明的特点值得注意:一是经学"主干"元典一直都是作为全国通用教材而存在,不论是在"以吏为师"时期还是在"私学"兴起之后,都是如此,不仅以多种材质载体制作教材课本,而且刻成"石经"颁于学府;不仅讲授传习,而且密切关联仕途科举。二是经学一直是以学术研究的形式在不断地深化、细化,不断地拓展、创新,不断地系统化和理论化,不仅成就了历代一批又一批的经学大师、文化名家,而

---

① (宋)邢昺:《尔雅注疏》。
② (宋)张载:《横渠语录》,见章锡深点校《张载集》,中华书局1985年版,第320页。
③ 冯友兰:《中国哲学简史》,北京大学出版社2010年版,第37页。

且留下了汗牛充栋的著述成果。三是由于经学内容源于社会生活,具有很强的实践性,经学的发展也始终呈现理论与实践密切结合的特点,指导着人们的思想和行为,提升了全民族的文明素质。这三大特点反映在中国古代不同的历史时期。重点虽有差异,但在学术发展、文化传承、社会风气、制度文明等方面,在人的观念意识、风操节守、思想品格、综合素质等方面,则都显示出巨大影响力。特别是经学在人才培养、文化建设和创新理论方面表现出持久强大的生命力,在维护社会秩序、维护封建统治方面亦表现出非同寻常、无可替代的作用。所有这些都充分展现出经学内蕴的巨大能量和"有效"性。

五 经学传承与开拓创新

中国传统经学创造了人类文明发展史上最富民族特色的文化传承模式。"经学"的发展兴盛,体现着中华民族对前代历史和民族文化的高度尊重、高度珍视和自觉传承,体现着中华民族尊重历史、尊重知识、尊重人才的一以贯之的优良传统。历代经学家们一方面表现出不畏艰难、刻苦严谨的治学精神和敢于探索、勇于创新的气魄胆识,另一方面表现出"斯文自任"的历史使命意识、责任担当精神和文化自觉、文明自信的创新能力。所有这些都给我们以深刻的当代启示。

在20世纪人类遭受战争磨难和遭遇各种文化思潮碰撞之时,中国经学发展虽然在大陆遭遇重大挫折,但是依然以各种形态和方式在全世界顽强倔强地发展,不仅中国的大陆、台湾地区、香港地区涌现出一批卓有影响的经学家,而且在海外、境外的世界各地涌现出很多中国经学的专家学者和学术成果。特别是地下考古重大材料的新发现,如银雀山汉墓竹简(1972)、马王堆汉墓简帛(1972—1974)、郭店楚简(1993)、清华大学藏战国竹简(2008)之类,也为经学研究的深入提供了支撑。至于世界诺贝尔奖获得者提出的"人类要生存下去,就必须回到二十五个世纪以前,去汲取孔子的智慧"[①]的建议,则是中国经学影响的又一典型例证。

---

① 1988年1月在巴黎召开的主题为"面向二十一世纪"的第一届诺贝尔奖获得者国际大会上,七十五名参会者经过四天的讨论得出的结论之一。见1981年1月24日《坎培拉时报》(Canberra Times),作者是帕特里克·曼汉姆。

进入21世纪以来，伴随中国经济的迅速崛起和国家综合实力的不断提升，中国传统经学的研究呈现令人欣喜的新态势。一方面是国家重视程度越来越高，政策支持力度越来越大，另一方面是研究队伍迅速成长，研究方法和成果形式丰富多彩，世界影响越来越深广。比如，山东大学与中华书局共同策划组织的《〈十三经注疏〉汇校》引起学界的高度关注，其第一项成果《尚书注疏汇校》完成后，获得专家好评；由国学网、首都师范大学电子文献研究所联合北京师范大学易学文化研究院共同组织的《中华易学全书》[①] 编纂工程，将点校整理《四库全书》所收易学典籍183种，1839卷，3500余万字，分为64册，另有2000余幅易学图，学界高度期待。国家社会科学基金近二十年来还资助支持了一大批经学研究的重大项目、重点项目和相关课题，如《易经研究》《诗经研究》《尚书研究》，等等。此外也有一批经学研究的重要成果入选国家社会科学优秀成果文库，如《周易经传研究》《两汉〈尚书〉学研究》，等等。

目前经学研究呈现着令人欣喜的新态势。比如，经学研究文献资料搜集的全球化、最新考古材料使用的科学化、研究方法的现代化、高新科技手段的信息化，等等，这些都大大提高了经学研究的水平、质量和效率。尤其是国家对中华民族优秀传统文化积极思想资源研究发掘的引导支持，使"国学热"持续升温，成规模的大型古籍整理与研究成为国家文化建设的基础工程，世界学习了解中国古代文化的需求和期待也越来越强烈。在这种大的时代背景下，经学研究正在发生变化，传统经学的概念、内涵与范围已经不断被突破，诸如《道德经》已经成为《圣经》之后全世界外译版本最多的中国典籍，《孙子兵法》之类的"武经"、《黄帝内经》之类的"医经"也都成为人们倾注更大热情的热点，这说明21世纪的"新经学"正在悄悄酝酿中。

人类的发展与民族的振兴需要学界做出更大的成绩、更多的贡献。我们理应自觉地以前贤圣哲为榜样，自觉继承和大力弘扬中国传统经学的治学精神、创新勇气和历史担当。为建设中华民族优秀文化传承体系建设、社会主义核心价值体系和中国特色社会主义新文化，为推进中国文化与世

---

① 参见《人民网》2015年4月20日"《中华易学全书》将于年内陆续出版"。

界文化的交流、交融与创新，贡献力量和智慧。特别是要有创建当代"新经学"的勇气和胆量。中国传统经学虽然走过了数千年的历程，创造了属于他们那个时代的辉煌，但同时也给后人留下了巨大的发展空间。时代的进步和高新科学技术的发明，为我们提供了研究手段的极大便利，同时也对理论创新提出了更高的要求。树立人类意识、强化国家观念，立足现实、着眼长远，发扬光大前人创建汉学、宋学、朴学的精神，创造属于当今时代的经学研究新体系，已经成为学人义不容辞的历史责任。

人文思想引领人类创新[*]

人文思想是人类历史实践的智慧结晶，也是引导人类不断创新和文明发展的重要保障。中华民族至少五千年文明不间断地连续发展，实际上就得益于人文思想的引领。被誉为"近世以来最伟大的历史学家"的英国学者阿诺德·约瑟夫·汤因比（Arnold Joseph Toynbee，1889—1975）曾深有感慨地说："几千年来，中国人比世界任何民族都成功地把几亿民众从政治上文化上团结起来，显示出这种在政治上文化上统一的本领，具有无与伦比的成功经验。"[①] 这里所说的"从政治上文化上团结起来"与"无与伦比的成功经验"，其实就是中华民族优秀文化的人文思想和创新精神，以及历朝历代由此培养出来的大批杰出人才。

一 "钱学森之问"与"李约瑟之谜"：人文思想是培养创新人才的基础

2005年7月29日，时任国家总理的温家宝同志看望世界著名科学家、"中国航天之父"钱学森时，钱学森不无焦虑地对总理说："现在中国没有完全发展起来，一个重要原因是没有一所大学能够按照培养科学技术发明创造人才的模式去办学，没有自己独特的创新的东西，老是'冒'不出杰出人才。这是很大的问题。"[②] 钱学森沉重而惋惜地感慨："这么多

---

[*] 本文是2017年12月25日应邀为上海交通大学"致远学院"2016级全体同学做的演讲。致远学院是培养综合性创新拔尖人才的"实验特区"，同学都是全校各学院最优秀的"尖子生"。

[①] 汤因比、池田大作：《展望二十一世纪》，国际文化出版公司1989年版，第294页。

[②] 李斌：《亲切的交谈——温家宝看望秀羡林、钱学森侧记》，《人民日报》2005年7月31日。

年培养的学生，还没有哪一个的学术成就，能够跟民国时期培养的大师相比。"这位世界著名的科学家发出了"为什么我们的学校总是培养不出杰出的人才？"①的世纪之问。钱学森从人才培养和国家发展角度提出的这一无法回避的沉重问题，虽然有着多个方面的深层历史原因，但不能不引起人们的深刻反思！

"钱学森之问"不仅引起了国家高层领导的高度重视，而且引起了教育界、学界和全社会的广泛关注和深入思考，一度成为舆论的焦点。媒体掀起了"求解'钱学森之问'"的大讨论，而温家宝总理也多次讲道"钱学森之问对我们是个很大的刺痛"②。安徽高校的11位教授联合《新安晚报》给新任教育部部长袁贵仁及全国教育界发出了"让我们直面'钱学森之问'"的公开信，全国不少著名高校的校长先后发表文章或表达想法，提出诸如"教育家办学""去行政化""多样化模式"等建议。甚至在优化知识结构、营造创新环境等方面提出具体措施，比如"要让学生去想去做那些前人没有想过和做过的事情，没有创新，就不会成为杰出人才""学文科的要懂一些理工知识，学理工的要学一点文史知识"③，等等。当2007年8月3日，温家宝总理再次看望钱学森时，对半坐在病床上的钱老说："您上次说的两条意见（指大学要培养杰出人才、教育要把科学技术和文学艺术结合起来），引起了社会的广泛关注和认同。我每到一个学校，都和老师、同学们讲，搞科学的要学点文学艺术，对启发思路有好处。学校和科研院所都很重视这个观点，都朝这个方向努力。"2010年的"两代会"上，三十七名科技界政协委员联名回应"钱学森之问"④，提出从制度入手进行一系列改革。

无独有偶，《中国科学技术史》的著者——英国学者李约瑟，在20世纪也曾提出过这样的疑问："为什么古代中国人发明了指南针、火药、

---

① 李斌：《亲切的交谈——温家宝看望秀羡林、钱学森侧记》，《人民日报》2005年7月31日。
② 温家宝：《钱学森之问对我是很大刺痛》，央视网，2010年5月5日。
③ 温家宝：《"五四"青年节在北京大学座谈会上的讲话》：新华网，2010年5月5日。
④ 《三十七名科技政协委员联名回应"钱学森之问"》，《中国教育报》2010年3月12日，作者：张晨。

造纸术和印刷术,工业革命却没有发端于中国?而哥伦布、麦哲伦正是依靠指南针发现了世界,用火药打开了中国的大门,用造纸术和印刷术传播了欧洲文明?"[1] 李约瑟从中国创造发明的成果及其传播应用的情况这一角度,提出了发明成果的社会传播和使用转化问题,值得中华民族深刻反省和认真思考。创新人才的培养固然必须以人文为基础,而创新成果的运用也必须以正确的思想来引导。

其实,"钱学森之问"的答案、"李约瑟之谜"的"谜底",虽然角度不同,但是涉及的实质性深层问题却惊人相似,即人文素养与人文思想是培养创新人才和实现成果转化最优化的根本问题。创新人才的培养成长、重大的创造发明固然是以深厚的人文素养为基础,但重大成果的世界传播与人类运用,也离不开人文的指导和支撑,尤其是发挥社会效益的最大化和最优化,促进和推动人类文明朝着正确方向健康发展,关键的核心因素就是人文思想的引领和保障。

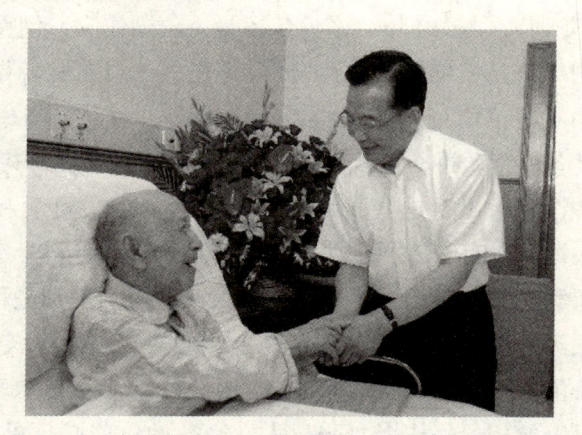

2005 年 7 月 29 日,中共中央政治局常委、国务院总理温家宝在北京亲切看望我国杰出的科学家、航天科学奠基人之一的钱学森先生。新华社记者刘建生摄

二 人文修养是引领卓越创新的思想基础

诺贝尔奖的设立者,著名瑞典化学家和"黄色炸药"的发明者阿尔

---

[1] 李约瑟:《中国科学技术史》,科学出版社 2003 年版。

2007年8月3日，中共中央政治局常委、国务院总理温家宝来到钱学森家，看望这位96岁的"国家杰出贡献科学家"。新华社记者　黄敬文摄

弗雷德·贝恩哈德·诺贝尔（Alfred Bernhard Nobel），不仅因发明炸药而名震当时，而且十分喜欢文学。他青年时代用英文写诗，晚年创作了小说《在最明亮的非洲》《姊妹们》。诺贝尔还是一位剧作家，创作了《复仇的女神》与喜剧《杆菌发明专利权》。汪汝洋在《诺贝尔奖获得者的科学与人文素养》中对两位诺贝尔奖获得者——外籍华裔高锟与李政道科学研究过程中所具备的素质进行了认真分析，发现他们的成功与深厚的人文素养密切相关。作者指出，这些诺贝尔奖获得者的人文科学和文学艺术素养，往往令人惊叹。有学者通过深入研究后特别指出，科学家的成功之处在于科技创新和人文底蕴的融合，科学家人文底蕴的基础是科学自觉，是真；而人文底蕴的彰显是人文自觉，是善；人文底蕴的内核是人文价值，是美。人文价值是科学与人文的融合点，体现了二者在追求真善美的人生价值最高境界上的相通。作者主张，人文底蕴的培养必须贯穿人文价值，养成科学自觉和人文自觉。"大历史"创始人大卫·克里斯蒂安认为，人文与科学的分裂对人类的智识是十分危险的。

伟大的科学家，如诺贝尔和居里夫人，他们的人文素养和精神境界早已脱离了市侩社会，到达了冯友兰先生所说的"宇宙境界"。中国哲学对于自然科学和人的心灵的把握从来都是一个整体的。陈来教授在《中国文明的哲学基础》中指出：在中国的哲学宇宙观、天人合一思想以及阴阳观念中，"科学—人文"的对立和割裂从根基上被化解了。中国古代文明的哲学宇宙观与西方机械论的宇宙观不同，是强调连续、动态、关联、

整体的，而不是静止、孤立、实体、主客二分的哲学。宇宙的一切都是相互依存的，每一事物都是在与他者的关系中显现自己的存在和价值，故人与自然、人与人应当建立和谐共生的关系。

车凤在《时代呼唤人文素养》中认为：如果没有心灵的充实，人们因为科技的发达节省下大量的空闲时间，很可能反而是个灾难。以挪威为例，虽然位居世界上最富有的国家之列，但自杀率居高不下。其中的原因之一就是人心空茫、缺乏生活目标和人文素养。人文素养的培养和提升，不仅是每个求知者对自己生命境界提升的需要，更是人类文明进步的客观要求。对解决某些根本性的问题而言，人文素养往往起到更为关键和决定性的作用。

美国学者罗伯特·鲁特-伯恩斯坦与米切尔·鲁特-伯恩斯坦合著的《天才的13个思维工具》①，研究了从爱因斯坦、简·谷代尔非到莫扎特、吴尔夫等150位科学家，作者通过大量的例证，发现几乎所有的科学家都同时是诗人、提琴手，或者是作家、业余画家，等等。这些科学家大都具有深厚的人文修养，具有不同寻常的想象力与创造力。正是他们的多才多艺，才能在科学的相关领域取得非凡成就。

作者在第一章"对思考的重新思考"里，以"大厨师"之"烹调"

---

① ［美］罗伯特·鲁特-伯恩斯坦、米切尔·鲁特-伯恩斯坦：《天才的13个思维工具》，李国庆译，海南出版社2001年版。罗伯特·鲁特-伯恩斯坦，密歇根州立大学生理学教授，从事关于创造的研究，著有《发现：在科学知识的前沿创造和解决问题》等。米切尔·鲁特-伯恩斯坦，从事历史和创造性写作的研究。

与"在创造性想象的厨房里也满是出乎意料的做法",生动形象的比喻说明广博的知识结构和深厚的人文修养对于创造发明的重要性:"在真正的知识的宴会上,我们要依赖于大厨师,他们知道怎样使用所有的精神,他们在厨房中所做的事情与我们所做的不同,只是他们做得更好","我们也可以学一学这一行的工具,以改进我们自己的精神烹饪技法。但是,这一过程要求我们重新考虑美食家的思维活动究竟是什么。进行这种重新思考会把我们教育的重点从想什么转到怎么才能够想到最有效上面来"。"我们对精神烹调法的学习开始于思想的厨房,在这里想法被浸泡、煨炖、焖蒸、烘焙并搅拌成型。真正的厨师往菜里放一点这个一把那个,让我们惊奇;与此一样,在创造性想象的厨房里也满是出乎意料的做法。伟大的想法出现时非常奇异,并且被混合以最为古怪的配料。放到锅里的东西和炒出的菜没有任何相似之处。有时思想的大厨师甚至不能解释自己为什么会知道她炒出的菜会味道鲜美。她只是有一种直觉,知道这些配料做在一起会味道鲜美"。书中"想象力教育""观察""形象思维""形成模式""同情理解""空间思维"等诸章内容,大都体现和反映了深厚的人文修养对于发明创新的不可或缺性。此著作揭示了一个基本规律:人文修养是培养和造就卓越创新人才的基础,或者说,卓越的创新人才必须具备深厚的人文修养。

钱学森曾对温家宝总理说过,提出相对论的爱因斯坦钟情于哲学、艺术,他每天都拉小提琴,还弹得一手好钢琴;中国为研制原子弹、氢弹做出重大贡献的科学家汪德熙,也是一位钢琴家;上海同济大学教授、著名建筑学家陈从周还写得一手好诗;而竺可桢、苏步青、李四光、高士其、李政道等人不仅具有广博的科学知识,还具备深厚的艺术修养。古今中外的大师级人物,概莫能外。可以说这是对基本规律的现实诠释。

三 钱学森的现身说法与深刻体验

人文修养对于卓越创新的重大作用,特别是培养创新人才的重要意义,钱学森有着深刻的见解与体会。钱老一再强调创新人才培养的基本途径,是把自然科学与社会科学结合起来,走"科学与艺术结合"的道路,因为创新才是科学与艺术的共同灵魂。

2005年建军节前夕,钱学森与看望他的温家宝总理讨论培养具有创新能力的人才问题时说："一个有科学创新能力的人不但要有科学知识，还要有文化艺术修养。没有这些是不行的。"关于钱学森深厚的人文修养，只要去上海交通大学"钱学森图书馆"看看钱老阅读和批注过的书，就会有自己的判断。诸如中西哲学、中外文学、世界历史以及音乐、绘画、艺术、美学、语言等方面，古今中外，无不涉及，我们可以具体感受和想象到钱学森深厚广博的人文底蕴。

钱学森在美国加州理工学院学习工作期间，加入了美国艺术与科学协会。钱老回忆这段往事时曾说过："我们当时搞火箭时萌生的一些想法，就是在和艺术家们交谈时产生的。"钱学森的秘书涂元季曾撰文介绍，钱老爱好广泛，喜欢参观书画展，对国画艺术有自己的见解。他还对书法、诗词、音乐认识颇深，除贝多芬和莫扎特的交响乐外，也喜欢中国佛教仪式和宫廷礼仪等古典音乐，平时引用诗词更是信手拈来。钱学森曾深有感触地说："这些艺术上的修养不仅加深了我对艺术作品中那些诗情画意和人生哲理的深刻理解，也让我学会了艺术上大跨度的宏观形象思维。"

1991年10月16日，钱学森在人民大会堂授奖仪式上即兴演讲时说："正是音乐艺术里包含的诗情画意和对人生的深刻理解，丰富了我们对世界的认识，学会艺术的广阔的思维方法"；"我觉得艺术上的修养对我后来的科学工作很重要，它开拓了科学创新思维"。钱老常说，他在科学上之所以取得如此的成就，得益于小时候不仅学习科学，也学习艺术，培养了全面的素质，因而思路开阔。

钱学森几十年都坚持倡导"大成智慧学"观念。他借鉴北京大学老哲学家熊十力教授把智慧分为"性智""量智"的观点，认为数学科学、自然科学、系统科学、军事科学等十大科学技术部门的知识是性智、量智的结合，主要表现为"量智"；而文艺创作、文艺理论、美学以及各种文艺实践活动，也是两者的结合，但主要表现为"性智"。"性智""量智"是相通的，"量智"是侧重对事物从微观到宏观、从局部到整体、从量变到质变的发展过程去探索其本质和规律的学问；"性智"是侧重对事物从宏观到微观，从整体的、形象的感受上，从事物的"质"上入手去探索其本质和规律的学问。

钱学森认为，"大成智慧学教我们总揽全局，洞察关系，所以促使我们突破障碍，从而做到大跨度的触类旁通，完成创新"。钱老亲身体验到，科学工作往往是从一个猜想开始，然后才是科学论证。就是说科学创新的思想火花是通过不同领域的大跨度联想激活的。而这正是艺术家形象思维的方法。接下来就是进行严密的数学推导计算和严谨的科学实验验证，这就是科学家的逻辑思维了。简言之，科学工作源于形象思维，而成于逻辑思维。而形象思维正是以人文修养为基础。

四 人文思想的内涵与中华文化的特征

何为"人文"？迄今为止，人们的认识理解和应用情形大都见仁见智、模糊不清，甚至不无混乱。其实，人文内涵是多层、多元、多样化的，必须在具体的语言环境中理解和界定。仅就概念而言，诸如人文与人文学科、人文学科与人文科学、人文科学与自然科学、人文科学与社会科学之类，都有其固定性和相对性的含义。从最高层面讲，人文就是人类在历史实践和社会生活中创造形成的所有文化、文明的具体呈现，是人类思想意识、精神行为和创造发明的重要体现。

其实，"人文"概念的理解具有多样性、复杂性和时代变化性特点。在人类文明发展史上，人们曾一度把科学与宗教联系起来，而近几十年来，又经常把科学与人文联系起来。1959年5月7日，英国剑桥大学的科学家、小说家斯诺在剑桥做了一场意义深远的演讲，公开抨击科学文化和人文文化的割裂。当然，科学与人文都有其自身局限性，二者必须相互融合：科学的精神需要注入人文色彩，科学的发展需要人文护佑。自然科学的研究者，如果有了开阔的眼界、博大的胸怀，无疑对他会产生不可估量的影响。诺贝尔奖获得者李政道曾说："我一辈子做事做人的原则，以杜甫的'细推物理须行乐，何用浮名绊此身？'两句诗为准则。仔细地推敲世界上的万物道理，做一些自己喜欢做的、快乐的、有益的事。"

"人文"内涵的核心要素和根本前提是"人"，"文"只是现象和表征。"人"的参与和创造是第一位的决定因素，没有"人"的参与就无所谓"人文"，一旦有了"人"的参与就必然成为"人文"的范畴。由此，"人"的因素是衡量鉴定"人文"的唯一标准。葛剑雄教授在谈及"人文"的概念时讲道："跟人有关的、人类社会、人身本身、人类前提本身的都可以称为人文，包括人的思想、感情、爱好、意愿、信仰。"大体说出了"人文"概念的内涵与特点。

中华文化最早使用汉语"人文"一词的，是被称为"六经之首"的《周易》。《易传·贲》卦讲婚嫁之事说："观乎天文，以察时变；观乎人文，以化成天下。"这里"人文"与"天文"对举，译成现代汉语当是"人类文化"，它包含了人类创造的所有文化，自然科学当然也在其中。《易经·系辞》中"形而上者谓之道，形而下者谓之器，化而裁之谓之变，推而行之谓之通，举而措之天下之民，谓之事业"，这里的"形"是表现形态，"道"属人文思想范畴，"器"属技术应用范畴。可以说，"人文"是人类历史实践创造出来的精神、文化、理念等智慧的结晶，不仅包括哲学、文学、历史、艺术，也涵盖心理学、社会学、人类学、宗教学等众多学科。人文的最大特点就是其思想性、意识性。

中华文化的人文特征首先体现为思维方式的综合性、整体性、系统性、关联性、实践性融为一体。如"天人合一""天下为公"等，体现着鲜明的宇宙观和世界观。"天、人、地"三才并列一体的思维模式，是中华文化的重要特征之一。《周易》最早、最明确、最系统、最深刻地提出了"天、地、人"三才之道的伟大思想。《易经·说卦》："是以立天之道，曰阴与阳；立地之道，曰柔与刚；立人之道，曰仁与义；兼三才而两之，故《易》六画而成卦。"大意是构成天、地、人的都是两种相互对立的因素，而卦是《周易》中象征自然现象和人事变化的一系列符号，以阳爻、阴爻相配合而成，三个爻组成一个卦。"兼三才而两之"成卦，即这个意思。

《易传·系辞上》："古者庖牺氏之王天下也，仰则观象于天，俯则观法于地，观鸟兽之文与地之宜，近取诸身，远取诸物，于是始作易八卦，以垂宪象。及神农氏，结绳为治，而统其事，庶业其繁，饰伪萌生。黄帝之史仓颉，见鸟兽蹄迒之迹，知分理之可相别异也，初造书契，百工以义，万品以察。"这段描述中华文化发展历程的文字，其庖牺氏"作易"之"观象于天""观法于地"与"近取诸身"，是将"天、地、人（身）"并列一体。《易传·系辞下》："有天道焉，有人道焉，有地道焉。兼三才而两之，故六。六者非它也，三才之道也。"所以《三字经》中说"三才者，天地人。三光者，日月星"。

《道德经》第二十五章："有物混成，先天地生，寂兮寥兮，独立而不改，周行而不殆，可以为天地母。吾不知其名，字之曰道，强为之名曰大。大曰逝,逝曰远。远曰反。故道大,天大,地大,王亦大。域中有四大,而王居其一焉。人法地,地法天,天法道,道法自然。"此段描述宇宙生成与运行机制的文字之结尾"人法地,地法天,天法道,道法自然"四句也是明确将"天地人"并列一体且揭示了其相互联动的内在规律。

三才思想在中国文化中可谓源远流长。如盘古开天辟地的创世神话,其实表现的就是天、地、人三才思想,那时古人就把人放到了突出的位置。其他古老的神话,也包含着三才思想,如共工怒触不周山,天柱折,地维绝,天倾西北,地覆东南,自此天道左行,地道右迁,人道尚中。这是三才思想的升华,但是,还只停留在天、地、人各行其道的水平之上。到了《易经》的时代,人们终于发现:人可以向天、地学习,人道可以与天道、地道会通,通过法天正己、尊时守位、知常明变,以开物成务,建功立业,改变命运,成就了"三才之道"的伟大学说。所谓"三才之道"实际上就是高扬人道旗帜,人与自然休戚与共、和谐发展之道。

中华文化是"德"文化,"以人为本""以德为先"。崇德、尚德、贵德、立德。春秋时鲁国大夫叔孙豹称"立德""立功""立言"为"三不朽",而"立德"位于首。儒家经典《大学》开篇首句就是"大学之道,在明明德"。从"三皇五帝"到历代圣贤,都是具备"大德"而为人类文明发展做出重大贡献的楷模。"德"文化培养人格,铸造灵魂,体现着浓厚的人文情怀和人文精神。

中华文化的思想精髓是"和"——和谐、和平、和合。《尚书·尧典》开篇即是"钦明文,思安安",把人类的文明发展、和平安定作为努力的目标。我们的祖先奉行"和为贵",不仅诸侯国之间可以"化干戈为玉帛",而且即便法家也是"礼禁于未然之前,法施于已然之后"(《史记·太史公自序》),就连专门研究作战的《孙子兵法》也强调"不战而屈人之兵,善之善者也",充满人文关怀和人性化。

五 中国古代人才培养的历史经验

"以人为本""以德为先""文以化成"体现在人才培养方面,就是培养具有"家国情怀"的治国理政的栋梁精英。由此,"学为政本"成为中华民族教书育人、立德树人的核心理念,也是中华文明五千年一以贯之的优秀传统。春秋以前,学在官府,以吏为师;战国之后,私学兴起,宗旨未变。故《论语》以"学而"开篇、"为政"继之，正是"学为政本"的体现。国家富强、民族振兴，人才是关键，文化为根本。"以人为本""文以化成"的思想理念，突出强调了"人"与"文"的核心作用与实践效果，具有普遍的人类意义。人文情怀、人文精神既是促进人类文明发展的灵魂，又是人类和平发展的保障。而个体的人文修养，是思想境界、人格魅力和创新能力的决定因素。人文不仅反映思想、体现思想，而且影响人的意识观念、思维方式和创新能力。当今国家把人文教育作为人才培养的"铸魂"工程、"固本"工程、"底色"工程，充分说明了人文教育的重要性。

综观中华民族数千年的人才培养，实际上一直是把人文教育作为最基本、最重要的内容。影响最大、传播最广的教材是儒家经典，不论是"六经"（《易》《书》《诗》《礼》《乐》《春秋》）、"五经"（《乐》佚），还是"七经""九经""十三经"，全部都体现人文思想。这种人文为本的教育机制，培养出了一代又一代的治国精英与多面的大家巨匠。许多举世闻名的重大创造发明，也是在这种人文教育为主的机制下发生。先秦诸子百家、四大发明不必说，另如中国最早的医学典籍《黄帝内经》、中国古代最大的军事防御工程万里长城，由李冰父子修建的大型水利工程都江堰，东汉科学家张衡创造的地动仪，世界上开凿最早、规模最大、距离最长的大运河，被誉为世界五大宫殿之首的北京故宫等，其发明创造和设计者，无一不是具有深厚的人文修养功底。这种典型案例，只要翻检一下李约瑟的《中国科技史》俯拾即是。宋代理学思想家张载关于"为天地立心，为生民立命，为往圣继绝学，为万世开太平"的说法，高度概括和突出强调了人文教育对于人类健康发展的巨大意义；宋代文化巨擘苏轼在为欧阳修文集作序时，将大禹治理洪水、孔子修撰《春秋》、孟轲批评杨墨、韩愈倡导古文、欧阳修创作文章相提并论，认为孔子、孟子、韩愈、欧阳修的功劳之大，是与大禹一样的卓著——"功与天地并"。实际上都是在强调人文对于人类文明发展的重大作用。

六　促进人类健康发展的伟大人物

《影响人类历史进程的 100 名人排行榜》，这是 1978 年出版的美国学者麦克·哈特的研究成果。中国入选 8 位，孔子（4）、蔡伦（6）、秦始皇（18）、毛泽东（20）、成吉思汗（21）、老子（25）、隋文帝杨坚（82）、孟子（92），他们都是人文修养极其深厚的伟大人物。

世界十大思想家。美国1985年出版的《人民年鉴手册》，将孔子列为世界十大思想家之首：孔子（中国）、奎那（意大利）、哥白尼（波兰）、培根（法国）、康德（德国）、柏拉图（古希腊）、亚里士多德（古希腊）、牛顿（英国）、达尔文（英国）、伏尔泰（法国）。

《千年第一思想家》与人类影响排名榜。在20世纪即将结束时，英国的广播公司（BBC）在全球范围内举行了"千年思想家"网上评选活动，结果是，马克思得票高居榜首，爱因斯坦第二，牛顿第三，达尔文第四，阿奎纳第五，霍金第六，康德第七，笛卡尔第八，麦克斯韦尔第九，尼采第十。"思想家"自然属于人文范畴，爱因斯坦、牛顿等，也首先是"思想家"。

人类100位最伟大人物排名榜。2014年2月，美国《时代周刊》公布了人类100位最伟大人物排名榜。排在前10的是：隋文帝杨坚第一（政治家、军事家、战略家），特斯拉第二（其科学创作超前同期水平至少300年，甚至1000年以上，美国政府将其一切生活细节与晚年45年间的作品都列入绝对机密），苏格拉底第三，亚里士多德第四，林肯第五，杰斐逊第六（第三任美国总统，《独立宣言》起草者），古埃及法老拉美西斯二世第七，释迦牟尼第八，耶稣第九，毛泽东第十。

《影响世界历史的100名著排行榜》。2004年天津教育出版社出版，作者胡作玄是自然科学学者。前20本著作中人文著作有16本，占全部书的80%。《圣经》《古兰经》《物种起源》《梦的解析》《几何原本》《国富论》《人口原理》《共产党宣言》《论语》《孙子兵法》《论自由》《社会契约论》《阿Q正传》《道德经》《毛主席语录》《红楼梦》等入选。

由上可知，无论是人还是书，对人类发展影响最深刻、最广泛、最持久的都是人文方面，这是由人文的思想性、理论性、引导性所决定的。而这些伟人与名著，都因人文修养深厚，创造了推动人类健康发展的创新思想。进入21世纪，人类发展仍然需要人文思想来引领创新。

人文修养使人有方向、有动力、有灵感。众所周知，袁隆平演奏小提琴，而乔布斯大学时期着迷于书法，为后来电脑的开发设计打下基础，特别是人性化设计、文化性内涵、艺术审美观念发挥了重要作用。马云认为，老师让学生一辈子最容易记住的，是从音乐、美术、体育里面告诉他做人的道理。如果我今天重新设置中国的教育体系，幼儿园的孩子们，他刚刚开始必须学会唱歌、必须懂得音乐，必须欣赏音乐，将来要寻找开启人的智慧是从音乐起来的。美术也很重要，培养想象力，画画是开拓想象力很重要的方式，画画本身就是开拓想象力。其实，无论音乐还是绘画，都属于人文修养的范畴。

2017 年 12 月 25 日袁隆平演奏小提琴

文以载道与家国情怀[*]

"文以载道",是中华民族历史实践的伟大创举和优秀文化的光荣传统,是具有鲜明中国特色的重要文化理论与文学主张,更是中华民族在推动人类文明健康发展方面做出的又一重大思想贡献。

众所周知,文化是人类历史实践的智慧结晶,是民族精神的灵魂血脉和国家昌盛的思想保证,更是滋润国人气质品格、涵养创新与凝聚人心的动力源泉。重视文化创造与传承、推进社会进步与文明,是中华民族自古迄今一以贯之的优良传统和最为深沉的精神追求。中华民族五千年不曾间断的文明发展,创造了诸多促进人类和谐有序、文明进步可资借鉴的宝贵经验,"文以载道"即其一例。这不仅对中华民族整体素质的不断提高和持续数千年稳定发展发挥了重要作用,而且对推进当今人类文明进步和文化建设有着重要启迪。

一 文以载道:经世致用与化育人心

"文以载道"的根本性质是强调文章必须具有深刻的思想性和巨大的正能量,必须具有启迪智慧、经世致用、化育人心的重要作用。这既是历史赋予作者的社会责任,也是时代发展的必然要求。

宋代文化巨子苏轼在《六一居士集叙》[①]中,曾将大禹、孔子、孟

---

[*] 本文是为国家出版基金项目《文化自信与中国散文丛书》(吴周文、王兆胜、陈剑晖主编)之《文以载道与中国散文》(杨庆存、朱丽霞、杨宝珠、薛方媛合著)撰写的绪论。著作已由广东人民出版社于 2020 年出版。

① (宋)苏轼:《苏轼文集》卷 10,孔凡礼点校本,中华书局 1986 年版,第 315 页。

子、韩愈、欧阳修相提并论,认为孔、孟、韩、欧之文章思想的作用贡献,与大禹治水一样"功与天地并"。李白《公无渡河》中有"大禹理百川,儿啼不窥家,杀湍埋洪水,九洲始桑麻"①的著名诗句,歌颂大禹为人类生存做出的巨大贡献。而孔、孟时代,诸侯征伐,道德沦丧,"弑君三十六,亡国五十二,诸侯奔走不得保其社稷者,不可胜数"②,人类生存受到严重威胁。孔子修《春秋》"惩恶而劝善",孟子抵制杨朱极端自私的"为己"说和墨翟泯灭是非的"兼爱"论,弘扬孔子的仁学思想,提出"王道"学说。"自《春秋》作而乱臣贼子惧,孟子之言行而杨、墨之道废"③。唐代韩愈光大孔、孟学说,倡导古文运动,"文起八代之衰,而道济天下之溺"④。宋代欧阳修继韩愈而承孔、孟,文章"著礼乐仁义之实,以合于大道"⑤(《六一居士集叙》),树一代文风,成后世楷模。孔、孟、韩、欧均是以"文"名世的思想家,其思想主张与文化实践影响着人们的思想观念和精神世界,这与大禹治水一样,都造福于人类,甚至决定着人类生存走向。苏轼认为他们与大禹治水一样"功与天地并",不仅突出强调了文化的巨大作用,而且突出强调了"文以载道"的重要性。

"文以载道"既是从文化建设、文化功用和社会责任角度,针对人类社会有效治理与文明发展的"以文化人"方法,又是具有"文""道"一体相辅相成关系的文化理论主张。这其中包含着中华文化发展历史经验和文学创作自身规律的概括与总结,具有鲜明深刻的中国特色。在中华文化发展史上,"文以载道"之"文",有广义、狭义之分。前者一般是指以实用为本、审美相辅的文字文本,涵盖各类体裁的文章,而后者一般是指文学创作的散文作品。"文以载道"之"道"则是由本义"道路"逐渐引申为"道理",成为内涵深厚丰富、颇具弹性张力的学术概念。中国古代,春秋时期之前,学在官府,文字文本,记事记言记人,"文、道"

---

① 瞿蜕园、朱金城校注:《李白集校注》卷三"乐府",第1册,上海古籍出版社1979年版,第196页。

② (汉)司马迁:《史记·太史公自序》,中华书局1959年版,第3279页。

③ (宋)苏轼:《苏轼文集》卷10,孔凡礼点校本,中华书局1986年版,第316页。

④ (宋)苏轼:《苏轼文集》卷17《潮州韩文公庙碑》,孔凡礼点校本,中华书局1986年版,第508页。

⑤ (宋)苏轼:《苏轼文集》卷10,孔凡礼点校本,中华书局1986年版,第316页。

一体，毋庸置疑。此后百家争鸣，文章著述，各具风姿，如何把握实用与审美、内容与形式的关系，成为人们深入思考的现实问题。由是，"文""道"关系的处理与引导，成为时人理论探讨的热点问题，尤其是成为文字写作与文学创作实践争论的焦点问题。从孔子"言而不文，行之不远"（《左传·襄公二十五年》），到曹丕评点孔融"理不胜辞"（《典论·论文》）、刘勰提出"文而明道"（《文心雕龙·原道》）；从唐代"文者贯道之器"（李汉《昌黎先生序》）、"文者以明道"（柳宗元《答韦中立论师道书》），到宋代"文所以载道"（周敦颐《周子通书·文辞》），其所思考探讨的重心，无一不是围绕"文、道"关系。至南宋时期，"文以载道"成为内涵丰富的固定概念，周必大的《程洵尊德性斋小集序》[①]、陈埴的《木钟集》[②]，都有使用。此后文献使用案例，不胜枚举。

二 家国情怀：民族品格与人文精神

"家国情怀"既是"文以载道"的具体内容、实现目标和化育人心、行为效果的体现，又是民族品格、时代风貌和人文精神的反映。

首先，"文以载道"不仅体现着文学创作的历史责任，而且要求作家必须具有积极向上的世界观、人生观和价值观，而关键词和落脚点在于"道"。"道"由道路本义引申为内涵丰富的哲学概念之后，具备了抽象化、动态型、开放性特点。在具体作品中，往往又变得鲜活、生动、形象。比如，被称为中国历代帝王教科书的第一部散文集《书经》，被誉为"大道之源""群经之首"的《易经》，被认为可以"兴、观、群、怨"且能"经夫妇、成孝敬、厚人伦、美教化、移风俗"的《诗经》，无不如是。而和谐有序、文明发展的强烈愿望和忧国忧民、热爱生活的家国情怀，无疑是文学作品表现最为集中、最为亮丽的精彩部分。

其次，"文以载道"的目的是通过文字、文献、文学、文化和其中内

---

① （宋）周必大《文忠集·程洵尊德性斋小集序》："道有远近，学无止法，不可见其近而自止，必造深远然后有成，此程氏学也，又曰文以载道。"

② （宋）陈埴《木钟集》："自汉以来，号为儒者，之说文以载道，只将经书子史唤作道，其正是钻破故纸，不曾闻道，所以道体流行，天地间虽匼匝都是，自家元不曾领会得，然此事说之亦易，参得者几人，必如周程邵子，胸次洒落，如光风霁月，则见天理流行也。"

含的思想观念与精神情感来潜移默化地感悟人、教育人、激励人、影响人，实现化育人心、治理社会、推进文明的目标，其特别强调的是文章应当具有的冲击力、激发力、文化力和影响力。而"家国情怀"最容易打动人、感染人、凝聚人。中华民族以农耕与游牧两种文明为主，因地理位置的特殊性、生存繁衍的经验和观察探索的思考，逐渐形成了"天人合一""以人为本"的文化理念和厚德载物、勤劳智慧的性格特征。民族的认同感、国家的归属感越来越强烈。与此同时，在热爱生活、创建和谐、适应环境的历史实践中，也让人们深刻认识到"家""国"一体、不可分割，形成既热爱家庭、家族、家乡，又热爱祖国、报效祖国与"国家兴亡，匹夫有责"的国家意识。于是，家国情怀成为"文以载道"重要的支撑性内容。诸如屈原《离骚》、诸葛亮《出师表》、杜甫《闻官军收河南河北》、李清照《金石录后序》、岳飞《满江红》、陆游《示儿》、辛弃疾《美芹十论》、文天祥《指南录后序》之类，其家国情怀之深之切之厚，催人泪下、感人肺腑！

再次，"家国情怀"是民族品格和人文精神的重要体现。"文以载道"是实现"人文化成"理想目标的重要手段和以人为本、文明发展的重要体现。"文"在不同历史时期有着不同的表现形态，所载之"道"也因语境不同呈现着丰富多彩的内涵。在中华文明发展史上，家国情怀最为深厚的莫过于儒家学说。儒家创造和构建起一整套缜密系统的人文理论，成为中国封建社会数千年的主流意识。儒家在治理国家方面不仅主张"礼治"、倡导"德治"、注重"人治"，而且指出了一条如何培养家国情怀的"内圣外王"途径，即"格物、致知、诚意、正心、修身、齐家、治国、平天下"[①]，从社会个体内在的知识学习、道德修养，到家庭家族修睦，直至国家治理、天下和平目标的实现，自始至终都以家国情怀为轴心。其实，从先秦诸子百家到汉代经学，从魏晋玄学到宋元理学，从明代心学到清代实学，虽然学术文化形态与时变化，但"道"的实质没有改变，中华民族博大宽广的品格和心系家国的人文情怀，在文字、文献、文学、文化汗牛充栋的文本典籍中有着充分展现。

[①] （宋）朱熹：《四书章句集注·大学》，中华书局1983年版。

三　内容选择与逻辑结构

"文以载道与家国情怀"内容之宽广、内涵之深厚，足可写成一部厚厚的多卷本中华民族文明史或者文化史、文学史之类，但是广东人民出版社策划设计的这套"中国散文与当代文化建设"丛书，是以"中国散文"为切入点而以"当代文化建设"为落脚点的，故本书撰写自然也必须遵循这一基本原则来展开。

其实，纵观中国文化发展史，我们不难发现，其最早的基本表现形态只有图、文、诗三种。"图"且置而不论。"文记事""诗言志"，"文"与"诗"成为中国文化特别是汉字形态文化发展相辅相成、并行演进的轴心，所有文体均以此为基础创新变化。而"文""文章""散文"诸多概念，在中国文化史、文学史上的内涵与外延，不同时代多有差异与交集。因此，本书的撰写具有以下特点：

一是以散文的发展为主线，立足中国散文发展的实际情况，既兼顾狭义"散文"与广义"散文"，又兼顾表现"家国情怀"内容的多样体裁。二是格局架构安排以时为序。由于篇幅原因，不能全面展开，除必需的历史文献梳理如"文章与散文概念流变""'文以载道'渊源"之类外，其他则以专题形式呈现，选取典型案例（如儒家的"道"、宋代的文治策略）、典型作家（如范仲淹、王安石、杨万里、辛弃疾）或典型群体（如明清遗民的家国情怀、晚明以降的女性），"以点连线、以线见面"，以一斑略窥全豹。三是以体现民族品格与人文精神为重心。"文以载道"的关键在作者。中华文化发展既有"知行合一"的重要特征，又有"知人论世"的前贤古训。本书在介绍作家或群体的过程中，遵循人、事、文并重且互相印证的原则，既以人观文，又因文见人，力求体现新见解与新创意，力求鲜活生动。

2018年2月2日草拟于牛驼镇孔雀城3号楼

宋代皇权政治的创新发展与人文精神[*]

概要：皇权政治是人类文明发展的政体文化现象，也是人类秩序建设的重要成果。中华民族皇权政治滥觞于远古、酝酿至战国，至秦始皇脱颖而出。自汉魏至唐宋逐渐完善，元明清进入波峰期直至衰亡。宋代借鉴前代经验与教训，进行周密严谨的设计与调整，形成系统、成熟和完备的皇权统治体系，充满浓厚的人文精神。宋代以"和平兵变"取得政权后，在突出和强化皇权政治核心的同时，又创新管理体制机制和制度建设，收回兵权，分割事权，改革中枢机构，直接控制地方，实行高度集权，消除割据隐患。同时，改变官僚队伍构成，强化科举取士，以文治国，文武分权，相互制约，又设置台谏，加强监察，减少疏漏。北宋建国，先以军事扩张疆域版图，继以文化影响世界。宋代皇权政治的体系创新、文治模式、人文精神、民族特色，和平、稳定、发展的思想理念，以及强烈的文化意识，既对元明清有着直接影响，又对人类文明发展有着深刻启示。

一 引言

皇权政治是人类文明发展特定阶段的政体文化现象。从古希腊、古罗马乃至中世纪骑士时代的皇帝、国王，到后来诸如英国女王、俄国沙皇、日本天皇、泰国国王之类为代表的统治体系，无一不是皇权政治在不同时代、不同国家乃至不同区域的具体表现形态。而中华民族的皇权政治有着至少两千年的成熟发展与历史实践，民本思想与人文精神的民族特色鲜明

---

[*] 本文是德国国家社会科学基金DFG《全球优秀学者项目》中的一篇，2016年12月21日应邀以《宋代皇权政治的创新发展与人文精神》为题在波恩大学做现场学术演讲。

突出。其中宋代的皇权政治呈现许多创新发展的特色,"以人为本""以文化成""天下为公"的浓厚色彩,相比于前代更典型,更能体现中华民族优秀文化传统。

皇权政治又是人类秩序建设的重要成果。众所周知,"有序性"是宇宙万物健康发展的基本规律和重要特征,天体运行、季节变化、万物生长,无不如此。人类也不例外。迄今为止,人类发展的全部历史,都在证明这样一条亘古不变的重要规律:有序则兴,无序则亡。尤其在政治领域和社会层面,表现得更直接、更突出,更明显。因此,追求"有序"、建立"秩序",成为人类文明发展过程中的普遍现象和重要标志。无论什么民族、什么国家、什么时代,人们都迫切需要社会有序、组织有序、生活有序,殷切希望生活和平安定,幸福和睦。历代统治者正是抓住历史发展的这一重要规律特点,充分认识和利用人们的心理需求,殚精竭虑地设计建构符合自己意志的秩序系统,旨在通过维护社会的长治久安,达到巩固自身统治地位的目的。皇权政治,正是人类在建立"秩序"的漫长历史实践和摸索中,逐渐形成的政体文化现象和制度性文明成果。尽管不同的民族、国家或地区,在不同历史时期,有着不同的表现方式,但追求"有序"、建立"秩序"的根本性质没有改变。这里应当特别指出的是,"皇权"与"皇权政治",是两个既有密切联系又有根本区别的概念,前者是指皇帝或皇室家族的利益与权利,后者则是一种特色鲜明的政治管理体制和社会文化形态,二者不能混淆。

势力扩张是皇权政治的必然行为。皇权政治要巩固统治、增强实力、树立权威、拓展疆土,必然进行势力扩张。势力扩张包括军事扩张与文化扩张。人们往往习惯于从显性的军事层面来理解势力扩张,诸如使用武力征服,开拓疆域,扩大统治范围,或运用其他方式实现扩大国家版图的目的等,而对于隐性的意识形态、价值观念与精神文化层面的影响扩张则往往被忽略。其实,势力扩张的基本内涵和核心内容是国家统治实力与国家文化影响力问题,文化渗透与观念影响是势力扩张不容忽视的重要方面。毫无疑问,宋代皇权政治及其势力扩张,既有鲜明的时代特色和民族特色,又有深刻浓厚的人文精神色彩,是中华民族"天人合一""以人为本""人文化成"思想理念历史发展的必然呈现。

二 中国古代皇权政治的形成与嬗变

中华民族古代历史上的皇权政治,是一个长期酝酿、逐渐形成、不断发展、不断完善并最后衰亡的漫长过程。

皇权政治是物质生产与文化发展达到一定程度的必然结果。由迄今可见的中国古代文献记载来看,中华民族的皇权政治,至少经历了滥觞酝酿、创建发展、成熟完善、鼎盛衰亡四大阶段。

滥觞酝酿期。中华民族皇权政治滥觞于远古、酝酿至战国。传说中的"三皇"[①] 燧人氏、伏羲氏、神农氏,都是远古时期的部落领袖,他们全是乐于奉献且实干精神很强的发明创造家。被列为"三皇"之首的燧人氏钻木取火教人熟食,被视为"人文始祖"的伏羲氏观察天文变化以教人渔猎,发明农业工具与烧制陶器的神农氏教人如何进行耕种和生存,等等。那时生存尚且困难,更无"权、利"可言。由于他们的智慧、能力与奉献,自然地成为族群部落的领头人,这已经蕴含了后代"皇帝"元素的萌芽。"五帝"[②] 至夏、商、周时期,随着物质生产的不断丰富,"权""利"观念的逐渐明晰和社会发展的需要,组织管理的制度文化开始兴起。当时,虽然天子、诸侯各治其民、各掌其典,但众多区域国君的历史实践,累积了后代皇权政治中的各种元素,并最终酝酿了等级秩序、社会管理等皇权政治体系的雏形。

创建发展期。秦朝统一六国,秦始皇在吸收前代历史经验的基础上,创建和推行了一整套封建君主专制制度,中央实行集权制,地方实行郡县制,车同轨、书同文,全国统一度量衡,而皇帝为"天子",至高无上,皇权政治遂脱颖而出。但是,秦朝二世即亡,皇权政治的巩固和发展是在汉代得以完成的。汉景帝"削藩"平定七国之乱[③];汉武帝颁布"推恩令"[④]削夺王侯爵位,并"倡扬儒术",加强思想文化专制,从而巩固了

---

① (汉)伏胜《尚书大传》:"燧人为燧皇,伏羲为戏皇,神农为农皇也。"(清)皮锡瑞:《尚书大传疏证》,光绪乙未 1895 自序、丙申 1896 夏敬庄序本。

② (汉)司马迁:《史记》卷一《五帝本纪》,中华书局 1982 年版,第一册,第 45 页,"黄帝为有熊,帝颛顼为高阳,帝喾为高辛,帝尧为陶唐,帝舜为有虞"。

③ (汉)司马迁:《史记》卷十一《孝景本纪》,中华书局 1982 年版,第二册,第 440 页。

④ (汉)班固:《汉书》卷六《武帝纪》,中华书局 1962 年版,第一册,第 155 页。

中央集权制,显示了皇权政治体系的稳固性。

成熟完善期。隋代至唐宋时期是皇权政治的完善期。国家管理形式、机构设置、实际措施等方面的具体制度构成的政治体制,以及国家权力的组织、分配、运作等方面的规范法度构成的政治制度,都逐步完善,臻于成熟。政体机制、官吏体系、制度体系都渐趋严密。如三省六部制、科举取士制、皇权相权牵制制约制、监察谏言制、军政财三权分离制等,既加强了中央集权,又保证了政令畅通。

鼎盛衰亡期。元明清时期,皇权政治进入鼎盛期与衰亡期。一方面是皇权强化,达到顶峰,走向反面的另一方面则危机四伏,弊端丛生。如明代废丞相、设内阁,强化皇权;废行省、设三司,削弱地方势力。清朝设六部,又设军机处,皇帝掌控全部政治权力,同时大兴文字狱,形成极端的君主专制统治。辛亥革命的发生,终结了盛行两千多年的皇权政治,使中国历史翻开了崭新的一页。

由上可知,宋代处于中国古代皇权政治的成熟期、完善期,深入了解和深入研究宋代皇权政治的突出特点,对于我们深刻认识中国古代文明发展的历史特征、深刻探索人类历史的发展规律都有重要意义。

三 宋代皇权政治的创新与人文特色

中国现代著名历史学家陈寅恪说,"华夏民族之文化,历数千载之演进,而造极于赵宋之世"[①],重视文化,以文治国,以文兴国,以文强国,是宋代皇权政治最为突出的特色。

宋代自公元960年赵匡胤以"兵变"的方式取得后周政权,建立了赵宋王朝,至南宋最后一位皇帝8岁的赵昺于1279年3月19日在广东崖山兵败投海身亡,宋王朝终结,历时319年,总计18位皇帝。其中,又以1126年靖康之难为界,分为北宋、南宋两大阶段,每个阶段各有9位皇帝,他们共同支撑了宋代的皇权政治。

宋代的皇权政治,是在以往上千年历史实践与艰难摸索的基础上,借鉴前代成功经验,吸取历史沉痛教训,结合当时实际情况,进行了更为周

---

① 陈寅恪:《邓广铭宋史职官志考证序》,《金明馆丛稿二编》,上海古籍出版社1980年版,第245页。

密和严谨的调整设计，建立起中国数千年封建社会制度中最为系统、最为成熟和最为完备的皇权政治体系。

中华民族皇权政治，即便从秦始皇开始算起，至宋朝建立，也已经过了秦、汉、隋、唐等一千二百多年的历史实践。宋代皇权政治正是充分借鉴前朝的成功经验，同时吸取历史的沉痛教训，创造性地建立了空前完备的皇权政治体系，在管理体制机制和制度建设层面，同时成功地把"皇权政治"推向"强权政治"。这主要表现在以下几个方面。

其一，宋代皇权政治的核心强势化。中国古代建树卓越的开国之君，都是权谋很深的强势人物。宋代更具典型性，从其建国之日起，就展现出以强势人物为核心的突出特点。宋太祖赵匡胤在"取周自代"的过程中发挥了关键性作用，成为强势皇权的核心人物，并为后来宋代皇权政治的巩固和发展奠定了坚实基础，起着不容轻视的重大作用。"陈桥兵变"与"杯酒释兵权"是两大典型事件。

"陈桥兵变"。赵宋王朝通过"兵变"得到皇位，建立国家。因此，宋代"皇权"的诞生，就是"强势"与"强权"共同作用的结果，这也是宋代"皇权政治"成为"强权政治"的重要基础。其中掌握后周兵权的强势人物赵匡胤既是"兵变"事件的核心，又是皇权政治的核心。

公元959年，后周皇帝柴荣去世，年仅七岁的柴宗训即位。次年正月初一，传闻位于北方的契丹军队南下攻周，时握兵权的"殿前都点检"赵匡胤，受命率军北上抗敌。行至陈桥驿，赵匡胤策划和实施了兵变，随从亲信将象征皇帝身份的"黄袍"披在赵匡胤身上，拥立其为帝。正月初四日，赵匡胤率军回师开封，严敕军士，勿令剽劫，"不得侵凌""不得侵掠"[1]，赢得了民心。与此同时，赵匡胤逼迫柴宗训禅让帝位，通过军事政变建立了赵宋王朝。这是一次几乎"兵不血刃，市不易肆"的"和平兵变"，取得了改朝换代的巨大成功。以"兵变"而立国，既充分展示了赵匡胤的"强势"手段，又充分显示了其"核心"地位。

"杯酒释兵权"。宋代王称的《东都事略·赵普传》有这样的叙述：

---

[1] （元）脱脱：《宋史》卷一《太祖传》，中华书局1985年版，第一册，第4页。

初，二叛（指后周的两位将领）既平，太祖召普问："天下自唐季以来，数十年间，帝王凡易八姓，兵革不息，苍生涂地，其故何也？吾欲息天下兵，为国家长久之计，其道何如？"普曰："陛下之言及此，天地人神之福也。唐季以来，战斗不息，国家所以不安者，由节镇太重，君弱臣强而已。今所以治之，无他奇巧，惟稍夺其权，制其钱谷，收其精兵，则天下自安矣。"顷之，太祖因晚朝，与石守信、王审琦等饮。太祖屏左右，谓曰："我非汝曹之力，不得至此。念汝之德，无有穷已。然天子亦大艰难，殊不若为节度使之乐也。"守信等曰："何故？"太祖曰："是不难知矣。居此位者，谁不欲为之！"守信顿首曰："陛下何谓出此言？今天命已定，孰敢有异心？"太祖曰："不然，汝曹虽无异心，其如汝麾下之人，欲富贵者何？一旦以黄袍加汝之身，汝虽欲不为，其可得乎？"守信等曰："臣等愚不及此，唯陛下哀矜，示以可生之途！"太祖曰："人生如白驹过隙，所为好富贵者，不过多积金钱，厚自娱乐，使子孙无贫乏之忧。汝曹何不释去兵权，择便好田宅市之，为子孙立永久之业？多置歌舞，日饮酒相欢，以终天年。君臣之间，两无猜嫌，上下相安，不亦善乎？"于是守信等皆称疾，请解军职，太祖许之。①

这就是著名的历史典故"杯酒释兵权"。司马光的《涑水记闻》、邵伯温的《邵氏闻见录》、李焘的《续资治通鉴长编》《宋史·石守信传》、吴廷燮的《北宋经抚年表》、彭百川的《太平治迹统类》等书均有类似的内容记载。而上面《赵普传》中的描述最清晰明白。其中值得特别注意的内容：一是"二叛既平"的时代背景，说明当时宋代疆域格局已定，不会再有大的战争。二是太祖与赵普对吏治方略的深刻思考。即讨论了前代历史上"节镇太重，君弱臣强"的惨痛教训，并提出了"稍夺其权，制其钱谷，收其精兵"的解决方案。三是太祖收回兵权的艺术策略。他以亲身经历说服诸将"释去兵权，择便好田宅市之，为子孙立永久之业"，指明"多置歌舞，日饮酒相欢，以终天年。君臣之间，两无猜嫌，

---

① （宋）王称《东都事略》卷26《赵普传》。

上下相安"的愿景，以人文关怀、体贴入微的方式，以真诚谈心的方式与和平、和谐、和睦的方法，实现了收回兵权、强化集权、避免拥兵自重局面发生的目标。这不但体现了太祖的政治智慧，而且尤其体现了其强势手段。不论是军事政变，还是收回兵权，都避免了残酷战争与流血事件的发生，充分显示了赵匡胤强势核心的地位，显示了其巨大的影响力，其中蕴含的人文精神也不言而喻。

其二，宋代皇权政治的高度集权化。宋代开国皇帝赵匡胤深知前朝皇权政治的利弊得失，为保证赵宋王朝的长治久安，避免前朝灭亡悲剧的重演，宋代从建国伊始就注重高度集权化的制度建设，大力度地改革调整皇权政治的体制机制。宋代在高度强化中央集权、皇帝集权的同时，制约和分散百官权力、地方权力，制定出一系列有利于中央掌控政权、兵权、财权、司法权的各种制度，从而使宋代皇权政治的专制集权达到前所未有的程度，最大限度地消除了威胁皇权和封建割据的隐患。其中改革中枢机构、直接控制地方力度甚大。

宋代朝廷的中枢核心机构，是中书和枢密院，中书主政，枢密主军，文武分权，号为"二府"。宋太祖在维持前朝中书、枢密体制的同时，一方面设置参知政事与三司，分割宰相的政权与财权；另一方面设"三衙"（侍卫亲军殿前司、马军司、步军司）统率禁军、命兵部负责后勤事务、吏部负责武官铨选，通过分解兵权，达到相互牵制而集权于中央皇帝。这样，中书的宰相与枢密院的枢密使都直接受皇帝掌控。与此同时，又设"三司"置三司史负责国家财政事务；设台谏，置御史中丞负责监察事务。由此，朝廷所有重要机构和权利，都掌控在皇帝手中。

宋朝地方行政区划为州（府、军、监）、县二级制，两级官吏均由中央派出。各州（府、军、监）直属朝廷，知州可直接向朝廷奏事。如此则地方直接接受朝廷的指挥和控制，地方政府在政治、经济、军事方面没有独立性，必须严格服从中央政府的命令，一切受制于中央，从而进一步强化了皇权政治。

其三，宋代皇权政治官僚队伍构成的文人化。皇权政治实际上是一个由庞大官僚机构组成的运作体系。运作的规则和制度，固然是皇权政治的重要保障，但运作队伍成员的基本构成与综合素养，往往影响着皇权政治实施的质量和效果，甚至关系皇权政治的兴衰与命运。

宋代以"兵变"取得政权，皇权政治的建立，是靠掌握和控制军队来实现的，虽然没有经过惨烈的战争，但是实质上还是以武力解决问题。因此，宋太祖赵匡胤深知军队对于皇权政治的威胁。但是，皇权政治是离不开军队的维护和支持的。如何牢牢把控军队，让军队既维护皇权政治又不形成威胁，这是宋代皇权政治面临的重大挑战。为解决这一问题，宋代朝廷受汉高祖刘邦"马上"得天下"而不可马上治之"①辩论的启发，除了在制度设计上采取中央高度集权、文武分权相互制约外，尤其制定了"以文治国"方略，采用了"佑文抑武"的办法，从改变官僚队伍的人员构成入手，取得显著成效。

文治国策。宋太祖赵匡胤认为，取天下必须靠武将，而治天下必须用文官。故赵宋建国后，在收回兵权的同时，制定了一系列"以文兴国""以儒立国""文以化成"的基本国策。《宋史纪事本末》记载，赵匡胤对宰相赵普说："五代方镇残虐，民受其祸，朕今选儒臣干事者百余，分治大藩，纵皆贪浊，亦未及武臣一人也。"所谓"艺祖皇帝用天下之士人，以易武臣之任事者，故本朝以儒立国。而儒道之振，独优于前代"②。终宋之世，始终奉行崇文抑武政策。宋代文人以为"待士大夫有礼，莫如本朝。唐时风俗尚不美矣"③。宋太宗也曾宣称"朕于士大夫无所负矣！"

《宋稗类钞》之《君范》载：

> 艺祖受命之三年，密镌一碑，立于太庙寝殿之夹室，谓之"誓碑"，用销金黄幔蔽之，门钥封闭甚严。因敕有司，自后时享，及新天子即位，谒庙礼毕，奏请恭读誓词。独一小黄门不识字者一人从，余皆远立庭中，不敢仰视。上至碑前再拜，跪瞻默诵讫，复再拜而出。群臣及近侍，皆不知所誓何事。自后列圣相承，皆踵故事。岁时伏谒，恭读如仪，不敢泄漏。靖康之变，悉取礼乐祭祀诸法物而去。

---

① （汉）司马迁：《史记》卷九十七《郦生陆贾列传》，中华书局1982年版，第八册，第2691页。
② （元）脱脱等：《宋史》卷四百三十六《陈亮传》，中华书局1977年版，第12940页。
③ （宋）孔平仲：《珩璜新论》卷上，《丛书集成初编》，中华书局1985年版，第6页。

门皆洞开,人得纵观。碑止高七八尺,阔四尺余。誓词三行。一云"柴氏子孙有罪不得加刑,纵犯谋逆,止于狱中赐尽,不得市曹刑戮,亦不得连坐支属"。一云"不得杀士大夫及上书言事人"。一云"子孙有渝此誓者天必殛之"。后建炎中,曹勋自金回,太上寄语,"祖宗誓碑在太庙,恐今天子不及知云"。①

这是宋太祖为皇室子孙后代立下的三条规矩,也是"约法三章",充满深厚的人文精神,所以宋代 319 年间不杀文人。

文人主政。军、政、财、法等朝廷的重要部门和关键职务,都由文人担任。所谓"满朝朱紫贵,尽是读书人"。不仅执政"宰相须用读书人"②,而且军事正印官,一律由文官兼任,武人只能充当副职。为了让更多的文人学士从政,宋朝改革科举,不分门第等级,大批平民子弟参与了三年一次的科举考试。科举管理制度也更加严密,不仅试卷有弥封制、誊录制,避免考官与考生作弊,还有姻亲、师生关系回避制,增强了应试的公平公正性。与此同时,凡"及第即命以官",不需经吏部复试。科举取士的人数猛增,咸平三年(1000),皇帝亲试陈尧咨等 840 人,又有特奏名者 900 余人,共计 1700 余人。到宋徽宗时,每次录取人数平均 680 多人。这就使得寒门子弟有机会通过科举进入仕途,不仅扩大了宋朝的统治基础,保障了皇权政治的稳固性,而且激励了士大夫"以天下为己任"的报国之心。

文化繁荣。文人从政,科举取士,极大地激发了人们由读书而进入仕途的兴趣,刺激了宋代教育的快速发展,所谓乡村僻壤必有学。苏轼说当时"释耒耜而执笔砚者,十室而九"③,儒家"格物、致知、正心、诚意、修身、齐家、治国、平天下"的系统理论得到普及,成为众多学子的人生目标。读书、藏书、著书成为社会普遍的风气。各种学派、文化思潮和学术创新此起彼伏、相继不绝,从而形成文化兴盛繁荣的局面,甚至社会

---

① (清)潘永因:《宋稗类钞》卷一,刘卓英点校,书目文献出版社 1985 年版。
② 见于《宋朝事实》《古今类事》《续资治通鉴长编》《中山诗话》以及《归田录》等典籍。
③ (宋)苏轼:《苏轼文集》卷四十九《谢范舍人书》,孔凡礼点校本,中华书局 1982 年版,第四册,第 1425 页。

上出现了"万般皆下品,唯有读书高"的认识。儒家的等级观念、秩序观念与社会道德伦理观念,都深入人心。所有这些,都对宋代皇权政治的巩固发生着积极影响。故陈寅恪先生有"华夏民族之文化,历数千载之演进,而造极于赵宋之世"① "天水一朝之文化,竟为我民族遗留之瑰宝"② 之说。

其四,宋代皇权政治的民主具体化。宋代皇权政治从体制机构设置上,设台谏,置御史中丞,专门负责监察事务。文人进入仕途,不仅改变了官僚队伍的人员结构,而且提高了其主动参政议政的民主元素。这在制约皇权政治的同时,也保证了皇权政治的健康发展。宋代皇帝优礼士大夫,就是为了与其共同治理天下。"艺祖皇帝有言曰:'设科取士,本欲得贤以共治天下。'"③ "共治天下"意味着不再把国家作为私有财产,天下不再是皇帝一人所有,这相比君主独裁无疑是进步的。乾德二年(964),范质等三位宰相同日辞职,宋太祖随后任命赵普为相。但在颁发任命诏书时,由于范质等宰相已经辞职,诏书没有宰相签署,就不具备法律效力。因此,太祖想从权通融,对赵普说:"朕为卿署之可乎?"赵普回答皇上:"此有司职尔,非帝王事也。"④ 最后,还是由领有"同平章事"(即宰相官衔)衔的开封府尹赵匡义副署,才签发了这道诏书。史载,宋真宗曾遣使持手诏来见宰相李沆,欲封刘氏为贵妃。李沆竟当着使者的面将皇帝手诏焚烧,并让使者传话:"但道臣沆以为不可!"⑤ 此事遂罢。焚诏之举,表明毫无商量余地,也表明李沆对宋真宗不妥当旨意的蔑视。对于进言谏劝者,皇帝亲自制定保护措施。《宋稗类抄·君范》载:艺祖赵匡胤御笔新书"'杀谏官,非吾子孙',刻石东京内中"⑥。这些都说明了宋代

---

① 陈寅恪:《邓广铭宋史职官志考证序》,《金明馆丛稿二编》,上海古籍出版社1980年版,第245页。

② 陈寅恪:《赠蒋秉南序》,《寒柳堂集》,上海古籍出版社1980年版,第162页。

③ (宋)陈亮:《陈亮集》增订本附录,李幼武《陈亮言行录》。

④ (元)脱脱:《宋史》卷二百五十六《列传第十五》《赵普传》,中华书局1985年版,第二十五册,第8932页。

⑤ (元)脱脱:《宋史》卷二八二《列传第四十一》《李沆传》,中华书局1985年版,第二十七册,第9538页。

⑥ (清)潘永因:《宋稗类钞》卷一,刘卓英点校,书目文献出版社1985年版。

皇权政治中的民主情形。

四　宋代皇权政治的势力扩张

　　势力扩张是历代皇权政治必然的表现。这既是巩固皇权政治的需要，又是提升皇权威望的手段。势力扩张首先表现在军事层面的对外开拓疆域，通过战争手段扩大国家版图的地理空间。

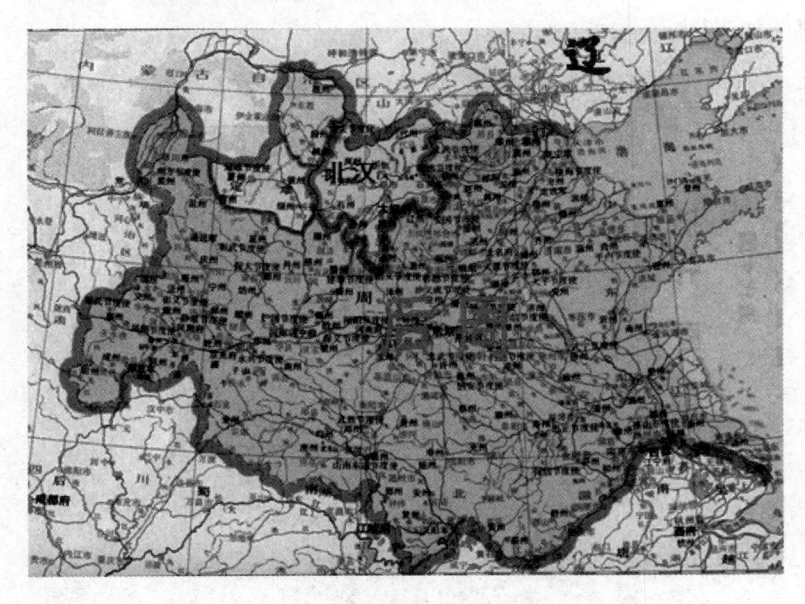

后周疆域形势图

　　先南后北的扩张谋略。宋代的疆域基础是后周国土，而后周位于中原地带，周边被很多国家所围绕，形势如上图。赵宋王朝首先要保住原有的疆域，站稳脚跟，然后才有可能扩张。所以，赵宋建国后，先用三年时间整纪朝纲，巩固皇权政治，其后才花十五年时间进行了大一统的军事扩张。《宋稗类钞·君范》载：

　　　　太祖得天下，破上党、取李筠、征维扬、诛李重进，皆一举荡灭，知兵力可用，僭伪可平矣。尝语太宗曰："中国自五代以来，兵连祸结，帑廪虚竭。必先取西川，次及荆广江南，则国用富饶矣。今之勍敌，正在契丹。自开运以后，益轻中国。河东正扼两蕃，若遽取河东，便与两蕃接境。莫若且存继元为我屏翰，俟我完实，取之未晚。"故太祖末年始征河东。太宗即位，即举平晋也。庙算如此，正如高棋布子，著著争先。①

由此可知，太祖采取先南后北的扩张战略，相继统一了经济富庶的南方七国，最后拿下与回鹘、契丹接壤的北汉，才终于形成北宋的疆域版图，如下图。

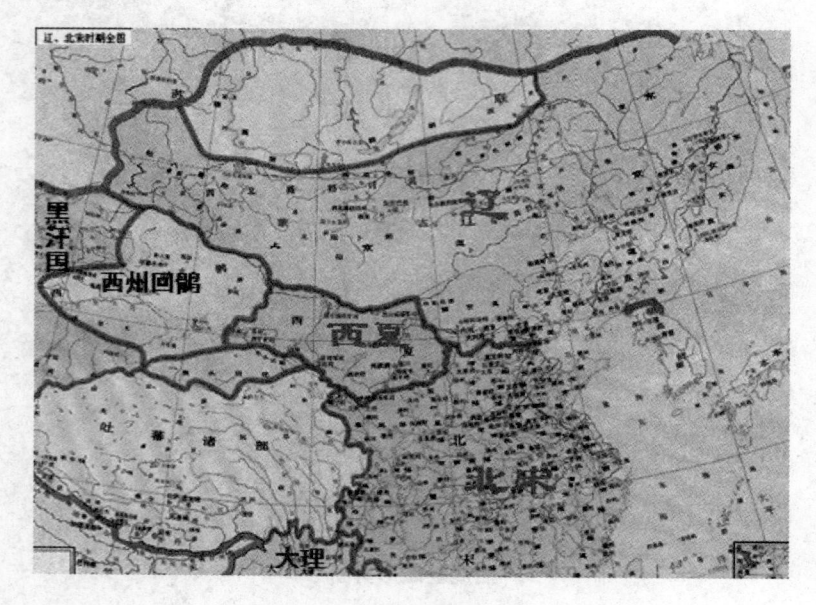

北宋疆域形势图

北宋建国之后，虽然实行了军事扩张，将后周的版图开阔了许多。但是北宋的疆域与唐代相比，依然缩小了很多，更不用说南宋时期的版图。

由于实行"佑文抑武"政策，宋太祖赵匡胤"惩藩镇之弊，分遣禁旅戍守边城，立更戍法，使（士兵）往来道路，以习勤苦，均劳逸。故将不得专其兵，兵不至于骄堕"②。这种"兵不知将，将不知兵"的办

---

① （清）潘永因：《宋稗类钞》卷一，刘卓英点校，书目文献出版社1985年版。
② （元）脱脱：《宋史》卷一百八十八《志第一百四十一》《兵二》，中华书局1985年版，第十四册，第4627页。

法，避免了将官专权的威胁，但不利于作战，不利于抗御外侵，更不利于势力扩张。

南宋时期的军事形势几乎始终处于金、元的侵扰之中，不仅没有扩张的可能，而且不断割让媾和，疆域更为狭小，其形势略如下图。

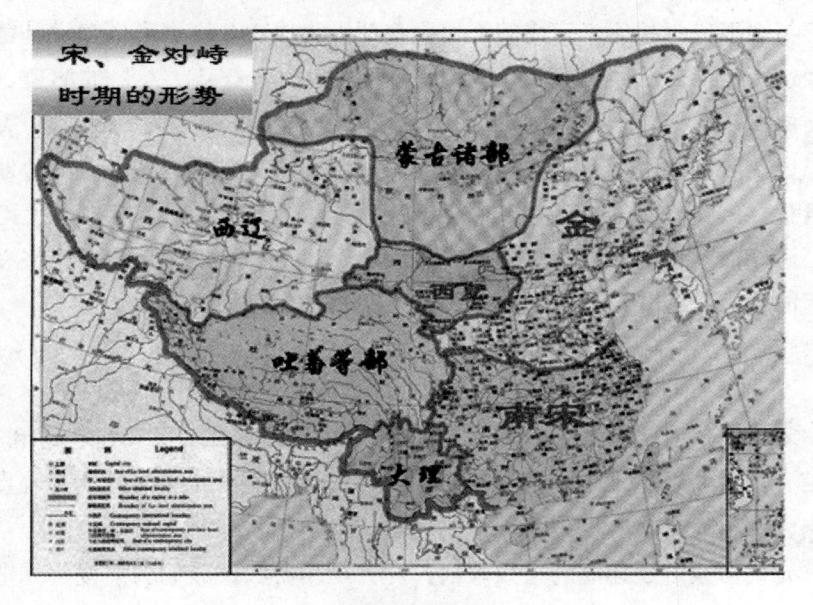

南宋疆域形势图

势力扩张的宏观审视。赵宋王朝建国之初，为实现大一统目标，开展局部有限军事扩张，而与北辽、西夏、回鹘、吐蕃、大理等国形成并峙。其后，由于兵势趋弱，虽有扩张之心但难有成效，且外侵转多，渐成守势。北宋与辽国在经过四十余年的战争后，缔结了澶渊之盟，一百多年间没有发生大规模的战争。其后，辽、金二国相继侵扰，版图越来越小。靖康之难后，南宋偏安江南，无力恢复中原。疆域狭小，直到灭亡。有学者据《续资治通鉴长编》《宋会要辑稿》等文献记载开展研究后提出，被诟病为"军事软弱"的宋朝，万人以上规模的对外交战（不包括统一战争和国内战争），其得胜率超过了70%（《宋朝军力与国力的16个史实》）；整个北宋时期，一直在扩张领土，直到"靖康之变"的前一年（1126）才停止，北宋前期主要是针对契丹，到澶州之盟为止；中后期的目标则是西夏和吐蕃，特别是一度收复了唐代失地吐蕃河湟地区，大大扩张了领土；北宋徽宗时期联合金朝北伐获得北方大片领土，随后北宋亡于金。南宋叶适曾感慨："天下之弱势，历数古人之为国，无甚于本朝者。虽有百万之兵，而不免自贬为至弱之国。养兵以自困，多兵以自祸，不用兵以自败，未有甚于本朝者也。"① 此乃就整体立论，深为惋惜。

与军事扩张相比，宋代的文化影响却极为成功。辽道宗耶律洪基曾写诗表达了后悔自己生在蛮夷之国和"来世做中国（宋）人"的愿望。与之类似的是，宋仁宗庆历六年（1046），朝鲜国王王颙也写诗表达了类似的愿望。澶渊结盟后，宋、辽双方互派使臣共达380次之多，辽国边地发生饥荒，宋朝也派人在边境赈济，宋真宗逝世，辽圣宗"集蕃汉大臣举哀，后妃以下皆为沾涕"②。南宋灭亡的时候，日本"举国茹素"，来哀悼大宋的灭亡。这些均可窥见中华民族人文精神的巨大影响。

五　影响与启示

宋代皇权政治的体系创新、文治模式、人文精神、民族特色，和平、稳定、发展的思想理念，以及强烈的文化意识，既对元明清时代有着直接影响，又对人类文明发展有着深刻启示。

元代由蒙古族建立的皇权政治，充分运用游牧民族的骑射优势，把军事扩张发挥到极致，军事势力扩张到欧洲，使欧亚大陆连为一体，中国元代版图之大空前绝后。虽然元朝接受汉文化，采取"以汉治汉"的政治管理策略，但是并未真正重视文化的建设发展与创新，故国运远逊汉唐时代，不能持久。

明代继承借鉴了宋代皇权政治的成功经验，进一步强化皇权。明代继承发扬了宋代以文治国的传统，又形成明代文武并重的特色。朱元璋实行藩王制，通过皇室贵族分布全国各地，从政治上控制国家，又分封大量的土地给藩王来实现经济控制，同时不允许藩王干预当地的政治经济军事，不得随意离开封地。如早期齐王，皇帝怀疑其篡权夺位而被削藩。在官僚队伍建设方面，扩大科举取士的数量，提高官员队伍的整体素质；设置九边军事重镇，赋予边防总督以极大的兵权，既有效地震慑了外敌入侵，避

---

① （宋）叶适著，刘公纯、王孝鱼、李哲夫点校：《叶适集》，中华书局1961年版，第814页。
② （清）李有棠撰：《辽史本事纪末》，中华书局1983年版，第465页。

免了外部战争，又有效地维护和加强了国内的社会稳定。毋庸讳言，分藩制在明代后期发生了变化，藩王势力增强，大量圈占土地，不但农民失去土地，而且影响了国家税收，最终导致农民起义，朱明王朝灭亡。

清代接受明代藩王制后期的教训，在皇权政治的制度设计上一改藩王制而为皇族聚集京城制，皇室贵族不再分封土地，只给相应的待遇，而无土地拥有权。这样就有效地防止了藩镇割据局面的发生。文化上也加强了皇权政治，满族贵族吸收汉族文化的精华，继续科举取士，为维护和巩固皇权政治服务。同时又加强了文化控制，大兴文字狱，在大量整理文化古籍的同时毁灭不利于其统治的书籍和言论，因此，清代的朴学、实学的出现就是这种文化背景下的必然结果。军事上，清代实行一贯的军事扩张，扩大了版图。但是，在加强皇权政治的同时，清朝却闭关锁国，不与世界交流，最终导致了鸦片战争的爆发。

这说明，一个国家的发展兴旺，一定要与世界交流交融。因为人类本身就是紧密相连不可分割的命运共同体。与此同时，人文精神的认同，则是形成强大凝聚力的重要方面。

2016 年 12 月 21 日，德国波恩大学演讲：
《宋代皇权政治的创新发展与人文精神》

人文学术研究与"致广大而尽精微"*

一 绪言

《学术思想与研究方法》，这是人文学院专门组织教授以上高层人才为研究生开设的课程。课程旨在通过介绍相关人文研究的思想理论、方法路径与典型案例，或讲述从事人文学术研究的经历、认识、体会与心得，或交流思想、分享经验，让研究生了解并掌握人文学术研究的性质、特点、规律、方法与意义，启发他们对人文学术研究的兴趣、潜力与激情。毫无疑问，对于文科特别是人文学科的研究生而言，这既有利于开阔学术视野和奠定扎实功底，又有利于尽快提高学术素养与研究能力。这的确是帮助研究生尽快转变学习理念、尽快进入专业角色的好办法、好思路、好方式，颇具创意。

（一）角色的转换与研究的特点

对于人文学科而言，研究生阶段是人生知识认知和角色转换的重要节点。研究生之前的所有学习几乎都是以知识的认知与积累为主，即便是大学本科，也不强调必须进入研究层面的深入思考，更不硬性规定掌握专业研究的具体方法。与此相反，研究生阶段的学习重心转移，具体知识的认知与积累退居其次，不再占据首要地位，而研究方法的掌握则显得格外重要。研究生不仅是一个学历概念，而且是综合能力与思维训练进入新层次的重要标志。研究生的内涵重心在"研究"，即着眼"研究"，立足"研究"，而着力点在培养学生的学术能力。毫无疑问，思想方法正确，才能

---

* 本文是为上海交通大学2015年新人文学院全体硕、博研究生开设的专题讲座。

事半功倍。因此，深入了解并初步掌握科学的研究方法与基本路径，必然成为研究生学习阶段的首要内容。

既然研究生的重心在"研究"，何谓"研究"呢？通俗简要地说，"研究"就是发现问题、分析问题、解决问题的过程，就是针对具体问题，有目的地进行专门、系统、科学而深入细致思考的过程。其中包括问题的发现、相关资料的搜集、表面现象的分析、深层原因的发掘、发展规律的总结、思想理论的提炼、成果内容的表达、现实实践的运用等一系列重要环节。当然，我们也可以借用清代著名学者和思想家章学诚《校雠通义·自序》中的"辨章学术，考镜源流"来解释，但这种说法本来是对目录学而发，专业性很强，偏重于学术现象，故并不能全面准确地概括"研究"之本质与特点。

从汉语言文字学角度观察，"研"为形声字［从石，幵（jiān）声］，本义就是采用石制工具，细细研磨，由此引申为细致思考与探求，故《周易·系辞下》有"能研诸侯之虑"句。而"究"也是形声字（从穴、从九，"九"声。"九"是自然数的最后一个，表示"最高""最远""最深"之类的意思），"穴"与"九"上下组合表示"洞穴的终点"，引申为深入穷尽、追根求底，形象化地表示研究的过程和研究的要求。总而言之，研究就是对具体问题进行专门、系统、深入、科学的思考。

（二）研究方法关乎成败

"工欲善其事，必先利其器"（《论语·卫灵公》），学术研究也是如此。人文学科的学术研究与人文思想密切关联，共为一体；研究与方法相辅相成，不可分离。而方法的正确与否，不仅决定研究的效率与成败，而且关系学术思想的科学程度。创新强、水平高、意义大的学术思想，往往与选择的研究方法有直接关系。深入了解和深刻把握学术思想与研究方法的内在关系，并自觉运用于学术研究的实践，自然是研究生学习阶段的题内应有之义。方法选对，事半功倍；路径错误，浪费功夫。况且当前，学术研究采用的方法，也成为评价研究成果价值意义的重要方面。《人文学术研究与"致广大而尽精微"》，拟结合历史典型案例和个人学术经历，侧重学术研究的方法与途径，谈谈个人的粗浅认识和体会。而如何"致广大"、怎样"尽精微"，这是下面讨论的核心内容。展开主体内容前，说明一下题目的出处与本义。

(三) 题目语源本义

"致广大而尽精微"语出《中庸》第二十七章"修身":"君子尊德性而道问学,致广大而尽精微,极高明而道中庸,温故而知新,敦厚以崇礼。"据语境可知,这段话是讲君子"修身"的基本原则和方法要求,讲怎么样"做人、做事、做学问"的。而"致广大而尽精微"一句,本意是说做人要有理想抱负,不能目光短浅,所谓"志存高远",但又必须踏踏实实从小事做起,从细微言行入手,不能好高骛远。

正如朱熹著名的"理一分殊"论指出的普遍规律一样,《中庸·修身》中"君子"的做人境界与方法,同做学问、从事学术研究有着诸多相近处。将"致广大而尽精微"移植来描述学术研究的理想境界和基本方法,很吻合也很贴切。"致广大",就要努力做到立意高、视野广、见解深刻、意义重大;"尽精微",就要考虑周严缜密、系统全面、扎实有据、科学严谨、精细入微。这里的"广大"与"精微",既相反相成,又相辅相成,其思想内容与研究方法有机地融合为一体。"广"与"大",既有思想内容的广博深刻,又有学术价值意义的厚重和学术眼界的开阔;"精"与"微",既有理论见解的精辟和学术功底的扎实,又有治学态度的严谨和细致。可以说,这是学术研究的理想境界、最高境界、完美境界,也是学术研究必须遵循的重要方法和基本途径。

二 "致广大而尽精微"的经典案例

其实,"致广大而尽精微"既是从事研究工作必须秉持和遵循的理性原则,又是所有经典学术研究成果呈现的共同特点,不论是社会科学、人文科学,还是自然科学,无不如是。这里仅举大家耳熟能详的中国古代人文经典案例略予讨论。

(一) "群经之首"《周易》的"广大"与"精微"

被誉为"群经之首"的儒家经典《周易》,其实是一部综合研究宇宙自然、人类社会、物质精神等万事万物相互关联、发展变化的思想巨著,其博大精深在当时达到了登峰造极、无以复加的程度,故有"大道之源"的美誉,内容之"广"、意义之"大",不言而喻。

当然,这是一部凝结着族群集体智慧的优秀文化成果,司马迁的《史记》中关于"伏羲画八卦"(《日者列传》)、"文王拘而演《周易》"

(《报任少卿书》)、"孔子晚而喜《易》，序《彖》《系》《象》《说卦》《文言》"(《孔子世家》)的记载，班固的《汉书·艺文志》中"人更三圣，世历三古"的总结概括，都是明证。《周易·系辞下》说："古者包牺（即伏羲）氏之王天下也，仰则观象于天，俯则观法于地，观鸟兽之文与地之宜，近取诸身，远取诸物，于是始作八卦，以通神明之德，以类万物之情。"这里虽然是详细描述初创阶段的部分具体环节，但由此可以想见其"精微"之处。

《周易》这部博大精深的文化经典，共由两大部分构成：一是由六十四卦与三百八十四爻组成的《经》，二是由解释卦辞和爻辞的十篇文辞组成的《传》。《周易》思想内容极其丰富，自然宇宙、天文地理、人神万物，无所不包，蕴含着宇宙一体、天人合一、事物关联、发展变化的哲学理念，正如《系辞》所称"其道甚大，百物不废"。

与此同时，《周易》又蕴含着玄奥的精微细密。《四库全书总目》曾将易学源渊流变分为两派：象数学派和义理学派。其中"象数学派"最能体现"精微"，而"象"与"数"又各有其用。《系辞》称"八卦以象告，爻象以情言"，"圣人设卦、观象、系辞焉而明吉凶"，"立象以尽意，设卦以尽情"。这些都说明了"象"的重要作用。"数"则主要用于占筮定卦，应用《周易》的相关理论通过数字计算来进行占卜和预测。《系辞》称"极数知来之谓占"，"极其数，遂定天下之象"。"象"与"数"的结合，就形成了内在的逻辑和推断。众所周知，六十四卦最初是没有文字说明的，文字发明之后，方可系之以简约占卜文辞。《周易》彖辞、象辞从象、数角度解释卦爻辞，赋予其哲理，《周易》的义理即是由象数变化而出。可以说，"象"和"数"是《周易》的基础，所有变化皆由此出，后发展为"象数之学"。汉代郑玄等人以"象、数"解易，创立卦气学说；宋代"象""数"含义不断扩展，形成了包含天文、历法、乐律、道教、养生在内的"象数学"体系，此可窥见其内容之"广大"。

综观中华民族文化发展史，《周易》有如下五大特点：一是成书过程时间漫长。从伏羲画八卦，到孔子作《十翼》，前后长达数千年。二是主要作者地位崇高。伏羲为创世纪皇帝、周文王乃周朝一代明君，而孔子则是至圣先师、无冕之王。三是宇宙万物的整体观念与开阔的学术视野。这得益于作者的特殊地位与丰富阅历。四是孔子之前《经》属小众文化，只有为数不多的专业仕宦能掌握。五是高度的概括性、抽象性与突出的实用性、应用性融为一体。

数千年来,《周易》这部"致广大而尽精微"的经典著作,不仅深刻影响着中华民族政治、经济、文化的发展,而且在世界范围内产生了广泛深远的影响,成为中华民族思想智慧的杰出代表。

(二)"万经之王"《道德经》的"广大"与"精微"

与"人更三圣,世历三古"成于众人之手的"群经之首"《周易》有所不同,被称为"万经之王"的《道德经》,则是由春秋时期老子(李耳)一人结撰,开启了个人著书的先河,成为中华文化发展史上的第一部个人著作。该书上篇《道经》(37 章)、下篇《德经》(44 章),两部分共 81 章。司马迁在《史记·太史公自序》中引司马谈的《论六家之要旨》称道家"因阴阳之大顺,采儒墨之善,撮名法之要,与时迁移,应物变化,立俗施事,无所不宜,指约而易操,事少而功多"。即是高度评价其"广大"与"精微"融于一体的突出特点。

司马迁《史记》卷 63《老子韩非列传》载,《道德经》作者原为"周守藏室之史也"(国家历史档案馆史官),"老子修道德,其学以自隐无名为务。居周久之,见周之衰,乃遂去。至关,关令尹喜曰:'子将隐矣,强为我著书。'于是老子乃著书上、下篇,言道德之意五千余言而去,莫知其所终"。此为成书经过大略。今观《道德经》以"尊道而贵德"为核心,全书虽然表面呈语录散论形态,但内在逻辑与针对性系统性很强,每章只讲结论性的观点、主张和见解,格言警句俯拾皆是,而论据论证很少展开。由作者国家史官的特殊身份可知,这些观点都是历史经验的深刻总结和高度概括,既具有很强的理论性和指导性,又具有很强的实践性和操作性。

下面摘取《道德经》数章,我们一起具体感受其"广大"与"精微":

> 有物混成先天地生,寂兮寥兮独立不改,周行而不殆,可以为天下母。吾不知其名,强字之曰道,强为之名曰大。大曰逝,逝曰远,远曰反。故道大、天大、地大、人亦大。域中有大,而人居其一焉。人法地,地法天,天法道,道法自然。

> 天下万物生于有，有生于无。道生一，一生二，二生三，三生万物。万物负阴而抱阳，冲气以为和。

> 道生之，德畜之，物形之，势成之。是以万物莫不尊道而贵德。

> 以正治国，以奇用兵。

> 治大国若烹小鲜。

> 吾言甚易知、甚易行。天下莫能知、莫能行。

> 人之生也柔弱，其死也坚强。草木之生也柔脆，其死也枯槁。故坚强者死之徒，柔弱者生之徒。是以兵强则灭，木强则折。强大处下，柔弱处上。

> 天下莫柔弱于水，而攻坚强者，莫之能胜，以其无以易之。弱之胜强，柔之胜刚，天下莫不知、莫能行。是以圣人云，受国之垢是谓社稷主，受国不祥是为天下王，正言若反。

> 信言不美，美言不信。善者不辩，辩者不善。知者不博，博者不知。圣人不积，既以为人己愈有，既以与人己愈多。天之道利而不害，圣人之道为而不争。

由上可知，《道德经》从讨论"有物混成先天地生"的"道"、讨论"道生一，一生二，二生三，三生万物"、讨论"天下万物生于有，有生于无"，到讨论"道生之，德畜之，物形之——万物莫不尊道而贵德"、讨论"以正治国，以奇用兵"与"弱之胜强，柔之胜刚"、讨论"信言不美，美言不信。善者不辩，辩者不善。知者不博，博者不知"，诸如此类，都是在讲述宇宙自然、社会人生，讲述尊道、贵德、治国、用兵、修身、养性，其内容涵盖哲学、物理、经济、政治、文化、伦理、军事等众多方面，故被誉为"内圣外王"之学。

唐玄宗李隆基说"《道德经》其要在乎理身、理国";宋太宗赵光义称《道德经》"治身治国,并在其中";明太祖朱元璋盛赞"斯经乃万物之至根"。德国哲学家尼采称誉《道德经》"满载宝藏",德国总理施罗德甚至提出"每个德国家庭买一本中国的《道德经》,以帮助解决人们思想上的困惑",而日本物理学家、诺贝尔奖得主汤川秀树则惊叹"老子是在两千多年前就预见并批判今天人类文明缺陷的先知,老子似乎用惊人的洞察力看透个体的人和整体人类的最终命运"。《道德经》博大深广、辩证精微,的确令人叹为观止!故鲁迅说"不读《老子》一书,就不知中国文化,不知人生真谛"。据联合国教科文组织统计,《道德经》是除《圣经》外被译成外国文字发行量最多的文化名著,可见全世界各民族对其的珍视和尊崇。

(三)"东方圣经"《论语》的"广大"与"精微"

在中华民族文化发展史上,与"万经之王"《道德经》内容博大精深、语言易知易行、影响极为深广之特点相似,且论述主旨又颇为相近的经典著作,便是被誉为"东方圣经"的《论语》。

《论语》是孔子及其弟子们的思想言行记录,由孔子门生及再传弟子整理编纂成书。班固《汉书·艺文志》称"《论语》者,孔子应答弟子、时人及弟子相与言而接闻于夫子之语也。当时弟子各有所记,夫子既卒,门人相与辑而论纂,故谓之《论语》"。通行本《论语》20篇,其中以孔子为主讨论问题的占90%以上,而弟子间讨论问题又"接闻于夫子之语"的不足10%。

《论语》并非规范的学术著作,但内容都是孔子关注思考的重要问题和提出的重要思想主张,而这些全以深刻的学术研究为支撑。孔子生活的时代,"世衰道微,邪说暴行有作"(《孟子·滕文公下》),诸侯征伐,社会动荡,人类相互残杀,道德沦丧,所谓"弑君三十六,亡国五十二,诸侯奔走不得保其社稷者,不可胜数"(《史记·太史公自序》)。前代创造的人类文明惨遭破坏,人们的生命和安全失去了保障,人类生存受到严重威胁。孔子思考的重心和焦点,就是如何改变这种混乱状况,建立安定、和平、有序的社会。毫无疑问,这是一个关系人类生存和文明发展的根本问题、重大问题。孔子终生致力于此,无论是入仕为官还是"待价而沽",无论是周游列国还是教书授徒,也无论是"序《书》传""作

《春秋》"还是"脩《诗》《书》《礼》《乐》""序《彖》、《系》、《象》、《说卦》、《文言》"(《史记》之《孔子世家第十七》),他潜心于学术,都是在围绕形成稳定的社会"秩序"而全力建构儒家学说"崇文尚礼"的思想体系,其阶段性成果必然都反映在《论语》中,从而显示出高瞻远瞩的思想境界和开阔远大的视野,极见其"广大"。

孔子儒学思想体系中最为人称道且具有人类普遍意义的就是其"和"文化思想。孔子以"人"为根本、以现实生活为基础,创立了以"仁"与"礼"为主体、"中庸之道"为实现方法的"和"文化思想体系,堪称"致广大而精微"的典范。孔子看到了"仁"与"和"的内在联系以及由此形成的巨大社会思想能量,认为"仁"既体现着一种社会公德,又承载着社会成员的责任感,是实现"和"的重要途径,因此提出"仁者爱人"(《论语·颜渊篇》)的著名论断。同时,孔子又认为,"礼者,君之大柄也","治上安民,莫善于礼"(《礼记·经解》)。"礼"作为引导人与社会达成和谐的重要手段,其精髓在于使国家政治和社会生活规范有序。由此,孔子将政治伦理秩序归纳概括为"君君、臣臣、父父、子子",作为全体社会成员躬行实践社会责任与道德伦理的基准。

实践"仁"与"礼",要防止"过犹不及"。于是,孔子把"中庸之道"作为恰当把握运用的重要方法,在"仁者爱人"方面规制和处理人的各种极端欲望和情感,在"礼"治方面设计和安排合理的制度以防止矛盾与冲突。这种以最高理念"和"为统领的思想架构,是孔子在浓缩数千年中华文化精华的基础上,进行思想创新的伟大成果,其深厚的人性底蕴决定着旺盛长久的文化生命力。孔子还提出,"仁"的践行可以从对至亲的"孝悌"开始,"礼"的规制也要尊重源远流长的人类习俗。孔子创造的"和"文化思想博大精深而又平实可行,可以充分感受其思想境界的"广大"与具体实践的"精微"。

《论语》内容广博,涉及历史、政治、经济、礼仪、教育、哲学、文学、艺术等,集中体现了孔子的政治主张、伦理思想、道德观念及教育原则等,在汉代就列于学官,尊之为经,成为儒家经典,且为世界不同国家和不同民族所认同。法国的古典政治经济学奠基人弗朗斯瓦·魁奈认为,《论语》"满载原理及德行之言,胜过于希腊七圣之言"(转引自德国利奇温《十八世纪中国与欧洲文化的接触》);而俄国著名哲学家和文学家托尔斯泰在1900年的日记中写道:"了解了孔子的思想,其他一切都显得微不足道了。"美国1985年出版的《人民年鉴手册》将孔子列为世界十大思想家之首。

应当说明的是,将《论语》喻为"东方圣经",实际上是取其影响深广和备受崇拜之意,而欧洲人信仰的经典《圣经》,其内容性质与风格特点与《论语》截然不同。另外,《论语》与《道德经》也有不同处,除《道德经》乃一人结撰、而《论语》属众手编纂外,另如《道德经》之宇宙自然与社会人生融合一体的整体性观念突出,而《论语》更重视现实社会、个体修养与秩序建立;《道德经》纯粹是精辟深刻、严谨庄重的思想观点,虽然文采斐然,语言生动,却不采用记叙性对话与描述,《论语》则以记言记事和人物对话为主,既有丰富的情趣理趣和鲜活的人物形象,又有精警凝练的格言警句,"易知易行"的同时,还增强了自然平易的亲切感与亲近感。

(四)"兵学圣典"《孙子兵法》的"广大"与"精微"

《孙子兵法》是春秋战国时期由孙武个人撰写的专题性军事著作,素有"兵学圣典"之誉。这部大约在公元前515年即已结撰的兵学专著,是中国乃至世界现存最早的军事学著作。全书十三篇,约六千字,与《道德经》字数相近。司马迁《史记》卷65《孙子吴起列传》有"孙子武者,齐人也,以兵法见吴王阖闾。阖闾曰:子之十三篇吾尽观之矣"的记载,由此可知,至少此前已成书。

《孙子兵法》是在军事领域的思想理论和实践运用方面展现其"广大"与"精微",切入点和聚焦点十分明确,针对性和目的性也很明确,具体表现在以下几个方面。

一是立足国家层面,着眼"为国为民"。如《始计篇》"兵者,国之大事,死生之地,存亡之道,不可不察也"、《作战篇》"知兵之将,民之司命,国家安危之主也"、《谋攻篇》"将者,国之辅也。辅周则国必强,辅隙则国必弱"等,都是从国家的"存亡""安危""强弱"和"民之司命"的高度谈兵论战。而"用兵之法,全国为上,破国次之""百战百胜,非善之善者也;不战而屈人之兵,善之善者也""上兵伐谋,其次伐交,其次伐兵"(《谋攻篇》)。由这些内容来看,其主旨无疑都是倡导避免战争、主张和平安定,使黎民百姓免遭战争苦难。

二是宏观把握的整体性、系统化。全书共有《始计篇》《作战篇》《谋攻篇》《军形篇》《兵势篇》《虚实篇》《军争篇》《九变篇》《行军篇》《地形篇》《九地篇》《火攻篇》《用间篇》十三篇，开篇总写军事的重要性、必要性和必须把握的五大方面、七种情况，其下分别从十二个方面论述用兵原则，既系统深刻又具体全面，其中涉及各种情况的分析与形势的判断，具体战法的谋划和选择、天文气象与地形地貌的利用等，极见视野、思路之开阔。

三是深刻的理论性和细节的周密性。诸如"攻其无备，出其不意""兵贵胜，不贵久""知彼知己者百战不殆""凡战者，以正合，以奇胜""兵无常势，水无常形""三军可夺气，将军可夺心"之类都是大家耳熟能详的格言。再如《行军篇》"众树动者，来也；众草多障者，疑也；鸟起者，伏也；兽骇者，覆也；尘高而锐者，车来也；卑而广者，徒来也"，"辞卑而益备者，进也；辞强而近趋者，退也；轻车先出居其侧者，陈也；无约而请和者，谋也；奔走而陈兵车者，期也；半进半退者，诱也；杖而立者，饥也；汲而先饮者，渴也；见利而不进者，劳也；鸟集者，虚也"，观察之细致，因象而见情，令人拍案叫绝。

总之，《孙子兵法》博大精深，思想深刻，细致缜密。其蕴含的深厚军事哲学思想和变化无穷的战略战术，不仅赢得了世界军事领域的极高声誉，而且被视为独特的思维模式和方法论模式受到广泛欢迎，对中国乃至世界众多军事家、政治家、思想家都产生了深远的影响，甚至成为美国西点军校和哈佛商学院高级人才培训的必读教材。唐太宗李世民说"观诸兵书，无出孙武"；孙中山称"十三篇兵书，便成立中国的军事哲学"；毛泽东谓"'知彼知己，百战不殆'乃至今天仍是科学真理"。以色列当代战略学者 Martin van Creveld（克里费德）认为"所有战争研究著作中，《孙子兵法》the best（最好）"。目前《孙子兵法》已翻译成日、英、美、法、德、俄等30多种语言，在世界上广泛传播，影响深广。

当然，我们还可以举出很多类似的典型案例。但以上四例已经足可让大家领悟中国古代文化经典"至广大而尽精微"的境界。

三 "致广大而尽精微"的素质培养

其实，"至广大而尽精微"并非只是名家大家和经典著作才有的境界,任何从事研究的专家学者都会有自觉或不自觉的实践体验,任何优秀的研究成果都会有不同程度的呈现。因为这是一种学术研究的普遍要求和基本规律。

回忆和反思自身的治学经历,对于"致广大而尽精微"的学术研究而言,其实也有所认识和理解,我们会在治学实践中自觉而有意识地进行素质培养。这是一个比较漫长的过程,基本上走着一条结合工作、以勤补拙并围绕教学开展科研、通过科研提升教学的路子,并由此形成和积累了一批成果。就目前已经发表的一百多篇论文和已经出版的二十多种著作看,从选题到角度,从思想内容到学术价值,皆呈现由小而大、逐渐拓展的特点。从小题目、小视角、小文章做起,细大不捐,力求严谨,层层推进,逐步提升,也努力一步一步地向"至广大而尽精微"的境界迈进。

(一)作品研究:读懂原典,夯实基础

众所周知,任何文学研究都必须以作品研究为前提、为基础,对作品的正确理解和科学诠释是第一步。可以说,作品研究是文学研究的基本功。20世纪80年代留校任教后,我曾紧紧围绕承担的教学任务而致力于作品研究,那时发表的首批成果大多是对具体作品的分析解读。比如,在《齐鲁学刊》(1983年《古典文学专号》)发表的《"小山重叠金明灭"释义》,实际上是围绕"小山"一词的理解诠释而展开对全词的分析解读。

曾被尊为"花间词派"鼻祖的温庭筠,他的词一向以辞藻华丽、秾艳精致著称。其著名代表作品《菩萨蛮》云:"小山重叠金明灭,鬓云欲度香腮雪。懒起画蛾眉,弄妆梳洗迟。 照花前后镜,花面交相映。新贴绣罗襦,双双金鹧鸪。"这是一首流传很广的"闺怨"词,上片描绘梳妆前的容貌,下片刻画梳洗后的情态。作者别具匠心地抓取"弄妆梳洗"前后的情景对比,通过对主人公形象与心态的描述,表现其孤寂幽怨的心理情绪,栩栩如生地展现了一位笃情善感的女性形象。

当时我承担唐宋文学教学,准备教案时发现起句的解释众说纷纭。如著名学者刘永济《唐五代两宋词简析》、朱东润《中国历代文学作品选》、唐圭璋《唐宋词简释》等,分别认为是写"绣屏""画屏""枕屏"。而清代词学大家许昂霄《词综偶评》中有"小山,盖指屏山而言"的解释,可推知后来学者多本于此。然而细品全词,笔墨都集中于写"人",唯此

开头一句写"物",不但与下句难以接续意脉,而且不符合开头笼罩全篇的创作模式。

夏承焘《唐宋词欣赏》另辟蹊径,认为"小山"是"指眉毛":"唐明皇造出十种女子画眉的式样,有远山眉、三峰眉,等等。小山眉是十种眉样之一。"此解使起首两句内容承接自然,"眉毛""鬓云""香腮"均写面部容貌,显得和谐统一。但夏老所释"'小山重叠'即指眉晕褪色"则又有让人难以理解之处。

众所周知,中国古代诗词以含蓄委婉为正宗,比兴手法最为常见。古典诗词中的"山"未必实指。唐宋诗词中多用"山"来比喻妇女发髻:皮日休《缥缈峰》中"似将青螺髻,撒在明月中"描绘月夜中的群山形象;苏轼不仅用"螺髻"写静态山峰"北固山前三面水,碧琼梳拥青螺髻"(《蝶恋花》),而且用"云鬟倾倒"(《减字木兰花》)写船行时看到的群山形态;周邦彦《西河·金陵怀古》以"山围故国绕青江,髻鬟对起"描述青山环绕、隔江对峙的情景;辛弃疾《水龙吟·登建康赏心亭》则有"遥岑远目,献愁供恨,玉簪螺髻"之句。类似的例子不胜枚举。

其实,温庭筠的这首词起拍也是以"小山"比喻"发髻",而以"重叠"描述盘缠隆起之状。唐苏鹗《杜阳杂编》中载:"大中初,女蛮国入贡,危髻金冠,璎珞被体。号'菩萨蛮队'。当时倡优遂制《菩萨蛮曲》,文士亦往往声其词。"此记《菩萨蛮》创调,可以佐证。《菩萨蛮》又名《重叠金》,"金"指金属首饰,"金明灭"就是写没有佩戴首饰。由此可以断定,"小山重叠金明灭"乃写女子"懒起"后尚未梳洗的头发形状,与下句"鬓云欲度香腮雪"协调吻合,共同描述尚未梳洗打扮的女子脸部形象,突出其惺忪懒散的状态,与下片内容对比,使全篇意境得到统一。

诸如此类的作品分析如《李白〈梦游天姥吟留别〉的构思与创新》《〈西厢记〉艺术成就的多维审视》《村桥原树似吾乡——读王禹偁〈村行〉诗》《欧阳修〈采桑子·轻舟短棹〉》《语新意隽 更有丰情——李清照〈如梦令〉》《巧笔绘夜景 妙境传佳情——辛弃疾〈西江月·夜行黄沙道中〉》《十一月四日风雨大作——陆游诗解析》《元曲三题》《宋词鉴赏中的字句剖析》《宋词作品鉴赏的宏观把握》《唐宋词修辞模式试论》等,都是我担任助教与讲师期间发表的作品研究成果。这些作品研究,重在发掘作品本义和艺术创新，不会有深刻的思想性，更谈不上学术价值，属于基础性的学术训练。但教学的需要，敦促我保持着这种细读原典和撰写讲稿的习惯，《诗词品鉴》（中国人民大学出版社 2010 年版）、《唐诗经典品读》（蓝天出版社 2013 年版，与唐雪凝合著）、《宋词经典品读》（蓝天出版社 2013 年版）、《北宋散文选注》（北京联合出版公司 2013 年版，与杨静合著）、《南宋散文选注》（北京联合出版公司 2013 年版，与张玉璞合著）等，都是以已有作品研究为主体的结集。即便是在刘乃昌先生指导下共同完成、由上海古籍出版社 1991 年出版的第一本专著《晁氏琴趣外篇·晁叔用词》校注（获山东省第七届哲学社会科学优秀成果二等奖），也是对每篇作品的字句和立意作反复细致研究后才形成文字。这种训练对于培养"尽精微"的素质无疑具有积极意义。

（二）作家研究：找准突破口，选好切入点

作家研究是文学研究的重点层面，也是文学发展史的支柱内容。《孟子·万章下》提出的"知人论世"说，固然是作家研究的经典理论和不二法门，但是通过作品来研究作家的思想主张、创作特色、艺术贡献等，依然是最基本的内容和最重要的方式。当然，作家研究可以从不同侧面考察、从多种角度切入、从各个层面展开。如《张寿卿及其杂剧〈红梨花〉》（《齐鲁学刊》1989 年第 4 期）就是考证作者其人并分析作品艺术创造，从而弥补了教材上的空缺内容；《"易安体"新论》（《理论学刊》1990 年第 6 期）则是通过全面考察李清照的词作来研究作家文学创作的个性化特点。

迄今为止，我对中国古代作家的研究主要集中在宋代。这是重点讲授宋元文学使然。在准备教案过程中，我发现宋代文学大家、文化名家几乎都是全才、通才、天才，有着多方面的卓越建树，而文学史教材往往只讲某一方面，其他略而不论。这样不但不利于学生全面了解和准确把握作家的历史贡献，而且不利于讨论文学的发展规律。比如被清代王士禛称为"济南二安"（《花草蒙拾》）的宋代词坛"婉约派"代表李清照与"豪放派"代表辛弃疾，诗、词、文皆为一代名家，而其散文一向无专门研究，于是我撰写了《论辛稼轩散文》（《文学遗产》1992 年第 4 期）与《易安散文的多维审视》（《文学评论》1994 年第 1 期）两篇论文，作为授课内容的补充。

辛弃疾散文曾是南宋的教材范本，而历代未予深入研究。论文从"人格与文格的统一：稼轩散文的立意与境界""抗战实践的艺术结晶：稼轩散文的针对性、现实性与社会性""兵法与文法的融合：稼轩散文的结构与层次""学养与笔力的造型：稼轩散文的语言与节奏"四个方面进行了分析考察。论文指出，稼轩"有英雄之才，忠义之心，刚大之气"（谢枋得《祭稼轩先生墓记》），其散文呈现着四大特点：一是境界高，"立意宏伟，气势雄壮，高节操，高品格"；二是内容"率多抚时感事之作"（毛晋《跋稼轩词》），具有"鲜明的针对性、强烈的现实性和广泛的社会性"；三是艺术结构"法度谨严，节制有序，变化出奇，不主故常"；四是语言"雅健雄厚，凝练精警，生动形象，文采斐然，具有优美的节奏和旋律"。论文认为，稼轩散文是南宋散文的杰出代表，在当时文坛上具有十分重要的典型性，其散文的总体成就虽然不能与韩愈、柳宗元、欧阳修、苏轼比并，但亦不在八家之亚，无论内容还是艺术，都足以代表时代水平。尽管流传于世的篇章不多，却足可窥见是"散文高手"（四川大学中文系《宋文选·前言》）。我们应当改变长期以来只述其词、鲜论其文的局面，给予辛弃疾客观评价。论文以《稼轩散文艺术论》为题，参加了 1990 年 11 月上饶市《纪念爱国词人辛弃疾诞辰 850 周年学术讨论会》，得到前辈著名学者邓广铭、叶嘉莹、袁行霈、王水照、刘扬忠诸先生的指导和鼓励，《文学遗产》编辑部给予充分肯定并刊发拙作。

李清照与辛弃疾的情形十分相似。明代随宏绪的《寒夜录》称李清照"古文、诗歌、小词并擅胜场"，但历代研究其词者多而鲜见专门、系统、深入研究其散文者。论文在梳理易安传世散文及研究现状后，从四个方面分析其特色：一是"抒写性情，广寓识见"，指出其散文多是自我性情和个人识见的自然流泻，如《金石录后序》通过介绍成书经过，叙述婚后"三十四年之间"的"忧患得失"，倾吐了对丈夫刻骨铭心的深切怀念和国破家亡的悲愤沉痛之情。二是"含纳丰富，意蕴深厚"，如《词论》不足 570 字，却介绍了词在唐代的兴盛、发展、变化及流行曲牌、演唱情形、艺术感染效果；五代时期的政局及词在南唐的衍化；北宋的优越环境、填词名家的出现及诸家创作得失；歌词与诗文的区别及音律要求……俨然一部词学简史。三是"灵活变化，跌宕多姿"，肖汉中说《金石录后序》"叙次详曲"，朱赤玉称《打马图序》"曲谈工巧"，均就结构方法与布局安排而论。四是"典赡博雅，精秀清婉"，现存散文篇篇瑰丽，句句典雅，精秀通脱，文采焕然，且雅善用典，表达婉转，语态丰腴。明代毛晋称"易安居士文妙，非止雄于一代才媛，直脱南宋后诸儒腐气，上返魏晋矣"（《漱玉词跋》），并非虚美。论文寄投《文学评论》，很快得到采用并予刊发。

在作家研究层面，用力较勤、持续较久、成果较多的是对宋代文化巨擘黄庭坚的研究。1981 年发表了我学术生涯的第一篇论文《黄山谷的诗歌主张和艺术特色》（《齐鲁学刊》1981 年第 6 期，与刘乃昌老师合作），以《豫章先生文集》（黄庭坚本集）中的大量第一手资料证明黄庭坚终生倡导并努力实践文化创新，提出"文章最忌随人后，自成一家始逼真"，而非当时多种《中国文学史》教材所说"教人剽窃"。这篇"翻案"文章在学界引起强烈反响，也激发起我继续深入研究的浓厚兴趣。其后十多年授课之余，我都在围绕黄庭坚研究搜集资料和撰写论文，相继在《文史》《中华文史论丛》《齐鲁学刊》等刊物发表了《黄庭坚"点铁成金""夺胎换骨"说新论》（《齐鲁学刊》1990 年第 4 期）、《"随俗"与"反俗"——论黄庭坚词的创作及特征》（《齐鲁学刊》1990 年第 5 期）《黄庭坚宗族世系新考》（《中华文史论丛》1998 年第 56 辑）、《山谷始婚考辩》（《文史》1992 年第 35 辑）、《苏轼与黄庭坚行谊考》（《齐鲁学刊》1993 年第 4 期）、《苏黄友谊与宋代文化建设》（《传统文化与现代化》1995 年第 1 期）、《苏轼与黄庭坚交游考述》（《齐鲁学刊》1995 年第 4 期）等十多篇系列论文，并完成了 30 多万字的学术专著《黄庭坚与宋代文化》（河南大学出版社 2002 年版）。付梓之时，享誉中外的著名学者傅璇琮先生、山东大学刘乃昌教授欣然作序，称扬褒奖有加。

（三）专题研究：着眼散文，立足宋代

专题研究是针对确定的文学领域或设定的内容主题进行深入研究。包括目标设计、资料收集、问题整理、考察分析、深入思考、成果表达，等等。文学的专题研究由于目标明确、问题集中，往往思考会更深入，专业方向更鲜明，规律探索更清晰，更能体现研究专长与学术优势。当然，专题研究也分不同规模、不同类型和不同层次，诸如《论宋元小说批评的开拓与发展》（《齐鲁学刊》1986 年第 1 期）、《敦煌恋情词述论》（《文学前沿》2000 年第 3 期）都是一次性专题研究。而在某领域持续长久地展开研究所形成的系列成果，往往更全面更系统更深入，具有规模效应。《道德经》以"知者不博，博者不知"倡导"专精"，"专而可精"，"博而难深"，毕竟研究者个体时间与精力有限。

宋代散文是我长期坚持的专题研究。20世纪80年代讲授《中国古代散文发展史》，准备教案时，搜集了当时所有能够找到的相关教材与参考资料。但阅读后发现，这些著作对于思想性很强、艺术性很高、人文精神深厚、在中国古代主流文化中始终一统独尊的散文，有很多必须交代的基本问题，都模糊不清；甚至有一些明显错误的观点或结论，也被相互转述，以讹传讹的情形比比皆是，诸如"散文晚于诗歌"论、"散文概念源于西方"说，等等。而学术界对什么是散文、中国古代散文的范畴、散文概念内涵与外延的界定、散文形态的时代特点与发展演变，散文在中国文学、中国文化中的地位，中国散文对世界文化发展、人类文明进步的影响等，很少涉及。特别是中国古代散文鼎盛时期的宋代，只停留在几位名家、名作的研究上，竟然没有较为系统的研究，更没有一本研究专著。"以其昏昏使人昭昭"必然贻误学生，而解决教材中的缺陷并纠正讹误，是当务之急。由此，我开始进行相关资料搜集和具有针对性的缜密思考。其后师从复旦大学王水照先生攻读博士，又将宋代散文研究作为学位论文题目，形成了一系列专题性、前沿性、原创性的研究成果。

散文研究必须首先解决"散文"概念与研究范围问题。我撰写了《散文发生与散文概念新论》投寄《中国社会科学》，刊发于1997年第1期，并被译成英文，在英文版《中国社会科学》上（The Appearance of prose and a New Discussion of the Concept of prose《Social Sciences in China》1998年第4期）刊出。这篇论文针对学界长期流行的"散文晚于诗歌"论、"散文概念源于西方"说，搜集了大量文献资料，以逻辑推理与历史实证的方法，重新考论，提出了一反旧说的新观点、新结论。

文章首先根据黑格尔"前艺术"说与文学发生学原理探讨散文的发生，论述散文的始源形态，在指出旧说不科学的同时，论证了散文的产生并不晚于诗；其次从语法学、辞源学、历史文献学等多种角度，考绎辨析并立体描述了散文概念的生成轨迹，进而指出，散文概念诞生于公元12世纪中叶的中国，是由南宋前期的著名学者和文章家周必大、朱熹、吕祖谦诸人率先提出的。新结论纠正了当时教材中的错误说法，对于散文发展史、文学史、文学理论以及文学批评史诸领域的研究，均有重要参考价值。

《古代散文的研究范围与音乐标界的分野模式》（《文学遗产》1997年第6期）提出从中国古代文章的具体实际出发，兼顾文体的时代特点和变化性，确定古代散文研究范围和文本的基本原则，将中国古代除诗歌、戏剧、小说之外的一切可以单独成篇的文章（"文章"并非"文字"）都视为古典散文研究的对象，既不受现代散文概念的制约和限定，又可面对古代写作的实际，这样才能较为客观地描述古代散文发展的轨迹，科学地探寻其艺术规律，为当代散文的发展提供借鉴。论文从梳理散文范畴与文本确定的讨论情况开始，由诗、文的原生属性（即诗的音乐性、配乐性、歌唱性；散文的"不歌而颂"等）入手，提出音乐标界的分野模式，认为骈文与赋均可纳入散文研究范围。此论文荣获1997年《文学遗产》优秀论文奖。

宋代散文的繁荣兴盛，与体裁样式的开拓创新密不可分。发表在《中国社会科学》1995年第6期的《宋代散文体裁样式的开拓与创新》，通过多种数据统计和大量例证分析，论述了宋代散文中具有重要开拓性体式的发展创新、渊源流变，并分别揭示了其美学特征和文化意蕴。提出"记"体散文至宋而勃兴，"书序"入宋始得长足发展；宋人"题跋"蔚成景观；"文赋"是古文运动影响的结晶；"文艺散文"的虚拟性具有委婉深沉的美学效果；诗话、随笔和日记的创制，开启了文学大众化的新路子；体裁创新与时代精神、人文环境、作家体裁意识密切关联等一系列原创性新观点。

《论北宋前期散文的流派与发展》（《文学遗产》1995年第2期）首次从散文流派的角度展开梳理和研究。论文分为"宋初骈、散两派的并峙，时文、古文的对垒相埒，文风新变与'有愧于古'"三大部分，从流派与群体的角度，考察绎理北宋前期散文发展的状况和态势，探寻演进轨迹，纠正了诸多此前相关著述的讹误，对我们重新认识这一时期散文发展的特征及其意义提出独到看法。

对于中国古代散文专题研究的系列成果，形成了博士学位论文《宋代散文研究》，从文化史角度审视并考察宋代散文发展的实际情形，探讨宋代散文发展的艺术规律与时代特征，得到15位通讯评审专家和7位答辩委员会教授的充分肯定与高度评价，被评为优秀博士论文，也填补了长期以来宋代文学研究方面的学术空白。2002年人民文学出版社出版、2011年修订再版。全书共计十二章，开篇四章侧重于理论探讨和宏观审视，考源辨流，纵视今古，定位宋代散文，并概述繁盛景观。中间七章着眼于宋代散文创作群体与流派的生衍，绎理发展脉络及各时期、各体派的创作特征，勾勒宋代散文演进历程。结尾一章立足横向层面审视，从散文样式开拓、作家主体意识、作品艺术风格、地域文化传统、散文理论发展、多种艺术的交融汇通诸方面，讨论宋代散文的创作特点，而以宋代散文对后世之影响结束全文。该书得到学界前辈的积极鼓励，北京大学著名教授、中央文史研究馆馆长袁行霈认为，著者以历史的眼光把握史料，通过细密的考证与阐述，在解决具体学术问题的同时，也丰富了人们对宋代散文成就的整体认识，是重要的学术创作。复旦大学资深教授王水照指出，该书是一部填补长期学术空白的开拓性著作，表现了创新求真的理论探索勇气。2015年荣获教育部第七届高等学校科学研究优秀成果奖（人文社会科学）一等奖、2017年上海交通大学优秀科研成果一等奖。由北京外国语大学李雪涛教授、日本关西大学沈国威教授共同申请并完成的国家哲学社会科学基金资助外译项目日文本，已于2016年出版，英译本、俄译本即将面世。最近几年为研究生开设的古代文学专题课即以此书为基本内容。

以上所述部分治学经历，呈现着从细小的作品字句理解，到中观层面的作家研究，逐渐进入相对中观或宏观方面的专题研究。这样一个过程，实际上就是由小而大、由窄变宽、由浅入深的素质培养过程。

四　"致广大而尽精微"的认识体会

迄今为止的治学经历，让我逐渐对"致广大而尽精微"有了一些粗浅的认识和体会。

（一）学术的性质与特点

何谓学术？学术的性质是什么？学术有哪些特征？学术的思想内涵与发展规律有什么样的呈现？学术研究有无规律可以遵循？多年的学术研究经历让我深刻认识到，学术是人类社会实践的高端文化活动。学术以"学"为前提，"术"为目的。"学"就是学习、学问、知识、理论，"术"就是技术、办法、操作、应用。《周易·系辞上》说："形而上者谓之道，形而下者谓之器。""学"属"形而上"层面的"道"，"术"即"形而下"层面的"器"。从学术研究层面讲，先有"学"而后有"术"，即重在应用的"术"产生于知识理论的"学"。学术既是发现问题、研究问题、解决问题的过程，又是总结规律、创新理论、指导实践的过程。一部中华文化发展史，从某种意义上说，就是一部中华学术发展史。学术不仅是文化的重要组成部分，更是文化的核心、重心、轴心和支撑。我们今天的"学术"概念，在中国古代又称"术学"。无论"学术"还是"术学"，都由"学"与"术"两个方面的元素构成。

梁启超曾撰写了《学与术》[①]一文，对"学术"进行过明确的分析与定义："学也者，观察事物而发明其真理者也；术也者，取所发明而至于用者也。例如以石投水则沉，观察此事物，以证明水之有浮力，此物理学也，应用此真理以驾驶船舶，则航海术也；研究人体之组织，辨别器官之机能，此生理学也，应用此真理以疗病，则医术也。学者术之体，术者学之用。"梁氏所言"学术"与当代的理解基本一致。

（二）"学术思想"与"天下公器"

学术研究的最大特点在于其"思想性"。这表现为研究都有明确的目的，而且研究成果将运用到实践中，促进人类的文明发展，成为"天下公器"。不论自然科学、社会科学还是人文科学，无不如此，而人文研究尤其突出。

晚清著名学人黄节在《李氏焚书跋》中称"夫学术者，天下之公器"（也有学者称梁启超有"学术乃天下之公器"说），这是近代学人对"学术"属性、作用、意义的认识、定性与定位。所谓"天下之公器"，就是说具有世界性的普遍意义和人类意义，这种性质认识和评价定位体现着很高的思想境界和宽广的视野胸怀。

学术研究从最高层面看，其任务就是总结人类社会实践，创造指导人类文明发展的思想理论。由此，学术成果成为人类文化的珍贵载体和理性升华的智慧结晶。社会实践推动学术研究，学术研究产生思想理论，思想理论指导社会实践——这种螺旋式运动形式是人类发展不可移易的普遍规

[①] 刘梦溪：《中国现代文学经典·梁启超卷》，河北教育出版社1996年版。

律。正因如此，学术才成为推进人类文明不断发展、持续发展的智力源泉和不竭动力。蔡元培有诗称赞培养学术人才说"弘奖学术启文明，栽桃种李最多情"。而俄国著名寓言作家伊万·安德列耶维奇·克雷洛夫则严厉批评不重视学术研究的人："无知的人就跟猪一样的盲目，他们嘲笑知识，讥笑学问，鄙夷地把学术的成就一脚踢开，却不知道自己正享受着学术上的一切成果。"

中国传统文化强调"知行合一""学以致用""经世致用"，就是要求将"学"与"术"、理论与实践紧密结合。《尚书·夏小正》中的"万用入学"说、儒家"格物、致知、正心、诚意、修身、齐家、治国、平天下"的系统理论，都具有典型性。"不学无术"的说法更是耳熟能详，人人皆知。当然，"学"有深浅之分，而"术"有小大之别，不可一概而论。

学术研究要求有新思想、新方法、新发现、新观点、新材料，或者有新思路、新建议、新对策、新途径，而所有这些都属于思想性范畴。学术出思想，学术出理论，学术出成果，学术出人才，学术出效益。于是就有了使用频率很高的"学术思想"这样一个概念，将"学术"与"思想"联结在一起，我们这门研究生课程即是如此。

（三）学术研究的基本要求

从事学术研究必须了解研究的基本要求，努力培养专业素养，要有成长为优秀学者、杰出人才、领军精英的基础和自信。

一是关于研究者的素质。古今中外卓有建树的杰出思想家都是学术研究的高手，都以坚实的学术研究为支撑，其共同特点就是在"德、学、才、识、胆"五个方面表现得异乎寻常的优秀，此无须举例。

中华民族有"尊道而贵德"的优秀文化传统，《大学》开篇即言"大学之道，在明明德，在亲民，在止于至善"，强调的就是培养人才以德为先；诸葛亮在《诫子书》中说"非学无以广才，非志无以成学"，就是强调"学"与"才"的关系和个体如何"成学""成才"；明代著名思想家李贽在《二十分识》中认为"才、胆实由识而济，天下唯'识'最难"，强调的就是独立见解、远见卓识之难得与可贵；而清代叶燮在《原诗》中说"人无才则心思不出，无胆则笔墨畏缩，无识则不能取舍，无力则不能自持一家"，在强调"才、胆、识、力"重要性的同时，特别突出了"胆"即勇于表达、敢于发表的重要性。章学诚在《文史通义·答沈凤墀》中说"记性积而成学,作性扩而成才,悟性达而为识""考订主于学,辞章主于才,义理主于识",提出"记性""作性""悟性"和"考订""辞章""义理"之于"学""才""识"的关系,也给人颇多启发。总之,立德以做人,广学以成才,多思以生识,创新以见胆,可以说是治学研究者必备的素养。

二是研究的目标境界与基本遵循:求真、求实、求新、求善、求美。此五者是辩证统一、不可分割的整体,真、实、新未必达到善、未必实现美。学术研究做到五者统一,才能臻于完美,确保科学与严谨,确保正能量。

三是研究成果的表达:有物、有序、有理、有用、有效。此五者,实际上是中华民族文化的优良传统。《周易》之《家人》卦《象》"君子以言有物而行有恒",《艮》卦爻辞六五"艮其辅,言有序","安邦治国""经世致用"一以贯之的思想观念更是人人皆知,而讲效果则是检验实践的重要方法与标准。

五 "致广大而尽精微"的基本原则

学术研究要做到"致广大而尽精微",应把握八条基本原则。

(一)突出问题导向

问题导向是科学研究的基石。有问题才需要研究,需要找出深层的原因和提出解决的办法。而问题的重要程度直接决定研究的意义和价值。如果说解决问题不容易,那么,发现问题则更难。因为发现和预见真正有研究意义的问题,是学者具有深厚学术功底和敏锐学术眼光的重要体现。因此,从研究选题开始就要突出问题导向,力争把能体现国家意志或反映专业领域前沿的重大理论和实际问题作为首选的研究对象,由此确保研究的意义与价值最大化。

(二)树立人类意识

具有人类普遍意义是学术研究的至高境界。学术研究的最大价值和最高境界,莫过于对推动人类文明发展具有重大理论意义、重大现实意义或重大长远意义。回顾人类历史上广泛传播的经典学术成果,均为世界人民普遍认同并具有典型人类意义。比如,上面讲到的《周易》的"厚德载物",老子的"尊道贵德",孔子的"仁者爱人"等,都富有人类整体意识和普遍意义。马克思、恩格斯的《资本论》，之所以在世界广泛传播，成为我们国家发展的指导思想，也是因为其研究具有指导人类文明发展的普遍意义，蕴藏着"致广大而尽精微"的科学方法，探索和揭示人类发展的根本规律。

最近盛行的"人类命运共同体"概念，就是从人类整体高度来看问题，强调当今世界经济一体化、各国发展紧密相连的现实状态，体现着鲜明突出的人类意识和时代特点。学术研究必须有这样的意识和高度，经济学之类的社会科学如此，人文学科更应如此。对人类发展规律的探索研究，对人类亲情、爱情、友情之类的情感研究，"天人关系"的研究，社会道德与个人修养的研究，社会秩序的研究，国家、地区关系的研究，国际争端与地区矛盾及重大事件的处理，语言文字的交流创新研究等，都应当具有强烈鲜明的人类意识。

（三）强化国家观念

强化国家观念就是从国家发展全局需要的角度，开展学术研究和理论探索，把个人的学术优势同国家的需要紧密结合起来，既要密切关注和深入研究国家发展中亟须解决的重大现实问题，又要密切关注和深入研究学科建设中的重大理论问题，切实有利于综合国力的提升，切实有利于推动国家经济社会的发展。真正树立为推动国家发展着想的思想境界和高度。近些年学界为服务于国家发展战略而建立的智库，实际上就是国家观念的重要表现。"斯文自任"是中国历代学人的优秀传统，体现着强烈的历史使命感和社会责任感。在新的历史时期，我们应当继续发扬光大，确实树立"国家兴亡，匹夫有责"的国家意识、大局意识和责任意识。目前，关于全面建成小康社会、全面深化改革、全面依法治国、全面从严治党的"四个全面"战略布局，关于引领发展行动的创新、协调、绿色、开放、共享"五大理念"，关于建设创新型国家、人才培养、文化强国、教育强国、创新传统文化、一带一路等，都是体现国家观念的重要切入点。

（四）开阔世界视野

人类命运共同体，决定了学术研究不能局限在一国一地，而应当放眼世界。特别是随着经济全球化程度的日益提高，世界范围内经济、政治、文化的交流、交融与交锋更加频繁，因此，任何重大问题的研究都需要放在世界范围内来审视、分析、比较。充分借鉴和共享国外的文明成果，具备开阔宽广的学术视野，是体现研究广度和思考深度、避免片面性和局限性、发现规律性和增强科学性的重要途径。

中国文化的世界传播研究，中国儒家学说在世界的传播，佛教在世界的传播，人文精神在世界不同国家、不同地区的表现形态，世界不同民族的思想观念和生活习俗，不同民族文化之间的区别与差异，诸如此类的研究，都必须放到世界层面来考察。

（五）具备前瞻眼光

前瞻眼光实质上是学术眼光和理论胆识的具体表现，反映着立足长远发展的战略性思维。因此，研究课题的选择必须全面了解和科学把握研究对象的当前态势及发展趋势，以增强研究的超前性和预见性。即便是基础理论方面的研究，也必须判断其研究的潜在空间、潜在意义和发展趋势。北京大学人口研究所20世纪后期曾根据国家人口普查数据，专门研究中国人口老龄化问题，为国家制定和出台相关政策措施做准备，并从人口资源、医疗保障等方面提出一系列建议对策，得到国家高层与决策部门的高度重视。20世纪末部分学者关于弘扬中华民族优秀传统文化、关于人民币国际结算、关于反分裂法、关于南海问题等方面的研究，都充分体现出前瞻眼光，为国家相关政策的制定提供了重要参考。人文的跨学科研究、人文与科技的结合研究，也都体现出前瞻性。

（六）重视规律探索

探索规律、认识规律、把握规律、运用规律是哲学社会科学研究的重要任务之一。越是接近事物发展的内在规律，越是能够有效地推动事物的健康发展，越能具有长久的学术生命力和文化影响力。也只有重视规律的探索，才能体现研究的深度，体现研究成果的科学性和可信性。

（七）升华理论层次

理论来源于实践又指导实践，哲学社会科学研究是丰富和发展理论的重要渠道。因此，学术研究应当避免就事论事、停留在现象分析层面，力求深入剖析、高度概括，进行总结和归纳。我们应从更高层次上去认识研究的问题，从理论层面和文化层面去把握研究对象的性质和意义，从而增强科学性，显示研究的历史高度和思想深度。理论是文化的最高表现形式和核心内容，也是社会科学研究最终的归宿和体现，即便是应用研究也必须有理论的支撑。

（八）切实严谨学风

严谨学风是学术研究的必然要求，也是增强科学性、提高权威性的重要手段。以科学、认真、严肃、负责的治学态度来开展学术研究，做到观点鲜明、思考缜密、论据充分、言必有据、有征必引、无征不信，做到厚积薄发，重调查、重事实、重数据，增强科学性、可信性、严谨性，做到扎扎实实，戒浮戒躁，杜绝抄袭，应当是学术研究工作者的底线。

六 "致广大而尽精微"的五个核心要点

学术研究特别是学术成果的表达应当注意五个核心要点。

（一）"新"。"新"即创新。这是学术研究的生命和灵魂。学术研究如果没有创新就没有意义。国家一直强调创新意识，强调理论创新、制度创新、观念创新，提出了建设创新性国家，培养创新性人才，提出哲学社会科学研究要创新观点、创新体系、创新方法。学术研究尤其看重开创性、开拓性、原创性，看重填补空白。基础研究力求提出新学说、新理论，力求有重大推进、重大突破；应用研究力求在解决国家经济建设和社会发展重大现实问题方面，提出符合实际、富有创见、具备可操作性的新思路、新对策，为国家重大决策提供科学依据。

（二）"高"。"高"就是要有思想高度，有学术境界。学术研究要着眼人类文明，立足国家发展，体现全局性、战略性，体现前瞻性、前沿性。做到境界高，立意高，角度高，起点高，层次高，品位档次高。应当充分体现面向世界、面向未来、面向现代化的要求。北京师范大学俞敏先生的《汉藏语音同源字谱稿》仅有三万多字，学术性、专业性极强。作者选择了600个汉字同藏语进行语音对比研究，得出汉、藏同源的结论，说明汉族和藏族在数千年前是一个老祖宗。这不仅具有重大学术意义，而且具有极其重要的政治意义和现实意义。数年后，美国科学试验室以最先进的技术手段进行测试研究，结果与俞敏先生的结论完全相同。

（三）"重"。"重"就是有厚重的分量，学术价值、理论意义、决策参考都很重要，或开辟新领域、提出新理论、构建新体系、建设新学科，或具有战略意义、普遍意义、典型意义或国家意义。比如黄楠森先生主编的《马克思主义哲学史》、苗力田先生主编的《亚里士多德全集》都是填补空白的学术巨著。《亚里士多德全集》是第一个中译本全集，在世界上来说，也是最全面的。白寿彝教授的《中国通史》20卷，成果厚重，得到中央领导的高度赞扬。《中国人口史》梳理、挖掘了中国古代大量历史人口资料，好多都是鲜为人知的信息。研究者探讨、归纳、提炼和概括了中国古代人口发展的特点和规律，并提出了中国当代人口发展应当采取的新对策，受到中央高层领导的高度关注。这些都是比较典型的例子。

（四）"广"。"广"就是学术视野广，知识面广。近些年倡导跨学科研究，提倡交叉学科研究和边缘学科研究。随着经济发展全球化的到来，文化发展和学术研究也向全球化迈进。广博的知识和广阔的视野，是增强创新、增强竞争力的前提和基础。中西对比、古今对比，吸收国内外优秀的研究成果，都是非常有效的方法。比如，关于"三星堆文化"研究，有学者从考古和历史角度进行研究，也有学者以此为基础，提高到中华文明起源的高度，放到世界文化、人类文明的层面上进行分析对比研究，提出长江文明和黄河文明多元发展、并行发展的观点，而且与神密消失的玛雅文化进行对比研究，学术视野开阔。

（五）"深"。"深"就是思考深，挖掘深，见解深。应用研究上升到理论层面，基础研究探讨规律、总结规律、触及规律。1962年，美国杰出生物学家雷切尔·卡森出版的《寂静的春天》，通过描述使用农药给人类带来危害的严峻现实，预见可能出现的生态危机。1972年，英国经济学家巴巴拉·沃德在瑞典首都斯德哥尔摩第一次人类环境大会上，做了题为《我们只有一个地球》的报告，以经济学家的敏锐，深入研究经济发展过程中生态环境遭到的巨大破坏，提出不能只顾局部的经济发展而破坏地球。1987年，挪威前首相布伦特兰夫人在研究报告《我们共同的未来》里，率先提出"可持续发展"的概念，提出既要满足当代人的各项需要，又要保护生态环境，不对后代人的生存和发展构成危害的主张。以上三篇关注人类社会如何健康发展的社会科学文献，都充分体现出作者思考的深刻性和思想的深刻性，具有划时代的意义。

2018年9月整理于上海交通大学
2020年1月修订于奉贤寓所

经典诗词解读与人文内涵诠释[*]

一　引言

在人类文明发展的历史长河中，中华民族做出了积极而巨大的贡献。仅就文学艺术而言，将汉字语言特点发挥到极致并充分体现人文精神的中国诗词，无疑是世界文库中民族特色最鲜明、受众群体最多、影响最为深广的艺术瑰宝，不仅成为中华优秀文化的杰出代表，而且得到世界各国众多读者的青睐。"经典诗词解读与人文内涵诠释"就是从传承中华优秀文化传统和弘扬民族文化精神的角度，讨论如何认真学习和正确理解中国经典诗词。

（一）经典诗词是中华文化的重要载体

中华文化博大精深，表现形态多姿多彩，而"诗"与"文"是其两大基本载体。中国古代，"诗言情"，"文记事"，功能作用各有侧重，而又并行不悖，相互促进和影响，不断创新与发展。与此同时，文学、历史、哲学、艺术浑然一体，未有后世学科的界限分明。创明文字之前，"诗"与"文"均以口耳相传的形式创作与传播；既有文字之后，又增加了文本的书写与流传，诸如《诗经》《尚书》之类，无不如此。在文学领域，"诗"与"文"又是最基本的两大体裁样式，最早产生，并行发展，相辅相成，贯穿始终。后起的小说如四大名著《红楼梦》《三国演义》《水浒传》《西游记》，戏剧如《西厢记》《牡丹亭》《桃花扇》之类，均以"诗""文"为筋骨，创新交集，发展而成。可以说，经典诗词是中华民族

---

[*] 本文是为上海交通大学人文学院中文系每届本科新生开设的"教授讲堂"专题讲座而撰写，其中部分案例内容已在报刊上发表，或已独立收入文集，为保持讲座内容的原貌，未做删减。

历史实践和情感智慧的结晶，含纳着丰富的文化底蕴和深刻的人文内涵。

（二）经典诗词体现着中华民族的精神品格

经典诗词是中华民族传统文化的优秀代表，是民族品格与人文精神的重要体现。中华文化"以人为本""天人合一""尊道贵德"的核心理念，将"人"作为关注、关心、关爱的主要对象，而人与宇宙、人与自然、人与社会、人与人、人与自我的紧密联系与情感融合，成为诗歌咏叹的重要内容。人性重感情，"诗言情"，以情感人、以情动人、以情化人，体现着深厚的人文关怀和深刻的人文内涵，所以，从民间歌谣，到文人创作，历代兴盛，得到人们普遍喜爱和广泛青睐。孔子说"不学诗，无以言"，诗歌也成为人们感情交流、思想交流和文化交流的重要方式与载体，已经大大超越了孔子说的本义。中华民族勤劳勇敢、淳朴善良、厚德载物、自强不息、和平和谐和睦的优秀品质，在经典诗词中得到充分展现。

（三）追寻作品本义与发掘文化内涵

经典诗词的学习研究与广泛传播，是传承中华民族优秀传统文化的重要方式，也是弘扬民族精神和创新文化建设的重要方面。然而，由于历史的悠久和时代的变迁，加上文献材料的限制与读者知识结构的差异，人们对于经典诗词作品本义的了解和文化内涵的理解，往往见仁见智，甚至出现误读误解。虽然古人有"诗无达诂"说，但追寻作品本义，发掘文化内涵，纠正误解，防止偏差，应当是阅读经典、传承文化和创新思想的重要方面，也是严谨学风、掌握方法、提升能力的重要途径。这里我们重点讨论几首大家熟知的作品以为示范。

二　诗的本质与特征

关于诗歌的本质与特征，从《尚书·舜典》"诗言志"，到《论语·阳货》"兴观群怨"说，历朝历代先贤学者都有精警深刻、系统全面的诸多论述，我们这里不做描述与征引，而借助当代《那年那兔那些事儿》的片尾曲——《追梦赤子心》来直接感受和具体体会。

　　追梦赤子心
　　充满鲜花的世界到底在哪里
　　如果它真的存在那么我一定会去

我想在那里最高的山峰矗立
不在乎它是不是悬崖峭壁
用力活着用力爱哪怕肝脑涂地
不求任何人满意只要对得起自己
关于理想我从来没选择放弃
即使在灰头土脸的日子里
也许我没有天分
但我有梦的天真
我将会去证明用我的一生
也许我手比脚笨
但我愿不停探寻
付出所有的青春不留遗憾
向前跑
迎着冷眼和嘲笑
生命的广阔不历经磨难怎能感到
命运它无法让我们跪地求饶
就算鲜血洒满了怀抱
继续跑
带着赤子的骄傲
生命的闪耀不坚持到底怎能看到
与其苟延残喘不如纵情燃烧吧
有一天会再发芽
未来迷人绚烂总在向我召唤
哪怕只有痛苦做伴也要勇往直前
我想在那里最蓝的大海扬帆
绝不管自己能不能回还
失败后郁郁寡欢
那是懦夫的表现
只要一息尚存请握紧双拳
在天色破晓之前
我们要更加勇敢

等待日出时最耀眼的瞬间
向前跑
迎着冷眼和嘲笑
生命的广阔不历经磨难怎能感到
命运它无法让我们跪地求饶
就算鲜血洒满了怀抱
继续跑
带着赤子的骄傲
生命的闪耀不坚持到底怎能看到
与其苟延残喘不如纵情燃烧
为了心中的美好
不妥协直到变老

这首当代的自由体诗歌，并非如古代经典格律诗词那样精致，现在也很难说是"经典"之作，但作品以中国航母辽宁舰艰难诞生为背景，饱含深厚浓郁的家国情怀，展示了中华民族百折不挠、勇往直前、积极进取的伟大精神，发扬了中国古代"诗以言志"的优秀传统，充满强烈的励志色彩和令人奋进的感动。

《那年那兔那些事儿》是中国军迷网友漫画家"逆光飞行"创作的国民历史普及漫画，将中华人民共和国成立前后的国内外一些军事和外交的重大事件以动物漫画的形式展现出来，表现新中国艰难而辉煌的奋斗历程，给本来严肃的历史增添了不少趣味性，吸引了众多网友的关注，影响很大。

由片尾曲《追梦赤子心》视频，我们可以直观、感性地认识诗歌的一些本质特征：一是诗是配乐歌唱的"歌词"，具有天然的配乐性和音乐性；二是形象具体生动，语言朗朗上口，流转押韵，易读易懂易记；三是抒情色彩浓厚，包括个体、群体、社会、时代等各类丰富的情感；四是具有深刻的思想性，如家国情怀、自强精神与理想愿望等；五是风格委婉含蓄，表现手法多种多样，艺术性很强；六是语言与节奏旋律优美。而这些特质，从古至今，没有大的实质改变。

三　杜牧《清明》诗本义与文化底蕴

唐代诗人杜牧七言绝句《清明》，脍炙人口、妇孺皆知。诗描述清明时节主人公雨中赶路的愁苦心境和问询牧童的瞬间情形，抒发了异乡思亲的沉痛心情。

（一）诗歌本义解读

首句"清明时节雨纷纷"起笔破题，交代时令与天气，以节令与环境来渲染凄冷的气氛。清明时节，细雨淅沥，春寒料峭，这既是自然背景的描述，又是全篇感情基调的铺垫，暗示了诗人凄冷的物理感受和复杂的心理情绪。这与宋代李清照的《声声慢》开头"寻寻觅觅，冷冷清清，凄凄惨惨戚戚"的意境有异曲同工之妙。次句"路上行人欲断魂"，紧承首句意脉，点明诗中主人公的"行人"身份和正在赶路的状态，"欲断魂"三字是此篇的"诗眼"和理解的关键，特别突出了极为沉痛悲伤的心境。最后两句"借问酒家何处有，牧童遥指杏花村"，作者采用生动活泼的问答方式，委婉地透露出准备"借酒解愁"的心理活动，而牧童的肢体动作语言，不仅将作者、读者的视线引向凄迷的远方，而且以在清明时节开放的"杏花"呼应和圆合了题目与开头的"清明"，既给人留下了意乱花迷的想象余地，又暗写了诗人忧伤情怀的沉痛执着与不可解脱。全诗以素描形式将"细雨、道路、行人、牧童、酒家、杏花村"等意象糅合在一起，描绘出一幅自然凄迷、清淡素雅、灵动秀丽而又情感深沉的画面，从而创造出发人深思、耐人寻味的凄美意境。

经典诗歌往往情、景、事、理、趣融为一体，创造优美感人的意境，展现巨大的艺术魅力。杜牧这首《清明》诗以抒情为主调，因事而见情，层次分明，画面清新，易读易记。但真正读懂和正确理解本义的读者并不普遍。诗中有两个极为重要的关键词往往被忽略：一是"行人"，二是"断魂"。"断魂"是体现全诗情感基调的关捩。"魂"即灵魂、精神；"断"即隔断、分离；"断魂"就是精神灵魂离开了人的身体，形容精神恍惚；"欲断"则是接近"断"的边缘而尚未完全"断离"。作者以"欲断魂"极写心情沉痛的程度之深，昭示全诗的情感基调。那么，诗人为什么这样悲伤沉痛呢？其实这与另一个关键词"行人"有着密切的关系。"行人"就是诗中的抒情主人公，就字面本身理解可以是"走在路上的人",或者说是远离家乡的"游子"。由于清明是祭祖扫墓、亲人团聚、踏青郊游的时节,主人公却不能像普通人那样在家过清明,所谓"独在异乡为异客,每逢佳节倍思亲",思念和孤独导致其沉痛悲伤,甚至达到了"欲断魂"的程度。

其实,"行人"除了上面的一般理解,还有着更深厚的文化底蕴和更深刻的思想内涵。"行人"在中国古代是一个表示官职的专用名词,考先秦典籍《周礼·秋官》即有"行人"一职。春秋战国时期各国均有设置,故《国语·晋语八》有"叔向命召行人子员"之句。汉代大鸿胪属官有"行人"。明代设"行人司",复有"行人"之官。一般来说,"行人"在中古之前多指"采诗"之官。《汉书·食货志上》载:"孟春之月,群居者将散,行人振木铎徇于路以采诗。献之太师,比其音律,以闻于天子。故曰王者不出牖户而知天下。"两汉时期不仅有专门负责这项工作的"乐府"机构,还酝酿形成了诗歌中的一种体裁形式"乐府诗"。魏晋南北朝乐府官署采集和创作的乐歌,都简称为乐府。唐代及其以后诗人的"拟乐府诗"虽不入乐,也称为"乐府"或"拟乐府"。王官采诗制度,不但说明了诗歌在封建政治中的重要作用,而且显示了中国古代政治中的民主元素。当然,"行人"有时也指负责执行外交公务或其他职责的官员。如《论语·宪问》中的"行人子羽修饰之,东里子产润色之",此处的"行人子羽"即是负责外交事务的官吏。

《清明》的作者杜牧正是运用这种历史文化积淀,交代了诗中主人公既是"路上行人"又不同于一般"行人"的特定身份,将自己肩负公务而不能与家人团聚的内心矛盾,用诗歌的形式深刻而生动地表达出来。

(二)文化底蕴分析

杜牧的《清明》诗有着非常深厚的文化底蕴,上面关于"行人"的诠释已略见一斑。除此之外,其深厚的文化底蕴还表现在以下几个方面。

一是季节时令文化内涵的深刻性。题目《清明》既是诗歌创作的具体背景与环境,又是农耕社会备受关注的时令名称。清明是自远古农耕社会就备受关注的时令节气。《史记·五帝本纪》记载黄帝时期(约前2717—前2599)就已经有了历法的酝酿。《尚书·尧典》则有关于"命羲和,钦若昊天,历象日月星辰,敬授民时"的记载(约前2377—前2259)。这说明至少在四五千年之前中国就有关于清明节令的认识。西汉皇族淮南王刘安及其门客集体编写的《淮南子·天文训》也有"春分后十五日，斗指乙，为清明"的明确记载。清明是万物复苏的季节，也是农业播种的重要节点，故有"清明前后，种瓜点豆"的农谚。这说明清明时节对人民耕种生产有着极为重要的指导和提醒作用，所以得到了全社会的广泛关注和重视。杜牧抓住了清明这个具有历史悠久和深厚文化积淀特点的题材，进行诗歌创作，抓住了人们广为熟知的内容，贴近社会和生活，必然会引起全社会的关注而广为传播。

二是节令深厚的人性化、生活化色彩。清明节是人们祭祖扫墓的节令。宋代庄季裕《鸡肋篇》有关于"寒食上冢"的记载，寒食即清明。高翥《清明日对酒》中"南北山头多墓田，清明祭扫各纷然"的诗句，描写的就是清明扫墓的情形。祭祖扫墓表示怀念祖先，感恩先人，体现着浓厚的人情味。赵鼎《清明》"禁烟不到粤人国，上冢亦携庞老家"反映的就是清明民间上坟祭祖的普遍性。同时祭祖又形成了家人团聚、家族聚会的民风民俗，成为加深家庭成员情感的重要因素。唐代韦应物《寒食寄京师诸弟》"把酒看花想诸弟，杜陵寒食草青青"、高翥《清明日对酒》"日落狐狸眠冢上，夜归儿女笑灯前"，都是表达清明时节思念亲人或家庭团聚之乐。因此，清明节是交流沟通亲情人情的重要时机，让人们表达相互的关心关切和挂念，从而密切亲人之间、家庭之间、家族之间的和睦和谐。

三是广泛参与的社会化、大众化。主要体现在两个方面，即社会参与的普遍性和个体参与的社会化。唐代韦庄《长安清明》："紫陌乱嘶红叱拨，绿杨高映画秋千。游人记得承平事，暗喜风光似昔年。"诗人描述了由"紫陌、绿杨、骏马、秋千"等意象构成的长安繁华风光。南宋吴自牧《梦粱录》载："车马往来繁盛，填塞都门。宴于郊者则就名园芳圃、奇花异木之处，宴于湖者则彩舟画舫，款款撑驾随处行乐。此日又有龙舟可观，都人不论贫富，倾城而出。笙歌鼎沸，鼓吹喧天。"从这些景象的描写叙述中，让读者看到了远超前代的繁华热闹，体现了社会参与的普遍性。而宋代程颢《郊行即事》中的诗句"况是清明好天气，不妨游衍莫忘归"、吴惟信《苏堤清明即事》中的诗句"梨花风起正清明，游子寻春半出城"、张先的词《木兰花·乙卯吴兴寒食》"龙头舴艋吴儿竞，笋柱秋千游女并。芳洲拾翠暮忘归，秀野踏青来不定"都是描述清明踏青郊游的情景，充分体现了个体参与的社会化。这些诸如踏青、郊游之类的活动，既有益于身心愉悦，又创造了人民深入广泛交往交流的机会。凡此种种，都在表现清明时节人们的生活情景和社会活动，体现出对社会文化的创造与传承。

（三）深切的人文关怀

清明节深厚的文化底蕴饱含着"以人为本"的哲学理念和深切的人文关怀，杜牧的《清明》诗十分典型。

一是以清明为主题，体现对人类生存的关切。时令季节与农耕有着直接的关联。清明是一个适宜播种的节令。适时播种才可能有好的收获以满足人民生存的基本物质需求。作者以"清明"为题，抓住了一个关系国计民生的重大题材。

二是感恩先辈与笃于亲情。如上所述，清明节重要的内容之一是扫墓祭祀活动，以表达感恩祖先，感谢前辈对家族、国家做出的贡献。与此同时，加深了亲人感情与家族意识。这种对祖先的感恩，对于孝的感知、传递和继承，意味着一种民族精神和文化传统的流动与传递，使得"家是最小国，国是千万家"的"家国意识"更加深入人心，成为一个民族和国家不断发展的文化动力。

三是对社会意识和奉献精神的强化。清明之时春暖花开，也是人们赏春的美好季节，更是人们社会交往和思想交流的好机会。但清明时节也会让一部分身在仕途的职员为保持社会正常运转而坚守岗位，做出奉献和牺牲，即所谓"忠孝不能两全"。

（四）自然委婉的艺术表现

杜牧《清明》诗的立意构思、布局安排、意象意境、措辞用语都体现出"清水出芙蓉，天然去雕饰"的突出特色。

一是构思巧、意境美。起句紧扣题目，开头结尾遥相呼应，而以"行人"的行为与心理刻画为基本线索，辅助以环境气氛与景物描写、人物衬托，通过"细雨""酒家""牧童""杏花村"等意象和真挚深沉的个性感情，创造出淡雅清丽的凄美意境。

二是重人性、接地气。民俗性、社会性和文化性都很强，怀念亲友，感恩先辈，含纳着浓厚的民族文化传统与思想道德传统。内容与情感都具有普遍性意义。

三是语言自然朴实,易读易懂易记。

总之,杜牧《清明》诗蕴含着深厚的文化内涵和深刻的人文精神,我们应该正确理解诗歌本义,领悟其思想性和艺术性,发扬光大中华民族优秀文化传统,让古老的节日历久弥新,焕发新的生机与活力。

四 王翰《凉州词·葡萄美酒夜光杯》诗解读

盛唐"边塞诗人"王翰代表作《凉州词二首》(其一):

> 葡萄美酒夜光杯,欲饮琵琶马上催。
> 醉卧沙场君莫笑,古来征战几人回。

这首脍炙人口、广为流传的经典名篇,曾被明代文坛领袖王世贞推为唐诗七绝的压卷,喻为"无瑕之璧"[①]。然而自唐代迄今,对这首作品具体内容的诠释和解读见仁见智,误读、误解、误导的现象比比皆是,鲜见符合作者本义的解读与评论。

众所周知,经典诗歌一般都构思巧妙、立意高远,布局精、措辞美,情、景、事、理、趣融为一体,思想性强,艺术性高,充满正能量,饱含感染力。王翰的这首作品十分典型,作者不仅选取的物象高雅优美,极富浪漫豪放、壮阔雄奇的边疆特色,体现出很高的文化品位,而且抒发的是为国戍边、甘愿奉献的英勇豪情,精神境界感人至深。历代读者都被这首作品的整体艺术魅力所感染,或者为优美昂扬的意境所陶醉,但对诗歌缜密的事理逻辑和内在的深厚情感缺乏正确体察与领悟。由于这首诗感情坦率豪放,语言优美流畅,并无艰涩深奥处,历代读者似乎没有不明白的地方,而解读诠释者也不深察细究作品的思想内涵、意脉气韵与格调境界,于是对内容的理解和思想的发掘大都停留在似懂非懂的境地。

(一) 历代传播与学人评点

细心观察这首作品的历代传播和学人评点,我们发现,读者往往只模糊感受整体的艺术效果,而欠缺对思想内容、文化底蕴以及艺术创新

[①] (明)王世贞撰:《艺苑卮言·卷四》,见丁福保辑《历代诗话续编(中)》,中华书局2006年版,第1013页。

的分析。

明代王世贞《艺苑卮言》以"无瑕之璧"赞叹;敖英、凌云《唐诗绝句类选》用"语意远,乃得隽永"①称评;二者虽然评价甚高但均属个人总体感受。清代孙洙称"作旷达语,倍觉悲痛"②,故选入《唐诗三百首》。《唐诗直解》指出此诗"悲慨在'醉卧'二字"③;朱之荆《增订唐诗摘钞》认为"诗意在末句,而以饮酒引之,沉痛语也。若以豪饮解之,则人人所知,非古人之意"④;叶羲昂、朱之荆二人都开始关注到重点字句,稍觉具体深入,但又分别以"悲慨""沉痛"概括此诗的感情基调,显然与作品豪迈雄奇的意境和无畏牺牲的献身精神不符。沈德潜在《唐诗别裁》中认为王翰"故作豪饮旷达之词,然悲感已极。杨仲弘(元代著名诗人杨载)论绝句,以第三句为主,而第四句发之"⑤,此已触及内在逻辑,但仍以"悲感已极"概括全诗。李锳在《诗法易简录》中说"'君莫笑'三字,喝起来末句最有力"⑥,点出三、四句间的关联。施补华的《岘佣说诗》谓此诗"作悲伤语读便浅;作谐谑语读便妙,在学人领悟"⑦。其实,"悲伤语""谐谑语"都不是作者的本义。

清代宋顾乐在《〈唐人万首绝句选〉评》中赞叹此诗"气格俱胜,盛唐绝作",已深刻感受到作品内在的"气""格"与令人敬佩的思想境界,可惜未有具体分析,依然停留在感悟层面。

(二)"细寻金针"与"欲得其妙"

其实,明末清初学人徐增研读这首作品,在"细寻金针""欲得其妙"的过程中,已经发现了令人疑惑处,并试图改变句法节奏,圆通所

---

① (明)敖英、凌云辑:《唐诗绝句类选·卷二》,国家图书馆出版社2014年版,第17页。
② (清)蘅塘退士编,续之等评注:《唐诗三百首》,三秦出版社1991年版,第347页。
③ (明)李攀龙辑,叶羲昂直解:《唐诗直解·卷七》,清博古斋刻本,上海师范大学图书馆藏。
④ (清)黄生等撰,何庆善点校:《唐诗评三种(下)》,黄山书社1995年版,第576页。
⑤ (清)沈德潜选注:《唐诗别裁集》,上海古籍出版社1979年版,第639页。
⑥ (清)李锳:《诗法易简录·卷十四》,见《续修四库全书·集部·诗文评类》(第1702册),上海古籍出版社2002年版,第600页。
⑦ (清)施补华:《岘佣说诗》,见王夫之等撰,丁宝福编《清诗话(下)》,上海古籍出版社1978年版,第997页。

谓"矛盾",维护作品的"妙绝"。其《而庵诗话》说:

"此诗妙绝,无人不知,若非细细寻其金针,其妙亦不可得而见。""先论顿、挫,葡萄美酒,一顿;夜光杯,一顿;欲饮,一顿;琵琶马上催,一顿;醉卧沙场,一顿;君莫笑,一顿。凡六顿。古来征战几人回,则方挫去。夫顿处皆截,挫处皆连,顿多挫少。唐人得意乃在此。"①

所谓"金针"就是写诗的创作方法与表现技巧,包括构思布局、谋篇措辞、艺术表现以及具体内容的内在联系,等等。

这里特别值得注意的是,徐增将作品第二句"欲饮琵琶马上催"的节奏断为"二五"句式,改变了七绝"二二三"标准的传统句式,这在唐代七绝中极为罕见。尤其是,王翰生活的盛唐时期,正是七绝趋于成熟的定型期,与王翰同时代的"七绝圣手"王昌龄,以卓越的创作为七绝格律的定型化做出了重要贡献。在这种文化背景下,七绝句式出现大变化的可能性微乎其微,而王翰旨在抒情,着意句式创新的可能性也微乎其微。那么,徐增如此"顿挫"第二句的原因何在呢?仔细品味就会觉察,徐氏遇到了颇费心思的一大难题——"欲饮""琵琶""马上催"这三个词语之间,怎样才能讲通与圆合三者的搭配关系与内在逻辑。

按照七言绝句格律要求与"二二三"标准句式节奏,"欲饮"与"琵琶"应当搭配成一个短语。但"欲饮"的重心是"饮",而"琵琶"就字面看首先是一种乐器,"饮""琵琶"显然是脱离常识、荒谬不通的。此其一。其二,"饮"在日常生活和诗歌中,经常与"酒"搭配联系,而此诗首句恰恰是"葡萄美酒夜光杯"——"美酒"与饮酒的"杯",这就很容易误导读者,给人造成"欲饮"是承接上句意脉的假象,徐增就是"中招"而被假象迷惑、误入歧途的典型代表,以致有"二五"句式的"顿挫"。其三,作为乐器的"琵琶",据汉代刘熙《释名·释乐器》载,"'批把(琵琶)'本出于胡中,马上所鼓(演奏)也"②,这就是说,

---

① (清)徐增著,樊维纲校注:《说唐诗》,中州古籍出版社1990年版,第230页。
② (汉)刘熙:《释名》,中华书局1985年版,第107页。

"琵琶"有在"马上"演奏的特点,这又容易引导读者将"琵琶"与接连的"马上催"联系起来。于是就有了徐氏突破定型化的七绝格律句式,将"琵琶"与"马上催"连在一起,构成五字节奏群。仅就此五字的本身内容看,似乎讲通了,但实际上却远离了作者的本义,破坏了全诗的内在逻辑和优美意境。那么,诗歌第二句作者的本义到底是什么?怎样才能正确理解和领悟作者的初衷与本义?其实,最关键的,是对"欲饮"之"饮"字的理解。

(三)标题特色与地域特质

鲁迅关于"倘要论文,最好是顾及全篇,并且顾及作者的全人,以及他所处的社会状态,这才较为确凿"[①]的主张是十分正确的。正确理解"欲饮"之"饮"字,必须运用"顾及全篇"的方法,从把握全诗结构布局、内容安排和艺术表达入手,探寻"饮"字的真实面目及其在诗中的意义。

先看诗题。以"凉州词"为题,本义就是标明为"凉州曲"撰写的歌词。在这里,"凉州"既是地名又是曲调名。作为地名,凉州即现在甘肃武威县。汉武帝置武威郡,取武功军威之意,含戍边卫国家之旨。元封五年(前106)设凉州,《晋书·地理志》记载取名"凉州"的原因是"地处西方,常寒凉也"[②]。作为曲名,凉州曲是盛唐颇为流行的曲调。唐开元年间,陇右节度使郭知运将搜集的西域曲谱,进献给唐玄宗,经教坊整理,以地名为曲名,配词演唱。《新唐书·礼乐》说"天宝乐曲皆以边地名,若凉州、伊州、甘州之类"[③]。当时很多诗人创作"凉州词",如王之涣"黄河远上白云间,一片孤城万仞山"、孟浩然"浑成紫檀金屑文,作得琵琶声入云"、薛逢"昨夜蕃兵报国仇,沙州都护破凉州"等,都为人称道。地名与曲名一致,歌词内容与地域特点相关,这正是词调方兴未艾的重要特征。王翰以"凉州词"名题,点明了事情发生的特定区域,

---

① 鲁迅:《且介亭杂文二集·"题未定"草(七)》,见《鲁迅全集》(第6卷),人民文学出版社1981年版,第420页。

② (唐)房玄龄等撰:《晋书》(第2册),中华书局1974年版,第432页。

③ (宋)欧阳修、宋祁撰:《新唐书·礼乐十二》(第2册),中华书局1975年版,第476页。

突出了边塞特色和戍边重任,为下面内容的展开做了铺垫,成为贯穿全诗的眉目。

(四)"葡萄美酒夜光杯"与西域特色

细察全诗内容安排与结构布局,主题突出,层次清晰。一、二句描述夜宴的热烈场景,三、四句议论将士豪迈英勇的精神。叙事与议论紧密结合,使作品形成严密的内在逻辑。

首句"葡萄美酒夜光杯"描述夜宴场景。这是一场壮行色、鼓士气的出征宴。作者发扬"委婉含蓄"的诗歌传统,采取典型意象组合、局部反映整体的艺术方法,抓取最能反映宴会色彩、最能渲染宴会气氛的"酒"与"杯",借物以写人,而"酒"是西域酿造的"葡萄美酒","杯"是西域进献朝廷的"夜光杯"[①]。这些物象不仅富有浓郁的边疆色彩,而且体现着鲜明的时尚性与世界性。在距今6000年的埃及古墓壁画上,就有酿造葡萄酒的图案;丝绸之路西域沿线的葡萄酿酒也有悠久历史;而中原最晚自汉代张骞从西域带回葡萄酒工匠,便开始栽培葡萄并酿酒,至唐代已有很大发展。作者借"葡萄美酒夜光杯"极力渲染夜宴的热烈浪漫和格调的豪迈高雅,由此奠定了全诗积极昂扬的基调。特别是"夜光杯"在夜间才能发光,因此暗含点明时间的意图,说明夜宴进行到很晚很晚,为下句的催促做了铺垫。

(五)"欲饮琵琶"与"欲吟琵琶"

次句"欲饮琵琶马上催"描述宴会结束被催的情景。显然,这句诗的核心意思与关键字是"催",被催的对象自然是诗人。我们不妨按照七绝"二二三"标准句式,先看"催"的方式——"马上催"。"马上"即战马之上,说明同伴都骑在马上等待诗人启程,从而突出时间紧迫,没有余地,不能拖延。

那么,是什么原因需要催促诗人呢?答案就是"欲饮琵琶"。搞清"欲饮琵琶"的真正含义,成为正确理解作者本义的关键。既然首句描述夜宴的热烈场面,而且进行到很晚,自然经历了欢饮、畅饮、痛饮的过程。此处的"欲饮",完全可以排除"饮酒"的可能,否则就有重复、啰

[①] (汉)东方朔撰:《海内十洲记》,见上海古籍出版社编,王根银等校点《汉魏六朝笔记小说大观》,上海古籍出版社1999年版,第67页。

嗦之嫌。而作为乐器的"琵琶",又不可能成为被"饮"的对象!我们只能另辟蹊径,探讨合乎情理的解释方法。

先说"琵琶"。在中国古代文化发展史上,"琵琶"至少有乐器、乐曲、诗歌三种名义。作为乐器,琵琶又名"批把",秦代即有流传。汉代刘熙《释名·释乐器》说"'批把'本出于胡中,马上所鼓(演奏)也。推手前曰'批',引手却曰'把',象其鼓(演奏)时,因以为名也。"①南北朝时,波斯琵琶经新疆传入中国,漠北游牧民族的琵琶也由草原丝绸之路传入中原,多种琵琶经过融合改造,逐渐成为隋唐盛行的乐器,得到人们广泛青睐,敦煌壁画和云冈石刻,都有琵琶领奏乐队的情形。此其一。其二,作为源于汉魏乐府的名曲,原来都是古代歌曲的形式,而以琵琶命名后,成为琵琶演奏的专属曲,故称"坐部伎即燕乐,以琵琶为主,故谓之琵琶曲"②。其三,作为诗歌的重要体裁,是由配合琵琶乐曲演唱的歌词衍化而来。琵琶曲、琵琶歌、琵琶行、琵琶引、琵琶吟之类,这些诗歌的表现内容几乎都与琵琶有关。如白居易《琵琶行》"大弦嘈嘈如急雨,小弦切切如私语。嘈嘈切切错杂弹,大珠小珠落玉盘"描述琵琶音乐的精彩,脍炙人口。由上可知,人们的喜好与影响的深广,让"琵琶"这一名词概念早已不是单独作为乐器的名称而存在,它可以是乐曲,也可以指诗歌。至于是指代乐器、乐曲还是诗歌,须根据具体语境去判断。

再说"饮"字。在中国古代文化发展史上,"饮"字与酒结下了不解之缘。这是一个会意字,甲骨文的字形,右边是人的形状,左上方是人伸着舌头,左下方是酒坛形状,整个字形表现的是人把舌头伸向酒坛饮酒,如下图。而在中国文学史上,酒、诗、乐三者常常是密不可分的合作伙伴,特别是"酒"与"诗"配合相伴的几率最频繁,"饮酒赋诗"几乎成

| 甲骨文 | 小篆 | 楷体 |

---

① (汉)刘熙:《释名》,中华书局1985年版,第107页。
② (清)凌廷堪:《燕乐考原》,商务印书馆1937年版,第4页。

为诗人生活的常态,"饮酒"常常成为引发诗情诗兴和激发创作灵感的重要元素。"李白斗酒诗百篇",杜甫"醉里从为客,诗成觉有神",苏轼"得酒诗自成",杨万里"一杯未尽诗已成,诵诗向天天亦惊",这些都是为人熟知的典型案例。才华横溢、性格豪爽的王翰,面对"葡萄美酒夜光杯"的豪宴,畅饮之际,诗兴大发,激情四溢,乃情理中事。因此,"欲饮琵琶"应当是吟诗、写诗、诵诗心理欲望的明确表达。唯其如此,上下两句的诗脉文气才能自然对接:"葡萄美酒夜光杯"侧重写实,以典型物象表现宴饮的热烈气氛,"欲饮琵琶马上催"侧重写虚,表述写诗意愿和众人催促启程而未能实现的情景。

据此以推,诗中的"琵琶"不再是单一层次的乐器名称,而是"琵琶行""琵琶吟"之类诗歌体裁的简称,用以指代"诗歌"。即便如此,"诗歌"依然如同乐器一样,不能成为"饮"的对象。如何诠释"饮"字,成为破解全句乃至全诗的关键。考虑到此诗是为配合曲子演唱的"歌词",创作的原则应当是让观众听得懂、记得住,歌词内容不能艰涩深奥。一般来说,"诗"与"饮"二字在文本中不会发生直接的词语搭配,但从语音角度讲,"诗"却经常与"吟"配合成词,如"吟诗"。"吟"与"饮"虽然不是通假字,但发音相同。从训诂角度看,"吟"为形声字,从"口",从"今",其本义就是"当着众人的面朗诵"。"吟诗"在古代也作"写诗"解,如"吟诗作赋"。如果王翰诗中的"饮"为"吟",就不会产生任何歧义,也不会产生误读现象,全诗将意脉通畅,句式也符合"二二三"节奏标准,内容更是让人觉得合乎情理。遗憾的是,目前见到的传世文本均作"饮",尚未发现为"吟"者。我们推测,由于此诗是配曲演唱的歌词,其在口耳相传的过程中,由于发音相近,并不存在是"饮"字还是"吟"字的问题;但在传播过程中,如果用文字记录下来形成文本,则极有可能因记录者的水平或失误,将"吟"误写为"饮",演唱或诵读,听者不会发觉抵牾处,而在阅读文本时,必然产生疑窦。由此可以推断,"欲饮琵琶"应是"欲吟琵琶","饮"字当为"吟"字之误书。

如果推测不错的话,作者本义应该是"欲吟琵琶马上催",其所表达的意思是:在夜宴即将结束时,我本想创作吟诵一篇《琵琶吟》诗,描述宴会情形和反映军旅情怀,但是同伴们都已经骑在了战马上等待我、催促我赶快启程，因此没能如愿成篇。当然，琵琶吟、琵琶行、琵琶歌一类的诗，都属篇幅长的古体乐府诗，如白居易《琵琶行》（浔阳江头夜送客）八十八句，"凡六百一十六言"，而元稹《琵琶歌》（琵琶宫调八十一）也有八十一句，共五百六十七字。如此长的篇幅，即使才华横溢，也需要相当长的时间才能完成，不是立马可待、瞬间完成的事情，这可能就是同伴不能等待和"马上催"的重要原因。

（六）弥补遗憾与昭示境界

该诗三四两句"醉卧沙场君莫笑，古来征战几人回"这既是对夜宴场景的收束议论，又是对"欲饮琵琶"未如愿的内容补充。"醉卧"回应"葡萄美酒夜光杯"，是"酒"与"夜"情景的延伸展示；"沙场"照应题目"凉州"，突出边疆边防的特殊性，强调战事可能随时发生。"醉卧沙场"是当时军旅生活的真实写照，也是将士英勇无畏、甘愿为国捐躯伟大精神的生动体现。但这种置生死于度外、不怕牺牲、献身国家的思想境界，对庸俗之人而言，可能难以理解，甚至会受到嘲笑。"君莫笑"正是对此类人的棒喝与批判，从而引导人们深刻体悟"醉卧沙场"背后蕴藏的崇高品格和巨大正能量，避免狭隘理解与负面解读。

结尾"古来征战几人回"是对"君莫笑"棒喝原因的深刻揭示，也是对沙场将士牺牲精神、爱国精神的高度肯定，表达了诗人真诚的钦佩与敬仰！这些内容，可能正是诗人"欲饮琵琶"所要充分表现的，因为同伴"马上催"，只好凝练成深刻简洁的议论来传达。"古来征战"拓展了历史视野，意境开阔，且与开头描写的夜宴情景相呼应，紧密了作品的内在逻辑，进一步昭示了边疆将士的思想境界，由此使全诗呈现积极向上、昂扬奋发的格调。

有学人曾通过分析七言绝句具体作品的格律与用韵，得出这样的结论：第一、二、四句平声同韵、第三句仄声不同韵、第二、四句倒数第三字通常为仄音，这样的七言绝句意境高、文辞雅、寓意深。其规律的科学性姑且不论，但王翰的这首代表作的确如是。

为配曲、配乐歌唱而创作的歌词，被称为"歌诗"。其实，中国古代"歌诗"由于增添了演唱元素，传播过程中类似"吟"误为"饮"的情形并非个例。北宋晏殊名篇《蝶恋花·槛菊愁烟》"欲寄彩笺兼尺素，山长水阔知何处"，其中"兼尺素"之"兼"字，就是"无"字之误（繁体形近），词中的女主人公埋怨丈夫由于不寄家信（"尺素"）而不知道丈夫现在何处，自己想寄写给丈夫的信（"彩笺"）却不知道地址，而"兼"字如同王翰《凉州词》中的"饮"字一样，也不是作者的本义。

五 李白《梦游天姥吟留别》的本义与构思

李白诗歌的重要经典作品《梦游天姥吟留别》流传深广，赞誉尤多，以致成为中学、大学教材中的传统篇目。但此诗到底是在写什么？或者说这首诗的主题是什么？对于这样一个看似极其简单、无须细酌的问题，自唐迄今，却仁者见仁、智者见智。或视之为"记梦诗"，或看作"游仙诗"，甚至有人认为是"太白被放以后，回首蓬莱宫殿，有若梦游，故托天姥以寄意"（清·陈沆《诗比兴笺》）。这些意见，虽各成一家之言而又实在难避片面穿凿之嫌。

（一）本诗主题："留别"而非"记梦"

笔者认为，弄清本诗的主题可从两方面入手：一是题目，二是全诗的整体内容。题目是作品的眼睛，成功的作品总是紧紧围绕题目展开，而作品的内容又高度浓缩和凝聚在题目中。李白《梦游天姥吟留别》的主题首先就反映在题目上。该诗题目"梦游天姥吟留别"由两层意思或两部分内容构成，一是"梦游天姥"，一是"留别"，这两个内容通过"吟"的形式结合在一起，融为一体，前者是"吟"的内容，后者是"吟"的目的，二者之间又有主次之分。"梦游天姥"是本诗重点描写的内容，但并非本诗主旨，而"留别"才是诗旨所在，才是题目的重心，这是本诗创作的起因和动因，也是该诗写作的宗旨与目的，更是作品着力表现的核心主题。关于全诗的内容，其实无须详作剖析，只要细看诗中"别君去兮何时还"一句，便足以知道是为留别而作，清代著名学人方东树在《昭昧詹言》中说"'留别'意只末后一点"，即由此句而发。另外，该诗宋代刊本一般都在题下注云"一作'别东鲁诸公'"，四部丛刊影印明刊本《河岳英灵集》题作"梦游天姥山别东鲁诸公"乃将二题合一，均可佐证是一首"留别"诗。

"留别"是诗歌传统的表现题材，它以情感交流为轴心、为生命，以心灵沟通为目的，一般抒发友谊、留恋、惜别，或表达开导、劝慰、理解、鼓励、愿望、志趣等，总之以抒情言志为宗旨。李白也未超出这一樊篙。但"诗仙"李白笔下的留别往往奇采焕发,多具变化,创造了众多脍炙人口的经典名篇。诸如他的《金陵酒肆留别》:"风吹柳花满店香,吴姬压酒劝客尝。金陵子弟来相送,欲行不行各尽觞。请君试问东流水,别意与之谁短长?"清新隽永,活泼自然;《赠汪伦》:"李白乘舟将欲行,忽闻岸上踏歌声。桃花潭水深千尺,不及汪伦送我情。"生动形象,轻快明晰。然而,这首《梦游天姥吟留别》则是截然不同的另外一种风格。由于作者抒发的感情因特定的环境及其艺术表现形式与表现手法的变化而呈现一种较为复杂的状态,如不仔细体察,详加剖析,则易被雄奇虚幻的意境导入误区。"记梦""游仙""寄意去国离都"诸说就是如此。

(二)构思追绎:"拟梦"以写"别绪"

题目已定,怎么来写是体现作家艺术气魄、艺术腕力的重要方面。李白的这首诗首先在整体构思方面表现出非凡的创新出奇之魄力。诗以表现自我、表现心灵、表现情绪变化为轴心,而以描述梦游天姥为主线,虚实结合,叙议相间,遵守传统而又不囿于规矩。一方面诗人严格区别"送别"与"留别"的界线,遵守"留言道别"的常情常理,将被送远游的对象作为表现的主体,另一方面诗人又不去正面地描述分别场面、抒发友情,而是采用了直接与间接结合、重在迂回委婉的表现方法,表达对友人挽留的感谢及深厚的友谊,通过自己心态情绪的变化,表现对友人依恋的慰藉,尤其是以"拟梦"的形式抒写"别绪",构造雄奇迷离的意境,令人叹为观止。遗憾的是,前人评点,多赏其句段,或称其接连,如清人沈德潜在《唐诗别裁》中说"'飞渡镜湖月'以下,皆言梦中所历。一路离奇灭没,恍恍惚惚,是梦境,是仙境"、近藤元粹在《李太白诗醇》中谓"'半壁'一句,不独境界超绝,语音亦复高朗"等都很典型,但是,对整体构思的审视剖析则极为少见。遵循鲁迅先生《"题未定"草》中关于"倘要论文,最好是顾及全篇"的方法,我们先细观全诗原文:

> 海客谈瀛洲,烟涛微茫信难求。
> 越人语天姥,云霞明灭或可睹。
> 天姥连天向天横,势拔五岳掩赤城。
> 天台一万八千丈,对此欲倒东南倾。

我欲因之梦吴越,一夜飞渡镜湖月。
湖月照我影,送我至剡溪。
谢公宿处今尚在,渌水荡漾清猿啼。
脚著谢公屐,身登青云梯。
半壁见海日,空中闻天鸡。
千岩万转路不定,迷花倚石忽已暝。
熊咆龙吟殷岩泉,栗深林兮惊层巅。
云青青兮欲雨,水澹澹兮生烟。
列缺霹雳,丘峦崩摧,洞天石扉,訇然中开。
青冥浩荡不见底,日月照耀金银台。
霓为衣兮风为马,云之君兮纷纷而来下。
虎鼓瑟兮鸾回车,仙之人兮列如麻。
忽魂悸以魄动,恍惊起而长嗟。
惟觉时之枕席,失向来之烟霞。
世间行乐亦如此,古来万事东流水。
别君去兮何时还?且放白鹿青崖间,须行即骑访名山。
安能摧眉折腰事权贵,使我不得开心颜。

此诗在结构方面,有三点值得注意。其一是诗的开头四句为破题之笔。发端即言"海客谈瀛洲,烟涛微茫信难求",东鲁近海,故言"海客"(李白《赠崔侍御》中有"故人东海客"之句),此指与之"留别"的友人,同时点出了留别的地点。旧题汉代东方朔所撰《海内十洲记》载:"瀛洲在东海中,地方四千里,大抵是对会稽,去西岸七十万里。上生神芝仙草,又有玉石,高且千丈,出泉如酒,味甘,饮之数升辄醉,令人长生。洲上多仙家,风俗似吴人。"历史上的秦始皇、汉武帝都曾梦寐以求,派人去瀛洲寻长生不老药,无一成功。"谈瀛洲""信难求"透露了"东鲁诸公"曾盛情挽留诗人,邀其同游海上,共寻仙境,而李白则婉言逊谢,遂有"越人语天姥"之句,表达了辞鲁往越的决心和意向,自然地将诗笔引向了"天姥"。实际上诗的起句就点出了创作的动因,紧扣"留别"下笔。但由于这种开头法创新出奇,高雅不俗,被动接受的读诗方法往往难以追寻作者的思绪,故连方东树这样的学人也感叹"陪起令人迷"。明代胡应麟曾谓此诗"无首无尾，窈冥昏默"，其言虽非甚确，却道出了他读此诗的感觉，尤其"无首"二字正道出了该诗开头以突如其来之笔写尽千回百转之意的妙处。"信难求""或可睹"如同戏剧中人物的内心独白，表达的都是诗人的主观判断，体现出选择的倾向性。其二是诗的结尾五句为揭题之笔，回应全篇。"别君去兮何时还"，既揭示了题目又照应了开头；"安能摧眉折腰事权贵，使我不得开心颜"，这脍炙人口的警言名句，不仅收束了全篇，给人以旷达、超脱、潇洒和轻松之感，而且与诗歌开头顿入的沉重形成鲜明的对比，在情绪和感情的表达上构成了一个完整的循环。其三是中间部分的"梦游天姥"，这是全诗的精华和主体，也是作者匠心独到之处，故最能吸引读者，也最易迷惑读者。解开此诗奥秘的关键即在此一"梦"。

"梦"是文学作品常见的题材和内容。清代曹雪芹的小说《红楼梦》、明代汤显祖的戏剧《牡丹亭》中的"游园惊梦"、元代王实甫的杂剧《西厢记》中的"草桥惊梦"等，有口皆碑。宋代诗词中更是俯拾即是。苏轼因梦亡妻而有名作《江城子》"十年生死两茫茫"，辛弃疾感慨国事遂书《破阵子》"醉里挑灯看剑，梦回吹角连营"，爱国诗人陆游的记梦之作多达上百首，《楼上醉书》"三更扶枕忽大叫，梦中夺得松亭关"、《书悲》"谁知蓬窗梦，中有铁马声"，感人肺腑，脍炙人口。如果仔细琢磨一下文学作品中的"梦"，其实内涵并不一样，至少有"实梦"与"虚梦"之分，而后者往往是一种虚拟、虚构或者幻想、理想、梦想。研究作品需要具体分析，区别对待。

那么，本诗中的"梦"是"实"还是"虚"？是"记梦"还是"拟梦"？

当作者在运用夸张、渲染、拟人等多种艺术手法描述了天姥的雄奇之后谓"我欲因之梦吴越"，接着叙述了"梦游天姥"的全部历程和所见、所闻及所感，且又有"忽魂悸以魄动，恍惊起而长嗟。惟觉时之枕席，失向来之烟霞"的诗句，从梦因、梦游到梦醒、梦感，顺序写来，不仅意境动人，而且情节完整，给人以确有其梦的感觉。但是，只要我们联系全诗内容和"留别"主题，搞清楚"梦"在全诗中的作用，"梦"的性质也就昭然若揭。

诗的主题既然是"留别"，内容自然与留别密切相关。而"梦"一般是人的潜意识反映，往往表达怀念、思念或向往，在时间上多具以往性、过去性的特点，正如杜甫《梦李白》所言"故人入我梦，明我长相忆"。如果李白诗中的梦境内容是与留别的对象密切相关，就是对诗歌主题的直接表达。然而，"梦游天姥"与"东鲁诸君"实在是风马牛不相及，没有直接的联系，更何况在友人相送的留别之际，也不会有做"梦"的条件。结合全诗来看，此诗梦境至少表达了诗人与友人分别之后将要往游的目标，由于诗人对这个地方的向往，此处表达的只是一种憧憬之情。简言之，"游天姥"不过是诗人的虚拟之行，这里的"梦"也只是"虚梦""拟梦"，而不是"实梦""记梦"。因此，这里的"梦"在诗中就变成了一种表现手法而成为诗人创新出奇的重要体现。诗中的"梦"，是诗人心绪情感的载体，是诗人道别的内容与话头。它反映了诗人仕途失意之后向慕古贤而希求知音、倾心佛老意欲超世脱俗、陶醉山水以达物我两忘的心态，也传达了诗人的志趣和意向，成为诗人辞鲁往越的理由。由此，"梦游天姥"与"留别"紧密地联系在一起。清人前人刘熙载《艺概》谓"太白诗虽若升天乘云，无所不之，然自不离本位"，于斯可见。《唐宋诗醇》称"此篇夭矫离奇，不可方物，然因语而梦，因梦而悟，因悟而别，节次相生，丝毫不乱"，正是看到了"梦"在全篇中的地位与"留别"的联系。

（三）体制创新："以文为诗"与"熔汇众体"

杜甫《春日忆李白》诗称誉李白"白也诗无敌，飘然思不群"，"思不群"不仅体现在诗歌的整体构思上，而且反映在诗体的创新上。即如留别诗，唐人多用近体，如孟浩然《留别王维》"当路谁相假，知音世所稀"、李商隐《板桥晓别》"回望高城落晓河，长亭窗户压微波"等，都是这样。李白的《梦游天姥吟留别》不仅选用七言古体，充分发挥和利用其容量大、无拘束的优势，而且熔众体于一炉，糅诗赋散文为一体，各体律绝形式、各种散文句法，皆为其所用，因物赋形，随意选式，挥洒自如，工整的对仗、虚词的运用和手法的变换，形成长短参差、错落有致而气势雄浑的艺术效果。学界讨论古代各种文体的相互影响，言及"以文为诗"，往往以为杜甫发其轫、韩愈扬其波，其实，李白的这首诗不论在句法形式上还是表现手法上，都大量吸收了散文的艺术因素，可视为较早以文为诗的成功范例。

首先，作品合理吸收了散文的叙事成分，加强了诗歌的叙事性。诗歌和散文是人类发展史、文化发展史和文学发展史上最早产生的两种文学形式，中国古代，仅就汉民族文学而言，诗言情、文记事，功能各有偏重。李白此诗被认为是"记梦"诗，这本身就说明了两点：一是体现了明显的"记事"性特点，二是说明将散文因素融入了诗歌。叙事的完整性、顺序的一维性是记事散文的突出特点，在这里有着充分体现。故方东树《昭昧詹言》从以诗记梦的角度认为此诗开记梦之先河，是韩愈"《记梦》之本"。

其次，作品使用了大量赋予散文的字法、句法和章法。诸如"云青青兮欲雨，水澹澹兮生烟""忽魂悸以魄动，恍惊起而长嗟""列缺霹雳，丘峦崩摧。洞天石扉，訇然中开"等，这些句式不仅字数参差，而且节奏变化，顿挫有致、错落有致。《唐宋诗醇》称李白七言歌行"穷极笔力，优入圣域"，前人谓《梦游天姥吟留别》"以气为主，以自然为宗，以俊逸高畅为贵，咏之使人飘扬欲仙"，都与体制的创新相关联。当然，这种体制上的创新与诗人所要表达的内容密切相连，正所谓：内容决定形式，形式为内容服务，同时，形式也是内容的重要组成部分。

（四）深厚的文化积淀：融化典实与浑化无迹

正如中国古代诗歌风格多样、绚丽多姿一样，李白既有"床前明月光""小时不识月，呼作白玉盘"这样"清水出芙蓉，天然去雕饰"的妇孺称颂、雅俗共赏之作，也有如《蜀道难》一类"黄钟大吕"式学林激赏的高雅之篇。而后者往往含纳着深厚的文化积淀，《梦游天姥吟留别》即属此类。

文化积淀表现在作品的艺术形式、内容、风格等各个方面，其中融化典实是主要的表现之一。该诗全篇22句，作者明用、暗用、引用、借用、化用前代神话故事、历史事实、民间传说、古代典籍、前人诗赋等达30种以上，几乎句句含典实，字字有来处，而内容又紧紧围绕梦游、仙游。其引用《史记》《汉书》《述异记》《海内十洲记》《白羽经》中的故实自不必说，即如点化《楚辞》之《九歌》《天问》《云中君》，张衡之《西京赋》、傅玄之《吴楚歌》、郭璞之《游仙诗》以及《上元夫人步元曲》等作品中的诗句典故亦无不如此。天姥山本身就充满神奇色彩，其名字含纳着美丽的神话传说（《后吴录·地理志》载"剡县有天姥山，传云登者闻天姥歌谣之响"），而该诗从彷徨到解脱的整体构思则胎息于楚辞《远游》。很多典故的使用达到了浑化无迹的境界，不仅含蓄深厚，而且给读者留下了丰富的想象空间。熟知出处，固然拍案叫绝，而不知掌故者亦不影响对诗歌本身的理解。如"势拔五岳掩赤城"以夸张渲染的手法极言天姥之高峻，其中"赤城"，由于作者暗用《登真隐诀》"赤城山下有丹洞，在三十六洞天数"之道教传说的内容，故除指山名外还可使人想到道教的三十六洞天。"半壁见海日，空中闻天鸡"写梦游过程中在峭崖陡壁的半山腰就看到海上日出之情景、听到空中天鸡的鸣叫声。《述异记》载："东南有桃都山，上有大树云桃都，枝相去三千里，上有天鸡，日初出照此木，天鸡则鸣，天下之鸡皆随之鸣。"诗人化用此掌故，不仅使意境更加雄奇，而且增加了浓郁的神话色彩和深厚的情趣。再如"青冥浩荡不见底，日月照耀金银台"写俯视悬崖之下所看到的那种昏暗浩渺、云雾缭绕之情景以及当时所产生的"日月照耀金银台"之幻觉。"金银台"乃指神仙居住的地方，此处曲化郭璞《游仙诗七首》其六"神仙排云出，但见金银台"之诗句和班固《汉书》关于蓬莱、方丈、瀛洲"此三神山者，仙人及不死之药皆在焉，而黄金白银为宫阙，未至，望之如云"的说法，极写幽谷令人眼花缭乱的感觉和幻化的奇光异彩。诸如此类浑化无迹的用典，极大地增强了诗歌的高雅情趣，不仅使意境更开阔，也更耐人品味、寻味。刘熙载认为"太白诗以庄、骚为大源，而于嗣宗之渊放、景纯之隽上、明远之驱迈、玄晖之奇秀，亦各有所取，无遗美焉"，该诗甚为典型。

六 结语

中国古训有"尝鼎一脔而知全味"[①]、"窥一斑而见全豹"[②] 之说，由上面讨论和分析的杜牧《清明》诗、王翰《凉州词》（其一）和李白《梦游天姥吟留别》，可以大体领略阅读学习经典诗词，必须做到既要细致入微、整体把握全篇本义，又要深入发掘文化内涵、领会人文精神。这三首作品分别抒发思念家人的亲情、保家卫国的豪情、留别之时的友情，

---

① 《吕氏春秋·察今》载："尝一脬（脔）肉而知一镬之味，一鼎之调。"
② （南朝宋）刘义庆《世说新语·方正》有"管中窥豹，时见一斑"语。

着眼点、切入点、用力点和落脚点虽然各有不同，但都是从特定的角度具体展示中华文化的某一层面，并且经过上千年广泛传播，深受大众欢迎，得到广泛认可。这三首作品不但题材好、内容好，而且思想性很强、艺术性很高，成为千古传颂的经典。然而，即便是这样的经典，也难以避免读者理解的疏漏之处。作为一般性阅读，可以不必细究，但作为经过大学教育特别是科班出身的读者，则不能不了解其中深刻的文化内涵和浓厚的人文精神。

中华文化的突出特点是"知行合一"。读懂经典并不是目的，更重要的是在读懂领会的基础上，陶冶情操，开阔视野，提高素养，在实践中传承和弘扬中华优秀文化。总之，作为经典诗词，我们必须首先正确理解作品本义，其次要深入了解作品的文化内涵，最后是要知道作品的继承性和创新处，并由此探索经典作品的规律性。

2018 年 2 月 23 日整理于奉贤

新人文·新气象·新起点[*]

设立新人文学院,是上海交通大学建设"综合性、研究型、国际化"世界一流大学的重要举措。这不仅是加强文科建设的大设计,是恢复上海交通大学"人文为本"的大手笔,而且也是弘扬老交大"人文理工并重","文、理、工相辅相成"优秀学统的大动作,同时,更是落实国家"繁荣发展哲学社会科学"、落实"人才兴国""文化强国"和"建设创新型国家"战略目标的重要体现!因此,设立新人文学院,既具有大力推进学科建设的现实意义,又彰显面向未来的前瞻眼光!

上海交通大学创始人盛宣怀先生认为:"造就人才,大处着笔,方能开风气之先。"人文教育是塑造人们灵魂的根基工程,是提高素养、发掘人性、砥砺品行和开拓创新的必由之路,更是培养学生文明素质和综合能力的主要途径。学校秉承"欲成第一等学问、事业、人才,必先砥砺第一等品行"的理念,下决心、搞改革,采取有力措施,加强人文教育,既为人文学院快速发展创造了珍贵机遇,也为全体教工充分发挥聪明才智搭建了宽阔舞台,我们应立足实际、着眼大局,倍加珍惜!

古代先贤有"明者因时而变,知者随事而制"(西汉·桓宽《盐铁论》)的名言。学院新班子一定按照学校的部署和要求,瞄准目标、盯紧方向,把好关、服好务,谋划在前、实干在前、奉献在前,扎扎实实带领

---

[*] 本文是笔者在2015年5月12日上海交通大学新人文学院成立大会上的发言。为加强文科建设,学校将原国际汉语教育学院合并到人文学院,形成中文系、历史系、哲学系、汉语国际教育中心、艺术教育中心"三系两中心"格局的新人文学院。学校党委书记姜斯宪、校长林忠钦院士出席会议并讲话,学校相关部处负责人与新人文学院全体教职员工出席大会。

大家凝神聚气、齐心协力往前奔，做全体教工的知心人、贴心人，不负大家期待，不负学校厚望！

人文学科是上海交通大学建设世界一流大学的关键，人文学院必须强化历史担当精神，强化时代紧迫感。始终把"教书育人""立德树人"作为我们开展工作的着眼点和落脚点，把培养国家急需的新时代创新人才作为第一要务。一要"以人为本"，尊重人、理解人、关心人，在师资建设和人才培养上下功夫。二要"以学为根"，崇尚学术、优化教学、严谨学风，在多出高质量成果和多培养优秀人才上花气力。三要"以和为魂"，营造和谐、凝聚和气、协作和睦，在强化大局意识和团队精神上动脑筋。四要"以绩为体"，重成绩、重实效、重贡献，在干实事、看指标、讲效益上真考核。五要"制度兴院"，建章立制，规范运作，严格纪律，在守规矩、有秩序、讲效率上树正气。六要"创新强院"，激励创新，开阔视野，集思广益，在共谋发展和共同进步上见新貌。

今天还是个大吉大喜的好日子。三千多年前的今天，释迦牟尼诞生。这位佛教创始人，高度重视人文教育、终生致力于推进人类文明发展。佛学传入中国，与儒学、道学互补互融，共同构成了中国文化的三大支柱！21世纪的今天，肩负上海交通大学人文教育和学科建设历史重任的新人文学院诞生，将大大增强人文学科跨越发展的新活力，也让我们充满快速提升的新希望和新期待！

最后，借用国学大师王国维《人间词话》中的名言做总结。古今之成大事业、大学问者，必经过三种之境界："昨夜西风凋碧树。独上高楼，望尽天涯路"。此第一境也，也就是我们现在的情境，用4个字表达，就是"展望期盼"。"衣带渐宽终不悔，为伊消得人憔悴。"此第二境也，也就是我们将要经历的奋斗过程，用4个字表达，就是"艰辛、坚持"。"众里寻他千百度，蓦然回首，那人却在，灯火阑珊处"。此第三境也，也就是未来可以预见的发展成果，我想也可以用4个字来表达："惊喜有道"，相信只要大家共同努力，我们人文学院一定会找到一条最有绩效、能够更大程度地激发全院师生内在活力和创造力的发展路径！

2015年5月11日草拟

"造就人才,大处着笔"*

文化是人类历史实践和生活情感的智慧结晶,是世界人民共同拥有的思想资源和精神财富。人文教育"以文化人",乃塑造个体心灵和铸造民族精魂的根基工程,是提高素养气质、砥砺道德品行和追求创新发明的主要支撑。

上海交通大学自创建之日起,即"以通达中国经史大义、厚植根柢为基础"(《南洋公学章程》),"以志操坚卓、器识深稳为指归"(《奏请设南洋公学》),相继涌现辜鸿铭、唐文治、张元济、蔡元培、黄炎培、李叔同、邹韬奋、傅雷、钱学森、张光斗、汪道涵、吴文俊、江泽民等影响中国历史发展的思想家和科学家。

21世纪伊始,学校发力建设世界一流大学,在弘扬"人文与理工并重""文理工相辅相成"优秀学统的同时,亦着力强化人文学科建设,落实国家"人才兴国""文化强国"和"建设创新型国家"的战略目标。人文学院肩负历史重任,成为学科建设的重点。目前设有中文系、历史系、哲学系与汉语国际教育中心、艺术教育中心及国家大学生文化素质教育基地。

人文学院将光大"造就人才,大处着笔"的理念,紧紧围绕"教书育人、立德树人",将国家意志融入科研教学。人为本,学为根,建设一流师资,培养一流人才,以学术促教学;和为魂,绩为体,营造和谐,团队协作,重成绩、重贡献;制度兴院,创新强院,规范有序,严格纪律,激励创新,对接世界。学院将以国家急需的重大基础理论和重大现实问题

---

* 本文是2015年新人文学院成立后,为新人文学院网站专门栏目《院长寄语》撰写的短语。

研究为抓手，整合优势资源，组织跨学科、多领域、前瞻型课题，出创新性思想、出标志性成果、出领军性人才，逐步形成特色鲜明、卓有影响的学科群。

真诚期盼海内外优秀学者加盟，圆理想追求和民族振兴之梦！真诚欢迎海内外莘莘学子来深造，在深厚浓郁的人文氛围中丰满、翱翔！

深化经学研究与培养学术能力[*]

中国经学国际学术研讨会，自 2005 年首届大会在清华大学召开以来，已有十个年头，召开过五次。我浏览了以往的相关资料，也认真研读了这次各位专家发言的题目，感觉每次会议，包括议程安排，都体现了中国传统经学的治学精神与学术风格，扎实、务实、朴实，不搞花架子，是真的在研讨学问，研讨的也是真学问！

今天，大家欢聚上海交通大学，在美丽的闵行校区举行第 6 次研讨会，这既为我们提供了很好的学习交流机会，又给上海交通大学人文学院增添了学术的光彩与荣耀。在此，我谨代表主办方，代表上海交通大学人文学院，向全体与会同人表示真诚欢迎和崇高敬意。

经学是中国传统学术的核心，也是中国思想文化底蕴的基石，其孕育的人文精神、行为理念与研究方法，对于人类文明的进步与当代社会的发展，仍有重大价值和深远意义。上海交通大学老校长唐文治先生说，"十三经如日月之丽天、江河之行地，万古不磨，所谓国宝是也"，可谓至言。

众所周知，经学在 20 世纪的中国，曾长期处于边缘地带。当人类跨入 21 世纪，经学借助民族复兴的强劲东风，获得了发展的新机遇。特别是国家文化强国的战略决策，为传统经学再出发搭建了新平台。诸如，让中国文化走向世界、让世界深入了解中国，建设中华民族优秀文化传承体系、建设中国特色社会主义新文化，都以经学研究为基础。今天，上海交通大学经学文献研究中心携手清华大学经学研究中心，成功举办第 6 届经

---

[*] 本文是 2015 年 9 月 5 日在中国经学第六届国际学术研讨会上的致辞。

学研讨会，表明经学研究日渐蓬勃，研究队伍不断壮大！

传统经学是中华民族历史实践和学术智慧的结晶，是民族文化和民族精神的重要载体，也是全世界人民共同拥有的精神财富和思想资源。经学作为中国古代文化的主流曾经创造了数千年的辉煌，不仅为中华民族的文化发展、文明发展和社会安定做出了重要贡献，而且馨香远播海外，对促进人类文明健康发展也产生了积极影响。所以，我们必须冲破"诂经之说"的樊篱，深刻认识其蕴含的人类意义与当代价值。

经学也是一个开放性很强的文化体系和汉语言知识系统，是一门"致广大而尽精微"的"大学问"。既跨学科、跨领域，内容广博，又"知行合一"，具有很强的指导性与实践性。"经学"著作蕴藏着丰富深刻的思想，也保存了大量珍贵史料。经学的形成、发展与影响，是中华民族对人类文化发展和人类文明进步做出的重大贡献。可以预见，经学中的重要思想理念，如以人为本、天下为公、和谐秩序、个体修养等，今后将继续对人类文明发展产生积极影响。

经学根源于历史实践和社会生活。儒家以"入世"著称，关注现实，关心社会，关切民生。《十三经》既不同于以形象思维为主要特征的文学作品，又不同于以抽象逻辑为主要表现方式的哲学著作，而是记言、记行、记事、记物的"记实"文字。经书一直是国家的通用教材，经学也一直以学术研究的形式不断创新，成就了历代一批又一批的经学大师、文化名家，著述汗牛充栋。总之，经学在学术发展、文化传承、社会风气、制度文明等方面，在人的观念意识、风操节守、思想品格、综合素质等方面，都显示出巨大影响力。

经学的发展兴盛，体现着中华民族对前代历史和民族文化的高度尊重和自觉传承，体现着尊重历史、尊重知识、尊重人才的优良传统。经学也创造了人类文明发展史上最富民族特色的文化传承模式。与此同时，历代经学家表现出坚韧不拔、刻苦严谨的治学精神，表现出敢于探索、勇于创新的胆识与气魄，表现出"斯文自任"的历史使命感与社会责任心。所有这些都给我们以深刻的当代启示。

上海交通大学自创建之日起，即受益于经学、得益于人文。学校以立德树人、振兴国家为高标，提出"以通达中国经史大义、厚植根柢为基础""以志操坚卓、器识深稳为指归"，创始人盛宣怀以及张元济、沈曾植、唐文治、叶恭绰、蔡元培等，都是经学功底深厚的著名学者，20世纪前期即已成为著名高等学府。目前，学校正以建设"综合性、研究型、国际化"世界一流大学为目标，布局发展人文学科，今年5月，将原人文学院与原汉语国际教育学院合并，成为现在的新人文学院。学院将把经学研究作为重点建设学科，真诚欢迎和热切期盼大家加盟！

最后，预祝大会取得圆满成功，祝愿各位健康平安！万事胜意！

文化创意产业与文化创新发展*

今天，由上海交通大学人文学院、深圳大学文创研究院、中国人民大学文化创意产业研究所三方共同主办的"文化创意时代：理论、实践与学科发展"学术研讨会暨中国中外文艺理论学会·文化创意产业研究会成立仪式会如期召开，这是值得学界庆贺的喜事！在此，我代表上海交通大学人文学院，向在百忙之中莅临会议的专家学者，表示热烈欢迎！作为会议承办方，能够得到各位同人的信任和支持，十分荣幸，我们将不遗余力地把会议办好，把各项服务工作做好。

文化是人类历史实践与社会生活的智慧结晶，是世界人民共同拥有的精神财富和宝贵的思想资源。文化创新将促进人类社会的进步，促进世界经济的繁荣。文化创意时代的到来，预示着人类文明程度的再提升。目前，文化创意产业，正在成为一种新力量，驱动着世界经济的发展，可以肯定地说，文化经济正成为世界经济增长的主导力量。在这一新的发展背景下，我国文化创意产业也得到前所未有的发展，文创企业的门类越来越多，经济发展的占比越来越高，社会贡献也越来越大。特别是随着党的十八届三中、四中全会的召开，我国文化发展进入新阶段。"互联网+""大数据""大众创业""万众创新"和"文化+"等新的产业概念和产业形态，积极推动了文化创意产业的发展，以及产业概念的延伸与拓展，文化的内容已经涨破我们传统的认识，以一种"大文化"的态势，把整个社会经济的发展融合起来，文化的经济化、文化

---

* 本文是在 2015 年 8 月 26 日"文化创意时代"国际学术研讨会上的致辞。

的科技化、经济的文化化、科技的文化化以及文化经济科技的一体化，各个领域不断跨界、越界和交叉、交融，使文化创意产业成为与整个社会发展不可分割的一部分。伴随国家"一带一路"、京津冀一体和长江经济带等大型战略项目的实施，我国文化创意产业势必迎来新的发展热潮，呈现更好的发展态势，也必将对世界的发展和人们的生活，产生巨大影响。

在新世纪社会发展转型的关键时期，上海交通大学以坚持中国特色、创办世界一流大学为目标，发扬人文为本的优良传统，锐意改革，勇于创新，不断提升办学水平。近十年来，在办学思路、学科建设、评价体系、教学科研等多方面进行探索，进行人事制度改革、人才培养模式改革、科研体制改革、内部治理体系改革，坚定不移地走内涵式的发展道路，以更加合理的机制驱动办学质量和效益的提升。为顺应社会发展需要，服务国家战略需求，上海交通大学早在1999年就成立了首个国家级文化产业研究基地，成为推动中国文化产业研究的重要力量。上海交通大学学者积极参与中国文化产业的理论与实践建设，在为国家培养文化创意产业人才的同时，亦推进文化创意产业的学科建设。近年来，上海交通大学先后承担了一批国家级、省部级科研课题，研究成果在学界引起了广泛的影响。

文化创意产业的发展，不但有其潜在的经济效益，而且更有重大的人文教育内涵。产业的发展是文化渗入社会发展的助推剂，发挥好产业的引导作用，对整个社会人文素养的提升，对弘扬中华传统文化，对建设社会主义精神文明都具有重要作用。人文学院作为上海交通大学人文基础学科和人文素质教育的大本营，必然要为文化创意产业的发展贡献力量。我们将把文化创意产业的研究作为人文学院的重点建设学科，竭力创造优越的环境条件和研究平台，努力做成文化创意产业的学术重镇。目前已聘请金元浦先生、陶东风先生等多位著名专家加盟，学院还将继续聘请更多学者共成大业，热切期盼大家的加盟。

目前，人文学院正处在发展的关键时期，无论是在学科建设上，还是在人才培养上皆刚刚起步，迫切需要向学界同人讨教！这次会议，无疑是人文学院与兄弟院校、科研机构交流学习的好机会。全国各地的朋友齐聚上海交通大学，为中国文化创意产业的发展建言献策，这是一次思想的盛宴，中国文化创意产业研究学会的成立，必将极大地推进中国文化创意产业研究的发展。

最后，再次感谢各位专家学者的莅临，祝愿所有的朋友生活愉快、身体健康！祝大会圆满成功！祝中国文化创意产业研究会越办越好！

谢谢大家！

2015 年 8 月 26 日

文化强国与校地合作[*]

首先,我代表上海交通大学祝贺大会隆重召开!借此机会,向来自世界和全国各地的专家学者,向所有与会的朋友们致意问候!尤其对太仓市委市政府的文化意识和战略眼光,表示赞赏和钦佩!

在党的十八届五中全会刚刚结束,国家《统筹推进世界一流大学和一流学科建设总体方案》刚刚颁布之时,上海交通大学与太仓联合举办这次大会,作为双方协作的良好发端,不但开启了"校地合作"的又一新篇章,而且是落实中央"四个全面"战略布局,落实国家关于高校"服务经济社会发展""不断完善政府、社会、学校相结合"共建机制的实际行动和具体表现。

上海交通大学历史最悠久、享誉海内外,是教育部直属并与上海市共建的全国重点大学。始于中国近代著名实业家、教育家盛宣怀于1896年在上海创办的南洋公学。上海交通大学在20世纪前期就成为国内著名高校,被誉为"东方MIT"。新中国成立,上海交通大学对国防现代化贡献巨大,国家23位"两弹一星"功臣6位出自上海交通大学。中国最早的内燃机、最早的电机,新中国第一艘万吨轮、第一艘核潜艇、第一枚运载火箭、第一颗人造卫星等,都凝聚着上海交通大学的智慧。

1984年,邓小平同志亲切接见学校领导和师生代表,充分肯定了学校的发展成就。近年来,高层次人才汇聚,科研实力快速提升,同世界一流大学合作办学,实施国际化战略。目前已成为"综合性、研究型、国

---

[*] 本文是为上海交通大学常务副书记郭新立在太仓国际学术研讨会上起草的致辞。

际化"的国内一流、国际知名大学，正在以"中国特色、世界一流"为目标，积极推进"院为实体"改革，实施跨越性发展。

上海交通大学培养了20多万优秀人才，江泽民、汪道涵、钱学森、吴文俊、黄炎培等，还有200多位中科院和工程院院士，都出自上海交通大学。近年来，在国家和上海市的大力支持下，学校抢抓发展机遇，持续深化教育改革，总体实力和水平处于国内一流大学前列，各项国际可比指标快速接近世界一流大学。再经过五年发展，要跻身世界百强，形成卓越的创新人才成长体系、科学技术创新体系、社会服务支撑体系、文化传承创新体系，初步建成英才辈出、贡献卓著、制度规范、文化先进的世界一流大学。上海交通大学高度重视人文教育，现在正强化文科建设，在人才培养、文化传承、一带一路、文献研究、交叉学科等方面开拓创新，向有特色、高水平方向努力，最近整合成立了新人文学院，学校真诚欢迎和热切期待大家来加盟。

上海交通大学与太仓有着深厚的历史人文渊源。上海交通大学老校长唐文治先生的家乡就在太仓。明年是上海交通大学120周年校庆，学校正在把纪念唐文治校长诞辰150周年作为校庆的重大活动，与《光明日报》共同主办。现在由唐校长倾注心血发展起来的上海交通大学，参与他家乡的文化建设，这是一个很耐人寻味的好事情。太仓曾经是中国传统文化最为繁荣昌盛的地方，名家辈出。习近平主席特别强调，智力资源是一个国家、一个民族最宝贵的资源。太仓市委市政府下力气落实中央"文化强国"部署，充分利用资源优势，与上海交通大学合作，借力上海交通大学，成立专门研究院，并将合作纳入政府"十三五"规划，保证工作开展的持续性，让文化资源活起来，变为智力资源，推进地方的文化建设和经济发展，这是一个很有思想、很有眼光的决策，是一个值得称赞、令人钦佩的举措。我们期待上海交通大学与太仓的友好合作，结出令人欣喜的丰硕成果！期待太仓在建成小康社会的决胜阶段呈现发展奇迹！

最后，预祝大会圆满成功！祝愿大家健康欢乐，万事胜意！

2015年11月11日拟

"腹有诗书气自华"[*]

首先祝贺"我是领读者"阅读演讲大赛顺利开展，进入决赛阶段。同时，真诚感谢大家的积极参与和现场交流。

宋代学者罗大经《鹤林玉露》关于宰相赵普"半部《论语》""定天下"、"半部《论语》""致太平"的传说，充分证明阅读经典对于成就伟大事业的重要性。文化巨擘苏东坡不仅断言"腹有诗书气自华"，而且写出了"发奋识遍天下字，立志读尽人间书"的雄壮诗句。

众所周知，书是人类文化的重要载体，书是人类社会实践与思想情感的智慧结晶，书也是人类共同拥有的精神财富与智力资源。坚持阅读，不仅是知识获取、品德修养和人才成长的重要途径，而且是人类文明传承与文化创造的重要方式。当前，阅读已经成为人们精神生活必不可少的重要内容。中央电视台的"朗读者"节目，震撼了亿万受众的心灵！

中华民族具有崇尚读书的优秀传统和"以文化人"的深刻理念，中国历史上一批又一批治国理政的卓越人才和流芳百代的文化精英，无一不是爱读书、善读书、会思考、擅创新的文化高手，由此方使中国成为世界上唯一五千年文明连续发展不曾间断的文化大国。

上海交通大学以"爱国荣校"为骄傲，有着"立德树人""人文化成"、重视人文教育和培育杰出英才的优秀传统。以传播阅读理念、促进深度思考为宗旨的"我是领读者"阅读演讲大赛，自本学期开始举办以

---

[*] 本文为 2017 年 5 月 23 日上海交通大学举办的"我是领读者"阅读演讲大赛决赛致辞。

来，在营造"学在交大"、深厚人文氛围方面，已经取得良好效果。今天晚上10位通过初赛选拔进入决赛的领读者，将以演讲的形式，向我们介绍10本优秀图书，展示他们在阅读过程中收获的点滴感悟，传播书籍中蕴藏的深邃思想和无穷智慧。这10本图书中既有对生命意义的追寻和考问，又有对历史事件的反省和沉思；既有对当今中国社会现状的聚焦观察，又有对人类和宇宙关系的终极考问。作为人文学院的一名教师，看到我们上海交通大学的青年学子在阅读各种各样的优质图书、思考直指人类灵魂的问题，我感到非常欣慰。

《论语·为政》篇说："学而不思则罔，思而不学则殆。"读书和思考相辅相成。今后，将会继续举办阅读演讲月度赛和年度总决赛。上海交通大学图书馆、校党委宣传部、学生工作指导委员会、上海交通大学出版社会同各院系，将联手打造具有上海交通大学特色的阅读文化盛宴，让更多师生参与读书交流、一起分享爱智求真的喜悦，让越来越多的青年学子登上讲台、阐述感悟、发表见解，共同传承上海交通大学"精勤求学、敦笃励志"的优良传统。

今晚进入决赛的10位领读者，已经做出了表率，祝愿他们发挥出最高水准，带给大家无尽的感动与思考。让我们共同分享他们阅读的深刻感悟吧！谢谢大家！

2017年5月22日草拟

以文会友，以友辅仁[*]

很高兴能应邀参加今天的博士论坛，也很高兴接受安排给我的致辞任务！首先，我代表上海交通大学人文学院，真诚祝贺论坛顺利举办，真诚感谢王兆胜、王秀臣、蓝江等著名学者莅临指导！尤其是要感谢研究生院的支持帮助，感谢指导教师们与论坛项目组全体同学的精心筹备和辛勤工作！

关于人文学院基本情况，会议手册最后一页有介绍，我就不再重复。这次论坛，是新人文学院2015年5月成立以来，首次创办的国际化博士论坛，可以说是为研究生学术交流的国际化开了一个好头。论坛主题"全球化时代'中国梦'的记忆、书写与文化认同"，是一个很有思想品位和时代气息的好题目，既体现着鲜明的人类意识、国家观念和全球视野，又反映了策划者的思想境界、学术眼光和使命意识。同时，论坛的成功举行，不仅充分证明了大家的综合协调能力，而且也充分展示了自身的学术活力和研究潜力。

"学术乃天下之公器"，人类乃命运共同体。中国古代"天人合一"的哲学理念，实际上就含有人类整体观的思想元素。一部人类文明发展的历史，就是世界不同族群、不同区域文化特别是学术思想不断交流交锋、不断融合创新的漫长过程。有学者研究，早在七八千年之前，横贯欧亚的玉石之路，就已经将沿线古国连接起来，形成物质交换和文化交流的重要渠道，推动了人类的文明发展。当其时，以"丝国"著称于世的中华民

---

[*] 本文是在2016年11月26日人文学院举办的"博士论坛"上的致辞。

族，不仅发明了"化干戈为玉帛"这样引导人类和平发展的方式，而且在相当长的历史时期内，不断用勤劳和智慧，创造着物质文明与精神文明，成为世界上唯一五千年文明连续发展、不曾中断的文化大国。

随着信息化时代的到来与发展，人类之间的联系更密切、更直接，特别是文化的交流交融与汇通，比以往任何时候都更频繁、更深入。而中华民族拥有博大精深的优秀思想资源和文化资源，深入发掘、深入研究、深入推广，让世界深入了解中国，让中国走向世界，这是我们义不容辞的历史责任。《周易》有"同声相应，同气相求"之说，《学记》也说"独学而无友，则孤陋而寡闻"。这次的博士论坛，搭建了一个思想交流与学术切磋的良好平台，让大家展开研讨，相互启迪，不但开阔学术视野，而且可以增进了解和友谊，为今后开展更多领域的合作奠定坚实基础。

实现中华民族伟大复兴的"中国梦"，人才是关键，文化为根本。文化的最高形态是理论，而理论根于实践，成于研究。中国到 2050 年实现创新型国家，必然需要大批具有深厚理论素养和勤奋务实能力的创新型人才。创办这样的论坛，对正在攻读学位的大家来说，无疑是一种很好的锻炼，也是对中华民族优秀文化传统的现代弘扬，先秦稷下学宫的百家争鸣、汉代盐铁官营的大讨论，都以论坛形式而彪炳史册。"以文会友，以友辅仁"是中国文化的优秀传统，我们期待举办更多的博士论坛，充分展示人才培养与人才成长的新面貌，充分展示上海交通大学人文学院深厚的学术氛围，营造尊重知识、尊重人才的良好学术环境，促进勤奋好学、深入思考、严谨学风的形成。我们也期待大家将来成为相关领域的领军人物和杰出人才！

最后，预祝论坛圆满成功！谢谢大家！

2016 年 11 月 26 日

哲学思维引导人类文明发展[*]

首先，我代表上海交通大学人文学院，热烈祝贺人文学院哲学系和学校图书馆共同举办的第二届哲学月活动开幕！热烈欢迎来自各方面的嘉宾和朋友！同时，也向策划和筹备哲学月活动的所有同志表示敬意！

2015年10月，人文学院哲学系联合校图书馆、曦潮书店，以"走进哲学，思考人生"为主题，拉开首届哲学月大幕，成为上海交通大学120周年校庆的重要活动内容而备受关注。半年之后的5月17日，习近平总书记《在哲学社会科学工作座谈会上的讲话》发表，提出"加快构建中国特色哲学社会科学"的目标与任务。

2017年4月的今天，正当举国上下认真贯彻落实中共中央办公厅、国务院办公厅1月25日印发的《关于实施中华优秀传统文化传承发展工程的意见》，认真贯彻落实习近平总书记去年"5.17"讲话精神和《在全国高校思想政治工作会议上的讲话》精神之时，正当上海交通大学大力推进"立德树人、教书育人"国家人才培育战略和大力推进"双一流"建设之时，第二届哲学月活动的开展，不仅有利于营造上海交通大学人文教育的浓厚氛围，而且将推进大家对人文学科，特别是哲学学科在人才培养方面，不可或缺、无可替代重大作用的认识。

人类文明从茹毛饮血的采集时代，发展到现在以科学和人文为核心的信息时代，在这漫长的历史进程中，哲学发挥了不容轻视的巨大作用。

---

[*] 本文是在人文学院哲学系举办的2017年度"哲学月"开幕式上的致辞。

2600多年前古希腊哲人泰勒斯"世界的本原是水"的思想，促进了物理学以及相关科学的诞生，促进了人类文明的发展。美国1985年出版的《人民年鉴手册》，将孔子列为世界十大思想家之首。20世纪末，英国广播公司BBC在全球范围内举行了"千年思想家"网上评选活动，结果是马克思高居榜首。以孔子为至圣先师的儒家哲学奠定了中华文明的基本形态，并且在东亚、东南亚形成了"儒家文明圈"，《周易》《论语》《老子》等哲学经典更是历久弥新，直到今天依然是中华文明的代表作。而世界一流名校，例如哈佛、耶鲁、剑桥、牛津等，都非常重视哲学人文的通识教育。所有这些，都充分说明了哲学在人类发展进程中的重大作用。

上海交通大学是一所跨越3个世纪、屡创新辉煌的著名高等学府，现在定位于"综合性、研究型、国际化"。实事求是地讲，目前依然是以理工擅长。虽然近年来人文社会科学学科也有了很大发展，而基本格局没有根本性改变。在21世纪的今天，人类社会的科技水平早已不再停留在代表工业文明的汽车、飞机、计算机等领域，脑科学、生物科技、人工智能、万物互联等才标示着科技的未来。但是，人类不能生存于一个冷冰冰的技术世界之中，亚里士多德早已指出，"人天生是城邦动物"，而中国古代"以人为本""天人合一"的哲学理念，不仅具有深厚的人本思想和浓厚的人文情怀，而且体现着深刻的人文精神，具有世界性和普遍性意义。

当下重新审视科技与社会、科技与人的生存之关系，具有重要而迫切的现实意义。在上海交通大学这块土壤上，人文通识教育也将为人类共同的明天播下希望的种子。哲学月活动代表了上海交通大学人文学院和图书馆在这方面的努力。接下来的一个月，国内哲学界的5位著名学者将为大家带来深入浅出、通俗易懂，但同时又充满学识与智慧的五场讲座，哲学系、科学史与科学文化研究院的青年老师也将围绕"虚拟生存"的主题与同学们一起进行思想上的探索。

屈原"路漫漫其修远兮，吾将上下而求索"的坚毅决心，李白"古人不见今时月，今月曾经照古人"的深沉感慨，苏轼"不识庐山真面目，只缘身在此山中"的深刻领悟，陆游"山重水复疑无路，柳暗花明又一村"的意外欣喜，这些中国古代文学中的经典名句，无不充满深刻的哲理情趣。相信北京大学韩水法教授今天的讲座，一定能够以"浪漫主义的深度"，把大家带入深刻而优美的哲学意境中。

最后，预祝本次哲学月活动圆满成功！谢谢大家！

2017 年 4 月 28 日

自信·自强·自立*

同学们，老师们，家长们：

大家好！

今天的典礼，是收获的庆典！是同学们人生中永远值得纪念的庆典！我们欢聚在人文学院100号礼堂，举行毕业典礼，在此，我谨向大家表达真诚的祝贺、祝福与祝愿！

首先是祝贺。祝贺今天毕业典礼的召开！祝贺同学们本科学习获得的骄人成绩！祝贺家长亲友与全体教师期待的时刻终于到来！也特别祝贺陈莉老师指导的倪淑婷同学入选优异学士学位论文，为学院增添了光彩！交大四年，同学们的勤奋刻苦，家长们的含辛茹苦，老师们的呕心沥血，都体现在这个毕业典礼的时刻！

其次是祝福。毕业典礼是"结束以往"和"开始未来"的标志。李白诗云："弃我去者，昨日之日不可留"，典礼之后，即是"鹰翔蓝天、鱼跃大海"时。祝福同学们自信、自强、自立。

一是自信。要明白你们的专业优势和个人特长，丰厚的人文底蕴，将是智慧的源泉、思想的支撑和创新的动力，这会让你们坚信——"长风破浪会有时，直挂云帆济沧海"。要通过你们的行为与创造，不仅展示什么是"文化"、什么是"文明"，更要显示人文精神推动社会发展进步的巨大能量！

二是自强。"自强不息"方能"厚德载物"。本科毕业，只是完成了

---

* 本文是在上海交通大学人文学院2017年度本科生毕业典礼上的致辞。

阶段性的学习任务，下一阶段还要考验你的毅力与能力，就是林校长讲的"坚韧"。无论是继续深造还是走向社会，都会面临新的学习、适应和挑战。要做好充分思想准备，继续攀登新高峰。要有"会当凌绝顶，一览众山小"的决心、勇气与气魄。

三是自立。主要是指人格的独立和能力的自立，敢于担当，增强责任心，不做"啃老族"。《国际歌》说"从来就没有什么救世主，也不靠神仙皇帝，要创造人类的幸福，全靠我们自己"。个人的主观努力具有不可替代性。大学毕业，已经具备了社会生存和事业发展的基本能力。一方面要有历史使命感和社会责任心，不断增强人类意识和国家观念，不断提高思想境界，学会感恩，关心别人，回报社会；另一方面要继续勤于学习、善于思考、勇于创新，敏锐抓住机遇，积极应对挑战。机会总是留给有准备的人，保持旺盛的生命力和创造力，形成观察社会、分析问题和提出见解的强大能力。

最后是祝愿。祝愿同学们迈入人生新阶段，开辟幸福新局面！用真诚诠释人格，凭实力创造辉煌！祝愿大家永远以上海交通大学为光荣，而上海交通大学将因为你们而骄傲！人文学院永远是我们的大本营！

2017 年 7 月 2 日

人文学养助力人生翱翔[*]

亲爱的同学们，人文学院真诚欢迎你们的到来！大家冒酷暑、来上海，考察上海交通大学、了解上海交通大学、感受上海交通大学，用自己的判断，做出智慧的抉择！今天的开幕式上，你们将会获得更多可资参考的信息。

期待大家做出正确而智慧的选择。同学们大都是名校学霸，是出类拔萃的佼佼者！现在又面临关键性的抉择！这次抉择，将影响甚至决定你今后的成长与成就！因为大家已经结束了本科阶段的学习，开始攀登研究生层面的高峰，进一步扩展和夯实人生的奋斗基础，进一步提升综合能力！本科与研究生虽然都在学校读书，但二者之间有着本质区别——目标与着力点发生了根本转变！研究生的重心在于提高"研究"素质与素养，着力点在于提高"学术"能力。"学术"的因素成为主要的方面。

学习环境、学术生态、交流平台，这三方面成为大家关注的重点。因为优越的学术生态环境、优秀的指导老师、优秀的资质天赋是学术研究获得成功的重要条件。上海交通大学人文学院可以为你们提供和创造这样的保障！下面，会有老师专门介绍，此不赘言。

前人说"学术乃天下之公器"。"学"是知识、是"形而上"，"术"则是落脚于"用"，是"技术"、是"器用"、是"形而下"，"学术"以思想为前提，推动社会发展。"人文"以丰富深刻的思想性和潜移默化的艺术感染力，成为促进人类文明发展的根基，成为创造幸福成功和成就理

---

[*] 本文是在 2017 年 7 月 12 日上海交通大学人文学院举办的夏令营开幕式上的致辞。

想伟业的保障,"人文化成"更是中华民族历史实践的智慧结晶。早在 1930 年,上海交通大学老校长唐文治就提出"第一等学问、第一等事业、第一等人才、第一等品行"的要求与标准,上海交通大学自创建之日起,即注重人文教育,立德树人,辜鸿铭、唐文治、张元济、蔡元培、黄炎培、李叔同、邹韬奋、傅雷、钱学森、张光斗、汪道涵、吴文俊、江泽民等都是影响中国历史和社会发展的杰出校友。目前,人类发展开始进入更加重视人文教育的新时期,特别是中国需要培养引领世界人文发展的精英,你们赶上了一个好时代!

  亲爱的同学们,您想让自己的人生充满创新活力、焕发更加富有诗意的光彩吗?您想成为思想敏锐、知识渊博、温润尔雅更加富有人格魅力的领军精英人才吗?您想体验个体生命为人类文明做出重要贡献的幸福感受吗?那就从选择上海交通大学人文学院开始吧!

  最后是期待。期待同学们加盟交大、相聚交大!期待同学们成为人文学院的新秀,创造 21 世纪的精彩!

2017 年 7 月 12 日

努力实践自强不息与厚德载物的人文精神*

大家好！看到朝气蓬勃、充满活力的新同学，情不自禁地喜形于色！真诚祝贺你们以优异成绩考入上海交通大学！热烈欢迎来自全国和世界各地的上海交通大学新主人！特别是徐汇会场，更能体现世界性！

开学典礼是隆重欢迎新同学的重要仪式，也是隆重宣布你们身份转换和生活转型的重要时刻。从今天开始，同学们将成为新的"交大人"，人文学院增添了生力军！我为你们的智慧选择感到高兴，因为这体现着你们热爱人文专业的远见卓识！来到人文学院，就要首先熟悉自己的家。因此，我提三点建议，也是对大家的希望和要求。

一是深刻认识"人文"意义

20世纪80年代美国出版的《影响人类历史进程的100名人排行榜》、20世纪末英国广播公司（BBC）举行的全球"千年思想家"评选，入选者几乎都是人文修养深厚的思想家，包括著名自然科学家。我们的杰出校友钱学森也很典型，他的人文素养甚至远远超过文科学者。中国成为世界上唯一五千年文明连续发展不曾间断的国家，重要原因就是中华文化"人文"精神薪火相传。可以说，"人文"是人类文明健康发展的根本保障，人文的学养与素质，决定着人生事业发展的空间与成就。由此，"人文教育"被称为"铸魂工程""固本工程"和"底色工程"。这正是上海交通大学唐文治老校长提出"一等学问、一等事业、一等人才、一等品行"要求，并亲自主讲国文课的重要原因。在高新科技飞速发展、全球

---

* 本文是在上海交通大学人文学院2017年秋季新生开学典礼上的致辞。

一体化和命运共同体趋势凸显的当今时代,"人文"成为国际交流合作的首要前提,发挥着无可替代的重大作用。

二是正确理解"人文"内涵

这应当是人文学院的基本常识。中华文化"天人合一"的宇宙观,视"天、地、人"为一体,将"天文、地文、人文"相并列。"天文"是日月星辰的分布运行,"地文"是山川河海的地理面貌,二者都是孕化万物的根本,故有"天地大德"之说。关于"人文"的理解,只要看看汉字的结构形状即可一目了然:

| 甲骨文 | 金文 | 小篆 |

上面是古代"文"字的三种书写。作为象形字,"文"的基本构架是小篆的"人"字形状。"人"位于"天、地"之中,所以字形既有"顶天立地"之状,又有"勇于承担"之象,颇带"人类命运共同体"的意味。小篆与今天的简体没有差别,甲骨文与金文书写却很特别:"人"字形胸前都有个符号。符号的意思,金文是"心"的形状,表达最清楚,且心胸宽大,标明了"文"的本义是表达人的心智、观念与品德。由此,"人文"最初的含义,也与"天文、地文"一样,表达化育人类社会、推进文明发展的美好品德与精神境界。这是积极向上的正能量,也是人文精神"以人为本""立德树人""人文化成"的根本所在。

三是努力实践"人文"精神

中华文化的重要精髓是"知行合一"。正确理解"人文"内涵,只是创新实践"人文"精神的基础。自觉承传中华民族的人文精神,才是实践的应有之义。我们要学知识、学方法,更要讲品行、重道德。期待大家通过在上海交通大学期间的学习与陶冶,能爆发式呈现中华文明沉淀的大气、正气和秀气。

大气就要心胸宽广，视野开阔，高瞻远瞩。既自强不息，厚德载物，又充满自信，不失纯真。既要有"会当凌绝顶，一览众山小"的气概，又要做到至诚坚毅，博学慎思。正气就要树立大局观念和集体意识，有理想、立大志。做到尊师重道，严于律己，明辨是非，敢于批评。秀气就是文质彬彬，体现学者的综合素养与精神气质。要多读、多思、多写，培养自主学习的能力、建立独立思考的意识、形成批判性的思维，培养发现问题、分析问题和解决问题的超强能力。

上海交通大学自创建之日起，即以人文教育为根本，培养出大批影响中国历史和社会发展的国家栋梁，这些内容将由负责学生工作的副院长向大家做专门介绍。我们期盼同学们学有所成，创造精彩！

谢谢大家！

2017 年 9 月 9 日草拟

"以人为本"与"尊道贵德"*

各位道友，大家好！

首先，真诚祝贺"儒家思想与儒商发展论坛"大会的隆重召开，祝贺"互联网汉语教育联盟"的正式成立，祝贺曲阜师范大学国学院数字媒体研究中心、国学院自然国学传播中心郑重揭牌！

近年来，曲阜师范大学紧紧围绕国家发展战略需求，充分利用地域优势和独特的文化资源，开展科学研究和人才培养，硕果累累，成绩斐然，形成特色。孔子文化研究院、国学院声誉鹊起，在儒学研究和传统文化的传承创新等方面取得突出成就，引起学界广泛关注，可喜可贺。我为母校的发展，感到骄傲和自豪。

一周前（11月1日），习近平总书记在民营企业座谈会上发表重要讲

---

* 本文是在曲阜师范大学举办的"儒家思想与儒商发展论坛"开幕式上的致辞。

话,指明发展方向,提出目标要求;两周后(11月26日),则是习近平总书记视察曲阜发表"大力弘扬中华民族优秀传统文化"重要讲话五周年。曲阜师大在这样一个节点上举办"儒家思想与儒商发展论坛",体现出敏锐的学术思维和鲜明的国家意识。

中华文化的重要特点是"以人为本""尊道重德""人文化成"。孔子创建的儒家思想体系不仅是最典型的代表,而且是中国传统文化最重要的根基,成为中华文明数千年持续发展的思想基础和精神支撑。习总书记5年前的传统文化"寻根之行",就是对儒家思想在适应时代需要、不断创新发展的进程中展现出的强大、持久和鲜活文化生命力的高度肯定。

作为主流文化和主流价值观,儒家倡导和躬行的"仁、义、礼、智、信"同样深深地渗透在商业领域,通过企业和个人的商业经营一代一代传承下来,形成了中国商界和企业家独特的精神风范。从2000多年前的范蠡到现代的荣毅仁、王光英以至当代的马云等优秀企业家,他们在创造一个个巨大商业奇迹的同时,都出色地践行着儒家以德立世、以德创业、以德济民的准则,体现着超功利的最终目标、救世济民的远大抱负、爱国忧民的强烈意识和对社会发展的崇高责任。

改革开放以来,中国用40年时间,就跨越了西方国家近百年的发展历程,这期间,数以千万计的中国企业和它们的带头人——企业家功不可没。在中国,被称为企业家精神的核心内涵就是"援儒入商"!儒家文化造就了中国企业家独特的商业人格和行为规范,大凡优秀的企业家都会把"儒商"这一称号作为对自己精神风貌的最好加冕。40年来,儒商精神已淋漓尽致地体现在祖国高山大川上的一座座大桥、一条条高铁和神舟系列这样的大国重器中,也渗透于百姓日常生活之所需的千万亿"中国制造"中。中国奇迹是干出来的,而支撑中国人尤其是企业家们坚韧不拔的内在动力,则是深邃博大的儒商情怀和精神。

展望未来,高科技正以超乎人们想象的速度发展,儒商精神更需要在新时代人工智能和互联网的创新大潮中薪火相传。习近平总书记在前几天召开的民营企业家座谈会上的讲话中谈到,民营企业家要珍视自身的社会形象,热爱祖国,讲正气,走正道,在合法合规中提高企业竞争力。应当说,这是所有企业家都应达到的基本要求,而对那些志存高远的优秀企业家来说,要创办一个优秀的企业,形成一支卓越的团队,领头人的精神境界、道德风范、胸怀气度、文化修养是最重要的决定性因素。新时代中国经济向着更高质量更高水平迈进，需要更多企业家成为杰出的儒商。如何在商业行为中渗透儒的精神、儒的气度、儒的道德规范，以儒家的道德理想和道德追求为准则去创办企业、从商经商，不仅要企业家们恭行实践，还需要儒学研究者们给予充分的关注。儒学的发展不能只停留在学术的层面，还要实现儒学的落地。倡导培育儒商精神，是儒学发展趋势和国家当前的需要，也是学术界有所担当的表现。期望本次论坛在9月份开展的山东省儒商大会的基础上碰撞出新的思想火花，将儒学和儒商的研究推向一个新的高度和深度！同时，期待曲阜师范大学成为世界儒学研究的学术重镇，成为世界儒家文明创新的中心！

最后，祝愿大会圆满成功，祝愿各位朋友安康开心！谢谢大家！

2018 年 11 月 10 日

密切关注现实与强化国家意识[*]

无论是开展科学研究还是教书育人，密切关注现实并强化国家意识，都是培养创新型时代新人的重要前提。中国共产党第十八届中央委员会第六次全体会议闭幕后，认真学习和贯彻落实六中全会精神的热潮立即兴起。把握要义、突出重点、抓住精髓、讲求实效，成为必然要求。

一　深刻把握一个主题：全面从严治党

六中全会是着眼协调推进"四个全面"战略布局、专题研究部署全面从严治党的重要会议。习近平总书记在全会上深入分析了党面临的形势和任务，深刻回答了为什么要全面从严治党、怎样全面从严治党的重大问题，强调党风廉政建设和反腐败斗争任务依然艰巨。要深入学习总书记重要讲话，深刻领会"办好中国的事情，关键在党，关键在党要管党、从严治党"的重大现实意义和深远历史意义，推动党的建设新的伟大工程不断开创新局面，确保我们党更加有力地团结带领全国人民实现中华民族复兴之梦。

全面从严治党必须统一指挥，要有强劲的领导核心。全会明确习近平总书记是党中央的核心、全党的核心，这既是全面从严治党的迫切需要，是党和国家根本利益所在，也是坚持和发展中国特色社会主义事业的根本保证。党的十八大以来，以习近平同志为核心的党中央身体力行、率先垂范，开创了党和国家事业发展新局面。明确习近平总书记的核心地位，对

---

[*] 本文以"学习六中全会精神：把握一个主题吃透两个文件"为题目发表在 2016 年 11 月 28 日《人民网·理论频道》。

维护党中央的权威和集中统一领导,对实现"两个一百年"奋斗目标,具有极其重要的现实意义和深远的历史意义。

二 深刻吃透两个文件:《关于新形势下党内政治生活的若干准则》和《中国共产党党内监督条例》

《准则》和《条例》是全面从严治党、标本兼治的重大制度成果,也是立足当下、着眼未来的制度建设和战略安排,与习近平总书记讲话共同构成六中全会相辅相成、有机统一的三大成果。学习六中全会精神,要深刻全面地把握思想内涵,尤其要深刻理解和牢牢铭记党内政治生活的规矩与要求。这里将基本要义与重点内容归纳为以下十二个方面。

一是清晰使命定位与弘扬六大作风。即"办好中国的事情,关键在党,关键在党要管党、从严治党";"实事求是、理论联系实际、密切联系群众、批评和自我批评、民主集中制、严明党的纪律"。

二是突出问题意识和明确解决途径。即"严重侵蚀党的思想道德基础,严重破坏党的团结和集中统一,严重损害党内政治生态和党的形象,严重影响党和人民事业发展"的问题;"着力增强党内政治生活的政治性、时代性、原则性、战斗性,着力增强党自我净化、自我完善、自我革新、自我提高能力,着力提高党的领导水平和执政水平、增强拒腐防变和抵御风险能力,着力维护党中央权威、保证党的团结统一、保持党的先进性和纯洁性"的途径。

三是坚定理想信念"四必须"与"三坚持"。必须把对马克思主义的信仰、对社会主义和共产主义的信念作为毕生追求;必须坚定对中国特色社会主义的道路自信、理论自信、制度自信、文化自信;必须把理想信念的坚定性体现在做好本职工作的过程中;必须毫不动摇坚持马克思主义指导思想,不断提高马克思主义思想觉悟和理论水平,提高战略思维、创新思维、辩证思维、法治思维、底线思维能力,提高领导能力专业化水平。坚持和创新党内学习制度,坚持开展党内集中学习教育,坚持中央领导同志做专题报告制度。

四是党的基本路线"三必须"与"八坚持"。必须全面贯彻执行党的基本路线,把以经济建设为中心同坚持四项基本原则、坚持改革开放这两个基本点统一于中国特色社会主义伟大实践。坚持以人民为中心的发展思想，统筹推进"五位一体"总体布局和协调推进"四个全面"战略布局，坚持创新、协调、绿色、开放、共享的发展理念。必须毫不动摇坚持四项基本原则，根本是坚持党的领导，坚持中国特色社会主义道路、中国特色社会主义理论体系、中国特色社会主义制度、中国特色社会主义文化。必须毫不动摇坚持改革开放，勇于推进理论创新、实践创新、制度创新、文化创新及各方面创新，坚定不移实施对外开放基本国策。

五是坚决维护党中央权威：强化"四大意识"与"三必须三不准三不许"。全党必须牢固树立政治意识、大局意识、核心意识、看齐意识，自觉在思想上、政治上、行动上同党中央保持高度一致。必须自觉服从党中央领导，必须严格执行重大问题请示报告制度。必须自觉防止和反对个人主义、分散主义、自由主义、本位主义。对党中央决策部署，不准合意的执行、不合意的不执行，不准先斩后奏，更不准口是心非、阳奉阴违。决不允许自行其是、各自为政，决不允许有令不行、有禁不止，决不允许搞上有政策、下有对策。

六是严明党的政治纪律："十二不准"与"三反对三禁止"。党员不准散布违背党的理论和路线方针政策的言论，不准公开发表违背党中央决定的言论，不准泄露党和国家秘密，不准参与非法组织和非法活动，不准制造、传播政治谣言及丑化党和国家形象的言论。不准搞封建迷信，不准信仰宗教，不准参与邪教，不准纵容和支持宗教极端势力、民族分裂势力、暴力恐怖势力及其活动。党员、干部特别是高级干部不准在党内搞小山头、小圈子、小团伙。反对搞两面派、做"两面人"，反对弄虚作假、虚报浮夸，反对隐瞒实情、报喜不报忧。禁止吹捧，禁止给领导人祝寿、送礼，禁止在领导干部国内考察工作时组织迎送等。

七是保持党同人民群众的血肉联系："四必须"与"三不许"。必须把坚持全心全意为人民服务的根本宗旨、保持党同人民群众的血肉联系作为加强和规范党内政治生活的根本要求。必须牢固树立人民群众是历史创造者的历史唯物主义观点，站稳群众立场，增进群众感情。决不允许在群众面前自以为是、盛气凌人，决不允许当官做老爷、漠视群众疾苦，更不允许欺压群众、损害和侵占群众利益。必须坚决反对形式主义、官僚主义、享乐主义和奢靡之风，把落实中央八项规定精神常态化、长效化。必须提高做群众工作的能力，既服务群众又带领群众坚定不移贯彻落实党的理论和路线方针政策。

八是坚持民主集中制:"五必须"与"五反对"。必须坚持集体领导制度,坚决反对和防止独断专行或各自为政,坚决反对和防止议而不决、决而不行、行而不实,坚决反对和防止以党委集体决策名义集体违规。领导班子成员必须增强全局观念和责任意识,坚决反对和纠正当面不说、背后乱说,会上不说、会后乱说,当面一套、背后一套等错误言行。党委(党组)主要负责同志必须发扬民主、善于集中、敢于担责。领导班子成员必须坚决执行党组织决定,如有不同意见,可以保留或向上一级党组织提出。必须尊重党员主体地位、保障党员民主权利,推进党务公开,使党员更好了解和参与党内事务。坚决反对和防止侵犯党员选举权和被选举权的现象,坚决防止和查处拉票贿选等行为。

九是坚持正确选人用人导向:"二必须四坚持"与"五不准三禁止"。必须严格标准、健全制度、完善政策、规范程序。必须坚持党章规定的干部条件,坚持德才兼备、以德为先,坚持五湖四海、任人唯贤,坚持信念坚定、为民服务、勤政务实、敢于担当、清正廉洁的好干部标准。坚决禁止跑官要官、买官卖官、拉票贿选等行为,坚决禁止向党伸手要职务、要名誉、要待遇行为,坚决禁止向党组织讨价还价、不服从组织决定的行为。领导干部不准任人唯亲、搞亲亲疏疏,不准封官许愿、跑风漏气、收买人心,不准个人为干部提拔任用打招呼、递条子。任何人都不准把党的干部当作私有财产,党内不准搞人身依附关系。

十是严格党的组织生活制度和开展批评与自我批评:"二坚持"与"二突出"。坚持"三会一课"制度,突出政治学习和教育,突出党性锻炼。批评和自我批评必须坚持实事求是,讲党性不讲私情、讲真理不讲面子。批评必须出于公心,不主观武断,不发泄私愤。领导干部特别是高级干部必须带头从谏如流、敢于直言,以批评和自我批评的示范行动引导党员、干部打消自我批评怕丢面子、批评上级怕穿小鞋、批评同级怕伤和气、批评下级怕丢选票等思想顾虑。

十一是加强对权力运行的制约和监督:"三不能"与"七不准"。党的各级组织和领导干部必须在宪法法律范围内活动,增强法治意识、弘扬法治精神,自觉按法定权限、规则、程序办事,决不能以言代法、以权压法、徇私枉法,决不能违规干预司法。领导干部要主动接受监督,习惯在监督下开展工作，决不能拒绝监督、逃避监督。涉及所反映问题的领导干部应该回避，不准干预或插手组织调查。党员、干部反映他人的问题，通过党内正常渠道实名进行，不准散布小道消息，不准散发匿名信，不准诬告陷害等。对通过正常渠道反映问题的党员，任何组织和个人都不准打击报复，不准擅自进行追查，不准采取调离工作岗位、降格使用等惩罚措施。

十二是保持清正廉洁的政治本色："四必须二带头"与"五禁止"。必须筑牢拒腐防变的思想防线和制度防线，着力构建不敢腐、不能腐、不想腐的体制机制，保持党的肌体健康和队伍思想纯洁。各级领导干部必须严以修身、严以用权、严以律己，谋事要实、创业要实、做人要实，经得起权力、金钱、美色考验，用党和人民赋予的权力为人民服务。必须带头践行社会主义核心价值观，继承和发扬党的优良传统和作风，弘扬中华民族传统美德，讲修养、讲道德、讲诚信、讲廉耻，养成共产党人的高风亮节，自觉远离低级趣味。要坚持立党为公、执政为民，坚持公私分明、先公后私、克己奉公，带头保持谦虚、谨慎、不骄、不躁的作风，保持艰苦奋斗的作风，带头执行廉洁自律准则，自觉同特权思想和特权现象做斗争，不准利用权力为自己和他人谋取私利，禁止违反财经制度批钱批物批项目，禁止用各种借口或巧立名目侵占、挥霍国家和集体财物，禁止违反规定提高干部待遇标准。必须注重家庭、家教、家风，教育管理好亲属和身边工作人员。禁止利用职权或影响力为家属亲友谋求特殊照顾，禁止领导干部家属亲友插手领导干部职权范围内的工作、插手人事安排。必须拒腐蚀、永不沾，坚决同消极腐败现象做斗争，坚决抵制潜规则，自觉净化社交圈、生活圈、朋友圈。

三 深刻认识三大意义：党的建设、国家发展、人类文明

学习领会和贯彻落实六中全会精神，必须紧紧围绕和抓住三大方面：一是深刻认识新形势下加强和规范党内政治生活、加强党内监督的必要性和重要性，二是深刻理解全会提出的重大理论观点和重大举措，三是深刻铭记全会对全党特别是领导干部提出的要求。与此同时，必须深刻认识三大意义：

第一，党的十八届六中全会是21世纪新形势下加强党的建设的伟大

里程碑，是党的建设、国家发展和民族振兴的重大战略部署，是在党内树立人文正气、引领人类文明健康发展的新探索、新示范。

第二，党的十八届六中全会是新世纪新时期新形势下，对中国共产党历史传统与优良作风的大总结、大弘扬、大发展，对中华民族人文精神、文化精髓、民族正气的创造性传承和创新性发展。

第三，党的十八届六中全会是对中国特色社会主义事业发展模式、对世界健康发展秩序与人类发展规律做出的新探索，充分体现了以习近平总书记为核心的党中央坚定不移推进全面从严治党的坚强决心和历史担当。

创建一流学科　培养一流人才[*]

首先，由衷拥护学校党委的任免决定，并向资深教授王宁院长表示祝贺！

四年前受聘院长，让我感受到学校领导的信任和期待；前些天，学校理解、体谅并同意我届满卸任的选择，让我感受到满满的人文关怀和浓浓的人情味！

组织安排我讲几句，此时此刻，我最想说的是"感谢"。感谢学校党委和各位领导的信任、支持与关怀，感谢学院领导班子以及为学院发展做出贡献的每一位教职工，你们辛勤奉献在教学科研与服务管理第一线，支持我工作！领导的支持和大家的帮助，让我有信心克服困难，坚持向前。

四年来，学校高站位、大格局、宽视野，鼎力扶植，学院立足实际，着眼长远，建章立制，干实事，求实效，获批中文博士点（国务院学位委员会两周前已通过）及哲学、历史硕士点，引进和招聘各类人才50多位，承担国家及省部级课题86项，获省部级以上各类大奖26项，举办学术会议220多场。同时，创建了"中国创世神话研究基地""世界反法西斯战争研究中心"两个省部级学术研究平台，成立了"神话学研究院"和"东京审判与世界和平研究院"两个校级平台，建立了"海外汉字文化研究中心""当代中国文化研究中心""太仓文化研究院""方泰国学大讲堂"等十多个院内平台，这些都成为教学科研的学术基地和"双一流"建设的重要抓手。

---

[*] 本文是2019年4月25日在上海交通大学人文学院院长四年任期届满交接全体教职员工大会上的发言，校长林忠钦院士、学校党委副书记顾锋教授及组织部相关同志出席会议。

尤其是，姜书记亲自向市委宣传部汇报神话研究情况，直接促成与上海市共建项目"神话研究基地"和"神话学研究院"的成立；姜斯宪书记、顾锋书记还分别担任"东京审判与世界和平研究院"和"神话学研究院"院长；林忠钦校长多次专门听取人文学院工作汇报，亲自指导和协调中文博士点的申报。顾锋书记对学院重要工作更是亲力亲为，亲自推进和指导。

两周前，奚立锋副校长带队来学院调研，充分肯定学院"主流与特色并重、突出中国文化"的思路布局，肯定学院采取的具体措施，如正在制订中的资助"学术著作出版、各类项目培育、优秀成果奖励、院内平台支持、教学项目培育"等六个办法，要求加强经费统筹力度。以上这些，无不体现着学校领导的高度重视和强力支持。

四年来，让我感受很深的是，人文学院有一批勤奋刻苦、学风扎实、默默奉献的教师，有一批热心服务于教学科研的管理人员，他们任务繁重，既敬业又投入，关键时刻自觉奉献，甚至忍受委屈与误解，勤奋工作。比如，上次学科评估、两次博士点申报，多名老师带病坚持，昼夜奋战，而每到期末年终，不少同志夜以继日，令人感动！

总之，感谢领导的信任与扶持，感谢大家的支持与帮助，让我有幸成为上海交通大学新人文学院成立和发展的参与者、助推者和见证人！上海交通大学创始人盛宣怀说："造就人才，大处着笔。"我认为，人文学院有实力，更有潜力。借助国家政策和学校重视，相信在新院长和领导班子带领下，学院将在"立德树人，教书育人"和"双一流"建设中，创造辉煌！

2019 年 4 月 25 日

弘扬中华文化与培养时代新人*

文化是民族的根基和灵魂，也是培养创新人才和促进社会文明发展的动力源泉。党的十九届五中全会通过的"十四五"《规划》建议，从人类命运共同体的高度，立足现实，着眼未来，谋划国家发展，高瞻远瞩，方向明确，目标具体，既系统全面又重点突出，战略格局大，谋划思考深。这一纲领性文献，标志着中华民族21世纪的复兴，鼓舞人心、振奋人心、凝聚人心。

《规划》以推动国家高质量发展为目的，以提升创新能力为手段，核心是创新，关键在人才，呈现着缜密的科学性。尤其是把弘扬中华优秀传统文化，作为增强国家文化软实力的重要方面，将提升教师教书育人能力素质，作为建设高质量教育体系的基本内容，抓住了弘扬中华文化与培养创新人才之间的内在联系，体现着充分运用传统文化珍贵资源，培养创新型时代新人的重要性。关于"深入实施科教兴国战略、人才强国战略、创新驱动发展战略"的重大部署，关于2035年"建成文化强国、教育强国、人才强国"的宏伟蓝图，都与培养时代新人密切相关，都与高校教师的岗位职责紧密相连。在高新科技瞬息万变的当今时代，发展靠创新，创新靠人才，人才靠培养。学校乃"王政之本"，关乎"致治之盛衰"（欧阳修《吉州学记》），大学历来都是集中培养国家栋梁的重镇，现在更应当是培养创新人才的摇篮。"办好高等教育，事关国家发展，事关民族

---

* 本文是2020年11月19日上海市委宣传部在上海交通大学召开的学习党的十九届五中全会精神智库专家座谈会上的发言，以《弘扬中华文化　培养时代新人》为题目，刊登于《文汇报》2020年12月15日第5版上。

未来"（习近平总书记给清华大学建校105周年的《贺信》）。努力培养具有鲜明人类意识和浓厚家国情怀的创新型人才，培养能够"识变、应变、求变"和勇于创新的时代新人，责无旁贷。作为选择"立德树人"为职业的高校教师，只有具备相应的思想素质与专业能力，熟悉党情、国情、世情和民情，才能成为培育创新人才的合格启蒙者。

创新能力是创新人才的主要标志，也是时代新人必备的素质。培养创新人才的着力点，首先在于创新能力培养。中国古代以"德、学、才、识、胆"即品德、学问、才华、见解、气魄五方面的表现评价人才，其实就是评估创新能力的五条标准。这里面不仅含纳了创新人才的五大要素，而且强调以"德"为先。综观中华民族发展史，那些为人类生存、民族发展、社会进步做出重大贡献的至圣先贤，都是以品德高尚与创造发明见长，呈现敏锐的思想力与强大的创造力。传说中的三皇五帝，都是人类生存条件与文明发展方式的主要创造者。诸如，有巢氏是人类架木为巢的发明者，首创居室文明；燧人氏发明了燧石击火、钻木取火，教人熟食；神农氏不仅日尝百草，发明了医药教人治病，而且创制多种农具教人耕种。在文化方面，伏羲画八卦、文王演周易、孔子作《十翼》，史称"人更三圣，世历三古"，成就了被誉为"群经之首"的《周易》；至于大禹治水精神、仓颉造字传说、儒学体系建构，无不体现着前所未有的文化创造力。汉唐帝国的兴盛、赵宋文化的繁荣，创新人才与创新思想都发挥了无可替代的重要作用。近代以来众多著名思想家、政治家、军事家乃至革命领袖，无不表现出宏伟的创新气魄与强大的创造能力，推动了社会发展与文明进步。这些善于创新、德泽千秋的古圣先贤，共同特点就是关注社会、关心现实、关切民生，既立足实践、勇于创造、甘愿奉献，又有解决现实问题的超强能力和深厚丰富的人文情怀。

创新能力的首要元素是人文情怀，这是创新人才必备的品质。人文情怀源于生活的感知，尤其得益于文化潜移默化的熏陶。作为人类历史实践的思想创造和文明发展的智慧结晶，文化既是一个国家、一个民族的精神体现与内在灵魂，也是国家核心竞争力的重要因素。文化巨大的潜在活力与无限创造力，只能依靠人才来激活、来体现。弘扬中华文化思想精华，以文育人，以文化人，乃培养创新人才的应有之义。培育时代新人，建成文化强国，首先要有坚定的文化自信。最新考古研究与历史文献证明，中华文明是迄今人类发展史上唯一持续发展近万年而不曾间断的文明，创造和积累的丰富经验，是人类共同拥有的珍贵资源，深刻认识和充分利用先民创造的思想智慧，是培养时代新人、坚定"四个自信"、建成文化强国的重要基础。特别是中华民族"以人为本""天人合一""尊道贵德""经世致用"的四大文化理念，不仅体现着整体性、系统化的思维模式和重实际、讲效用的务实精神，而且也为创新实践提供理论与方法的指导。美国学者罗伯特·鲁特·伯恩斯坦的《天才的13个思维工具》，研究150位科学家传记，发现几乎所有科学家都同时是诗人、提琴手，或者是作家、业余画家，等等。提出相对论的爱因斯坦钟情于哲学、艺术且爱好钢琴，著名建筑学家陈从周写得一手好诗，竺可桢、苏步青、李四光、高士其、李政道等著名科学家都具备深厚的人文艺术修养。正是因为他们具有人文情怀、多才多艺，才取得非凡成就。这一普遍现象告诉我们，卓越的创新人才必须具有深厚的文化素养和人文修养。

　　创新能力培养，重在提高研究能力与方法引导。研究能力决定创新能力。研究就是发现问题、分析问题、解决问题，是认知运用于实践而进行创新的能力。中国古代文化整体性与综合性很强，没有细化的学科区分，不仅文史哲不分家，而且天文、地理、象数之类，全都浑然一体，至如《周易》已是无所不包。中国古代的人才培养，也以全才、通才为目标，诗文礼乐、琴棋书画、学术与实践等，都要熟知和贯通，孔子设六科，实为一体。宋代教育家胡瑗讲"明体达用"，创"经义""治事"两斋，分学理与实践两个层面，并非分系分科。古代先贤仅以"格物致知"四个字，要求学生对宇宙万物进行观察、思考、研究和认知，这是一个充分调动学生自身主观能动性、注重在实践中培养创新能力的智慧方法。宋代理学家又用"万事一理""理一分殊"来提示"事"与"理"关系的规律性，启发学生分析事物的共性与个性，培养独立思考的能力。古代的很多创造发明，都出自复合型人才之手，诸如四大发明、李冰父子建造的都江堰，等等。近代以来学科区分细化，而学生过早的分科或偏科，特别是人文滋养的先天不足，不利于创新人才的成长，重认知而轻方法，自由阅读和独立思考少，掌握思想方法的力度和理论思考的深度受到限制。培养创新人才，必须改变这种状态。此其一。其二，科学处理"专""博"关系。创新既要有精深的专业知识做支柱，又要有广博丰富的非专业相关知识做基础。老子《道德经》说"知者不博,博者不知",是从正反两个方面提醒处理好"专""博"关系,意思是说,聪明的人一定会有自己的专长,成为名副其实的"专家",知识博杂而无专精,肯定不是真聪明,也很难创新。钱学森曾说,"一个有科学创新能力的人不但要有科学知识,还要有文化艺术修养"。钱老自己不仅文学历史哲学艺术兼通,而且还研究语言学、逻辑学和美学,对书法、诗词、音乐也认识颇深,他曾深有感触地说,"艺术上的修养不仅加深了我对艺术作品中那些诗情画意和人生哲理的深刻理解,也让我学会了艺术上大跨度的宏观形象思维"。人类的思维模式,形象与逻辑相辅相成、互济互补,只有先后主次,没对立排斥,比如阅读传统诗词,就必须是逻辑思维做基础,找出"意"与"象"的内在联系。而理工科的研究则往往会从人文学科获得启迪,丰富人文内涵而增添情趣,诸如"鸿蒙"系统、"嫦娥"飞船、"天问"一号之类的命名,都有"他山之石,可以攻玉"的意趣。

总之,创新人才的培养,是一个复杂浩大的系统工程和持续漫长的历史过程,高校教师固然可以在自己的岗位上直接发挥某些重要作用,但全社会的共同努力更是不容小觑。十九届五中全会通过的"十四五"《规划》是全党应对目前世界百年未有之大变局的智慧结晶,将提升创新与培养新人作为着力点,提升国家发展水平和质量,意义深远而重大。

2020 年 11 月 18 日草拟于奉贤

毛泽东《沁园春·雪》与中华民族振兴
——建党百年文化战略的回顾与思考[*]

内容摘要：本文着眼文化强国和坚定"四个自信"，从弘扬优秀传统文化的角度探讨中国共产党建党百年的文化战略和历史实践。中国共产党以马克思主义为指导，将共产主义作为奋斗目标，高度重视和充分运用文化战略，创造性转化并创新性发展中华传统文化，同时将马克思主义中国化，引领和推动中华民族的复兴。经过中国共产党和中国人民的百年努力，中国目前已展现出令世界震惊的新面貌。本文主要以毛泽东的《沁园春·雪》为切入点，通过对经典诗词的深入诠释，在挖掘其文化艺术价值的基础上，揭示中华文化的生命活力，分析中国共产党制定文化战略的理论来源，论证中华振兴的必然性。

引 言

今年是中国共产党建党一百周年。结合党史学习，重读毛泽东的《沁园春·雪》，有些新的认识与体会，愿同大家交流和讨论，希望得到指正。为方便理解，先做几点说明。

建党一百年，是党领导中国人民艰苦卓绝实现民族振兴之梦的一百年，历经艰难曲折，成就举世瞩目。取得重大成功的主要原因有三：一是创造性转化和创新性发展中华传统文化精髓，以人为本，尊道贵德；二是将人类历史上最优秀的文化成果马克思主义作为指导思想，实现中国化和

---

[*] 本文是为中国共产党建党百年撰写的纪念文章，先后在上海交通大学、上海外国语大学、浙江财经大学等多所高校演讲。

本土化；三是文化战略成为贯串党的建设和民族复兴全过程的命脉红线。《沁园春》第一次以文学作品的形式，成功地以艺术手段反映和表现党的政治思想路线。

中国古代有"见微知著，睹始知终"之说，文如其人，由毛泽东的这首词，可以走进伟人的内心世界，可以了解中共党史的灵魂所在。

英国学者汤因比（Arnold Joseph Toynbee，1889—1975）被誉为"近世以来最伟大的历史学家"。他曾经深有感慨地赞叹："几千年来，中国人比世界任何民族都成功地把几亿民众，从政治上文化上团结起来，显示出这种在政治上文化上统一的本领，具有无与伦比的成功经验。"[①] 这里所说的"从政治上文化上团结起来"与"无与伦比的成功经验"，其实就是中华民族对人文思想、民族精神和文化建设的高度重视、充分运用与创造性弘扬，以及由此形成的凝聚力、战斗力和蓬勃向上的创造力，包括历代涌现出来的大批开创新时代的卓越人才——"风流人物"。建党百年历史充分证明，中国共产党是成功运用文化战略推进中华民族振兴的经典案例。

坚定道路自信、理论自信、制度自信和文化自信，既是着眼点，更是落脚点。众所周知，文化是人类历史实践的智慧结晶，也是引导人类文明发展和不断创新的思想保障。中华民族至少五千年文明不曾间断的连续发展，其内在原因首先是得益于文化的濡养，特别是人文思想的引领。毛泽东的《沁园春·雪》向来被视为气吞山河、冠绝古今的杰出词作，赢得人们的由衷敬佩和高度赞叹。然而，对于这首词文化价值和历史意义的认识，并未达到应有的高度或深度。

对于《沁园春·雪》，大家耳熟能详，许多读者不仅能背诵，而且会歌唱。但是，不少读者对于作品主旨、本义内涵、背景寓意，未必清楚。一般读者对作品的政治含义与文化意义，尤其是它在中国现代史上发生的深刻影响，与中国共产党发展、中华民族复兴的关系，思考不多，目前尚未看到专门系统的深入研究。

诗词抒情言志。《沁园春·雪》抒的是什么"情"？言的是什么"志"？

[①] 汤因比、池田大作：《展望二十一世纪》，国际文化出版公司1989年版，第294页。

作品传达了什么样的信息？与中华民族复兴以及今后人类的发展有着怎样的联系？毛泽东创作这首词深层的历史原因和最终目的又是什么？搞清这些问题，对深刻理解中共党史、对认识中华民族复兴的必然性，都有重要意义。

下面，拟从六个方面展开讨论：一是内容诠释；二是艺术创新；三是文化影响；四是纵深思考；五是历史实践；六是未来启示。

一 《沁园春·雪》的内容诠释

文学研究，特别是诗词研究，必须搞清三件事：是什么（本义）、为什么（原因）、干什么（意义）。中国古代虽然总结出了"诗无达诂"的理论与"从变从义"的原则，但是，搞清作品的本义依然是文学研究的第一步。

沁园春·雪

北国风光，千里冰封，万里雪飘。望长城内外，唯余莽莽。大河上下，顿失滔滔。山舞银蛇，原驰蜡象，欲与天公试比高。须晴日，看红妆素裹，分外妖娆。

江山如此多娇，引无数英雄竞折腰。惜秦皇汉武，略输文采。唐宗宋祖，稍逊风骚。一代天骄，成吉思汗，只识弯弓射大雕。俱往矣，数风流人物，还看今朝。

"沁园春"是词牌，标志格律样式，限定片数、句数、字数与用韵位置，所谓"依律填词"。沁园，汉代都城西安的公主名园。"春"，暗寓生机与活力，往往与表达的内容有关。苏轼的《沁园春·孤馆灯青》为规范正体。"雪"是词题。词大都没有题目。毛泽东以"雪"为题，突出了结构全篇和展开内容的核心。这是理解作品的重要线索。

雪，是人们熟知的自然物象，这种由云雾冷气凝结成的六角结晶体，同人类的生活、季节和环境紧密相连。在中华文化中，雪不仅是时令气候和区域特点的重要标志，如二十四节气中"小雪、大雪"紧相连、西藏雪域高原之类，而且是吉祥高洁、优雅美丽的代名词，甚至成为气质品格与精神风貌的象征。"瑞雪兆丰年""阳春白雪""雪白""雪亮"等固然广为熟知，传统诗词往往将雪与美或玉相联系，如"雪妃、琼妃、琼瑶、琼花、琼苞、玉英、玉花、玉鸾、玉屑"等，或比作高冷靓丽的美女，或比作美玉做成的鲜花，或喻为玉质的鸾凤，崇拜赞美之意，溢于言表。

雪在文学家笔下，更是被广泛关注、反复描绘，甚至赋予神话魅力或哲学色彩，思想内容深刻，人文内涵丰富。特别是在传统诗词中，"风花雪月"成为历代文人吟咏的四大题材，描绘雪景的经典名篇和精警名句，更是有无穷魅力。

先秦时期《诗经》中有《采薇》"雨雪霏霏"，《出车》"雨雪载途"，重点不在写雪，而是交代天气；汉代蔡琰《悲愤诗》"处所多霜雪"、秦嘉《赠妇诗》"飞雪覆庭"则是描述生活环境的恶劣。魏晋南北朝时期，文人品雪赏景之作突然增多，这大概与"四声八病"说与"永明体"的兴起有着直接关系。丘迟《望雪诗》"倏忽银台构，俄顷玉树生"描绘"台、树"为雪覆盖的情景，吴均《咏雪诗》"萦空如雾转，凝阶似花积"描绘空中雪与台阶雪两种景象，简文帝萧纲创作的"回文"《咏雪诗》"盐飞乱蝶舞，花落飘粉奁。奁粉飘落花，舞蝶乱飞盐"描述飘雪时的动态形象，如此种种，无不生动有趣。南朝宋刘义庆（403—444）《世说新语·言语》还记载了太傅谢安（320—385）雪天家庭聚会，与晚辈谈论咏雪的故事，成为广为流传的著名典故：

谢太傅寒雪日内集，与儿女讲论文义。俄而雪骤，公欣然曰："白雪纷纷何所似？"兄子胡儿曰："撒盐空中差可拟。"兄女曰："未若柳絮因风起。"公大笑乐。

这位将雪比喻为柳絮的才女后来嫁给了左将军王凝之。唐代刘禹锡《乌衣巷》"旧时王谢堂前燕"，其中的"王谢"就指此两家。

唐代咏雪诗，与大唐帝国的兴盛一样繁荣，从平民到帝王都有传世作品。"张打油"《咏雪》通俗生动地描绘雪后景象，元代周德清《中原音韵·作词十法》、明代杨慎《升庵外集》中都有记载：

江山一笼统，井上黑窟窿。
黄狗身上白，白狗身上肿。

这首诗一直被作为调侃艺术水平低下的典型,"打油诗"也成为戏称或谦称。其实,这首诗别有风趣,作品采用写实手法,传达真实感觉。全诗不仅语言通俗自然,幽默诙谐,朴实亲切,而且以空间移动作为结构线索,写景由远及近,有静有动,层次分明;艺术表现上,则紧紧抓住"雪"的颜色特征,既有渲染,又有对比,"里巷歌谣"的韵味极浓。通篇写雪,没用一个"雪"字,却给人以句句是雪的深刻印象。

唐朝第二位皇帝李世民写了多首赏雪诗,如《喜雪》"表瑞伫丰年""鹤处舞伊川"传达下雪时的欣喜,《望雪》"冻云宵遍岭,素雪晓凝华。入牖千重碎,迎风一半斜"以写实的方法描述早晨下雪的情景,让人如临其境。至于唐代的著名诗人,都有脍炙人口的佳作。比如,李白《北风行》"燕山雪花大如席,片片吹落轩辕台"以极度夸张的手法描述寒冷北方雪花的硕大,杜甫《对雪》"北雪犯长沙,胡云冷万家。随风且间叶,带雨不成花"则突出了冷空气南侵、长沙雪雨交加的情形。岑参《白雪歌送武判官归京》中的"忽如一夜春风来,千树万树梨花开"更是以比喻的方法,描绘大雪给人们带来的欣喜。韩愈《春雪》"新年都未有芳华,二月初惊见草芽。白雪却嫌春色晚,故穿庭树作飞花。"将人的盼春情思赋予飞雪,突出早春下雪的特点,生动有趣。白居易《夜雪》"夜深知雪重,时闻折竹声"则抓住夜间静谧的特点,根据听到的竹子被雪压折的声音,判断雪下得很大。

宋代由于教育相对普及和文化高度繁荣,加之文人思辨精神的强化,雪的意象在诗词中得到充分展现。几乎无人不写咏雪诗,少者数篇,多者逾十,《全宋诗》《全宋词》佳作上千。这里只看陆游《大雪》:

　　大雪江南见未曾,今年方始是严凝。
　　巧穿帘罅如相觅,重压林梢欲不胜。
　　毡幄掷卢忘夜睡,金羁立马怯晨兴。
　　此生自笑功名晚,空想黄河彻底冰。

首联写江南大雪,颔联描述雪景,颈联批评南宋偏安江南,尾联抒写收复中原的报国壮志无法实现。全篇以雪为媒介,重在表现爱国情怀。

元明清时期,咏雪风气沿袭唐宋传统,成为文坛常态,文人们任意挥洒，风格多样，艺术精湛。这里试读清代郑板桥（1693—1765）之《咏雪》，不能不让人拍案叫绝：

  一片两片三四片，五六七八九十片。
  千片万片无数片，飞入梅花总不见。

  作者为"扬州八怪"代表人物，他的诗书画世称"三绝"，此诗堪窥其才。全诗几乎都是用数字堆砌起来的，从一至十至千至万至无数，粗读不像诗，细品妙绝伦，构思新奇，出人意料。作品以"时空"变化为结构线索，突出下雪"由小到大、由疏到密""雪花梅花"浑然一体的特点，"心融与雪""物我为一"，神奇飞动，境界阔大，不仅将诗意与韵味深深地埋藏在数字①中，而且读之使人宛如置身广袤天地大雪纷飞之中。

  雪在元明清时期，大量进入戏剧小说。元代关汉卿的经典戏剧六月飞雪《窦娥冤》，明初施耐庵《水浒传》中的林冲雪夜上梁山，清代曹雪芹《红楼梦》第五十回"芦雪庵争联即景诗"等，都成为著名经典。

  毛泽东正是在继承中华文化优秀传统的基础上，将"雪"作为词题，进行了凌跨前人的境界大创造。

  本义诠释。传统诗词有三大特点：一是都有一个由"人、事、物"三元素构成的环形核心，二是都以"时空"变化作为内部结构的逻辑线索，三是诗与词"构成单位"不同，诗以一句为单位，词以"意群"为单位。

  《孟子·万章下》有"知人论世"说，即"颂其诗，读其书，不知其人可乎？"毛泽东是中国历史上划时代、里程碑式的领袖人物，精通文韬武略，兼擅文化艺术。他不仅参与创建了中国共产党，让中国人民"站起来"，让中华民族屹立于世界民族之林，而且为人类的和平发展与文明

---

  ① 以数字为文，汉代才女卓文君的《寄司马相如书》最为精彩有趣：一别之后，两地悬念，只说是三四月，又谁知五六年，七弦琴无心弹，八行书无可传，九连环从中折断，十里长亭望眼欲穿，百思想，千系念，万般无奈把郎怨。万语千言说不尽，百无聊赖十倚栏，重九登高望孤雁，八月中秋人不圆，七月半烧香秉烛问苍天，六月伏天人人摇扇我心寒，五月石榴如火，偏遇阵阵冷雨浇花端，四月枇杷未黄，我欲对镜心意乱，急匆匆，三月桃花随水转，飘零零，二月风筝线儿断，噫！郎啊郎，巴不得下一世你为女来，我为男！

发展，做出了巨大贡献。

这首词创作于中国共产党成立 15 年之后。毛泽东于 1936 年 2 月，率领红军突破蒋介石军队的围追堵截，经过艰苦卓绝的两万五千里长征，胜利到达陕北。他在清涧县袁家沟，为准备渡过黄河而视察地形。当登上白雪覆盖的塬上时，祖国的壮丽山河跃入眼帘，毛泽东抚今追昔，不禁感慨万千，创作了这首震撼人心的《沁园春》。作者以"雪"起兴，写所见与所感。

上片写所见。分为三个意群。起首三句是破题之笔。首句"北国风光"总写空间位置，交代区域范围"北国"与关注重点"风光"。这是笼罩全篇的内容界定。次句"千里冰封"以眼前黄河全部结冰封冻的地面静景点明季节时间是在寒冬，"万里雪飘"以雪花漫天飞舞的空中动景描述环境，以"雪"点题。其间"千里""万里"有纵、横、远、近之别，"冰封""雪飘"有静、动、高、低之分，层次鲜明，动静互衬。以"封"写"冰"、用"飘"状"雪"，既分别抓住了"冰""雪"各自的特点，生动形象，又体现出锤炼用字的功力，精警准确。第一意群是宏观描述，为下面内容的展开预做铺垫。

"望"字七句为第二意群，描绘看到的具体景象。"望"字为"词眼"，是领起第二意群内容的关键字。"长城内外"回应"北国"，既言其远又言其广，"唯余莽莽"突出大雪飘洒宇宙间、天地浑然一体的视觉感受；"大河上下"描述黄河由西向东的态势格局，"顿失滔滔"描绘黄河水面凝固的静止状态，又暗含冰封之前奔腾千里的气势对比。在修辞上，"长城"对"大河"，"莽莽"对"滔滔"，遒劲工整。"长城"是中国古代从西周时期就开始修建的一大军事防御工程，曾有效防止了外族入侵，体现着前人的军事智慧，而"黄河"则是孕育中华民族的"母亲河"，是中华农耕文明的象征。"长城"与"黄河"，都是最具民族特色和区域特色、最具文化影响力和世界影响力的地标性景物，都是中华民族的历史象征、文化象征和精神象征，文化内涵深刻丰富。咏雪不执着于雪，而以雪中的长城黄河为重点，自有深意寓于其内。

以下三句，"山舞银蛇"是描绘白雪覆盖的群山的情状，高低起伏、连绵不断，好像一条白色的巨蛇在宇宙间奔腾飞舞；"原驰蜡象"描绘被皑皑白雪覆盖的原野景物，如房屋、树木与凸起的各种物体等，好像是白蜡制作的臃肿群雕，在平原上奔驰；而奔腾的群山、奔驰的原野似乎有意与"天公"比试高低！这三句，以拟人化手法，借助作者自己目光转移的视觉效果，把静止的景物，描绘出气势飞动的姿态，既雄奇瑰丽、生动形象，又富有意趣和情趣！以上七句，是"北国风光"的具体化。

"须晴日、看红装素裹，分外妖娆"三句，由上面的实景描述转入虚景描绘，想象雪后晴日当空的景色，将会更加纯洁清爽、优美娇艳。"看"字与"望"字照应；"红装素裹"，赋予人的活力与魅力，而红日与白雪交相辉映，艳丽清新，优美迷人。"分外妖娆"，称赏与赞美的激情溢于言表。作者想象雪停天晴之后，阳光照耀着白雪覆盖的山河景物，令人陶醉，由此收束了上片的写景。很显然，上片重在传达对祖国大好河山与民族文化的炽烈热爱之情。

下片写所感。下片的前两句是一个意群。"江山如此多娇"呼应、概括和评论上片描述的所有内容，"多娇"与上片结句的"妖娆"相呼应；次句"引无数英雄竞折腰"揭示"江山"与"英雄"的必然联系，为后面展开议论和抒情蓄足声势。"惜"字七句，以惋惜和遗憾的方式评点英雄美中不足。秦始皇生于河北邯郸、汉武帝生于陕西长安、唐太宗生于陕西武功、宋太祖生于河南洛阳、成吉思汗生于漠北，他们都出生于"北国"，都是伟大的战略家、军事家、政治家，为中华民族强盛，做出过巨大贡献，成为北国最"风光"的"英雄"。然而，毛泽东认为，他们功可盖世，而文治不足。

秦始皇嬴政（前259—前210）统一中国，南平百越，北击匈奴，"四海为一"，始创皇帝制度，"车同轨、书同文"，统一货币度量衡，其功巨大，却失策于"焚书坑儒"之举；汉武帝刘彻（前156—前87）是西汉的第七位皇帝，他破匈奴、征西域、并朝鲜，强化集权，改革币制，开辟丝绸之路，开疆扩土，却"罢黜百家、独尊儒术"。"秦皇汉武"，文化战略都有失误之处，故评以"略输文采"。

唐太宗李世民（598—649）是唐代的第二任皇帝，扩大疆域，攻灭东突厥，征服吐谷浑，且精简政府机构，改革三省六部，成"贞观之治"；宋太祖赵匡胤（927—976）陈桥兵变，黄袍加身，相继消灭后蜀、南唐等割据政权，完成统一大业。唐、宋两朝都重视文化，兴办学校，完善科举，人才辈出，文化繁荣，宋代甚至以文治国，佑文抑武，但唐太宗、宋太祖两人，文章艺术，造诣不深。比如，唐太宗《喜雪》"光楼皎若粉"写雪仅言其白；宋太祖《咏初日》"太阳初出光赫赫，千山万山如发火"，虽有气势而失于直；艺术境界不高。"稍逊风骚"说的就是他们的诗歌写得不怎么样，有"逊色"的地方。

　　元太祖成吉思汗（1162—1227），善战擅谋，统一漠北，建立蒙古帝国，率铁骑征服欧、亚大陆，版图之广，空前绝后。然而蒙古当时尚无文字，成吉思汗虽曾下令创制畏兀儿字蒙古文，忽必烈也让国师八思巴创制"蒙古新字"，但均未实行，成吉思汗本人更没有文章流传。所以毛泽东以"只识弯弓射大雕"相评。

　　以上七句，作者以理想主义的标准，评点中国古代五位开辟新时代的创业帝君，既充满敬佩，又希望完美。"略输""稍逊""只识"都是"惜"的具体化。潜在含意是，如果他们有更高的文化素养与更宽的文化视野，他们开创的大业就会更辉煌更圆满！这是毛泽东对中华民族历史发展规律性的深刻总结和深沉反思，也是对人类文化重要性与人文思想重要性的深刻认识。"惜"字与上片的"望"字一样，是词中的又一个关键字。这一对"词眼"共同支持着题目"雪"字，形成全篇内容的"铁三角"。

　　结尾三句"俱往矣、数风流人物，还看今朝"，既呼应上面内容，又收住历史回顾，回到眼前现实，断定当代俊杰，将会超越前代，创造更加辉煌灿烂的丰功伟绩，以高度自信、积极昂扬的格调结束全词。"俱往矣"以议论收住历史评论，"数风流人物"包含着古今"人物"的对比，"数"就是细数、历数、盘算的意思。"还看今朝"是非常坚定地判断，今胜于昔。"风流人物"一般是指为国家发展做出重大贡献的历史人物。这一概念首见于唐代陈叔达《答王绩书》"风流人物，名实可知"，至苏轼《念奴娇·赤壁怀古》"浪淘尽千古风流人物"始广为熟知。毛泽东借用苏轼"赤壁怀古"之意，表达振兴民族的雄心壮志与坚定自信，激昂慷慨，震撼人心。

　　由上可知，毛泽东此作虽然着眼于"雪"，但是立意全在于中华文化的发展，在于国家命运和民族振兴的思考，用意深远，意义重大。

二　《沁园春·雪》的艺术创新

　　毛泽东《沁园春·雪》为千古绝唱，作品创造的思想新高度与艺术新境界，旷世无比、无人可及。具体表现在如下几个方面。

第一，传统题材的空前创新。前此以往的"咏雪"经典，几乎全部执着于"物"的本身，重点关注于"雪"，欣赏品味"雪"的自然美，或偶有关涉现实民生，而从未有过立足中华民族的历史发展、文化发展和民族振兴高度，来构思和表现。毛泽东的《沁园春》以"雪"为媒介，抒发对中华民族历史的深沉思考和对未来发展态势的积极判断，抒发热爱中华、民族自豪和振兴国家的豪情壮志，充满民族自信和必胜决心，给人深切期待和精神鼓舞。

第二，思想高度的空前翻新。毛泽东是中国历史上唯一擅长以文统帅军队，开创中华民族发展新纪元的伟人领袖。他以深邃的历史眼光和开阔的世界视野，高度提炼、精辟概括和艺术表达中华文明发展史的规律特点、经验教训，积极乐观地预测未来发展，蕴含着民族振兴、国家富强的自豪与自信。

第三，构思布局雄伟新奇。毛泽东是一位伟大的战略家和军事家，用兵如神，震惊世界。他把用兵布阵的方法运化于《沁园春》的创作。作者以中华历史文化主要发源地的空间地域"北国"为主，以上下数千年帝国一统的"有为"帝君为时间线索，上片突出祖国疆域的空间特点，描绘雄伟辽阔与壮丽，重在表现文化积淀深厚的标志性景象，而下片侧重评论历代著名最高统治者文化战略与文化政策的失误，抒发遗憾之情，表达未来一定吸取前代经验教训，将文化建设作为民族振兴的重要抓手，从而形成高瞻远瞩、气魄雄伟的宏大格局。

第四，意境雄奇壮丽。作者运用创新出奇的多种表现手法，渲染夸张，比喻形容，以动写静，化静为动，虚实结合，远近高低，层次分明，意象鲜活，视野雄阔，激情四射。全词气魄宏伟，气势磅礴，气吞山河，思想境界高远阔大，"人在物外、以我观物、物我两忘"，创造出独具一格的"无我之境"。

第五，文化底蕴深厚。词中内含的地理空间、历史源流、英雄人物、发展史观、文化自信等丰富的信息和思想，至今给人以深刻启迪。尤其是，这首词从语言锤炼到意境创造，都深受苏轼《念奴娇·赤壁怀古》的影响，可以感觉到毛泽东对苏轼词凌跨时代的创造性发挥。

第六，艺术个性鲜明。与苏轼相比，毛泽东是举世公认的一代伟人，苏轼是旷世无双的文坛领袖。他们相隔近900年，在诗词、书法、文章等方面的精深造诣，相近相似处甚多。《沁园春》与《念奴娇》在思想内容与艺术创造方面有着很多相似处，诸如豪情激荡，意境雄奇，笔力劲健，等等。创作时的年龄也很接近，毛泽东43岁，苏轼45岁，都是期待事业有成的壮年。但《沁园春》写于胜利到达陕北之时，作者是处于政治地位上升态势的高层政治家，而《念奴娇》写于被贬黄州，是处于打击逆境的文学家。《沁园春》居高临下、气吞山河、积极乐观；《念奴娇》艳羡周瑜、希望建树、心有期待而又无可奈何，不无孤独郁闷，却又深沉含蓄。毛泽东的词属"无我之境"，侧重物象，人在物外，而万物皆备于我，以局外人的眼光，描述景物和评论历史，超脱大气；苏东坡的词属"有我之境"，着眼于人，身在词中，物我为一，情感深沉而执着，人情味浓、生活味浓，思想行为更像普通人，也更贴近人情事理。《沁园春》以"横扫千军如卷席"的气势，平面描述大景象，纵向议论大人物，宏大而不乏细腻，咏雪而不拘泥于雪。《念奴娇》则紧扣题目，以周瑜一人贯穿始终，精于布置，针脚细密，前呼后应，充分展现了文学巨擘的深厚功力和精深造诣。两首词体现出鲜明的艺术个性，向来被视为"词史双璧"。

三 《沁园春·雪》的文化影响

创作这首词时隔9年后的1945年8月28日，毛泽东应蒋介石之邀，率中国共产党代表团，由延安赴重庆，就抗日战争胜利后建立联合政府问题，与国民党进行了43天的谈判。在这期间，柳亚子多次赠诗毛泽东，10月7日，毛泽东把9年前创作的《沁园春·雪》赠予柳亚子，并致信云："初到陕北看见大雪时，填过一首词，似与先生诗格略近，录呈审正。"意在争取国民党高层人士对共产党的支持。

柳亚子得到这首词，欣喜万分，为词的磅礴气势、丰富内涵、深刻思想所折服，赞叹不已，称"展读之余，以为中国有词以来第一作手，虽苏（轼）、辛（弃疾）未能抗"，并创作了《次韵毛润之初行陕北看大雪之作》的和词，一并交给《新华日报》发表。《新华日报》因未征得毛泽东同意，只发表了柳亚子的和词：

沁园春　次韵毛润之初行陕北看大雪之作

1945年9月次韵毛润之初行陕北
看大雪之作，不尽依原题意也

廿载重逢，一阕新词，意共云飘。叹青梅酒滞，余意惘惘，黄河流浊，举世滔滔。邻笛山阳，伯仁由我，拔剑难平块垒高。伤心甚：哭无双国士，绝代妖娆。　才华信美多娇，看千古词人共折腰。算黄州太守，犹输气概，稼轩居士，只解牢骚。更笑胡儿，纳兰容若，艳想秾情着意雕。君与我，要上天下地，把握今朝。

柳亚子认为，苏轼与辛弃疾的创作，都无法同毛泽东相比。柳亚子的"和词"引起社会广泛关注，重庆《新民报晚刊》在11月14日以显著位置隆重推出毛泽东原作，并写了"按语"："毛润之先生能诗词，似鲜为人知。客有抄得其《沁园春·雪》一词者，风调独绝，文情并茂。而气魄之大乃不可及。"

此词一经发表，即刻轰动山城，一时洛阳纸贵，传诵四方。《大公报》等相继刊载，"和词"与评论，几近百篇。蒋介石看到这首词，很恼火，问陈布雷："你看毛泽东的词如何？"陈布雷说："气势磅礴、气吞山河，可称盖世之精品。"蒋介石气愤地说："我看他毛泽东野心勃勃，想当帝王，称王称霸，想复古，想倒退。你要赶快组织一批人，写文章批判他。"数日后，《中央日报》刊登出了"围剿"《沁园春》的作品。

周恩来指导重庆进步文化界，积极回应。郭沫若率先发表和词，延安黄齐生、解放区邓拓、陈毅等，都依韵奉和。为打压和消解毛泽东词的巨大影响，国民党还发出内部通知，组织创作，上报中央，挑选佳作，拟以主要领导人的名义发表，但没有一首中意。其后，又在南京、上海等地重金雇佣"高手"创作，依然没有中意者，只好作罢。由于国民党的三次较量都在暗中组织，又未成功，所以高度保密。直到20世纪80年代，才由知情者透露出来（参见《党史纵横》2008年第7期）。这无疑是一次文化实力的较量，是最高层面的文化决战，是征服精英人心、"不战而屈人之兵"的高招妙招！这对谈判期间争夺有话语权、有影响力的国民党高层人士，发挥了重要影响，此又非战争手段所能比。

四 《沁园春·雪》的纵深思考

毛泽东的《沁园春·雪》着眼于雪、立足历史、瞻望未来，以文化为核心，审视、反省和思考中华民族的发展，既总结规律，又以史为鉴，特别是激昂慷慨的收尾——"数风流人物，还看今朝"，洋溢着积极与乐观，充满着自豪与自信，成为众口皆碑的名言警句。所有这些，只要细心阅读，大部分读者都会有共同的感觉。但是，如果我们只停留在这个层面上，那就只能属于一般性作品欣赏，解决的只是"是什么"的问题，即作品的"本义"与内容。更为重要的是，必须知道"为什么"这样写，即作品背后的深层原因与意义。

其实，毛泽东将文化作为思考的切入点、着力点和聚焦点，传达了一个极为重要的观念和信息，即文化是一个民族的"根基"与"灵魂"，关系民族的兴衰与命运，"文化"在中华民族发展史上具有引领方向、凝聚人心和创造奇迹的重大作用。我们必须努力站到与作者同样的历史高度与文化视角上，才有可能真正读懂这首词蕴含的思想内涵与巨大价值，认识作品重大的历史意义。

首先要了解中华民族发展史。为方便记忆，我们将中华民族发展史分为"古代、近代、现代"三大历史阶段：一是古代发展期，以传说时代到1840年鸦片战争为界，大约一万年；二是近代低谷期，从1841年到1921年中国共产党成立，历经80年；三是民族复兴期，从1921年到2021年，也是中国共产党建党百年期。这三大历史阶段，可简称为"181"（1万年、80年、100年）。我们不以辛亥革命分界，而将中国共产党成立作为划分时代的标志，是因为辛亥革命只是结束一个旧时代的节点，而中国共产党的成立，则是开启中华民族发展新时期的划时代标志。迄今为止的中华民族发展史，可以图示为：

传说时代—1840—1921—2021

其中近代80年"低谷期"，包括了1911年的辛亥革命以及此后十年混乱的"彷徨摸索"期；现代百年奋斗"复兴期"，包括了1949年新中国成立，正如歌词"没有共产党，就没有新中国"的表达，新中国的诞生，是中共党史上"里程碑"式的第一件大事、喜事，是共产党带领中国人民浴血奋斗、来之不易的空前成果,更是中华民族发展史上的一个重大节点与耀眼亮点,由此开始改变世界格局。

中国古代能够连续发展一万年不间断,这是人类发展史上迄今唯一的案例,其根本的原因就是靠"文化"。从最初的神话传说、自然崇拜,到虞夏商周社会制度的创建形成,从春秋战国百家争鸣,到秦汉开始的儒家一统,以及唐宋"儒释道"三教并用、元明清理学心学兴盛等,中华民族创造了以"以人为本、天人合一、尊道贵德"三大理念为核心的价值观、宇宙观和科学观,代表着人类文明发展的大方向、大趋势。

鸦片战争爆发后,帝国主义列强的炮舰入侵,摧毁了中国数千年封建文明的发展秩序,原有文化已经难以应对突如其来的巨大变化,由此引起众多爱国有识之士,对中华民族前途命运的担忧与走向何方的深沉思考。恰在此时,俄国十月革命的一声炮响,给中国送来了马列理论,使一批先进知识分子了解到人类发展由原始社会走向共产主义社会的必然规律,开始从理论上明确了努力方向,认识到传统文化可以增强自身修养和稳定族群统治,却无法应对邪恶外敌的野蛮入侵,无法抵挡"长枪火炮"的强烈轰击。残酷的现实,甚至导致了部分青年学生,在"五四"时期发出了抨击旧文化和"打倒孔家店"的吼声。

中国共产党将马列理论作为指导思想,将共产主义作为奋斗目标,由此满怀信心、充满自信地将中华民族带入振兴富强的新征程。经过百年努力,目前已展现出令世界震惊的新面貌。改革开放的实质就是文化观念的转变,文化强国、人才强国、创新驱动,更是文化战略、文化策略的表现,传统文化的创新性转化与创造性发展,无疑是实现中华民族优秀文化接续的重要手段和渠道。人类进入21世纪,中国共产党正从更高文化层面上引领中国人民走向文化强国、文化振兴的发展道路。

其次要熟悉中国共产党的发展史。可以分为三个阶段:一是酝酿阶段,建党之前10年(1911—1920),痛苦思考和努力寻找中华民族的生存道路与发展方向;二是战争阶段,新中国成立之前首尾近30年(1921—1949),终于推翻"三座大山",实现民族独立和解放,让中国人民站起来了;三是建设阶段,新中国成立之后70年(1949年至今),带领人民建设"独立、自由、民主、统一和富强"的新中国(毛泽东《论联合政府》)。建党后的两大阶段，无论战争阶段还是建设时期，始终都以文化战略为引领。

1921年7月，在位于太平洋西岸的国际大都市上海，诞生了一个将在人类文明发展史上发挥重大积极影响的人民政党——中国共产党。就在中国共产党诞生前十年即1911年，震惊世界的"辛亥革命"，结束了古代中国周秦以来（周初公元前1046至清末公元1911）长达3000年的君主专制制度，由此拉开了中华民族现代发展的大幕。一方面，一个曾经引领人类世界文明发展数千年的华夏帝国，由于自身体制机制的腐朽衰败与帝国主义列强炮舰入侵而轰然倒塌，面临列强瓜分、军阀割据的混乱局面；另一方面，一批具有深厚爱国情怀的先进人士，于中华民族濒临绝境之际，努力探寻独立民主、振兴富强的新路子。于是，中国共产党在拯救民族危亡的关键之际应运而生。

建党百年历程证明，中国共产党最大的成功是以人类的先进思想文化引导革命实践，始终将人民的利益、民族的发展放在第一位，"以人为本""人民至上"，注重人民的生存、民族的尊严和国家的独立。建党之初，高瞻远瞩，以鲜明的人类意识与开阔的世界视野，将马克思主义与中国具体国情相结合，创造性地继承弘扬了中华民族优秀传统文化的思想精髓，并开始恢复引领人类文明发展的新局面。

中国共产党取得辉煌成就的根本关键和深层原因在文化。这突出地表现在两大方面：其一，创造性地继承弘扬了中华优秀传统文化"以人为本""厚德载物""人文化成"的思想精髓，将"为人民服务"作为党的根本宗旨和初心使命的实践体现，成为贯穿中国共产党百年历史的轴心红线，引导中华民族走向振兴富强，用人人可感受到的生活事实和文明发展的辉煌成就，树立和坚定了全国人民的"道路自信、制度自信、理论自信、文化自信"。其二，将马克思主义理论作为中国共产党的指导思想，深刻领会马克思关于人类社会发展基本规律的总结，把实现共产主义作为最终奋斗目标，结合中国具体国情，在革命实践中不断将马克思主义中国化，并以"人类命运共同体"理念为切入点，在经济、政治、文化、军事、外交等各个领域，探索人类和平发展、健康发展与文明发展的新路径、新方法，率先做出了积极有益的榜样与示范，给世界人民以深刻启迪。其三，坚持实事求是的科学态度、科学精神和科学方法。中国共产党具有强大的自我反思能力和超强的纠错修复能力，保证了积极健康的发展。

五　文化战略的历史实践

1922年1月初，中国共产党建党不到半年，中华全国总工会就组织了声势浩大的香港海员大罢工，持续两个月，最后获得胜利。这是建党后对马列学说无产阶级革命理论和工人运动理论的首次生动实践。

1924年1月，参加国民党的全国代表大会，改组国民党，通过新党章，选举有共产党员参加的新一届中央领导机构，重新解释三民主义，"民族、民生、民权""联俄、联共、扶助农工"等，都是属于文化层面的思想路线。这是第一次国共合作，也是建党后首次统一战线理论的具体实践。

1927年10月，毛泽东率领工农革命军到达井冈山，此后开展游击战争，进行土地革命，恢复和建立共产党的组织，建立革命政权。三湾改编，支部建在连上，部队内部实行民主管理，"三大纪律""六项注意"等，本质上都属于思想文化层面的基础性建设和具体性实践。毛泽东在1928年10—11月撰写的《中国的红色政权为什么能够存在？》《井冈山的斗争》两篇著作，更是重要的文化成果。

1934年10月，第五次反"围剿"失败后，红军被迫实行战略性转移，由江西瑞金出发进行长征。"长征是宣言书，长征是宣传队，长征是播种机"，靠着革命理想和坚定意志，红军于1935年10月到达陕北。

1936年2月，毛泽东创作了气吞山河的《沁园春·春》。此后在延安开展的"整风运动"与"文艺运动"，其实都是文化运动。特别是延安整风运动，是一场全党范围的马克思主义教育运动，确立了实事求是的思想路线，推动了马克思主义中国化的进程。从思想理论、政治路线、组织制度，到人才培养、努力方向、文化著述等各个方面，都涌现出大批成果。《毛泽东选集》第一卷的大部分与第二、第三两卷都写于这一时期。诸如1936年12月撰写的《中国革命战争的战略问题》，1937年的《实践论》《矛盾论》，1938年的《论持久战》《抗日游击战争的战略问题》，1939年《中国革命和中国共产党》，以及《反对自由主义》《中国共产党在民族战争中的地位》《改造我们的学习》《整顿党的作风》《反对党八股》《在延安文艺座谈会上的讲话》《为人民服务》等经典名篇，都是指导革命实践的重大文化成果和历史文献。

重庆谈判之后，在解放战争中特别是在西柏坡形成的一批文化成果，更是为新中国的成立和建设，制定了明确方向与具体措施。如《新民主主义论》《论联合政府》《中国共产党第七届中央委员会第二次全体会议上的报告》，等等（文章篇目从略）。

六　文化战略的未来启示

毛泽东在《延安演讲》中曾深有体会地说："有了学问，好比站在山上，可以看到很远很多的东西；没有学问，如在暗沟里走路，摸索不着，那会苦熬人"。

文化作用于人心、表现于社会，心理层面、精神层面的意识形态性很强。中国古代"以文化人、人文化成"，早已成为中华民族的优秀传统，也是兴邦治国的法宝。"得人心者得天下"，文化战略决定民族的兴衰和国家的命运。

李白《公无度河》"大禹理百川，儿啼不窥家。杀湍湮洪水，九州始蚕麻"诗，歌颂大禹治水，为人类的生存提供了物质保障，李白认为大禹"功与天地并"。苏轼为欧阳修文集作序，认为孔子、孟子、韩愈、欧阳修在传统文化发展方面做出的重大贡献，对于人类生存发展发挥的巨大作用，与大禹是一样的，即"功与天地并"。文化的重要性由此可见。宋代理学家张载"为天地立心、为生民立命、为往圣继绝学、为万世开太平"的"横渠四句"诚不虚言。

建党百年的实践，再次有力地证明，科学的文化战略是保证人类和平发展、健康发展、文明发展的基石。文化强国、文化建设是铸造人类灵魂、实现共产主义目标的根本。建党百年的文化战略实践也启示我们：文化战略是决定事业成败的关键，科学的文化思想必定引导人类的文明发展。此其一。其二，文化战略的本质是以人为根本，以德为根基，以文化人，人文化成。其三，文化战略必须具有鲜明的人类意识和开阔的世界视野，善于吸收和运用人类最优秀的文化成果。其四，文化战略必须立足本土，创造性继承和创新性发展民族优秀传统文化，强化国家观念，创造富有浓郁时代色彩的新文化。其五，文化战略必须坚持实事求是的科学精神，高瞻远瞩，勇于创新，善于创新。其六，文化战略必须努力形成民族特色鲜明的理论体系和话语体系，引领人类文明发展，和平发展，健康发展。

2021 年 4 月 14 日　凌晨，草拟于南郊一品寓所

下编

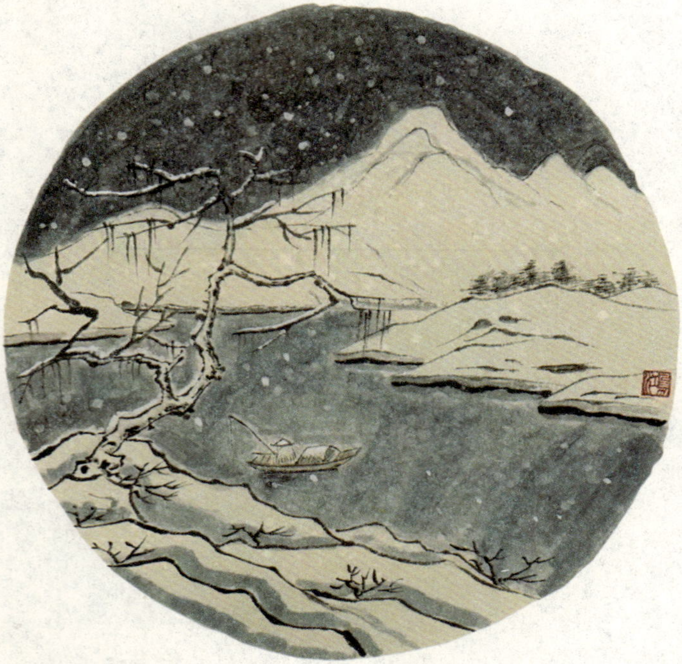

学术成果与人类文明[*]
——《宋代散文研究》日译本序

  学术乃天下之公器，人类实生命共同体。各民族在历史实践中创造形成的丰富文化，是全世界人民共同拥有的珍贵精神财富。古往今来，不同国家、不同民族、不同区域的文化交流，一直是促进文明发展和推动社会进步的重要力量。中国与日本一衣带水，文化交流更是源远流长。民间传说、考古发现、正史记载的文化交流故事，如徐福传说与"弥生文化"、大和文明与周代《礼记》、鉴真东渡与遣唐使团之类，广为传播，影响深远。而最能反映文化发展水平的学术领域研究成果，自然成为人们关注的重点。

  三年前，日本关西大学沈国威教授为推进中日学术交流，选择并决定将《宋代散文研究》译为日文出版。这本书是1993年至1996年，作者在复旦大学攻读博士的学位论文，包含多年研究中国古代散文的心得体会与文化思考，导师王水照先生曾给予悉心指导并撰写了序言。由于这是中国学界第一部系统研究宋代散文的断代史专著，且其中发掘了不少前人未予关注的新材料，提出了一些原创性的新观点、新见解，诸如对散文发生与散文概念的重新考察，对古代散文范围与标准的分析界定，对宋代散文分期与流派的划分确认，以及散文实用与审美关系的辩证思考等，体现出鲜明的学术创新性和科学严谨性，当时即获得答辩委员会的一致好评，北京

---

[*] 这是为拙著《宋代散文研究》（人民文学出版社2011年修订版）日语译本撰写的序言。日语译本为国家社会科学基金中华学术外译项目，批准号14WZW012，项目主持人为教育部"新世纪优秀人才"、北京外国语大学全球史研究院院长李雪涛教授。由日本汉学家后藤裕也翻译，日文白帝社2016年版。

大学葛晓音教授、复旦大学顾易生教授、华东师范大学马兴荣教授、浙江大学吴熊和教授、山东大学刘乃昌教授等都鼓励有加，评价甚高。此后经过修改润色，2002年由人民文学出版社首次出版，备受学界关注，一些研究文章与学术著作每每称引，部分高校甚至将其列为相关专业研究生的必读书。2011年修订再版，2015年此书荣获教育部第七届高校哲学社会科学优秀成果一等奖。

向朋友们介绍上面的基本情况，旨在表达下面这样的意思：作为日本关西大学东西学术研究所、亚洲文化交流研究中心研究员，沈国威教授选择将《宋代散文研究》译为日文，反映出其敏锐犀利的学术眼光和深厚广博的文化功底。这不只是因为原著的学术价值和文化意义、译者的文化背景与翻译水平，都经过了国家哲学社会科学规划评审组专家的严格评审和认定，从众多申请项目中遴选胜出，属于国家中华学术外译项目，尤其是这本书的翻译难度很大。书中引用了大量古代文献，不仅文字不好认，而且内容难理解，既涉及古代大量复杂的历史文化和典章制度，又包含众多纷繁的重大事件与人物关系，何况还有许许多多难以把握的深层文化背景！值得庆幸的是，沈国威教授是卓有影响的世界著名学者，在中日学术文化交流方面成就突出，他的《近代日中语汇交流史》《新尔雅及其词汇》《近代中日词汇交流研究》等著作，深得学界好评。国威教授决定翻译《宋代散文研究》，表现出坚定的学术自信力，这既是著者的荣幸，又是读者的荣幸。我与国威教授虽然至今未能晤面，不曾相识，除了北京外国语大学李雪涛教授帮助沟通联系，仅以电子邮件的方式进行思想交流和学术交流，但从众多往来咨询的文字中，足以让我深深感觉到其执着于推动中日文化学术交流的精神品格和精益求精的严谨翻译态度，的确令人油然而生敬佩之意。日本汉学家后滕裕也先生是翻译的主要承担者，为此书的出版付出了辛勤的汗水，在此谨表示真诚感谢。

在世界文明发展的历史进程中，日本是善于学习吸收外来文化的先进典型。在大学和攻读硕士课程期间，我浏览过日本发展的历史，也研读过日本著名学者如铃木虎雄、青木正儿、吉川幸次郎等研究中国古代传统文化的部分著述。而在攻读博士过程中，王水照教授多次谈到他在日本东京大学长期讲学期间，亲身感受到中国文化在日本的传播和影响，也介绍过日本学界研究中国文化的很多优秀成果、日本文化的发展与特点等，所有这些都给我留下了深刻印象，也给我很多方法论启示。尤其是水照先生以在日本搜集的文献为基础，主持编译了《日本文话三种》《日本学者中国文章学论著选》等多部著作，先后付梓出版，既让我近水楼台，先读为快，又引发我关于人类文化交流相互促进的诸多思考。

散文是人类文化的重要载体和备受青睐的文学样式，是人们社会实践活动的理性升华和思想情感交流的智慧结晶。世界各国散文各具特色，而中国散文不仅历史悠久、内容广博、思想深刻，而且体式繁多、艺术精美、影响深广。尤其是在中国古代文化发展史上，散文具有至高至尊的"正统"地位，以至有"经国之大业，不朽之盛事"的称誉。宋代是中国古代散文发展的高峰时期，"唐宋八大家"，宋占其六。宋代散文创作以人为本，既立足实际，贴近生活，又反映社会，体现时代。或记言记人、叙事说理，或写景抒情、传道明心，大到宇宙空间、社会人生、安邦治国的哲学思考和理论探讨，小至丘园华屋、山水草木的启发联想和细腻缠绵，无不包容涵纳。同时，又以"经世致用""泄导人情""务为有补于世"为基本遵循，重立意、重学养、重识见，探索学术，创新理论，化育社会，传承文明，赋予作品深刻的思想性和很强的文献性。其关切社会民生、谋略国家发展，"忧以天下、乐以天下"的思想境界，其精于结构、善于创新，奇思妙语、深情幽趣的艺术腕力，无不令人赞叹！相信朋友们在阅读了沈国威教授翻译的《宋代散文研究》之后，会有深入的了解与具体的感受。

《诗经·小雅·伐木》有云"嘤其鸣矣，求其友声"；《周易·乾》亦曰"同声相应，同气相求"；无论大自然界还是人类社会，彼此间的友好交流是形成相互理解、和谐和睦、朝气蓬勃局面的重要推动力。鸾凤和鸣，嘤嘤成韵，固然优美动听，意趣盎然；而以文会友、切磋学问，更是建立友谊、推进学术的生动表现。日本关西大学沈国威教授将拙作《宋代散文研究》译为日文，搭建了中日学界朋友学术交流的又一平台。令人遗憾的是，由于原著在结构与内容方面，自身存在着有待补充完善和修改提高的诸多不足，而非国威教授之责任，敬祈读者诸君鉴谅。译著行将付梓出版，国威教授来电嘱我为读者写几句话，拟置书前权为序。遂草拟以上数语，以复雅命。

2016 年 6 月 1 日拟于上海南洋广元公寓 2003 室
2020 年 2 月 5 日修订于上海奉贤南郊一品六号楼

儒学与中国古代散文·序[*]

杨树增教授又一部厚重的学术著作《儒学与中国古代散文》付梓，即将面世，欣喜庆贺之余，油然而生敬意！

树增教授是品德和学问都让人十分钦佩的著名学者。他在学界敬重师长、关爱学友、乐于助人而与世无争、不计得失，于学业孜孜矻矻、精心著述、扎实严谨而淡泊名利、笔耕不辍。记得20世纪80年代初，树增师从宋代文学名家刘乃昌教授攻读硕士时，即在权威刊物《中华文史论丛》上发表了《汪元量祖籍、生平和行实考辨》，引起校内轰动、学界关注；其后师从一代国学大师和著名文学史家杨公骥先生攻读博士时，又以专著《史记艺术研究》赢得学人赞誉。此后，中国古代散文便成为树增教授学术研究的重心，成果相继迭出，诸如专著《先秦诸子散文》《论语导读》《中国历史文学》（先秦两汉）、《史记艺术研究》《汉代文化特色及形成》等。其与赵敏俐教授等人合著的《先秦大文学史》《两汉大文学史》等，承担撰写的部分也以散文为主。上述著作都体现出深厚的学术功力和深刻的思想见解。树增教授每有新著问世，必予惠寄，让我得以先睹为快。这本即将呈送至读者面前的《儒学与中国古代散文》，历经十几年艰辛，精心撰写，反复修改，形成这部皇皇巨著。其题目气势之磅礴宏大，结构之严谨明晰，内容之厚重深刻，文献之丰富扎实，以及新视角、大思路、宽视野，无不让我眼前一亮，深受教益和启发。

---

[*] 本文是为杨树增教授承担的国家社科基金后期资助项目最终成果出版时撰写的序言，著作已由中国社会科学出版社于2017年出版，受到学界广泛关注与高度评价，荣获山东省第三十四届社会科学优秀成果二等奖等多个奖项。

选题极富原创性，民族特色鲜明是这部著作的突出特征

众所周知，散文与诗歌，是中国古代文学历史最为悠久的两大基本体裁样式，前者主事主理，后者侧重抒情，二者相辅相成，并行发展，共同构成中华民族文化、文学发展的两条主线。目前传世的海量诗文作品，都是中华民族历史实践的智慧结晶和文明发展的真实反映，由此成为人类文化宝库中的重要思想资源和艺术瑰宝。与诗歌相比，散文有更多的"实用"基因与"适用"元素，社会性更强，中国古代散文与时代发展和社会现实密切结合的程度也更高，因此具备更多的"化育"功能。同时，散文的表现形式自由灵活，思想内容的表达不受限制，所以不仅得到文人雅士的普遍青睐，而且尤其得到历朝历代统治者的高度重视，魏文帝曹丕有"文章乃经国之大业，不朽之盛事"（《典论·论文》）之称誉，宋代文化巨擘黄庭坚也有"文章为国器"（《山谷别集卷十四·答陈敏善书》）之赞美。反观中国历史，散文的确一直是古代文化殿堂中的正统而高居独尊数千年。

与散文一统独尊的性质相类似，儒家学说则是中华民族优秀传统文化的重要代表，也是直接影响中国历史发展数千年的主流文化。这种主流文化不仅必然地在散文作品中有着充分体现，而且直接影响着散文发展的形态衍变。中国古代文化发展史上倡导的"恢宏至道""文以载道""经世致用"，以及出现的"文、道"之争、"骈、散"之争、"时文、古文"之争等，其核心就是对儒家学说弘扬方式的选择与实际效果的强调。研究儒家学说与古代散文的关系，探索文学发展、文化发展的内在规律，不仅是一个全新的视野和独特的视角，而且抓住了中国文化发展的核心与关键，突出了中国古代散文的民族特色。

然而，由于中国古代散文内容的无所不包和形式的自由开放，不仅作品数量汗牛充栋，而且体裁样式繁富芜杂，风格流派更是五彩缤纷，从而造成了很大的研究难度。诸如中国古代散文的属性、研究范围的界定等等，无不见仁见智，莫衷一是。由是，中国古代散文研究往往令人望而却步，知难而退，研究具体作品或个体作家者众，而大跨度、深层次的中观、宏观层面研究的涉足者少。即便是在中国古代和近代，学人们也大都停留在即兴式、碎片化的评点层面上，没有出现通史性的专门著述，这在

王水照先生主编的六百余万字十巨册《历代文话》中清晰可见。20世纪30年代陈柱的《中国散文史》，是中国第一部系统研究古代散文发展的专著，具有开创性、奠基性意义，但仅有十万字，只是粗线条式地描述。时隔半个世纪，郭预衡的《中国散文史》（上册）面世，至20世纪末，上、中、下三巨册150多万字全部出齐，体大思精，气势恢宏。20世纪90年代初，谢楚发的《中国散文简史》（20万字）问世。此外，还有多部成于众手的散文史著作，如漆绪邦主编的《中国散文通史》等。进入21世纪以来出版的多部断代散文史、分体散文史，对于开拓和繁荣中国古代散文研究都各自做出了贡献，但是，这又属于另一层面的问题。

树增教授从中国古代文化的核心主体——儒学对散文的影响切入，系统梳理儒学与中国古代散文融为一体的发展嬗变，揭示儒学在中国古代散文发展过程中的支撑作用与巨大影响，对不同历史阶段的散文，深入发掘儒学与散文相辅相成的密切关联，从儒家学说的社会实践与文化创新角度，揭示中国古代散文的内涵、特征及规律，建立起一个崭新的散文史研究体系，不仅具有原创性和开拓性意义，而且抓住和突出了中国文化的民族特色，具有重要的学术价值和文化意义。

内容丰厚，系统扎实，见解深刻是这部学术专著的又一重要特点

是书遵循"辨章学术，考镜源流"（章学诚《校雠通义》）古训，以时为序结构全书，突出内容的创新发展与内涵变化，体现出很强的历时性、系统性、传承性和创新性特点。著作内容始于"饱含儒家仁爱基因的中国远古神话传说"，而收缩于"涌动着实学思潮的清代散文"。其间以儒家学说传承创新与散文发展变化为核心，深入论述了先秦时期以《书经》为代表的经典散文、春秋战国时代的儒家散文，经学笼罩下的汉代散文、儒释道交融下的魏晋南北朝散文、隋唐五代儒家道统的复兴与古文的兴起、理学影响下的宋元明散文等。同时，作者提出了一系列富有原创性的新见解、新结论。

树增教授认为，儒学以"仁"为核心，最高人生追求是泛爱众而济天下，主张作家担负起历史的使命和社会责任，积极投身社会实践，并用文学的形式来抒写济世救民、治国平天下的志向，讴歌立德立功立言的不朽事业，提出补偏救弊的方略，批评当轴者的失政与不公，表达怜悯民生苦难，抒发忧国忧民之情。受儒家思想的影响，中国古代散文创作关注社会，贴近生活，直面人生，表现出可贵的现实批判精神，形成了我国文学创作中的现实主义传统。宋王朝重视儒学的社会功能，并吸收佛、道两家思想，从宇宙本原的宏大视角来建构体系，最终形成更富有思辨性与哲理性的新儒学——理学，对中国社会影响至深至远，对散文创作的影响也同样如此。而辽王朝以佛教为主，以道教为辅，以儒学为用，散文作品中表现出浓厚的佛理禅说，虽然缺乏文采，但也表现出北方民族特有的爽朗与朴野，形成叙事简约率直、写景萧瑟苍茫、风格刚健爽朗的特点。

树增教授还认为，"从散文的最初形态神话开始，至鸦片战争之际的小品文、时文、骈文等古代散文结束，其儒家仁德的精神内核，一脉相承"、"散文是最早的文学形式之一，而非仅是诗歌形式，从散文产生起，就蕴含着儒家仁爱的基因""甲骨钟鼎之辞不能代表文本散文水平，能代表当时文本散文水平的是'六经'"，这些都是言前人所未言。而更多的新结论，则体现在通过展示中国古代散文发展的历史"实事"，求得了长期被忽略的一些重大的"真"与"是"，如中国古代散文如何造就了中华民族高尚的道德人格和仁爱大众、兼济天下的人生价值观；如何促进中国历史上数次居于世界前列的太平盛世的出现；如何对人类社会的发展做出巨大的贡献等，这些方面都有创新性的结论。

树增教授还特别指出，中国古代散文的思想核心是儒家的"仁"，强调人与人之间和谐，国与国之间和睦，人与自然之间协调。这恰恰是建立和谐社会、稳定社会秩序、和平共处建设现代化国家所需要的精神指导，也是治疗当前在商品经济体制中一些人只顾个人物质追求，而精神信仰空虚、漠视社会及他人利益弊病的良药。中华民族每一个人都需要洁净、高尚、美好的精神家园，中国古代优秀散文可以塑造完美的人格，提升人们的精神境界，增长人们的聪明才智，增强民族的自信心与自豪感。认真地发掘其具有的超越时空的永恒价值，使其转化为当代需要的精神资源，是当前学界的重要责任。同时，让世界了解中国古代散文，是了解中国的重要途径，将中国古代散文进行准确的阐释并介绍给世界各国人民，也是学人责无旁贷的任务。所有这些见解，不仅体现着树增教授的学术功力、学术胆识和学术境界，也反映着树增教授的人类意识、国家观念与世界视野。

任何学术研究都是一个求真、求是、求善、求美的历史过程，都是一个认识不断推进、逐渐接近真理、发现客观规律的过程，一部著作不可能解决所有的问题，但任何一位学者的学识与智慧都必然是有限的。树增教授的《儒学与中国古代散文》虽然具有重要开拓与创新，对深入认识中国古代文化特别是中国古代散文做出了重要贡献，但著作依然存在有待深入和完善的空间。比如以儒学为根基的中国古代散文对东亚汉文化圈的积极影响，在政治制度、人才培养、文化传承等方面发挥的重大作用之类，似可再充实。至于"罢黜百家、独尊儒术"的传统说法，也可以参考司马迁《史记》"倡扬儒术"的说法，选择更为严谨和更能反映历史真实的表达。

《诗经·小雅·伐木》有云"嘤其鸣矣，求其友声"；《周易·乾》亦曰"同声相应，同气相求"；无论大自然界还是人类社会，彼此间的友好交流是形成朝气蓬勃和谐局面的重要原因。鸾凤和鸣，嘤嘤成韵，固然优美动听，意趣盎然；但以文会友、切磋学问，更是建立友谊、推进学术的生动表现。树增教授嘱我写序的重要原因之一，大概是由于我的学术研究重心也一直是中国古代散文，发表于《中国社会科学》《文学评论》《文学遗产》等刊物上的文章，全是清一色中国古代散文研究的心得体会和认识，师从王水照先生攻读博士时的学位论文《宋代散文研究》还荣获教育部第七届社会科学优秀成果一等奖。所有这些，都非常自然地多了一些与树增教授进行思想交流和学术交流的共同语言。当然，相互的深入了解信任和真诚深厚的友谊，则是嘱我写序的坚实基础。

树增教授于我，既是学长、兄长，又是好友、挚友。20世纪80年代初，我们同在刘乃昌教授指导下读书问学，从那时起，树增学长就一直给我多方面的关心和帮助，甚至积极影响着我对人生道路和事业发展的选择，我们逐渐结下终生不渝的深厚友谊。也是从那时起，我了解到他恪尽孝道的品格，又为给孩子创造良好的成长环境而不畏艰辛。近十余年来，他一直在精心照料病中夫人的同时，潜心治学，硕果累累，令人不得不敬佩。2011年8月，首都师范大学中国诗歌研究中心发起并主办纪念杨公骥先生诞辰九十周年暨中国古代文学学术研讨会，树增教授的纪念发言，令人动容。他与杨公骥女儿杨若木花费两年多时间撰写的40多万字的《文史全才——杨公骥》，表达了他对恩师的怀念。所有这些，均可见出树增教授不仅对儒家学说有着深刻的领悟，对中国散文有着独到的认识，而且是一位儒学思想的弘扬者和践行者。他敦厚善良，胸襟阔大，在外是同侪晚学的益友良师，在家则既是孝子慈父，又是模范丈夫。其实，我们平时联系并不频繁，却心心相印。现在细细品味《儒学与中国古代散文》这部不仅具有中国古代散文发展的通史性，而且富于研究视角和思想内容独特性的学术巨著，会发现刘乃昌先生学风的扎实严谨和杨公骥先生学术的气魄胆识，都在此得到了很好的体现与弘扬。

2016 年 10 月 22 日
拟于上海徐汇南洋广元公寓

开拓神话学研究新境界
——深度认识中国文化:理论与方法讨论集·序[*]

人类由传说、表演、器物、图画、文字五大骨干支柱形成的庞大文化载体群,是纵贯古今、遍布全球的思想、智慧、艺术的巨大宝藏,是取之不尽、用之不竭的文化资源富矿。其中的神话,尤其创世神话,是人类先民观察思考宇宙自然和理解诠释现实世界的重要方式,不仅蕴含丰厚深刻的人类初始文化元素与人类文明始源信息,而且成为促进人类文化发展和社会文明进步的重要思想资源。神话学研究对于人类文化寻根铸魂和诠释人类命运共同体意义重大。深入研究、深刻认识和科学诠释神话的性质、内涵、特点与规律,特别是用中国文化的理论与方法来研究和认识神话学,创建神话学的本土化理论体系与话语体系,充分运用和发掘神话研究的学术成果,推动新时代的文化创新与建设,乃是学界义不容辞的历史责任。

奉献给读者的这本会议论文集《深度认识中国文化:理论与方法讨论集》,正是体现当前中国学界神话学研究新角度、新高度、新视野的新成果,也是给中华人民共和国70年华诞的献礼。一部著作付梓面世,总要对读者说点什么,似乎早就成为定例。这里重点介绍论文结集成书的前后过程与相关背景,或许有助于读者理解,甚至可作为学科建设的参考案例。既然是会议论文集,那就先从会议本身说起。

---

[*] 《深度认识中国文化:理论与方法讨论集》是上海交通大学神话学研究院首届新成果发布会的论文集,于2021年6月由复旦大学出版社出版。

一 首届新成果发布暨专家论坛

2019年4月7日上午，上海交通大学神话学研究院、上海市社会科学创新研究基地"中华创世神话"首届新成果发布暨专家论坛，在上海交通大学闵行校区学术活动中心演讲厅开幕。"首届"，表明这是研究院与创新研究基地揭牌后围绕神话研究组织的第一次新成果发布与专家论坛。

主持人以"屈原《天问》开篇'遂古之初，谁传道之？上下未形，何由考之'、李白《把酒问月》'青天有月来几时，我今停杯一问之'、苏轼《水调歌头》'明月几时有？把酒问青天'"发端，指出"这些震撼天地、惊心动魄的经典金句，表达和透露的都是对宇宙形成、人类起源和未来发展的思考、探索与追问。这是一个人类发展史上从未停止过思考的大问题。在文明高度发达、新材料新方法不断涌现和高新科技飞速发展的当今时代，更是加快了这种探索和认识的速度，成为当今推动中华优秀传统文化创造性转化、创新性发展的重要方面。今天发布的四部新书与各位专家即将交流的发言讨论，都是探索过程中阶段性成果的一部分"。开幕式由此进入昂扬振奋、高潮迭起的状态中。

上海交通大学党委常委副书记、神话学研究院院长顾锋教授在致辞中指出，这次发布的新成果"中国文学人类学理论与方法研究"的四部系列专著——《玉石神话信仰与华夏精神》《文学人类学新论——学科交叉的两大转向》《四重证据法研究》《希腊神话历史探赜》，对根植中国人的文化心理重要问题做出了全新阐释，为中华文明的探源找到了"玉石信仰"的突破口，并从文学人类学层面，探索和初步创建起中国本土文化理论体系。这是"文学人类学中心和神话学研究院进行学科交叉、视界融合研究的集中呈现，为中国文科学术进行范式转型、走向'创新主导'提供了宝贵的经验"。由此说明了新成果的深厚思想内容、重要学术价值和现实文化意义。上海市社会科学界联合会专职副主席任小文、复旦大学出版社总编辑王卫东也分别致辞，对神话学研究院成立与中华创世神话研究基地揭牌以来取得的首批新成果表示祝贺。而人文学院资深教授、神话学研究院首席专家叶舒宪的主旨演讲——"玉石神话观：华夏文明信仰之根"，香港中文大学中国考古艺术研究中心主任、德国考古研究院通讯院士邓聪教授的考古报告——"世界最早玉石之路",相继将新成果发布,将专家论坛推向高潮。

参加这次会议的国家一级学会会长如中国社会科学院学部委员、民族文学研究所所长、中国民俗学会会长朝戈金,中国社会科学院学部委员、历史研究所研究员、中国先秦史学会会长宋镇豪,中国人民大学国学院教授、秦汉史学会前会长王子今,文学人类学研究会名誉会长萧兵,上海交通大学资深教授、欧洲科学院外籍院士、人文艺术研究院院长王宁,上海大学党委副书记、故宫博物院原副院长段勇教授等,这些重量级专家的精彩发言,不仅赢得了阵阵热烈掌声,而且发言文字稿成为论文集的主体核心内容。以上所述不仅足以表明这次学术会议的高规格,而且尤其彰显了学术分量的厚重度。

此次会议的另一亮点是文化业界的深度参与。会议不仅有众多著名专家的与会支持,有新华社、中央电视台、《人民日报》、《中国社会科学报》、《解放日报》、《文汇报》等主要媒体的积极参与,而且有央视九频道的导演团队、北京电影学院动画专家、上海电影集团领导以及国内电视剧收视率位居第一的华策影视克顿传媒等文化业界的领军人物参会并深入交流,且与神话学研究院达成共识并达成部分合作协议。主持人宣布,神话学研究院将在2020年与中央电视台合作完成24集纪录片《山海经》的创意制作,并携手中国比较文学学会、中国先秦史学会、中国秦汉史学会、中国神话学会,在上海交通大学举办首届"《山海经》与中国神话历史"国际研讨会。与此同时,将以北京电影学院团队的动画片《山海搜神》、央视纪录频道的纪录片《山海经》、上海交通大学人文学院文学人类学研究中心的"中国文化深度认知的新理论和新方法论"为基础,努力打造上海交通大学神话研究学术品牌与大众传播品牌的共赢局面。

二 神话学研究院与创新基地的同时揭牌

这次"上海交通大学神话学研究院、上海市社会科学创新研究基地'中华创世神话'首届新成果发布暨专家论坛",会议全称似乎冗长而不够简洁明快。这与不能省略的两个修饰、限定和体现会议发起者、主办者的关键名词词组——"上海交通大学神话学研究院""上海市社会科学创新研究基地'中华创世神话'"有关。介绍清楚二者的来龙去脉,需要从一年前的"中华创世神话上海论坛"说起。

2017年12月22日,"中华创世神话上海论坛"在上海交通大学徐汇校区举行。论坛由中共上海市委宣传部主办,上海市社会科学界联合会、上海市文学艺术界联合会和上海交通大学共同承办。这是上海围绕中华创世神话研究举办的首届学术论坛,论坛以"中华创世神话的文化精神"为主题,旨在通过学术与人文的对话交融,共同推动中华创世神话研究沿着创造性转化、创新性发展的路径扎实前行。中共上海市委宣传部副部长、上海市社会科学界联合会党组书记燕爽在致辞中指出,"开展中华创世神话学术研究是上海市委宣传部着力推进的'开天辟地——中华创世神话文艺创作与文化传播工程'的重要组成部分。'中华创世神话上海论坛'的开幕,标志着上海市全面启动实施中华创世神话学术研究高地建设工程。上海交通大学中华创世神话基地是上海市成立的首个新一轮社会科学创新基地,具有重要开创性、示范性、典型性意义"。致辞对此次论坛的性质、特点、定位和意义做了明确说明。上海交通大学党委常委、副校长奚立峰的欢迎辞,则侧重于学科建设,强调了神话学研究院的职责与任务,指出"中华创世神话作为中华优秀传统文化的重要组成部分,有着生生不息的强健活力,蕴含着永恒的艺术魅力和民族文化智慧。成立上海交通大学神话学研究院,旨在对接国家文化战略的同时,加强学科建设力度,协调校内外相关学科的力量,努力成为国内和国际领先的一流学科"。两位领导的致辞不仅明确指出了此次论坛的重要意义,而且说明了神话学研究院、创新研究基地的特殊性与重要性。

开幕式上,燕爽与奚立峰共同为"上海交通大学神话学研究院""上海交通大学中华创世神话研究基地"揭牌。上海交通大学人文学院讲席教授、中华创世神话基地首席专家叶舒宪,中国比较文学学会会长、中国人民大学原副校长杨慧林,上海市文艺评论家协会主席、复旦大学中文系教授汪涌豪,上海交通大学人文学院院长、特聘教授杨庆存,分别在开幕式上做主题发言。上海市文学艺术界联合会党组书记尤存、上海交通大学人文学院院长杨庆存共同为首批承担研究课题的15位专家颁发特聘研究员聘书。上海市社会科学界联合会联专职副主席任小文、上海交通大学文科建设处处长吴建南分别主持开幕式与闭幕式。上海市委宣传部社科规划办主任李安方,上海十多所高校领导及北京大学、中国社会科学院、香港中文大学等 20 多家单位的著名学者共计 100 多人出席。论坛的规格、层次、规模、意义和影响不言而喻。

三　揭牌前的充分酝酿与精心准备

论坛的顺利举行，得力于上海交通大学党委的大力支持和指导协调，得力于人文学院的具体落实与文学人类学研究中心的精心准备。

回忆"论坛"的酝酿筹划，可追溯至上海交通大学新人文学院成立后的 2015 年 7 月。当时新人文学院与学校宣传部共同举办"玉帛之路"新闻发布会。叶舒宪教授带领的文学人类学研究团队，将玉石考古、神话研究与田野考察相结合，研究中华民族文明起源问题，不仅提出中华文明 9000 年的新观点，而且在吸收前贤成果与借鉴西方学说基础上，提出了"大传统、小传统"的划分、"四重证据法"的运用等等，引起学界高度关注的同时，也开辟了中华文明探源的新途径。这是事关中华民族文明历史和国家世界形象的重大学术问题，成立神话学研究院展开深入专门研究的想法，由此产生和酝酿。此事向分管文科建设的学校党委常务副书记郭新立（2017 年 7 月任山东大学党委书记）做了专门汇报，拟以文学人类学研究中心为基础，利用已有玉石文化与神话学研究的人才优势、成果优势和影响优势，成立上海交通大学神话学研究院，建设世界一流学科，得到郭书记充分肯定和积极鼓励。

其后，文学人类学研究中心即开始筹划在上海交通大学召开第七届学术年会以蓄势。叶舒宪教授既是中国文学人类学学会会长又是中国神话学会会长，具有很强的学术凝聚力、影响力与号召力，遂决定以"重述神话中国"（会议论文集）为主题，于 2017 年 4 月 15 日在闵行校区召开年会。全国 80 多位专家与会并展开深度交流。院长致辞称：文学人类学是当代异军突起的新兴交叉学科，而与此关联密切的神话学研究，将是 21 世纪人类文化寻根、人类命运共同体诠释的重点内容。叶舒宪教授将玉石考古和田野考察运用于中华创世神话研究，突破了文献研究的固有模式，创造了重新探索中华文明起源、重新塑造中华民族历史形象的新路子和新格局。神话研究将是今后 10 年、20 年乃至更长时期学术研究与文化建设的热点、焦点与亮点，其人类视野、国家观念、文化价值和学科意义，不容低估。上海交通大学人文学院将把文学人类学特别是神话学研究，作为学科建设的重点和人才培养的抓手，将玉石文化、创世神话作为研究的重中之重，打造世界一流学科品牌和国际学术研究重镇。致辞引起了与会者的强烈关注。

需要特别指出的是，此次学术年会召开时，正值中央2016年5月17日在北京召开哲学社会科学工作座谈会、习近平总书记发表重要讲话一周年前夕，而中央全面深化改革领导小组2016年12月30日审议通过了《关于加快构建中国特色哲学社会科学的意见》已广为人知。上海市委正在以《"开天辟地——中华创世神话"文艺创作与文化传播工程》为抓手，实施中央提出的"文化强国"战略，落实习近平"5·17"讲话精神，旨在将上海打造成中华创世神话的艺术创作高地、学术研究高地和教育传播高地。参与组织实施这项文化工程的上海社会科学界联合会专职副主席任小文，多次来交大考察调研，这次又出席年会并致辞鼓励。叶舒宪教授神话研究的新视角、新方法和新观点，及其学术团队取得的突出成就和展现的学术活力、研究潜力与精神风貌，赢得了与会人员的点赞和认同，上海交通大学人文学院不仅被公认为全国文学人类学研究的第一学术重镇，而且神话学研究成果之丰富领先世界。由此，上海交通大学成了最早为"开天辟地"工程提供学术支撑的高校，以叶舒宪教授为首席专家的研究团队，承担了上海市特别委托的重大项目"中华创世神话与玉文化"研究系列任务，负责为文艺创作与文化传播提供学术支持。人文学院自2015年7月召开"玉石之路"新闻发布会即开始酝酿并筹划成立神话学研究院计划的实施。

当学术年会结束后向郭新立书记汇报相关情况时，郭书记当即建议抓住时机，同学校文科建设处一起，加强与上海市委宣传部、上海市社会科学界联合会、上海市哲学社科规划办公室的联系沟通，并尽快拿出工作方案、建设方案，向学校党委汇报。遵照郭书记的意见，学院立即组织力量，经过一个多月艰苦奋战，6月中旬完成《关于成立上海交通大学神话学研究院的工作方案》《〈上海交通大学中华创世神话研究基地〉建设方案》以及《上海市社会科学创新研究基地申请书》的起草与填写，并提交学院党政联席会讨论通过。与此同时，启动筹备召开"中华创世神话上海论坛"。

尤其令人难忘的是，学校主要领导同志对这项工作高度重视并给予超常支持。学校党委书记姜斯宪专门安排时间听取汇报后，不仅鼓励有加，表示全力支持，而且与学校党委副书记顾锋一起，向上海市委常委、宣传部长董云虎做了汇报,得到高度关注并获得大力支持,奠定了中华创世神话研究基地获批的坚实基础,更增强了成立神话学研究院的动力与信心。林忠钦校长则召集专门会议,听取学院汇报,并征求文科建设处及相关专家意见,做出具体部署,提出明确要求。10月上旬,向上海市哲学社会科学规划领导小组办公室递交《上海市社会科学创新研究基地申请书》,12月初"中华创世神话研究基地"即获得市委特批,且与上海市委宣传部、上海市社会科学界联合会、上海市文联、上海市哲学社科规划办公室共建,这是上海市"十三·五"发展规划的第一个创新研究基地,也是上海市特批成立的第一个市级文科创新中心和高端智库。12月11日,人文学院正式向学校党委汇报《关于成立上海交通大学神话学研究院的工作报告与建设方案》,顺利通过,获得批准。

至此,成立神话学研究院、申请创世神话研究基地均获批准,而在12月22日如期召开的"中华创世神话上海论坛"开幕式上,神话学研究院与创新基地同时揭牌,"双莲并蒂",尘埃落定,由此形成上海交通大学神话学研究一支队伍、两块牌子,且跨学科、跨院系、携手全国专家共同工作的开放格局。

四 开拓神话学研究新境界

神话学研究院的成立和创新基地的揭牌,标志着上海交通大学神话学研究进入新阶段。其实,不论是学术界的认同还是学校党委的支持,乃至上海市各界的重视与信任,都蕴含着同一个意思——满满的希望与期待。人文学院与研究团队深深感受到其中沉甸甸的责任与压力,必须出成果、出思想、出人才、出影响,开拓创世神话研究新境地,成为大家的共同信念和愿望。

根据国家发展战略部署和学校"双一流"建设需要,研究院与创新基地设计的主要工作目标包括四个方面:一是建成世界神话学研究的学术重镇,二是建成国家级神话学研究的高端智库,三是建成神话学方面上海文化创意与文化传播的学术支撑基地,四是建成神话学世界一流学科、上海交通大学学派。而着力构建有中国底蕴、中国特色的神话学理论体系、话语体系和人才培养体系,形成人文学科建设的亮点和品牌,自然是工作的重中之重。尽管在神话学研究方面已经推出"神话学文库""神话历史丛书""文明起源的神话学研究丛书""华夏文明之源·玉帛之路丛书""玉帛之路文化考察丛书",出版了《神话叙事与集体记忆》《断裂中的神圣重构》《神话传说与民族记忆》《神话气象——〈山海经〉的神话世界》《开天辟地——中国古典神话时代与文化类型》《甲骨文与殷商人祭》等系列原创性著作,叶舒宪的《玉成中国:玉石之路与玉兵文化探源》《中华文明探源的神话学研究》《图说中华文明发生史》等更是分量厚重、影响深广,以上成果让上海交通大学目前在这一领域占据世界领先地位,为后面的研究打下了很好的基础,但是,实现规划的四方面目标,依然任重道远,需要多方面的合作与努力。

研究院与创新基地揭牌后,学校与上海市相关部门都加大了指导和支持力度。揭牌3个月后,学校就于2018年4月召开神话研究工作推进会,市社科联、市社科规划办主要领导均出席会议并提出建议。7月中旬,神话学研究院召开"中华创世神话与玉文化"中期研讨会,市委与学校相关领导与会并做具体指导。这些都确保了工作的正常开展与有效进行。与此同时,叶舒宪教授带领的研究团队更是不辞辛苦,在确保完成教学任务的前提下,既抓紧时间对"中华创世神话与玉文化"项目展开深入研究,发表了一批阶段性成果,又承担了对上海市社会科学界、文艺创作界、文化传播界的骨干进行创世神话学术研究成果方面的知识普及与培训,颇受学者们的欢迎。

揭牌周年前夕的2018年12月6日,神话学研究院通过了学校组织的专家论证,被纳入高校首批"双一流"建设项目,获批上海交通大学"双一流"建设校级研究院。以上海社会科学院文学所所长荣跃明研究员为组长的专家组,充分肯定和高度评价研究院已取得的成绩,并指出今后工作开展的具体思路。学校党委常委顾锋副书记、常委副校长奚立峰、常委统战部部长张卫刚以及文科建设处、重点建设办、人力资源处等部门领导出席会议,给予政策、资金等方面的支持。

揭牌刚满周岁,学校又于2019年1月16日组织召开年度工作汇报会。上海市委宣传部原副部长潘世伟教授、上海市社会科学联合会任小文副主席、市社科规划办李安方主任等,学校党委常委顾锋副书记以及上海社科院、复旦大学、华东师大等单位著名专家参会。会议对研究院一年来积极承担上海市社科重大委托项目、国家社科基金项目,深入开展科学研究取得的丰硕成果，并在人才培养、社会服务、国际交流等诸多方面的出色表现，以及2019年度的工作计划表示满意，与此同时也提出了切实的建议和殷切希望。召开"首届新成果发布暨专家论坛"，即是2019年度工作计划中的一项。

时隔不足3个月，"首届新成果发布暨专家论坛"于4月7日在上海交通大学如期举行，于是有了第一部分内容的介绍与描述，会议成果则形成了目前奉献给读者的这本《深度认识中国文化：理论与方法讨论集》，"中国文化理论与方法"突出了"本土化"视角与"方法论"高度，神话学认知"则是文集内容的轴心与重心"。

五 结束语

神话，尤其是创世神话，是民族记忆、民族精神和民族文化的重要载体，也是民族文化"根"与"魂"之所在。中华神话研究可以说是中国文化培根固源的基础工程，也是中华民族塑魂铸魄的文艺复兴工程。上海交通大学《神话学研究院》的成立与《中华创世神话研究基地》的揭牌，为神话学研究的深入开展搭建了更为宽阔的学术平台，也为实践和弘扬唐文治老校长关于"为第一等学问、为第一等事业、为第一等人才"和"砥砺第一等品行"的教育理念创造了条件。

新成果发布暨专家论坛闭幕后，按原定计划编辑会议论文集，由复旦大学出版社出版。鉴于我对神话学研究院成立与中华创世神话研究基地申请的参与谋划和过程熟悉，叶舒宪教授执意请我做执行主编并撰写前言。其实我的专业方向是唐宋文学，于神话学研究难以置喙。盛情难却，遂以类似先民"结绳记事"的方式，整理撰写了描述过程的以上文字，或许既可稍尽职责，又能不负叶君雅意，挂一漏万地留下一些推进神话学新学科建设的痕迹。

期待《深度认识中国文化：理论与方法讨论集》吸引读者兴趣、启发深入思考；期待神话学研究新成果发布与国际论坛盛会的不断召开；期待神话学研究院与创新基地建设目标的早日实现，为国家文化建设与人类文明发展做出更多更大贡献，发挥更深更广的国际影响！

2019年4月下旬草拟于上海奉贤，8月中旬修改于京郊

黄庭坚研究·后记*

2019年，乃中华人民共和国成立70周年华诞！光明日报出版社精心策划《博士生导师学术文库》作为国庆献礼，既能从一个侧面展示新中国当代学术发展与人才培养的新成就，又能充分体现国家尊重知识、尊重人才和文化强国的战略新导向，其创意与思路令人钦佩！承蒙厚爱，编辑部两次来函约稿，也让我十分感动！

由此思忖，笔者自曲阜师范大学毕业留校任教，致力于教学与科研，逐步走入学术研究的神圣殿堂。在山东大学读完硕士课程，又考入复旦大学师从王水照先生攻读博士学位，其后入职中宣部全国哲学社会科学规划办公室，参与国家社会科学研究规划与国家社科基金项目管理。退休后受聘上海交通大学，重执教鞭，回到教学科研第一线。回顾40年走过的学术历程，探索重心一直集中在中国古代散文研究、黄庭坚与宋代文化研究、社会科学研究三个方面，发表了百余篇学术论文，出版过十多部个人专著，其中《宋代散文研究》（修订版）还获得国家教育部第七届高等学校科学研究优秀成果一等奖。

其实，在以往的科研经历中，我对黄庭坚与宋代文化的思考和探索起步最早、用力甚勤、创获也颇多，尽管学界前辈与同侪道友如傅璇琮、黄宝华、莫砺锋、周裕锴等先生早已有过可喜可贺的丰富成果，但我依然提出了一系列自己的新看法。这主要得力于高校教学过程中的认真备课，即针对当时普遍使用的中国文学史教材存在的疑问，通过细致考察和深入发

---

* 拙著《黄庭坚研究》是上海交通大学人文社科学术领域文化专项课题（16JCWH20）成果，于2019年7月由光明日报出版社出版。

掘《黄庭坚全集》中的第一手文献资料，让我获得诸多未曾被人关注或使用的新材料，并由此提出一些新见解乃至具有重要意义的原创性、突破性成果。

比如，通过详细梳理和全面考察相关文献资料，首次厘正了黄庭坚的家族世系，纠正了自宋代以来就存在的多种讹误；通过详细梳理和全面考察黄庭坚"点铁成金""夺胎换骨"的渊源流变与深广影响，首次提出其核心宗旨与最终目的是强调以继承为基础的文化创新；首次详细梳理和全面考察黄庭坚家学渊源及其对黄庭坚的影响，特别是父亲黄庶的诗歌创作风格及其对黄庭坚的直接影响；首次系统梳理和全面考察了黄庭坚与苏轼的友谊交往史实以及对推动宋代文化发展产生的巨大影响；首次详细梳理和系统考察了黄庭坚的散文创作与人文内涵；等等。其他如深入考察和细致分析黄庭坚诗歌创作的章法、句法和字法，立体式、多侧面地系统考察黄庭坚词的创作风貌及其艺术贡献，深入考察分析江西诗派"一祖三宗"中陈与义、陈师道的诗歌创作与艺术贡献，等等。这些成果，在20世纪80年代乃至90年代，无疑都是属于前沿性的研究成果，即便是目前，这方面超越性、突破性的新成果也并不多见。

关于黄庭坚系列研究成果的部分内容，曾先后发表在诸如《文史》《传统文化与现代化》《中华文史论丛》《齐鲁学刊》等核心期刊上，或在一些国际学术研讨会上宣读发言，部分成果已反映在国家哲学社会科学"六五"规划重大项目《中国文学通史》（十四册）之《宋代文学史》（人民文学出版社1996年版）中。21世纪之初（2002年），承蒙河南大学出版社厚爱，应邀将研究黄庭坚的系列成果整理为《黄庭坚与宋代文化》，纳入《宋代研究丛书》中出版。傅璇琮、刘乃昌先生亲自审读全稿并作序，称扬鼓励有加，至今已逾十八载。

接到光明日报出版社信函之后，忽然想起北京保利2010春季艺术品拍卖会，黄庭坚书法作品《砥柱铭》以4.368亿元人民币成交，创下了中国艺术品拍卖的最高成交纪录，由此可以窥见黄庭坚文化影响之一斑。继而想到，黄庭坚卓越的文化建树和深广的历史影响，是中华优秀传统文化巨大魅力的杰出代表，在中国文化走向世界的当今，让世界人民重新认识真实而鲜活的黄庭坚，具体而深刻地感受中国博大精深的传统文化，无疑具有重要的现实意义和深远的历史意义，遂决定对《黄庭坚与宋代文化》细加修订补充，重新出版，或可不负国庆70华诞献礼之举。

于是，趁着寒假期间，摆脱烦琐冗务，远赴京郊，掩柴扉而关手机，集中精力，细加修订，增补、删除、调整或修改语言表述几近8万字。博士研究生侯捷飞、杨宝珠、郑倩茹同学分别参与了一至三章、四至六章、七至九章的注释格式调整与引用文献核对工作，硕士研究生车易赢、王元巾、李欣玮分别参与了附录一至二、附录三与参考文献、部分注释补充等方面的工作。

拙作修订完成之际，既由衷敬佩黄庭坚的创新能力和文化建树，又深深感叹黄庭坚的生活时代和文化氛围！这是一个"释耒耜而执笔砚者十室而九"教育大发展的时代，也是高扬古代先贤圣哲"斯文自任"历史意识、责任意识、创新意识和群体意识的时代。黄庭坚为宋代文化发展做出巨大贡献，除了个人天赋、勤奋刻苦等因素外，更得益于苏轼与众多前辈的指导培养和揄扬鼓励。苏轼继承和弘扬了一代文坛盟主欧阳修"奖引后进，如恐不及，赏识之下，率为闻人"（《宋史本传》）的优良作风，"喜奖与后进，有一言之善，则极口褒赏，使其闻于世而后已"（葛立方《韵语阳秋》）。特别是对于黄庭坚，苏轼不仅称扬其文学创作和创新精神，而且高度称赞其人品人格与思想境界，甚至以"孝友之行追配古人，瑰玮之文妙绝当世"（《举黄庭坚自代状》）向朝廷举荐黄庭坚来取代自己的职位。中华民族"尊道贵德""奖掖后进""薪火相传"的优秀文化传统得到创造性地充分发挥，这也正是中华民族优秀传统文化永远保持鲜活创造力和永久生命力的重要原因，而这种优秀文化传统至今依然活跃在现实生活中。

仅就我个人学术成长过程中的体会而言，即曾得到众多前辈师长与同侪学友的指导扶植、提携奖掖和支持帮助，既受益匪浅又终生难忘。业师王水照、刘乃昌、袁士硕等先生的率先垂范与耳提面命且不说，诸如傅璇琮、程千帆、唐圭璋、邓广铭、王仲荦、李学勤、任继愈、袁行霈、汤一介、陈贻焮、叶嘉莹、欧阳中石、顾易生、章培恒、陈尚君、徐中玉、钱谷融、曾繁仁、朱德才、董治安、曾枣庄、吴熊和、刘中树、杨义、刘扬忠、陶文鹏等先生，都亲承讲授，给予热情指导。特别是受聘上海交通大学，傅璇琮、袁行霈、王水照、陈洪、詹福瑞等先生亲笔写了推荐信，兹录如下，以志其德。

中华书局原总编、中央文史研究馆馆员、清华大学古典文献研究中心主任傅璇琮先生《推荐信》：

>杨庆存教授在《中国社会科学》《文学遗产》等学术刊物发表了一批高水平论文，并出版了《宋代散文研究》《黄庭坚与宋代文化》等多部原创性著作，使相关领域的研究取得突破性进展，得到海内外学术界高度评价。庆存同志学术视野开阔，思想敏锐，功底深厚，成就突出，且在国家社科研究规划和国家项目管理过程中，成功策划和组织了许多重大学术活动，对于推进学科建设和繁荣学术研究发挥了重要作用。我愿意推荐杨庆存同志为讲席教授。

北京大学中文系教授、国学院院长、中央文史研究馆馆长、民盟中央副主席、全国政协常委袁行霈先生《推荐信》：

>杨庆存教授在宋代文学研究领域耕耘多年，造诣深厚，成就突出。他的《宋代散文研究》《宋代文学论稿》《黄庭坚与宋代文化》等论著，都有重要的学术创获。
>
>杨庆存教授的宋代文学研究善于在充分掌握文献材料的基础上，深入挖掘其文学、文化的深层内涵，如他的《论辛稼轩散文》《论北宋前期散文的流派与发展》《古代散文的研究范围与音乐标界的分野模式》等论文，以历史的眼光把握史料，通过细密的考证与阐述，在解决具体学术问题的同时，也丰富了我们对宋代散文成就的整体认识。杨庆存教授不仅学术成就卓著，而且重视学术文化普及，如他的《宋词经典品读》就是这方面的一部力作。此外，杨庆存教授在国家社会科学规划组织和管理工作方面也有突出贡献。
>
>总之，我认为杨庆存教授已经达到了讲席教授的水平，郑重推荐。

复旦大学资深教授、中文系学术委员会主任、中国宋代文学学会会长王水照先生《推荐信》：

>杨庆存同志是我 1993—1996 年指导的博士生。他学习一贯刻苦

勤奋，具有较深的学术功底，且善于思考，勇于创新，在攻博期间即在《中国社会科学》《文学评论》《文学遗产》等国家级重点刊物上发表过多篇学术论文；其博士学位论文《宋代散文研究》亦获得答辩委员会的高度评价，被评为优秀学位论文。

庆存毕业后到中宣部全国哲学社会科学规划办公室从事国家社会科学研究规划和项目管理等工作，进一步开阔视野，思想深刻敏锐，且能结合本职工作，长期坚持学术研究，发表了一批有思想见解的学术论文，并出版了《社会科学论稿》《宋代文学论稿》《传承与创新》等多部学术著作，产生了广泛的学术影响，学术界高度评价。

庆存君尊敬师长，团结同志，热爱学术事业，严格要求自己，多达百万字的学术成果体现着突出的前沿性、思想性和深刻性，已达到了讲席教授应当具有的水平。我愿意推荐杨庆存同志为讲席教授。

南开大学讲席教授、教育部中文教学指导委员会主任、南开大学学术委员会副主任、天津市文联主席陈洪先生《推荐信》：

我与杨庆存先生相识近二十年，目睹了他的学术事业的发展进程，不仅研读过他大部分著述，而且彼此之间有过多次学术深谈、交流。我认为，杨庆存先生治学有以下三点优长：1. 基础扎实，视野开阔，研究的领域相当宽广。他在宋代文学，特别是宋代散文方面的研究，已臻一流境地。而与此同时，他在诗词、小说、戏曲，乃至儒学、艺术研究，都颇有建树。更难得的是，其研究跨度由古而及今，在很多学者习惯性地画地为牢的今天，尤显可贵。2. 数量多、质量精。在繁忙公务的同时，他始终没有离开学术第一线。他在最高层次学术刊物发表的论文，以及产生广泛影响的专著，即使在专职研究的队伍中，也是十分突出的。3. 大局观强，有组织能力。由于长期担负全国人文社科研究的组织管理工作，他对学术的本职，以及学术发展的规律，都有相当深入的思考，并体现于工作实践。这便得他不仅是杰出的学者，而且具备学科带头人的良好素质。

鉴于以上原因，我郑重推荐杨庆存先生担任贵校讲席教授。

国家图书馆原馆长、古典文学研究著名专家、首都师范大学讲席教授詹福瑞先生《推荐信》：

  杨庆存教授是在中国古代文学研究界有着重要影响的学者。他的宋代文学研究，卓有成就。出版了《宋代散文研究》《黄庭坚与宋代文化》等专著，合著《宋代文学通论》等著作，并在《中国社会科学》《文学评论》和《文学遗产》等刊物发表学术论文近百篇，取得一批创造性成果，推动了宋代文学研究的新进展，因此而成为宋代乃至古代文学研究少数学术领军人物之一。

  杨庆存教授亦是中国哲学社会科学的组织者。他自担任国家社科基金办副主任后，负责制定研究规划，把握研究方向，严格评审制度和评审程序，并且积极为评审专家提供服务，广交朋友，共同推动社科研究的繁荣与进步，也在社科界获得赞誉。

  总之，杨庆存教授学术视野开阔，积淀丰厚，学术思想活跃，学风扎实，而且在学术界人脉深厚，如果能荷上海交通大学讲席教授之任，一定能为学科建设、古代文学教学与研究，做出大的贡献。特推荐之。

以上五位先生都是学界德高望重的著名专家，一向以科学严谨著称，词不轻措，得到他们"相勉于道"的推荐，且称扬有加，在感觉到十分荣幸的同时，也领悟到鼓励中的深厚期待，成为我永远铭记和努力前行的动力。

2019 年 2 月 8 日凌晨草就于河北固安牛驼镇

中国古代文学研究·后记[*]

这是著者关于中国古代文学研究的一本论文集。其中收入的文章，是从三十多年学术研究成果中挑选出来的，体现着以往曾经达到的学术水平，也是对过去学术历程的回顾与总结，正如苏轼"飞鸿踏雪泥""偶然留指爪"（《和子由渑池怀旧》）意也。

《周易·乾》云"同声相应，同气相求"；《诗经·小雅·伐木》亦称"嘤其鸣矣，求其友声"。自然宇宙与人类社会的很多现象，正如朱熹"理一分殊"的著名观点所概括的那样，形式有别，而实质相通。故学林以文会友、切磋学问、交流学术，不仅是"同气相求"与"求其友声"的具体表现，而且成为中华民族的优秀文化传统，成为学术传承和理论创新的重要方式。2014年金秋退休赋闲后，检点往日刊发的研究文章，因思求学、问学、治学之路，除个人的兴趣与努力之外，更多的是转益多师，得力于前辈师长的引导教诲，受益于学界同人的提携扶持，心中充满感激与感慨，遂启结集致谢与以文会友之意。

宋代苏辙论学曾有"周览四海名山大川"的著名论断，且言"得观贤人之光耀，闻一言以自壮"（《上枢密韩太尉书》），诚为有得之语。回忆自曲阜师范大学中文系毕业留校，即从事中国古代文学教学与科研，在刘乃昌教授指导下，以宋元文学为重点，前梳先秦，后厘明清，研究与授课，相辅相成。其后考入山东大学攻读硕士课程，受业于袁世硕、董治安、朱德才、王绍曾、殷孟伦诸先生，视野多有开拓。由鲁赴沪，考入复

---

[*] 拙作《中国古代文学研究》于2016年6月由中华书局出版。

旦大学师从王水照先生，则专攻宋代散文研究，获得文学博士学位。至于此前之程千帆先生讲授目录、版本与校雠，唐圭璋先生面授词学与方法，乃至后来傅璇琮、袁行霈诸先生提携鼓励、耳提面命，都使我具体感受到奖掖后进的长者风范、大家气度与人格魅力，都使我受益匪浅，终生难忘。在高校期间，我先后参与承担国家"六五"重大项目、独立主持山东省重点项目。当其时，《中国社会科学》《文学评论》《文学遗产》《文史》《中华文史论丛》等刊物，只看文章水平不重作者年龄与资历，相继采用和刊发我的阶段性研究成果，给我很大的学术支持和精神鼓励，也提升了我对中国古代文学研究的浓厚兴趣与信心。中国传统文化之浸润，中国古代文学之魅力，前辈师长与同侪学友之鼓励，让我爱之、好之、乐之，在高校潜心学术，将读书思考与心得体会，形诸文字。如此日将月就，累积渐丰，即便从政京城之时，冗务繁杂，亦常眷眷，常恋恋，结合本职工作岗位，深入思考，笔耕不辍！今择有新发现、新见解、新观点或方法略可资鉴者，裒为一集，厘为"散文与小说""诗词与戏剧""文献与考证"三编，作为学术之路的回顾、师长教导的怀念和会友请益的谈资。

文集收入的文章，大都得到学界前辈的指导和鼓励，上面提及的诸先生之外，又有如顾易生、陈谦豫、葛晓音、严迪昌、徐培均、刘扬忠、陶文鹏等先生，都曾鼓励有加，对其中的部分文章给予了充分肯定和具体指导。尤其令我不能忘怀的是，十八年前，不曾相识、未曾谋面的刘景录、李书磊先生写出的两段评语：

"《散文发生与散文概念新论》（发表于《中国社会科学》）这篇文章对中外普遍流行的'散文的出现晚于诗歌'一说提出异议，做了翻案文章。作者运用逻辑推理和历史实证的方法做了全新的论证，得出散文的出现并不晚于诗歌的结论。此外，作者还对'散文'作为文体概念在中国的出现做了细密的考论，驳倒了中国向无'散文'一词的说法。整篇文章，论据确凿，论证亦颇有力。《宋代散文体裁样式的开拓与创新》（发表于《中国社会科学》）文章认为宋代散文所以取得高度的成就，与宋代作家在散文样式上的开拓与创造有直接关系，'记'、'序'、'题跋'、'文赋'等文体样式在宋代古文运动中有了新发展与新创造，留下许多传世之作。作者做了大量数据统计，并做了深入的例证分析，相当有说服力地论证了自己的观点。这篇文章对宋代文学研究有拓展、加深的作用，很可贵。"（刘景录教授）

"杨庆存同志的研究领域是以宋代散文为中心，进而扩展及整个宋代文学与散文文体研究，呈现出一种比较合理的格局。他的《论辛稼轩散文》从立意、现实感、结构、语言诸角度剖析了辛弃疾的文章，思路清晰，论证充分，并表现出了细腻的艺术感受力。他的《宋代散文体裁样式的开拓与创新》详细地评述了'记'、'书序'、'题跋'、'文赋'、'诗话'、'随笔'等散文体裁在宋代的发展形态，既有别具一格的量化统计，又有文学研究必须的审美分析，材料搜罗很广，见解也颇有独到之处。他的《苏黄友谊与宋代文化建设》从两位作家的友谊研究入手，对宋代的作家群体及诗、词、书法创作进行了全面的概观，这种以小见大的分析角度新颖而有力，通篇论文显得很扎实也很丰富。他的《散文发生与散文概念新论》一文对散文的起源提出了大胆的新见，可成一家之言。综观杨庆存同志的论著，我认为他学术基本功较为深厚，研究能力也比较强，对人文学科的学科规范有熟练的掌握。"（李书磊教授）

上述两位先生评论的文章均已收在此集中，先生的充分肯定与众多学长前辈的鼓励一样，成为我不断敦促自己继续前行的动力。

2015年3月，予受聘上海交通大学，复归高校，再执教鞭，重操旧业。虽年过耳顺，而有国家实施文化强国战略、建设中华民族优秀文化传承体系之机遇，自拟于学术当勉力为之，有所前进，不负师长前辈培养，不负学校殷切期待，不负父母养育之恩。正当看完此书清样，学友微信来贺，称拙作《宋代散文研究》荣获第七届教育部高等学校科学研究优秀成果一等奖，教育部网上正在公示，此虽往年之学迹，亦可略增一丝学术之自信矣。

应当特别感谢的是，中华书局对这本文集的出版给予了大力支持和精心指导。编辑部罗华彤主任不仅充分肯定文集的学术水平和意义，而且对文集体例、收录内容和规范形式等，都提出了科学严谨的建设性修改意见。徐悲鸿再传弟子、著名书法大家都本基先生题写了书名。复旦大学陈尚君先生、清华大学刘石先生拨冗赐序，更是为文集增色生辉。尚君先生是唐宋文学和古典文献学的著名专家，兼善历史文献与石刻文献，长于考据，其《全唐诗补编》、《全唐文补编》蜚声海外，享誉世界。而在我攻读博士时，先生即亲自讲授版本目录学。先生惠赐大序，构思新颖，蕴意深厚。刘石兄乃启功先生之高足，苏轼研究之名家，先任职中华书局，后任教清华大学，于中国古代文学、文献学研究造诣精深，美国、韩国等多国高校聘为客座教授，《苏轼词研究》《书法与中国文化》及所编《启功全集》影响深广。2008年春，我有幸被清华大学聘为研究员，顾秉林校长亲颁聘书，由此与刘兄成为同事。刘石兄赐序推许鼓励，俱见其人品学识，此不待言。

宋代文化巨擘欧阳修有过"君子与君子以同道为朋"（《朋党论》）的名言，而苏轼则积极主张学人"务相勉于道，不务相勉于利"（《与李方叔》）。"同道"才有可能成为朋友，以文会友才有可能"相勉于道"，拙作结集付梓，或可稍益于学术，则奢愿足矣！

2015年10月6日草拟于香河

中国文化论稿·后记[*]

奉献给大家的这本小书，是笔者数十年学习研究中国文化过程中片断式思考的论文结集。

看完清样，思绪万千！笔者发自内心地感激指导帮助和提携扶持过我的众多学界前辈与师友！收入书中的文字一方面反映了作者求学、问学和治学的心路历程，含纳着研究中国文化的初步认识与心得体会，另一方面也呈现出诸多缺憾。笔者很惭愧对经典原典的阅读欠丰富、思考欠深入、研究欠深刻，尤其对世界各国的文化知之不多，了解甚少！

文化是人类社会历史实践和思想情感的智慧结晶，世界各国创造的丰富多彩的民族文化，都是人类发展的文明成果和共同拥有的精神财富。中华文化是中华民族五千年文明连续发展的精华，是人类思想文化的重要组成部分，也是中华民族对人类文明发展做出的重要贡献。认真学习和深入研究，弘扬光大中华民族的优秀文化与优良传统，既是国家富强和民族振兴的需要，也是时代发展和社会进步的趋势，更是文化传承体系建设的基础。

在学习研究的过程中，我逐渐认识到：文化研究必须树立人类意识、增强国家观念、开阔世界视野，必须立足长远、关注社会、关切现实，必须注重规律探索、注重经验借鉴、注重固本创新。文化研究不仅要"求真求实"，而且必须"求善求美"，努力做到"思想性、科学性、艺术性"并重，做到"至广大而尽精微"！与此同时，文学研究不仅要有鲜明的历

---

[*] 拙著《中国文化论稿》于2015年5月由中国社会科学出版社出版。

史观念和鲜明的时代意识，而且必须要有强烈的人本情怀，要有促进世界文化交流交融、创新发展的精神追求。由此，笔者深知这本小书在思想内容的整体系统性和结构逻辑的内在严密性方面存在着明显缺陷，深感自己学术功底不足，学术视野亟待开阔，学术理念更需不断提高和完善。

让笔者十分感动的是，杨义先生和陶文鹏先生分别为这本小书赐序。杨义先生在中国古代与近现代文学、文化领域都有影响深广的学术成果，是中国社会科学院学部委员；而陶文鹏先生则是中国古代文学特别是唐宋文学研究的著名专家，曾长期主编《文学遗产》，一贯热心指导培养和扶持奖掖青年学子。两位先生都是学界德高望重、受人尊敬的前辈学者，其为人品格与学术精神一直为笔者所仰慕！这次赐序，让我又一次深切感受到两位先生令人钦敬的大家风范！

最后，感谢中国社会科学出版社的大力支持和帮助，并谨向关注此书出版的赵剑英同志以及为本书出版付出心血的文学艺术与新闻传播出版中心主任郭晓鸿博士深致谢忱。

2014 年 12 月 28 日写于北京

经济与文学·序[*]

文学是综合性极强与容纳性极大的文化载体，而一定的经济条件又是文学生产与文学发展的必要前提。经济与文学二者之间的关联研究，就是跨学科结缘生成的新领域。

众所周知，在中国古代文学经典中，散文如晁错《论贵粟疏》、桓宽《盐铁论》、鲁褒《钱神论》，诗歌如李白《行路难》"金樽清酒斗十千，玉盘珍馐直万钱"、白居易《卖炭翁》"半匹红绡一丈绫，系向牛头充炭直"、黄庭坚《送顾子敦赴河东》"犹闻昔在军兴日，一马人间费十牛"，诸如此类的例子不胜枚举，其中无不蕴含着丰富的经济元素。经济对于文学生产的促进与支撑，更是不言而喻。然而，很少有文学史家将经济学内容纳入文学研究范畴，讨论经济学与文学之间关联的跨学科研究成果更是罕见。当我看到上海交通大学朱丽霞教授《经济与文学》书稿清样时，不由眼前一亮，细读之后，感觉至少有以下三个方面的特点。

一 跨学科、大思路、深层次是这部著作的重要特点

文学是人类思想情感与艺术智慧的结晶，文学活动更是人类历史实践的重要内容。文学与社会环境、历史发展以及创作群体的思想学养、经济基础密切相关。一方面，文学自身的艺术表现力、吸引力和感染力，以及突出的社会性、鲜明的时代性和独特的民族性，与涉及内容的包罗万象、深厚广博密不可分，诸如宇宙、人生，思想、情感，历史、社会，政治、

---

[*] 本文是为上海交通大学人文学院中国古代文学教研室学科带头人朱丽霞教授专著《经济与文学》撰写的序言。

经济，军事、法律，如此等等，无不含纳其中。另一方面，文学的生产又与时代发展和创作者的经济状况直接关联。刘勰《文心雕龙》用"文变染乎世情，兴废系乎时序"概括文学与"世情""时序"的密切关系，而恩格斯《在马克思墓前的讲话》则指出了"人们首先必须吃、喝、住、穿，然后才能从事政治、科学、艺术、宗教等等"的朴素事实。

然而，以往传统的文学研究，大都注重文学创作的思想内容与艺术特点，将文学文本、作家作品、流派衍变诸方面，作为根本性、基础性、核心性和普遍性的内容，鲜见从经济与文化层面开展跨学科的深入考察。朱丽霞教授的学术专著《经济与文学》，立足于深入研究明末清初易代之际文人经济状况与文学创作活动之间的相互关系，且以著名文人方文和学者朱彝尊为典型案例，细致考察和深刻剖析由于复杂社会矛盾和不同价值取向而形成的经济状况、生活状态与创作情况，着力探讨特定历史时期文学发展的内在规律，提出一系列新观点、新见解。此仅举一例，如著者认为，"作为文学史上走向巅峰的少数诗人之一，方文的名字没有引起文学研究者足够的重视。在明末清初的遗民研究中，方文是被人谈论不多的一位，这也许是因为顾炎武、王夫之、屈大均等人的光芒过于耀目，也许因为方文并未成为历史上中流砥柱式的人物，从而造成了他的易被忽视。但无论对于清初遗民还是整个文学史，方文的作品都有着无可争议的重要意义，因为它代表了一个新起点"。由此可窥一斑。

总之，《经济与文学》既呈现跨学科、大思路、深层次的突出特点，又体现着见解独到、视野开阔和勇于创新的学术精神，为学界提供了一部颇具原创性、开拓性和前沿性的新成果。

二 广大精微，征引宏富，扎实深厚是这部著作的又一重要特点

致广大而尽精微，文献作基础，史实为依据，有证必引，无征不信，言之成理，持之有故，是人文研究的优良传统。朱丽霞教授的《经济与文学》不仅征引大量历史文献，着眼于广阔的历史大背景，描述明末清初易代之际文人群体面临"谋国与谋身"的历史困境、复杂心态和艰难选择，而尤其立足于史实细节，从方文与朱彝尊本人文集中爬梳发掘大量第一手资料，乃至从其本人文学作品中，深入分析他们赖以生存的经济物质基础、思想意识观念和文学创作活动。

比如，作者以史料记载与文学作品为据，指出易代之前即以诗歌散文成就著称于当时的桐城名人方文，易代后奔波于塞北江南，开馆授徒，行医卖卜，惨淡经营，维持生存与创作，坚守遗民节操，矢志不移，用一生的付出完成了一个儒家士人的道德操守。著作还专设"方文的经济收入与文学运作"一节，以丰富的资料说明其进行文学活动的经济基础；又以文学创作活动为介质，与许多遗民和新朝官员保持密切关系。著作还采用简洁新颖的表格形式，胪列友人交往作品，充分说明遗民精英方文，是易代之初与社会上层、下层均有密切交往却又保持自身节操和文化归属的重要代表人物。

著作还通过朱彝尊本人的大量文学作品与书信，说明其在易代之后以讲学、游幕为生，坚持文学创作和文化活动，后参加康熙年间的博学鸿词科之荐，成为新政权的拥护者。书中专设"博鸿后的经济支付与收入来源"一节讨论其经济收入来源、生活支出状况和文学文化活动情况。朱彝尊在三十余年的遗民生涯中，走访古迹、收藏碑拓和图书、研究金石文字，留下大量反映当时文化生态和历史影像的著作，成为文学与文化建树卓越的著名词人、学者和藏书家。

总之，著作以征引的大量文献与作品为依据，认为方文与朱彝尊，分别代表了明末清初大批遗民分化后的走向和不同的谋生方式，具有典型性与代表性，是观察17世纪中期在历史巨变中文学嬗变与文化走向的重要窗口。

三 底蕴丰厚，富有文采是这部书的第三个重要特点

学术著作由于研究内容、文献征引和表达方式的特殊性，往往很难达到语言生动吸引读者的效果。不必说古代如刘勰《文心雕龙》之恢宏巨著或李清照《词论》短小精悍之类的深厚典雅者极为少见，即便如鲁迅历时十年结撰的《中国小说史略》语言之优雅，也可谓凤毛麟角。朱丽霞教授在广征博引的同时，又努力雅意润色，在学术语言的表达方面下功夫，尤其是精心凝练章节目录，以富于浓厚文学色彩的语言，表达学术研究的丰富内容，体现出令人钦佩的文化底蕴和文采。

比如，第一章以"路在何方"表达文人"易代之际的生存境遇"，以清代杜濬《龚宗伯座中赠优人扮虞姬》中的绝句"八千子弟封侯去，唯

有虞兮不负心"表达对坚持故国情怀操守的敬佩,以褚人穫《坚瓠五集》卷三收入的时人讽刺诗《一队夷齐》"圣朝特旨试贤良,一队夷齐下首阳"描述部分文人入仕新朝的情景;第二章"方文谋生与诗文创作(上)",以方文本人《建昌访魏竟甫明府》"莫笑西川杜工部,也从人乞草堂资"诗句、《北游草·清江赠任计部崧翰》"我欲卜居枚叔里,从容来乞草堂资"诗句为章节的题目,表现经济拮据依靠友人帮助来维持生活的尴尬处境;都给人新颖有趣的雅致感和甚有文化品位的厚重感。

记得20世纪末,当马萨·伍德曼西和马克·奥斯迪恩合编的《新经济批评:文学与经济交叉研究》(1999)面世后,学界曾有过讨论文学与经济跨学科研究的新思潮,但真正开展经济与文学跨学科研究的力作并不多,特别是中国传统文化方面的成果更少见。上海交通大学人文学院中国文学学科带头人朱丽霞教授的《经济与文学》,无疑是奉献给学界、奉献给中华人民共和国诞辰70周年的一份文化厚礼!

2019年3月20日写于奉贤

教学实践孕育形成的学术成果
——古典诗词鉴赏与创作·序*

  张玉梅教授之专著《古典诗词鉴赏与创作》由上海交通大学出版社付梓，即将面世。作者发来电子版清样，约写弁言。以前曾听说张玉梅老师"古典诗词鉴赏与写作"课颇受欢迎，今细阅这部长期教学实践孕育形成的学术成果，更加深信不疑。作为中国古代诗词的爱好者，我以前出版的《诗词品鉴》《唐诗经典品读》《宋词经典品读》等书，也都是以高校教学时撰写的讲稿为基础。由是，这不仅加深了我对教学与科研相辅相成的理解，而且也加深了对《诗经·小雅·伐木》"嘤其鸣矣，求其友声"、《周易·乾》"同声相应，同气相求"的理解，既无理由婉拒，随允喏秉笔，聊应其请。

一

  众所周知，诗歌，是人类历史实践和文明发展的精神创造与艺术创举，也是雅俗共赏、生活气息浓、传播范围广、艺术生命力旺盛的文学样式。在人类文明发展的历史长河中，世界上众多的民族与国家，各以特有的本土语言和生活激情，创造着不同历史环境、不同艺术风格的辉煌诗篇，既自娱自乐又广为传播。作为全世界唯一五千年文明连续发展不曾中断的中华民族，文化博大精深而以"诗""文"为两大基本载体，也是最早产生、并行发展、相辅相成、贯串中国文学发展始终的两大基本

---

  * 张玉梅教授《古典诗词鉴赏与创作》已于2018年由上海交通大学出版社出版。

体裁样式。仅就诗歌而言，无论是历史族群创作、世界篇幅最长的英雄史诗《格萨尔王传》，还是文人个体结撰、至今脍炙人口的写景抒情短篇如李白《静夜思》、杜甫《望岳》等，都充分显示着创作达到的艺术高峰。

  中华民族向来以勤劳智慧、热爱生活、善于创造而著称，至少五千年的文明演进、文化发展、文学传统和诗词创作，铸造了一个巍然屹立于世界东方的诗词大国、诗歌王国。中国古典诗词成为中华民族优秀传统文化的重要代表，成为民族品格与人文精神的重要体现。中华文化的核心理念是"以人为本"，将"人"作为关注、关心、关爱的主要对象。人性重感情，"诗言情"，以情感人，以情动人，以情化人，体现着深厚的人文关怀，所以，从民间歌谣，到文人创作，历代兴盛，都得到人们普遍喜爱和广泛青睐。诗歌也成为人们感情交流、思想交流和文化交流的重要方式与载体。

  中国历朝历代以汉语言文字创作的古典诗词，作为华夏各族人民生活实践、思想表达和智慧创造的艺术结晶，早已成为人类文化宝库中的艺术奇葩，至今在世界范围内产生着越来越广泛、越来越深刻的影响。珍视中华古典诗词这笔极其宝贵的文化遗产和精神财富，阅读学习、开发运用和弘扬光大优秀的民族文化传统，是时代赋予我们的历史责任和光荣义务，是传承中华民族优秀传统文化的重要方式，也是弘扬民族精神和创新文化建设的重要方面。大学开设"古典诗词鉴赏与创作"课，自然是提高人文素养和文学修养的题内应有之义。

二

  《古典诗词鉴赏与创作》体现着作者知识结构的鲜明特色。张玉梅教授的专业方向是古代汉语，博士师从传统训诂学"章黄学派"传人、当代著名语言学家许嘉璐先生。古典诗词的鉴赏与创作，一般属于古代文学的教学领域。虽然古代汉语和古代文学这两个专业都带有"古"字头，原本语料相融、内容相通，不过毕竟分属两个专业，玉梅老师敢于并且成功地讲授了该门课程，又编写了带有颇多创新尝试的教材，可谓难能可贵。从著作中可以看到，作者得益于古代汉语的专业背景，以扎实的古代汉语功底，形成与古代文学同中有异的鉴赏和创作视角。通览下来，除了选篇赏析、写法分析外，还有以下两点匠心独运的突出特色。

其一，体现教师学识。全书十章中，每章第四节的"字象与诗象"的分析，体现了张玉梅老师对汉语古典诗歌独到的字象之美与诗象、诗歌意境关联的发现和思考："汉民族的取象思维是全面渗透于汉语表达、汉字表达、诗歌表达中的，往往是取象于事物而成汉语语符，取象于事物而成汉字字符，取象于事物而成诗歌之诗象。""字象与诗象关联后，字诗呼应，相映成趣，字象有丰富和加深诗象的功能。"其中既有理论总结也有字例分析，使得所论字象与诗象的关系言之有据，生动入理。比如，"春风动春心，流目瞩山林。山林多奇采，阳鸟吐清音"，这是郭茂倩《乐府诗集·子夜四时歌·春歌》中的诗句，而作者嵌入古文字，呈现为："㞢风动春心，流❍瞩山林。❍林多奇采，阳❍吐清音。"这就增加了形象感，充满了新奇感。众所周知，乐府诗是入乐的，是可以歌唱的。想象一下，除了听感上的愉悦，除了歌声所描绘的多奇彩的鸟啭林泉的景象，写到纸面上的诗句还有一种诉诸视觉的意象：这古朴、象形的古文字，仿佛带着我们看到："春日的晨曦中，小草在拱出土皮。女子美目流盼，她在林间徘徊。婀娜多彩的山色中，鸟儿扑打着翅膀，啁啾鸣叫……"

其二，呈现教学效果。该书是张玉梅老师十年的教学实践与积累，有来自学生的、积极有效的互动和反馈。学生的积极有效的反馈首先体现在每个章节第四节的"习作选登"上。从《诗经》风格的仿写，到《楚辞》风格的仿写，再到唐诗、宋词的创作，来自上海交通大学理、工、农、医、文各个专业的本科生，交上来的是令人眼前一亮的作业。从附录材料中可以看到，他们不仅能按照上古音、中古音的韵部写诗，也能写要求较高的格律诗，还能将旧瓶装新酒，把生动的现实生活写入古诗的字里行间。比如："瞻彼谖草，亶时其臭。有彼伊人，善睐明眸。愿结同心，不我以丑。之子杳杳，谓不可求。"（翁钰婷《谖草》）"晴翠横铺平野东，暖风笛弄晚霞红。两三短哨惊栖雀，七八长歌羡广鸿。"（杨浏《鹧鸪天·牧童》）"鸣蝉匿树央，饮露避秋凉。项戴高冠帽，平生气度昂。"（张峰银《绝句交大闵行校区小虫·角蝉》）附录材料中学生课后对课程、教材、教师的评价，也反映出上海交通大学学子对该课程的喜爱，对课程素质教育作用的肯定。比如李郅远同学深有感触地说："对于一个工科学生来说，张玉梅老师的古典诗词鉴赏课，可以说是一种奇特而又美好的体验。古典诗词在我心中，从高中课上'必须背诵'的不快要求和潜意识中只可'妙手偶得'的美好，变成了可以分析，有系统逻辑的艺术品。在张老师的谆谆教导下，我熟悉了解各种韵律和平仄要求之后，很自然地可以作一些诗反映现实中的情感，我描写了自己印象颇深且有所参与的美式橄榄球比赛，还追忆了逝去的初恋。比起先贤来说格调确实低了不少，但是能用古典诗词这一载体反映当下的情感，不得不说是神奇。总之，感谢张老师为我掀起了古典诗词的神秘盖头，让我可以深入了解这传统文化的魅力。"类似的例子很多。

三

张玉梅教授对教学很认真、很投入，对同事与同学很热情、很热心。据我所知，张玉梅老师多次被评为"最受学生欢迎的教师"。她不仅勤奋科研，出版学术专著，兼职中国训诂学研究会理事、中国修辞学会理事，多次策划和筹办学术会议，而且课余还兼任上海交通大学教职工致远文艺协会会长，策划组织和具体运作文化公益活动，做得风生水起，非常出色，得到大家的称扬和欢迎。

致远文艺协会（下简称"协会"）从2016年成立以来，成员已经发展到400多人。协会所办刊载原创诗文作品的公众号"致远文艺"品格高雅、精美考究。公众号推送的梅领春芳、梦绕新春、十二属相闹元宵、十二属相诗词贺岁、梅迎春早、瑞雪丰年、缘聚交園、喜庆十九大、闵行校区扬帆30年专题、绝句二十四节气、环游交大、七夕有约等，均可窥其一斑。短短两年间，全部由老师们业余时间编辑推出的微刊，已经推送了100余期。其背后的辛勤工作，可以想见。而张玉梅老师的办公室就在人文楼，她严谨、认真、踏实、诚恳的做事态度和风格，是我们熟知的。

协会还举办各类通识沙龙和深入人心的文化活动，常常能见诸学校新闻网，比如"上海交通大学教职工清明节辰山植物园采风活动举行""挪威汉学家何莫邪做客教工致远文艺沙龙""教职工致远文艺协会举办中国玉文化主题沙龙""上海交通大学教职工致远文艺协会成立并举办沙龙：中华诗词欣赏与文化解读"，等等。这些沙龙或活动，浓厚了学校的文化气氛，活跃了学校的人文氛围，得到上海交通大学教职员工的认可和喜爱。"致远文艺"已经成为一个校级文化品牌，成为教职工业余文化生活的平台，承担着教职员工文学艺术涵养提升的使命。

　　小序至此，谨呈心声：热切期盼人文学院涌现更多热心人文教育和传播人文精神的自觉奉献者，光大学校重视人文教育的优良传统，培育更多具有深厚家国情怀的精英人才！

2018 年 4 月 5 日凌晨于奉贤寓所

灾害文学与人文精神
——宋代灾害文学研究·序[*]

  人类是紧密相连的命运共同体，这个共同体又是宇宙自然的重要组成部分。可以说，人类与自然永远不可分离，二者之间的关系处理，也永远是人们必须共同面对和深入思考的大问题。中华民族的先贤圣哲提出了"天人合一"的重要思想，积极引导人们深刻认识和正确对待"自然"这一人类赖以生存的空间环境，尽量减少人为破坏因素而努力创造和谐，体现着高瞻远瞩的大智慧。

  毋庸讳言的是，大自然一方面为人类提供着生存的基本条件，另一方面又总是难以避免灾害的发生。由此，应对自然灾害就成为伴随人类历史发展的重要方面，成为社会生活的重要现实，成为文学创作的重要题材。而自然灾害的巨大破坏性和给人类造成的生命威胁，不仅在当时备受社会关注，而且每每见诸典籍记载，文学作品也有丰富表现。李白《公无渡河》"大禹理百川，儿啼不窥家。杀湍埋洪水，九州始桑麻"之五言绝句诗，就是描写大禹率众治理冰川末期洪水灾害和歌颂大禹功德的典型案例。从某种意义上说，人类发展的历史就是不断认识自然、适应自然、应对自然的过程，就是不断战胜灾害、探究规律、追求和谐的过程，就是不断运用智慧、避免灾害、推进文明的过程。毫无疑问，自然灾害既是对人类生存的残酷挑战，又是对人类毅力、能力和智慧的严峻考验。

  翻检古代文化典籍，记载或描述自然灾害的相关文字比比皆是。这些

---

[*] 此文是应贵州师范大学文学院教授李朝军博士之邀撰写的书序，《宋代灾害文学研究》已于 2016 年由中国社会科学出版社出版。

文献成为研究人类文明发展历史的重要参考依据和珍贵思想资源，成为文化研究与学术研究的热点，甚至孕育和发展为专门的交叉学科——"灾害学"，成为诸如历史学、政治学、社会学等众多学科研究的亮点，推出了大批研究成果。然而，对于中国古代典籍中大量涉及自然灾害的文学作品，长期以来却没有引起文学研究界的足够重视，更欠缺深入扎实的细致研究。近些年来，虽然不乏微观层面的单篇研究成果，却很少有学者从文学角度专门进行中观、宏观的系统研究，以致专著阙如。故看到贵州师范大学李朝军教授《宋代灾害文学研究》书稿，令人眼前一亮。这是朝军教授承担的国家哲学社会科学基金项目"宋代自然灾害文学研究"的最终结项成果，不仅填补了宋代灾害文学研究的空白，具有重要的开拓性和启示性意义，而且把中国古代灾害文学研究推进到新的境界。

宋代是中国历史上皇权政治完善、经济贸易发达、文化繁荣兴盛的时期，文学创作从题材内容到体裁形式都有大的开拓与创新。特别是宋代以文兴国、以儒立国与策论取士、文人共治的大政方针，不仅使许多出身寒门的学子能够释褐为官，进入仕途，承担参与治理国家的重大任务，而且大大强化了文人学子的历史使命感与社会责任心，其文学创作也更加关注现实、关切民生，体现出强烈的民族精神和浓厚的人文意识。由是，与国计民生密切相关的自然灾害以及与此关联的应对举措之类的思想内容，必然地进入文学创作视野，催生大批文学作品则是情理之中的事。朝军教授涉难历艰，勤奋刻苦，倾力于宋代灾害文学研究，历时八年，完成国家项目研究任务，奉献给学界这本具有原创性的成果，令人钦佩！

翻阅全书，感觉有四个突出特点值得注意。首先是研究视野具有开拓性。文学反映人类生活和自然宇宙是题内应有之义，文学研究可以从不同角度或不同层面深入展开。朝军教授将宋代反映自然灾害的文学作品作为研究对象，进行总体性的审视和综合性的考察，不仅形成了宋代文学研究史上的第一本灾害文学研究专著，揭示其题材内容的广泛性、思想主题的深刻性、表现形式的丰富性和艺术风格的多样性，而且拓展了宋代文学研究的新领域，体现出开阔的学术视野。

其次是思路清晰、学风扎实。全书目标明确，构架严整，重点突出。朝军教授在系统梳理和归纳概括以往灾害文学研究"以诗证史""综合研究""文学阐释"等方面特点的同时，亦指出系统研究少、艺术研究少、观念偏颇、力量不足等情况，体现出鲜明的问题意识。而对宋代灾害文学作品与相关文献的搜集寻绎，既丰富翔实又审慎细致。著作采取以文学体裁形式为主、以灾害性质为辅的并向结构，分类考察了两宋奏、记散文与诗、赋、词等体裁涉及水、旱、蝗、疫、地震等灾害的文学作品，对其题材内容、主题思想、艺术特色、文学成就、文献价值、思想价值、文化意蕴等做了比较翔实和全面的研讨。与此同时，深入分析和认真总结了灾害题材创作的文学意义、社会功能、创作动机及其创作规律，并反思了宋代文学的时代特点与文学承传关系，既有较强的专题性，又有内在的逻辑性，思想脉络分明。《先秦至两宋主要涉灾文学作品编目》《宋代部分涉灾文学作品编年》作为附录，均可见出著者扎实严谨的治学态度。

再次是文学研究的学科特点突出。由于灾害文学作品作为文化典籍，具有跨学科的文献特点，人们可以从不同学科进行多角度的使用和分析，因此，突出学科特点才能更好彰显研究意义与价值。朝军教授除了采用突出文学体裁类分析结构全书，还强化了文学艺术方面的分析特别是对民族精神与人文意识的发掘与关照。正如作者所述，文学是"人学"，与其他学科相比，文学更关注人性、关注生命、关注感情，更具深层的人文精神价值和普遍的终极关怀意义。灾害文学在表现生命价值、人性善恶、人情冷暖、世态炎凉等方面更具典型性，能够表现正常情形下无法表现的人性深度和社会问题。灾害文学的价值与意义首先在于其思想性和史实性，在于其深刻而浓厚的人文精神。朝军教授通过文学作品解析，既再现了灾害肆虐、灾难深重的历史图景，又赞扬了艰苦卓绝的抗灾减灾功绩，使中华民族坚忍不拔的民族精神和忧国忧民的文化传统得到承传。

最后是注重规律总结。任何学术研究的重要目的都是探究规律、形成理论、指导实践，文学研究当然不能例外。朝军教授准确把握这一要求，注意从不同层面总结、归纳和概括宋代灾害文学的特点与规律。如著者指出，记侧重于记述救灾事迹，奏疏侧重于条陈救灾策略，赋侧重于写灾况、发妙论，词侧重于写灾后的庆贺，诗的内容则最为深广全面，集中敞露士大夫忠君忧国情怀，赋则凸现应对灾害的豁达态度和超脱精神。另如对宋代灾害文学社会功能与创作机制的总结、对时代特征的概括、对缺点不足的归纳等，都有充分体现。

当然，任何学术研究都是不断拓展、不断深入和不断完善的历史过程。《宋代灾害文学研究》开拓了断代文学研究的新视角与新领域，但仍有诸多需要继续深入思考和不断完善的空间。比如，自然现象与自然灾害两个概念的联系与区别，灾害文学概念内涵的性质与界定，灾害文学作品的分类与层次，甚至全书的架构设计等，都有待进一步提高科学性、合理性与严谨性。至于将宋代灾害文学放到世界文学层面来比较，突出民族特色与人文精神，则是更高的要求与境界。

  宋代文学是中国古代文学发展史上又一座群峦叠翠的艺术高峰，不独宋词成就空前绝后，各体文学皆有创树，开辟出具有鲜明时代色彩的新境界，成为中华民族优秀传统文化宝库中的奇葩。20世纪90年代初，笔者考入复旦大学师从王水照先生读博，专攻宋代文学而将宋代散文研究作为学位论文题目。在水照老师悉心指导下完成学位论文，得到学界众多前辈与道友的鼓励与关注，又荣获教育部第七届高等学校科学研究优秀成果著作一等奖。正如朝军教授所言，因为我们"共有部分相同研究方向和研究对象"，出于都是研究宋代文学的缘故，李朝军教授惠寄书稿，以十分真诚和谦虚的态度让我作序。其实，我并不具备这样的学养与资格，只是为了不负学友信任与厚望，勉强为之，写了以上文字，聊作弁言。

2017年3月19日草拟于上海奉贤南郊

宋赋研究·序[*]

赋是中国文学最具民族特色的独有文体，也是世界文学宝库中的艺术奇葩。赋在宋代之前历千年发展演变，入宋后又经欧阳修、苏轼等众多名家巨匠创新改造与积极引导，境界风貌，焕然一新，内容无事不入，样式无体不备，风采无处不在，两宋遂成赋体文学之巅峰。

然而，宋代文化空前繁荣、文学灿烂辉煌，诗、文、词、赋等各体文学都创造了既独具特色又超越前贤的非凡成就，尤其是声势浩大影响深广的"古文运动"、被推为"一代文学之胜"的新贵明星"宋词"，均以深刻的思想文化内涵或强大的艺术冲击力领袖文坛，成为炙手可热的主角，凸显"抢镜"效应。而宋赋尽管新貌迭出，姿态横生，其势难以比肩，终为所掩。于是，经典名篇之外，宋赋成为"百姓日用而不知"的角色。后世对于宋赋的研究，虽然不乏优秀成果，如刘培《两宋辞赋史》之类，但是较之宋代诗词研究，总体上显然十分薄弱。读了建生同志45万字的《宋赋研究》书稿，感觉新意迭出，资料翔实，功底扎实，分量厚重，这部宋赋研究的学术力作，无疑是奉献给学界的大礼！

新角度、大视野是《宋赋研究》的重要特点。建生同志采用专题研究的方法，将宋赋置于广阔的历史时代大环境和社会文化的原始生态中，从权力与形式、宏观与微观、外部与内部等多角度、多层次、多侧面地展开考察，研究宋赋的源流演变、文体特征及其与两宋各种文学样式之间的相互影响，令人耳目一新。比如在宋代科举发展、宋学形成诞生、宋代党

---

[*] 此文是受上海交通大学人文学院中文系胡建升教授之邀写的书序。《宋赋研究》已于2017年由上海交通大学出版社出版。

派斗争、古文革新运动等国家文化政策、社会政治、文化语境中深入考察影响宋赋创作的多种元素，体现出研究思路和学术视野的开阔。特别是将赋体发展与国家政治结合起来综合考察，认为宋赋是知识阶层阐释宋代政治权力合法性和自身文化资本正当性的重要文体，是宋代政治权力和文化资本运作的重要知识论述，与知识分子的命运、心态、精神追求息息相关。由此既突出了赋"兴废继绝，润色鸿业"的应用性和实用性，又肯定了赋所内含的深厚人文精神和浓郁的艺术审美性。

跨领域、重规律是《宋赋研究》的又一重要特点。建生同志突破就文体研究文体的传统范式，跳出发往传统文学史研究的套路，不仅综合运用音韵学、格律学、文体学等学理知识，而且大胆借鉴文学人类学、社会学人类学、文化人类学、比较政治哲学、后现代思潮等诸多学科的理论知识展开研究，实际上已经上升到文化层面全方位地综合审视和深度考察，同时将文献考证与理论阐释相结合，体现出学术研究方法的创新性。尤其是从文化发展中考察和发掘宋赋创作衍变规律，体现出深刻的思想性。如分析宋学与赋风二者之间的变化时，认为北宋初中期是宋学主体性的生成期，宋学重建道统、我注六经和以天下为己任的思维模式与学术精神，表现在赋体文学中一是为赋体正名，二是赋体具有古道意识，三是赋中有圣人主体。北宋后期是宋学真理性的转型期，学术新价值观念对赋体文学的影响一是宋学真理的终极性与唯理赋风，二是士大夫的师者意愿与赋体的师道意识。南宋理学追求道体的同一性，表现在赋体创作中一是道体的学习、探究和证悟成为赋体文学的中心话题，二是南宋理学的世俗化也给赋体创作带来一些理性情趣。这些都体现出作者思考的深刻性和探讨文学发展规律的可贵性。

抓本质、重本位是《宋赋研究》的第三大特点。赋作为一种个性鲜明的特殊文体，既有自身本质如叙事功能、表达方式、用韵格律等方面的要求，又有时代发展样式变化诸如骚赋、汉赋、骈赋、律赋、文赋等不同形态，而其本位仍然属于文学层面。建生同志在深入考察赋的性质与流变的同时，紧紧抓住宋赋的文学要求和特点，从修辞学、声律学、音韵学等角度，对宋代文赋的散文化、科举试赋的用韵及格律进行详细的分析考察，探讨宋代赋体文学在形式上的创新与变化，探索文体内在的发展规律与社会外部环境的关联，反映出研究的深入和思考的缜密，却又始终不离文学本位。这对宋代文学的分体研究具有重要的启示意义。

当然，学术研究是一个求真求实、求善求美和不断探讨规律的历史过程，任何一部学术著作都不可能解决课题涉及的所有问题，也不可能做到真正完美。《宋赋研究》也有一些需要进一步深入思考和深入研究的问题，如宋赋同诗词与各体散文创作的相互影响、宋赋的人文精神与文化意义之类。

《宋赋研究》是胡建生同志承担的国家社科基金后期资助项目（13FZW013）之最终结项成果，现在付梓出版，即将面世，求以为序。其实，笔者对宋赋并没有专门系统的深入研究。大概因为专业方向同属宋代文学，而我师从王水照先生时的博士论文是《宋代散文研究》，且《文学遗产》1997年第6期刊出的拙作《古代散文的研究范围与音乐标界的分野模式》中专门讨论"赋之归隶"，将宋赋纳入散文研究范围，由此得到了建生同志的信任。作为人文学院的同事和专业领域的道友，唯有真诚祝贺新著出版，并对建生同志为学科建设做出的贡献深表敬意！同时，期盼人文学院有更多年轻同志获得国家社科基金项目，不断推出高水平高质量的学术专著，展示上海交通大学雄厚的人文师资力量。

丁酉癸卯，壬子凌晨，拟于申城奉贤南郊

立德树人与家风传承
——荣氏教育集团《果行育德·序》*

"育德、立德、厚德",这是中国历代贤达矢志不渝的思想追求与躬行不辍的社会实践,而"尚德、敬德、重德",形成中华民族五千年一以贯之的优秀文化传统和重要价值观念。曾被毛泽东称为中国民族资本家"首户"的江苏无锡荣氏家族,近一个多世纪以来,秉持"育德"理念,为民族复兴、国家昌盛,坚定不移地弘扬"立德树人"优秀传统、光大"为国育才"家风,创造了举世瞩目的非凡业绩,成为传承中华民族优秀文化传统的典范。细阅和品味着反映"荣氏教育百年传承"的《果行育德》一书清样,充满敬佩与感动!

这部颇富深意、颇具创意的介绍性图书,选择"育德"这一独特视角,展示荣氏家族近代以来在兴办教育、立德树人方面的卓越奉献和由此形成的家风。其中,浓厚的爱国情怀、强烈的民族精神与鲜明的时代特点,力透纸背,成为名副其实的荣氏家族办学兴教"育德"史。中国古代先贤认为,"育德"是"以人为本"的基础和人类文明发展的保障,是提高修养、提升气质、创造幸福的重要方法,是实现人与自然、人与社会、人与人乃至人自身和谐的根本途径,更是兴邦治国、和平发展的根基工程,故《易经》倡导"君子以果行育德""君子以振民育德",而明代

---

* 中华人民共和国原副主席荣毅仁的外甥胡锡昌先生秉承家风,热心公益教育、甘愿奉献的精神,令人敬佩。2017年初春,胡锡昌先生以"荣氏教育,百年传承"为主题,设计策划出版《果行育德》,盛情邀我与金盒(亚洲)有限公司总裁、香港豪升发展(国际)有限公司主席荣智丰共同主编,并嘱为序。此书采用中英双语配图制作出版。

著名政治家和思想家刘伯温在《菜窝说》中则称万事"莫大乎育德"。这本《果行育德》可以说是弘扬中华民族"育德"实践的经典案例。编者立于"真"、贵于"实",以"德"为灵魂、以"人"为根本、以"时"为线索,精心设计、精心编辑,注重实事、实物、实迹,辅以中、英对照的简要说明文字,采用客观实录图像的排比方法,展示大量珍贵的人物相片、实物图片、场景资料,形成简洁明快的历史线条,勾勒和展现荣氏家族兴办教育、立德树人的传统与家风。以荣熙泰、荣德生、荣毅仁以及现任教育集团董事长荣智丰、执行董事胡锡昌为代表,迄今已历经五代,传承百年。此书的内容具体生动、底蕴丰厚、深刻感人,思想性、文献性、史实性融为一体,可视可感性与艺术趣味性很强,更是不容小觑的重要特色。

　　众所周知,"德"的本质是人的思想理念与价值观念综合形成的社会意识和行为规范。德,既是行为体现的内在精神,又是品格境界的评判标准。德有小大之分而仁义为精魂。德之大者,莫过于天地,光被宇宙、化育万物而无计其功,故《庄子》用"德配天地"赞孔子。德的实践性与社会性,决定了这是一个不断认识、不断培养、不断提升的动态过程,而不可能与生俱来,一蹴而就。于是,"育德"必然成为人类个体成长与社会参与的重要方面。中国古代"育德"举措,多以兴学为先,培养目标是具有"上德""大德"品质的安邦治国精英。《孟子·滕文公上》"夏曰校、殷曰庠、周曰序",《孟子·梁惠王上》"谨庠、序之教,申之以孝、悌之义",《汉书·董仲舒传》"立大学以教于国,设庠序以化于邑",都是讲述当时培养人才的教育制度。至于儒学经典《大学》开篇"大学之道,在明明德,在亲民,在止于至善"更是开宗明义,将"明德"放在首位。荣氏家族办学兴教持续百年而不辍,从幼儿园、小学、中学到大学,无不涉及,且规模范围不断拓展,乃至走向世界。这不仅是对中华民族优秀文化传统的发扬,更是急国家、民族、时代之所需,益于促进社会的文明与进步,其本身就是"育德、立德、厚德"的真实体现,就是"上德""大德"的重要反映。

　　荣氏家族与上海交通大学也有深厚的"德"缘。荣宗敬与荣德生兄弟捐赠巨款修建的徐汇校区图书馆,早已成为上海交通大学的地标性建筑和亮丽名片;而著名国学大师、当时的老校长唐文治先生撰写的《荣熙泰先生铜像记》，碑刻至今依然伫立馆侧，潜移默化地激励着一批又一批交大学子与观瞻者。乙未（2015）初春，笔者受聘上海交通大学，任教于人文学院；两个月后又受命出任新人文学院院长。为弘扬交大创建之日即重视爱国爱民人文教育的光荣传统，120周年校庆前夕，我提议策划组织"纪念唐文治诞辰150周年国际学术研讨会"并作为校庆的重要内容，得到学校积极响应和大力支持。唐文治老校长晚年在无锡开办国专（苏州大学前身），为新中国培养出一大批学术名家与治国人才。而江苏太仓唐氏与无锡荣氏数代至交，荣智丰董事长应邀出席大会并讲话，执行董事胡锡昌先生同行，遂得相识。此后多次畅谈，让我对荣氏家族有了更具体、更深刻的认识，敬意与敬佩与日俱增。

中国古训"忠厚传家远，诗书继世长"，这实际上是对长期实践"育德、立德、厚德"回报效果的规律概括与经验总结。宋代文学巨擘苏轼名作《三槐堂铭》，盛赞湖州王氏家族"修德""好德"，仁义报国，族中人才辈出，良相达官，绵延于朝，至百世流芳。文中关于"国之将兴，必有世德之臣，厚施而不食其报，然后其子孙能与守文太平之主、共天下之福"的深沉感慨，令笔者不能不联想中华人民共和国原国家副主席荣毅仁家族，始终不渝地发扬中华民族"尚德、敬德、重德"之优良传统，持之以恒地践行"育德、立德、厚德"，在国家民族存亡之际、在新中国诞生之初、在改革开放大潮之中，为国家、为民族、为人民做出的巨大贡献。毫无疑问，所有这些必将书之于丹青、流传于后世。在人类命运共同体凸显、高新科技飞速发展和高扬人文精神的21世纪，期待荣氏家族创造更多辉煌！

今年初春，胡锡昌先生告知即将出版《果行育德》，嘱我为序，虽自知才疏，难副重托，而其诚难却，遂恭拟数语，聊以复命。是为序。

拟于上海奉贤德丰路69弄

2017年6月30日凌晨

附 录

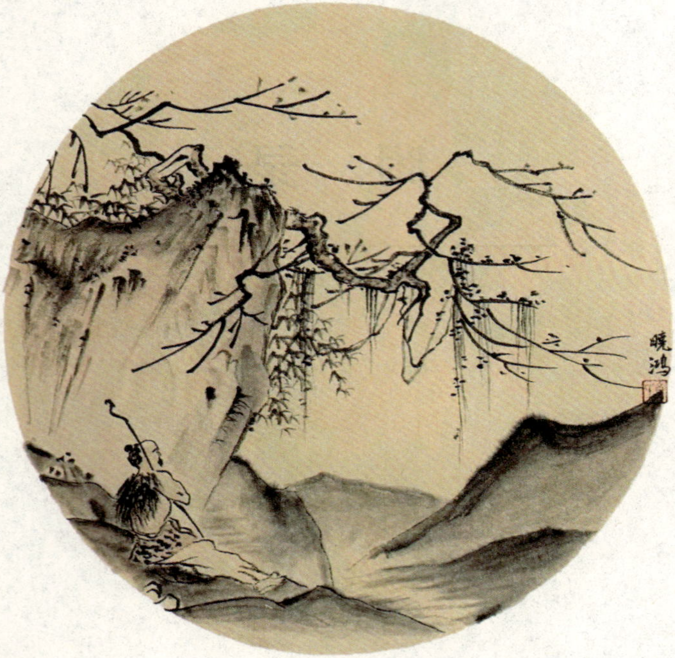

晓鸿

"扉开月入，纸响风来"
——《中国文化论稿·序》

杨 义[*]

巧合实在是人生的刺激素。前几日，刚编完一部《读书谭》的书，取题"从读书听取智慧的笑声"，想不到今日又读到杨庆存兄电邮过来的这部《中国文化论稿》，随意披阅，从中听到的也是智慧的笑声，感受到一个学者的真诚、勤奋而深邃的心灵。作者的人生轨迹说来也算特别，早年在齐鲁之地和沪上名校研究宋代文学十年，出手不凡，成为正在崛起的学界才俊，那时他发出的是青春的笑声；后又在国家社会科学管理中枢十八年，统筹策划，展现宏大的战略眼光和国家意识，此时听到的已是老成的笑声了。

明人王绂《画竹寄友》诗云："我昔寻君扣竹扉，醉中曾写竹间诗。别来几度空相忆，多在青灯听雨时。"——叩竹扉，情犹如此，一叩心扉，情又何如？大凡以悟性读书的人，都会深切感受到，开卷实际上是开启人的心扉。端是"扉开月入，纸响风来"，这本书就成了作者这十年真功夫和十八年大眼界的汇合与集成，实在值得人们边读边反顾近三十年的人文社会科学的充满笑声的一路足迹。

作者身居人文社会科学的管理枢要，每年要组织几百位知名学者，评议和管理几千个重要科研项目，规划、引导、促进，形成万马奔腾的局

---

[*] 杨义先生为中国社会科学院学部委员，中国社会科学院文学研究所前所长、研究员、博士生导师；现为澳门大学社会科学及人文学院中文系教授；国家社会科学基金重大项目首席专家；中国鲁迅研究会会长。

面。以学业有成的优秀学人，统筹波澜奔涌的国家学术事业，尽责尽心，令人多有知音之感。《文心雕龙·知音》云："凡操千曲而后晓声，观千剑而后识器，故圆照之象，务先博观。"出诸曾经操千曲、观千剑的效应，作者对中国文学与文化的存在状态和发展趋势，具有圆照博观的大眼界。他深切地感受到，文学研究上升到文化研究层面，已经是近一个时期以来文学研究发展的重要趋势。他不仅如此感受，而且如此展开自己的研究途径。他考察了孔子所创立的以"和"文化为核心的儒家学说；论证了华夏民族理想人格的基石，在于孔子仁学整体系统；并由此对华夏文明的构建与古代政治的经纬孔子礼学思想体系，做出重新审视。作者通过对儒学的宏观把握，揭示其仁学思想、礼学思想是华夏文明史乃至人类文明史上的杰出建构。大概由于作者的学术起步，始于曲阜，他对儒家的智慧形态的关照，情有独钟。

如何关照？要在探源溯流。书中引述了朱熹《观书有感》："半亩方塘一鉴开，天光云影共徘徊。问渠那得清如许，为有源头活水来。"于文化概念众说纷纭，天光云影共徘徊中，作者探寻源头活水于《周易·贲卦》象辞："观乎人文以化成天下。"他对汉晋文献也勤于梳理，引述了汉代刘向《说苑》"凡武之兴，为不服也，文化不改，然后加诛"；以及晋朝束广微《补亡诗》中"文化内辑，武功外悠"之句。甚至对东汉武梁祠石室有"伏戏仓精初造王业，画卦结绳以理海内"的刻词，也没有放过。

作者对礼学在中国文化结构中的关键性，尤为用心。他认为，礼虽包括风俗仪式，又不完全是风俗仪式，虽包括政治制度，又不完全是政治制度。所谓礼，就其根本性质来说，一言以蔽之，就是一种社会文明。《礼记·曲礼（上）》云："鹦鹉能言，不离飞鸟；猩猩能言，不离禽兽。今人而无礼，虽能言，不亦禽兽之心乎？夫唯禽兽无礼，故父子聚。是故圣人作为礼以教人，使人以有礼知自别于禽兽。"这段话强调的正是礼作为人类文明的基本特征，它是使人类超越原始动物本能并区别于其他一切动物的根本所在。

难能可贵的是，在作者的研究思路中，存在着文学与文化、古代与现代、中国与世界三根弦。三弦和鸣，意趣腾跃。这种腾跃有一个牢靠的根基，就是作者在唐宋文学上，精于专家之学。《论李白〈梦游天姥吟留别〉的构思与创新》一文，辨析此诗主题是"留别"而非"记梦"。认为该诗题目"梦游天姥吟留别"由两层意思或两部分内容构成，一是"梦游天姥"，二是"留别"，这两个内容通过"吟"的形式结合在一起，融为一体，前者是"吟"的内容，后者是"吟"的目的，二者之间又有主次之分。只看诗中"别君去兮何时还"一句，便足以知道是为留别而作，是以"拟梦"写"别绪"。这种复合的诗歌体制，具有"以文为诗"与"融会众体"的创新性。这就以一首诗，把握了一个出入玄幻与现实的李白。《论古籍辑佚与史料考镜——辑校本〈杨文公谈苑〉补甄》，则是考证文字，功力颇深。杨文公即杨亿，乃宋初一代奇才，名重天下，学者宗伏，领袖群彦，连欧阳修、苏轼也多所艳叹，"文辞之外，其博物殚见，又过人远甚。故当时与其游者，辄获异闻奇说，门生故人往往削牍藏弆以为谈助"（宋庠《杨文公谈苑·序》）。但作者发现，辑校本《谈苑》记《穆修》条目，存在讹误，并以版本学、编年学的坚实征引，清理了其致误的缘由，令人信服。

在专家之学的基础上腾跃，对文化进行圆照博观，这样的通人之学才算有谱。不然，对那些没有专门之长的人，随便扣上什么"文化学者"的华冠，有识者不知作何观感。作者没有忘记，有位思想深邃的政治家曾提出过"思考创造历史"的命题，认为人类的发展是与思考分不开的，人类的进步，是思考的结果，人类的文明，是思考的产物。认为这种观点本身，就是思考的结晶。

面对古典诗词的沉思，本书作者视野非常开阔，其《论古代黄河吟咏及其民族精神》一篇，既是专家之学，又对民族精神做了别有意味的圆照博观。他随手拈来唐人刘禹锡的《浪淘沙》："九曲黄河万里沙，浪淘风簸自天涯。如今直上银河去，同到牵牛织女家。"又拈来元人萨都剌《黄河舟中月夜》："十丈雪帆拂斗杓，星槎风急浪花飘。夜深露冷银河近，卧听天孙织绛绡。"从《诗经》、汉武帝《瓠子歌二首》、嵇康、庾信、北朝乐府《折杨柳歌》，到王之涣《凉州词》、李白《将进酒》《西岳云台歌送丹邱子》，又下延到韦应物、李贺、梅尧臣、王安石、苏轼、陆游、贡师泰、顾炎武、魏源、谭嗣同，作者在上下两千余年的二十个作家作品中穿行，饱览黄河雄姿及其子民的眷恋之情，以河流在中国诗史的流淌，彰显着民族发展的精魂。

记得刘半农作词、赵元任谱曲的民歌调云："月光恋爱着海洋，海洋恋爱着月光，啊，这般蜜也似的银夜，教我如何不想他？"文学恋爱着文化，文化恋爱着文学，读这样的文字，又岂能听不到智慧的笑声？

2014 年 10 月 20 日

迈向更高的学术境界
——《中国文化论稿·序》

陶文鹏[*]

好友杨庆存教授给我寄来他的学术新著《中国文化论稿》的校样，他诚恳地请我多提意见，并撰写一篇序文。

我和庆存结交有20年了。记得1994年8月，我们《文学遗产》编辑部与曲阜师范大学中文系联合举办"儒学与文学国际学术研讨会"。会议期间，一个英爽精干的小伙子找到了我，他说他叫杨庆存，在曲阜师大中文系任教，写了一篇习作，想请我看看。我接过文章一看，题目是《论北宋前期散文的流派与发展》，论题新颖，评论精切，全文层次清晰，行文爽畅。我说："你这篇文章不错，让我带回编辑部处理吧。"他很高兴地向我表示了谢意。《文学遗产》1995年第2期发表了这篇文章。庆存考上了复旦大学中文系师从著名学者王水照先生攻读博士学位以后，又在《文学遗产》上发表了几篇论文。其中，《论古代散文的研究范围与音乐标界的分野模式》一文，还荣获了1997年度的《文学遗产》优秀论文奖。就这样，我与庆存因为学术会议相识，以文结缘，成了志趣相投、心灵相通的学友。

岁月如水流逝。而今，我已是满头白发、年逾古稀的老人。杨庆存成为国家社会科学研究出色的管理者和卓越的中年学者。十几年来，他公务

---

[*] 陶文鹏先生是唐宋文学研究的著名专家，中国社会科学院文学研究所研究员，博士生导师，《文学遗产》前主编。中国唐代文学学会常务理事，中国山水旅游文学研究会理事，王维研究学会理事。

繁忙，可谓日理万机，但工作之余，总是孜孜不息，刻苦攻读，积学储宝，笔耕不辍。他接连推出了《宋代散文研究》《黄庭坚与宋代文化》、《诗词品鉴》等多部学术著作，以其在理论上的大胆、严谨、扎实的学风，得到古典文学界众多同行的赞赏。现在，他又推出这部《中国文化论稿》，全书400多页，收辑了69篇文章，学术分量十分厚重。我翻开校样，从"研究篇"的文献考察与文化思索读起，再读"管窥篇"的转益多师与创新方法，最后读"感悟篇"的深切感受与文化领悟。读完全书，我感到兴味盎然，收获颇丰。我不仅学到了过去知之甚少的许多知识，而且深深领悟到：当代学人治学如欲有大成就，必须具备高尚的思想境界、广阔的学术视野和深厚的文化品格，还要有敢于创新的精神和利于创新的方法。衷心感谢庆存，送给我一份精神补品，我也应当有所回报。于是，我欣然挥笔撰写这篇序文，既向庆存表达感激和钦佩之情，也向学界同仁，特别是刚从事社会科学研究的年轻人推荐这部好书，并把我读后的收获和心得体会写出来。

不难发现，研究领域的广阔多样是这部《中国文化论稿》的一个显著特点。收入本书中的，主要是古典文学论文，包括研究古代的诗词、散文、戏曲、文话的文章，还有研究毛泽东诗词的光辉篇章《沁园春·雪》，评论著名学者兼诗人詹福瑞的白话新诗集《岁月深处》的文章。此外，更有深入探讨孔子的儒学，论述古典文献研究、文化研究以及整个社会科学研究如何进一步开拓创新的文章。最使我意想不到的是，书中还有评论书法、评论经济学著作乃至评论杂技表演艺术的文章。尽管涉及的学术领域如此广泛，但每篇文章都是有为而作，言之有物，有真知灼见，绝非泛泛而谈。譬如，关于书法的文章，就有《书法艺术发展与国家文化建设》《中华文化艺术的弘扬者、创新者和传播者》《书法作品〈道德经〉序》《五台山谒佛序》四篇。庆存教授深入细致地研究饮誉中外的著名书画家都本基的书法艺术，他评论都本基手书《道德经》长卷说：

> 都本基选择既厚重平实又飘逸流动的行书精心创作，不仅点画丝连，字携意牵，大小相间，而且虚实并用，疏密有致，浑然成篇，或顾盼呼应，或跌扑纵跃，可谓急缓有变，动静相宜，其节奏旋律、气势风韵，可以令人想到"龙跳天门，虎卧凤阙"的《兰亭序》与

"流畅通达、丰腴圆润"的《麓山寺碑》，淋漓尽致地表现了对苏轼、黄庭坚的用墨特点、侧峰运笔等技法的创造性发挥，也淋漓尽致地展现出对黄庭坚书法点如"高山坠石"、竖如"树梢挂蛇"的精到理解、深刻体会与创新实践。概而言之，手书《道德经》长卷体现着创作者强烈的文化意识和时代意识，体现着对民族精神和传统文化的弘扬。

这一段评语，洋洋洒洒，一气呵成，语语中的，十分精彩，足以见出庆存对中国书法艺术及其发展历史具有深厚学养，对于都本基的书法艺术有超卓见识，否则，绝不可能写出如此当行本色的评论。我想，庆存拥有多学科的丰厚知识积累，正是他多年来勤奋、刻苦、执着做学问的成果，真使我钦佩不已。

对孔子儒家思想的精深研究，是庆存这部新著的最大亮点。孔子是先秦儒家学派的创始人，我国古代最有影响的卓越思想家、教育家，杰出的文化巨人。2014年9月24日，习近平总书记出席了纪念孔子诞辰2565周年国际学术研讨会开幕式，并发表重要讲话。他指出，中国优秀传统文化既可以为人们认识和改造世界提供有益启迪，亦可以为治国理政提供有益启示，还可以为道德建设提供有益启发。庆存在孔子故里曲阜生活和学习多年，他尊敬孔子，深受儒家思想熏陶。在这部书中，有三篇研究孔子思想的优秀论文，极富时代感和现实意义。第一篇《孔子"和"文化思想及其现代启示》，抓住孔子文化思想的精华"和"来做文章，从孔子时代的社会危机与"和"之重大价值的发现、孔子"和"文化思想体系的理论架构、倡"仁"以达"和"、崇"礼"以致"和"、"中庸"以成"和"、孔子"和"文化思想的人文基础等六个方面，宛如剥茧抽丝，层层深入地展开论述，从而有力地证明孔子在25个世纪以前创造的"和"文化思想，非但没有因为历史的久远而淡出人们的视野，反而愈加显示出孔子智慧的超前性、普适性和永恒性，继续为当今和谐社会、和谐世界的构建和人类文明的发展提供深刻丰富的启示。后两篇《论华夏民族理想人格的基石》和《论华夏文明的构建与古代政治的经纬》，分别对孔子的仁学和礼学思想体系做出重新审视。前者论述仁的客观准则是克己复礼，仁的基本精神是爱人，仁的心理基础是孝，仁的实践原则是中庸之道，又论述了仁的言行关系，最后指出孔子仁的思想体系的历史价值和现实意义。后者论述孔子礼学思想的性质、礼的社会宏观效应、礼的自我约束机制、礼的社会调节功能，然后着重论述"以礼让为国"的历史得失。作者认为，两千多年来，孔子的仁学思想一直成为中国古代知识分子人格修养的指南，当然不能忽视后来逐渐形成的僵化倾向和迂腐成分，但只要我们剔除其中一些不适合现代的消极因素，其基本内核依然熠熠生辉，有助于提高人们的人格修养和文明素质，建设和谐社会。而孔子"以礼让为国"思想的引导性，曾经造就了中国由秦汉至唐宋近千年高度发达的封建文明，但强调礼治而忽视法治，也导致了封建社会后期长时间的落后、衰败、混乱和停滞。"以礼让为国"对法律建设的忽视，为我们今天努力建设法治国家提供了历史的鉴戒和反面教训。从以上简略的介绍可以见出，庆存教授这三篇论孔子思想的文章，具体体现了习近平同志的重要讲话精神。我还想补充指出，庆存在这三篇文章中广征博引了古希腊苏格拉底、柏拉图、亚里士多德，法国卢梭、柏格森，英国培根、霍布斯、亚当·斯密，美国马丁·路德、亨利·托马斯，俄国列夫·托尔斯泰等外国哲学家的有关言论，与孔子思想做比较参证，说明孔子仁学和礼学思想表现出惊人的成熟，大大地超越了同时期的古希腊人，而与近代西方人道主义思想相近。由此也可见庆存在研究中力求古今融会，中西贯通，古为今用，洋为中用。

庆存教授善于从细读文本出发，在微观分析的基础上对研究对象做宏观把握和理论概括。《论中国古代诗词的艺术境界》，概括中国古代诗词鲜明突出的民族特色是：性情浓、语言精、形式美、内涵深、意境新、境界高。庆存对这六个特点做了生动具体的阐析。我更欣赏《诗国与诗魂——中华民族的文明演变与中国古典诗歌的发展》一文。文章开篇说，与世界上许多国家和民族的文学不同，中国古典文学在其最初的十多个世纪中是以抒情诗的高度发达而著称的。为什么中国古典文学在它一开始的时候没有出现史诗和悲剧？长期以来，人们对此一直困惑不解，成了一个学术难题。庆存教授迎难而上，努力解决这个难题。他认为这从根本上说，是由早期汉民族的文明素质决定的。文章从早熟的伦理道德观与《诗经》的产生、孔子和庄子对诗歌内在精神的提高、中国古典诗歌发展的社会土壤三个方面来阐明原因。通篇贯穿着马克思所说"早熟的儿童"的古代汉民族与"正常的儿童"的古希腊人不同心理、情感及伦理道德观念的比较,也贯穿着中国古典抒情诗歌与古希腊诗史和悲剧的比较。全文思考深刻,视角新颖,有理有据,论证缜密,使人读后豁然开朗。

学术研究的生命在于创新。庆存教授在多篇文章中都强调社会科学研究要在学科体系、学术观点和科研方法三个方面大力创新。他评赞杨义先生的《中国古典文学图志》开拓了新视野,创造了新形式,探索了新思路;又评赞杨义的"先秦诸子还原"四书蕴含着以求真求实为根本的学术创新精神,有雄视古今的文化气魄。庆存本人的研究,也一直致力于在求真求实中开拓创新。他的学术专著《宋代散文研究》和《黄庭坚与宋代文化》,就是兼具课题新、视野新、资料新、观点新、理论新的力作。在这部《中国文化论稿》中,很多文章都有新意。例如,《论李白〈梦游天姥吟留别〉的构思与创新》,指出此诗主题是"留别"而非"记梦",而其所记之梦也只是"虚梦"而非实梦,诗人不过借"拟梦"以抒写别绪;文中又揭示此诗体制创新在于"以文为诗"与"融会众体"。这都是令人耳目一新的创见。《"小山重叠金明灭"释义》认为,温庭筠这句词的"小山"是比喻女子的发髻,"重叠"描述其盘缠隆起之状,"金明灭"着笔金首饰,"明灭"表现首饰光泽以晨起尚未佩戴而不存之意。全句乃写妇女初醒发状,以示其惺忪懒散神态,与下句"鬓云欲度香腮雪"正相协调吻合。庆存逐字逐句深细揣摩,审象探意,得出了切合此词意境的新说,令人信服。《论燕乐的滋兴与词体的诞生》,论词体产生于六朝时期音乐的变革和燕乐的滋兴,此说虽非新创,但全文资料翔实丰赡,论析深入浅出,清晰透彻。即使是为《语文函授》撰写的辅导文章,如《〈西厢记〉艺术成就的多维审视》,作者也能从《西厢记》的创造轨辙、境界旨趣、关目处理和戏剧中的人物塑造几个方面做出深入细致的论析,使读者感到一股清新之风扑面而来。

收入这部书"管窥篇"中的第一篇文章,是《王水照先生的人格魅力与学术境界》,全文漫溢着庆存对恩师王水照先生的敬爱深情,展现出王先生真诚、谦虚、质朴、高雅的人格魅力和开阔、高远、深邃的学术境界,使我读后深深感动,由衷地赞赏庆存要将恩师的学术精神、境界与气魄传承下去的壮志宏愿。第二篇《傅璇琮先生的思想境界与学术实践》,叙述了他与著名前辈学者傅先生的书香缘与忘年交。他把傅先生的学术精神概括为"斯文自任"的使命意识，文化建设的国家意识，与时俱进的创新意识。文中说：傅先生主张学术研究应当立足本土、面向世界，要关注国外对中国文化的研究，促进世界文化的交流，特别是应当将中国文化推向世界；主张古典文学界应当开拓研究领域，打破固有的樊篱，把视野展向域外的汉文化区；提出要培养一代新学风，一种严肃的、境界高尚的治学胸怀，融合中西文化、广博与精深相结合的治学手段，不拘一格、纵逸自如的治学气派。庆存对傅先生的治学境界与学术实践认识深刻，概括精到，足以启迪学人灵智，勉励学人奋发有为，勇于开拓创新。我想，庆存教授取得那么丰硕的学术成果，固然是他长期勤于攻读、敏于思考、潜心研究的收获，也同样是他一向尊师重道、转益多师的收获。

当前，我国的社会科学研究事业，已呈现百花争妍、万紫千红的繁荣景象。我十分欣喜地看见：在"德、学、才、识、胆"五个方面不断提升的杨庆存教授，正意气风发，又沉稳踏实，迈向更高的学术境界。

2014年11月8日于中国社会科学院文学所

与杨庆存述唐文治书
——《中国古代文学研究·序》

复旦大学　陈尚君[*]

庆存教授去岁年及耳顺，自国家社科基金办公室退而赋闲，今春受聘为上海交通大学文学院院长。我得讯即驰电视贺："百年前师祖茹经翁曾主校政十四年，以一代国学大师而长期致力工科大学建设发展，其业绩记录校史，播在人口，足为大学百年不祧之祖，留下国学研究之丰硕著作与光烨传统，更为他校所必无。方今文明昌盛，学术臻荣，上海交通大学亦以建设一流综合大学为职志，以阁下长期主政人文学术，通悉全局，繁剧之余也始终坚持研究，著作络绎。今再据要津，学校支持，资源丰沛，知必大可作为，成就新事业，足为交大国学带来新气象。"庆存亟告以老校长之成就相勉，实不敢当，唯校院皆有共识，将接续传统，已规划整理茹经全集，更期弘传典范，发扬光大。"先生所知，可告其详否？"

我生苦晚，不及见唐先生，唯三十七年前从朱东润师课读唐宋文学，师屡屡谈述早年受业情景。师告年方十一，偶因替表兄考试做枪手不成，录取当时之邮传部实业学校附属小学，唐先生以大学监督之尊，在小学兼授唐宋古文。每授课，从头至尾带领学生吟诵古文，不作一句解释。"这应该也是一种教学办法。"师对此颇为赞赏，并说唐先生读书到高兴时，

---

　　[*] 陈尚君先生为复旦大学文科资深教授，博士生导师，是享誉海内外的著名学者，现任复旦大学中国古代文学研究中心主任、任重书院院长。中国唐代文学学会会长。教育部高校文化素质教育指导委员会委员、上海市古代文学学会理事、中国杜甫研究会理事、唐研究基金会学术委员、《唐研究》编委等。

轻拍同学肩膀,说:"小兄弟,我们一起读啊!"师比画当年动作:"这是一种鼓励,我也曾多次受到过。"师晚年回顾一生学术,谓从唐先生那里体会到古文喷薄之美,情韵之美,此后无论写学术论文或文学诗文,此段读诵让他终身受益。师还告学期末,唐先生主持作文评比,师所作古文评为一等,因而得到四块银元,买一套《经史百家杂钞》,一直随身携带。说至此,师起身从书架上取出,让我等观赏。当年师因父亲亡故,家境窘迫,居沪读书一年即拟退学,唐先生得知,让儿子庆诒写信,请假期后返校,见面即告:"你不必担心,你的学费和生活费都在我这里。"师说及此,即做唐先生拍口袋状。我知师最终得走上学术道路,且有所成就,唐先生当年之助力,令他终身铭感。1985年顷,师知我参加《辞海》修订,即召而告之:"《辞海》怎么可以没有唐先生呢?"终得补入。师为泰兴人,口音颇重,称唐先生或唐蔚芝先生,重音在"唐"字上,至今念及,犹在耳边。此我得朱师所告者如此。

廿余年前在苏州古籍书店购得唐先生自撰《茹经先生自订年谱》,因得知先生生平大略及思想脉络。先生名文治,字颖侯,号蔚芝,室号茹经堂,晚称茹经老人。他于同治四年(1865)生于太仓州,今年恰好为其诞辰一百五十周年。太仓于明清两代文教鼎盛,先生自幼即习举业,尤服膺本地先哲陆桴亭(名世仪)之经世学说。十五岁应童试,十八岁中举,二十岁进南菁书院治经,后四应礼部试,二十八岁成进士。其早期经历如此,学术兴趣也皆在宋明理学,制艺古文。然从政后则历经世变,至三十七岁随户部侍郎那桐办辛丑和约,初使日本,见其"虽系帝制,而其大政均裁自内阁","一意整理海陆军及工商事宜,骎骎乎日臻富强"。次年复随固山贝子载振出使英国贺英王加冕,因英王生病而滞留,充分参观英国社会之诸面相,归撰《英轺日记》,亟称现代社会建设之诸要务,尤称许保存本国文明与实施大学教育之举措。四十二岁任农工商部侍郎,曾署理尚书,亟亟于现代实业建设。居母忧南归,到邮传部上海高等实业学堂任监督,本为居丧间之临时职务,不意竟达十四年之久。其主校政最重大之贡献,是改商科为工科,从普通工程科改设铁路、电机、船政诸科,奠定现代工科大学之基础。其间先生本人之学术研究则仍以经学为主,他倡导恢复儒家学术之本旨,因以汉魏古文为主,删略成十三经读本。经学及古文大师领导工科学校,至今仍有人提出质疑,然现代上海交通大学的雏形，确实是在唐先生手上所建成。辛亥武昌起义不久，唐先生是最早通电要求清廷逊位、改行共和之体制内官员之一，以为"人才不用，国运尽矣"，此前即率领全校师生集合学堂运动场剪辫，可见其赞同革命，与世同进。然当"五四"学潮既起，则深感"学风愈觉不靖"，加上目疾加重，乃辞校职，退归无锡，受乡绅施肇曾之托，成立无锡国学专修馆，从此专力弘扬国学，作育人才，历三十年而不辍。当抗战军兴，七旬老人且双目皆盲，携生徒奔走道徒，尤弦歌不辍。其勤勤于国学之传承发弘，诚可谓生死以之，一往情深。此我读其自定年谱而得知者。

去岁偶于书肆购得陆阳著《唐文治年谱》（上海三联书店 2013 年 7 月出版），于网上偶得见其欧游所著《英轺日记》，于其思想变化及在南洋公学、无锡国专期间为政为学之施为，乃得更深入细致之认识。《英轺日记》乃代载振所撰之考察报告，逐日详记见闻，因代表国家造访，英方因加冕礼再三延期而尽展本国之所有以为款待，故在清末出洋游记中，最称翘楚。全书虽皆以载振口气表达，但所抒皆唐某之认识。如云欧洲全境为国数十，皆曾有猜忌仇怨，而今则"如历法也，学堂也，兵制也，轮船也，铁路也，银行也，商务也，邮政也，皆其同焉者也"，这些善政中，"历法纪年始于罗马，学堂程课、铁路置轨始于英吉利，汽船行海、舟师出征始于美利坚，银行规制始于荷兰，航海通商始于葡萄牙，邮递印票始于法兰西"，可以说创始于不同国度，但"一国为之倡，而各国相继效法，精益求精"，"群相推演，万国同风"，"无有彼此畛域之界，更无有猜忌仇怨之情"。即中国要想进步，必须学习西方的现代文明，绝无他途。从度量衡制到国会政治，从医院设施到学校规模，无所不及。甚至乘火车出行，在燃气机车轰鸣中，都在思考："西人于火车轨道既测地平，更取直线，每过山阻则穿山通道，以砖石环其上，如桥形，其开时工本虽大，而行车直捷，惜时省煤，积久计之，所省甚巨。其行事通盘筹画，以羡补不足，大率类此。"其设计之周到，施工之讲究，看似投入巨大，其实长久获益。对学校之考察更仔细，记录全英有大学六十七所，中小学三万多所，教师十四万人，大学生三万多人，中小学生五百五十五万人，全年官学费英金九百七十三万磅，还详尽记录各类公益学校和技工学校之情况。阅读这些记录，可以说他在南洋公学之施为，无愧为具有世界眼光、立足于为国家培养建设人才之教育家。

而陆著《年谱》凡四十五万言，因得充分利用交大校史档案、盛宣怀档案、无锡国专档案，以及唐先生存世遗著和门生回忆，期刊报纸的记录，逐年逐月逐日记录生平行事，得以立体再现唐先生一生行事与学术。其前任监督者十人，多不到校，他则到校即认定"办理学务以筹款为第一要义"，首先咨文邮传部落实常年经费，即"轮电两局岁捐银十万两"，凭借熟悉朝廷财政和曾在官场之人脉优势，为学校多方筹措经费，如建议从京奉、京汉两路余利下为学校增拨经费；建议为江、浙、闽、粤四省每年培养学生四十人，各省酌拨经费支持学校；将学校积年旧账理清，如汉阳铁厂老股盘活等。经费充裕，得以设立新学科，聘请西人教员和留洋归国者任教。在得知美国庚款将逐年提供100位华生留美机会后，唐先生在学校立即公布，并往上疏通，经过选拔考试，首批赴美学生47人，上海实业学堂有14人，可见他鼓励学生走出去之努力。但就他本人之治学言，则仍一如既往地治经作文，吟诵不辍。到校次年即设国文科，自任特班教员，在附属中学、小学皆开国学课，兼任教员。大学监督而兼大学、中学、小学教员，实在空前绝后，朱东润师所述早年经历，只是唐先生大事业中一段小插曲耳！今得见实业学堂之课程设置，铁路、电机二科有古文释义一门，航海有人伦道德、中国文学、外国语三门，余皆专业课，颇合今日素质教育之规定。唐先生虽以经学家主校政，深知大学为国家作育人才，经学为自己学业专攻，故昼则西服革履，为学校谋发展；夜则中装长袍，恒兀兀以穷经。其热衷授课，虽存传续学术之意，或亦借此以自遣兴。所拟校歌云："实心实力求实学，实心实力务实业。"真其主校时写照。至民初百业遽变，唯其居旧职历十年而不迁，奠定交大校史上不朽地位。后上海交通大学先后建文治堂、新文治堂，孤岛初期拟改国立为私立，以避陷逆，曾拟文治大学之校名，皆学校感念其贡献之巨大。古稀以后，虽双目全盲，仍坚持每周到上海交通大学讲演一次，以道德文章勖勉诸生。1920年秋，唐先生辞校长获允，到无锡主办国学专修馆，为传播一己之学术理想揭开新章。以上为吾读唐先生遗著与陆著《年谱》所知者。

庆存应曰："前辈风范，诚令人无限向往，传承弘扬，自是不可推卸之责任。然当唐先生初主校务时，学校仅设三科，教员四十五人，职员二十五人，学生数百人，然今日学院数十，师生数万，气象格局，迥非昔比。暂承文学院长之职，虽思有以振拔，诚惧难大作为，先生有以赐告否?"余漫应曰:"交大以国内最顶尖之工科大学,欲建设世界一流综合大学逾三十年,成就举世共识,播在人口。然奠基校长而曾为国学大师者,举世再无第二家,是当隆重宣传,庄严纪念,接续其学术,整理其遗志,要为首义。近世学术就上承传统言,实有汉、宋之分,若清华国学院,若中研院史语所,皆源出乾嘉汉学,得与西学融合转型成现当代学术之主流。唐先生之专攻,一为古文,远接唐宋八家,近续桐城、湘乡,尤重文章之气势声韵;二为理学,远绍紫阳(朱熹),近袭桴亭(陆世仪),尤重人格之养成与道德之渟蓄,倡导士人之节操与经世之作为;三为经学,希图剥除汉宋学者烦琐考据与率意发挥之迷彰,追寻孔孟学术之本真。凡此三端,皆其卓荦大者。五四诸论者矫激过甚,每以妖孽谬种诬之,唐先生既知欧洲文明之存续,绝不以割断传统为表征,乃毅然以传承国学、位育人才为己责。无锡国专之业绩,可与交大成就并称不朽。近年海内外侈谈国学,相舞成风,各逞其是,无所归依,唯唐先生所论乃真得国学之精神,尤应发皇光大,以存正学。阁下长期主持全国人文社科规划立项,深知世界学术之新变与全国各学科之走向,且具广泛之人脉与资源,恰如唐先生当年以侍郎之尊就一校之长,能为学校引导长久之发展。余亦知阁下会有大作为,乐作静观而为诵祷。"庆存颔之,敬谢不敏,余知其心存默识,必有所虑也。

庆存初从刘乃昌先生治词学,三十年前已完成宋晁补之词笺释。年近四十,任教曲阜已历年所,弃而来沪,从王水照先生攻读博士。其向学之诚,研读之勤,当年多得佳誉。博士有成,入中宣部任职近二十年,仕至全国社科基金办公室副主任,亦官亦学,事务繁冗,未尝一日轻弃所学。既欲就所承师学有所建树,更念就原有治学有以拓展。本书凡分三编,一曰《散文与小说》,得王先生倡文章学真传而有所创见者;二曰《诗词与小说》,得刘先生所授而潜心精研之所得;三曰《文献与考证》,则多近年读书得间、融通新作者。凡此数端,皆涉猎广阔,体会深切,举证详确,结论足征。尤称难得者,其间颇有因职务原因参加学术会议而提交之论文或所准备之发言。因其职务所系,一些学术会议或新书发布、课题论证,多曾邀参加,庆存不以职务自居,认真撰写论文,准备发言,以学者身份参与讨论,共同交流。书中所收,多与此相涉,至少《杜甫全集校注》与《王世贞全集》二会,我亦得与列,知其所言之得当有识,知其始终保持学者本色之不易。现庆存重回学校,重执教鞭,重归学术,知其必能大有成就,是所属望焉。

谨序。

乙未中秋前一日,陈尚君写于复旦大学光华楼。

中国古代文学研究·序

清华大学　刘　石[*]

　　从1991年与乃师刘乃昌先生合作出版《晁氏琴趣外编校注》迄今已20余年间，杨庆存教授出版了《宋代散文研究》《黄庭坚与宋代文化》《传承与创新》《宋代文学论稿》《中国文化论稿》等多部专著。即使于高校、社科院专职从事研究的人来说也算得上高产，何况他的本职工作是烦琐的人文社科管理。但更值得提及的是，庆存教授的治学适用于钱锺书先生说的"know something of everything and everything of something"，从上述诸种著作中不难看出，无论是否有意，庆存教授是沿文献—文学—文化的路径一层层地拓展其学术工作的，他在这条路径上交替使用考、述、论三种方式，进行古籍校笺、文献稽考、文史辨析、文学论述和文化探讨，所涉甚广，但又贵能重点突出，在宋代文学，尤其是宋代散文研究方面多所建树，以自己的勤奋和建树，成为学界瞩目的著名学者。

　　庆存教授近择其已刊论著之精要者汇为一集，将由中华书局出版。得蒙不弃，有先睹之快。其中一些为初次寓目，一些此前即曾拜读。旧著新刊合而观之，足以再次印证上述之言非属虚论。不特此也，又有一些新的感受从而产生。

　　庆存教授的研究大题不泛，小题能深，试举两例以明之。

　　一个民族之诗歌，为该民族文明极重要之体现，此天理之当然，不论而可知者也。然而一民族之诗歌如何体现该民族之文明，该民族之文明如

---

[*] 刘石为唐宋文学著名学者，国家社科基金重大项目首席专家，启功先生高足。清华大学人文学院副院长、中文系主任、博士生导师，《清华大学学报》（哲学社会科学版）副主编。

何促进该民族诗歌之发展，无疑是一个堪称庞然大物的论题，在不足万言的篇幅中如何解决这一问题，非长于思考、善于综括者实难措手。《中华民族的文明演进与中国古典诗歌的发展》用三锤击破之，即伦理道德观的早熟这一汉民族文明演进过程中的特殊现象，是中国抒情诗很早便高度发达的一个深刻原因；孔子、庄子等早期思想家的思想，对中国早期诗歌内在精神的提升极为重要；文变染乎世情，中国古典诗歌的历时性发展与各时代的文化思潮息息相关。三个角度，三种视野，亦三个领域。这篇早期论文，已能充分体现庆存教授的治学底色。本书中类此者尚多，《华夏文明的构建与古代政治的经纬》《书法艺术发展与国家文化建设》等皆是。

　　但若谓庆存教授的治学只有一种底色，是又不然。《山谷始婚考辨》长不足两千字，专力纠正清人所著黄氏年谱中有关山谷始婚年龄及地点的错误，并颇为合理地推测其致误之由。读毕我们方始觉得这一错误原本十分明显，而且作者是通过对黄山谷《黄氏二室墓志铭》的细研发现和解决问题的，黄氏此文亦并不罕见，何以长期以来人们熟视无睹呢？只能表明此文是读书贵在得间、贵在于不疑处有疑的一个范例。本书中此类具见文献考辨之功的文章更不在少数，《晁补之词集名称考辨》《黄庭坚宗族世系新考》《辑校本〈杨文公谈苑〉补甄》等为其代表。这充分表明，庆存教授善于高明独断，亦乐于沉潜考索。他在 20 世纪 90 年代与刘乃昌合作校注的《晁氏琴趣外编》，迄今仍是晁氏词作最为详赡的校注本。故当年袁行霈教授应中华书局之邀主编《中国文学作品选注》，以与其领衔的《中国文学史》教材相配套，我忝为宋辽金卷主编，于补之词即选此本为所据之本。

　　更多收入本书的或许是介乎上述二者之间或可称为"中观"的专题论文。这类论文以其数量较多，反映出庆存教授治学另一个普遍的特点，即善于思考而不哗众取宠，必有己见然后始发之于文。《散文发生与散文概念新考》贯通今古，纵横东西，以宏阔的视野、翔实的史料、有力的思辨，对散文晚于诗歌的传统观念提出大胆质疑，更对中国向来没有"散文"一名、"散文"概念是舶来品的旧说作完全的颠覆，得出具有文体意义的"散文"概念至少在公元 12 世纪的中国就已经形成的结论。又，对于宋代诗歌史上影响甚著的"点铁成金""夺胎换骨"说，研究者多从语源、含义及二语区别等角度加以探讨，而多不脱诗歌技法与创作门径层面的限囿。《黄庭坚"点铁成金""夺胎换骨"说新论》一文不循故辙，将黄氏这一理论纳入因革、熔铸、复变这条古代文学创作重要的艺术规律和相应的文学批评理论系统中，从而使黄氏学说深厚的理论渊源和坚实的实践基础得以充分揭示，弥补了就所论而论的局促视野带来的不足，与既有研究相参合，使黄庭坚这一重要理论的研究上升到一个新高度。外此如《古代散文的研究范围与音乐标界的分野模式》《论宋代散文的繁盛与底蕴》《论辛稼轩散文》等，或选题，或角度，或观点，或表述，均有新意存焉，文章具在，不劳缕述矣。

庆存教授文风淳朴，深具内美，一如其人。2008年上半年，清华大学成立古典文献研究中心，中心主任傅璇琮先生亲自选定校外兼职研究员，庆存教授其一也，以此得与谋面定交。然而八九年间，相晤不过三四回而已，倒是经常听璇琮先生褒扬他，还知道璇琮先生请他主编线装本《历代文选》等。日前忽得电话，邀为大著作序。我当时的第一反应就是，他应请璇琮先生为之作序。在电话那头，庆存教授用一贯平实有顿挫的声音凛然说："你说得是。但我知道璇琮先生近日身体不大好，在这个时候，决不应该也不能够劳动他老先生了。"言辞恳切，让人起敬。我本无为庆存教授作序的资格，但有感于其学与其人，勉力写下这篇文字，权且当作读书笔记，也权且当作为璇琮先生服其劳吧。

2015 年 9 月 16 日

古今纵横　专博并重
——评杨庆存教授的《中国古代文学研究》

康亚萍

（陕西理工大学文学院，陕西 汉中 723000）

摘要：《中国古代文学研究》汇集杨庆存教授30多年来的研究成果，是其学术成就的代表作。该书学术视角新颖独特，新见层出不穷。无论宏大选题还是微观选题，都能言之有物，解决实质问题。该书所收论文，研究方法丰富多样，考、述、论结合。杨庆存《中国古代文学研究》一书所取得的学术成就，值得向学界推介。

杨庆存，山东平邑人，先后就读于曲阜师范大学、山东大学和复旦大学。他初从刘乃昌学习宋元文学，后师从王水照专攻宋代散文，现为上海交通大学人文学院、曲阜师范大学孔子研究院特聘教授。其论著《中国古代文学研究》是一部论文集，于2016年由中华书局出版。全书由散文与小说、诗词与戏剧、文献与考证"三编"组成，是杨庆存30多年来学术研究的集萃。书中所收文章，或是针对少有人关注的领域，或是学界悬而未决的问题，大都能以独特的视角、丰赡的材料、缜密的思维展开研究，令人耳目一新。复旦大学陈尚君、清华大学刘石为该书作序，对杨庆存的学识修养和学术成果给予较高评价。该书在学术视野、选题角度以及学术方法上都富有新意，值得推介。

一　视角独特，新见层出

相比中国古代诗歌研究气象万千的景象，古代散文研究一直处于相对薄弱的环节,如有学者认为:"古代散文或称为'文'的研究一直相对后滞,并在学理上处于一种较为尴尬的状态。"①

其实散文与诗歌一样,是中国最早产生的文学样式之一,但是散文概念的内涵和出处一直是悬而未决的问题,由于意见和标准的不统一,散文概念的内涵和外延更加扑朔迷离。罗书华从词体、语体到文体梳理了散文概念的源流,"将'散文'概念的源头由初唐推前了近两个世纪,词体、语体与文体的区分更是澄清了散文研究中的种种迷雾"②。杨庆存论著《中国古代文学研究》中的《散文发生与散文概念新考》一文,从现代学人创用的"中国古代散文"这一概念入手,分别从现代语法学、现代散文概念、辞源学角度分析论证,结合世界各国文学发展与中国散文发展历史,推论至少在北宋中期,"散文"概念已在酝酿之中。论文最后确定"散文"概念提出的时间大约为12世纪中叶,散文的内涵至少在三个层次上与骈文、诗歌、韵文对举。虽然还是不能给"散文"一个明确的概念,但杨庆存推翻了"中国向来没有散文这一名字""散文两字简直是翻译""散文概念始于罗大经"等长期存在的错误认识,诚为一大贡献。

每一项研究工作都必须有明确的研究对象,由于散文概念的不确定性,因标准不同而见仁见智,中国古代散文的范围问题成为困扰学界的一大难题。数以百计的文体,哪些可以作为散文研究的对象,哪些是散文研究不可避开的重要问题,都直接关系到散文研究。杨庆存在《古代散文的研究范围与音乐标界的分野模式》一文中逐一分析学者提出的意见,否定了将用韵与否作为判定散文的标准。他提出应从中国古代文章的具体实际出发,将除诗歌、戏剧、小说之外的一切可以单独成篇的文章都视为古典散文研究的对象。散文概念和散文研究范围明确之后,就涉及了散文与诗产生的时间先后、诗与文分界标准的问题。虽然学界"散文晚于诗"的论断久经盛传,几成定论,然仔细推敲不无可疑之处。杨庆存在《散文发生与散文概念新考》一文中即针对这一问题,列举了大量文献资料,层层推敲,多方论证终于得出至少"散文的产生并不晚于诗"的论断。

---

① 黄卓越:《书写、体式与社会指令:对中国古代散文研究进路的思考》,《北京大学学报》2010年第2期。
② 罗书华:《"散文"概念源流论:从词体、语体到文体》,《文学遗产》2012年第6期。

他选取明确的研究对象，挑战成说，为学人提供新的见解。关于诗与文的分界问题最常见的分类标准是看外形，但这样的划分方式总会遇到很多问题。杨庆存独辟蹊径，从讲述性语言和歌唱性语言两大基本形式入手，将音乐属性作为散文与诗的分界标准，列举颜延之、欧阳修、郑樵等古人关于音乐与文体的论断，并以郭沫若、闻一多、钱锺书等前辈的高论做辅证，论证充分有力，材料翔实，可成一家之言。宋代是散文发展的辉煌时期，但是在不同时期也呈现不同的特点。杨庆存《论北宋前期散文的流派与发展》一文从流派与群体的角度探求北宋前期散文的发展态势。论文首先将北宋前期的界限进一步确定为欧阳修中进士那年即1030年，立足骈散两种散文体式，总体介绍宋初散文发展状况大致为五代派和复古派并存、西昆派和古文派抗衡。该文还为柳开文章"奇僻""艰涩"辟谣，同时指出五代派创作并不排斥古文，复古派赞同有内容的骈文，二者并不完全对立。文章指出，宋代前期的第二个阶段沿袭宋初局面，杨亿文章不仅仅是形式美，更兼具理、气的内容美，并关注晏殊散文方面的成就，将其列入西昆派。整篇论文新见层出，令人应接不暇。另外，论著中《宋代散文体裁样式的开拓与创新》一文更是选取了学界未曾深入讨论的体裁样式作为研究视角，研究宋代在散文、书序、题跋、文赋、诗话、随笔、日记和文艺散文各种体裁方面的开拓创新，并将此与宋代时代精神、作家的自觉意识联系起来，得出诸多新见。其他论文如《易安散文的多维审视》《论辛稼轩散文》《苏黄友谊与宋代文化建设》等，皆选取不同视角进行创新性的研究。书中所选散文领域的论文，有从宏观视角论述宋代散文的整体特点，有从微观角度分析具体作家的散文特点，前后形成了一般与特殊的逻辑关系，每一部分自成体系。杨庆存在散文领域的研究视角独特，逻辑思辨力强，材料翔实，言他人之所未言或言他人未尽之言，解决了长期存疑的难题，在散文研究领域开辟新路方面做出了贡献。

二 大题不泛，小题能深

刘石在序言中称赞"庆存教授的研究大题不泛，小题能深"[①]。笔者这

[①] 杨庆存：《中国古代文学研究》，中华书局2016年版，第6页。

里借用此说，试举更多实例加以论述。通读这部著作最大的感觉是杨庆存的论述总能言之有物，不落空言。中国被称为诗的国度，诗词的艺术品鉴力是一位学人文化阅读与知识积累的直接体现，诗词品鉴的标准多种多样，要分析整个中国古代诗词的艺术境界难免让人感觉无处下手。《论中国古代诗词的艺术境界》一文以白居易《与元九书》论"诗者，根情，苗言，华声，实义"[1]为切入点，从性情、语言、形式、内涵、意境等方面论述中国古代诗词的艺术境界，结合具体作品，全面、准确地将诗词艺术魅力展现出来。对宏大的论题能够举重若轻，没有深厚的学术功力实难达到。散文与诗歌一样有着悠久的发展历史，其体裁是在漫长的历史发展中逐渐完备的。论著中《宋代散文体裁样式的开拓与创新》一文选择书序、题跋、文赋、诗话、随笔、日记和文艺散文等作为主要的研究对象，用具体作品作为例证，论述宋代"记"体散文的勃兴和开拓、书序的美学变化与发展、题跋的趣韵风神、文赋的创新文艺散文的诞生、诗话随笔的创造和日记范式的确立，最后分析了上述文体创新发展的原因。全文结构布局完整，具体论述言之凿凿，虽然论题庞大，但是对散文体裁在宋代的真实发展状况描绘得较为精准。

博大精深的中华文化与源远流长的诗歌之间有着怎样的联系？由于时间跨度长，内容庞杂，故要说清二者之间的关系绝非易事。杨庆存《中华民族的文明演进与中国古典诗歌的发展》一文从三个方面予以探讨。首先，他分析汉民族早熟的伦理道德观与《诗经》产生的关系，指出早熟的道德观对汉民族第一次诗潮的推动作用。其次，他指出孔子和庄子的理想人格对中国古典诗歌精神境界的影响，认为"孔子和庄子铸造了中国人的灵魂和性格"。最后，他将朝代变迁与诗歌发展相对应，得出《诗经》、汉乐府、唐诗是诗歌发展的三次高潮且与封建社会的三个高峰一致的结论。文学发展至宋元明清，词、戏剧、小说逐步兴盛，诗歌看似衰落，但其内在精神一直影响着中华文明。该文从三个角度、三种领域厘清了诗歌与文化之间错综复杂的关系。刘石在该书序言中也称赞道："在不足万言的篇幅中如何解决这一问题，非长于思考、善于综括者，实难措手……这篇早期论文，已能充分体现庆存教授的治学底色。"[2] 承唐而盛的宋代是中国古

---

[1] 杨庆存：《中国古代文学研究》，中华书局2016年版，第202页。
[2] 杨庆存：《中国古代文学研究》，第6页。

代散文发展的鼎盛时期，该书中《论宋代散文的繁盛与底蕴》一文将宋文与唐文相比较，用数理统计、图表分析的方法，展示宋代散文在作家、作品数量上的优势；接着从运行机制、发展模式、社会环境、创作主体透视四个方面分析宋代散文发展状况。对"唐宋文之比较"这样一个宏大的论题予以条分缕析，可见研究者学术视野之开阔，驾驭能力之高超。此外，此类极具宏观视野的文章还有《论北宋前期散文的流派与发展》《书法艺术发展与国家文化建设》等。在杨庆存《中国古代文学研究》一书中，除了以上偏于宏大的论题，还有具体而微的小论题。如其早期论文《〈论语〉的语言艺术》，就精练概括地指出《论语》语言质朴自然、生动有趣、富含哲理的三大特征，后来研究《论语》语言艺术者也大都从这几个方面入手。又如针对李易安、辛稼轩的研究，杨庆存也能够另辟蹊径，从二人的散文创作成就入手，尽言他人之所未言。同时，他对个体作家研究首先做到知人论世。如《论辛稼轩散文》一文，主要结合作者壮志难酬、英雄无用武之地的惆怅，从散文的立意与境界、散文艺术、散文结构与层次、散文语言与节奏四个方面对稼轩散文做了全面分析。其中多有新见，如认定稼轩散文是南宋散文中具有典型性的杰出代表，但是却为词名所掩，历代研究忽视了他的散文成就。对李易安研究历代以来重词而略文，《易安散文的多维审视》一文则专门针对李清照散文艺术进行深入研究。在该文中，杨庆存首先明确研究视角，确定研究范围。他将存有疑义而又未有明证的9篇文章作为研究对象，具体从立意、内容、结构布局、语言艺术四个方面展开，每一部分都结合具体作品，言之有物，认同陈弘绪言易安散文"自是大家举止""磊落不凡"的评价。又如《中国古代传世的第一部私人日记》一文，指出黄庭坚的《宜州乙酉家乘》是中国古代的第一部私人日记。文章从作品的格式、内容、影响（补史正误）三个方面论述，肯定其创千秋定式之价值和其在艺术上的极高造诣。《"小山重叠金明灭"释义》一文则针对词中"小山"具体所指进行分析，首先列举诸说，如认为"小山"指与"屏"有关的物件，同时指出这种认识是就字生发，难避牵强，立足一句，失之孤义。杨庆存结合"山"字真义、词本身结构和温庭筠创作风格，得出结论——"小山重叠金明灭"之"山"乃是发髻的意思，这一句是写妇女初醒未及整理容装惺忪懒散的神态，确为有的之见。除此之外，其《唐宋词修辞模式论析》

《敦煌歌词新论》《论李白〈梦游天姥吟留别〉的构思与创新》《黄庭坚赠答·送别·题画诗品鉴》等文章都是从小角度切入，但研究总能切入问题实质。书中所收的每一篇文章，大都能以宏阔的视野、翔实的史料、缜密的思辨来分析问题和解决问题。因此，不论是宏大视角，还是微观话题，其文章总不落空谈，给人耳目一新的感觉。

三　方法多样，考订精密

在推出专著《中国古代文学研究》之前，杨庆存就已出版了《宋代散文研究》《社会科学论稿》《中国文化论稿》等多部专著。《中国古代文学研究》是继此之后的又一部力作。中国古代文学是一个极为复杂的话题，要把握内涵做到有系统的研究，非学力深厚、长于思考、善于综括的学者不足以胜任；同时，更要辅以恰当的方法。杨庆存综合运用文献分析法、实证研究法、逻辑思辨法，将考、述、论三种方式相结合，以其深厚的学养、独立的思考、缜密的思维，纠正前人的诸多贻误，为学术研究做出了诸多贡献。该书中所收文章材料翔实，论证严密。《散文发生与散文概念新考》一文涉及的文献资料达 30 余种。《古代散文的研究范围与音乐标界的分野模式》一文涉及著作近 50 本，另外还有期刊报纸等资料，其资料征引之丰富令人叹为观止。行文过程中材料的运用更是恰到好处——古今参照、中西互证。如关于晁补之词集的名称考辨实为有趣：杨庆存根据材料总结了 8 个名称，每一种在下文中都进行考辨甄别，通过列举文献、正证、反证等各种方法，最终断言《冠柳》《逃禅》属于讹误，《琴趣外编》《鸡肋词》《晁无咎词》均有出处渊源，《晁氏琴趣》《晁氏琴趣外编》《无咎琴趣》为《琴趣外编》的流变。为晁氏词集正名，不仅有利于研究晁补之词，对词史研究更是大有裨益。该书中所收文章富于思辨，逻辑结构严密。在《辑校本〈杨文公谈苑〉补甄》一文中，作者指出史料真实可信与佚作的真实性并不能等同，通过分析指出：黄鉴《谈菉》、宋庠《谈苑》都不会也不可能出现《穆修》一段文字。在《苏轼与黄庭坚交游考述》一文中，杨庆存根据"岁丙寅，斗东北"的说法，联系古人以北斗星方向的转换代指季节的习惯，认定"斗东北"指时月；又据《鹖冠子·环流》记载，确定斗柄由北向东转是冬末春初，从而肯定黄庭坚赠砚苏东坡是元祐元年春初。《黄庭坚世系新考》一文，则专门对黄氏宗系的疑窦和讹传予以澄清。《山谷始婚考辨》一文,则对山谷始婚的年龄、时间、地点等进行详细考证探究。《中华民族的文明演进与中国古典诗歌的发展》一文,运用历史比较的方法,将古希腊人与中国汉民族做对比,将《伊利亚特》《俄狄浦斯王》与《诗经》做对比,认为汉民族伦理道德观的早熟是中国古代没有出现史诗和悲剧的一个重要原因。《宋代散文体裁样式的开拓与创新》一文,则用大量的数理统计作为实证材料,分析说明"记"体散文的勃兴、书序的变化发展。《论宋代散文的繁盛与底蕴》一文,通过全面搜集文献资料,对宋代作家、作品、唐宋散文精品、散文选本进行详细统计,设计图表进行对比研究,用数据说话,结论扎实可靠。

  杨庆存教授于中国古代文史研究造诣精深,其《中国古代文学研究》一书"三编"各有侧重,全书体系完整,思理绵密,方法多样,融知识性、学术性于一体,体现了作者淳朴、扎实的学风。在散文研究领域,杨庆存既精又通,不论是研究整个散文发展历史过程,还是具体到各个作家或文体研究,都能在深入思考的基础上,用翔实的材料、独到的方法做出完备的论述。在诗词小说领域,他同样以宏阔的视野、历史的眼光纵览全局,精到地发掘其中的文化价值。另外,他在学术会议上提交的论文或札记,如《论创新古典文化研究》《古籍整理与古为今用》《书法艺术发展与国家文化建设》《至大精微与学术创新》等,将学术研究与当今文化建设相结合,提出要有前瞻性的学术眼光和世界性的学术视野,并努力提升创新能力,使学术研究更好地服务于国家的文化建设,发挥更大的文化价值。这些观点具有重要的现实意义。多年积淀的深厚学养,对古典文化的炽爱,使得杨庆存在耳顺之年依然奋战在学术研究的前沿,保持旺盛的创造力,在学术界享有声望。正如杨庆存自己所言,做好研究"首先需要的是专家学者的艰苦探索与共同奋斗,在研究中求新求深、求实求真,沉潜其中,甘坐冷板凳"[1]。其科学严谨的治学精神,令后辈晚生神往。

---

[1] 杨庆存:《感谢·感触·感想》,《文学遗产》1999 年第 1 期。

教学催生科研　科研提升教学
——记上海交通大学首届"科研成果奖"一等奖获得者杨庆存教授

郑倩茹　李欣玮

【名师名言】

1. 人类意识、国家观念、世界视野、前瞻眼光和扎实功底，是教学科研的灵魂与根基。

2. 教学与科研如车之两轮、鸟之双翼，既相互支撑与联动，又相互促进与提升。

3. 人文修养决定人生境界；学生为中心，教师是关键；真诚诠释人格，创新体现实力。

2017年金秋教师节，上海交通大学召开"教书育人科技创新"表彰大会，杨庆存教授的《宋代散文研究（修订版）》获得"科研成果奖"一等奖，我们荣幸地采访了这位人文科学研究成果一等奖的唯一获得者。

杨庆存教授认为，人文教育是"教书育人、立德树人"的基础，是"铸魂""固本""创新"的根本。这次获奖，体现着学校对人文科学研究的高度重视与积极鼓励，体现着强化人文学科建设的务实精神与重要导向，体现着落实国家《关于实施中华优秀传统文化传承发展工程的意见》的具体措施与实际行动。杨教授给我们介绍了这项获奖成果选题、酝酿和研究的全过程，并谈了教学促进科研、科研提升教学的深切体会。

一　备课发现系列问题，研究确保科学严谨

杨庆存教授告诉我们，《宋代散文研究（修订版）》实际上是在为本科生讲授《中国古代散文发展史》课程中不断思考研究的结晶。

杨老师自大学毕业留校任教，即养成和保持着一个习惯——"写不好讲稿不上讲台"。他把这一原则作为敦促自己、培养学风、提升水平、恪尽职责的重要方式。在讲授《中国古代散文发展史》的备课过程中，杨老师搜集了当时所有能够找到的相关教材与参考资料，但在阅读后发现，这些著作对于思想性很强、艺术性很高、人文精神深厚、代表中国古代主流文化的散文，很多必须讲清楚的基本问题几乎都没有讲清楚，甚至有一些明显错误的观点或结论，也被相互转述，以讹传讹的情形在在皆是，诸如"散文晚于诗歌"论、"散文概念源于西方"说，等等。而学术界对什么是散文、中国古代散文的范畴、散文概念内涵与外延的界定、散文形态的时代特点与发展演变，散文在中国文学、中国文化中的地位，中国散文对世界文化发展、人类文明进步的影响等，很少涉及。特别是中国古代散文发展鼎盛时期的宋代，竟然没有一本研究专著。"以其昏昏使人昭昭"必然贻误学生，而解决教材中的缺陷并纠正讹误，是当务之急。由此，杨老师进行了艰苦细致的资料搜集和缜密研究，形成一系列原创性研究成果，并不断修改完善，把最新的科研成果及时纳入教学，既增强了教学内容的科学性和严谨性，又形成了目前获奖的科研成果。

我们了解到，这本具有重要学术意义的原创性著作，得到海内外学术界高度评价，引用率甚高。北京大学著名教授、中央文史研究馆馆长袁行霈认为，著者以历史的眼光把握史料，通过细密的考证与阐述，在解决具体学术问题的同时，也丰富了我们对宋代散文成就的整体认识，是重要的学术创获。复旦大学首席教授王水照指出，该书是一部填补长期学术空白的开拓性著作，表现了创新求真的理论探索勇气。这部学术著作荣获教育部第七届高等学校科研优秀成果著作一等奖，日本汉学家后藤裕也翻译的日文译本已于2016年面世。

二　教学相长，科研联动

杨庆存教授以教学催生科研创新的案例，并非上述一个。杨老师发表

的近百篇论文和出版的十多部专著，大都是教学催生的科研成果。诸如《散文发生与散文概念新论》《宋代散文体裁样式的开拓与创新》《论辛稼轩散文》《苏黄友谊与宋代文化建设》《〈西厢记〉艺术多维审视》等论文，《黄庭坚与宋代文化》《传承与创新》《宋词经典品鉴》《中国古代文学研究》等专著，无一不是始于教学，成于研究。

杨教授说，他在讲授《宋代文学史》课程时，发现通行的《中国文学史》和多种教材，都在对黄庭坚的"点铁成金、夺胎换骨"说进行尖锐批判，指责其是"教人剽窃"。但是，通读黄庭坚流传于世的《豫章先生文集》，其中很多文章都是强调创新，如"文章最忌随人后，自成一家始逼真"之类诗文甚多，而且黄庭坚终其一生的文学创作与文化实践，都在强调出新。由此，杨老师一方面与刘乃昌先生合作撰写发表了《黄山谷的文艺思想和诗歌艺术》，以大量的事实说明黄庭坚的诗歌理论"点铁成金、夺胎换骨"之本义是在强调创新，另一方面通过考察分析古今中外大量文学创作实际与文化理论发展的史实，独立撰写发表了《黄庭坚"点铁成金、夺胎换骨"说新论》，指出黄庭坚此说的意义不止于强调在继承基础上进行创新，而且揭橥了艺术发展的普遍规律。杨老师把这些研究成果都及时纳入课堂教学中，纠正了学术界和原教材观点的偏颇。

《礼记·学记》有关于"教学相长"的著名论断，即"学然后知不足，教然后知困。知不足，然后能自反也；知困，然后能自强也"。杨教授以自身的实践，深切体会到"教学与科研如车之两轮、鸟之双翼，既相互支撑与联动，又相互促进与提升，呈螺旋上升态势"。教学过程将会发现必须解决和值得研究的新问题、新课题，而科学研究必然会为教学提供新内容新观点和新方法。

三　"桃李不言，下自成蹊"

杨庆存教授认为，学术是文化的最高形态，学术支撑教学，学术能力反映教师的基本素质。教书育人、立德树人，必须培养学生的学术能力，重视学风、方法、能力的训练，这是人才培养的重要方面，教师应当做出示范和引领，研究生教学尤其如此。杨老师给研究生讲课，经常在大家认为没有问题的地方提出新问题，讲出独到的新见解。比如脍炙人口的杜牧《清明》诗，大家都觉得没有什么不明白的地方，但杨老师却对其中的

"行人"做出深刻的文化发掘,从作者本义、作品立意和中国文化发展史、中国古代官吏制度发展史等角度进行了诠释,不但指出"行人"即作者本人,以及中国古代"行人"即"采风之人"或官吏称谓等多种特殊含义的新见解,而且从中国农耕社会发展与民风民俗伦理道德等方面做出深刻的思想阐释,提示作者"欲断魂"的原因,令人耳目一新。

杨老师还经常将研究文化经典的新见解、新观点和发现的新材料介绍给大家。比如对《尚书·尧典》中"黎民于变时雍"一句的理解,数千年来没人提出过疑问,几乎都把"雍"解释为"和",后代学者也都按照"雍和"的思路进行阐释。但是杨老师在备课中发现,如果按照这样的思路解释,全文内容文气就不会贯通,因为在"黎民于变时雍"后紧跟着"乃命羲和,钦若昊天,历象日月星辰,敬授民时"。这是关于制定历法、划分春秋四季的问题。于是杨老师根据上下内容的联系与具体语言环境,对此句重新进行标点断句:"黎民/于变时/雍","变时"即季节的变化,并指出"雍"通"壅",原义是堵塞。那么这句话就应该解释为老百姓对季节变化的具体时间无法准确掌握,不能按时播种耕作,于是接续上文的是尧帝派四位大臣到四个地方去通过观察日月星象,确定春夏秋冬以便农时。这样解释的话,整句话、整篇文章的意思就清晰明确了。

杨老师这种教学与科研紧密结合、融为一体的做法,给同学们以很强的启发性和示范性。有同学说,听了杨老师的课,才知道怎样去读书。

四 传道授业解惑,身教重于言教

杨庆存教授认为,学为政本,学校的任务和教师的责任,就在于培养具有浓厚的人文情怀和人文精神的国家栋梁。教师不仅要"传道授业解惑",更要引导同学们树立"斯文自任"的精神,热爱祖国,以天下为己任,本着天下兴亡匹夫有责的责任和担当,为国家做贡献,为人民做贡献,实现人生价值。立德树人是教育的根本任务,教师在传道授业解惑的过程中,身教重于言教,师德尤其重要。

杨老师学术渊博、治学严谨、勤恳敬业、严于律己、正直随和、宽以待人,是学生心中学习的典范和标杆。尽管杨老师身兼数职,事务繁忙,但他始终坚持"课比天大"的原则,把讲课作为头等大事,坚持兢兢业业上好每堂课。"教师爱岗敬业,首先体现在对学生负责,对教学负责。"

尽管杨老师对自己所要讲授的内容早已了然于心，但每次上课前杨老师还是毫不松懈地认真准备，坚持"写不好讲稿，不上讲坛"的原则，厚厚的讲稿上总是勾画着本课的重点、难点，一张张幻灯片上新增着密密麻麻的注音、注释，无论多么疲惫劳累，总是以饱满的情绪，充满激情地讲授课程。杨老师用自己的学识、阅历、经验点燃同学们对真善美的向往，学生学到的不仅是知识、方法，更重要的是严谨的学风。杨庆存教授"以身作则、言传身教"，以实际行动感染带动学生、以人格魅力吸引打动学生，以学识风范浸润影响学生。

杨庆存教授教学经验丰富，科研成果丰富，但依然读书不倦、笔耕不辍，依旧保持着认真阅读和深入思考的好习惯。"打铁还要自身硬。教师的水平、学识、能力直接关系着人才培养的质量。"杨老师刻苦钻研、严谨笃学，不断充实、拓展、提高着自己。他说："做一位合格的教师必须有这种敬业的精神，严谨的态度，给学生做示范，这是师德的应有之义。"正是这种"润物细无声"的率先垂范的精神深深影响了同学们。习近平总书记说："过去讲，要给学生一碗水，教师要有一桶水，现在看，这个要求已经远远不够了，应该是要有一潭水。"杨老师认为，教师必须不断学习，做示范之师；师德高尚，做表率之师；勤勉笃学，做博学之师；真诚奉献，做博爱之师；勤于思考，做创新之师。师爱是师德的核心，也是教师的灵魂，杨老师对待同学宽严有度，在生活上真心关爱同学，在学习中严格要求同学，了解和尊重每位同学的差异性，熟知每位同学的优缺点，因材施教。当同学受到挫折时，杨老师经常鼓励、开导学生；当同学在学业困惑时，杨老师总是善于引导、谆谆教诲。在学术上，杨老师要求严格、一丝不苟，以严谨求实和开拓创新的精神，激励同学们积极向上、追求卓越。

【名师名片】

杨庆存，文学博士，特聘教授，博士生导师。"凯原十佳"教师。国家社科基金评委。《光明日报·文学遗产》编委，《文化中华》总编。上海交通大学学位委员会委员，人文学院学术委员会主任。在《中国社会科学》《文学评论》《文学遗产》等刊物发表论文近百篇。出版专著《宋代散文研究》《中国文化论稿》等十多部，合作专著《宋代文学史》等十多部。《宋代散文研究（修订本）》获教育部第七届高校科学研究优秀成果一等奖、上海交通大学"科研成果奖"一等奖。

原载《上海交大报》第 1595 期 2018 年 3 月 5 日第 2 版

2017 的 9 月 10 日，上海交通大学召开"教书育人 科技创新"表彰大会，热烈庆祝第 33 个教师节。右一为学校党委书记姜斯宪，左一为校长林忠钦院士。居中为一等奖获得者杨庆存教授。

东岳论丛·当代学林·学者介绍

杨庆存

  杨庆存,男,山东平邑人,古代文学博士。上海交通大学讲席教授,博士生导师,人文学院前院长、神话研究院常务副院长。先后就读曲阜师范大学、山东大学、复旦大学。1993年考入复旦大学师从王水照先生,1996年获博士学位,就职全国哲学社会科学规划办公室,建议策划并参与组织了首次国家社科基金优秀成果评奖以及多项重大学术活动。曾受聘中国社会科学院研究员、清华大学与北京师范大学教授、曲阜师范大学特聘教授。

  杨庆存教授以宋代文学研究为重点,深入思考中华民族优秀传统文化的传承发展与当代弘扬,注重研究人文思想对人类文明发展的积极影响,注重问题导向、人类意识、国家观念、世界视野、规律探讨与理论升华,努力"致广大而尽精微",提出系列持之有据的新观点。他在《中国社会科学》(中文、英文)、《文学评论》《文学遗产》《中华文史论丛》《文史》《求是》等刊物发表论文120多篇;出版个人专著《宋代散文研究》《黄庭坚研究》《传承与创新》《中国古代文学研究》《中国文化论稿》《社会科学论稿》等12部;合作专著《宋代文学史》《宋代文学通论》《中国历代文选》《中国古代文学通论》等20部。杨庆存教授的学术研究成果受到学界关注并荣获多项奖励。《宋代散文研究》得到傅璇琮、袁行霈、王水照、顾易生、陈尚君等学界前辈的肯定与褒扬,并被评为国家外译项目以日文出版,获教育部第七届高校科学研究优秀成果一等奖;《晁氏琴趣外篇晁叔用词校注》(与刘乃昌师合著)获山东省第七次社科优秀成果二等奖、《"中国梦"的文化"根"与民族"魂"》(《东岳论丛》2016年第9期)获上海市第十四届哲学社会科学优秀成果二等奖。另外还获山东省教委、上海交通大学等优秀科研成果奖多项。

  杨庆存教授坚持以科研促教学，围绕"立德树人"提升教学质量，尤其重视方法引导。研究生专业课《经典研究》、本科通识核心课《诗国与诗魂》以及专题课《人文修养引领人类创新》等，深受学生欢迎。荣获上海交通大学名师、"凯原十佳"教师、"最受欢迎教师"等称号。杨庆存教授还兼任国家社科基金学科规划评审专家，《光明日报·文学遗产》《上海交通大学学报》（哲社）编委，上海交通大学学位委员会委员，人文学院学术委员会主任，中国唐代文学研究会理事，中国宋代文学研究会常务理事，世界汉学学会副会长等职务。

《东岳论丛》2021 年第 2 期封二

国立交通大学渝校旧址纪念碑文[*]

  兴学盛邦，乃中华传统，国家要务。夏校殷庠周序，国家栋梁贤俊，多由此出。"自强首在储才，储才必先兴学。"上海交通大学绍先继武，自其前身南洋公学创办之日起，即以民族振兴为己任，人文为本，理工擅场，屹立沪江，声闻中外。

  学校不惑之年，日寇入侵，师生颠沛流离，克艰克难，维系于法租界。迨至一九四零年，战事严峻，艰险倍增，遂设分校于重庆，选址小龙坎，是为上海交通大学渝校。初聘徐名材先生主其事，因陋就简，生机渐启。太平洋战争爆发，沪校部分师生辗转迁徙重庆，渝校遂称"国立交通大学本部"，且移址九龙坡之黄桷坪。此处枕山临江，气势雄阔，校园环境清幽。时吴保丰先生继掌校务，上下奋勉，勠力同心。拓展学科，本科凡九，专科有二，渐成"海陆空"学科基础框架。又设电信研究所，开上海交通大学研究生教育之先河，成大后方高等工程教育之重镇。彼时，九龙坡上，师生济济，书声琅琅，虽抗战环境艰难困苦，而师生报国之志弥坚。数百学生携笔从戎，奔赴抗日战场；廿余院士脱颖而出，成为中流砥柱。此谓交通大学九龙坡精神，亦为交大校史灿烂光辉之一页！

  及抗战胜利，逾两千师生，复员回沪。三百余亩校园，移交国立女子师范学院，即今西南大学前身之一部。时越五载，西北军政大学艺术学院入渝，选址上海交通大学渝校旧址，创建西南人民艺术学院；一九五九年改制更名四川美术学院，渐成完备之高等美术教育体系。冥冥之中，斯土

---

  [*] 2015 年初夏，上海交通大学分管文科的朱健副校长嘱为草拟《国立交通大学渝校旧址纪念碑文》，此初稿文字，存以留念。

润载学脉，由科学而艺术，不啻为九龙坡之佳话。

上海交通大学于民族危难之秋，青云之志不坠；风雨七十六载，弦歌之声不绝。勒石为铭，以昭来者。铭曰：

壮哉交大，颖拔沪上。人文为本，理工擅场。名师云集，英俊济跄。
七七事变，日寇猖狂。屠吾人民，夺我校堂。师生不屈，赤诚守望。
克难攻坚，渝校拓创。海空与陆，学科愈强。校旗飘扬，与日俱长。
龙坡精神，贵在弘扬。圆梦中华，勇于开创。继往开来，再铸辉煌。

上海交通大学　西安交通大学　四川美术学院同立

二〇一五年八月

杨庆存著作书目

1. 《宋代散文研究》（独著，26 万字）
   人民文学出版社 2002 年 9 月出版
2. 《黄庭坚与宋代文化》（独著，32 万字）
   河南大学出版社 2002 年 8 月出版
3. 《传承与创新》（独著，45 万字）
   复旦大学出版社 2003 年 6 月出版
4. 《宋代文学论稿》（独著，29 万字）
   复旦大学出版社 2007 年 3 月出版
5. 《诗词品鉴》（独著，28 万字）
   中国人民大学出版社 2010 年 4 月出版
6. 《宋代散文研究（修订本）》（独著，26 万字）
   人民文学出版社 2011 年 3 月出版
7. 《宋词经典品读》（独著，32 万字）
   蓝天出版社 2013 年 1 月出版
8. 《社会科学论稿》（独著，30 万字）
   人民出版社 2013 年 9 月出版
9. 《中国文化论稿》（独著，48 万字）
   中国社会科学出版社 2015 年 5 月出版
10. 《中国古代文学研究》（独著，45 万字）
    中华书局 2016 年 6 月出版
11. 《黄庭坚研究》（独著，37 万字）
    光明日报出版社 2019 年 7 月出版

12. 《人文论稿》（独著，45 万字）
    中国社会科学出版社 2022 年 7 月出版
13. 《神话九章》（独著，12 万字）
    上海文艺出版社 2022 年 3 月出版
14. 《中国古代散文探胜》（独著，32 万字）
    商务印书馆 2022 年 6 月出版
15. 《宋代散文研究》（增订本，40 万字）
    人民文学出版社 2022 年 6 月出版
16. 《晁氏琴趣外篇　晁叔用词》校注（与刘乃昌师合作，16 万字）
    上海古籍出版社 1991 年 2 月出版
17. 《唐诗经典品读》（与唐雪凝合著）
    蓝天出版社 2013 年 1 月出版
18. 《北宋散文选注》（与杨静合著，线装一函三册）
    北京联合出版公司 2013 年 8 月出版
19. 《南宋散文选注》（与张玉璞合著，线装一函三册）
    北京联合出版公司 2013 年 8 月出版
20. 《全唐文校点》（王水照主编），独立完成第九册
    香港成诚出版社 1997 年 1 月出版
21. 《中国历代文选》（杨庆存主编，线装八函 28 册）
    北京联合出版公司 2013 年 8 月出版
22. 《北宋文选》（全三册，线装本）
    台湾崇贤馆文创有限公司 2019 年 10 月出版
23. 《宋代散文研究》（日文版，杨庆存著，后藤裕也译，30 万字）
    白帝社［日本］2016 年版 10 月出版
24. 《哲学社会科学研究现状与发展趋势》（杨庆存编著）
    学习出版社 1997 年 4 月出版
25. 《国家社科基金项目优秀成果评奖获奖成果简介》（杨庆存编）
    中国社会科学出版社 2000 年 3 月出版
26. 《中国散文与"文以载道"》（杨庆存等合著）
    南方出版传媒、广东人民出版社 2020 年 3 月出版

27. 《元曲百科词典》（袁世硕主编）
    山东出版社 1989 年 4 月出版
28. 《宋词艺术技巧》（王兆鹏、刘尊明主编）
    浙江人民出版社 1990 年 10 月出版
29. 《爱情文学丛书·中外文学十大情痴》（杜贵晨主编）
    山东文艺出版社，1990 年 10 月出版
30. 《中外散文诗鉴赏大观》（陶文鹏主编）
    漓江出版社 1992 年出版
31. 《唐宋诗词》（上、下两本，朱德才、杨燕主编）
    山东文艺出版社 1992 年 10 月出版
32. 《宋代文学史》（上、下，孙望、常国武主编）
    人民文学出版社 1996 年 9 月出版
33. 《宋词艺术技巧辞典》（宋绪连、钟振振主编）
    吉林文史出版社 1998 年 1 月出版
34. 《宋代文学通论》（王水照主编）
    河南大学出版社 1999 年 6 月出版
35. 《中国古代文学通论》（傅璇琮、刘扬忠主编）
    辽宁人民出版社 2005 年 5 月出版
36. 《历代文话》（全十册，王水照主编）
    复旦大学出版社 2008 年 1 月出版
37. 《长三角·娄东文化研究文库》（杨庆存总编，共三种）
    上海三联书店 2016 年 6 月出版
38. 《深度认识中国文化的理论与方法》（顾锋、杨庆存主编）
    复旦大学出版社 2020 年 12 月出版
39. 《学术思想与研究方法》（中文系研究生课程教材）
    上海交通大学出版社 2021 年 12 月出版
40. 《人文教授讲堂》（中文本科新生课教材）
    上海交通大学出版社 2021 年 12 月出版

后 记

看完书稿清样，吾久久不能平静。这些片段细碎的文字，激活了吾人受聘上海交通大学以来的层层记忆，满满的激情、厚厚的责任、浓浓的友谊，全都涌上心头。似乎有许多话想说，仿佛有着一吐衷肠的萌动。

然而，当坐在电脑前，抚摩键盘多时，却又茫然不知敲击何处！想模仿不少学人常用的"雪泥鸿爪"说套路，但自己的确不曾有过鸿鹄之"志"与"力"，更没有相应的"才"与"能"；想模仿新潮的"躺平"声口，却无"超然物外"或"寄浮游于天地"的体验。读过几本古人的书，想过一些现实的事，但无论如何也找不到"也无风雨也无晴"的感觉。学养既不足，修养又不够，依然凡夫俗子，只能写点感恩的俗套，交代这本书酝酿与生成的背景。

首先，上海交通大学给予了我发挥余热的机会，成为孕育此书的基础。2014年8月退休后，荣幸地受聘于上海交通大学。经过学校全面考察和林忠钦校长主持的专家委员会面试之后，于2015年3月1日入职，迄今弹指已逾六载，三年一度的二次考核正在进行中。书中文字，正是六年来鳞鳞爪爪的真实记录。六年来，亲切熟悉、丰富多彩、生机勃勃且紧张有序、催人奋进的高校生活，激发着创造活力，丰实着自己，开阔了视野。教学科研，工作学习，辛苦忙碌中不乏欣喜。所有这些，如梦如幻，思绪万千，浮现脑际，化为一串串长长的清晰画面，挥之不去。

其次，同学们的学习热情成为催生此书的重要动力。受聘于上海交通大学，重执教鞭，搞好教学是本分。"教书育人"的过程，让我再次深刻体验和充分享受到"教学相长"的快乐。闵行校区东上院与陈瑞球楼教室里，那一双双一排排充满青春活力与灵光闪烁的眼睛，那一次次一阵阵伴随下课铃声响起的掌声或线上线下的真诚问候；《诗国与诗魂》通识课上的热烈讨论与略带稚嫩的精彩发言，还有文采斐然、逻辑清晰、个性鲜明的期末"大作业"；研究生专业课上提出的一个个鲜活深刻、令人沉思的新问题，以及学术信息的相互交流与快乐分享……此情此景，犹在耳目。所有这些，不仅一直是敦促我跟上时代步伐、精心准备教案、提升教学水平的动力源泉，而且一直是坚定我突出能力培养与方法引导、注重最新前沿成果融入课堂教学的重要方面。

书中的不少内容，就是教学的产出成果，或是与研究生合作的结晶。诸如《"以人为本"与"尊道贵德"》《人文学养助力人生翱翔》《努力实践自强不息与厚德载物的人文精神》《密切关注现实与强化国家观念》等，大都是授课讲稿片段的凝练提升。有些文字就是深入思考和研究某个问题而形成的专题讲座，如为致远学院本科生讲授的《人文修养引领人类创新》、为国际与公共事务学院研究生讲授的《传统文化与创新思维》等。有些内容则是在指导和培养研究生过程中，反复讨论修改、数易其稿而形成的最终成果，如《〈尚书·尧典〉"黎民于变时雍"经解新说》《苏轼的人文史观与思想内涵》《宋代琴文化的哲思内涵与境界创新》《杜牧〈清明〉诗的文化底蕴与人文精神》《试论重阳诗词与人文精神》《论宋词中的都市风采与人文精神》等。而专题讲座与学术报告，则几乎都是最新的思考与研究。同学们蓬勃朝气、思维敏捷和交流互动形成的人文气场，感染着我，激发着我，也敦促着我不断努力。

再次，学校党委的信任扶持与相关部处的大力支持，是形成此书的重要背景与深层原因。3月入职后，我即全身心投入研究生专业课《经典研究》教案撰写与讲授，拟从人类文化发展层面，探讨"经典"著作的共同特点与形成规律。4月下旬，人文学院突然通知我去林忠钦校长办公室。林校长（时任常务）细心询问工作生活情况后，谈了学校加强文科建设的想法，传递了党委关于组建新人文学院的信息，并动意让我考虑出任院长，为文科发展做点事。因为毫无思想准备，尽管心中特别感谢学校的信任，还是没有贸然接受。后来经过慎重考虑，才向林校长正式汇报愿尽绵薄的态度。林校长就如何开展工作与应当注意的方面，作了耐心叮嘱。此后任期内，人文学院请示的每项重要工作，学校都给予了大力支持，下面数例，可窥一斑。

2015年5月12日，新人文学院成立。学校党委书记姜斯宪的重要讲话与林校长的工作部署，既指出努力目标，又提出殷切希望，其思想高度、前瞻眼光和务实精神，让全体师生振奋。姜书记尤其关切学院思想建设、学科建设与师资队伍建设，每次见面都要询问学院情况。他不仅亲自带领上海交通大学校友到人文学院捐资助学，建立长期合作关系，还亲自安排听取中文系文化人类学关于神话与玉石研究进展情况的汇报，认为事关中华历史、国家形象，事关文化自信、学科建设。他不仅热情鼓励积极开展深入研究，而且带着学校党委常委顾锋书记，向上海市委常委、宣传部部长董云虎同志当面汇报，由此促成了与上海市共建"中华创世神话研究基地"的挂牌，推进了全国第一家"神话学研究院"的成立。由此为深入研究中华民族源远流长的辉煌历史，为创建具有民族特色的世界一流学科，奠定了坚实基础，营造了良好环境，也增强了大家开拓研究的信心与勇气。拙作《宋代散文研究》获得"教育部第七届高等学校科学研究优秀成果奖（人文社会科学）"，实现学校个人专著一等奖"零突破"之后，姜书记不仅当面鼓励，而且在教师工作委员会上亲自检查指导宣传视频制作，鼓励大家多出学术精品，多出优秀成果。

2015年，学校正在筹备120周年校庆。这一年恰是近代国学大师、上海交通大学老校长唐文治150周年诞辰。学校党委采纳了人文学院关于举办纪念唐先生诞辰研讨会并列入校庆方案的提议。张杰校长以《从"第一等大学"到"世界一流大学"》为题作研讨大会报告，深刻阐述人文教育的重要性。张校长还带领学校所有核心部处领导，到人文学院调研，有针对性地加大和落实支持力度。他强调指出，人文学院是学校建设世界一流大学目标中不可或缺的重要组成部分，学校会和人文学院一起努力，切实解决目前制约学院发展的诸多瓶颈问题。张杰校长希望学院在平台建设、学术产出、人才培养、提升教学能力和水平，师资队伍建设、国际合作等方面，要有创造性表现，在建设世界一流大学的总体目标中做出应有贡献，表达了深切关怀与期待。

相继联系人文学院的学校党委常务书记郭新立（现任山东大学党委书记）与党委常委顾锋书记给予了更多指导与把关。人文学院大概是当时两位书记光顾频率最高、付出心血最多的学院。新立书记甚至将自己的组织关系转到学院，作为普通党员参加支部组织生活。他时常来学院现场办学，把教学和科研推进到实际工作，甚至把访苏学习紧紧和沙平校书记在苏联考察工作研讨会上重视提出民族精神的启示，由指复安排北京人文学院的再接再厉办学工作，他们在工作研究会上的上重视A级办公之家，即来我为北京人文学院的第二办公点，把北京人文学院的搬迁搬迁完家，周启人才按照规划进，在规划若干之计划少不了老什么资金，把北京人山本人大学后，体随着人文学院工作开拓与发展变化，随着书记十年度多的勤劳力与心血。北京人文学院多年的办学建设工作经验积累，多方努力为办学持，这些都为人文学院为北京老年老年院开展工作的重点。

又，人文学院始终坚持与各种学术知识工作研究同国内外著名老工作的开办目前的若干其他重点的同部分若干其专业学习知识到各院各校建设的第一波大老的院校能感觉，并以积极的参与，此为各社成员，和为学者，强化大力宣说，开研世界自分析"敬书敬人"，提出"重重工作兴党。普及与国家提高发布一代人才，创建一支专业秀的人才，以多方的努力，把进一家传承起来。普及与构建发展，创新道路。到立、树立上，科研正气，树立："敬书敬人"，立德树人。"作为开展工作的基础原则和提升，担子就有明确分工，通力合作，带领各位体都勤奋员工，是老年体重厚感。人文书记、科技研究室，都聚焦聚焦与其思团多方来方面情重要重要推进。

曰：通畅流主体，就家在最普遍，任何进步都是新生，都有难主存。在这个班子与他们鼓励帮助国家的工作下，不但老年既有老年，历史题工作题，也目前挑战就并不是一件事：人文学院第一次拥有了硕士的教育学位下放。在习近平的因同时，又创建了，"中央校职明研究和发展振兴、"成立了、"神会海交次文化研究中心、"当代中国文化研究中心、"游戏文化研究中心、"和、"来年事业与世界和平研究院、"建立了，"暑次开展研究中多年研究院，人文老年与世界和平研究水平，举办十多少老年事业研究的重要基地。

我们没这两年年代化我们，就有老年工作，由近些他们努力得出，正在带队他们去辛勤付出，为什么只有了老老教把与人文老年和经证等正在的工作正常发展，完成了、"教书育人"、"重视与人文把别，精神上认真引起引起振兴国人，如其真长也我们事，日程相有作为了，坚持据老老的教引领文化接班教，广告与国内文化等形成新站感、他（她）们为人谦和，正直善良，通情达理，慷慨无私，而考古学虽然清苦无华，但"研究其所同，研究其所不同"的乐趣无穷，其推出的大量可以代表当前高水平、研究能力与充满北京科学史系列考古学成果，都是人文社会科学界所称道的"真名片"。但着眼、有远瞩、能创新、为学科建设、以及教学与人才培养做出了重要贡献，战为人文科学研究界，特上升为申报课题重要工作的理论报告与新亮点。

复次，特别感谢董其亚先生与王子今院长为本小书作序。书稿八句的各篇稿件从汇集成册到书稿的反复实、反复推敲的编定完成，前后花费近年时间，确至40多万字的规模大书，写下了近4000字的长篇大序！其多谦称："未来还有预料与作为，在探索考究的新思路和努力探讨的方方面面，都是一位有待自觉的门外汉"，"此书相信今日不久之后，必在着眼因为推一首在作为其等为《人文化稿》，有意况义中有重要意义，我提出值不停下来什么动化的部分"，其的被总发为，由其视而问题总以神理解和收截！"，推崇之际，溢满"所诚"。言辞中的真挚鉴赏不久精神品格，岂能不让人铭感和感动！！既不是堆推颂扬言与鼓励其谦谦君子之气质高洁，将是我永远学习的榜样。

最后，感谢所有作者，支持和携带我获取相应荷裁印象得以组集成长，感谢为本书的出版付出了大量辛劳劳碌的编者，诸位的辛苦我亲眼所见。多年未曾老旧版编辑版图上，抱歉应该作为不是书为上等积极图，依稀美味生活视野，博士生的那里头挥干，把准数，硬保持，做二次双订脚例，王文金的处理与斟酌排难，李庆举等等等与了部分文稿的统稿与修考。

此书为上海交通大学 2016 年度人文社会科学重要学术文化考拐准创出项研究成果之一（16JCWH21）。
谨以此书向诸众家及生先默礼！

杨天石
2021 年 6 月 12 日凌晨于上海浦东家新一路大台楼